THINKr
新思

新 一 代 人 的 思 想

日本权力结构之谜

The Enigma of Japanese Power

[荷] 卡瑞尔·范·沃尔夫伦——著
Karel van Wolferen
任颂华——译

中信出版集团 | 北京

图书在版编目（CIP）数据

日本权力结构之谜 /（荷）卡瑞尔·范·沃尔夫伦著；任颂华译. -- 北京：中信出版社，2020. 10

书名原文：The Enigma of Japanese Power: People and Politics in a Stateless Nation

ISBN 978-7-5217-1139-4

Ⅰ. ①日… Ⅱ. ①卡… ②任… Ⅲ. ①社会史—研究—日本 Ⅳ. ① K313.0

中国版本图书馆 CIP 数据核字 (2019) 第 217618 号

The Enigma of Japanese Power by Karel van Wolferen

日本权力结构之谜

著　　者：［荷］卡瑞尔·范·沃尔夫伦

译　　者：任颂华

出版发行：中信出版集团股份有限公司

（北京市朝阳区惠新东街甲4号富盛大厦2座　邮编　100029）

承 印 者：北京楠萍印刷有限公司

开　　本：880mm × 1230mm　1/32　　印　　张：22.75　　字　　数：497千字

版　　次：2020年10月第1版　　印　　次：2020年10月第1次印刷

京权图字：01-2019-4599

书　　号：ISBN 978-7-5217-1139-4

定　　价：118.00元

致列奥·拉贝兹（Leo Labedz）*

因其知性的勇气和正直

---

* Leo Labedz，或 Leopold Łabędź（1920 年 1 月 22 日—1993 年 3 月 22 日），英国和波兰混血儿，苏联评论员，以在东欧推动人权运动而闻名。——译者注

目　录

中文版前言

不少作家都知道，一本复杂的书是自我写就的，至少本书中的一部分确实如此。我开始写这本书的时候，对于书稿最终应有的样子自然有一些想法。但最终书成之后，结果却是我一开始没有想到的。我在东京以北大约 2 小时车程的某山区脚下的小屋里住了 18 个月，几乎与世隔绝。没人在我身边打扰我。那段时间里，我从早到晚都在写这本书。有两次——第一次是我写到一半的时候，第二次是我写到三分之二的时候——我在凌晨 3 点醒来，意识到我必须彻底重新安排所有内容，然后在接下来的几个小时里，我以一种狂热的节奏这么做了。第二次发生这种情况后，我意识到一件最初根本不在计划中的事情：我正在写的这本书已经存在三个层面。这些章节都关于不同的主题，我希望这些章节合在一起后形成对日本的完整描述。我已经在这个国家生活了 25 年，也早就爱上了这个国家。每一章的开头我都有一个主题，这个主题的开始可以被定位在某个历史时刻。一开始我还没有意识到，但突然之间我认识到这本书中产生了一条时间线。在书中的每一章中讲述的日本的方方面面，已经开始加入历史进程。在这个层面上，这本书无意中成了一本历史书。

因为我想引援很多例子来描述日本人民如何组织他们的社会，以及他们如何共同生活，这本书同时成了日本社会和政治生活的百科全书。这就是我从一开始的意图。但除此之外，在最高级的层面上，这本书又变成另一种东西。这是一种尝试，想要回答一个问题，解决一个难题。长期以来，我一直在想，像日本这样的国家怎么会取得如此巨大的成就。日本从来不是传统意义上的国家。它根本没有一个强大的政治中心。在这个国家里，权力分散在参与政府工作的各种官方机构中。你无法明确指出哪个机构会做出重要决定。然而，日本仍然可以在一百年前产生统一和高度专注的集体努力，把自己重新塑造成一个现代国家。凭借着同样的统一意志，它在二战后成就第一个所谓的亚洲经济奇迹。这本书也变成一篇长文，试图解释它是如何做到这些的。

我很幸运。我第一次坐下来写这本书的时候，根本没有想到《日本权力结构之谜》会如此成功。它被翻译成至少14种语言，英语版仍在印刷中。

我对日本社会和政治方面的描述在当今是否仍然适用？北京的出版商——没有它就不会有你现在手头的这本书——向我申请出版许可时，我想到的第一个问题就是这个。在我看来，过去与今日的相关性毫无疑问存在着。法国有句著名的谚语：“事物越是变，就越是不变。”我考虑了我所了解的现代世界大国，发现相比别的国家，这句谚语更适用于日本。如果你在这本书写成的时候（1988年）离开中国，然后今天再回来，你会发现这个国家在很多方面已经变得与想象中不同——当然不光是在经济和政治方面。相反，我认为日本与我约30年前写下的那个日本非常相似。当然，日本也有一些值得注意的政治进展，而我会在 2020 年中文版新章中详细介绍其中的许多。但日本没有改变基本原则。事实上，近期的发展为我在《日本权力结构之谜》中描述的日本政治特性提供了最新的例证。当然，冷战的结束以及欧亚大陆上两个大国中国和俄罗斯的重大变化，极大地改变了日本所处的地缘政治环境。但与此同时，日本最重要的外交关系，也就是与美国的外交关系，与其早期历史相比也没有什么变化。如果说有什么不同的话，那就是日本对华盛顿一举一动的依赖明显加深了。我也将在新章中详细介绍这一点，还会谈到中国读者应该特别感兴趣的外交政策发展。

我很高兴这本书终于有机会接触到中国更大的领导者群体。我坚信，其他国家政治精英的本性、动机以及他们最深刻的关切，如果能在更广阔的视角下对这些进行认真的讨论，必然有助于维护一个更加和平的世界。我当然希望我的书对此能有所贡献。

第一章

日本问题

日本让世人困惑。它已经成为一个重要的世界强国。对这样一个强国本应如何表现，人们自然有所期望，但日本的表现却与人们所期望的相差甚远；有时，它甚至让人产生这样一种印象，就是日本这个国家根本就不想从属于这个世界。与此同时，日本强大的经济表现又让西方国家和某些亚洲邻国感到恐慌。一边是日本，另一边是欧美，双方之间的关系正面临严重的问题。20 世纪 80 年代后期，西方开始出现这样一种怀疑：在政治和贸易关系中，日本到底是不是一个有责任心的伙伴？而在日本国内，官员们以及著名评论家们则普遍认为，自己的祖国已经成为国际社会上普遍敌对的受害者，他们倾向于无视所有那些不利的分析，并斥之为“排日风潮”（Japan-bashing）。

在差不多二十年间，西方人得到的建议是要对日本有耐心。有人说，日本明白做出调整的必要性，而且正在努力推进“国际化”。持续不断的公众宣传运动一再重申这一目标，连同在不可胜数的演讲、报纸杂志的文章中出现的恰当口号，似乎都证实了这一点。但到了 20 世纪 80 年代后期，西方逐渐意识到，日本长期承诺的改变不会到来，而且人们基于对变革的预期所做的种种解释可能从来都是错误的。与此同时，由于批判加剧、要求提高，以及那些受挫的贸易伙伴（特别是美国）首次采取报复性措施并施加其他形式的压力，日方官员和评论家的态度也发生了改变。他们的回应逐渐变成驳斥。他们不再以友好的态度建议给日本耐心，而是开始表达一种更有挑衅性的信息：美国应该先管好自己的家务事，欧洲应该更勤快一点，认清自身存在的“发达国家病”（先别管它到底是什么）。双方都坚决地表明要避免经济战，但在 1987 年前后，双方都有一些人开始意识到，其实两边已经开战了。

日本给这个世界带来的谜团既不因经济冲突开始，也不会因此而结束。但经济冲突是最引人注目的，因为它似乎牵涉到几乎所有与日本打交道的国家。在大部分观察家眼中，随着冲突越来越广为人知，日本的问题可以归结为每年在贸易顺差上所破的纪录：1984 年是 440 亿美元，1985 年是 560 亿美元，1986 年是 930 亿美元。到了 1987 年，日元对美元的汇率几乎涨了一倍，才让顺差降低到 760 亿美元左右。

但日本问题的实质却不在于这些数字。日本不光是出口大于进口，而且它的出口（加上国人对外国产品的冷淡态度）逐渐削弱了西方工业。彼得·德鲁克（Peter Drucker）创造了“敌对贸易”[1]（adversarial trade）这个词，将日本的做法与“竞争贸易”（是指一个国家的进口商品与其出口的商品是同类的）区别开来。联邦德国的贸易顺差也很高，但是联邦德国施行的是竞争贸易，美国也是如此。

消费类电子产品以及半导体领域是更加专业的工业生产的基础，当这些行业几乎完全被日本公司接管，西方人开始担心他们会逐步遭受“去工业化”（de-industrialisation）。一旦获得了必要的技术，日本工业似乎就能齐心协力，在任何领域战胜并接替原来的发明者和开发者。

西方此前的注意力几乎都集中在贸易顺差上，到了 1988 年，西方逐渐怀疑，也许其他领域的一些惊人发展也属于日本人所追求的整体模式的一部分，而这个整体模式则是一个意义重大却秘而不宣的国家事业。1987 年 10 月，纽约和伦敦股票市场的崩溃，似乎对东京股票市场毫无影响。几个月后，若以企业盈利为标准来衡量，日本股市市值创造了新高，以西方标准来看都是令人震惊的。短短一年之内，东京不少地区的地价涨了一倍、两倍甚至三倍。* 从 1986 年左右开始，日本公司——它们的支出通常比其市值能保证的金额高很多——突然开始大量投资海外房地产，收购外国银行和公司。[2] 一些焦虑不堪的欧美观察家渐渐意识到，日本根本不是“用西方的游戏（规则）来打败西方”，更可能根本没在玩西方的“游戏”——只是这种认知来得有点晚了；至于说让西方反过来模仿日本，世界贸易系统则会戛然而止，最终导致非共产主义的国际性经济秩序走向崩溃。

至少可以这么说，欧洲和美国之所以对这个位于太平洋的国家感到不安，是因为它心无旁骛地追求着某些属于自己的神秘目标。人们可以理解日本人要赚钱，但是他们在占领了越来越大的海外市场份额后，并没有获得明显的回报或是过上更加舒适的生活。城市住房逼仄狭小却又贵得离谱。生活的费用与平均收入相比实在太高。只有大约

---

* 这段投机狂潮之后，日本迎来了“平成大萧条”时期。1989 年 12 月 29 日，日经平均股价达到最高的 38 957.44 点，此后开始下跌，土地价格也在 1991 年左右开始下跌，泡沫经济开始正式破裂。到了 1992 年 3 月，日经平均股价跌破 2 万点，仅达到 1989 年最高点的一半，8 月，进一步下跌到 14 000 点左右。大量账面资产在短短的一两年间化为乌有。——译者注

三分之一的日本家庭有下水道接口。通勤列车异常拥挤。道路系统之不完善，简直到了可笑的地步。日常生活基础设施中的这些缺陷以及其他方面的缺陷，让一般日本城市居民生活的舒适度还不及不那么富裕的欧洲国家城市居民。他们宣称，日本的决策者们有必要转移注意力了。

历史通常表明，在获得如此巨大经济成就的年代，艺术等领域的兴盛繁荣也应该随之发生。我们很难说当今日本产生了什么东西，从而提升生活中不那么物质化的那些层面。无论是伟大的音乐还是伟大的文学，哪怕是令人印象深刻的建筑物也好，都找不到例子。

不少思虑缜密的日本人得出结论，（日本）有些地方不对劲。日本一位民族主义人类学家尽管认为与外国人打交道是一桩“费力而麻烦的任务”，但他也痛惜这样的事实，那就是他的国家像是宇宙中的一个黑洞，接受各种文化却从不输出。[3]一位有名望的知识分子（也是一位前次官）对他的同胞做出的诊断是大家都患有“彼得·潘[*]综合征……遁入幼稚的梦想世界之中……日本商人和政客们一直在扮演彼得·潘的角色，只会互相询问这个世界能为他们做些什么”。[4]

于是，到底是什么在驱动日本国民的问题，就在某种程度上成了一个国际性的谜题。到底是什么终极目标，让他们剥夺了自己的享受，还冒险被全世界仇恨？

通常的解释是，日本人受到集体关切的驱使。事实上，日本似乎

---

* 彼得·潘是英国作家巴里同名小说中的主人公。彼得·潘因为乳牙永远不会掉，所以永远长不大——或者因为他永远长不大，所以乳牙永远不会掉。——译者注

证明，按照正统的社群制方式来组织生活是可能的。在一个外部人士看来，大部分日本人平静地接受着日常的命令，即要求他们将自己个人的欲望和利益置于集体的欲望和利益之下。不过，这一令人震惊的社群制是统治精英在三个多世纪之前刻意将政治安排植入社会的结果。如今的日本人很少或者根本没有选择，只能接受这些在本质上仍然是政治性的安排。在这样的安排下，日本人必须接受一个不可避免的事实，即他的知识与心理的成长受限于集体意志。为了让这一点更容易被人们接受，大多数上层人物将这种集体意志表现为仁慈的、不掌握任何权力的，它完全由某种独一无二的文化决定着。

但这个解释并没有回答这种政治力量是从何而来的。在日本，系统性地压制个人主义的力量并不来自其严酷的中央集权统治。日本与东欧以及亚洲那些奉行集体主义的共产主义国家之间的差别，与日本和西方自由市场化国家的差别一样大。

对日本的不解很大程度上是因为西方知识分子和“当家人”对日本相对而言缺乏兴趣。当然，许多西方人造访过日本，日本也在他们影响全球的评价中被提及。但在很大程度上，日本还是被当作一个奇异之地，并没有在这些全球性的评价中被清楚地描绘成一个有用的成员。在美国，这种单方面的忽视尤其令人震惊——特别是考虑到日美关系毫无疑问是全球最重要的、具有战略意义的关系之一。美国对日本政策的期望一再受挫（或者说日本没有政策），表明尽管美国一直在谈论“太平洋时代”，华盛顿方面对这位最重要的亚洲盟友的理解是远远不够的。事实上，对日本政治进程的观察以及公开声明和文章字里行间跃然而出的观念——这些文字都由那些直接关注日美关系的美国官员写成——通常都错得离谱，错到让像我这样的观察者震惊的地步，因为我相信在非共产主义世界里，日美关系急剧恶化对任何人都没有好处。

日本执行权力的方式，还有负责该国非独裁式的、受国家集体主义驱动的机构的运作方式，都很不寻常，但总体来说，西方人很少注意到这点。在讨论所谓的“后工业化”“科技化”“后资本主义”社会的政治转变的时候，人们通常都会将日本和欧美混为一谈，但日本到底是如何统治的，这个问题还是被人忽视。

事实竟然如此，真是让人奇怪。在现代，日本是第一个扮演重要国际角色的非西方国家。刚进入20世纪不久，它便击败了俄国，它还是唯一一个攻打过美国的国家，之后又一跃成为世界第二大经济体（就人均收入而言，是最繁荣的经济体），它还消灭了不少贸易伙伴的产业，或者说正在威胁那些贸易伙伴产业的生存，它在世界经济领域也不断获得重要的金融地位。另外，非西方的韩国和中国台湾地区因为模仿日本而不是以西方的工业化作为榜样，从而成为重要的工业实体。

日本是如何行使其权力的？其行使权力的方式又如何决定了它在国际关系中的走向？忽视这两个问题会越来越危险。自20世纪60年代以来，日本就备受赞誉，但也一直遭到诋毁。到1988年，在东京看来，对日本的敌视已经超过了赞许。日本与其他国家的接触很可能会越来越多，但如果经验还靠得住的话，随之而来的将是更多的问题和更多的批评。

与之相随的，很可能是西方所采取的一些措施，但日本人会认为那些举措都是恶意的。那些举措很可能会在日本再次唤起非理性的排外情绪，并加深这样一种以前的怀疑，也就是从根本上说，这个世界不想让日本再有一席之地。结果就是民族主义得到加强，而最初的征兆已经出现了。这可能意味着日本政治开始不稳，事态的发展对所有人来说都是无法预测的，更可能也是所有人不想看到的。在这样的情形下，更好地理解日本权力的本质及其应用绝非奢谈。

传言假象令人困惑

长远看来，对国际信任最有害的因素，也许是在日本与它所谓的盟友和朋友之间进行的各个层次的对话中存在混乱，哪怕让双方求同存异都显然做不到。从 20 世纪 70 年代早期开始，交流的鸿沟似乎一直都在加大。正是这条鸿沟将日本与西方国家以及它的一些邻国割裂开来。有一些“假象”通常为人称道，却又蒙蔽了外人的看法，这些“假象”让交流变得复杂，其中有两个“假象”处于中心地位，让人们似乎无法认清日本。

假象一：责无旁贷的中央政府

首先，存在这样一个假象：日本是一个与其他国家一样的主权国家，政府具有中央机构，既能认识到什么对国家有利，又能对国家决策承担最终的责任。这个假象很难消除。在外交层面上，认为政府能做出负责任的决定是理所当然的；对外国政府来说，假定日本政府不能像其他外国政府那样，仅仅通过改变一些政策就可以与外部世界相处的话，他们就很难推进事务了。

但是，除非认识到造成双方产生挫败感的根本原因在于日本政府相对缺乏责任心，否则与日本的关系注定会越来越糟糕。日本推行的治国之道，与欧美以及大部分现代亚洲国家相比，差别太大。几个世纪以来，日本推行的是在半自治团体之间分享权力，以此维系这些团体间的平衡。如今，最有权势的团体包括某些政府官员、某些政治派系以及一群官僚商人，还有不少相对小一点的团体，如农业合作社、警察、新闻媒体以及黑帮。所有这些我们都可以称之为“系统”的组成部分，我们用“系统”这个术语是为了将它与政府区分，理由将在后面讨论。没有人最终负责。那些半自治的组织都被赋予有损国家权威的自由决策权，而掌握大权的中央机构却不行使这些权力。

有一点很重要，就是要将这种情况与其他情形区分——比如政府被特定利益集团把持，或者因为部门间的争论而无法做出决策。这里指的不是游说团体，而是在民众接受的政治理论范畴中未能解释的“结构性现象”。毫无疑问，这个结构中存在着一种等级关系，或者更确切地说，是一种复杂的交相重叠的等级关系。但是这个关系中不存在最顶层，反而是被削平了顶端的金字塔。日本不存在具备最终政策制定权的最高机构，因此也就如哈里·杜鲁门总统曾说过的，不存在一个“责无旁贷”（the buck stops）的地方。在日本，到底谁负责任永远都没有答案。

如果说日本看上去身处世界却又不在其中，那是因为日本首相和其他掌权者能做出一些政治诺言，而这些诺言若有关商务或其他事务，便需要由系统中的某个部分做出重要的调整，于是这些政治诺言便无法兑现。国内权力领域通常都不会考虑外国的愿望或是要求。只有在愤怒的外人施压之后，日本才会极不情愿地、拖拖拉拉地做出调解。日本需要世界市场进行出口，保持经济的运行；但是很多身居要职的日本人似乎更喜欢他们传统的隔绝状态，希望这个政治复杂的世界不要来干涉日本。

假象二：“自由市场”

第二个核心假象在第二次世界大战之后不久决定了西方对日本的态度，那就是认为日本经济属于所谓“资本主义自由市场”经济这个宽泛的范畴。

尽管有不少书对此进行了论述，但要对日本经济进行定义还是会让外国人和日本人都感到麻烦。如果有人暗示日本官员，日本和他们给日本贴的标签不同，日本官员通常都会非常愤怒。另外一方面，日本经济学家私下对我说，西方人对日本的描写中，常犯的一个错误就是夸大其市场功能。西方学院派的经济学家，特别是那些传统意义上的新古典学派的经济学家，他们要是听到有人认为日本其实根本就不属于“自由市场”国家的集团，就会感到震惊。对他们来说，某种经济能够成功却又不依靠市场力量自由运作，这种想法无异于异端邪说。日本官员要保护自己的利益，许多西方经济学家却对威胁到所谓普遍适用的理论的日本模式置若罔闻。

日本显然不是一个由中央控制的计划经济体。那么，是不是如一些评论家所暗示的那样，它属于独一无二的那一类？韩国与中国台湾地区作为工业实体，其崛起与日本类似，显然它们是受到一股非同寻常的、类似日本的力量驱动的。这就表明日本的经济并不是独特的。它们的崛起需要人们重新审视日本的“经济奇迹”，并证明哪怕是抛开文化和心理上的特殊性，它也能为某些其他国家和地区提供一种模式。

日本、韩国和中国台湾地区的经验表明，除了西方体系和共产主义体系之外，可以存在第三种类型的政治经济体系。美国政治科学家查尔莫斯·约翰逊将这些工业地区另归一类，称之为“资本主义发展型国家（capitalist developmental states，或 CDS）”。[5]CDS 的优势在于官员与实业家之间的伙伴关系，而传统的政治和经济理论都忽视了这个变化。

弗里德里希·冯·哈耶克就政府干预经济做过一个具有说服力的理论反驳，那就是身居中央的规划者永远不能充分知晓社会及经济生活的方方面面，因而他们也就无法做出正确的决定。[6]按照这个理论，中央计划的经济也就注定无法繁荣。但如果真的是这样的话，把生产和贸易当成政府事务的日本、韩国和中国台湾地区，是如何想方设法来增加其财富和经济实力的呢？

日本、韩国以及中国台湾地区找到方法绕开哈耶克障碍的方式，是理解这些地区政治经济的关键点。首先，当局从来就不认为私有企业和他们的目的相抵触。和共产主义做法（将企业家精神与原罪等同）不一样，也和欧洲福利国家的社会主义做法*（用规则来限制企业家）不一样的是，CDS 鼓励并十分尊重私有经济。官僚们永远不会试图去完全控制非国有的企业。他们对经济做出指导，而把生意人作为他们的

---

* 以西方观察家的评判视角，对共产主义经济体制和社会主义经济体制的评判标准与我国不同。——编者注

触角。资本家们总是设法找到新的方式来扩展业务，官僚们不断监控这些人，从而即使远离业务中心，他们也能知道所发生的一切。

毫无疑问的是，这些官员会犯很多错误，但是他们对工业发展施加的统一力量大大弥补了这些错误。经济得以繁荣是因为他们通过鼓励投资的金融政策，激励了那些前途无量的工业领域。那些具有战略重要性的工业得到细心的照料，被保护起来而不会受到真正的海外竞争的冲击。那些陷入困境的工业得到临时保护，让这些身处逆境的企业有机会实现多样化，而那些似乎已经走到尽头的工业，也很容易因政策强制重组而被抛弃。换句话说，这是一种由一致的工业政策和贸易战略来保护的伙伴关系。自由市场就其本身而言不是一个值得追求的目标，它只不过是完成工业扩张这一最高目标的几种手段之一。

在大概一个世纪之前的明治时代，当国有企业体系将众多政府企业带向破产边缘，日本将国有工业转入私人之手，从而开创了 CDS 模式。[7] 从 20 世纪 30 年代早期开始到 1945 年，日本侵华时对中国东北推行强制性工业化开发，进一步实践了这一模式。这一经济模式在战后的形式，在结构上是保护主义的，它也让马列理论对那些身处非共产主义亚洲较不发达国家中的政治家和知识分子来说，更加缺乏经济指导上的吸引力。要想继续享受这些已经得到证明的好处，它就必须保持这个样子。一旦工业发展使国内市场饱和，而此时海外市场又变得不再友好，这一官僚–商人的伙伴关系是否还能继续取得成功？这个问题依然存在。日本的情形提出的另外一个更加紧迫的问题是：那些不具备贸易战略的国家努力应付强大的资本主义发展型国家时，国际自由贸易作为一个系统是否还能持续？

可塑的现实

日本是不是代表着一个基本上未被研究过的经济与社会政治类别？这个问题引起众议。1945年后，日本就一直被认为是西方的盟友，也被当作一个资本主义自由市场国家集团的正式成员来对待——尽管最近由于贸易冲突，西方对此有了疑问。来自日本方面的澄清无法解决这些争议。很少有学者或者评论家对日本政治经济的本质进行严肃的理论建设。而出于可以理解的原因，官员们是最不想澄清这些问题的。此外，记者还有学者在讨论日本社会时，错误地应用了西方的社会、政治和经济概念，结果就是观察者在毫无防备的前提下，几乎总是被误导，不知道事情到底是如何运作的。

日本的评论家还有官方发言人要维持这样的假象并不困难。因为在日本，普遍为社会接受的是，“现实”不一定是经由大量客观观察而得到的结果，反而可以是经由情感构造出来的图画，而事情在其中被塑造成他们想要的样子。至于事实应该如何塑造，当然总是和某个团体当下的利益相吻合。在过去的四个世纪中，日本人民被告知要把对社会政治的忠诚当成最高美德。结果就如一位人类学家所说的，真相总是由社会构造的。[8]至此，我们得出日本为外来观察者准备的第一个观念性问题。

在西方思想中，“现实”不大会被认为是可以管控、铸造或协商的。它也不会被认为依赖于事情应该如何的随性想法。事实上，西方哲学——以及西方人的常识——的要求是，应当对幻象和错觉持续保持警惕，来抵制一般人的自欺能力。如果说自古希腊以来，在西方思想的发展过程中只有一个要求，那就是“汝勿珍视矛盾”（Thou shalt not cherish contradictions）。这一要求是逻辑、数学以及科学的基础。

亚洲传统思想的继承者，也许更容易接受多重真相或是互相矛盾的真相的概念。但有一点很明确，如果有人观察其他亚洲国家，就会发现没有哪个国家像日本那样有着如此多的“现实管理”。这就带来重要的政治后果。处于主导地位的日本，在向其他日本人或者外国人解释“事实”和动机的时候，会展现出很大的灵活性，会从一个现实跳到另外一个现实。另一方提出的合理主张可能会受到一种完全不同的参照系统的驳斥，至此，交流也就走进了死胡同。在日本，这种“策略”是更高层以及更强大的人物宣告其拥有特权的一种方式。

在国际交流中，这样的战术有时会让进行逻辑推理的西方人恼怒不已，并得出结论说根本没法和日本人理论。人们必须做好准备，来应对特别高超的转移话题的本领。偶尔，这些做法又太过粗鲁，在外交斡旋中没有什么效果。比如有一个新规定，威胁到了欧洲雪橇对日本的出口，日方对其做出的辩解是，日本的雪应该和西方的雪在构造上有所不同。不过，日本官员为了摆脱国际贸易中的困境而使用的诡辩术，西方贸易伙伴也没少用，相关著作和报告足够填满一个小型图书馆了。

日本这种对现实采取的“灵活”做法远远超出了某种界限，也就是其他社会能容忍托词或自私谎言的界限。比方说，一位西方商人或是政府代表要诉诸合同、法律或者国际协定，他的日本同伴会告诉他，相比于受冷冰冰的规则指引，日本社会更愿意依靠人际关系的热情来应对发生的各种情况。但如果这位外国人下次有机会诉诸这一超乎法律的传统（比方说，要求对贸易问题做出官方干预），他很可能会听到的是，在民主日本——也是由法律进行统治的日本——这样的事情是不可能发生的，他应该理解这点。一方面说日本社会具有人性化的灵活性，不会固守冷冰冰的规则，一方面又说日本将严守法律的约定——这两种说法都很坚定，而日本的第三方几乎从来不想指出这一矛盾。

关键因素

对矛盾的容忍与一个特性紧密相关，归根结底，它是决定日本社会政治现实的最关键因素，这一因素由于多个世纪的政治压抑，根植在日本的精神生活当中。不论情形怎样，都应该有永远适用的真理、规则、原则或者道德准则——然而，这样的理念几乎从不存在。大多数西方人以及大多数亚洲人，无论在日本待过多久，都会对这一理念缺失感到震惊，而某些日本思想家也认为这种缺失是日本公众行为的最终决定因素。

独立普遍真理的概念，或是不容更改的宗教信仰，超越了社会要求的世俗现实和掌权者的法令。这些概念当然也进入了日本，但却从未在任何现存的世界观中扎根。神道教最初是支持政治安排和社会实践的。这种宗教崇拜自然和祖先，忍受着矛盾和模棱两可的存在。这一日本本土宗教（不要将其和“国家神道”相混，国家神道从 19 世纪后期开始到 1945 年，为日本帝国提供了意识形态的基础）从未发展出任何哲学或者道德教义。哲学和道德的教义从中国传入后，也没有取代日本本国的社会政治禁忌和假设。相反，这些中国的思想只是强化了已经存在的、支撑起当时的当权者的“入世”信仰系统。

儒教和佛教的原始教义中固有一种超越现实社会政治中权宜之计的思想，一直不受日本统治精英的欢迎。基督教以及后来的马克思主义引入的超越观念，挑战了日本的普遍思想，但它们要么是被禁止，要么就是被迫在其根本原则上做出妥协。日本对宗教总是表现出很大的宽容，这种观点虽然广为人所接受，不过也只有在新的宗教或信仰体系不会对现有政治安排造成威胁的时候才适用。

要把握这种不承认超验真理有可能存在的政治文化的精髓，西方人需要进行不同寻常的思想上的付出，但哪怕是在对日本进行认真评估时这种付出也很少见。西方的思想和道德传统深深地扎根于某些放诸四海皆准的信条假设之中，没有这些假设，便很难探讨文化的可能性。西方儿童教育实践中会反复灌输这种假设，也就是不言自明地存在一种终极逻辑，这种逻辑独立于人类的欲望和人的反复无常，独自掌控着宇宙。这个观点在日后的生活中会不断得到重申，使得西方人往往想当然地认为所有发达的文明都发展出了普遍真理，因此西方人不会得到提示去检查缺少这种观念会有什么后果。

诚然，日本存在着因地制宜的道德准则而不是一般道德准则，有的是特殊价值观而非普世价值观，这个事实经常会在有关日本的著述中被提及。但它却往往和当代社会科学中那些更为肤浅的区别混为一谈，也没能始终如一地为日本人的行为提供线索。大部分作者都如实地提到了日本人会不断根据自己所处的环境来调整他们的信条，然后作者们便转向别的话题，好像并未意识到这一现象有多么重要。[9]

“相互理解”

既然“信条”取决于社会政治环境，而“现实”是某些可以被操作的东西，那么维持假象就十分容易了。由于“理解”这个单词在日本评论家和官员的嘴里具有特殊含义，因而由这些假象所带来的国际语言交流的混乱就变得更加复杂。改善“相互理解”的迫切需要，经常得到热烈的支持。但是“わかってください”（请您理解）意味着“请接受我的解释，不要管事实上它有没有什么依据”。言外之意就是要接受或者容忍。在日语的语境中，“理解”是“同意”的同义词。真正地“理解”某人或某事，意味着如果你没有足够力量去改变他们的话，那么接受他们如此的样子就好。如果你有力量，那么对方就会通过在某种程度上接受你的愿望来表现出“理解”。因此，在实践中“相互理解”意味着外国人应该接受日本发言人所呈现的日本形象。如果外国人，哪怕在他聆听了众多日方的解释后还是坚持反对日本贸易方法的话，那就会被人认为是长期缺乏理解的表现。日本人一般很清楚他们使用“理解”时的政治含义；一位报纸编辑警告说，“我们经常能享受到的那种外国人美好的误解和无知”的时光已经一去不返了。[10]

“缓冲者”及宣传家

有两个重要的现象让日本问题中的交流分歧变得更加复杂。其一是日本对“缓冲者”的使用，其二是它所做的大量宣传工作。

所谓“缓冲者”，我指的是这么一种人：他被委以与外国人尽可能顺利地打交道的任务。他属于某个日本特有的机构，人们很容易在政府办公室以及商业公司中认出他来。常驻的外国使节和商人与日本打交道要通过一个中介社群。该社群里的人都说英语，他们被认为是已经国际化了的“缓冲者”，人们指望他们吸收这个无法预测的外在世界可能会给日本机构带来的冲击。

这些缓冲者坦率到让人吃惊的地步，他们可以传递对外国人所面临困难的真正理解，还能经常营造一种印象：即便他们不愿意迎合外国人的愿望，那至少他们所代表的机构考虑到了这个外国人所面临的困难。日本有不少超级缓冲者，他们大部分时间都在环游全球，解决问题，并在国际会议上解释日本的情形。其中一些人，比如大来佐武郎，还有已经去世的牛场信彦，他们都当上了负责对外经济事务的大臣，但是他们的角色只是徒增混乱，因为他们虽然有着这样的职位，但却没有得到授权来做出任何决定，因此也就无法真正进行谈判。

有时在和外国贸易使节对话时，更有影响力的大臣或是经济联合会的领袖，甚至是首相本人都会扮演缓冲者的角色。外方谈判代表回到国内，带去的消息是他们这次真的与有关部门进行了交流，这些部门给他们留下的深刻印象是已经准备好采取有效措施。但这些代表只是在欺骗自己。日本没有谁具备如此广泛的权力。

和这类缓冲者有交集的是内线人士阶层，他们根据各自在商界、政界或是官场上所占据的位置进行等级排序，这些人经常接受高官的来访和记者的采访。世界其他地区是通过这个小圈层人群的描述来了解日本的，这个小圈层比寻常所认为的要小得多。访客会见了一个以内线人士身份出现的“可靠消息来源”后，通常有这样的印象，就是他们听到了一个很有趣的个人见解。不过，大部分人并不知道，不管是谈及眼下的紧迫问题，还是更一般性地论及日本特性和作用，这些内线人士通常重复的都是当下流传的陈词滥调，传达的是他们例行公事地遵从的“官方现实”。

所有的日本发言人看上去都像是用了同一台提词机，而提词机的磁带上录着同样的内容。尽管他们可能会加入一些个人的变动，但本质的内容几乎总是一样的，如果你了解新闻界时下的热点，或是熟知由各部门、经济联合会以及受政府补贴的“私人”机构发表的冗长解释文字，那么你就可以预测出更加翔实的细节。

如果你相信这种可预知的判断反映了个人见解，那你对日本高位沟通者的认知能力的判断就失之偏颇了。他们真正的个人见解通常都十分有趣，与公众的判断可能会大相径庭。不过，要想听到这些见解，你要么和他们认识很久，还喝过不少清酒，要么就是他们（比较少见地）突然意识到你无论如何也不会相信官方说法。

表明身份的内线人士可以预测的言论中可能包括对政府政策、官员以及商人态度中某些方面的批评。但实际上，他们总是会支持系统内主要部门提出的大论点：日本是一个多元民主化的自由市场经济国家，它正实施开放市场的进程，个人主义的发展必须得到鼓励，大部分日本人已经开始认识到更加国际化的必要性，外国人在竞争中还不够努力，与日本的冲突主要是外国的误解而引起的。

总而言之，日本的缓冲者和内线人士的行动加在一起就产生了一种宣传效果，但这种效果很难被发现，因为它打着一个向世界“说明”日本的真诚努力的幌子。众多内线人士对这些解释都深信不疑，因此这样的宣传也就更有说服力。

辩护者的涌现

在传播有利于“系统”* 的见解方面，外国人扮演着一个重要的角色。日本用大量金钱平息了许多来自国外的批评。20 世纪 80 年代中后期，在有官方记录的游说费用这一项上，没有哪个国家比日本在华盛顿花的钱更多。日本政府和企业聘请最好的律师和美国前政府官员来捍卫日本的立场。在专注于日本的西方学者所进行的学术研究中，有很大一部分得到了日本机构的资助。他们收到资助的时候并没有什么书面的附加条件，但学者和评论家仍可保持中立态度的想法基本上是幻想，毕竟资助来自日本。在日本工作的商人和学者会遇到和必要的个人及部门建立联系的问题，因此他们非常清楚，一种真实的批评立场可能会断了很多门路。除了金钱资助和建立联系的需要，还要考虑到政治上的无知，这就造就了一大批日本专家，他们在不同程度上成为日本的辩护者——虽然他们自己浑然无觉。[11] 他们在媒体上所做的公开声明和评论经常证实这一点。

为日本辩护是不少真专家和假专家的日常生计，他们在广泛宣传的研讨会、专题讨论会以及大会中滔滔不绝地发表演说，而组织这些活动的目的就是促进“相互理解”。外国大公司在日本的大部分代表以及外国顾问不得不成为日本系统的一部分，之所以这么做，为的就是能在系统中发挥作用。他们不会冒险公开发表批评性分析，让自己

---

* 见第 67 页。——编者注

与系统疏离，所以他们是不可靠的内线人士。

日本的宣传也在有意无意中通过众多报纸和杂志文章进行传播，而编辑的习惯是要讲述一个故事虚构的“两面”。这样做效果显著，从以下事实就可得出结论：在写作本书的时候，尽管美国政府以及不少美国评论家面对系统化的日本保护主义长达20多年，但是他们还坚持认为，市场力量最终能够解决美日双边问题。

“神秘的”光环

增进对日本的“理解”，已成为一个由“系统”的若干组成部分资助的沉重的出口产业。但还是有不少日本人，特别是那些必须在国际上代表国内利益的人，可能会因为有人真的理解他们的想法而感到不适。有种观念认为，要成为日本人需要有一种精神维度，按着这个界定，外国人是无法理解的，这种观念是日本人自尊的重要组成部分，也因此得到广泛的认同。

在日本排名前五的某家日报社里，有一位顶尖编辑，他曾经告诉我，他的报纸（还有其竞争者的报纸）认为，无论外国人说什么，也不管这些批评的言论多么具有破坏性，他们基本上都会照单全登，这是因为编辑和读者总能用他们的信条来安慰自己，相信外国人始终没法理解他们所描绘的东西中那些更为微妙的方面。因此读到外国人批判性评论的读者，可能用不着得出真正令人不安的结论，便能享受到一种肤浅的、受虐狂才具有的快感。

日本人几乎都相信他们的文化是独一无二的，这并不是说其所有的文化都是独一无二的，而是在某种特别的层面上是独一无二的，因而最终与其他文化迥然有别，它是日本独特情感的根源，因此外人无法（甚至被有意禁止）对其加以理性探究。在读书和工作的时候，一直有声音让日本人相信自己的国家有多么特殊，无论何时，只要有机会与外部世界进行比较，媒体和官员的演讲就会持续不断地让日本人相信这一点。

几个世纪之前，西方知识分子就支持日本是个完全陌生的国度这种观念，而且这种观念很容易地就转变为日本具有独特性的观念。日本还属于“世界的另一边”时，马可·波罗便把 Zippangu（ジパング，这是他对日本的称呼）描绘成一处神秘的、天堂般的地方，认为那里皇宫的屋顶覆着厚厚的黄金。乔纳森·斯威夫特让格列佛在到访拉格那格之后顺道造访日本，以此作为他回家之前的最后一站。现代社会中第一位对日本做出解释的西方人是小泉八云*，他在进入世纪之交的时候描绘了“要感受和理解日本生活表象之下究竟是什么，是何等的困难”。[12] 小泉认为“至少在 50 年内，都没法写出任何作品来描绘日本，无论是从里还是从外，是写历史还是写社会，是写心理还是写伦理，都做不到”。1946 年，鲁思·本尼迪克特（Ruth Benedict）第一次做了令人钦佩的尝试，对日本进行全面评价，并发表了她的作品。她说：“在美国全力以赴与之战斗的敌人中，日本人是最琢磨不透的。这个主要对手，其行动和思维习惯与我们如此迥然不同，以至我们必须

---

* 小泉八云（1850 年 6 月 27 日—1904 年 9 月 26 日）是一位日本小说家，出生于希腊，原名帕特里克·拉夫卡迪奥·赫恩（Patrick Lafcadio Hearn），1896 年归化日本，改名小泉八云。——译者注

认真对待，这种情况在其他战争中是没有的。”[13]*

让小泉和鲁思·本尼迪克特得出如此强硬结论的事物，如今仍然在有关日本的讨论中引发激烈的争论。西方人还在重提小泉那个激动人心的发现——一切都是颠来倒去的。而鲁思·本尼迪克特将日本解读为一个具有凝聚力的实体，可以自立，在文化方面与世界其他地区隔绝，与它们有着本质的不同，这种解释对不少严肃的观察者来说，还是具有吸引力的。对此，我们不能再归咎于地理上的隔离。1962 年，我是进入日本的 202 181 名外国人之一，而在那一年，只有 145 749 名日本人出国旅游。25 年后，大概有 650 万日本人去国外旅行，而访问日本的外国人则超过了 200 万。尽管国际旅行大大增加，但许多最早就存在的“偏远”光环依然存在。日本仍然是一个进行浪漫想象的对象。对于某些谴责自己国家礼仪沦丧、勤勉不再（以及诸如此类的事情）的西方人来说，日本就好像是乌托邦一般美好。

我们经常得到提醒，特别是那些来自学术文献的提醒，警告我们不应把日本当作一个过于特殊的案例来对待。当然，学者们强调说日本人也是人，证明他们同样有人类的基本特性，这当然是好事；知识分子想让日本更全面地融入世界的愿望本身也是值得称道的。但在执行这项使命的热情的驱使下，有些西方人毫无根据地走向极端，仅仅指出相似之处，却忽略了那些不管你做出如何艰苦而持续的尝试，都无法迫使日本与西方经验模式相吻合的习惯和体系。

一旦要通过与其他人群的比较来研究一个人群，我们便会面临一

* 译文摘自《菊与刀》，商务出版社，第 1 页。——译者注

个古老的选择：是强调“同一性”呢，还是强调“差异性”？在研究日本时，这个选择让见多识广的评论者们有了迥然不同的观点。在世界其他地方发现的任何重要的人类实践和态度，对日本人来说没有哪个是完全陌生的。相反，人们可以在其他国家找出与日本对应的那些习惯和制度。但要描述对日本的体验，通常还要再加上这样一些词语，比如“更加如此”或者“不那么如此”等等。程度上的差异以及不同要素组合的差异，累积起来就成了本质上的不同，这点在社会政治组织方面尤为突出：组织往往依赖于一小部分掌权者的野心和反复无常。

在十字路口

在过去的25年间，有数不清的报纸文章、杂志专栏以及学术评估都做出断言，日本已经走到了十字路口。恐怕没有其他哪个国家如此频繁地被记者和学者加以审视，寻找即将发生改变的迹象。这种改变不是那种常规的、在任何国家都可能预料到的变化，而是一些更为基本的改变，能改变人们自我认识的方式，从而改变整个国家对待世界的态度。

大多数论及“处在十字路口的日本”的主题报告中，都隐含了这种观点，即日本必须改变，将日本与世界其他地方隔离的那些东西都被认为是反常的、临时的。在20世纪60年代，人们普遍认为日本的年轻一代一旦身居要职之后，就会做出改变。同时，劳动力提出的需求将会给社会经济结构带来巨变。在20世纪70年代，有人认为有不少雇员因公出国，等他们回来后就能让日本“国际化”，而对更好生活条件的普遍向往，也会帮助指导日本如何调整优先努力的方向。后来，又有一种很时髦的想法，认为日本金融市场的“国际化”以及其他一些无法阻挡的经济发展，将迫使日本接受外部世界的期望而达成妥协，日本将更关注集体性的国际利益并采取主动。1987 年的时候，又有一种普遍的观点，这种观点认为，所谓公众要求改变的压力再加上官方失去对商人的控制，正在转变日本的政治经济，使其成为更明确的、由市场力量驱动的政治经济。

时至今日，日本和 25 年前一样，还是徘徊在同一个十字路口：人们期望日本人民选择一种新的方式与世界交往，辅以在日本社会中做出的所谓改变，但总要按着西方人所指出的方向来改变。一个国家在同一个令人不快的处境中等候如此之久，不应该受到责难。所谓“十字路口”的说法，看起来更能反映出西方目光短浅的偏见，他们对非西方国家中事务机构和组织可采取的形式看不清楚。许多西方观察家认定的发展方向不会成为实际的发展方向。

20 世纪 70 年代后期有那么一段时间，日本官员开始反击。他们争辩说，要是有什么地方会发生演变的话，那一定是在西方。有份政府资助的刊物讲得很清楚，只要发达的工业社会愿意遵循工业深入发展的合理进程，日本式的社会和经济管理“就会遍布所有这些发达的工业社会”。[14]

就在这段时间，欧洲和美国流行这样一种观点，认为大量采用日本的做法是可能带来收益的。这是可以理解的。来访的人注意到日本几乎没有任何暴力犯罪，也没有对工业造成破坏的劳资冲突，其经济系统似乎比任何其他系统更能经受得住石油危机（以及诸如此类的危机）的冲击，他们的脑海中必然会提出这么一个问题：西方应不应该转型成像当今日本这样的社会呢？但是，“向日本学习”的做法掩盖了日本和西方之间的一些重要差异。只是采用日本“系统”中的一部分而不整体借鉴恐怕没有用，但整体借鉴的代价是西方社会所不能承受的。西方如果沿着日本的方向发展，就需要复制一些条件，而只要西方人仍然看重社会自由和思想自由，这些条件对他们来说就是无法想象的。

因为十字路口的观点一直存在，所以就有理由强调日本的不同之处。许多清醒的西方分析家还在期待大规模的改变。“日本股份有限公司——如果存在过这么一种公司的话——正一步步地解体”[15]，一份极具声望的经济日报如是断言。人们轻信了日本有关“国际化”的口号。20 世纪 80 年代，日本官方论调是，与以往相比，种种政府指导的形式对私人企业来说已经不那么有分量了。即使这个说法通常伴随着一些数据，意在说明目前的关税条例让日本几乎成为世界上最自由的市场，但事实上日本经济还没有转变为西方自由市场经济。在日本，纸上说得头头是道的东西，往往在实践中完全不是那么回事，而且这样的情况总是比在西方更为常见。东京的官员们特别有创意，发明种种细微的控制手段和委婉的标签，让自己看上去更容易让人接受。外国政府和专栏作家们会自主地认为，日本发现自己面临新的选择，它有着一种全新的责任感，不断地期待着重大发展。但除非出现一些目前还无法预见的巨变，否则日本的机构不大可能更顺畅地与外部世界接轨，因为这必将带来官僚–企业关系的破裂，而这个关系才构成了系统的核心。

抛弃所谓“十字路口”的观点还有另外一个理由。一旦期望中的改变没有实现，西方就会产生挫败感，并最终导致对日本的进一步诋毁。

抛弃十字路口观点后，我们就只剩下小泉八云和鲁思·本尼迪克特关于文化特殊性的理论了。但是这个理论本身无法将日本与其他更广泛的、全球通用的人类经验领域关联起来。在更实际的层面上，它也无法帮助外国政府和商业机构在和日本打交道时形成一个临时协定（modus vivendi）。

但是，还有一种方法可以让我们走出概念迷宫。如果我们不再采用常规的方式去寻找文化上的解释，而是提出权力如何在日本得以实施这个问题，那么日本的问题似乎也就没有那么神秘了，而且很多谜题都是可以解答的。

权力角色被人忽视

研究人类事务有四种通用方式，其重点分别在于社会、文化、经济以及政治领域。我们自然不能告诉问题该做什么，因此问题也就不会停留在某些学者划定的任何单一领域里。另外，人类事务不仅可以归到这些领域中的任何一个，而且每一件事务也或多或少与另外三个领域有交集，因为社会、文化、经济以及政治生活当然都是交互的；我们选择其中一个标签时，我们选择的是一个侧重点。

总的来说，日本评论家以及国外学者在研究日本时，比较喜欢的角度是从文化和社会出发，而且常常将这两个角度合在一起讨论。

日本文化的政治起源

日本政治在很大程度上还是被描述为对文化影响力的服从，日本的官方发言人特别热衷于这种描述。日本的作家们只要采用了非马克思主义视角，基本上都会想当然地认为，他们的祖国是过去一代代人整体偏好的产物。大部分论述日本政治及其历史的著作，不会让人认为每个阶段其实都有一些当权者，他们用各种手段来组织其控制之下的民众生活。有三位杰出的学者最近做了一项重大工作，为的是得到一个看待日本社会政治生活的全新全方位的视角。他们精心设计，努力尝试，要将一切还原到文化因素中去，就好像权力从未在日本行使过。[16]这种还原论特别引人注目，因为如果有一个国家，其具有支配地位的社会及文化特性可以追溯到其政治决策，而且可以明确地看出这些政治决策不受其他方面的影响，这个国家就是日本。

如果非得要我描绘我的祖国荷兰的本质特性，我就会在经济、宗教以及一般社会生活中追寻政治因素，但我应该没有必要将政治这个因素当作重点。荷兰继承了欧洲的希腊与希伯来思想、罗马法律以及基督教的强大力量，而日本则继承了亚洲大陆的儒释道三家的思想。但是，荷兰的贵族没有资格在基督教原理以及罗马法学思想中挑选他们觉得合适的内容，从而按着自己觉得恰当的方式将其融入荷兰文化中。同样，欧洲那些具有绝对权威的君王通常也没有权力去有效地控制他们的疆界，禁止他们不喜欢的思想流入。

无论谁想要解释什么，欧洲任何一个国家都提供了一大堆导向事物起源的可能线索。再举一个例子，印度也是如此。如果有人一定要找出中国文化里最根本元素的开端，那么他该到哪里去寻找呢？到国家政权中去寻找，还是到为它正名的哲学里去寻找？

这种“先有鸡还是先有蛋”的问题对日本却不那么适用。回顾日本的历史，我们可以清楚地看到，在决定日本文化发展的进程中，政治安排一直是一个主要因素。由于日本相对与世隔绝，这就意味着紧紧掌握权力的日本精英阶层，可以轻而易举地控制海外文化的流入和影响。当权者还能从世界其他地方所提供的东西中挑挑拣拣，经过精心计算之后，选出那些最能巩固他们地位的技术和看法。对文化施加相对广泛的控制，也意味着对潜在的叛逆思想有着近乎绝对的控制。

对文化的政治控制

一般认为，与其他影响因素相比，中国思想和方法论在很大程度上影响了日本官方文化的形成。除了书写系统的伟大传承以及艺术生产的技艺和风格之外，这些文化输入主要是为了政治目的服务的。在6世纪，日本统治者接纳了佛教，还解释说这么做是出于政治原因。此后不久，日本便引入中国政府行政模式，很显然这也是个政治举动。

与中国的外交通道随后被关闭了，此后，一代代的日本统治者也认为必须保持闭关锁国状态，直到1401年，足利义满将军才和中国明政府建立了贸易关系。尽管贸易给足利幕府带来了丰厚的利润和许多奢侈品，但他的继任者却再次终止了与中国的往来。在这个时期，虽然朝廷与幕府不再和中国保持官方联系，但是日本南方各州还在与中国进行贸易往来，肯定有一些中国文化方面的影响继续渗透进来，不过这似乎对日本的精英文化并没有产生持久的影响。

自16世纪中叶开始，日本就允许葡萄牙人带入他们的火器、药品、天文学、钟表以及（最重要的）宗教信仰。但是17世纪伊始，这种“好客”态度就反转了，因为将军们开始害怕宗教信仰成为政治上的“第五纵队”，因为他们意识到天主教会带来潜在的威胁，可能会让自己的属下们效忠的对象发生改变。这一政治洞见所带来的后果便是几乎与世隔绝的政策，直到19世纪中叶，这一政策仍然在执行。

1868年，明治维新时期的一群统治者几乎提倡输入任何东西，只要他们派往美国和欧洲的官方使团认为这些东西对全新的日本有用就行。一旦这些东西不可避免地导致颠覆思想的传播，他们就对其展开压制，并开始宣传“古老的”传统，而这些传统是他们自己从早期政治意识形态的点点滴滴中创造出来的，将天皇美化为日本家族式的国家元首。

直到1945年，日本掌权者还控制着一个特别的警察部门，这个部门的任务就是消灭“危险的思想”。该部门中有六名官员在战后成为文部科学省、法务省、劳动省、内务省、厚生省的大臣。[17*] 到了20世纪80年代，日本民族主义的本质特性还是由明治时代寡头编造的神话中所蕴含的观念决定的。

14个世纪之前，日本的掌权者可以在中国提供的东西中挑挑拣拣，几乎将这些外来文化的影响全都限制在他们认为合适的机构和教条当中。在19世纪下半叶，他们在处理来自西方的影响时，再次取得了巨

---

* 日本政府各部门的编制有其历史沿革，此处采用的名字是相应历史时期使用的名字。——译者注

大成功。在这两段时间之间，掌权者经历了几个世纪的内乱，压制了当地的佛教派系——因为这些派系有着在政治体系中注入宗教竞争的威胁——并根据对他们继续掌权的重要性，有选择地刺激或遏制不同的社会、经济以及文化潮流。掌权者甚至可以让科技的发展倒退，比如他们禁止使用葡萄牙人引入的火器，并将其抛在一边。他们更不喜欢冒风险，不能让平民获得能力而奋起反抗；用毛瑟枪或者来复枪开火要比用剑简单多了，而挥舞着刀剑的敌人，也远比手持枪炮的敌人更容易在城堡前受到牵制。

我们已经看到，由于普遍真理或超验真理的观念绝不允许被嵌入日本人的思想中，这些观念也就不可能对政治精英的权力加以任何思想文化上的影响。掌权者甚至连这些观念对权力的影响都能控制；事实上，没有任何法律限制他们的权力。要是说在确定日本宗教生活以及思想方面，政治安排才是最关键的，这绝非夸张之词。

一位从事比较政治史研究的学者曾经指出，19 世纪欧洲发起的"思想动员"（参与者有律师、启蒙主义者、共济会成员、作家，还有记者）可以与社会及政治行动区分开来，但在日本却没法做出这种区分。开始"向荷兰学习"的大名和武士同样专注于思想活动，但是"他们与 19 世纪欧洲的'知识分子'不同，因为他们在进行学习的同时，还带着异常独特的政治目的"。[18]

权力模式为日本知识分子的追求给出了方向，同时也设置了禁令。日本的正义观以及法律在社会中的地位，全按照统治者的方便来塑造，任何批评指摘都无法左右那些统治者的态度和方式。据说，日本社会和文化中具有代表性的那些方面，比如集体生活、忠于公司、爱好和谐、少存私心、几乎无诉讼等，最终都来源于政治安排，并因政治目的而得到维系。

只要我们在考察日本时，还是主要使用社会及文化方面的术语，就一定会碰到一个基本问题：日本人的习惯以及制度与其他人如此不同的根源究竟在哪里？有一部分答案在于日本历史上的与世隔绝。但政治手段才是这个问题最令人满意的答案，因为政治手段能让我们发现日本社会形成背后的强大力量。

对权力视角的偏见

即便如此，为什么对日本的政治生活进行文化方面的解释，看起来要比从政治视角对文化进行解释更有吸引力呢？这可能是因为对这个国家的肤浅的第一印象，不会敦促我们再用政治眼光来看待它。一眼看过去，日本没有暴君，甚至没有一个明确的政治权力中心。从表面上看，这种情形不会给个人带来任何特别强烈的压迫感。哪怕在日本待了很久，我们也不会注意到有很多压迫的源头是警方或是别的什么政府机关。相反，日本文学中充满了追求和谐的描述。简单说来，日本的权力高度分化；同时，尽管这使得权力更加无所不在，但人们却无法立即觉察到。

但西方文化主义视角的成功，我怀疑还有一个更加重要的理由。在由民主组建起来的社会中，许多人对权力的概念感到不安。哪怕是不太危险的词“政治”，也会引发厌恶，因为这个词通常与贪婪、欺骗以及其他有损我们尊严的东西联系在一起。“权力”更是一个脏得要命的词，恐怕只有对那些渴望权力的人，这个词才会激起愉快的情感。

不少当代学者在研究人类事务时，将“权力”这个概念从他们的词典中抹去。对于知识分子特别是美国知识分子而言，这个词的内涵如此令人不快，以至于他们倾向于对其加以否定或是将其抛弃[19]，有时甚至到了郑重建议彻底驱逐这个概念的地步。[20]对此的解释之一是，权力概念在情感上会与机会均等的理想有冲突，而后者已经具备了一种意识形态的力量。一小群人控制大多数人的权力，主人对仆人施加的那种权力，都可能会令人不快。因此，人们通过创立知识结构来隔离权力关系，并将这些关系视为在集体决定之下，经由完美理性而产生的结果。

在此，我们不想仔细考量存在于当代政治科学中的那些瑕疵，但有一些考察或许有助于我们正视这种方法。第二次世界大战之后，学术界向我们描述的，基本上是一个被玻璃纸包裹着的、干干净净的社会政治世界。在这个被包装的版本中，权力的概念有时会被一种更加中立的“影响”概念取代，因为在“影响”中没有那种（潜在的）“权力”元素。主仆关系（如果被人注意到的话）完全被当作经济概念来考虑，它是能为大众带来好处的，而“张开其血盆大口”的权力概念，只有在提到革命的情况下才会出现。

这种观点——特别因为它是由“多元理论”的拥护者提出的——导致人们接受任何政治安排，就好像本该如此一样，尽管在某些细微之处还有改进的余地。尽管“权力”还没有从学术论述中消失，但它的利爪尖牙却被拔去了。人们通常认为，它是一种稀缺商品，可以如市场上的商品那样通过强制力进行分配。这种对政治世界做出的经济解释改变了权力的概念。比方说，它没法解释为什么日本教师们就算鼻子被打出血，也要反抗国家教育官员试图重新控制学校里的“道德思想”。我们也无法想象，一个国家因为施行权力的方式是灾难性的，它就会一头扎进灾难之中。

西方按照民主原则组织起来的团体对责任与义务进行分配——这也是“多元理论”的基础——但只有事先协定如何限制权力，如何伪装它并允许它去影响普罗大众，这种分配才能成立。这种权力实施的前提是存在法律，而且对法律要严肃以待。还要假定多元代表制的理想是现实，并将这一现实作为出发点。

在实际生活中，日本公民并不诉诸法律；事实上，有别于“主体”的“公民”概念很难被人理解。多元代表制在理论上存在，当然，要是相信它能影响日本的实践，那要真的下一番决心才行。

在后续章节的字里行间，如果我让你觉得日本的权力是某种需要警惕的东西，我是有意而为之的。与那些示范“多元理论”的国家中的掌权者不同，日本的掌权者系统化地实施权力，其方法和目的是让那些选民最终无论如何都没有控制权。

揭示政治动机

以本应有的方式来认识日本的权力，我们会看到在其他方面我们意识不到的东西。其一是，这样的体制比20世纪其他任何时候都要好。我们可以发现，日本二战战败并被占领，这个事件在日本政治生活中的分水岭作用并不像一般所认为的那么明显。战前以及战争时期的官僚权力体制（除了其军事成分）在战后得到了巩固，而且还在不断巩固当中。

我所提出的政治视角，也给审视日本的国际贸易事务提供了一个全新的视角。长久以来，我们都同意大型日本公司的首要任务，是扩大市场份额而不是获得中期利润。人们也会时常注意到，为了达到这些战略目标，他们会放弃相当的利润，其时间要比西方公司可能承受得起的时间长得多。增加市场份额如同扩张控制的领土一样，它取决于对更大权力的渴求，这是政治动机。获取最大的利润则取决于对金钱的渴望，这是经济动机。在西方公司和在日本公司，这两种做法当然是互相关联、互相融合的；但是由于侧重点不同，产生的结果也就极为不同。战后日本企业的官僚化是通过增加官僚的控制和保护来实现的，也通过指派对各省友好的官员取代企业家来实现，这与获取更大国际市场份额的政治动机的驱动有直接关系。

20 世纪 70 年代，日本在没有互惠互利的情况下，努力在海外市场开辟自己的势力范围，这段历史在 20 世纪 80 年代末的金融界重新上演。日本公司收购了不少西方金融机构。他们不是将巨额利润（通过占领并巩固其制成品在国际市场的份额而获得的）投资在国内——如果这么做会解决许多国内和国际问题——而是投资到国外，因为在国外还有机会占领市场份额。大藏省对金融市场和资本市场的“自由化”进行广泛宣传，目的是要促进国际社会对日本银行、证券公司以及保险公司的解放，能让它们在世界货币市场中更好地竞争，让贸易公司有一个广阔的全新领域进行海外投资。

这些发展可能具有重要的政治意义，因为一旦东京获得对世界金融市场的那种影响力，那么制约日本的单边经济占领的可能性就会大大缩减——而日本目前推动市场份额的扩张似乎正是出于这个目的。

西方世界一直没能预见到会有这样的后果，因为西方显然无法像日本那样，可以预见到结果的可能性。

日本问题对日本人的影响

作为一个国家，日本自身就是一个问题，因为日本施行权力的方式导致它与其他国家产生冲突和隔离。但日本对于日本人来说也是个问题。过去 25 年间，通过和不少日本人的讨论，我相信日本实行权力的方式对他们产生过负面影响。他们本应更加自由。日本人的学校体制以及上级对待他们的方式，就像是园丁修剪篱笆那样，突出的个性经常会被剪掉。这种政治体制对个人很不仁慈，不可能不给它的公民心理发展带来严重问题。

我相信，日本人是个体存在，这 1.2 亿人都是。但不是所有人愿意坚持他的个体性，受到太多调教的大多数人，就不会坚持。但我见过不少人，他们希望被当作独特的个人，而不是一个群体中难以辨别的成员。这些独立的思考者感到困扰不安。在很多情形下，他们都退缩到自己思想的私密世界中。日本文化孕育了一片巨大的、互不关联的、不为人知的群岛，这片群岛便由那些私密的世界组成。崇尚个人主义的日本人一般都不会干涉政治，因为万一他们挑战到现有的政治安排，那就是自讨苦吃。尽管他们拒绝墨守成规，但他们毕竟还是日本人。

最近几十年在谈到日本的时候，人们时常把个人成长的理念当成西方民族优越感的一种体现，而且还揣测日本人自有一套辨别个性差异的方法。但还是有一些个人成长的标准不受文化约束。就像先有蓓蕾才有玫瑰，先有虎崽才有猛虎，人类的成长的内在目的便是要成为一个成熟的、完整的个体。[21] 我在其他亚洲国家的经验，以及我与健全的（well-integrated）日本人的交往，加深了我这个信念。

不少对日本进行严肃评论的人，都刻意避免做出可能会被标记为价值判断的陈述。但是，我的观点是，对政治事务进行有意义的讨论，却想避免做出与某种信条无关的判断，这不过是种幻想。力求客观与对可能出现的偏见时刻保持警惕密切相关，但正是对主题的选择揭示了个人的关注，这些关注却未必就是偏见。很多事情可能都是相对的，也确实存在一种以理想方式来安排生活的标准，让人们必须做个选择。我们不应疏忽人们在他们各自社会中的处境。

柏拉图有一个伟大发现，即自我认知取决于对政治生活的特点和范围的理解，他充分地意识到权力有着腐化的潜能。他那伟大的理性和诗意的心灵，首先把从神话、传统和野蛮权力中获得解放的这种需求当作政治行为的根本因由。我看不出有什么理由认为这个观点只对西方社会适用。

出生于波兰、接受共产主义社会思想的哲学家莱谢克·柯拉柯夫斯基（Leszek Kolakowski），比他那些出生在西方的同僚对这点思考得更多，也更能说到点子上：

> 个人自由——我们可以假定——有其人类学基础。这一公认的信条无法按照“证明”这个词的常规意义来证明对错。但是，我们希望自由最终不会被极权主义以及普遍的官僚化带来的联合压迫摧毁，我们要能真正地准备去捍卫自由，关键在于我们相信

> 对自由的渴望、对自由选择独立自主的渴望，它不是历史的偶然偏好，不是特定社会条件的结果或特定经济生活形式、市场机制的临时副产品，而是根植在人类的品性中。[22]

柯拉柯夫斯基知道，这是一个哲学问题，永远无法通过实证研究得到彻底解决。他是这么考虑这个问题的，"我们不能只是因为无法根据指导科学探索的规则来解决[这个问题]而简单地漠视或者拒绝[这个问题]"。他说得对。一旦我们采取这样的哲学立场，即自由对于个人来说是可取的，那么，在仔细审查任何超出维护社会秩序的合理要求、严重妨碍个人自由的政治安排时，我们就有权采用批判性方法。

第二章

难以捉摸的国家

日本人的生活通常看起来像是一出演得乱七八糟的戏。演员说出的台词和他们穿着的戏服，表明他们与他们所扮演的那个角色完全不匹配。执行权力相关的机构、流程和行为也是如此，初看之下是一回事，但是随着接触的加深，就完全是另外一回事。

在最基本的政治生活层次上，日本当然与其他国家没有什么不同。有些日本人热衷权力，有些则得到了权力。和任何地方一样，绝大多数人因为担心受到惩罚或社会动荡而欣然服从于所执行的权力。日本有法律、立法者、国会、政党、工会、首相、利益集团以及股东。但是，我们不应被这些熟悉的标签误导，而匆忙得出日本如何执行权力的结论。

人们不指望日本首相表现出太多的领导力，工会在午餐休息时间组织罢工，立法者其实并不立法，股东从来就不要求分红，消费者权益团体主张的是保护主义，只有在和有权势的人利益不会发生重大冲突时，法律才会得到执行。执政的自民党虽然被称为政党，但其实它很保守和独裁，并不是真正的政党，实际上它也不进行统治。

有人可能会问，既然如此，为什么不简单地将这些东西重新命名？那恐怕想得太简单了。日本社会—政治机构里那些熟悉的标签有时意味着熟悉的功能。而有时，它们在不同程度上又代表了其他一些东西。困惑主要来自日本记者和大部分日本学者，他们没有养成他们西方同僚中常见的那种习惯，不会指出差异。他们倾向于以其标签描述的方式来对待这些机构。

这并不意味着，就如许多日本人愿意认为的那样，日本没法被外人“理解”。但是这确实意味着需要付出耐心与努力来揭示一种特殊的复杂性，而广为接受的西方政治术语对此不仅帮不上什么忙，反而还会带来障碍。日本政治世界的现实情况具有一种从我们的指缝中溜走的本领。在我所供稿的报纸上讲述日本时，每次我都感到有必要重新定义那些熟悉的术语，因为它们激发的形象有一部分并不适用于日本的现实——甚至完全不适用于日本。确实，对日本权力结构进行认真观察的人，有时难免会觉得有必要重写整本政治词典。

焦点之外的权力

让我们从审视国家（state）这个概念开始。现在有一种潮流，就是不要将国家视作与政府或民族（nation）不同的东西。但这种区别是必要的，而在谈及日本时，这个区别也别具启发性，这点会渐渐明朗起来。

民族（nation）的定义是语言相同，而且文化上与其他民族有区别。日本显然是一个民族。国家（state）不那么容易被描述或是被衡量，但不同的定义都会认同国家是权力最终的集中处和裁决者。那么在日本，我们要去哪里寻找“国家”呢？在形式上，而且与日本作为一个议会民主制政体的正式地位相吻合的说法是，主权属于人民，立法权属于国会两院这个民选机构。但是由人民自由选出的代表所构成的这个团体——宪法称其为最高国家权力机构——却不能真正地被认为是批准日本国家事务的最后裁决者。这点本不该让我们感到吃惊；世界上还有不少国家，其权力并不属于它所应该隶属的那些机构。但是在此情形之下，人们应能够找到掌有实权的另外一个机构、另外的某个人或是一群人。不过在日本，却没有那种界限明晰的掌权者团体。

除了官方立法机构之外，只有官僚机构和大型企业给人们这样一种感觉，是它们构成了国家中心；不过，最终的权力并不在这两者当中。某人会找到众多显然是老板的人，但这些老板中没有最大的老板，也没有一个进行控制的群体。日本的高度中心化在于它的首都是本国的经济中心和文化中心。东京和巴黎或伦敦一样，都是“一切事情发生”的城市。哪怕只是为了接近各省的官员，大型公司也必须在那里设立重要的（即使不是主要的）办事处。最重要的教育机构也集中在那里。为了获得必要的预算资金，当地政府必须小心服侍中央官僚。东京之外，几乎没有什么重要的出版业或是娱乐业。但是这一地理中心中也不存在政治中心。

要掌握政府的实质在任何国家都绝非易事，但在日本就像谚语中所说的，是在一篮子鳝鱼中摸索。命令路线、责任焦点、决策细节都难以捉摸，让人发狂。

没有权力的君王

外国观察家必须一直提醒自己，在日本的政治生活中，事物几乎从来都不是它们看起来的样子。[1]几个世纪以来访问日本的外国人一再复述着这一根本原则。确实，最早不以神话来描绘日本的论述中，已经表明了日本最高政治机构的真正目的与它表面上所具备的功能毫无联系。公元3世纪，中国书写曹魏历史的史学家带着好奇心并注意到，虽然倭（这是他们对日本的称呼）这片国土在形式上由一位名叫卑弥呼的女王统治，但她却躲在戒备森严的皇宫里，通过一个男人与外部世界进行沟通，而管理国家的任务则交给她的弟弟。[2]

世界历史中不乏僧侣–君主、神祇–国王、拥有世俗权力的魔法师或是萨满，而卑弥呼的任务是“获悉诸神的旨意”，她看起来像是其中的一员。[3]但倭国名义上的首领却没有任何实权。后续天皇们的历史也体现出日本倾向于将形式权力和实际权力分离。

等到日本的女王和国王们不再那么卖力地取悦他们那为数众多的先祖神灵，仪式还是具有令人难以相信的细枝末节，让他们哪怕被允许进行统治，也无暇顾及。显然，有一些早期的君主拥有政治上的控制权，但很快这种控制权就被委派给他人，先是委派给皇太子，然后是皇室顾问。

到了10世纪和11世纪，日本有了一个非常明确的掌权团体，其形式是藤原氏通过将家族中的女儿嫁给即将继位的天皇，使自己的地位合法化。藤原氏是一个狡猾的家族，他们尽可能地在整个国家中篡夺这样的控制权。在藤原氏衰落之后大约一个世纪的时间中，皇位背后真正的权力属于太上皇。最后，在一段过渡时期——在此时期大部分权力由另一个平氏的家族掌握——之后，实际的统治交给战国时代的武士，他们控制日本一直到工业时代。在1185年，源赖朝将军从朝廷那里获得了正式批准，来统治日本的66个“国”。七年之后，他受封为“征夷大将军”。这一职位又经过进一步的巩固之后，一直到1867年都是日本官方权力的核心。

与此同时，作为政治实体的朝廷被彻底忽视。有些天皇陷入赤贫。比如正亲町天皇不得不靠卖字和变卖宫廷里的家具才能维持生计。皇权衰败的唯一例外是后醍醐天皇，但这一例外也只维持了三年。他在1333年到1336年间成功地战胜了军阀，并恢复了朝廷的权威。在君主立宪制兴起并改变王权政制之前，其他国家的历史上也出现过软弱的国王。但在日本，软弱无力的则是制度本身。

日本对权力的委派并未止于幕府这一等级。在13世纪形成了这么一种情况，如历史学家乔治·桑松（George Sansom）所描写的：“政府一个令人称奇的现象是，政府顶层是一位只有虚衔的天皇，他那些残缺不全的职能被一位退位的天皇篡夺，而真正的权力则在名义上委派给一位世袭军阀，但最终运用权力的却是这位军阀的世袭幕僚。”[4]最后这句话说的是北条氏家族，这个家族控制了将军，就像早些时候有权势的家族控制了天皇那样。

这样的安排显然很符合那些有权势之人的想法。几个世纪以来，他们控制着日本。他们中没有人曾认真地试图为自己夺取皇位。考虑到中国存在篡位这种惊人的模式，其中造反成功的将军们不断建立起新的王朝的话，那么这一点就更加引人注目了。

但是，权力的向下委派带来的好处似乎总能弥补形式上荣耀的缺失。藤原氏建立起这种统治类型的范式，似乎并没有迫切地要去摧毁这么一个除了名分之外，能为后人提供统治者的所有权力的体制。这种传统对真正的掌权者来说确实有一个明显的好处。如果一个人要让别人拥有名分，而自己拥有与名分匹配的实权，那么此人便不那么容易被打倒。如果真正的权力源头不明，那么如何打击权力也就因此不明。

被操控的一党制

日本的亚洲邻国完全熟悉这种形式权威与实质权威的分野。当今亚洲许多官方的权力结构都是虚构的。非共产主义国家的官方制度都是借来的，要么是由殖民统治者引入（比如在印度、印度尼西亚、菲律宾和马来西亚），要么就是由当地改革派引入的（如泰国和日本）。这些改革家相信采用西方模式能让自己的国家自由，并在西方人眼中获得尊敬。

这些亚洲的体制，在一定程度上，有时是很大程度上，是一种掩饰，用来遮蔽那看不到的权力构造。只有通过阐明更古老的原生政治行为的形态，我们才能对政治进程有所把握。同样，西方非正式的以及法律之外的关系，也可能会对权力的执行产生巨大影响。但是，在几乎所有的亚洲国家中，个人关系都远比更新式的、形式上更公正的机构更加重要。但是，亚洲国家的官方政府流程不该被认为是毫无意义的哑剧表演而被抛弃。从西方引入的官僚结构与古老的政治习俗交互影响，并从根本上改变了后者。在这点上，日本毫不例外。

但是，由于日本拥有在西方世界之外最完整的一套民主外衣，而且一般它会被认为和西方发达工业国家属于同一个地缘政治范畴，于是相比亚洲其他国家而言，观察者在论及日本的政治现实时，似乎更容易被误导。其政府也不会为了掌权就把人关起来。出于这些原因，长期以来人们都认为日本宪政繁荣。

所有那些被认为是议会民主制不可或缺的机构，日本都具备，而且从表面看来，这些机构也没有什么明显不同寻常的地方。在东京市中心矗立着国会大厦，那是众议院和参议院开会的地方。如果有人暗示说议员们把他们的民主人物看得无足轻重，他们会愤怒的。每过四年（或更频繁一些），日本公众有机会从各式各样的候选人中选出这些代表。

古怪的是，从 1955 年开始，这种自由导致了一党专政，而且这种专政从未经受过严重挑战。[5] 如果我们忽略 1947—1948 年中有 10 个月偏向保守的社会主义者加入了一个令人迷惑的联合政府，我们就可以说，自从二战结束之后，同一群相对数量较少的政客组织着抢椅子（大臣级职位）的把戏，他们只给门生（protégés）留位，而对重要的政治决定却没有任何显著的公众影响力。

这一群政客如今被称为“自民党”（Liberal Democratic Party，或 LDP）。就如我们已经看到的，对于一个派阀（*habatsu*，政治派系）的联合体来说，这完全是用词不当。在基层，它没有任何可称为党组织的机构，也没有一个普遍接受的机制来规范领导的更替，也不代表任何明确的政治原则。某年它的党员可能不到 150 万，但次年又会超过 300 万，再下一年又只有 150 万。[6] 因此，在西方所能接受的概念中，它根本不能被称为一个政党。

日本是个很少被称为一党制的国家。反之，有一种理论说，大众对那些给国家带来经济腾飞的政客充满信心，让他们掌权多久都不嫌够。直到最近，那些最有影响力的外国学者在论述日本时，还持有这种观点。我们因此也就能理解，自民党在向外部世界解释其地位不受挑战时，也是这么说的；如果美国总统和日本首相谈到他们都会共同承诺实现多元民主政治，后者是不会表示反对的。

但真相是自民党通过重划选区（gerrymandering）来维持自己的统治地位；用金钱来保证自己获得必需的票数，这个票数大约占普选票的 48%；他们给选区施压，并表示只有选举自民党的候选人才能让郊区的基础设施得到改善。在它自己帮忙所建立的现实情况下，这一信息当然非常准确：当地政府高度依赖于由中央政府进行分配的财政拨款体制，这是一个不受正当规则监管的体制。需要由政客来和政府官员进行斡旋，而自民党政客即便不是唯一的与政府进行接触的人，他们也是与政府接触的人当中的最佳人选。[7] 在竞选过程中，自民党政客不断强调他们那些负责为选区项目拨款的官员的关系。对体制的操控得到以下两方加强：本应无党派的农业合作社，以及数不清的建筑公司及其承包商——它们的场地实际上被用作竞选的办公室。

自民党的绝对多数席位通过不平等的代表权得到进一步保证，因为在农村地区辛苦拉来的一张选票抵得上城里的三张。在大城市之外，自民党候选人为了能继续当选，采取了非常彻底的政治分肥 *。

因此，自民党从始至终是一个拉票机器。决定选举人命运的，不是什么政治规划带来的公众认可，而是武断的因素：投票的结果（农

---

* 政治分肥是指议员在法案上附加对自己的支持者有利的条款，而使自己获资助、捐献的手段，也被称为“猪肉桶政治”。——编者注

村票数越高越好)，以及留意政党对候选人的支持(为的是在多议员选区不要让选票过于分散)。正如一位日本最卓越的政治学家在1960年所指出的，自民党赢得了两倍于日本社会党*的席位，这并不是说自民党的福利政策的价值是日本社会党的两倍，而是说它拨的款比日本社会党的区区意见重要两倍。[8]

国会中的希腊式合唱**

自民党可以继续操控体制，因为组成“反对派”的政党似乎相信，在这个格局中，他们最合理、最永久的位置是在政府之外。日本社会党作为第二大党，很容易让自民党将自己标榜为唯一可行的执政党。社会党主张的是去军备化的中立态度，以及长期以来的反美立场，这样的设计看起来几乎就是为了让该党派无法吸引一般的选民。另外一个党派日本共产党，他们的理论在某种程度上不那么脱离现实，因而获得了不少来自非共产主义选民的同情。但是，在它早期的历史中，它是一个公开的工具，用来实行莫斯科的外交政策，加上战后人们对任何带有“共产主义”名称的东西都感到害怕，使它甚至不被其他少数党派接受为联盟伙伴。

更小的民社党(民主社会党)和公明党在某些时候的表现，似乎表明他们愿意参与国家的正规管理，但即使是在这种情形下，他们也

* 日本社会党在1945年组成，1996年改组为社会民主党，简称“社民党”。——编者注

** 在古希腊悲剧、喜剧、滑稽羊人剧(Satyr play)以及由此演绎的现代作品中，希腊式合唱是一种表演形式，由一组无法分辨个体的演员对剧中人的行为以统一的言语加以评述。合唱团由12到50人组成，他们和谐一致地跳舞、唱歌、说出台词，有时也会戴面具。——译者注

只是作为自民党的联盟伙伴。他们从来没有抓住机会联合日本社会党，否则我们就有理由相信，他们会组建一个非自民党的政府。

在日本永远存在的政治“反对派”，从来不会以西方议会民主体制下选民所认可的方式来运作。对于立法而言，它显然已经成为一个麻烦和障碍，让那些具有自由意识的日本人想到了战前的方法和控制。通过阻挠议事的行为和吸引报纸的注意力，它能让自民党在国会的一个或几个常委会中感到尴尬，但却从不会在政策上与自民党展开大辩论。

如果自民党在“反对派”缺席的情形下通过了法律，他们就会被斥责为独裁，因此，对国会议程进行抵制，就成了一种有效而象征性的表示愤怒的手段。少数党以这种手段来反对自民党的“专横”，或是呼吁人们注意“政治道德”（这是对自民党成员腐败的委婉指证），偶尔也会对国民预算表示异议。1983 年，少数党造成国会陷入僵局长达 28 天之久，这是历史上最长的一次；而在其他时候，他们会让立法进程瘫痪一到两周。1987 年春，少数党发起的抵制，在自民党的支持者中成功地巩固了其反对党的地位。他们反对一项销售税提案，并迫使国会撤回了一项税法修正案。最常见的情形是，自民党迫于抵制的压力，同意在实际政策中，对一些只有非常轻微后果的象征性问题（如果有的话）做出让步。除了极个别例外，国会的讨论只是一系列表演，它会让人放心民主尚存，但对国家事务的进展却没有丝毫影响。

简单说来，日本国会中的反对派就像是一出希腊悲剧里的合唱团。它单调地评述着国家政府，哀悼着自民党所犯下的罪行。这不过都是些仪式，它们是无害的。

软弱的大臣们

习惯上我们称呼自民党为“执政党”，但这也是用词不当。它很少提议制定法律。有些时候，政策的新草案可以来自某些强有力的自民党团体，但大多数情形下，这些方案并没那么重要。自民党也几乎从来不会建立新的行政优先级。对其权力的限制，最好的体现是它没能做出什么政治决定，比方说，它未能制定出一些以减轻与他国冲突或是提高国内基础设施水平为目标的决策。自民党当中的特定个人和团体，基本上是以间接的方式来执行他们的权力的，但执行的却不是那种一般被认为与运营政府相关的权力。自民党议员和其他日本人的区别在于其个人特权，以及他们能够将他们游说得来的支持者所提出的请求呈递给官僚。20 世纪 80 年代后期，很多西方观察家持有这种印象：自民党最近开始非常活跃地讨论并支持某些政策，诸如工业重构、开放国内市场、金融自由以及教育改革等等。不过这种见解基本上是不准确的，因为它是基于大量国会的报告和强调施行新政策必要性的报刊文章提出的。在国内讨论时，这些领域的发展被过分夸大；这些讨论中的大部分是因为外部环境对日本施加了压力，讨论被限制在最低程度之内，由官僚而非自民党加以监督。

日本的首相之下是一个软弱的国会，他一直都是自民党的主席，理论上他有机会行使强权。但实际上，他的权力并不允许他做外国人（包括外国政府）期望一位首相所能做的那些事。如果他将大部分精力都集中在一个目标上，而且其执政时间超过一定年限，那么他便可能在潜移默化中影响官员们的权位高低。出于各种实际目的，他的直属权力仅限于解散众议院。如果他还想要多做一些事的话，那么他在自民党中的对手和“反对党”几乎肯定会联合起来，一起把他拉下台。

日本首相的权力比西方政府或是亚洲政府中首脑的权力都要小。如果还需要证明这点的话，那么中曾根康弘在1987年的经历便可以作为证据。作为首相，中曾根康弘绝不允许人们对他进行统治的追求抱有任何怀疑。他也比在他之前的任何一位战后首相更加努力地巩固自己的权力。但到最后，除了解散世界上亏损最严重的日本国家铁路公司之外，他并没能调整他所主张的政策。

按照宪法，行政权属于内阁。但是大部分日本内阁大臣并不去管理他们所掌管的那些省（即政府各部门）。他们似乎在自己的省中很少有甚至没有影响力。内阁几乎每年都要重组，这就让他们没有时间掌握充足的细节，这样也就无法变得比他们的那些高级官员更聪明。一个强有力的政客，他可以在高级官员的人事安排上施加一定的影响力、在自民党负责政策的团体中提高其地位，进而在政策领域说上话。某些官僚机构（比如文部省、运输省和交通省）相较于其他（如通商产业省、大藏省）拥有更少的自由意志。但做出重要决策的大臣们是如此非比寻常，以至于多年以后，他们仍旧是部门之间八卦和媒体评论的主题。

如果内阁成员坚持实施正式规则所赋予他们的那种权力，那么几乎在所有情形下，他们都会遭遇无法克服的、来自官僚的破坏。除了极为罕见的例外，内阁会议完全是例行公事，持续10—15分钟，其唯一目的是通过事务次官（也是各省中最高级别的官僚）在前一天单独开会时同意的政策调整。内阁不讨论任何官僚们不了解的新事务——新事务在欧洲国家很常见——也不讨论官僚们还没有针对所有细节而做出安排的事务。

根据对新行政方案紧急性的判断，政客角色的重要性确实会有些不同。比如，在20世纪50年代，一些自民党议员（他们大部分都是之前的官僚）帮助设立了各种调整性的议程，以此来为不受限制的工业扩张——理所当然地被认为是国家的首要任务——做准备。20世纪60年代初，池田勇人首相克服了来自大藏省的阻力，畅通无阻地实施了"高速增长"政策。后来，政客们很少干预这一议程，当然也从未引入新的优先事务。另一方面，自民党国会成员在过去几十年中，一直影响着文部省的介入。20世纪70年代末和80年代，政府各部门之间为新工业领域（如通信行业）的管辖权发生争执，某些自民党政客不得不出面充当调解者，故而再次巩固他们的权力。但是，总体来说，尽管我们必须保持警惕，不要低估了自民党的实力，但还是很难避免这一结论：在谈及国家的统治时，官场的权力明显要强得多。

专制的官僚体制

那么，日本政府的权力能否在官僚体制中找到？不少经验丰富的观察家得出了这么一个有吸引力的结论。

在管理日本的日常事务时，一群官员手握重权，特别是那些来自大藏省、通商产业省、建设省、邮政省的官员，而且其权力肯定超过了他们被赋予的权力行使范围。他们抑制、控制并刺激经济。他们差不多制定了所有法律，这些法律让他们在某些事务上——如果不是所有事务的话——握有重权。这些法律几乎总会被执掌着橡皮图章的国会通过，官僚们一般都会把这些法律当作来达到自己所追求的目的的手段。另外，他们还拥有非正式权力，这些权力能让他们更好地控制其正式负责的某些社会活动领域。这种非正式的权力十分广泛，因为它不允许公开讨论它能有什么作用。

将日本作为一个“专制官僚主义政府”来考虑，可能有助于解决日本权力之谜。但是，试图精确地找出这些官僚中到底是谁在掌权，又会让我们马上迷失。事务次官顶着压力，要通过各省反对的决定，他们相互之间不会做出让步。正式内阁会议召开之前，会召开副相会议，经常参加这个会议的人曾告诉我，争议性的问题总会导致僵持不下，因为根本就没法打破顽固不化的省所造成的僵局。

一直以来，官员之间激烈的争斗阻碍了他们在制定日本政策时获得普遍的主导地位。出于同样原因，省和机构之间的具有领地意识的猜疑，经常会演变成众所周知的争斗，阻碍了国民迫切需要的、统一的国家政策的形成。即使抛开这些内部争斗，整个官僚机构的管辖范围肯定还会被缩减，虽然可能没有人能确切地指出这一范围的界限究竟在哪里。

财界（zaikai）

在日本权力游戏的参与者中，我们还有一个重要团体尚未讨论。在探索日本政策时，那些抛出阴谋论的理论家特别喜欢提到这个团体。这团体就是财界，是一个由顶尖商界人士，特别是通过强有力的商业联合会发声的那些人员构成的广泛的圈子。因为日本的知名度几乎完全来自其工业产品以及产品对其他的经济体的影响，外国人倾向于认为其工业巨擘控制了日本的政治决策过程。按照这个说法，自民党以及官僚们只是财界的代理人而已。

不过，这种说法是错的。诚然，日本公司在极其有利的政治环境中经营着，因为在经济官员和自民党眼中，工业扩张仍旧是国家目标，而且大部分用来达成这个目标的方法，都被当作理所当然的事情而被人接受。但是，这并没有把工业企业的总裁和主席变成日本的幕后统治者。

不可否认的是，商业联合会，特别是经团联（全称是“日本经济团体联合会”）拥有超乎寻常的权力。经团联是主要工业组织形成的联合会，其中包括汽车制造商协会、船舶制造业协会、钢铁协会、石油协会以及化工协会，还要加上贸易公司、批发业务、银行、保险公司和证券公司。第二重要的是日经联（全称是“日本经营者团体联盟”）*，它的任务是帮助控制工人运动和工人工资的增长。经济同友会（即“经济发展委员会”）召开了一个论坛，让财界中的精英成员制定商业政策的理论基础；在20世纪50年代中期，它提出的一项发展日本式的“资本主义改革”建议，引起了人们的注意。第四个也是最古老的组织，是日本商工会议所（前身是成立于1878年的东京商工会议所），它负责对较小的企业加以监督。

* 该协会在2002年并入经团联，同时双方同意新的协会名称为“日本经济团体联合会”。——译者注

若认为战后联合会的创始人及其核心领袖是企业家或是企业家代表，这观点是错误的。官僚–商人伙伴关系之所以成功，一个原因是这些处于工业领域等级最顶端的组织，在它们的创建阶段和日后很长一段时期，其领导人要么是负责战时经济动员的官僚，要么就是战时卡特尔中官僚化的领导。1955 年，在众多敌对的保守党派合并成自民党时，这些人是主要推手。[9] 在战后的教育政策和学校体制创建方面，他们也有着决定性的影响。

到了 20 世纪 80 年代后期，财界人（商界元老）在日益官僚化的商界高层中又组成了一个“老人政府”（gerontocracy）。作为各自公司的董事会主席，他们通常拥有巨大权力，甚至比总裁的权力还大。主席身份让他们有更多的时间和机会参与委员会的工作。他们提升自己公司的名望，也武断地规定什么才是社会需要的；对有关日本在世界中的任务以及未来角色这些无所不在的陈词滥调，他们也做了不少贡献。但是，他们没有能力控制日本优先朝着更胜任这些任务和国际角色的新方向发展。

作为一个阶级，当代商人经常会收买政治权力。个别行业乃至个别公司会支付议员在选区中进行大量公共活动所需的高额费用，借此来维持对大部分自民党国会议员的影响。有些行业从个别自民党议员手中收买特定的政治权力，因为这些官员在推进或延迟对该行业有影响的官僚决策时，扮演着关键角色。

但这种权力还是相当有限的，而对商业的非正式的官僚化控制却非常广泛。哪怕是在经济圈内，财界也会高度依赖各省，以此来保护他们现有的工业，使其在国内市场上免受国际竞争的影响，并在他们转向新的工业方向发展时，寻求那些省的指导和合作。

因此，以上所描述的三个团体，任何一个有时可能都会施展出其令人惊讶的权力，而在某些时候又可能会表现出意想不到的软弱。不可能有一个优雅的公式精确地展示他们在共享权力时如何互相关联。最终事实是，这三者谁都不能被看作是形成日本权力等级中的顶峰。

没必要存在的政府

如果再没有其他团体可以和我们刚才讨论过的三个团体进行权力竞争的话，那么在哪里才能真正找到日本政府？有没有这么一种可能：最终在一个出人意料的地方，我们找到一个实际正处在某个萎缩期的日本政府？

日本人需要政府吗？很明显，至少从中世纪开始到 19 世纪中叶为止，日本的政治精英并不这么认为。但情况并不总是如此。在 7 世纪中叶，如今日本中部的大和统治者巩固了他们的地位，他们想要依照中国模式将日本变成一个中央集权的国家，以此为目标，他们试图通过一系列举措来控制其他部落的首领。但这个“政府”并不长久，也未形成一个可持续的中央集权模式。国家被划分为各个行政单位，从首都派出官员担任有固定任期的统治者。此后，官员便留在他们被委派的地方，并将权力移交给自己的后代。一旦与中国的联系中断，对一个（中央集权）政府的需求似乎就从那些日本掌权者的思想中消失了。后来，哪怕是强大的藤原家族，也从未加强对整个国家无可争议的掌控。

有三个人统一过日本，其中第一位是织田信长（1534—1582 年），可以说他曾经想要建立一个政府。他试图通过征服来实现中央集权统治，用他能够严格控制的人来取代敌方领主。[10] 特别值得注意的是，为了给这场军事“平定”运动找到理由，他用了“天下”这个词来表示一个比现存所有军阀的领地加起来还要大的实体。[11] 但是，他的“天下”却未曾得到巩固。

他的继任者是丰臣秀吉（1537—1598年），此人在1590年几乎实现了日本的统一，他可能是日本历史上离最高统治者最近的一位。但他没有消灭他所击败的领主，反而允许他们中的大部分人留下并继续统治自己的领地。事实上，他促成了围绕半自治领主（大名）为中心的封建制。这一了不起的政治平衡做法让德川幕府统治了两个半世纪。

德川幕府

在近代之前，日本建立起政府的最大机会出现在1600年关原合战之后，但却错失了机会。关原合战结束了长达三个世纪的连绵不断的内战，这为做出新的政治安排打下基础。在得到所有幸存下来的军阀领主的加盟后，德川家康接管了幕府，接下来很长一段时期以他的家族姓氏命名，相对和平，但并非政治统一，将军和大名从来都没有尝试过设立真正的中央集权政府，因为他们忙着为子孙后代捍卫他们所拥有的东西。任何国家统一的想法，只要是侵害了属下的权力，又或是侵害了敌对领主的权力，都会是太过冒险的举措。

德川幕府只控制了日本大概四分之一的国土。它既对领土直接控制，也通过大约5 000名旗本家臣来控制，旗本获取年津，作为回报，他们成为官员和文员，并为幕府工作。除此之外，幕府还能依靠少数有血缘关系（亲藩）的大名和（平均而言）170名谱代大名的忠诚，这些大名在自己的领地内保有自己的权力，并在德川家族第二代后为幕府提供统治精英。这就留下了平均80名外样大名，幕府将军必须保持这些大名间的不均衡。

除了与其他领地的关系之外，有些较大的外样大名的领地实际上是独立自治的。将军在其道路上设置检查站来建立情报网络，对忠于自己的大名的采邑进行战略性布局，便可以确保这些可能会产生麻烦的领地之间是彼此隔离的。正是由于若干个大的“外部”领地联合起来，才最终推翻了德川家的统治。当这一切发生时，日本已经演化成一个高度复杂的政治实体，但却并未形成一个具有明确中央领导的政治实体，也不是一个政府。

一切都是神圣不可侵犯的，这种强烈的情感是日本国家的特征，其中就包含了日本领土神圣不可侵犯。但正如我们所看到的，几个世纪以来，要保全领土并不需要有对政府的归属感。这或许是因为一种不同寻常的情况，除了忽必烈汗统率的蒙古军队在1274年和1281年曾两次试图进攻日本之外，从来没有人去打扰日本。只要他们不受打扰，日本人似乎就觉得没有必要接受政府这一概念，这和中国形成了鲜明的对比。

但他们不会一直不受打扰。1853年，美国海军准将马修·佩里（Matthew Perry）来到日本，他带来四艘散发着不祥之兆的黑色战舰，要求为经过日本的美国船只提供补给并补充燃料设备，同时还要求为遇难的水手提供人道主义帮助，并开放港口进行贸易。八个月后，他设法达成的协议并没有让美国得到日方实质性的让步，反而让日本官员从其中脱身，而美国人则认为日方对此已许下承诺。但这个做法成了日本与英国、俄罗斯以及荷兰等协议的先河，标志着日本官方闭关锁国政策的终结。最后，日本被迫面对世界强国组成的动荡社会，也因此需要制定外交政策。

明治政府的分裂

1868 年开始的明治寡头统治，在很大程度上是外国干预的结果，明治统治者一心致力于建立一个强大的政府。在推翻德川幕府之后的三年内，明治政府废除了封建领地，表示“为了与外国保持平等，言辞上就必须表达出它在现实中所要表示的意思，而且国家政府必须集中于一个权威机构中”。[12] 有些较强的领主一直在自己的领地里和外国势力打交道，甚至是发动战争，有鉴于此，这一警告就并非多余了。

建立一个政府的最初尝试取得了令人惊奇的成功，这让西方国家羡慕不已，特别是 1905 年日俄战争的胜利，似乎证明了日本的海军实力。但是，中央统治这一体制被证明还不够稳定，尚不能传承下去。尽管最早的寡头能消除意见分歧，做出统一的决策，但下一代领导人却不能体会其中的团体精神，故而未能组成一个有效的寡头政治。领导内务省 [13]、陆军、海军、外务省、大藏省、枢密院以及其他重要政府机构的人，代表了他们所在的机构，而不是他们所应该代表的权力中心。这些人之间的关系通常也并不友好。

如今，从事后看来，我们可以看到那些明治时期的改革者所取得的种种成就，但他们也要为日本依旧面临的领导问题负责任。经过仔细观察，他们所建立的政府似乎是为了不让他们可以延续下去而设计的。他们本人需要与政府联系在一起，因为他们所制定的规则从来就没有明确地规定谁应该负责。寡头规则最初只是作为一种临时安排，它将会被一个融合着日本和西方机构的、合作良好的体制所取代。不过，由于害怕自身权力的消亡——这是可以理解的——现代日本政治的设计师忽视了政治问责的问题，而这个问题对于这种合作是至关重要的。

随着时间的流逝，政府中的不同组织将狭隘的利益当作国家利益，因此便萌发出一种自治意识，这种意识很像德川时期被废止的采邑领主曾有过的自治意识。进入20世纪后，在枢密院、军事长官、官僚、政客、有影响力的商人以及天皇的顾问之间，权力争夺非常严重。20世纪，在最开始的大约20年的时间里，最初的那些寡头还有凝聚力，他们以“政界元老”的身份避免政府出现严重的裂痕。但是等到他们退出舞台之后，日本的领导人各自都宣称有着天皇的委任，用力地将国家扯向不同方向。

天皇有着正式的国家元首的权力，但却不应该统治国家。立法机构不是为了拥有实权而设计的，但却由于设置上的一个错误，导致其扮演了一个与其自身相反的角色。[14]内阁超越了其作为顾问团体这一角色的作用，但宪法却没有界定内阁应该做什么。第一次世界大战之后，正式的政府由大企业资助的政党组成。但是，这些政党在和其他由明治宪法认可的权力机构的争斗中，从来就没有获得多少实权。

在“天皇的仆从”之间可能会发生何种程度的纠纷？这从“红绿灯事件”中可见一斑。“红绿灯事件”牵涉到有势力的内务省和陆军部队。1933年，一个二等兵在大阪曾两次不顾红灯而横穿马路。负责该路口的警察将此人交给警方，但是这个士兵却拒不承认他有义务要遵守警方的规定，于是便发生了打斗。争论不断升级。第四纵队的司令看到了一个谴责警方、维护陆军尊严的机会。陆军大臣荒木贞夫同意并委派精英汇聚的宪兵队的长官对这名警察提起诉讼，指控他侮辱并袭击一名职业军人，让这名军人蒙羞。

再看警方，这件事情经由地方警长上报给了大阪市长和内务省警署署长，最后通报到了内务省大臣的手上。所有人都认为，要道歉是绝无可能的，而且这名士兵还要受到审判。由于这类事件也在东京、名古屋、秋田和福山发生过，内务省便打定主意要挑战陆军军方的傲慢。但是，陆军官僚坚持阻挠任何起诉的尝试，最后冲突上达天听，天皇向荒木大臣过问此事。荒木随即指示他负责政治事务的次官和内务省警署署长，要双方合作解决此事，还请了一位县知事出面调停，以便达成和解。[15]

战前的无头之鸡

20 世纪 30 年代，日本按照西方路线发展民主的希望破灭了，权力渐渐滑入军方之手。但就算是出现了民主，也没有人会知道谁在掌权。陆军和海军中都有直接向天皇负责的司令，他们彼此之间从不协商。目标有冲突、战略优先级有冲突、对假想敌的观点有冲突，这些都大大地阻碍了防卫政策的形成。他们各自为政。海军学院的军官甚至无法和士兵讨论兵器，因为他们所用的是完全不同的术语。同时，陆军和海军都因内讧而分裂。例如在陆军中，皇道派忙于和统制派苦斗。他们之所以分裂，是因为官员的背景不同，还有他们对实际规划是否要好过依赖日本精神的观点不同。后来，还要算上西军派和国体原理派——这是一个由激进的年轻军官构成的派别，该派别对1936年那次重要的“二二六”叛变负有责任。[16]

20世纪初开始出现了中央政治权力涣散，到20世纪30年代，因日本不受任何人控制，权力涣散达到顶点，这让一些狂热的中层陆军官员有机会去“劫持”国家。1931年9月（18日），日本关东军进攻驻守奉天（今沈阳）的中国军队，开始了对中国东北的侵略。这一赤裸裸的举动并未受到东京政府的谴责，日本陆军于是便认识到可以走自己的路，而且按着自己的想法建立了傀儡政权伪满洲国。接着，激进的官员做出更惊人的举动，他们将日本带向珍珠港，最后又带向广岛。

进攻一个比本国工业规模大上十倍的国家，这一举动肯定会被认为是自杀行为，而且一个统一的领导层是不大可能同意这种行为的。实际上，我们可以这样说，陆军和海军之间的争斗带来的直接后果，就是那次突袭珍珠港，此举将美国拉入第二次世界大战。陆军把日本往战争的道路上引，而且想当然地认为海军会管好防务，会抵抗美国的力量；而海军却希望保持自己的权力和作为一个爱国军队的公信力，克制自己不直接表达自己的信条，也就是战争无法获胜——而这个信条在其各级官员中都是被普遍接受的。[17]

战争本身并没有起到什么作用，并没有将国内的政治团体团结在一起。但它毫无疑问地加强了官僚的权力，不过，这样的权力没有集中在一个人或者一个机构的手中。

> 内阁仍然是省和机构的联合，它们各自小心翼翼地维护着自己的特权和自主权。首相从来就不是首席长官，而是首席协调员，

其任务便是确保可以出台一个统一的内阁政策。他既不能向其他大臣下达命令，也不能随意更换人选；更换大臣是件复杂的事儿，需要软硬兼施。[18]

战时的日本赋予某个人（或是某个政府部门）的权力，根本不能和希特勒、墨索里尼、斯大林、丘吉尔或是罗斯福所拥有的权力相提并论。即使到了战争后期，政府也从未宣告军事管制，其实这本来可以给予其所需要的军队力量在日本展开一次全面防卫。“这么做的一个原因是，没有哪个处于领导地位的精英想让别人获得更大的权力。”[19]

战后的误解

太平洋战争的灾难一旦开启，日本就再也没有去尝试建立真正的中央管制。麦克阿瑟将军和他的政治改革团于1945年来到日本，准备解散他们（以及几乎所有人）想象中的一个牢固的、与希特勒以及墨索里尼类似的独裁者建立的政府。但似乎谁都没有想过，正是由于日本缺乏强有力的领导，才让日本对西方盟国发起了进攻。至于日本人自己，他们需要注意的是国内问题，这些问题也不会鼓励他们重复明治模式而组成一个中央政府。

明治时期的人们被迫优先处理外交政策，他们一直有着这样的观念，就是有必要建立一个强大的中央统治机构来与别的国家打交道。但从1945年开始一直到20世纪70年代，日本根本没必要担心它到底有没有一个政府，因为人们几乎从来就不会要求日本作为一个政治实体而采取行动。人们感觉不到需要外交政策。日本战后第一位重要的首相是吉田茂，他有一个重要的政治发现，就是日本没有必要在传统意义上为国家安全尽力，因为美国会随时准备处理这个问题。后来日本又意识到，政府要为外界所知并得到认可而采取的其他行动，同样可以让美国作为代理人。

日本变得完全依赖美国，不光是为了国防，而且最终也是为了外交。事实上，美国提供了一个外交屏障，让日本可以躲在后面，并在新重商主义贸易实践的帮助下，建立起日本战后强大的经济机器。在中曾根康弘成为首相以前，日本一直对外推行所谓全方位的外交，把这看作意识形态上的创新，实际上只是想对所有购买日本产品、为日本提供原材料的国家表现出八面玲珑的形象。只有在美国容忍日本这么做时，日本才能维持这种姿态。因此，日本与美国非同一般的关系中，包含的远远不止外交帮助、双边贸易以及承诺的军事保护。这让日本在和其他国家的交往时完全优先考虑经济，而很少去考虑政治后果。

如今被削平了的金字塔

与此同时，国内那些重要的关系尽管有着巨大的竞争，但通常不会涉及重大问题。官僚们对经济进行修补并做出调整，以此来促进经济的进一步发展。政客和几乎其他所有人都不会挡路。国会代表主要因为他们的政治分肥能力而当选，他们主要着眼于能让自己再次当选的事务。由于政治分肥在很大程度上取决于他们对国家财富分配的能力，政客们永远都欠着监管预算的那些官僚的人情。企业家不断地扩张海外市场份额，并在官僚的帮助下进入新的市场。他们与同僚保持一致，也向政客付钱。没有谁是老板，不过在某种程度上，每个人都对别人有影响力，这就有助于确保事务处于有序状态。

除了官僚、自民党、商界这三个实体，还有其他一些有实力的半自主实体。新闻界便是其中之一；这些日报巨头彼此效仿其他人的做法，对大部分日常事务，他们都形成了几乎完全一致的立场。他们基本上是众口一词的，对国内事务的大众情绪和国际关系的态度，往往会产生很大影响。

另外一个有影响力的团体是全国农业协同组合联合会，这是一个主持着众多地方合作社、区域联合会以及专业商业组织的联合体，它照看着日本劳动力中务农的那 8% 的劳动力。这个机构和农林水产省保持着共生关系。该省与自民党合作，这就导致国内稻米的价格差不多是国际价格的五倍。作为回报，自民党候选人在很多乡村地区都得到了近乎无条件的支持。

还有一些别的组织，官僚对它们的控制着实有限。黑帮集团经营着巨大的保护网，在几乎每个地方都有的红灯区中，它们获准拥有相当大的威慑力量。警方和黑帮集团保持着不公开的共生关系，为的是让犯罪处于有组织的控制之下。警方自己还形成另一个半自主的实体，这个实体有着广泛的自主权。日本检察官往往会基于相对武断的原因，自行决定何时起诉，何时不起诉。

因此，日本的权力分散在若干半独立、半互相依赖的实体当中。这些实体既不对选民负责，最终也不屈从于彼此任何一方。虽然所有这些实体分治了政府的方方面面，但是不可能在其中找到任何一个有权给其他实体发号施令的实体。没有谁会对国家的政策最终负责，也没有谁能在紧要关头就国家问题做出决定。在这点上，日本和其他国家（比如美国）不同。虽然其他国家的权力也分散在众多的理事会、机构、董事会以及法院之中，但它们彼此仍然存在着命令链条；它们有办法接触到中枢，并让这个中枢制定出政策并付诸实施。日本和西欧国家不同，甚至与那些因强大的利益集团而削弱了中枢权力的国家也不同。欧洲的内阁会议能够采取主动并最终做出决定，而日本的各个“统治”团体让自己“不受管制”。

你明白了？你还是不明白

这又让我们回到了日本令人捉摸不透的国家政权。

当然，公众会因为税务官、警察以及一堆规章制度的存在而感受到这个“国家”。但是，只要我们考虑到由谁来负责这一问题，日本政府就消失不见了。有趣的是，普通日本人从不认为伪满洲国是“我们的殖民地”，他们认为它是陆军的“殖民地”，而非日本的“殖民地”。日本人往往不把自己当成国家中具有象征性的一员，也不会分担这个国家的责任。

这里显然有一个悖论，因为有大量文献记载了普通日本人拥戴日本帝国、支持侵略的热情以及他们对国家目标的认可。但是，在他们自己看来，与陆军撇清干系并不是在欺骗自己，因为他们并不认为陆军就代表了自己的国家。陆军不过是一个团体而已，它只不过是众多团体当中的一个——而且回过头来看，它还是一个制造巨大麻烦的团体。

对于不同的人而言，国家的意义也就不同，但它至少应该展示出某种“存在上的一致性”。从此刻到下一刻，它都应该持续存在，而不是像沙子从指缝中流走那样突然消失。1981 年 5 月，当时的首相铃木善幸在拜访美国总统后的第二天对日本报纸说，大家都认为他在刚刚签署的联合声明中明确表示了要和美国“联盟”，但他不是那个意思。华盛顿对此十分困惑。海外对如此情形的第一反应，是怀疑是不是有什么不诚实的动机；但很少有人会想到，铃木这位“首相”可能无法代表国家。后来在东京发生的纷乱中，外相辞了职。但是他的继任者园田直根本就没能改善处境，因为他说联合公报对其签约国没有约束性。

对一个国家的最低期望，是它应该表现得像是一个统一体，至少是同声同气的。如果外务省谴责一位外国记者，因为这个记者根据从农水省得来的信息所写成的报道内容不实（这件事就发生在我的同事身上），或是某个大臣当着外交谈判官的面否认另一位大臣刚刚同意的内容（这种事经常发生），那么国家何在？

一位国外的谈判者，在无数次会见了派来见他的中间人之后，他的失望可以简单地用一句话来总结：“带我去见你们的领导”。但日本可没有这么个领导。众多当权者在我所说的“系统”中，推来搡去，几经浮沉，却没有谁真正地去领导。

“系统”（System）

我们可以将整个政体，即所有人用种种方式参与权力的进程，称为“国家”。但是这很让人困惑，因为这样一来，国家就变成一个非常朦胧的东西。我们还是需要假定由谁来负责，也就随之假定有一个中心。那么，我们如何来称呼这么一个并不是国家，但却包含了国家中的政治生活的政体？对我来说，“系统”这个词给人带来的困惑最少。它仅仅表示在这些从事社会政治追求的方方面面中存在着一套关系，它可以带来合理预测的结果。“系统”这个词也经常被用来表明一些无法逃避的强制力的安排，个人对此无能为力，除非诉诸暴力。它暗示了某些超乎民主政治潜在矫正能力范围之外的东西，它不可理喻，尽管偶尔它也会被人蒙骗。事实上，日本人从来不会忘记社会政治安排的存在，它比任何个人曾经拥有的、强加在日本人身上的强大意志都强硬。他们最多也只是非常模糊地意识到，在理想的情况下，一个人应该求助于民主进程，以此来作为改变这些安排的手段。因此，在讨论日本政治的时候，“系统”这个词就非常有用。我会把这个词（System）中的“S”大写*，用它来表示这样一个东西：它既不是“国家”，也不是“社会”，但不管怎样，它都决定着日本人的生活该如何，以及谁该服从谁。它配得上这个大写。

公私范畴

外国人经常在日本会感受到一些通常没有被“国家”这个概念包含的东西。在解决这个问题的尝试中，“日本有限公司”这个说法流

---

* 中文翻译中未对该单词做特别标注。——译者注

行起来了。但这种比喻容易引起误解，因为日本没有任何等同于西方的董事会主席、总裁乃至董事会的职务或机构，因此也就没法提供一种一致的观点来为重要决策打基础。

另一方面，那些不喜欢“日本有限公司”概念的日本官方发言人，有时会指向西欧并争辩说，在诸如英国和法国这样的国家才有更多的国有化工业，因而在这些国家（而非在日本）政府和商业利益才是真正混合在一起的。这些发言人受到将苹果与橘子相比的诱惑，随时准备伏击所有对日本进行评论的人。

当然，如果考虑到官僚体系的大小，日本在与西方国家比较时不会让人印象深刻，西方福利社会造就了臭名昭著的臃肿官僚体系。在日本，每 100 名居民中只有 4.4 人（即 4.4% 人口）是公共部门的雇员，这个比例是英国的三分之一，是美国和联邦德国的二分之一多一点。但在日本体制的背景下，这点无关紧要。在西欧（哪怕是法国）的混合经济中，私人部分和公共部分还是很容易分清的。政府干预是有量化方法管理和监督的，有一些在必要的时候受到赞扬或是反对。相反，日本的官僚对经济的干预往往拒绝量化分析。

然而，日本私人领域和公共领域的混合并不是一个神秘过程，从中可以标出各种促进官僚干预的做法。日本政府机关有着超乎寻常的权力给商务活动颁发执照和其他营业许可，享受着诸如补贴、税收优惠或是低息贷款等好处，而且可以自己做主。各省可以诉诸“行政指导”来迫使他们管辖领域内的公司采取“自愿”措施。正是通过这些手段，通商产业省才塑造并联合了各工业领域，同时又以其他方式将其定型，使它们配合一致，这样便可以在海外和国内市场获得良好的表现。由于有一段时间，日本公司完全依赖银行贷款来获得资金，因此，大藏省以及日本央行也能对其施以强力管制。哪怕到了 20 世纪 80 年代，大部分大公司赚取了大量的利润，以至于这些公司沉浸在自己产生的资本海洋中，官僚和工业实体之间的关系仍然亲密非常，甚至到了在西方世界中根本找不到对应的程度。通过向商业银行发出具有约束力的指示，日本央行在为大型投资项目分配资金时，仍然拥有巨大的话语权。

官僚们还运作着大量公共和半公共的公司。这些公司为各种经济和政治目的服务——顺便提一句，这其中就包括为官僚自己准备好退休后担任闲职。这些公司的大部分资金是从日本邮政储蓄系统这个非社会主义国家中最大的金融机构中提取的，因此它们的预算不需要经过国会的批准，这些资金也就被允许用来为特定的官僚目标助力却又能不为人所知。[20]

每年有差不多 300 名官僚以董事或高级顾问的身份加入商界，这些官僚在任职期间对公司加以监管。由于退休年龄是 55 岁，这些官僚就可以再用 20 年左右的时间来提供帮助，确保实业界与各省或是央行之间可以有“顺畅的交流”。这一重要现象被称为“官员空降”（天下り）。在达成协议后“调整”政策时，有两点几乎是不可或缺的，即与政府官员有私交而且熟知官僚机构的优先级。于是，这些空降的官僚就越过所有的官方渠道，有效地维持了官僚机构与企业之间的信息流通。

系统中的高层，官僚、担任高级商业职位的前任官僚、成为政客的前任官僚以及担任商业联合会头目的官僚或官僚化的商人，他们都是一体的，因为这些人混在一起，忙于监督经济发展并维持对社会的控制。只要将“官僚”一词替换为“行政管理者”，工业国家传统意义上对公共和私人领域的区分便形同虚设。

大部分战后的企业老板的特征其实是“行政管理人员”而不是“企业家”。自民党内阁成员中最强大的那三分之一，大部分都是各省的前任官员，他们采用的方法、所秉持的态度都是行政人员所用的方法和态度。日本最高层的行政人员——不论属于哪种正式的类别——都是由同样的过滤器筛选出的：来自旧帝国大学特别是东京大学（常被简称为东大）以及规模稍小的京都大学的法律系。

系统的更高等级存在着大量的对立情形，但却很少有政府的官方机构与工业组织保持对立的情况——如果曾经发生过的话。在这两个领域，一群商人与一群官僚联合在一起来对抗其他团体。沿着被削平的金字塔的对角线出现了一道裂缝。尽管不同省之间的重大对抗和地盘之争十分显著，但还是很少听说官僚与顽抗的公司之间出现过真正的冲突。如果真的出现这种冲突，那将会是之后几年里人们讨论的话题。只有在低得多的层次中，在那些较新的公司，特别是那些至关重要的小型承包商的圈子里，我们才会找到真正的企业家。

被管教的资本家

在处于工业等级最底层的中小型企业和最高层的省级的公司之间，存在着一些高度自律的公司。正是这些公司让日本在战后的世界扬名。这些“私人”公司在日本版的“资本主义”世界中，只能做到半自治。大部分大型公司属于综合性的大企业（虽然紧密程度有所不同）。日本一共有六个巨头企业：三井、三菱、住友、芙蓉、三和和第一劝业银行。

这些综合性大企业被称为“企业集团”（Group），它们包括高度分散的工业公司，围绕自己银行形成的集群，再加上房地产机构、保险公司和著名的贸易社。通过联合董事会，整个结构在所有的情形下都捆绑在一起。日本股票交易所所有的流通股份中，有60%—70%的份额掌握在日本公司和金融机构手中。它们以交叉股权的模式将这些股份保留在自己的集团家族中。因为这些股份被认为是“政治”股份而不是投资，所以它们也就从来不会拿来出售。通过这样的交叉持股交易，同时保证持有一个公司股份过半数，这样就消除了局外人进行收购的可能。

没有人掌管集团，也没有人最终会为集团负责。社长会或总裁顾问团是互相控制的机构，他们经常一起开会。参会的所有主要大公司的总裁，不是作为自己公司的股东来开会的，而是代表他们公司在所有其他成员公司的持股来开会的。[21] 这些会议的职能之一，是讨论联合投资以及在新的工业领域创立新的姊妹公司。

另一个常用的表示公司集团的词是“企业联盟”（keiretsu）*，但这个名称最早用于描述另外一种综合性的大企业。在这样的大型企业中，各成员之间的关联会更加紧密。这是一个由与某个特定的大型制造商关联在一起的子公司、供应商、承包商以及分销商而形成的等级有序的系统。每个大成员站在这个可能包含了上百家公司的、自上而下的

---

* “企业联盟”在日语中的字面意思是“系列”。——编者注

系列顶端。还有一些较新较小的企业集团，它们围绕那些战后巨人涌现，但却不属于那六个综合性大企业中的任何一个。

在不同的集团中，其精确的组织和对成员的控制都是不同的，但理所当然的是，它们都有着互相提供帮助的义务，而且要把尽可能多的生意保持在集团内部。

企业集团替代了财阀。在 1945 年前，财阀围绕着控股公司成立，战后被美国占领军官方勒令解散。战后的集团更加高效，因为占领军的清洗剔除了许多无用之人，因而提供了一个进行重组的机会。[22] 更为重要的是，用银行来替换陈旧的控股公司之后，就建立起一个金融泵的网络（央行会担保这个网络活下来）。如果没有这个网络，“经济奇迹”给人带来的印象不会那么深刻，甚至有可能根本不会发生。占领军没有取消受控的战前和战时的工业系统，这反而让其再度振作起来。

日本的工业比我们前面叙述中所表明的受到更严格的控制。企业集团中的各个成员同样是按照工业部门进行组织的，这些部门所采用的是重叠的、类似行会的方式，但这种方式却仍旧是高度等级化的。它们必须遵守不成文的规定，从而限制它们所做出的抉择。这一工业统一体拥有几乎完全超乎法律之上的力量。一旦成员越界，或是似乎无法理解什么才是其他人所认为的对它们有好处的东西时，就可以实施制裁。最终极的制裁（如实施破产）很少出现，因为通常只要轻微表示不满就会有人心领神会。

相互交织的等级制度令人称奇地结合起来，它们培养了大量承包商。这些承包商一直延伸到小型血汗工厂的层面，而在这个层面上，我们依然会找到一天工作十个小时的家庭。正是在这个日本经常讨论的“双重结构”中的子层次上，我们才会运用西方人的“资本主义”概念。这些小型企业仍然由肩负巨大风险的企业家来经营。但是，它们只在很有限的程度上依赖市场。它们的主要功能，是为等级中较高的公司提供廉价劳动力。在经济下行的时期中，它们起到了缓冲的作用，这可以用来解释日本的高破产率，因为小型企业经常大批量地倒闭，只是为了以不同的生产商角色重现。

相互制衡

要从这个巨大系统中抽出任何可以真正被称之为政府的东西，是不可能的。当然了，当日本通过法律采取措施鼓励消费海外商品（比如，官僚降低进口商品的关税）时，我们可以推断出政府是存在的。但实际上这些没有任何意义。系统的运转方式不可避免地消除了政府在其他所有工业化国家中都有的作用。这一系统在每一个层面都凌驾于国家之上。

与此同时，我们也必须小心，不要将系统看成是一个巨大的统一体。不存在披着现代外衣的东方式专制。放眼望去，这其中没有任何专制存在。事实上，系统中若有任何一部分想要追求具有专制权力的角色，它马上就会发现其他部分排好阵形反对它。保有自己的权力，是系统中的每个部分首要考虑的问题。通过各组成部分之间的持续制衡、相互监督和干预，以防止其中任何一方变得强到能统治其余部分。日本人有着痛苦的经验，他们知道一旦这样的平衡被打破（如 20 世纪 30 年代所发生的那样）时，一切事情就会错到令人绝望。

在和外部世界打交道时，系统中的不同部分朝着大致相同的方向共同努力，以达成相似的目标。正因如此，才造成存在一个巨大阴谋的假象。但是在国内，他们互相争斗在某种程度上为的是牵制、制约各方。“日本有限公司”这一比喻最根本的缺陷，在于它总会让人误认为有那么一间烟雾缭绕的会议室，在会议室中，日本人为了进行经济征服而达成了交易、酝酿了阴谋。要是真的如此的话，外国政府要处理的事情就简单多了，因为他们至少可以和一群董事会成员进行谈判。

日本人具有一致的传播某种特定的世界观的宣传目的，既要巩固系统内现存的权力关系，同时又要消除贸易伙伴的不满，但无论是日本人还是外国人，他们都大大地低估了这种目的一致。反过来说，在危急时刻，他们为了形成统一的政策方针而牺牲现有权力关系的能力，被严重高估了。

瘫痪了的超级大国

尽管由于缺乏决定性的行动，出现故障的社会领域有着一再失灵的倾向，但在达成国内目标方面，这个没有核心的系统运行得还算可以。官员、政客和商人都毫不停歇地对政策进行微调的同时，日本也在缓慢前行。

战后的工业重建当然是优先事务，而且不需要由一个强有力的政治中心来做决定。在重建过程中，自然形成了这样一种政治上的假设，即不受限制的工业扩张才是国家要务。官僚政府以损害其他可能会引起关注的领域为代价，亲自监督这一政策的施行，没有任何政客会对这一经济监管的设计表示异议。日本的实质上的一党制不会受到来自乱糟糟的国会民主议程的干扰。这也就意味着，政客们放弃了西方民主社会中对重大政策调整而言至关重要的责任。从20世纪50年代开始，日本基本上还能遵照政策行事。强大的对手们虽然各自声称奉行着“皇室旨意”，但却不再像20世纪初那几十年那样，将日本拉扯到不同的方向。如今的问题在于，因为日本缺乏一个机制来制定事务的新的优先级，而被强硬地拖向了一个方向。

系统中的各个组成部分出于政治方面的考虑而做出妥协，这便影响了与世界其他国家进行交往的需要。我们只举一个例子，在被委婉地称为“贸易摩擦”的冲突中，不少（如果不是大部分的话）日本政客都有着鲜为人知的利害关系。他们希望摩擦不要带来太大的伤害，因而要求官僚们采取有限的“修补”行为。但如果问题消失了，那么丰厚收入的来源也将随之消失，因为国内市场中那些最害怕外国竞争的商业领域，同时也是最能慷慨地做出“政治捐献”的领域。

从国际视角出发，当前形态下的日本系统简直是不合时宜的。或许它适合一个贫穷而孤立的日本，但却不适合一个作为国际伙伴的日本。它那精心编织起来的、由全日本制造的部件所构成的网络存在着严重不足，不能为国家提供一种行之有效的手段，与这个有敌意的世界达成妥协。

日本这一系统呈现出不少明显的悖论。它没有强大的领导，但在国外却造成了这样一种印象：一个目的明确的巨人下定决心要对世界进行经济征服。它没有政治中心，但在其国内，它几乎总能成功地将敌对团体糅合在一起。这个系统让人捉摸不透。想要与之交往的西方人无法理解日本。身处其中的日本人也不能对其有概念性的领会，更不用说去改变它了。它存在，但大部分参与其中的人并没有意识到它的存在；它在法律上没有任何形式，也更别说为它的存在辩护。

第三章

躲不开的包容

在多种政治力量中没有领头人，每个人都有着可能破坏国家的力量，各人只顾着自己的利益，而这种状态却不会造成社会混乱。事实上，日本人的生活如此有序、人民如此自律，这让人不禁怀疑存在一种极其强大的政治力量，培养出了这样的凝聚力。

日本人从小就接受这么一个事实：他们大部分的生活都会得到管理。他们所处的环境一般不会鼓励他们“随机应变”。通常，日本人进行休闲娱乐活动时，也带着巨大的自律。从学校活动到欣赏樱花，进行所有集体活动之前，他们都要非常痛苦地进行准备工作，然后才毫无意外地开展，以至于外部人士肯定地得出结论：经由这样的组织之后，所有的乐趣都会荡然无存。

在行动时，日本人似乎总是精确地计算出他们有多少可腾挪的空间，日本公司一般也是如此。持续反对现存社会政治安排的情况是罕见的。当然了，日本机构一直在不断地提高自己的声望，但这只是为了确保避免其在等级中失位。除了少数非常小而且（特别是）非常激进的边缘化团体之外，没有人会对打乱既定秩序表现出丝毫出兴趣。

缺少政治竞争

在其他亚洲国家和西方国家，存在着宗教或宗族组织，因而就存在另一种挑战现有精英的权力基础，但是日本却没有这样的机构。所以，我们也就举不出对政治秩序进行不断反抗的先例，比如一场工人运动，或是一场更简单的消费者抗议活动。日本存在利益集团、农民合作社、工会，但几乎所有这些组织都被系统出于自身的考虑加以吸纳和管理。

化解传统挑战

日本的掌权者有好几个世纪的时间来提升统治能力，并建立无害的或能化解潜在威胁的组织。他们在这方面的经验至少可以追溯到佛教刚成为“单纯的现存社会秩序以及传统价值体系支撑”[1]的时候。在大部分其他政治体系中，宗教通常会产生与当时统治者进行权力竞争的最强大的对手。至少在某个程度上，宗教通常会将个人从当权者的掌控中解放出来。

因此印度的国王（他们本身属于刹帝利种姓）不得不时时警惕婆罗门。国师（purohita，类似首相）代表着这一精神上的最高种姓。即使他的职责主要是仪式性的，他也理应对君主的意见产生决定性的影响。在当代印度，宗教考虑仍然是政治生活中一个主要的而且似乎越来越重要的因素。在泰国，佛教与国王总是相提并论，它是国家价值观的基本来源。在菲律宾，天主教主教援引普遍原则的举动，对1986年放逐马科斯总统事件[2]起到了关键作用。印度尼西亚和马来西亚政府不敢让他们的伊斯兰教领袖不满，因为这些政府人士最终得到了穆斯林宗教激进主义力量的支持。对韩国政府有组织的反抗，很大程度上是因为韩国的天主教和新教不断扩张。认为主权属于人民的现代政治制度（日本官方采用的模式）当然来自这样一个源于欧洲的基本假设：政教分离。多个世纪以来，这种假设一直是政治评论的主题。[3]

在古代中国，宗教与世俗权威的争斗充其量是微弱的，但高度中央集权的行政机制面临着另外一种挑战。这个国家有一个由许多汉人运作的庞大的官僚机构，并以皇帝为中心，从首都向外辐射。但是，与这个机构并存的是一个完全不同的社会结构：家族以及代表了地方家族最高权力结构的乡绅。这两个系统之间的张力永远是冲突的潜在源头。

在日本，社会等级和政治等级是一致的，而不是分离的。但在中国，确定某人在家族中的身份的是血缘关系。孝顺作为儒家道德的最高准则，甚至可以超越对皇帝或对政府的政治忠诚，而日本的“家”（いえ）则具有政治意义。其成员的基本原则是共担义务，它的成员不一定有血缘关系，首领地位的传承经常通过领养来安排。特别值得一提的是，德川幕府挑选“家”作为其政治系统的基本组成元素。实际上，家庭变成一个公司，其成员没有权利拥有自己的财产，他们不得不屈服于首领施加在他们身上并得到正式承认的权力。这么一来，传统的家庭在日本就被政治实体吸收了，但在中国，传统家庭能作为政府的对立面而存在。我们将在第六章中更详细地讨论这一重要的发展。

瓦解民众运动

如果一个人成为日本政治现状的反对者，就一定会面临种种障碍，这些障碍多变而又无形，而且无法攻破。日本的权力太分散了，从而避免了对抗的出现。系统的各个部分以和平的方式进行管理，这样便将遇到的所有主要的和大部分次要的社会元素都纳入其中。任何现存的或是潜在的反对者，要么很快就被包装成无害群体而被遗忘，要么就是当他们制造噪声的范围或能力已经不能被忽视，系统就自然而然地、悄悄地将其吸收为系统中的功能部件。

就拿消费者运动来说吧。日本中产阶级的家庭主妇是一种潜在的重要政治角色。随着闲暇时光越来越多，她们对邻里事务越来越热心，如今几乎每个邻里社区都有一个“妇人会”。日本家庭主妇协会（主妇联合会）是最早的施压团体之一，它成立于 1948 年，主要是为了对抗战后的黑市商人。到了 20 世纪 60 年代后期以及 70 年代初，这个团体加入了地妇联（全国地域妇人团体联络协议会）——这是一个由众多妇人会组成的伞状组织，它引领了一些消费者运动，给人留下了新的政治行动主义的印象。但是，除了获得一些小成就（比如通过了强制罐头果汁生产商必须标明水果原汁的百分比的规定，以及降低了彩色电视机的价格）之外，它的行动主义实际上被削弱了。

系统无所不在、无所不包、无所不纳却又看不见摸不着，它曾见到过威胁，但又瓦解了这个威胁。1975 年，商界最顶尖的代表们编写了一份 250 页的报告，并将之递交给各省以及相关的同行。报告指出，“市民”运动具有很高的价值，因为它是运作经济社群力量的新来源。如果可能的话，应该在规划和制定政策草案时对其加以考虑，但是

“万一运动释放出能量的电压值升高，并开始肆无忌惮地流动，那就应该对其加以管束。政府机关在面对那些扰乱法律秩序的行为时，应该表现出坚决的态度”。[4]

官员们确实成功地将“能量的电压值”降到非常低的水平。在20世纪80年代末，虽然消费者团体有差不多13 000个，地妇联声称它总共有超过600万名家庭主妇会员，但是几乎没有人注意到它们的存在。这点颇值得注意，因为大部分物品（特别是食物）的涨价幅度过大，而且敲诈勒索无所不在，这些情形明明足以引起人们的不安。特别当日本币值的投机性上涨（在1985—1987年，日元对美元的汇率几乎涨了一倍）并未引起大的反响，表现为绝大多数生活消费品、国内任何产品的价格并未受到影响，除了部分商品的价格因所谓“不确定因素”而上涨。

在20世纪70年代，官员们曾短暂地表示，他们会在行政决策中考虑公民的意见，但现在他们却再也没有那种安抚消费者团体的迫切需求。有些市政府给予消费者团体象征性的“决策性发言权”，以此打消他们的战斗精神。日本的消费者联盟是一个联合组织，90年代时的总裁是竹内直一。他为反对取消农业产品的进口限制而战斗，也为反对调整产品标准、促进外国消费品的进口而战斗。换句话说，消费者运动当时最重要的目的是保持食品的高价，让消费者只能选择国内产品，为此他们热情洋溢地工作。

在联盟中，起作用不是某种间接促进消费者权益的秘密进程，而是组织中总裁的权力。竹内是农林水产省的前高级官员。虽然他因为不同意使用农药而离开了该省，不能被称为一个真正的空降官员，但要让他在这个日本官场中最具有保护主义意识的部门中违背他前同事的利益，则是难以想象的。

施压团体

有一个关于政府政策如何制定的流行理论，认为“利益团体”或者“施压团体”成功地“抓住”了那些某种程度上他们需要与其合作的公共服务部门。其中一个日本团体很不寻常地确实做到了这点，这个团体就是日本医师会。从 20 世纪 50 年代开始，这个组织就在日本的施压团体中获得了崇高的地位，这是因为它的运作，以及人们期望这类团体在日本以外发挥更大的作用。与大部分的同类团体不同的是，这个协会为了获得优惠，往往会选择与官僚进行斗争而非迁就他们。[5]

在 1982 年以前，日本医师会的领袖是一个很强势的人：武见太郎，日本医师会在普通大众中建立了服从等级制，同时采取了咄咄逼人的方式（比如用整版的报纸广告严厉批评政府）来控制有关医药事件的决策。它为反对口服避孕药发声，从而防止了利润丰厚的堕胎行业出现任何衰败迹象。[6]它有自己的代表，可以参与全国竞选，而且可以为一些常规的自民党候选人提供资金。

如果利润丰厚的治疗方法的必要性面临消失的风险，日本医师会便阻止特定医疗器械的进口；无论出于什么样的理由，它都可以阻止药物或治疗手段的使用；它还保护了广泛的敲诈勒索行为，而这样的敲诈勒索是健康保险系统造成的。日本医生从健康保险计划中所获得的收入，一定程度上是根据他们开出多少药品来算的，而且他们自己也有权在诊所里销售这些药品。这就导致了医药行业的腐败关系，过度开药已经严重到了令人担忧的地步，却造就了不少非常富有的医生。

在武见太郎离职后，日本医师会的权力便衰落了，毕竟它只是系统中一个很小的组成部分。厚生省的官员们已经习惯了向协会低头，以至于他们制定的法律看上去好像是由医生亲自制定的。[7] 日本施压团体中出现的这个重大例外意义非凡：它以西方人期望的施压团体应有的方式来运作，但竟然是这么一个极端的方式。医药从业者接管了政府掌控的领域，而政府本应该出于对医药行业这项公共服务事业的保护而对医生加以管制。

战后的社会民众看到有众多施压团体的诞生：主妇们的团体、阵亡战士家属的团体、老兵团体、受伤老兵团体、前地主团体（他们在战后土地改革中失去了财产）、从前殖民地回归之人的团体以及妓院老板的团体……我们只列出几个最著名的。在 20 世纪 50 年代中期，他们成为报纸评论中的常见话题，特别是在妓院老板成立了全日本性病预防协会来试图阻止反妓院法案通过之后（他们没能获得成功，因此有差不多 50 万午夜女郎不得不为她们的职业找到一种新的说法）。有一个非常成功的团体吸引了报纸的注意，那就是中政连，它后来成为日本中小企业的主要联合会。[8]

政治舞台上的这些新角色引起了复杂的情感。1958 年，两个老兵组织成功地把战争养老金的预算提高了 300 亿日元，而日本医师会成功地储备了额外的 210 亿日元。[9] 日本的政治评论家和社论人士认为这种事情破坏了民主政治进程；人们指责施压团体缺乏对大众福利的关心，推动的措施也只让他们自己获利。[10]特别具有讽刺意味的是，在20世纪60年代，日本人民认为这些施压团体毫无民主可言，而西方的观察家在提到它们时却认为那是“民主”终于在日本立足的最好证明。即使到了20世纪80年代，这些团体依然被认为在更大程度上是促进多元化的力量。

仔细观察就会发现，它们所服务的多元化进程实在是一个非常奇怪的类型。除了医生之外，日本的利益团体“抓住”的东西都不对，官员和自民党利用这些团体来换取特定的补贴以及最低程度上的合作。一旦排除掉那些与行政机关有着密切组织关系的所有团体之后，真正施压团体的数量就非常之少。如果排除那些和系统中其他主要部分存在半官方关系的团体之后，所剩的数量还会更少。最终，留下来的是一个团体的核心，其中的大部分成员参与公开的反系统活动家阵营，他们偶尔会与防暴警察发生冲突，以此来表明他们不会被收买，不会以任何方式进行合作。农民、激进分子和活动家所结成的组合不断阻止东京成田国际机场的扩张，就是一个绝佳的例子。

反污染活动家

若以系统调整适应施压团体的程度来衡量，在战后的系统之外的施压团体中，最成功的是那些为工业污染受害者战斗的团体。即便如此，他们还是花了十几年的时间才让污染问题在日本得到正视。直到出现猫吃了体内积淀了水银的鱼后开始痉挛，尔后跳入海中自杀的现象，水俣病（水俣这个城市后来在全球成为环境污染的象征）才首次得到新闻界有限的关注。又过了几年，受害者的困境才成为国家问题。

受害者数量急剧上升，有些人因为神经系统受损造成痉挛而疲乏脱力，甚至死亡。

将汞废弃物排入海中的公司坚持认为，他们的所作所为和这个现象并无干系，这些公司雇用了黑帮粗暴地对付请愿的受害者及其家属。[11]主要来自贫穷村庄的受害者们被一一驱逐。带来坏消息的人——那些研究水俣事件以及新潟类似汞中毒事件的医生——名誉最先遭受诋毁。熊本大学的研究小组的调查结果被压制，研究经费也随即被削减。这些公司针对一位名叫萩野升的博士，发起了一场打压运动，因为他在富山县治疗病人患上的“痛痛”病，这种病带来的折磨令人费解，病人的骨骼变得非常脆弱并出现多处骨折，而这是因为镉渗入稻田的缘故。打压者们压制证据，雇医生来声明证据缺乏科学依据，污染带来的抗议在日本各地反复发生，直到出现暴乱，水俣负责汞废弃物的工厂受到冲击，一场全国性的新闻运动和海外曝光才最终阻止了这些公司的手段。

1967 年，左翼律师提交了第一起代表污染受害者的诉讼，很快就又有了三起诉讼。20 世纪 70 年代初，受到这一法律行动以及公众对首都地区空气严重污染的不满情绪的刺激，官员们与一些政客和商人得出结论，已经无法不采取措施。

于是日本引入了严格的工业操作规范，一夜之间，谴责以居住环境为代价的工业扩张变得时髦起来。虽然法院花了十多年才结案，但公司也开始对受害者的损失进行补偿。不过，大部分案例的经验表明，司法部门在其中只是扮演了次要的角色，系统因强烈抗议和报界的大肆宣传造成的压力而做出了反应。它的反应表明，只要这些错误足够吸引眼球，同时又能激起广大公众的愤怒，它就可以行动起来纠正错误。

20世纪70年代后期，反污染运动似乎预示着一种针对日本管理方式的新式反抗，而市民运动则被认为是通过在区域层面上激发政治意识而建立起的永久改变。人们选出了反对派的市长。但与此同时，自民党运作的市政府仍旧采纳反对党所制定的政策方针。在自民党看来，反对派已经被吸收了。[12]到了20世纪80年代中期，活动团体将自己比作“冬日风铃”——这种比喻的意思是，夏日挂在窗外的风铃发出的叮当声，在夏天听来令人愉悦，但到了冬天却变得无关紧要、令人厌烦。反对党人当市长的城市数量从1974年的136个降到1988年的60个。[13]草率的反污染措施与当地自民党候选人对竞选言论所做出的调整，再次确认了自民党是昂贵工程唯一充足的资金来源，这便有效地将草根阶层对现状的反抗压制到停滞状态。

作为竞选活动成员的施压团体

尽管消费者及反污染活动人士逐渐退出政治舞台，但其他类型的施压团体在政治上仍旧很重要，不过这不是因为他们通过“施压”在政治进程中做出了什么改变，而是因为他们为自民党政客所做的工作。

由于政府党派几乎没有任何基层组织，所以国会选举候选人就必须依赖支持者形成的个人团体，即所谓的“后援会”。在大多数情况下，一位在职议员有没有机会继续待在国会，首要的原因是，与他在两次选举之间保持运作的后援会的成员和影响力有关。而在施压团体亮相的那一刻，人们就很清楚这些团体如果得到正确的处理，就可以成为理想的后援会。因此我们看到，施压团体在日本的政治生活中走到了第一线，他们为各位自民党候选人拉选票、募集资金，还从事各种零零碎碎的工作。

对自民党国会议员而言，与各个省级机构间的友好关系是他们与某个施压团体保持如此关系的关键，因为一名政客必须做些什么（哪怕只是采取象征性的措施）作为回报。在和他的选区进行交流时，在职议员很少拐弯抹角。如果选民想要建一个新的机场，他们会确保这位议员有最好的“入口”，或是说“管道”可以直达运输省和大藏省；如果需要更宽一点的路或是一座新桥的话，那么他在建设省的朋友就要比其他候选人更多。在有多个自民党成员的选区，政客会将本人与各官僚的交往，和他的自民党同僚进行的官僚交往对比；而且所有人都知道，少数党没有“管道”通向这些部门。

自民党候选人在国会选举中，与之竞争的党内“同人”几乎总是来自另一个自民党“派阀”。所以很重要的一点是，派阀的领袖要与控制着地方施压和请愿团体的联盟组织搞好关系。这就是为什么老兵组织、伤兵协会以及阵亡家属组织一直是一股重要力量，他们能对自民党施压，要自民党承认并参与争议极大的各种赞美军国历史的象征性活动。[14] 我曾陪同一位政客对新近加入他选区内的一个村庄进行首轮巡游，他做了一个特别的举动：首先访问的是一位没了腿的军人的家庭，而此人正是伤兵协会在本地的代表。

官僚的延伸

不少施压团体一开始就会直接找到那些出于他们本来目的而需要

与其合作的官员。相对较弱的地方工业和贸易协会则会利用官员“帮助他们加强自身的组织基础，方法是通过立法，让他们的地位合法化并设置义务性的会员制度”。[15]成立施压团体是为了促进特定的农业利益或是其他的经济利益，在那些必须关心这些利益的省中，他们会找到开放之门。如果一个团体看上去规模庞大，而且可能有着足够的潜在势力，那么官员们就会主动向它献殷勤。作为对考虑其意愿的回报，它会提供其领域内有关处境、人事以及重要事件的详细资料。因此，它就成了“雷达”中的一部分，官僚们借此有效地推动系统整体。由于信息只是单向流动（向东京方面流动）的，行政官员对日本人的生活领域达成了更加稳固的控制，这部分到目前为止还没能那么有效地被纳入系统中。这种加强了的控制，通常会通过所提及的施压团体来进行。

地区性的施压团体在创立的理由消失后一般还会继续存在。通常，它们的行动和目的会变得分散而且空洞，重点在于为那些不属于大公司却仍然觉得有必要融入社会的人提供一个效忠的焦点。一旦利益团体将自身附着在政客身上——这也是大城市之外几乎所有团体都会做的——它们的主要功能就只是组织选举活动。到了这个阶段，最早的活动家可能会感到不满，但是他们最终还是失去影响力，诉诸“基本原则”的举动也不会被人理解。即使最早的活动家们想要的不只是团体从与官场的惬意关系中能获得的那些成就，但普罗大众却认为依赖现有的机制或调整自身以适应现有的体制是明智的，甚至是不可避免的，因为扰乱既定的奖励分配机制意味着忘恩负义，而且可能风险极大。[16]被系统接纳的施压团体的控制权，往往会转移到领导手中，他们会用来为自己的目的服务。尽管如此，团体仍然会博得无尽的忠诚。[17]忠诚本身就是目的，如果团体中出现了冲突的迹象，那么官僚和政客就可以轻而易举地灌输“团结一致应放在第一位”的概念。系统的代表通常甚至很有可能帮助促成领导层的更替。

如果该施压团体或工业协会和贸易协会举足轻重的话，那么它们就很可能被掌控在空降到该组织高层职位的前政府官僚手上。在这种情形下，施压团体往往会成为该高层领导政治生涯中的垫脚石。[18]事实上，很多自民党的国会成员之前都是官僚。施压团体的高层、官僚以及政客之间通常都有的那种惬意协商究竟如何，我们都应该清楚了。

系统要么破坏潜在的反对声音，要么花钱获得反对者的默许，这都需要在政府允许的限度内花费大量的金钱。各省与他们必须控制的团体之间变得紧密相关，并表现出与团体目标一致的迹象。这也就是为什么农林水产省一直阻挠开放食品进口，而系统的其他部分则认为，开放食品进口是必要的，这会对整个系统都有好处，可以作为海外贸易相关制裁的对冲。因此，系统为了维护自身利益而吸纳反对团体或潜在的反对团体，讽刺的是，这也让系统中的某些部分陷入瘫痪。

只要有可能，施压团体也会被政府机构用来与其他政府机构或系统的组成部分展开争论和权力斗争。在某次开放反对进口的市场领域的运动中，当时的首相中曾根收到数以千计的电报和明信片，要求他不采取任何激进的做法。由于这些请愿的用词都惊人地相似，我们便可以知晓它们都来自少数几个农业协会和工业利益团体。在后来的一次内阁会议上，中曾根愤怒地提醒他的大臣们，鼓动自己的行业领域发起抵制运动，恐怕很难说是各个省的分内之事。

新的施压团体或是请愿团体会不断出现，有时它们成为一种手段，让特定的公众请求对系统施加影响。系统是有灵活性的，它在某种程度上可以容纳这种团体。但是，系统不会允许对现状做出根本性的改变，也不会让真正的、持续的对立面出现。

建立自己的“对立面”

要在问题变得无法控制之前就平息问题，或是将控制权扩张到自己尚未掌握的区域中，系统的各部分便采取了一个久经考验的策略，就是建立自己的“对立”团体。在20世纪50年代和60年代，管理层创建了备选工会，它吸收的是可能构成竞争的、受到马克思主义鼓励的国家工会中的成员，这是这种策略中的一个著名例子。与此类似的是，农政推进协议会于20世纪60年代在协调乡村施压团体时起到了关键作用，但它的行动实际上来自农林水产省官员的构思，帮助农林水产省加强他们对自己部门的控制，并在预算季与大藏省讨价还价时提升自己的力量。[19]

事实证明，建立一个全新的、自己培养的对立面对自民党特别有用，尤其是当自民党闹出贿赂丑闻，在媒体的短暂愤怒狂潮之下面对批评和选民的不满时。1976年，六名自民党党员在自民党战后最伟大领导的儿子河野洋平*的带领下退党。表面上看，他们成立了一个反对

---

* 河野洋平是河野一郎的长子。河野一郎曾是日本陆上竞技联盟的总裁。——译者注

党“新自由俱乐部”。新自由俱乐部偶尔发出类似反对派的声音，主张清廉的政治，从而让一些不满的选民心安理得地继续站在自民党一边。实际上，新自由俱乐部是在自民党之外的一个自民党派阀，在任何问题上它都和自民党投一样的票。这就意味着自民党不用再担心失去其形式上的国会多数派席位。1983 年的选举之后，自民党丢失的席位数创下了纪录（尽管普选中没有遭遇此等失败）。中曾根首相邀请新自由俱乐部加入内阁，并委任它掌管自治省。不少日本和外国的记者一直在监视的改变政治风向的重大事件终于发生，于是便得出结论说期盼已久的“联合政府”终于到来了。

但事实并非如此。两年半后，自民党获得了创纪录的高票数席位，新自由俱乐部似乎也没有更进一步的用途了，于是这一“反对党”便悄然解散了，它的国会成员又回到自民党的体系中，顺利得就和十年前他们离开的时候一样。正如日本最大的日报《读卖新闻》在一篇社论中所说：

> 新自由俱乐部吸纳了自民党因洛克希德丑闻而失去的市民选票，并开发了新的保守派选票。在国会处于自民党和反对党权力接近平衡的那段时间里，新自由俱乐部支持了执政党，并因此为政治稳定做出了贡献。[20]

系统在日本乡间的运作

一般认为，日本的农民和众多工业发达国家中的农民一样，在政治上都得到纵容。日本的农业受到高度保护，米价至少是世界其他产米国家价格的五倍。确实，日本的消费者为大部分农产品支付了过高的价格。

然而，情况并不像看起来那么简单。对日本农业的保护，并不一定会让一般的农村人口甚至是生产者的小集团得益。农场的生产非常低效。如此低效的原因则是农村有一个“巨无霸”组织控制了几乎所有的农业活动，它的目标一直得到保护。这一组织通常被称为全日农协联盟（农协）[21]，它是系统中不可缺少的元素。要是没有它，现存的秩序恐怕都没法熬到战后时期。全日农协联盟事先阻止农民可能发起的政治运动。它也有助于保证自民党国会中的多数地位不受挑战，进而使日本行政官员在执行权力时不会受到干扰。

全日农协联盟这个词可以代表所有一切，却不能代表“日本农业”。它指的是由农业合作社及其子公司、姊妹组织和专业协会所构成的中央联合会。这些组织合在一起，通常被认为是代表了日本630万农民的施压团体。[22]但这正是一个绝佳的例子，可以说明误用术语会让人们误会日本机构的角色。农协中利益集团固有的潜在反对因素并非消失了，而是这些因素从来就不曾存在。

即使全日农协联盟中有依靠政府补贴的非营利机构，但与这个团体最好的对比是企业联盟（通过交叉股权以及相互持股的方式绑定在一起的组织团体，见第二章的讨论）。农民为这一农业企业联盟形成了一个几乎完全被控制的市场。他们在其中少有选择，只能让自己用它的服务，这些服务涵盖从生产营销、提供种子和肥料，一直到银行、保险乃至婚礼庆典等方面。

全日农协联盟也可以被看作农业官僚机构的“附属器官”。[23]同时，它的一个主要功能是帮助自民党政客当选。这个行动显然超出了它的法定任务，因为作为一个受政府补贴组织，全日农协联盟应该是无党派的。

控制村民

要理解农协究竟为系统做了些什么，我们就必须先要考虑到日本中央政府对乡村的控制向来是多么有限。几个世纪以来，在谈及维持内部秩序时，日本的村庄几乎是完全自治的。对它们中的大多数来说，德川幕府的“联合控制体制”只不过是一纸文书。尽管地区之间有差异，但在很多地方，通过村庄自治所形成的政治模式形成了有效的屏障，村庄借着这个屏障便可以对抗中央政府的权威。

为了打破这一屏障，明治政府建立了许多全国性的组织，但却从来都没有完全成功过。东京也试图通过当地的地主来灌输爱国心，他们自己依靠村庄对他们的服从，从中获利。另外，战前强势无比的内务省可以通过剥夺民众必需品，比如拒绝修理因台风而损坏的河堤，从而对那些冥顽不灵的村民施加惩罚。[24]即便如此，村庄的传统在很多地方仍在延续，滋生出独立的态度。在这种情况下，世纪初组织起来的农业合作社自然而然地也就被政府控制住，而地主也成为控制农业人口的另外一条渠道。但是，最晚到1924年，只有不到一半的农场加入了本地的合作社，这些合作社继而组成了大约200个联盟。乡村的顽抗最终在1943年彻底结束，所有的合作社都被置于中央的控制之下，县级联盟也被解散。帝国农会（或农业会）的创立，一部分原因就是将尽可能多的组织紧紧地捆绑在一起，为战争做好准备；村庄已经无法自主选择是否加入联盟了。

在当代日本，东京政府通过执法人员对农村社区施加的控制仍然十分脆弱。在村庄中执勤两到三年的警察和当地居民一起喝酒，在参加仪式庆典时，他们也坐在贵宾席；对村民来说，他们虽说是重要信息和建议的来源，但终究还是外人。建筑业与工业提供了另一套重要工具，但是日本乡间为系统，特别是为自民党的服务最为有效的机构，事实上是从战时体制继承而来的农业合作社。

中央化的帝国农会为战后的农协系统提供了基础。它的办公室、设备和雇员，以及大部分功能作用，完全是在美国占领军的鼓励下产生的，表面看来是由全新的组织接管的。[25] 由于几乎所有的日本农民都依赖于它的服务，所以战后体制几乎完全继承了这个组织。

政府的食品控制系统对日本农产品高到离谱的价格做出了贡献，它与农协的利益交织在一起，不可分割。对农协同样重要的，是农业保护主义壁垒，而这一点成为日本与美国政府争论的主要焦点。基于这个原因，日本的“过度保护的农业”以及与之相关的农协系统，从 20 世纪 70 年代开始就一直受到商界以及通商产业省官员的攻击，因为商界和官员们极力希望避免国际社会对日本的批评。不过系统内反对农协的人并未公开地分析背后的真正问题。早在 20 世纪 60 年代，日本专家就指出，农协不能被认为是农民的代表。县级协会表现得像是中央农协机构的承包商一样。同时，组织高层想要推动的利益，有时也在中央和当地农协“分会”之间造成相当大的摩擦。[26] 与农民的利益相比，农协以及农林水产省的共同利益是农业自由化更大的障碍。

一个共生集团

农协组织全心全意地将自己的角色定位成农林水产省的一个“下属机构”，它必须找到生存的方法。总体来说，农民本身对束缚着他们的系统有着矛盾的心情，特别是当政府计划没能将农业推向现代化，农协对此难辞其咎。[27] 几乎没有哪个日本农民可以靠农业维持生计。超过五分之四的农业家庭有来自其他工作的额外收入——通常是在临近村庄的小工厂、货运公司或是其他服务行业中打工。超过 85% 的家庭，兼职工作的收入超过了农场农产品的收入。但是，由于全国农协中央会（“全中”更为人知）这个农协联盟的总部，每年在官员讨论大米价格被人为抬高的问题时都会大声疾呼，日本人连同外国人就会产生这种印象，日本农民很强势，可以让政府言听计从。事实上，真正的权力属于农协和农林水产省。在与大藏省打交道时，任何其他的省都不可能找到一个如此有保障的势力作为后盾。农林水产省的预算提案神圣不可侵犯，也没有任何一家商业机构能不遵守由全中指导和协调的规则。

政府为几乎所有的大米收成支付货款，这些钱直接进入农林中央金库，继而“像血液一样在农协的各个机构中流转，为每个部门提供养分”。[28] 金库通过县级的信用农业联合会（农协的信用联盟）将政府的大米货款转到为销售做出贡献的各个家庭的储蓄账户中。这种自动转账意味着农协银行组织的成本只是一般商业银行成本的零头。同一笔钱在农协的企业家庭中来回流通，通过信用机构向农村人口发放贷款，并用于支付各种服务费用。中央农协银行留存了几乎一半的款项用于外部投资。如果农协成员全体会议通过了一个全国性的活动，那么总部便可以自动地从所有的储蓄账户中扣除该活动的款项。这样，在国内外大量宣传农协的好处便成为可能，我们还没提到在农协指导下的、针对大藏省和自民党的仪式化请愿活动，其规模是任何其他团体都无法企及的。

遍布全国各乡镇村庄，一万多个当地农协机构购买农产品（大米除外），并在更高层次的农协贸易公司中进行销售。除此以外，它们向农村人口销售农业劳作所需的一切以及许多其他物品。考虑到储蓄账户已经掌控在农协手中，其总量代表了一个近乎完美的垄断市场模型。这些下属机构也提供健康与福利设施、信用、仓储、指导和建议。其中最有趣的一个业务是“互助”业务，它是世界上最大的保险业务。

最初建立保险相关法律时，美国占领军一开始坚持将农协的保险业务置于大藏省的监管之下。但是，农业官员令人信服地争辩说，农协无意开展真正的保险系统，它们只是开发一个让日本农民在困难时期能互帮互助的系统。让财政官员以及保险公司始料未及的是，到了20世纪80年代初，农协“互助”业务名下的资产可能超过4.9万亿日元——这要比当时世界上最大的商业寿险公司“日本生命”所拥有的总资产还要多得多，其资产是日本最大的财产保险公司“东京海上火灾保险”所拥有资产的五倍。每个草根阶层的农协单位都是一个保险销售点。由于这一业务和其他那些在中央组织的业务一样，都被划归为非营利组织一类，所以农协不像“商业”公司，它既可以销售寿险也可以销售财产险。总而言之，或许没有哪个日本工业联盟能获得如此令人瞩目的成功。

农村投票机

选举季到来了，农协的保险推销员、橘子采购商以及种子供应商，都充满热情地变成当地自民党候选人的竞选员工——至少在理论上是如此。虽说农协各单位能拥有权力，是因为人们认为它们组成了一个无法打败的、必须与自民党保持关系的投票机器，但事实上，它们的拉票效力在各地有很大的差异。整体来说，自民党对农村投票的依赖性在下降。但在20世纪80年代，46个县的11个县中还有超过30%的家庭的成员被认定为农业家庭，19个县中有超过20%的家庭被认定为农业家庭。关贸总协定在1987年要求日本放开12种农产品的进口，445名自民党国会成员中有359人签署了一项声明，拒绝接受国际组织的管辖。被激怒的当地农协单位偶尔才会为反对党的候选人工作。但即使是属于另一个政治派别的农民，仍旧还是属于农协的，人们一致认为该组织别无选择，只能站在自民党一边。

这仍为自民党候选人在多席位选区的竞争中留下选择的余地。如果某个地方的农协打定主意要进行认真的竞选活动，它就可以凝聚巨大的力量来抵抗自民党中央的意向。宫崎县的案例便说明了这一点。东京的党政官员选定的候选人激怒了农协，于是农协组织就决定支持另一名自民党政客。在竞选期间，有大约4 000—5 000名农协人员和农民每天为他提供支持。而原来的那位候选人举办了一次聚会，想要吸引2 000名选民。与之对抗的聚会在同一天举行，农协的接送大巴拉来了1万人参加这个聚会。农协团队在所有的商店展开活动，到了最后关头，家庭主妇和十来岁的孩子们也加入了竞选班子，于是工作人员数量达到了6万。[29]

众所周知的是，宫崎县的农协是一个很活跃的投票机器，它通常会免费提供大约3 000名竞选工作人员。宣布选举结果前不久，它组织召开了区域团体会议。专家小组（如养猪专业户或蜜橘种植户）被组织在农协的另一个子联盟之下，他们也会在差不多的时间开会。选举法很严，禁止公开的竞选活动，于是在这样的会议上他们会提交一份“报告”，表明农协决定支持谁。为了绕开法律规定，候选人本人在东京召开“学习会”，来汇报他的方案。随着竞选时刻的临近，农协销售人员会再次拜访农民。直接登门征集选票被严格禁止，哪怕在正式的选举季这也是不允许的，但要找到借口，拐弯抹角地提到候选人总是件容易的事儿：一种新的保险啦，一份农协的刊物啦……在选举活动期间，每一家都至少要被访问两次。农协单位的办公室会给成员打电话，要求他们来开会（他们知道是竞选集会），而且农协会安排往来的交通工具。出于对本地农协官员的感恩之情，这些农民很少会拒绝参加。

如果是更直截了当的竞选活动，农协乡村单位的角色就不是农协的子单位，而是宫崎县农民联合会的分部。和农协不同的是，这一协会不受政治约束。但是巧得很，一个组织的首领正好同时也是另外一个组织的领导，而且两个组织的办公室都在同一个地方。农协单位的工作人员可以自由地推荐他们选择的任何人，直到组织决定推荐谁为止。之后，他们必须坚定不移地为选出来的候选人说话。工作人员如果对这个安排表示抱怨（比如说他个人支持日本社会党），就会受到上级官员的训斥；如果工作人员没能遵守“非官方”的农协指导方针，就会面临降职的危险。[30]

控制工人

如果以反对工业联盟为目标的工人运动，能够将工人组织起来的话，那么我们现在所看到的日本战后经济系统就不可能出现。和人们普遍的想法相反，工人运动本来是很可能发生的。管理层和劳工之间的和谐关系是当代日本最为人熟悉的方面之一，但它不是自发形成的。日本必须要消除许多工会，才能建立起“和谐”。事实上，日本社会中没有任何其他主要元素如战后工人运动那样，遭到如此强制的整顿。

在瓦解20世纪50年代劳工对它造成的真正威胁的过程中，系统得到了如下的帮助：一是长达25年的应对左翼活动分子的行政经验，二是“左翼”自己在意识形态上的僵化，三是美国占领军早早地改变了事务优先级。

对战前工人运动的压制

在20世纪初，一些熟知欧洲社会主义思想的知识分子组织并建立了日本第一批工会。但它们立刻被立法禁止，消失殆尽。[31]但这并未阻止日俄战争（1904—1905年）后发生尖锐的劳资纠纷，也没有阻止20世纪20年代发生规模庞大的劳工骚乱。

认为政府与大型企业共谋并无情剥削工人的想象，其实是不准确的。事实上，“劳工官僚”（他们在内务省中工作）确实推动立法来改善工作环境，因为他们有意减少剥削造成的骚乱，以及保持劳动力健康。[32] 他们甚至将自己当作贸易联盟法律的代表（虽然不成功）。他们对工人有所保护的态度，似乎也是为了限制财阀的权力。

即便如此，唯一被允许保留下来的工会联盟是“总同盟”。它谨慎地避开了所有的反对。在战前鼎盛时期，工会成员的数量不到劳动力数量的 8%。[33] 但就算这样，日本行政官员还是认为太多了，尤其是在工人运动更为强烈地受到马克思主义影响的时候。从 20 世纪 30 年代开始，系统毫不留情地对工会展开了打击，认为那是“危险思想”的温床，它会破坏国家目标。从此，压制工人利益的行动无疑得到了政府的支持。

战时企业工会的遗产

随着战时生产压力的增加，系统发现了以行政手段控制日本工人运动的最终方案。在 20 世纪 20 年代，一些公司开始假装它们是工人们的另一个大家庭。理解这一做法对社会控制的好处后，内务省在全国范围内开始推广“公司就是家”这一概念，这个概念也很好地契合了“日本就是家”的概念。从 1938 年到 1940 年，日本为了推广对战争的热情而设立了工人和管理层“委员会”。它们也在某种程度上改善了不健康的工作环境，为工人建立了最低限度的福利。

到 1938 年底，当地警方和公司组织了超过 19 000 个这样的委员会——“爱国工业协会”或者“产业报国会”——拥有 300 万名成员。[34] 到

1940年底，有大约三分之二的工业劳动力从属于中央领导下的60 495个单位。[35]所有企业都被要求展开合作；其中的顽抗分子将会面对不屈不挠的内务省官员，官员们会叫来（在同一个部门监管下的）警察强制执行他们的方案。公开的工会在1941年左右融入这一组织当中，就像政党以及青年组织融入大政翼赞会一样。[36]

回头看来，产业报国会运动的成功称得上是日本经济历史上的一个里程碑。有关工人的态度，文化主义的解释普遍为人接受，认为企业工会是日本人自然倾向于认同其上级利益的结果。这一解释忽视了一个事实，就是日本战后——直到当下——的工会是作为企业而不是作为贸易联合而成立的，这很大程度上是因为战时的协会“只是脱去了旧外衣，实质在战后还一直存在”。[37]在产业报国会的影响下，已经渐渐形成的“工人不应该跳槽到别的企业中去”的想法，突然之间成了命令。而且，尽管战后时期众多情形各自不同，但这种想法却被保留下来，多年来的强制习惯已经使其根深蒂固：雇员应该对企业表示忠诚，应该尽全力提高生产力，而不是在职业生涯的中途更换工作。

碾碎蘑菇

产业报国会进行的劳动力重组，在很大程度上是受到了纳粹德国和墨索里尼统治下的意大利的启发。事实上，这一运动最直接的灵感来自内务省所采纳的一个提案，而这个提案不过是“一个略加粉饰的纳粹劳工计划”。[38]这些战前的欧洲法西斯主义思想到今天仍然存在于日本的劳资关系中。战争刚一结束，日本便见识了有史以来带有浓厚马克思主义色彩的工会主义最快的传播。这里要感谢麦克阿瑟将军的占领军，正是在他们的鼓舞下，一年之内有 300 万工人组成了工会，而 10 年后工会就有了 600 万名成员。这些工会并不都是披上了新伪装的爱国主义协会的分会。占领军将共产主义者和左翼社会主义者从狱中释放出来，所以日本在战后的那几年并不缺乏认真的劳工组织者。在日本投降一年后，温和的战前总同盟又复活了。而且在这段时间中，共产主义者在发起的激烈争论中占了上风，他们组织了“产别会议”*，吸引了相当于总同盟两倍的会员（100 万—600 万人）。

1945 年 10 月末到 12 月初，《读卖新闻》的工人接管了公司，他们试图进行自我管理。其他激烈的劳资纠纷也随之而来。其中包括 1948 年东宝电影公司长达 195 天的罢工，东芝工会组织的 56 天罢工，1946 年和 1952 年的电力工人罢工，1947 年的邮政工人罢工，1954 年煤矿工人和钢铁工人 63 天的罢工。这些时段因罢工而造成工时的损失与美国和欧洲的工时损失相当。其中最著名的当属 1947 年 2 月举行的总罢工。由于害怕这样的罢工可能失控，也担心这会让已经不景气的国家经济形势进一步恶化，麦克阿瑟将军下令禁止罢工，因此工人运动的热情也随之消散。

不久之后，新的法律出台禁止政府雇员在任何时候进行罢工。[39] 随后，在一系列具有重大政治意义性的事件上，美国的态度发生了转变，这就表明美国的事务优先级已经变了，给战前劳工官员（他们仍

---

* 全称是全日本产业别劳动组合会议。——译者注

然在职）发出了信号：他们可以开始控制工会运动了。因此，1949 年的“红色清洗”将共产主义分子和左翼社会主义者从官场上清除出去，再加上战前和战时的官员在 1950 年的“赦免”后回归，有助于提供必要的氛围和官僚人选。

从一场有中心的运动到清理战前和战时的领导人以实现日本的“民主化”，这过程中伴随着新中国的成立和朝鲜战争的爆发，美国的目标已经转变为在太平洋建立一个堡垒去抵抗亚洲的共产主义。因此，战后早期由共产主义者领导的（也是美国占领军所鼓励的）工人运动，于 20 世纪 50 年代在美国的同意下被蓄意粉碎了。

有些公司收买黑帮来破坏罢工。战时工业组织中心的前商人官员成立了日经联，其特定的目的就是与工人运动进行斗争。公司如果觉得工会很麻烦，它们会选择一种成立温和反对派工会的战术。不用多久，这个备选的工会就会比激进的工会吸引更多成员，因为雇员很快就会意识到，不合作只会妨碍他们的晋升。

在大型企业中，我们可能还会发现较为激进工会的残留。但一般来说，管理层很乐意看到它们存在，因为它们提供了一个很好的方式，让受挫的员工发泄感情。一旦这些激进的工会要采取行动，比如提升半年度奖金的金额，它们就会通知管理层，会在哪一天的哪个时间、在哪栋办公楼的哪一层举行示威。这些示威者有大喇叭，他们会异口同声地喊着口号，戴着红色头带，有节奏地举起紧握的拳头，看上去令人生畏；但我总是能感受到在表面的愤怒之下的秩序。

共产主义工会也存在于一些外国公司当中。外国银行和航空公司偶尔会受到它们顽固战术的折磨，这会让一些在日本经营的外国商人对工人运动的力量有一种夸张的印象。举一个众所周知的例子，一个激进的工会多年来一直在为一名被欧盟代表团办公室解雇的临时雇员打着一个乱糟糟的、令人尴尬的官司。这种行为至少会从两个方面对系统有帮助：首先共产主义活动者可以认为这是属于他们自己的领地，就没有必要给日本的大企业添乱；其次，它提醒外国公司和代表团，在日本经营需要随时准备好适应环境。

剥削和仪式

战后工会系统的一个重要方面，是把大量的“临时工”当成低成本的劳动力——其实他们通常都是固定工，只是处在经济等级的较低位置上。企业工不会接纳被正式归为临时工一类的工人（哪怕他们已经为工厂工作了很多年），只是因为他们不属于终身雇员这一级别。根据一项估计，只有五分之一的日本工人享受着终身雇佣制和其他福利，而且这些福利本应是日本劳动关系的特征。[40] 众多大企业竞争力的一个决定性因素，就是把许多小公司作为低成本外包工的来源，因此工会就极其罕见，全国性的工会组织也不会尝试在这些小公司中设立工会。较低级别的工人收入要比工会成员低得多，他们在经济萧条时有丢失工作的风险，而且明显能从保护工人的活动中受益最多。但是在这个层面上，工会不受人欢迎，而行政官员有足够的控制权，可以不让任何其他重要的活动在这个被驯服的联盟中繁荣展开。如果外包行业的工人能够有效地组织起来，系统就会受到严重的破坏。

在 20 世纪 20 年代和 30 年代，雇主们学到了这点：只要以开除员工作为威胁，就能轻而易举地让工人忘记工会。忠诚的员工会得到奖励，成为终身员工，并且得到基于工龄的工资。政府通常会鼓励实施这种方案。[41]日本在战后满目疮痍，渴望安全不可避免地再次成为员工们的主要动机，这种巧妙打击工会的做法导致工人只能勉强接受那些被驯服了的公司工会。与此同时，让很多工会担心的是，如果他们加入中央贸易工会联盟的话，就会把自己拖入意识形态之争中去。于是，那些管理者虽然害怕全工业范围内的工会，但他们一直拥有优势。

工会化的比率在持续下降，从 1949 年的 55.8% 降到了 1986 年的 28.2%。除了海员、教师和公务员这些行业的全国性的工会不那么容易被驯服之外，如今只有由管理者支持的公司工会存在。它们通常积极参与生产最大化的活动（却要以牺牲工人的舒适为代价）。这些公司工会的领导人通常和管理层人员有着密切的工作关系。他们自己通常在日后也会加入管理层，同样也会要求工会中的下属表现出顺从。所以，管理层和“组织起来的”工人之间没有冲突。企业工会所做的不过是保护他们成员所谓的终身受雇权，他们在很大程度上进行的仪式性谈判，讨论的不过是涨薪和半年度“奖金”的金额，但这些都有国家标准。

激进的共产主义工会联盟“产别会议”在 1958 年被解散，有关劳工运动的推进工作转到了“总评”*。一直到 1987 年，总评都是日本中央劳工组织中最大的、最重要的劳工组织。总评在很大程度上依赖

* 全称是日本劳动组合总评议会。——译者注

于公务人员。在刚刚成立之初，总评表现得很温和，而且表明它会站在冷战中非共产主义的一方，因而赢得了美国占领军的祝福。但是没过多久它就表明身份，与“左翼”活动家站在一起，并在实际上协助设定了“左翼”言辞的基调，后来它还在其中加入反对美日双边安全协定和反对美军基地的行列。

1954 年，一些曾属于早期温和产别会议的前社会主义工会脱离了总评并组建了“同盟”。该组织的成员主要来自私人企业，他们支持（从自民党中脱离出来的）民主社会党，不过民主社会党在国会投票时一直是支持自民党的。

一旦激进的联盟活动受到压制，总评便开始鼓励并指导一系列对任何人都不构成威胁的全国运动。1956 年，总评发明了“春斗”（在春季发起的反抗运动）。直到 20 世纪 70 年代中期以前的每个春季，日本国有铁道（现已私有化）的人领头发起全国性的怠工活动或是举行（后来慢慢发展成的）全面罢工。乘客们在拥挤不堪的通勤列车中因受困几个小时而大为愤怒，他们在几个车站发起了暴动，随后春斗的策略又按着当局的意愿，转变为全面罢工。春斗成了一个年度仪式。报纸每年春天印刷地图显示“樱花前线”* 在日本各岛的推进情况，与此同时，他们还印刷了详细的表格，表明哪些铁路干线在这一到两周的活动时间内会受到影响，从而警告那些对公司忠诚的员工在什么时候要把寝具带到办公室去。官方甚至认为，“春斗”一词应该被收录进日本诗歌中用于“代指季节”的词汇中去，通常有数十万名诗歌爱

---

* 这是指预报全国各地樱花开放的日期线。——编者注

好者会写诗歌颂春天。

总评的春季仪式并非完全不受管理层的欢迎。劳作无休的雇员哪怕不参加这样的活动，也能从如此大众化的活动中获得某种满足感。另外，尽管仪式重于一切，但这些年度活动至少要比那些由公司工会组织的午餐罢工更具实际意义，因为它帮助建立起全国范围内的年度涨薪标准。

1981 年，铁路工会发起了最后一次还能称之为罢工的罢工。那时，铁路工会已经失去了春斗的领导权，领导权转到了金属制造业工会手里。从 20 世纪 70 年代末开始，涨薪标准便由全日本金属产业劳动组合协议会与最重要的金属消费行业（钢铁、造船、汽车以及电力机械）中最大的八家公司共同协商确立。但是，这些行业中的工人没能展现他们的力量，于是在 20 世纪 80 年代春斗往往来了又去，很少被人注意到。工人运动在 20 世纪 50 年代被拔去了尖牙利爪，看起来最终也失去了声音。

乍看起来，日本工人的处境根本就没有那么糟糕。劳动节游行是一年一度的大事，报纸编辑讨论着工人的“要求”或“策略”，给人以活动生机勃勃的印象。这些现象掩盖了日本工人并不参与国家的决策的事实。对工会的驯服防止了某些特定的工业毁在某些强势的工会领导人之手，但这也剥夺了工会成员参与任何关于经济未来发展进程的讨论机会。

1986 年春，这一点再次得到了充分印证。工业界和官员强烈呼吁将提高消费支出作为提升国内需求的一种方式，尽管日本向它的贸易伙伴承诺将采取逐步改变，从鼓励出口转向鼓励国内消费，以此来刺激经济发展，但是日本公司还是将前一年获取的巨额利润投到海外。官方的工会代表对此都没有做出公开评论。

一个终结所有工会的工会

在20世纪80年代末，我们还能看到重大的组织结构变化。这一变化从日本电报电话公司（NTT）的私有化，以及国家铁道（他们的人都是总评里的中流砥柱）的私有化和地方化开始。在隶属于民主社会党的同盟领导下，同时又在某大型公司的资助下，一个新的联盟“委员会”——全日本民间劳动组合协议会（全民劳协）用了五年时间实施了一个伟大计划，计划要将所有的工会统一到一个温和的国家机构中去。这一计划在1987年11月促成了日本私有企业工会联盟——全日本劳动组合总联合会或简称为“联合”——的成立，同时宣布“总评”将于1990年解散。[42]

联合与日本共产党下属的组织是死对头。1985年2月，在日本电报电话公司全电通（日本电信工会，联合的组织神经中枢之一，它是日本最大的企业工会）召开的一次会议上，诸如“阶级”、“反动”和“法西斯主义”等词从清单中被抹去。[43] 同年6月，全电通成为第一个呼吁解散总评的总评成员。那些传统上非常温和的同盟团体在联合中占据了统治地位，它们比那些同情总评的人和那些较小的被解散了的联盟所预期的要更有地位。[44] 很多公共部门的工会将仪式性的战斗弱化了，以便能够加入新的联盟。

早在1983年春，一群左派工会的领袖、学者和知识分子成立了一个对立组织，用它来保留那些他们所珍视的概念（比如“阶级斗争”），包含了最左翼的前“总评”的小型联盟留存下来，为的是提醒国家，正是国家将它之前的盟友“出卖”给了“垄断资本主义”和“右翼分子”。[45]

联合的组织者向日本提出一个宏伟计划，要统一社会主义的政党，日本社会党和民主社会党。但是，官员们似乎一点也不担心这个宏伟计划可能会导致一个规模更大、实力更强的反对党出现。自民党、官员还有商人都对联合的计划表示欢迎并一直给他们提供帮助。但我们也不能忘记，民主社会党这一得到同盟支持的小政党，除了偶尔参加一些仪式性的反对党抵制活动之外，他们在国会的立场基本上和自民党没有任何区别。事实上，联合与自民党思想家甚是相合，他们要扩大党的选区，以便将工会纳入其中。[46]为了回报自民党政客做出的调停，它能成为一个非常有用的请愿团体，并为自民党提供选举上的帮助。

相比早期的全国联盟，联合当然更契合管理层的目标。它的首任总裁是竖山利文，他也是具有里程碑意义的全民劳协的领袖，更是日本生产性本部的高管。日本生产性本部是官僚和大型企业组织，长久以来，其目标之一就是教育企业工会要学习劳资合作的美德。另外，竖山利文和众多自民党、官员和商人顾问团都有关系。联合从它诞生那天开始就表明，不会追求持续的涨薪，而是要促进更好的工作环境以及成员和家庭的大众福利。它还声明不赞成罢工。可以想见，在中小型承包商行业里相对低收入的工人中，绝大部分人的利益都不是它要保护的对象。

在国家层面上对联合工会的进一步驯化，同时也是对众多企业工会的驯化。保留下来的（在午餐罢工时穿戴的）红旗和红头带被不同颜色的旗帜，特别是代表“自然”的绿色旗帜所替代。不少企业工会在以往的谈判中会强调金钱，如今他们会更多地呼吁自我的实现和家庭的幸福。

被封锁的外部人士

已成立的反对派很好地为这一系统效力。这一机构化的、无能的反对派可以吸收可能出现的真正反对派。我们已经在与日本社会党有关的总评那里对此有所了解，但是最重要的例子还是日本社会党自己。在20世纪50年代中期，日本最大的反对党不再以自民党之外的一个可靠的替身出现，在国会中的政治平衡角色也在逐步消失。它的成员一直以来都喜欢把时间花在对马克思主义理论的辩论上，部分原因在于他们非常依赖在总评中更加教条的那一派的选票支持。

驯服了的反对派

日本马克思主义作为一个优秀的理论，提供了一个安全港湾，在其中可以批评现状但却又不必将理论与实际结合起来。确定日本社会党优先级的那些知识分子对“人民”过着怎样的生活没有第一手的了解，而他们本应该代表这些人民与“垄断资本主义”所造成的种种不公进行斗争。社会主义者为日美两国政府的关系而操的心，比他们对日本国内的权力滥用所付出的关注还要多，而日本政府本应是权力滥用的问责对象。

日本社会党中庞大而有实力的左翼一直以意识形态的纯洁性作为自己的目标，这就让日本社会党没法看到其自身的种种可能性。到了20世纪50年代末，它的路线越来越激进，最终导致党内最重要的右翼派系在1960年脱离组织并组建了民主社会党。在20世纪70年代，其左派不断阻挠结构性改革以及对意识形态调整的尝试，而且还排挤了更多显赫的右翼人物。最近，在1986年，土井多贺子担任了日本社会党的领袖，她也是日本政党中的第一位女性领导人，这似乎带来了某种程度上的实用主义，自从总评这一日本社会党传统的权力基础消亡以后，迫切需要的就是这种实用主义，只可惜来得太晚。

当然了，如果一个真正的反对党强大起来，甚至接管政府，官方的规则中没有任何一条可以阻止它；也有人论证说如果日本社会党采用不那么教条的意识形态立场并提出可行的政策，那么它便有可能成为一个真正的反对党。这么说有一定的道理，但却回避了一个问题：日本社会党为什么会变得如此不负责任、不切实际、不受欢迎，以至于选民无法将它作为自民党之外的一个可靠备选党派？答案似乎也很简单："保守派"并入自民党背后的企业家和官僚的勾结，以及执政党和在战前及战时官僚机构中供职的统治精英之间的共生关系，向日本左翼中的现实主义者表明，其他政治力量接管政府的机会微乎其微。

人们普遍发现，如果政党根本没有机会参与政府的管理，那么这些政党的领袖就会越来越倾向于采取激进的姿态。在他们的政治活动中，"表现"的目标往往超越了"功能"的目标。在这种倾向上，日本社会党就是个教科书式的例子。

早在1960年，一位最重要的日本政治历史学家总结说，不要把自民党和日本社会党看成在实质性问题上发生冲突的两个政党，应该把他们看成在不同的跑道上进行不同类型比赛的两个政党。[47]这样谁都不会输给对方，而且日本社会党的功能甚至就不在于竞争，而是要吸收那些自然而然地导向它的负面元素。出于种种原因，那些无法融入系统主体中的小型利益集团，它们有机会加入这个左翼微型系统。这个微型系统给这些集团的不是补贴，而是公众宣传和道义上的支持。最近有一个比较好的例子，一群韩国人拒绝以外国人登记为目的而采集指纹，还有对他们表示同情的日本活动家和其他国籍的反对采集指纹的人支持他们。

始终限制先前被排斥的人

在一件很特别的事情上，日本社会党和共产主义者一起安抚了所谓的“先前被排斥的人”这个团体；不然的话，那里一定会麻烦不断。这些团体的成员被委婉地冠以“部落民”的称号，他们的外表与其他非部落民的日本人没有任何区别，但属于从事种种“不洁”职业（如屠夫、皮革工人、掘墓人）以及低级行脚商贩的后代。在过去，他们被彻底地排除在社会之外，地图上甚至不会标注出他们的村庄。随着日本进入现代化社会之后，宣称他们属于特殊群体、从事特殊行业（因而有着特权）的官方条例被废除了。但是，立法却不能消除歧视的存在，由于部落民失去了条例规定交易的垄断权，于是，他们经济上的贫困加剧了。如今，很多人搬离原来的社群，试图摆脱这种羞辱，但是雇主和家族还是经常根据部落民的所在地，雇佣私家侦探，来确定一名求职者或是结婚对象是不是来自先前被排斥的群体。

部落民团体主要集中在关西地区的大阪、京都和神户附近，以及四国地区。在国内很多其他地区，人们没有意识到这一少数群体的存在，也不知道他们遭受的歧视究竟有多深。即使和阅历广泛的日本人交流，要提起这个话题也并不那么容易。

与日本社会党的联合，让部落民解放同盟与系统达成了一项临时协议。这个同盟通过对那些它认为犯有歧视罪的个人和组织进行“谴责”的会议，部落民解放同盟开发了一种自我肯定的方法。会后随之而来的是忏悔和道歉，但却没有什么意义。部落民解放同盟并不采用法律渠道来与歧视进行斗争，这种态度是官僚机构所欣赏的：因为他们实际上鼓励的是形式上的抗议。官员们喜欢形式上的自我批评（以及在特殊的设施上花钱和捐款），而不喜欢制定规范，因为制定规范会导致他们必须制定一项整体政策，进而使系统丧失和平与安宁，而且还会减少低成本劳力的主要来源。[48] 全国有大约 300 万部落民，即使其中有一半家庭的已婚妇女婚后继续工作，他们的家庭收入也只是国家平均水平的二分之一到三分之二。这些劳动力大部分从事繁重的体力活，他们患上背部和肩部伤痛的比例是国家平均水平的 6 倍。[49]

和部落民解放同盟有差别的是那些与日本共产党结盟的部落民，他们更喜欢提起诉讼，大力谴责部落民解放同盟对政府日益加深的依赖。但是，日本共产党以非常狭隘的意识形态观念来看待先前被排斥的人，认为他们与其他日本“垄断资本主义”的受害者同属一类。无论是哪一派，在争取部落民的联盟时，都没有兴趣开展任何严肃的运动来促进他们的解放。

顽固的少数人

日本还有少数几个团体积极地反对系统，拒不妥协，拒被同化。即使是那些在全盛时期因形式化反抗而著称的学生运动，也在20世纪70年代渐渐萎缩，几乎消失殆尽，不过在此之前，这些运动中还是诞生了一些高度激进的极端主义团体，比如“赤军派”、中核派以及革马派，这些团体是通过在海外的恐怖主义活动，以及报复性地互相杀害对方的领导人而进入公众视野的。

20世纪80年代中期，新出现的那些激进团体毫发未伤，成功发射了几枚自制原始火箭（但没有打中目标），这引起当局的高度关注（并大大加强了防暴警察力量）。时至如今，成田机场仍然有埋地栅栏、电子探测设备以及大量警察部队的严密防护。所有这一切都在表明，日本社会并不是没有强烈的政治冲突的。不过，除了这些激进的边缘化的事件以外——在20世纪80年代这确实很边缘化——系统基本还是可以消除所有真正的政治反对派的。

如果利益集团不加入系统，而是与系统对抗的话，那将会发生什么？这不是一个假想的问题，因为确实有一个大规模的团体抵制了系统的中和，那就是日本教职员组合，它更通俗的名字是“日教组”。经验表明，怎么夸大官方要控制反对团体的决心都不过分。

1945年日本战败以后，绝大多数的日本人都认为这场战争给他们带来了巨大灾难，因此这场战争就是一个错误。但是，教师不能像他们的大多数同胞那样，轻易地将责任推到没有具体面目的“军国主义者”身上。从19世纪最后十年开始，教师就成为散播民族主义思想的主要社会渠道，到了20世纪30年代，政府依赖教师去传播信念和态度。而这些信念和态度的目的，就是要让日本年轻人愿意为了日本帝国的扩张而付出他们的生命。即使教师知道他们被迫散播的是谎言，但他们要么只能服从，要么就会被解雇。很多人感到内疚。即使在今天，该工会的主要口号仍然是“再也不把我们的学生送上战场了”，这是在每次会议和采访时都不断重复的口号。

日教组成立于1947年，当时共产主义团体和社会主义团体合并，建立了一个温和派与激进派混合的马克思主义者领导层，这一混合体一直保持到20世纪80年代。部分是因为发生了“赤色清洗”，温和派马克思主义者渐渐占据上风并从20世纪60年代开始统治这一联盟。文部省是它的死敌。

日教组和文部省二者的关系，注定了问题层出不穷。二者在意识形态上的差异，实在是大得不能再大了。左翼的日教组坚定不移地反对任何可能对战前岁月表示向往的东西。文部省的地位在战时保持了相对稳定，“被赦免”的官员与前内务省的官员在1950—1951年重新加入后，文部省一直都认为，学校需要“正确的思想”，需要进行“道德教育”来灌输这种思想，需要对未经改变的战前国旗和国歌等标志表现出正式的服从。由于文部省对教科书的内容有监督权，它就设法逐渐缓和早先对旧民族主义的明确抵制，并支持美化日本军国主义的过去，甚至将一部分军国主义行为合理化。

从一开始，教师们就对战后文部省的目标有所怀疑。由共产主义者领导的“全教”（全日本教职员组合，后来成为日教组的一部分），在1945年12月1日举行的成立大会上警告说，隶属于政府的工会被组织起来，允许文部省逃避其战时行为的责任，还压制了自由工会运动。[50] 与之对立的，在文部省以及政客盟友的眼中，反对日教组的主要理论依据，是日教组宣称自己代表着“教育界的劳动者”。这是一个战前词语，而且富有深意，隐含着对“教育乃‘神圣使命’”这一被极端民族主义者利用的儒家观点的抗拒。[51] 此外，左派观点是官员们在日本教育中最不想看到的东西。必须强调的是，官方以及自民党对日教组的反对，从来都不是出于对教育质量的担心。在自民党看来，教育质量提升，预算分配也没有优先级，但是“目的在于削弱……对日教组活动的大力支持”。[52]1950 年通过了一项法律，其中包含的条款旨在破坏日教组的组织基础，这标志着教师与政府之间的交流几乎完全中断了，由此引发了一场战争，时至 20 世纪 80 年代末这场战争还在如火如荼地进行着。

教师之战

直到 20 世纪 80 年代中期，面对文部省定期想要征服日教组的尝试，高度意识形态化的教师工会表现出的坚韧令人印象深刻。1954 年 3 月，日教组进行了大量校园抵制和拉练活动，以此来反对一些组织要立法禁止教师参与政治活动的企图。国会中的自民党和日本社会党的议员们大打出手，最终法律得以通过。[53] 两年后，政府制定法规，要求任命当地的学校董事会，而不是通过选举。东京大学的现任校长和一位前校长，反对这项“与我们自战争以来一直的主张相背离”[54] 的法案。3 月 18 日，大约 50 万名教师走出教室。6 月 1 日，国会中的社会主义议员在国会大楼里与自民党议员大打出手。第二天，500 名警察驻守在众议院会议厅，这才通过了该项法律。

在美军占领期间，文部大臣一直都不是专业政客和官僚，而是有着学术背景的人物。但是，在美国人刚撤走不久，文部省就被重量级的前官僚把持了，为的是帮助处理来自日教组的挑战。1953 年，在臭名昭著的日本占领期担任新加坡市长的大达茂雄，被任命为文部大臣。他来自内务省，而内务省是唯一一个因其在战前和战时的压制活动而被美国占领军解散的官僚机构。他被任命后还带来了几位被放逐的内务省前官员和前同僚。有好几位文部省的官员，他们为了反对部门日渐受到的政治影响而在这段时间辞职。[55]

另外一位来自被解散的内务省的前官员是滩尾弘吉，从 1957 年开始，他前无古人地连续在四位首相手下担任文部大臣。因其强硬的做派和刚毅的领导，他在省官员中赢得了不同寻常的声望[56]，他的任务是要扭转占领时期在教育上的“越轨”政策，所以他成了日教组最害怕的敌人。他提出一项严格控制教科书内容的法案，让国会不能接受，因为这太容易让人想起战前的审查制度。但多亏了文部省将法案变成“行政指导”，法案在实践中才得以实现。

最严重冲突发生在 1957—1959 年，在某些地区甚至发生了流血事件，当时有人抗议政府所支持的教师效率评分系统，这个系统带来的威胁，要让校长手中拥有对抗日教组成员的武器。为了评分而填写的表格里都是些空洞、模糊的问题，而采用的评判标准看起来也非常主观。世界教师职业组织联合会 1959 年在华盛顿开会，会议通过决议并声明，所谓的评分系统对教育和对教师都是有害的，还发了一封电报向日本政府提出抗议。[57]

这次与文部省的对抗让日教组付出了代价，大约 8 万名教师退出日教组，其中有15 000名是校长。有超过200名教师被逮捕，超过400名教师被辞退或停职，超过1 000名教师被降职，超过3 000名教师受到训斥，还有超过52 000名教师被减薪。[58] 日教组的财务问题就是从这段时间开始的，并让自民党和文部省中的利益方在组织中出现裂痕。

日教组的意识形态立场让系统很容易就将其描绘成脱离现实而且破坏了国家和谐的组织。确实，除了反对重新引入道德教育之外，日教组还战斗在一系列左翼活动的前线：反对日本拥有所谓的自卫队，反对与美国的双边安全协定，反对在日本设立美军基地。但是，外国学者只要研究过这个主题，就会得出近乎一致的结论，就是日教组一般成员中的大部分人支持日教组是出于对独立教育的担心而不是对马克思主义的担心。[59] 事实上，这个组织经常被称为“丹顶鹤”。[60] 日教组里的那些活动家通常被认为是最好的教师，“他们精力最充沛，愿意改善教育系统，富有前瞻性”。[61]

如果教师工会中的领袖们认为他们自己的角色主要是教师，而不是致力于一场艰苦斗争的社会活动家的话，那么日本的教育是否应该从这个工会受益？这是一个悬而未决的问题。看上去几乎可以肯定的是，如果他们真的只是教师的话，他们就不会如此强烈地反对日本行政人员在道德教育上重新施加控制。其他反对团体的命运也证实了这一点，他们屈服于“接纳”，而丧失了发起有效反抗的能力。

自民党和文部省为一派，日教组为另一派，两派之间的战争破坏了推行教育改革的多次尝试。问题不断郁积着，因为日本左翼的力量整体在消亡，系统的力量逐渐占了上风。1987年，日教组的领导者与一部分会员和系统中与教育相关的核心人员形成了友好关系，这一事态的发展表明，在无休无止的压力下，他们的决心慢慢地丧失了。

日教组也是新的右翼分子喜欢的目标。他们用装了扩音器的车子发出噪音来对日教组进行攻击。自从右翼分子成功地绑架了日教组总部的工作人员作为“人质”，大楼入口便一直戒备森严。每天两次，右翼分子的喇叭车都会绕着大楼转 10—15 分钟，给大楼造成高分贝噪音的骚扰。右翼分子在试图阻挠日教组召开年度会议时，经常会发生肢体冲突。1968 年 9 月，270 个右翼团体发动了 2 620 名成员去骚扰会议，所以日教组要找到开会的场所变得越来越困难；很多市政府注意到右翼分子对普通民众的骚扰引起了混乱，便不再允许日教组使用公共会议厅。警方也拒绝为日教组提供保护，使其免受右翼分子的破坏。

饱受折磨的政治良心

为什么只有教师坚持反抗系统？

一个可能的解释是，所有日教组的领导（至少到 20 世纪 80 年代末）都有一个不寻常的共同背景。他们当中没有一个人上过东京大学或是其他任何培养行政精英的大学，于是他们就被永远禁入决策层。但与此同时，他们又感到自己是对社会负有特殊责任的知识分子。在大萧条时期，他们在乡村和小镇的小学里教书。他们在教师培训学校中受到教育，而这些学校以其严格的意识形态训练著称，之后他们又不得不参与传播就连他们自己也不相信的民族主义神话。所有这些场景都有助于他们认真地反思自己工作的意义，并在日后的生活中固化其知识分子立场。

但很可能还有一个相关的原因。我们本章开始已经看到，信仰通常能够提供另外一种力量来源，去对抗并限制当时统治者的权力。日教组的领导人忠诚地秉承马克思主义信仰并从中汲取力量。在该运动早期的组织者中，有一些人因为信仰而坐了好几年牢。日教组为总评提供意识形态以及知识方面的指导也绝非巧合，因为日教组证明它有一种在日本很罕见的能力，这种能力可以推行普世思想，作为一种工具，它可以对现存秩序产生影响。

马克思主义一直是，而且在某种程度上至今仍然是日本学术界的一股强大的力量。很多教育过统治精英的教授都坚信某种特定的反资本主义理论，这些人既理想化又坚持己见。系统别无选择，只能容忍他们，而我们已经看到了系统对这样象征性的激进主义有着怎样的安全阈值。一旦知识界的激进者渴望采取行动时，系统就会采取行动，防止灾难的蔓延。日教组一方面受到右翼团体的身体上的暴力攻击，一方面又受到来自自民党圈子和文部省在立法与意识形态上的攻击，这些并不是系统不加容忍的唯一表现。警方、检察院以及法官对那些在左翼理论鼓舞下采取行动的人和团体保持着系统化的歧视态度。[62]系统痛恨意识形态上的异见，视其为对系统自身存在的威胁。[63]

事实上，所有这些都表明，也许是时候来修正一些1960年后对日本左翼以及日本激进主义的假设了。很多加入左派运动的人本质上其实是自由主义者。悲剧在于，因为他们的团体秉持着马克思主义思想，他们失去了他们天然的盟友：美国人。但正是这位盟友给予了他们战后的自由和机会。日教组这个名字长久以来所唤起的形象，是一种绝不妥协的意识形态，但也要根据不同的语境来区别对待它。和一些有兴趣保护系统财富但却绝对无意增加系统财富的其他小型公民团体一样，它无法进入基本行政决策的圈子。要是没有坚定的意识形态所给予的承诺，日本左派便无法持续地抵挡系统的侵犯。从这个意义上说，他们的信条既有弊端，同时也有益处。

至少在某种程度上，美国占领军官方可能预见到了这一点。一位占领军的军官——我们当然不能因为他质疑麦克阿瑟将军的睿智而指责他——记得“高级（占领军）军官不仅对（共产主义领袖）野坂参三的领导力和组织能力怀有崇高的敬意，而且私下认为他的追随者们会以最努力的、最有效的方式战斗，以此来维持这种新的民主系统”。[64]

日本的“多元化”

尽管系统对于那些受到左翼思想影响的团体毫不宽容，但事实上，系统对各种各样的不满都予以关注。它对阻挠官员和自民党圈子主张的政策调整的人和团体表现得十分容忍，以至于一些严肃的观察家得出这种结论：日本的政治系统尽管与西方国会传统有那么多不同，但它仍旧是一个多元化的系统。[65]尽管用这种观点来抵抗日本知识分子受马克思主义启发而牢牢扎根的视角——统治精英在为“垄断资本主义”服务——是可以理解的，但有充分的理由反对这种观点。将“多元化”概念扩充到包含日本的政治现实，就等于剥夺了这个词语本来的意义。

有时我们会认为，政治多元化意味着存在很多团体和政府机构，它们之间互相制约着各自的活动空间。但政治多元化其实并没有那么简单；否则，在进入 20 世纪之前，日本就是一个名副其实的多元主义模型了。国家决策的多元化意味着有相当多的团体能够通过自身的代表帮助国家选择长期目标。在系统选择无限制的工业扩张作为其长期目标而牺牲生活中其他的追求时，日本人民根本没有发言权。大多数日本人在一开始的时候很可能满怀热情（他们也曾因日本帝国的成长而饶有兴致），但到了20世纪70年代的某个时候，"国民生产总值主义"就不再是一种激励了。没有任何政党有政治想象力来制定新的、有更多回报的优先事务，也没有机会让有创意的日本人来建立事务的优先级。我们从中便可以看出，日本缺乏真正意义上的多元化。大部分日本人因为他们从来就不知道这样的政治竞争，而对这样的政治竞争不感兴趣，这种观点并不能使系统成为一个多元化的民主实体。

出于类似的理由，曾用来代指日本政治系统的"保守联盟"一词也有误导性。[66]要组成联盟，首先需要某种程度上的政治选择权，但系统的组成部分从来没有给出过这样的选择。

从20世纪70年代末到80年代，一些专家总结说日本很大程度上可以被称为"社团主义政府"。社团主义理论认为，处于专业和利益等级顶端的组织在为政策制定的影响力进行竞争。日本的政策调整，或者说行政决定确实是符合社团主义的。不过，这种观点仍然遗漏了带来政策改变的、更为关键的想法，以及与现有政策冲突的想法。人们认为，荷兰、瑞士和奥地利的政府运作，是用来解释社团主义理论的好例子。而且这些国家的政治系统与日本的大不相同。其中最根本的是公民有选择，而且如果公民认为行政决定是错误的话，他们就可以诉讼追责。把日本称为社团主义政府，会让社团主义理论变得毫无意义。

多元化理论以及社团主义理论（它们是当代政治学科中最流行的两大视角）都明确地指出了日本系统中的一个根本特征，那就是日本缺少改变整体政策的政治工具。日本的政治系统应该引起我们的重视，它让我们知道在那些似乎非常需要行动的领域中，在其他国家理所当然地需要政府协调的领域中，日本并不试图去达成什么。

第四章

系统的仆人

系统的包容性真的是无法避免，它扩展到以工人运动、一部分教育系统以及出版社为代表的机构中。在其他非独裁的社会中，这些机构通常与现有的社会政治秩序力量有着或多或少的、持久的紧张关系（如果不是公开敌对的话）。我们已经看到日本“家养”的工会。学校和报纸对于系统的生存同样关键。此外，系统还将犯罪团体也囊括进来，而在其他国家，这一般被认为是排斥在外的，这就进一步凸显了这种包容所具有的异乎寻常的范围。将学童、记者和匪徒放在一起似乎违背常理。但是日本的学校、报纸以及有组织的犯罪者有一点相同之处：它们作为系统的仆人，都是高度政治化的。系统痛恨一切真正的对立，所以不能放任任何重要的社会机构不管。足够强大、偶尔会威胁到行政人员主要团体的机构，会被当作较低权力等级中的次要成分而被吸纳进来。出版社和一种以特别方式出现的犯罪辛迪加*就是这种例子。一个相对较弱的机构可能完全受制于系统的整体目标，发生

---

* 辛迪加是垄断组织的主要形式之一。——编者注

在日本学校身上的就是如此。

顺从的教育系统

有一个很讽刺但并不令人惊诧的事实，教师们的联盟日教组，这个好斗的反系统机构能够存在，恰好是因为日教组在培育系统、强化系统中迥然各异又互相争斗的各部分间凝聚力等方面，发挥了至关重要的作用。

日教组阻止能以更明确的方式来服务系统的道德教育介入。虽然日本教育因此被管理阶层中的某个重要部分认为有着巨大缺陷，但它还是传授了一种确实对系统有利的意识形态。[1]这点很少有人意识到。不过更为重要的是，教育几乎完全屈从于维护成绩等级的制度。学校成为一个拣选机制，作为招聘代理人将学生安置在各种互相重叠的等级关系中。在日本被认为最好的初等、中等、高等学校中，这个功能都占据着主导地位，其重要性被强调到几乎排除其他任何事情的程度，它对国家年轻人的知识发展伤害很大。

反知识分子的学校

日本的教育系统在海外以“即使不是最好的，也是最好之一”而享有盛名。这一盛名部分是因为日本学生在国际数学竞赛中获取高分（而且通常是最高分），还因为人们假定日本的教育与其经济上的成功有关。专家对日本学校中的纪律、母亲们全心全意的照顾、学生吸收大量事实的能力印象深刻，他们的言论也支持了这一看法。

日本学生在国际笔试中成绩斐然，这一点也不令人意外。日本学生从小学开始一直到高中都在接受这种训练。但如果这些考试是为了评估能力，比如说得出结论的能力，根据事实加以抽象的能力，关联抽象概念的能力，在一篇论文中组织自己思想的能力，用另一种语言表达自己的能力，又或者仅仅是提问题的能力，那就可以揭示出日本教育系统到底有什么缺陷。

日本学校的目标与“教育”这个词本来的含义——产生并发展思想的力量，而不只是灌输事实性的信息——有着天壤之别。日本的教育系统根本谈不上磨砺受教育之人的推理能力，而且就整体而言，它对于这样的目标还怀有敌意。自发推理以及自主行为，几乎在所有学校都受到系统性的压制；学校对于原创能力没有任何耐心，也不会教育学生进行逻辑思考或是提出正确的问题——实际上最好什么问题也别问。教学重点反而是死记硬背。日本那些“学得好”的学生，他们脑子里装着大量的事实；如果他们能将这些事实串联起来并形成清晰的人生观的话，那也是他们完全依靠自己做到的。日本教育系统中凌驾于一切之上的目的，用一位日本教育权威人士的看法可总结为“为一个高科技、精英统治的系统塑造一代有纪律的劳动者，这个系统要求的是高度社会化的个人，他可以在一个严格的、等级化的、经过精密调整的组织环境中可靠地履行职责”。[2]

决定谁能达到什么层次、处在系统哪个等级中的哪个部分——日本教育所运行的这个功能，在大部分（如果不是所有）国家中都能找到；但是，日本教育完成这一功能的方式，要比任何西方国家都更无情、更严格。它所塑造的精英分布在整个系统当中，同时又赋予系统以凝聚力。这一点有些类似英国的公立学校和大学的校友网络，但在形式上却更大更广。

通往巅峰之路

选拔在很早的阶段就已经开始了，但要弄明白为什么这么做，我们就必须从另一头开始，也就是大学每年为大公司和官场提供大量毕业生这一点开始。

日本的高等教育形成一种等级制度，而东京大学——更确切地说是它的法律系——处于顶端。东大的毕业生最有机会进入大藏省，那里也是尝试当上首相或是追求自民党内其他职位的最好跳板。它还为企业集团提供大量的未来高层经理人。京都大学和与东大处于同一水平的前帝国大学，只提供了一小部分精英。但是，要表述人们对东大这个标签到底有多么崇敬却并不容易。过去100年来，东大的法律系“钦定”了几乎所有的日本顶层官员，该学院的毕业证书，实际上就是通往统治阶级的门票。

进入法国政府的学生可能认为他们认识到了这一现象，而且还指出了“大学校”（grandes ecolés）所扮演的角色。但“大学校”的多样性却高得多，而且学生在那里学什么专业、学习有多么努力非常重要。

东京的两所私立大学，即早稻田大学和庆应大学，它们虽然处于教育等级中的下一层，但仍然受人尊敬，而且这两所大学也是很难进的。早稻田的名望来自那些成为政客和记者的毕业生，而庆应大学是一直走向商界高位的通道。再往下走，我们会发现排位居中的那些大学，比如中央大学、明治大学、耶稣会运营的索菲亚大学和立教大学。

再往下就是大量较小的地方性私立大学和学院、女子初级学院以及专业培训机构（针对艺术和音乐等专业而设）。其中，专业培训机构又形成自己的一个小的等级制度。

大学的教学质量从来都不是攀上日本管理机构高层的标准。19世纪最后的十年中，有一点变得非常明确，那就是政治决策将成为经由考试选拔出来的某个阶级的特权，而不再是通过血缘继承或是其他一些非精英统治标准所选拔出来的某个阶级的特权。争论的中心并不在教学质量，甚至也不关乎教授的内容，而是哪个权威通过怎样的考试才可以提供这样的选拔。[3] 今天的东大学生在法律课上实际吸收到的东西，成为他们通往行政等级顶峰的通道，但这些内容若是和众多欧洲大学，以及更好的美国大学里学生在毕业前所必须知道的东西比较起来，就根本不值一提。

排名最低的学校，其教学质量不一定就比那些精英学校差。排名中上的那些大学，不管它们会变得有多差，也不会失去它们的排名和名声。虽然官僚机构和大公司举行入门考试，而且这个考试理论上是向每个人开放的，但事实上他们在招聘的时候所依据的却是一个配额系统，这个系统按照基本上已经确立好的比例从各个大学中招收毕业生。教育等级所对应的是经济-官僚等级。一个排名中等的公司做梦也不敢招聘一名东大的毕业生，基于同样的原因，一名中央大学的毕业生很少能攀到商界的顶层，要想攀到政府中的顶层是根本不可能的。

日本人对他们交往的人上了什么学校有着敏锐的感知。我有一位朋友，他不是日本人，有一次他的女朋友对他说，接下来几个月不要见她，因为她的姐姐被安排了一桩婚事，男方正对她姐姐进行调查，而且可能会成为她姐夫的那位男子毕业于东大。任何事情——包括某个家庭成员与外国人的关系——都不可以阻碍与这么一位钻石王老五的联姻。

学生在大学四年中做了什么其实根本无所谓，除非他们在药物、工程或者物理科学系做出了成绩——在大多数情况下，这些专业会将人引向商界-官僚“精英课程”之外的职业发展道路。法律、经济以及商务专业才是想进入系统更高等级的学生更偏爱的学科，而这些学科几乎完全侧重于相关作者在这些领域的行政范畴内所写的内容。在早稻田大学教学的四年中，我发现就读排名最高的政治系和经济系的学生们无所事事。他们只读一些通常很晦涩的专业书籍，而且一般也只记得其中有价值的一小部分。我得到的指令是，只要学生经常来上课，那么按照常规就应该给他们及格的分数。

毕业几乎是自动的。能够证明自己比其他大多数人更努力学习的学生，更有机会进入官僚机构和顶级商业公司中。相比那些来自排名较低的学校中的更有能力的毕业生而言，有名学校的毕业生就算四年当中无所事事地虚度光阴，也总能找到更高等级的职位。对大多数学生来说，大学意味着纯粹的放松，是学生们在进入商业组织这一等级森严的世界之前短暂的放纵。

为了职业发展而用功

不少日本人认为，学生们在“更好”的大学中理应得到“休息”，因为进入这些大学实在是一个极为伤脑筋的过程。虽然金钱和父母的关系有时能起到作用（特别是在进入医学院和牙医学校时），但在绝大多数情况下，雄心勃勃的年轻人必须在入学考试中胜过十个、二十个甚至更多的对手才行。要做到这点，最简单的方法就是进入一个因生产大批成功的考生而享有盛誉的高中。事实上，日本的高中就是以这个标准来排名的。全国 5 453 所高中里有 3 所高中为东京大学提供了大约 10% 的成功考生。[4]

这就意味着，在那些公认好于平均水平的高中里，学生们的大部分时间用来培训，以便通过考试，对学校进行这样的评估差不多成了全民娱乐项目。名校对（全部是笔试的）考试中会问什么样的问题最清楚。由于编制这些考试的教授对正确答案的看法通常都很主观，因此学校的目标并不是去教一门课程，而是培养能读懂这些教授心思的专家。

就拿英语教学来说吧。高中生学到的是如何通过完全由选择题构成的考试，编写卷子的教授自己对真正的英语也感到很不自在。试题常常出现歧义和明显的语法错误。英语、数学和日语是所有大学的三大考试科目。但在学习英语十年后，除了极个别人以外，大多数学生还是无法用英语进行交流。

数学和物理更适合笔试，因此学校的注意力都放在通过数学考试上。谈到历史或是社会学科的学习时，就如一位专家所言，考试看上去“不过是由学者而不是由流行文化怪才汇编的一次大型智力竞赛而已”。[5]

入学考试如此重要，因而诞生了一个利润丰厚的附属行业，就是各种在常规上学时间之后提供私教的特殊院校。这些所谓的“学习塾”同样根据它们有多少学生通过了何种考试来排名。许多学生如果没能通过那些名望极高的大学所举行的考试，他们就会重考一次，有时甚至会连续尝试三四年。与此同时，他们会进入学习塾去复习去年的考试，或是进入预备校。这些都是为了配合学生而成立的。在这些学校，学习变得非常神秘：之前考试的问卷被印刷成册，用于复习、解析和点评，就像是一位古典学者对待一份刚发现的中国古汉字文本一样。有些专业的应试机构，它们为了客户甚至发明了概率论，和“博弈论专家”在拉斯维加斯兜售系统赌博法没有什么不同。

要进入一个非常有名的高中，那么就读于一个非常有名的初中，几乎就是势在必行的了。家长一旦决定要在系统上全力投入，那么大部分学生就要参加两家、三家甚至四家不同学校的入学考试。要进入最有希望的初中之一，毕业于合适的小学就会有帮助。小学的名望同样也依赖于进入排名靠前的初中和高中的升学率。市面上的书籍里有特殊的练习题，让孩子为小学入学考试做好准备。但是，筛选往往来得更早。

从摇篮到省

某些昂贵的私立学院体系中包括了大学和它们的“附属”高中、初中、小学，有时甚至还有幼儿园，可以提供相对顺利的从小学到大学的升学路线。一旦某个学生走在这条路上，各个级别的考试基本上就是走走过场了。这就是为人所知的“电梯”系统。而要搭上电梯，最好的方法莫过于进入一家能引领学童进入更高级别学校的幼儿园。于是，就出现了一些著名的且十分昂贵的幼儿园，这些幼儿园真的进行自己的入学考试。在位于电梯顶端的知名的私立大学中，庆应大学、学习院大学、成城学园、青山学院都是从幼儿园级别开始的。据一位知情者说，幼儿园考试通常测试的是认读日文五十音图中字母的能力、搭积木的能力等等。我的一位线人参加过一次常规考试。到了某个关键时刻，他那还在蹒跚学步的孩子得到了一块包好的糖果，所有的眼光都在注视着他，看他是将包装纸整齐地叠好呢，还是随手往地上一扔。

但是，这甚至还不是起跑线。有些母亲为三岁的孩子安排了私教，让他们可能有更大的机会通过幼儿园考试。要进入东京的某个著名幼儿园，儿童通常要在学习塾中受到训练。众所周知，家长就是为了让孩子进入正确的幼儿园而纷纷搬到东京的。一家妇产医院甚至做广告说，可以将生产安排成一揽子交易中的一部分，从而保证孩子有资格进入合适的幼儿园。

追求官场职位的女孩会与系统中的男孩展开竞争。但是，对于大部分雄心勃勃的女孩家长来说，私立女子学校也存在着类似的等级制度，这个等级中的排名也很重要，不仅对为女儿安排“好婚事”的母亲而言重要，对那些为雇员寻找一流新娘的公司雇主来说也很重要。为制造业提供高质量工人的蓝领学校阶梯也是存在的。

“考试地狱”

教育系统是整个系统中最受人批评的部分。一位前通产省副相认为，“我们现在的教育系统似乎只能产出低级版本的机器人”。[6]日本多才多艺的散文家认为，这样产出的都是训练有素的海豹。[7]大众一般都会习惯性地谴责“考试地狱”以及由此产生的一种社会形态：“教育妈妈”（剥夺了孩子正常的童年生活，逼着他们攀登教育阶梯的妈妈）。教育妈妈受到强大动机的驱使。在很大程度上，母亲也要为孩子的成绩负责，孩子在考试中的成败对她在邻里中的地位有着巨大影响。[8]家庭会认为在这位年轻的学生身上已经投资巨大，有时家庭在备考过程中的表现就像是面临生死攸关的时刻一样。考试失败会带来心理上的毁灭性打击，而且不仅仅是对考生而言。在日本，大多数日本中产家庭生活的戏剧性来自对孩子有超人般表现的要求，以及“考试地狱”影响了整个家庭的那种紧张气氛。

孩子要证明他们自己也是认真的，于是就要放弃爱好、体育以及社交生活，为的是可以全心投入即将——通常是两年之后——来到的考试。孩子就需要在学校和学习塾上完课后，继续用功到深夜。一家学习塾为12岁孩童开办的填鸭班，从周六晚上9点开始一直到周日早上6点才结束。有些孩子被迫进行体力耐力训练，这让人想起军营里的做法。14岁的孩子凌晨1点还在学习也并不罕见。在几个小时的填鸭式学习后，他们几乎不能吸收到什么东西，不过这个问题无关紧要；他们向世界证明，他们很认真而且具备这种必需的耐力。

只要孩子还能忍受，这样的选拔系统就能一直奏效。如果不考虑他们与母亲的关系，也就无法理解孩子们的自律行为。典型的日本家庭会参考世界运作的普适体系向孩童灌输正确行为的理念，而会操纵孩童的情感。男孩或女孩一般通过母亲对他们的行为的态度变化，来判断什么是好的行为，什么是坏的行为。这么做的一个后果就是“教育妈妈”能在孩子身上植入非常强的负罪感，并把它当作一种鞭策。[9]

与考试焦虑或是失败相关的自杀事件，受到公众的普遍关注，公众由此形成了这么一种印象，就是考试地狱是学龄儿童死亡的主要原因。事实并非如此，不过，常年的考试焦虑毫无疑问地加剧了人格的畸形发展，以及父母和孩子之间关系的困难。

尽管事实上每个日本人都会认为考试系统很残酷，而且应该被废止，但大部分人也意识到没有什么能够改变这种选拔方式。总的来说，这套选拔方式极好地适应这个系统。即使灌输进他们大脑中的一堆事实基本上毫无用处，即使是学生（比如在英语学习中）养成了很难改掉的坏习惯，但那些被选中的、达到顶峰的人将会非常坚强，他们的记忆力超强。官场和商界更看重的是坚持不懈、奉献精神和记忆力，而非创造力。

这些观察结果并不新鲜。美国牧师威廉·格里夫斯（William Griffis）是到日本最早那批外国传教士之一，他在1874年描写日本教师说，他们的“主要任务是填满……学生的思想。拓展或开发男孩的思维力量、扩大他的思维视野、教他独立思考，这些恰恰成了教师所阻挠的事”。[10]

学校系统培育了官员阶层成员高度统一的家庭背景。虽说成功的阶梯对所有人是开放的，但贫困的家庭负担不起私立学校的昂贵费用，也很少能够提供必要的环境，为孩子进入著名的政府机构做准备。日本公司预先认真挑选的“成员”，会和以前的同学保持关系，而同学们在系统其他部分中的位置，可能会给公司带来价值。非合同关系以及法律外的关系在日本企业和官僚生活中十分重要，为这一编织精细的网络带来了如神经系统般的功能。它可以让重要的信息在几分钟之内，传递到分布在整个系统中的各个相关领域中去。它也有助于减缓系统成员之间的摩擦。而在商业集团中，根据顶层员工就读的学校而产生的团体间非正式的沟通，也得到了加强。

创造性问题

一个几乎完全是为了培养选择题的专家而设计的教育系统，不会选拔出真正的思想家。另外，求知欲可能会对传统习俗构成一种威胁，因此它也受到积极的压制，这就使日本的学习环境对创造性思维极其不利。某些商界和官僚部门近几年的发声，对日本公认的低水平创造力表示担忧。1987 年，一位旅居美国的日本人获得了诺贝尔医学奖*，众多媒体评论指出，如果没有多年的海外学习和实验室工作的激励，他恐怕永远没法获奖。日本大学里的科学家受到极度僵化的学术等级制度的抑制，有才能的研究人员被安排在从属的位置上，而教育部的官员颁布过多的条规也是一种束缚。

在战后三十年里，因为众多基础发明进入公共领域，购买技术也很便宜，所以创造力的问题才没有让人担忧。但随着日本工业开始进入没有其他企业领先的领域，国外专利的威胁就让获取专利相比过去更为复杂，对日本发明者的需求也随之增加了。这一担心反映在通产省针对创造力问题而发布的常规报告中，也反映在所谓的第五代计算

---

* 这是指利根川进（Tonegawa Susumu，1939 年 9 月 5 日出生），他是日本生物学家，美国国家科学院、美国文理科学院外籍院士。现任麻省理工学院教授、霍华德·休斯医学研究所研究员、理化学研究所（理研）脑科学综合研究中心负责人、理研—MIT 神经回路遗传学研究中心负责人。获文化勋章表彰。1987 年，利根川进教授因为“发现抗体多样性的遗传学原理”成为首位亚洲籍诺贝尔生理学或医学奖得主（单人获奖）。——译者注

机的项目当中。在该项目中，年轻的研究人员很不寻常地受到鼓励，要更加放松，像西方人那样表现自己。这么做是希望产生创意。

1985年夏天，当时的首相中曾根成立了一个教育改革临时委员会。委员会中包括学者、知识分子和企业家。委员会发布了一个初步报告，而该报告只能被解读为对整个教育系统的谴责。委员会将日本教育的产物描述为没有明确个性、无法正确思考并形成自己判断的刻板模型。它还谈到了创造力所面临的障碍。简单地说，它总结了知识界自由派多年来表达的诸多不满。但在为补救方法提出建议时，报告展现出委员会中那些不太具有自由思想的成员——也就是那些来自文部省的代表和自民党的教育改革游说团——所留下的印记。(这也让妇女教育委员会这一私人组织发布了自己的报告，指责中曾根集团忽视了家长的真正愿望。)在1986年和1987年进一步发表的报告中，委员会更是开倒车，显露出限制培养独立思想家的兆头。

培养“高质量的劳动力”

经济霸主可能会对创造力问题有怨言，但是他们必须为当今的教育模式负起相当大的责任。20世纪60年代早期，企业联盟的代表曾建议采取措施对国家教育进行局部改革，将学校变成“培训守纪律、高质量劳动力的场所”[11]，为优化经济发展的利益而服务。两年后，日经联也明确建议中学应当扮演什么样的角色。[12]之后，其他大型企业机构也提出了他们的建议，政府中央教育委员会准备的一份大纲中也采纳了一些提议。[13]这些提案由后续的委员会转变成实实在在的计划，反映在20世纪70年代文部省逐步做出的课程修订中。

从教师测评中摘取的统计数据来看，这些变化的结果是，30% 的小学生、50% 的初中生和 70% 的高中生无法跟上学习进度。但在全日本大约 90% 的学生就读的公立学校里，根据学生的表现来做调整基本是不可能的，因为他们的课程大纲，还有授课的节奏，都得到了文部省的预先安排。

根据企业建议的那一套计划，教育机构开始根据学生表现将所有学生分为五等，目的是确定他们可以“提升”到哪个等级的高校。在 20 世纪 80 年代中期，又引入了相关的“偏差值”系统，学生的压力就更大了。在偏差值系统下，学生经常（有时是每个月）进行模拟考试，用这种方式来检查他们有没有机会达到特定的级别，从而让他们参加特定学校的考试。

几乎所有的学生都能升到更高的年级，然后毕业，因为在日本这通常都是自动发生的。不过，大部分学生并不具备教育系统喜欢的超强记忆力，他们在 12 岁的时候就充分意识到，他们的余生只能在社会等级的中下层度过了。日教组相信，由此而产生的绝望感是初中和高中学生越来越任性、越来越多出格行为的直接原因。通常一个班人数太多（有 40 到 50 名学生），学生几乎不可能与老师有个人的接触，这便加剧了维持秩序的问题。另一方面，新的评分系统让老师有极大的权力来间接地控制学生。[14]

纪律导致暴力

20 世纪 80 年代的前 5 年，日本公众不断地意识到，教育系统带来了校园暴力方面的问题。1983 年有几个月，报纸上刊登的都是教师被学生袭击的事件。一些教师遭到毕业后寻求报复的学生的伏击。还有的学生往老师脸上扔午饭或者剪刀。警方立案或报社报道的事件恐怕只是冰山的一角，因为日本的学校特别担心他们的名声，不法行为通常都被掩盖起来。然后到了 1985 年，出现了“校园霸凌”（いじめ）——在很多日本学校中出现的欺凌和有组织的戏弄事件——这一更加严重的问题。警察厅、法务省发布了专门的报告，然后文部省破天荒地决定在 40 000 所小学和初中里调查暴力行为。全国日教组的某次会议中发现，有差不多一半成员认为，有时需要采用肉体惩罚来维持秩序。有一组律师发现，在他们调查的 985 所学校中，大部分学校的学生几乎每天被老师抽打或是踢打。这种形式的管束被认为与校园霸凌现象紧密相关。

为了营造气氛，《朝日新闻》发表了一篇社论并举出了例子。一名中学教师对一名被发现抽烟的女生进行家访，建议她不如用菜刀切腹自杀。而就在女生跪下道歉的时候，这位老师踢了她的头。报纸得出结论，既然研究揭示了大量没在报纸上报道的事件，因此校内肉体惩罚可以被认为是个日常事件。[15] 调查机构发现，老师通常带头对那些他们认为不适应学校环境的人进行集体惩罚，也经常同意排斥某个违背不成文规则的学生。报纸评论员的结论是，虽然日本社会极为欣赏顺从，但用校园霸凌这种手段来促进顺从还是让人无法忍受的。在前文中提到的教育改革委员会中思想自由的成员，把话说得更透彻。在与报社代表交流的过程中，他们认为问题反映出整个日本社会的混乱，由此揭示出一个很少被承认的事实，就是温和（有时其实并不那么温和）的恐吓形式有助于维持该社会中的权力等级。[16] 实际上，教师对欺凌的教唆几乎就是系统运作的典范。

大量制定规则

欺凌问题为媒体提供了轰动性的内容，让它有机会写出充满义愤的社论，但其重要性远远不止如此。它是存在于两大阵营之间的象征性问题，具有深刻的道德影响。这两大阵营争夺的是控制让后续几代日本人适应系统的方法。

在某种程度上，所有这些问题都在为纪律严明的文部省和一组有教育头脑的自民党政客的目的服务。他们都想创造一种舆论氛围，以重新引入战前的做法。反对他们的是那些激进的教师，以及一群为此担忧的知识分子和家长。官员认为教育系统的主要问题在于，自从美国占领方将民族主义教义从教育系统中清除出去之后，它就缺少了恰当的“道德”教育。前首相中曾根说出的官方意见认为，问题的根源在于个体的家庭和总体都缺少纪律。

日本律师联合会的结论正好相反，它认为真正的问题反而是纪律太多。公立初中和高中里出现越来越多无法无天的事件——日教组将问题归咎于学生没有能力跟上步调，还有就是新近引入的评分系统，这就让学校通过加强规则来应对。学校的规章制度从 20 世纪 70 年代末开始便大幅增加，而在很多情况下，这些规则的限度简直是荒谬的。

律师联合会编写了一份报告，总结说，严重侵犯儿童人权的现象普遍存在。[17] 被调查学校中的大多数规定已经到了极其细微的程度，如学生必须如何坐立行走，举手应该以何种角度、举得多高，等等。从学校回家的路线通常也是设定好的。有些学校规定，禁止同学在街上互相说话。校内用午餐的次序有时也是规定好的。学校的规定哪怕在家或是放假期间也同样奏效：通常禁止在晚上 6 点之后出门；学生何时起床（哪怕是在周日）也是有规定的，而且只可以读选定的书籍。学校而不是家长来决定学生可以看哪些电视节目。有些学校甚至要求，即使是和家人出外度假旅行，也要先获得学校的批准。

在这些斯巴达式的学校中，所有学生必须在任何时候都穿着学校的校服，这是不言而喻的，但发型也必须是统一的。如果女生的头发是自然卷，或者颜色不是深黑色，那么她在学年开始时便会得到提醒，要带上她母亲的字条来证明这一点，因为烫发或染发的女孩会受到严厉的惩罚。

很明显，制定了这么多规则的原则是：规则越多，纪律问题就会越少。至少在某种程度上，这是一个误算。律师联合会和日教组在毫无意义的规则与学生用暴力对抗老师或对抗其他同学这两者之间看到了直接的关系。[18] 加强纪律并认为这是社会对“生产力”的需求导致的，都是对明治时代的复辟，因为明治时期的人对全民人文教育权利的自由思想也有类似的反应。[19]

随着日教组权力萎缩，这一新的退化趋势似乎已经无法阻挡。律师在记下这些过分的行为时，却没有办法予以应对。日本媒体偶尔会发出警报，但它们却从未采取任何一贯的立场，也几乎从来都不会费心去进行调研性的分析。同一群编辑似乎既反对教育部官僚的做法，又赞同官员将无法无天的行为归咎于在家中缺乏纪律。官员有没有权力制定教育优先级和纪律的模式？在这个问题上，他们的立场与典型的日本媒体一样，表现出自相矛盾。

训练有素的媒体

日本的媒体比教育系统更加独立，而且乍看起来，它似乎在系统中扮演着反对者的角色。但它几乎一贯的“反建制”态度是非常肤浅的。报纸从来都不会真正地与系统展开“较量”。它们偶尔会对系统的一些成员表示愤怒，但很少会坚持超过几个星期的时间，而且这种愤怒会利于这些系统成员的竞争对手。最重要的是，它们不会尝试去分析这个系统，也不提供一个关键的参照系，来让读者质问系统的本质以及系统要将读者带向哪里。

在这方面，当代记者看上去比那些最早为报业工作的人，也就是在 20 世纪 20 年代从事新闻工作的前辈们更缺乏勇气。1868 年的革命性改变带给他们的想法是，媒体是国家领导人的助手。不少早期的记者都是武士，但他们在政府任命职位时却被忽略了。19 世纪 70 年代，这些新闻事业先驱者就寡头政治的新任务、日本进行政治发展各选项的相对可取性进行了激烈的讨论。那时能进行那样的讨论，是因为“虽然新闻自由的概念尚未成熟，但是政府更严格地控制媒体的方法也还没有成熟”。[20] 概念和方法是同时发展起来的。到了 1875 年，报纸雇用了“囚徒编辑”，他们愿意遵守 1875 年“新闻纸条例”所提出的“囚徒条款”。[21]

自我审查的传统

随着 19 世纪进入它的最后十年，掌权者已经不需要太诉诸武力就能得到报纸的合作。记者要扮演一个重要的角色，去传播一位神圣天皇的新神话以及“家国”的民族主义意识形态。[22]20 世纪最初的 30 年里，对媒体实现控制的主要方式是自我审查。朝令夕改、变化莫测的官方审查鼓励了自我审查。由于官方的指导非常空洞、抽象、模糊，到底要审查什么也就常常模棱两可。

很多重要的事件——1918 年大米骚动、1923 年关东地震后对韩国居民的攻击——很少甚至没有受到关注。提及共产党的成立和发展是一种严格的禁忌。即使抛开这些明显具有政治重要性的话题，一般而言，令人不快的事实要么是因为没有体现“爱国主义”，要么就是因为高层施压而被忽略。法律和特别条例只是施行这种压迫力的次要手段，政府官员喜欢无记录可查的个人警告。[23] 这到现在仍然是一般日本官僚偏好的策略：隐性神秘的控制，没有人会为此担责。

从 1920 年开始，媒体自由就越来越少。但和当今日本知识分子的一般见解相反，这并不是因为“军国主义”在日渐壮大，而是因为官僚控制与媒体的“自我控制”相结合的结果。

自我审查一直是日本媒体的显著特性。报纸、机构以及广播公司通过记者俱乐部从政府和商界那里收集新闻。记者俱乐部在战争年代成立的，而那时的审查是官方进行的。记者俱乐部代表了记者与他们报道的系统组织之间存在着的制度化的共生关系。[24] 俱乐部可以帮助记者，让他或她再也不用担心错过某个重要的事件进展，俱乐部也能向掌权者提供协调媒体自我审查的主要途径。日本大约有 400 个记者俱乐部，它们附属于所有的省和政府机构、日本银行、自民党、警方、工业协会——简单来说，就是使得日本运转起来的所有事、所有人。它们为来自 160 多家媒体组织中大约 12 000 名记者提供服务。要从重要的组织那里获取真正的新闻而不通过记者俱乐部这个渠道，会非常困难，有时几乎是不可能的。在日本，对正式新闻发布会的监督简直到了荒唐可笑的程度。

每天来自三大报纸的三名记者追随着首相，首相去哪里他们就去哪里，首相说什么他们就记录什么。中曾根首相在位期间，只有当他在一所禅院进行每周冥想的时候，才禁止记者俱乐部的成员跟随。记者最爱用的方法就是，晚上很晚来到某位政客的家门口。在长久的等待后他能获得的奖赏，可能是被邀请进屋，和一位穿着睡衣的自民党大人物如家人般谈话。大部分忠诚的记者构成的核心集团，被允许和政客进行非正式的交流，但不会冒着失去自身地位的风险发布任何重要的发现或消息；双方都知道，以这种方式获取的大部分信息永远不会见诸报纸。记者俱乐部成员也可能会从他们准备报道的人物那里收到礼物。

大多数日本记者与其他记者俱乐部成员一起度过一整天的时光，通常他们与该环境之外的知情者没有什么接触。俱乐部统一决定成员应该报道什么，不该报道什么，有时甚至会确定报道的基调。这种规则非常严格。按照我的一位日本同事的说法，一家大报纸的记者被禁足，六个月内不许踏进记者俱乐部，就是因为他的报纸发表了一篇大家都同意不刊发的事件报道。而事实是，坐在他旁边的同事从另外一个渠道得到了消息，因此他就要为此事担责，但没人认为这样就会缓和事态。记者俱乐部非常排外，尽管驻日外国记者中心的历任主席多年以来一直和他们进行磋商，但大部分俱乐部还是不对外国记者开放。

我们无须指出的一点是，记者俱乐部在与报纸以及它们需要观察其行为和目的的人之间建立起一种十分亲密的关系。记者个人的调查几乎没有什么回报，而在事件报道中得出与同事们相反的结论就根本没有好处可言。但通常的情况是，如果爆发了政界或是商界的丑闻，而且所有的媒体都在报道的话，大量真实信息就会如雪崩一样涌来，因为不少记者一直都掌握着这些事件的细节。正如一位资深外国记者所说：

> 一旦爆发出大丑闻，公众突然就会沉浸在报纸、杂志、电台日复一日、周复一周争相推出的一系列爆料中，直到丑闻本身看上去就是整个政治进程，独一无二而且与过往任何事情没有任何关联。正是因为如此，丑闻一个接着一个爆发，继而平息，无法从中吸取任何政治教训，也不会实现什么真正的改革。[25]

编辑和记者一直强调“公众的知情权”，有时还郑重其事地认为是政府剥夺了这一权利，但是他们自己常常帮助官员保守如何操控日本的秘密。大部分专攻某个特定领域的记者非常清楚，事实和官方所说的“现实”到底差得有多远。但在他们不亲自报道的那些领域中，他们对这两者的混淆到了让人震惊的地步。很少有人会面对这样的现实，那就是系统的运作在根本上与国会民主的约定和规则不同。那些试过面对系统现实的人，回归到“垄断资本主义”这一陈词滥调，用它来描述系统。

编辑在自我引导下产生的无知，造成的影响可能相当可怕。比方说，报纸可能批判少数党发起的国会抵制运动，认为它阻碍了日本的国会代表讨论世界上正发生的大事件，却轻松地忽略了这么一个事实，外交政策哪怕直接影响到了国家利益，也从来不会在国会中讨论。《读卖新闻》的社论在谈到一桩重大贪腐案时，认为股民和工会应该监督这家公司到底出了什么问题；但在日本公司，这些团体从来不曾担当过类似的角色。这种例子，几乎每天都能找到。

训练有素、统一发声的合唱团

日本媒体力量的主要来源是它们的众口一词。五大全国日报（晨报和晚报的联合销量可以达到 3 900 万份）发行第一份晨报时，新闻的选择、社论的语调也许会有差别。但到最后一份晨报——一般在大城市中发行——除了在某些问题上保持常规的对立态度（如关于国防支出），各报纸对所有事件的态度都会保持一致，编辑疯狂地阅读着比自己的报纸更早发行的版本，然后不断忙于调整自己的版本。罕见的独家新闻通常保留给在城市里最晚发行的那一份晨报，因为如果出现得早的话，就没有人会知道那是个独家新闻。重要事件发生后当天的头条文章往往对事件不置可否，态度模棱两可，说辞前后矛盾，一般来说，这和别的头条没什么区别。这些报纸印出的大部分内容是负责撰稿的编辑一开始就可以预见的：编纂的内容来自一些记者提供的“消息源”，并受到外部政治因素的影响。其结果几乎从来不会受到质疑，除了那些常规的对立之外。所有日本人每天都读着差不多一样的东西，他们的观点实际上是由同一个来源形成的。

媒体的统一发声往往是批评性的，听上去像是来自国会内少数党的悲叹。偶尔对权威机构加以严厉批评是适当之举，但也只不过是个仪式。系统的某些组成部分利用这一可预见的媒体行为，来报复那些敌对势力或者与之讨价还价。事实上，某些掌权者团体为防止其他团体变得过于强大，从而持续不断地进行着某些平衡行为，而媒体在这一行为中扮演着重要的角色。

政治对立总是在有限几个不断重复的主题上出现，这便导致媒体的反应几乎完全一致，其迅速程度和可预见的程度就像是巴甫洛夫的狗在听到铃铛后流口水一样。就算是统一性出现了分裂，其分裂的模式也是可预见的。比方说，最有威望的《朝日新闻》倾向于对日本"右翼分子"力量可能支持的任何东西表示不满，包括要求日本人在本国军事安全方面承担更大的义务，它对中曾根首相努力在官僚机构中增加政治影响力的做法也同样怀疑。《朝日新闻》的编辑路线受到有反美倾向的专栏作家和编辑顾问的影响，在某些情形下，还受到老式日本风格的马克思主义影响。

近几年来，媒体界最重要的发展是《读卖新闻》与传统的反美、反防卫立场的决裂。《读卖新闻》是最大的报纸，每天销量达900万份。《每日新闻》和所有其他报纸一样还是会在这些事情上跟随《朝日新闻》的路线。《产经新闻》是四大非经济类日版中最小的一家，它以其右倾倾向而闻名。《读卖新闻》的倒戈，《产经新闻》的反左立场，日本最大的财经类报纸《日本经济新闻》做出的平和解释，这些对打破战后不能讨论军事事务这一禁忌起到很大的帮助。与此同时，对左翼团体声音的关注度也降到了最低。

作为社会制裁手段的媒体

日本记者有时深知，这个社会对指出其矛盾之处的人没有任何奖励，于是自己便面临着巨大困境。当权者违背官方的规则时，媒体就是一个观察和评论的理想场所，但因为记者和编辑害怕撕裂系统呈现出来的现实结构，媒体自身想要观察和评论时受到严重阻碍。一名日本记者手中掌握着有关系统实际运作的海量信息，那他能做些什么呢？要是他不断地指出系统从制度上违背了许多重要规则的话，他自己的那一小部分（与理想世界相区分的）现实世界就会崩溃，将他压垮。不变的问题是如何定义“如实报道”。能感受到自我审查的“适当程度”通常被称为记者的“成人心态”。[26]

记者培训中肯定有一部分教授了公认的记者职业标准，记者由于不能达到这个标准而感到不适，这确实很普遍。媒体赋予自身的，也是社会认可（和期望）的功能，是维护社会秩序并捍卫公共道德，这就让问题复杂起来。由此而产生的挫折需要发泄的出口。与其他显然无法解决的日本社会冲突一样，媒体往往在一些仪式化的行为中找出一个临时的方案。于是，深谙“杀一儆百”古训的报纸就会定期发起运动，并在其中释放大量愤怒的能量。

大约每隔一年，报纸就会“抓出”一名教师，这个教师竟胆敢将试卷里的问题卖给野心勃勃的家长。一名国际电报电话公司职员在走私小型消费品进入日本时被抓获，媒体对公司严加拷问，最后公司懊悔不已并答应降低（高得离谱的）国际电话费率。一家著名的百货公司被发现出售的所谓波斯古玩居然产自横滨之后，该公司的最高层深陷窘境。还有一个例子是媒体对新日本酒店（Hotel New Japan）业主的处理。该酒店着火了，然后被发现缺少一些必须安装的安全设施。这种被媒体精心挑选出来的案例的“进展”占据头版连续几个星期，有时甚至持续数月。愤怒的编辑们联合起来将责任人扔进沟里踢打，而这种情形往往发生在此人还没被正式批捕以前。

接下来可能被选中的百货公司或饭店老板，或是不管哪个公司的高层，他们肯定非常害怕，而且事先收到了警告。这种集中却无所不在的“敲诈”是媒体服务社会的方式。在日本，法律的存在是为了官僚的行政目的而不是为了保护公民，因此媒体扮演着一个关键的制裁者角色。它能做到这点是因为日本人极其担心自己名誉受损带来的后果。这种对个人声誉的焦虑，在很大程度上代替了法律制裁，保证组织和个人遵纪守法。

“问题”现象

日本媒体为系统提供服务，是通过记者间接地帮助系统灌输给公众这样一种理念：因为不可避免所以就应该接受。但有时，他们的纠偏功能指出的情况，就是系统本身出了故障的某些方面。随着媒体时不时地进行每天连续的攻击，日本媒体会带着真正的报复心理介入一个特定的话题。吸引如此强烈负面关注的主题被称为“问题”（もんだい），在不同的语境下可以被理解为“麻烦”、“事件”或“问题”。

上文提及的校园欺凌问题因为持续报道了一年多而创下纪录。大部分由媒体提出的“问题”最多在头条上停留几个月，但在这段时间里，人们在酒吧、咖啡厅等地方谈论的话题很容易预测。至少，媒体创造出一种“在一起”以及“和谐一致”的感觉。如果一个人就当月的“问题”发表意见，却和媒体主导的看法不一致，那么和他谈天的日本朋友们会大吃一惊，就好像此人竟然会不同意对平时天气状况的评论一样。

近几十年来，最显著的问题是“户外问题”，这些问题主要集中在工业对空气、土地和水的污染方面。全国的媒体联合行动，在差不多半年时间内连续发表了令人毛骨悚然的故事。最终，人们几乎不再吃鱼，这严重威胁了海鲜市场。也许是为了防止事件失控，头版撤下了户外问题，代之以大量新故事和新文章，谈到是不是有可能会发生一场摧毁首都大部分地区的大型地震，进而质询政府将会采取何种应急准备。媒体近乎一致的言论有时会引起公众对事件的过激反应，有时会接近集体歇斯底里的边缘。

对非法勾当的限制

有时，媒体会揭发一些官员们置若罔闻的暴行。高利贷公司（サラ金）就是一个很好的例子。这些与黑帮有关联的高利贷与银行、保险公司以及其他金融机构维持着正常的业务关系，其成员可以出入他们体面的办公室。

这些人之所以存在，是因为日本消费者信贷处于极度不发达状态。日本人几十年如一日将余钱（平均而言不足他们收入的五分之一）存入商业银行和邮政储蓄银行，之后这些钱完全流入大工业领域。银行没有能力判断潜在借款人的信用度，在很长一段时间内没有给个人发放过无约束贷款。从 20 世纪 70 年代末到 80 年代初，出现了一些情况促进了消费者信贷的需求，于是高利贷公司便进入了人们的视野。这些高利贷公司引诱白领阶层办理短期贷款而不需要任何抵押。贷款陷阱在于利息差不多有 40% 到 70%，甚至还要更高。一大批毫无经验的借款人在债务中越陷越深。这些放贷者自然衷心鼓励这样的行为。

1984 年，媒体开始报道此类事件造成的家庭谋杀和自杀。有大量令人恐惧的故事，这些故事讲到黑帮上门要求还钱，在讨债过程中，黑帮破坏了欠债人在邻里的名声；他们发信给欠债人还在读书的孩子；在放贷者的唆使下，绝望的家庭主妇沦为妓女。

规范这一行业的法律自相矛盾，某些通过法律调解的极端案例的结果也不能鼓舞人心。由于没有任何机构或是团体能代表受害者发言，媒体就发现自己是他们的唯一庇护，而且确实在某种程度上缓解了这种问题，促成了新的（但还是不完善的）立法。官方还指导开办了一些不太黑心的高利贷。

立法的过程充分表明，在系统内，消费者的利益是被放到最后考虑的。各部门之间的管辖权之争与自民党政客保护放贷者以换取“政治资金”的举动，阻挠了五项议案的通过并将立法拖延长达六年之久。[27] 最后颁布的法律让高利贷合法化，并制定了 73% 的最高利率。一旦高利贷行业的“经济形势”允许，这个利率便可以降到 40%。但与此同时，有一项与之矛盾的法律明文规定，所有贷款利率不得超过 20%！新法律条文让那些较大的高利贷组织和大藏省最为得益。后者对本来完全受控的金融世界中贷款这一全新领域毫无组织的情况十分不满；现在，新法律要求高利贷业务必须进行注册，这也就意味着大藏省建立起一条通道，一方面强制获得信息，另一方面提供行政指导。

公众缺乏足够的法律保护，这便促进了日本众多非法勾当的发展。高利贷只是其中之一；其他的还包括学习塾这种填鸭式学校，滥开处方的医生，帮助自民党政客当选的后援会等等。敲诈勒索在日本的房地产行业和证券行业也非常普遍。所有这些都不是认真改革尝试的目标，只有媒体对这样的过分行为做出反应，因为这种行为确实对社会秩序稳定构成威胁。

通融的黑帮

在系统利用所谓的外人来为自己服务的例子中，最让人惊讶的是警察与犯罪团伙之间的关系。日本的地下世界十分繁荣，而且还十分浪漫，有大约 10 万被称为“黑帮”（ヤクザ）的匪徒。和美国黑手党成员不同，现代主流的日本黑帮与受人尊敬的企业界有着明确的隔离；他们的利润大部分都来自非法活动。他们也从不隐藏自己的本来面目，他们身着深蓝色双排纽西服、打着白色领带、戴着深色墨镜，外形特征突出而且容易辨认。

据警方估计，黑帮每年仅从非法活动中获利就高达 1.5 万亿日元。独立专家认为这被严重低估了；这个数字忽视了同样巨大的、非法但又受法律保护的色情行业。按照一名为最大的犯罪辛迪加山口组工作的律师的说法，这个估值还忽略了其他重要的利润来源，比如收债、“解决”破产案子和其他敲诈勒索等。[28] 但不管怎么看，匪徒们都在从事利润丰厚的行业；黑帮和牙医，是被日本经销商漫天要价的大型美系车在日本唯二的客户。

终极共生

黑帮有一项可以追溯到几个世纪之前的服务，就是在犯罪辛迪加内部保持自律之外，还帮助警方控制非辛迪加的犯罪。德川幕府时期，负责公共秩序的官员证明自己是进行务实治理的高手。他们认为，既然永远无法完全消除犯罪，就可以利用有组织犯罪的帮助，将无组织的犯罪降到最低。那时的犯罪集中在东海道这条连接京都和江户（即后来的东京）的著名道路上。旅行在这条路上的既有达官显贵，也有拦路抢劫的强盗和其他乌合之众。幕府官员提出一个简单的解决方法，就是将维护道路秩序的责任交给组织赌博和卖淫的黑帮——赌博和卖淫是必然出现的。

黑帮在电影中为人称颂，在社会风俗中也得到容忍。正如牛仔行走在法律的边缘，电影里的黑帮也经常保护遭到不公平待遇的受害者。但和牛仔不同，黑帮永远不会被描写成独行侠。一般日本人还常常保有这样的信念，即黑帮维持着值得尊敬的习俗和美德——也就是在大多数情况下，强烈的团体一致性和对主人单纯地表示出绝对的忠诚，这些习俗与美德在主流社会中已经屈从于现代化。黑帮电影（如武士电影）将人们理想的武士时代的传统男子气概变成一种浪漫传奇。事实上，“武士英雄相比于黑帮而言，在某种程度上更不传统，本质上更不那么日本化”。[29]影院之外真正生活中的黑帮，特别是那些老牌黑帮，往往认为他们才是传统的捍卫者；屏幕上“纯粹的”日本行为，实际上是借鉴了有组织的犯罪，于是他们很喜欢这些电影。

有份警方调查记录，这样描写道："我必须不惜一切代价遵从我老板的命令。如果他说乌鸦是白的，我就说它是白的。如果因此我不得不穿上白色衣服（在帮派火并中死去），或是穿上蓝色衣服（入狱），我也得接受这样的后果。"新入帮的人，会一起从同一个碗中饮下清酒，这种仪式建立了一种伪血缘关系。一名专为黑帮辩护的律师说，他最初认为他们表达亲情是荒谬的煽情手段，但他开始体会到，这对黑帮本身来说有多大的说服力。"逻辑或金钱没法控制任性的帮众。但是，通过炫耀老板的'父道'这种至高无上却又毫无理性的原则，这个组织便能让成员服从一切。"[30]

黑帮习惯接受来自身处高位之人的庇护。在战前和战后，他们被公司用来帮忙破坏罢工。那些名声无懈可击的著名大公司出于恐吓的目的——比方说，在极罕见的情形下，公司受到诉讼的时候——也会屈就而利用黑帮。帮众为政客干"脏活"也是一个公开的秘密。佐藤荣作首相有一位随时待命的黑帮"保镖"，其他一些政客通常安排帮众参加政治集会作为预防措施。考虑到在日本通过恐吓可以做成多少事情，某些自民党政客认为有必要和黑帮的上层保持良好关系，也就不足为怪了。一位内阁成员参加帮众的婚礼或是送去鲜花，这种做法从来就不会被认为是件耸人听闻的事件。前首相及幕后大佬岸信介在1963年曾是一位黑帮人士葬礼组委会的副主席。[31]1974年，山口组老板之子田冈满结婚，他还发去了贺电。[32]

黑帮的领地与右翼分子的领地相交并有部分重叠，而右翼分子把自己描绘成唯一真正的爱国者。极端右翼包括800多个团体，超过10

万名会员，其中五分之一的成员非常活跃。活动分子主要通过制造噪声，时时提醒日本他们的存在，他们用扩音车播放军乐在街上呈“之”字形穿梭，还几次试图爆炸袭击教师工会。但是在1987年，一名《朝日新闻》的记者被枪手谋杀，人们认为凶手属于某个神秘的极端右翼组织“赤报队”。自此之后，这一组织威胁说要杀死前首相中曾根康弘，还针对报纸发出进一步“警告”。

除了极端分子中的外围分子以外，还有一个右翼活动支持者组成的广大网络，这个网络涵盖了媒体、大学和自民党。20世纪80年代末最著名的两个右翼分子，其私人身份是富有的政治掮客，为众多高级政客牵线搭桥，他们当中一部分是通过黑帮获得地位的。这两个人是儿玉誉士夫和笹川良一。前者因牵涉洛克希德贿赂丑闻而引起众多关注，直到他于1984年去世。后者因其慈善举动直到20世纪80年代末仍受到广泛关注。1982年，笹川努力为获得诺贝尔和平奖而游说，成立了美日基金会，促进与美国的文化交流。他还是联合国最大的私人捐款者。1978年，他从日本政府那里获得了勋一等瑞宝章，1987年又获得了一等功绩勋章以及勋一等旭日大绶章。

黑帮和右翼都从年轻的罪犯中招募人员，特别是那些臭名昭著的“暴走族”（摩托党）。山口组的新成员中有30%到40%是暴走族成员。[33]

整个20世纪，警方和公司利用帮众来对抗马克思主义的影响。在20世纪60年代，爆发了针对日美安全协定延长的抗争，这让激进的左派学生抗议者与左翼工会陷入与政府的对抗中，笹川在自民党和东京黑帮头目之间进行调停，他组织了一支由3万名黑帮成员和右翼分子构成的军队，来帮助警方在艾森豪威尔总统预定的访日期间维持秩序。[34]黑帮准备了传单、臂章、交通设施和后勤支持，直到访问最终因局势不稳而取消。此时的黑帮信心满满，他们的人数在1964年达到顶峰，共计20万人。

到了20世纪60年代中，黑帮似乎变得太强大了。警方粉碎了几个帮派，在部分地区，他们偶尔还帮助市民团体，尝试将黑帮赶出社区，但却从来没有试着真正地粉碎黑帮。其根本原因不是腐败，而是因为如果警方不得不独立处理个人犯罪或是小团体犯罪引起的混乱，那么日本的低犯罪率很可能就会攀升。一名日本警校学生总结说，"这种关系是互利的，警方和黑帮都发现，保持关系并以一种真诚的表现来加强关系是有利的。即使警方在某个重大事件后不得不下重手打垮一个帮派，但这一善意和理解的核心似乎仍旧会维持下去"。[35]

警方的专家经常会拜访帮派总部，看看有没有哪个成员遭到排斥，如果有的话，就逮捕他。双方都会从中得益，因为这意味着没有独狼式的罪犯游荡在街头密谋复仇行动。大型辛迪加公开在城市中设立办公室，并以帮派徽章作为装饰。

警察和帮派头目偶尔会召开会议，为的是划定界线，默许非正式的长期协议。交易一直在进行，特别是在牵涉到火器调查的时候。警方会要求黑帮放弃非法枪支，以换取警方（比方说）对某一桩兴奋剂毒品走私案网开一面。据说，黑帮购买枪支为的只是他们可以遵从这样的要求。[36]

自封的罗宾汉

日本黑帮似乎深信，他们完成了一项具有重要社会意义的工作。领导人会接受关于黑帮的采访，并非常有说服力地辩称，如果没有他们的组织，那些反社会的年轻人就无处可去，那会非常麻烦。这正反映了最伟大的现代黑帮教父，已故的田冈一雄的论点。他认为他确保那些社会中的弃儿不会失控。[37] 虽然他们从不宣传这一事实，但是黑帮确实是少数几个对备受歧视的部落民和韩裔社区成员表示欢迎的日本组织。这也就是很多帮派源自关西地区的京都、大阪和神户附近的原因，因为部落民和韩裔社区集中在那些地区。

在他的回忆录中，田冈表示，他的帮派保护了神户警察总部不受一个韩国帮派的袭击，并帮助警察灭了这个帮派。在为时一小时，并于 1984 年在 NHK（日本放送协会，其功能和地位与英国广播公司即 BBC 相当）播出的山口组专访中，黑帮高层得到机会来解释他们所谓的为社会提供的伟大服务，那次专访的观众有 2 500 万之多。

关于日本帮众喜欢如何看待自己，山口组内部发行的一份杂志提供了一些看法。[38] 封面上有句话表明该组织献身的目标："依照协同精神来发展我们的国家和社会"，这就意味着成员必须（1）保持和谐以加强团体；（2）热爱并尊重团体之外的人，牢记对其有所亏欠；（3）永远谦恭，牢记长幼之序；（4）学习前辈经验，为完善自我而工作；（5）与外界接触要表现得克制。

然后是关于自然和生活的诗篇。田冈一雄的一篇文章解释了黑帮大老板如何成为全日本反毒品运动的成员，因为贩卖毒品没有好处，而且辛迪加的成员不应该牵涉到其中。另外一位辛迪加的上层人士讲到德川幕府时期，那些受到社会压迫的人是如何汇聚在非法团体之内的，他们相互分享温暖和彼此理解。一位助理继而建议如何使山口组更受外部人士的尊重，并解释说它并不单纯是个犯罪帮派。杂志继续刊载了一位去世帮众的女儿所写的悼词。读者专栏让从属帮派的成员有机会深入研究过去，解释他的帮派如何帮助神户市政府应对战后不久发生的韩国人和中国人的骚动。杂志还提出警告，反对太快地扩张领地，强调建立当地的帮派支部与商业连锁网络的扩张非常不同。杂志中还有对日本社会不公的抱怨，从属帮派老大给出了关于如何进一步加强内部和谐的建议。在另外一篇历史回顾中，作者描绘道，警方在面对街头抢劫、强奸、谋杀、绑架等等行为时无能为力，直到作者所属的帮派前来挽救这一切。在一篇法律教程和一首帮众所作悼念他们已故老板的精神的诗后，杂志以即将从狱中释放帮众的个人信息，以及将要举办欢迎仪式的时间、地点作为结束。还有成员葬礼及婚礼的信息，最后是一张地址列表，列出所有服刑成员的联系方式。

大部分日本人实在难以分辨罗宾汉式的民间故事与着实令人反胃的现实。即使不算上黑帮敲诈勒索侵害了很多地方的餐饮娱乐场所，只要黑帮简单地开个自己的店铺，就能将隔壁任何一家商铺的顾客赶走。

系统不成文的规则认为，帮众可以进行保护性的敲诈、经营妓院和相关的非法买卖，但是他们被禁止持枪或从事毒品交易。警方也特别担心他们组成全国性的辛迪加，因为这会破坏警方分而治之的优势。一条铁律是，黑帮必须确保无辜的旁观者在帮派争斗中不受伤害。很明确的一点是，只有国家没有受到毒瘾破坏，无辜人员的鲜血没有流淌，黑帮才能够维系与警方的特殊关系。帮派无数次主动对破坏了这些规则的成员提起诉讼。但要在黑帮等级中获得晋升，被捕和入狱的经历就会带来显著的优势。

敲诈公司者和土地倒爷

系统曾对自己“法律之外”的组成部分发起过一场不痛不痒的反对运动，遭到反对的组织叫“总会屋”，这是一种在 20 世纪 70 年代兴起的商人类型的勒索帮派。它不如电影里文着刺青的英雄受欢迎。它的受害者是有名望的大型公司。

因为形式上的现实与企业界实际上的现实永远存在着巨大的差距，所以才诞生出这类敲诈者。日本公司在官方有股东，因此就有必要召开股东大会才不会破坏这一形式现实。但在实际的现实中，联合持股的公司从来就不会有意让自己公司集团董事之外的股东有发言权。总会屋的目标就是维持这样的情况。

一开始的时候，帮众被叫进股东会场，痛打工业污染的受害者。这些受害者找到了一种方法，进入那些制造污染的公司用冷漠建造起来的护甲中：他们购买了公司的股票，还要求在股东大会上发言。这让别的黑帮注意到其他日本企业也有类似弱点。不到十年，便诞生了一个极为成功的、组织严密的敲诈系统，任何大型公司都不能避免这个组织的勒索。1982 年，有大约 6 300 个总会屋，其中五分之一独立运作，四分之一和其他大型犯罪辛迪加联合，其他的都属于新兴的专业敲诈勒索帮派。

到了20世纪70年代末，总会屋发展出更有教养的形式，他们假装运作“研究机构”并就经济话题发行期刊。不少大公司设立了一个专门职位来处理“总会屋事务”，不过到最后几乎总是以付钱收场。如果他们给的钱不够，那么在公司年度股东大会上，年迈的社长就会生平第一次被长时间地连续质问。但如果钱给够了的话，帮众就会在这些仪式性会议上遵守“不提问”的潜规则。1982年商法修正案在理论上将总会屋活动认定为非法的，但这对大量受害者来说不是什么安慰。与警方有合作的董事会仍然在会议期间遭受折磨。到那时，在很多公司看来，总会屋已经成为一个有必要存在的恶魔（必要之恶）。它们保护了那些需要掩盖丑闻的公司。另外，如果董事们与“友好”的总会屋断绝关系的话，那还能期望谁来保护他们去对抗那些“敌对”的总会屋呢？于是公司设计出了越来越精细的战术来保持机构运作。有些总会屋在他们的“顾问机构”周年庆或新办公室设立，或新刊物发行时收到贺礼。其他总会屋以高得离谱的价格出售提供“管理咨询”的“会员卡”。尽管骂声一片，但这种寄生现象对系统也并不是没有任何好处。总会屋避免社会中更易受攻击的领域被人利用，而且公司也会试着保持诚实经营，从而减少总会屋能挖掘出“脏事”的数量。

黑帮成员与大公司代表见面，出版一本被伪装成经济杂志的刊物，这个身份比起穿着双排纽西服、打着白色领带、戴着深色墨镜的黑帮成员，要复杂多了。随着黑帮经营的其他领域慢慢开展不一定是非法的新业务——比如上述的高利贷——他们也获得了类似的、与日俱增的“尊重”。

在20世纪80年代末，还出现了一种新的帮派，名叫“土地倒爷”（地上げ屋）。和之前的总会屋以及高利贷一样，它们都是因经济发展状况对敲诈者有利而产生的现象。1986—1987年，本已是全球最高的日本地价再次急剧攀升——起因是那些手握大把现金的公司对房地产有着永无休止的欲望，让财富加速集中在更少数人手里。但是，这些地产投资商的宏伟规划有时会被挫败，因为某些个人拒绝出售他们的地块，拒绝搬出被标为拆除的公寓。如果单纯的劝说无效，那么土地倒爷就会用噪音、骚扰电话以及自卸卡车撞墙去威胁他们了。还有几起纵火案可以归咎到土地倒爷身上。这类事件引发的媒体反应不温不火，例如《读卖新闻》社论写道：“敦促（房地产）行业整体深刻反思其商业行为，以此来博得公众的信任，信任才是业务成功的关键”。[39]

大型继位战争

在20世纪80年代，警方与黑帮的关系变得有点令人不快。武器走私大幅增加。在一些县，帮众之间要剪除对手。就如一位国家警察厅长官忧心忡忡地说的那样，他们好像“认为自己在拍电影似的”。警方对黑帮的国际化也越来越不满。[40]黑帮走私进来的冰毒量提升，这也进一步破坏了他们的公众声誉。[41]最重要的是，田冈一雄死后，山口组的领导问题在20世纪80年代中期导致了一场全面的帮派战争。战争渐渐平息，最后在1987年2月，和平才得以象征性地恢复。

事件的细节曝光了黑帮自身内部事务之外的很多东西。真正的麻烦从 1984 年 7 月开始，经过三年的权力斗争后，大老板的遗孀将一柄匕首交给了竹中正久，在仪式上确认了由他来接任这一最大帮派的领导人之位。但是他的对手，一名主张采取更温和政策的成员，在那时已经成立了另外一个“山口组”，后来改名叫“一和会”。

虽然大部分人加入了分裂出去的新帮派，但是山口组在一个月后又重新夺回了大部分的力量。一段血腥的冲突开始了，而很明显的是，背叛山口组的那个黑帮一定会输。山口组徽章被证明是个极为强大的象征，无法被人忽略。另外，“不是所有人，”一位警察这样说道，“都有当帮众的资质。”一和会为了阻止人数下滑而匆匆进行的招募只能加快它的衰落。

一和会采用的紧急“方案”是刺杀新任的山口组老板竹中，以及他的两名最高级别的副手。全日本的观众在至少三个电视频道上看到，1 500 名黑色着装的帮众跟随着竹中的灵柩，灵柩由八名从属帮派的老板肩扛，同时还有 400 名防暴警察出场；国民知道黑帮世界的动荡时期开始了。后来的半年之内爆发了 174 场持械斗殴，16 人死亡，47 人受伤。即使如此，黑帮自我表现出对公众利益有着足够的关心，他们同意停火，为的是不要破坏身处战斗最激烈地区的神户的名声，因为神户即将举办一次国际体育赛事（世界大学生运动会）。

考虑到传统的黑帮仪式经常遭到夸大，从一个较微观的角度来看，发生在山口组以及一和会之间的事情，是系统较低层次的组成部分中发生的事情，也是持不同政见者之间发生的事情。在本例中，帮派世界中缺少一位幕后大佬来促成一个可以被交战双方接受的折中方案，而长期以来帮派都仰仗系统的幕后人物来协调冲突，结果便是兵戎相见，血光迸现。但是，它蕴含着权力的变化，大帮派渐渐吸收小帮派力量的源泉，最终使小帮派无所作为，这就是系统通常运行方法的写照。

第五章

管理者

日本有一个清晰可辨的统治阶级。它的成员基本上都是管理者，主要是官僚、顶层商人和自民党的一部分；在他们中间，没有雄心勃勃的政治家的空间。严格说来，它并不是一个世袭的阶级。它非常开放，虽然相比二战后的第一个十年，如今并不那么开放了。管理者的儿子在加入这一阶级时有很大的优势，而且该阶级完全为男性保留。不管怎么说，大部分男孩子不论出身如何，到他们十几岁的时候就很清楚他们有没有机会进入这个阶级。无论哪里的统治精英都想身后留名。他们的区别在于规模和排他性、内部团结的程度和对待被统治者的态度。想进入日本相对较大的管理者阶级，就要严格地攀登按照学校等级排好的非常狭窄的阶梯。它被内部冲突撕裂，但向社会其他部分呈现出令人称奇的统一阵线。由于它的生存依赖于系统的生存，所以它的最高的统一目标就是为系统服务。

维护系统

日本系统生存的基本条件，是对管理阶级提供持续的保护，其方法是保持成员规则，以及让管理者中管理事务的规则变得非正式。系统之所以成为系统，就是凭借这种非正式的关系，而且这种非正式关系在宪法中，或在其他任何法律中都没有基础，在政府部门、自民党、公司和其他管理机构的正式规则中也没有基础。

非正式的人际网络

在日本，“关系”对于社会各个等级的生活都是关键性的。某人能否成功几乎完全取决于此人认识什么样的人物。“关系”（コネ，英语单词“connection”的日语缩写）通常是进入合意学校、找到称心工作的关键。如果想得到最好的医疗服务，那么得到专门介绍，并且认识那些忙碌的医生几乎就是不可缺少的。从这个意义上来说，大部分日本人都彻彻底底地欠了不少其他日本人的情，其他人反过来也同样欠他们的情；日本生活的主要特征之一就是不断地交换人情。

在社会上层，关系被放大，形成了完整而特殊的关系网络。这些可能来自一次性的恩惠、校友关系或共同体验，或可能牵涉复杂的互开方便之门的交易。这些被称为“人脉”：“人”代表个人，“脉”如同在矿床中找到的矿脉。所以“人脉”就意味着编织在社会中的个人关系的脉络与网络。相比西方的校友网络，日本人脉分布之广泛有着不可比拟的重要性。

在官僚、政客以及商人的顶层，联姻帮助建立了精英之间的非正式接触。自民党政客娶了年长且具有影响力的政客的女儿，以此来巩固自己的地位，然后再把自己的儿子和女儿许配给富有而且有影响力的商人。由此产生的网络被称为“闺阀”（通过联姻形成的家族团体）。有专门巩固管理者间关联的媒人团体。其中之一是学习院（前贵族学校）的女性毕业生团体。[1]另一个是由池田首相夫人建立的国会议员太太俱乐部，她们一直交换包办婚姻候选人的信息。高轮会这个团体中包括约1 000名毕业于著名大学的女性，以及来自通产省、大藏省、外务省的精英官员。他们每年在聚会上见面六次左右，并促成了数百对地位显赫的夫妇。[2]在所有的团体中，轻井泽会可能是最排外的了。它成立于1942年，因为它的一位成员正田美智子嫁给了当时的皇太子明仁而名噪一时。它将日本最显赫的实业家庭和政治家庭的代表会聚在一起，而且还要加上与皇室闺阀有关联的代表。成员的儿女在位于轻井泽町的富人避暑胜地举办的私人聚会中相见。[3]还有一些人，他们的全部个人爱好就是为顶级政客和官员找到婚姻伴侣，并与精英部门的秘书保持密切合作。

要是没有非正式接触，顶层的管理者就不可能完成期望他们完成的任务。一位身居高位的日本人的实际权力取决于他的人脉。没有良好人脉的官员也就没法爬到高层的位置上。一位大臣如果没有一个精心编织的人脉，对他的部门和他自民党中的派系而言，也就毫无价值可言。日本顶层政客的权力来自一个巨大而又复杂的人脉交织的网络，它是由施恩、金钱、联姻关系和政治敏感编织的。在社会中层，建立人脉需要时间、精力、魅力、谄媚，还要有一个足够强壮的肝脏来处理大量酒精。一位雇员对公司的价值很大程度上取决于他的人脉。要有效地追求企业目标，很大程度上取决于经理通过电话能找到谁来解决那些需要解决的问题。对于更低级别的管理者来说，好人脉就意味着收入好，好多人欠你的情以及退休之后的安稳生活。

培育顶层管理者

毕业于东京大学，特别是毕业于法律系，就意味着与一个能随时轻易启动的巨大关系网自动挂上了钩。东大成为日本教育系统中无可争议的最高峰，这倒不是因为其法律系的学术水平有多高，而是因为它过去的毕业生都达到了行政上的最高级别。这意味着新的毕业生随时可以连上这一现有的校友网络。在大藏省较高级别的科长和官员中，有 88.6% 来自东大。外务省中的比例是 76%，国土厅的是 73.5%，运输省的是 68.5%。[4] 大藏省每年新招聘的 20—30 人中，有 80%—90% 来自东大的法律系。[5] 在战后，确确实实施加过影响的日本首相几乎都是东大的毕业生，只有田中角荣和竹下登这两位是明显的例外。[6] 在战后的大部分内阁成员当中，重要职位都是由东大的毕业生担当的。即便是在田中角荣的内阁中，也有七名大臣来自东大的法律系。有超过 25% 的议员以及超过三分之一的自民党成员是东大的毕业生。在 20 世纪 70 年代中期，在 50 家顶尖的商业机构中，有 43 家的东大毕业的高层人数超过非东大毕业的高层人数。[7]1985 年，1 454 家大企业中，有 401 家的总裁是东大毕业生，另外 140 名和 72 名分别来自几乎处于同等地位的京都大学和一桥大学。[8]

在 1972 年首相竞选的时候，很明显的一点是，福田赳夫将面对的主要对手是田中角荣。石坂泰三这位声名显赫的东大毕业生，在大藏省达到职业生涯上的顶峰，当时他作为企业界的幕后人物表示出强烈的反对。“我们不能，”他公开表示，“把这个职位交给一个愚蠢的工人。”哪怕田中是日本历史上最成功的白手起家商人之一，石坂作为经团联的会长，作为一个企业家世界的代表，也不认为田中能与自己有一丝一毫的关系。石坂自己毕业于东大的法律系，先是就职于递信省，然后又登上日本最大的保险公司总裁的宝座。他的情形在日本高层是很典型的。稻山嘉宽是20世纪80年代（直到他于1987年去世的前一年）经团联中最有影响力的人；永野重雄从20世纪60年代末开始，几乎就是日本商工会议所的代名词；植村甲午郎是经团联中的一位核心人物，他在1968年成为会长。这些人都是东京大学的毕业生，而且他们在职业生涯早期都是政府官员。日本的精英工业家以及几乎所有银行的总裁都是通过东大路线达到最顶峰的。

东大法律系毕业生（还应该加上京都大学法律系毕业生）的世界是高度排外的。外来人即使出自其他的“精英进程”，也通常会感到自己从未真正“属于”他们所服务的省。秦野章是中曾根内阁中的法务相，他毕业于很不起眼的日本大学夜校。他被法务省以及检察院的官员们露骨地排斥，而他也毫不掩饰地以憎恨回应这些人。内藤誉三郎是少数几个能坐上（文部省）副相职位的非东大毕业生。在早期的职业生涯中，他得知自己要从科长提升为局长后，立即恳求他的上司“放过他”，他担心自己的升职会在他的高级同僚中引起嫉妒，因为他们都是东大法律系的毕业生。[9]

日本的骗子经常将自己伪装成东大毕业生。真的东大毕业生在相亲会上特别抢手。值得一提的是，不少著名的反政府人物和对政治制度直言不讳的批评者也是东大法律系的毕业生，其中尤以丸山真男最为著名。虽然他们几乎不与管理者为伍，但东大的背景大大帮助了他们。按照一位研究此现象的日本学生所言，东大背景让他们能在“安全区”内工作。[10]

受保护的管理者

系统保护着管理者阶级。这个精英体系与意识形态激励下无常的政治是绝缘的。就个人来说，相比于一般日本人，其成员可以得到更大的保护，不受他们行动后果的影响。

这样的保护究竟有多大，可以从三光汽船株式会社的案例中看出来。该公司的大部分由河本敏夫拥有，他是自民党某派阀的领袖，担任过几次内阁大臣，曾经一度还是首相候选人中的佼佼者。1985 年夏天，三光为了寻求司法保护，在日本提起了战后最大的破产申请。公司保有世上最大的油轮船队（在其倒闭时有 264 艘船，容量为 2 100 万吨），在日本和全球有 110 个办公室，还有几家姊妹公司。它之所以破产，是因为多年来执行着不负责任的投机扩张政策，举债累累并在面临长期困难时还继续订购大量船只，必须要进行重大调整。要不是受到河本敏夫地位的保护，它恐怕永远都做不到申请破产。大型日本公司几乎不会破产，因为它们的“主要银行”会不断地提供贷款。河本的公司早就过了还能被拯救的阶段。但是，直到得知首相（中曾根康弘）以及大藏相（竹下登）不会去帮助他们的派阀老板和朋友后，两家从属的银行才说服三光的主要银行去控制它们都将面临的不可避免的重大损失。

有些管理者得到比别人更好的保护。官僚毫无疑问是最受保护的那一类。宪法第 15 条赋予人民任免公务员的权力，但它与现实的背离实在是太大了。实际上，日本官僚凌驾于正式行政法律之上。他们通常不会因为政客的金钱丑闻而受到牵连。

他们受到保护的范围可以从东芝一家子公司违背东西方贸易统筹委员会（COCOM）规定，向苏联出售设备这一事件上推断出来。这个事件对美日关系影响重大，因为在众多美国立法者的思想中，贸易问题与防务问题联系在一起。作为官方对此事引起骚动的回应，东芝总裁辞职，同时高调宣布人事变动。但即使通产省官员拒绝了外务省和自卫队提出的、监督违反 COCOM 规定的日本公司的协助，这些通产省的官员也不可能不知道，东芝这样的公司并没有把 COCOM 的规定当回事，不过，最终还是没有人指责通产省。

曾经身为官员的自民党议员是另外一个相对安全的类别。如果没有官员背景，他们往往更加脆弱；当然，政治地位在这里还是会起很大的作用。

三光汽船公司的案例，再加上另外三四起牵涉到大公司的战后破产的事件，表明不是所有的大型日本公司都是百分之百安全的。虽然日本顶层商人和商业协会的领袖受到很好的保护，但比起对官僚和政客的保护来说，这种保护不会自然而然地得到。当然，所谓商人只是他们这类人顶层的“管理者”，并渐渐地令真正的企业家阶层蒙上阴影。

互助原则

日本政治的一个基本要素是管理者之间会发生斗争，特别是政府机构和自民党派系之间永无休止的争斗。这些争斗限制了国内政策，并决定了国家对世界的态度。但这不是公私领域之间的争斗。偶尔可能会出现一个问题，四大商业联盟中的一个或几个发出声明，反对某官方部门的立场，但政府官员几乎总是与他们监管的公司相处得更好，而不是和他们在别的省的同事关系更好。政客一般会享有与官员和商人的共生关系。

管理阶级中可预测的调任模式反映出这种关系。职业官僚在省内不断地从一个处调到另一个处，但从不会跳到另外一个省，除非是出于某个特别目的进行临时调动，或是若干省都想控制的一个新的政府机构。标准的升迁过程是从官场进入商界或自民党；从来没听说反过来的做法。如美国那样，政府任命的官员和外部专家可以持续不断地进出国家部门，这种情况对日本官员来说是完全不可接受的，因为他们发现自民党派过来的内阁大臣已经够讨厌的了。

耐心完成自己的职责 25 年后，作为回报，职业官员可以期待获得第二职业：成为自民党国会的成员，成为政府或是半政府公司的高层，又或是最常见的情况，成为一家大型公司或银行的高层。作为“空降”的官员，他们迟来的奖励通常包括至少翻倍的收入，有时还有巨大的影响力以及相当可观的额外津贴。

商人也会竞选一个自民党席位，但通常要比官员少得多。虽说商人和自民党政客都不能进入公务员行列，但是商界领袖可以领导官方委员会并主持长期政策的项目。

管理者中最重要的不成文规则是，所有人都必须帮助其他人发展。他们的做法在任何地方都不会得到明文规定；实际上，他们互相帮助的某些方式甚至完全违背了正式规则的条文或精神。官员让自民党发展的方法，是通过补贴和市政工程来收买大众。自民党议员让商人发展的方法则是不破坏既定的事实，对战后不久就形成的工业扩张政策不做任何细微改变的尝试。自民党和官员通过保护商人的业务免受来自国外的竞争并支持他们的扩张计划来帮助他们发展。

建设日本从而持续掌权

再也没有哪个行业比建筑业更能清晰地描绘官僚、顶层商人和政客这三类管理者之间的关系了。建设省以及它所控制的业务值得密切关注，因为建筑业对维持系统是必不可少的。和第三章中讲到的农业集团（农协）一样，建设省帮助自民党并保证它在国会中的支配地位。

建设省的地位不如大藏省、外务省或通产省高，但是它却获得较高的总账预算份额（在 8% 到 14% 之间浮动），在所谓的第二预算中大约占 25%，比所有其他部门都高。“第二预算”是由邮政储蓄系统资助的财政投资和贷款计划，大概是正式预算的三分之二，由官僚自主管理。建设省有权为整个行业颁发许可证。它直接维持了 232 个建设、维修和研究的办公室与 655 个小型区域办公室的运作。1986 年，它实施了 50 多万个市政工程，其中的大部分都处于建设省直接或间接的监管之下。在它属下还有 162 个编制外的机构，其功用是安置一些空降的官员。

建设投资大约占到日本每年国民生产总值的 15% 到 16%，这一行业为大约 530 万名工人提供工作。因此，建设省的官员必须算作日本最有权势的官员。它的权力起源要从朝鲜战争开始算起，那场战争推动了政府的建设方针，建设省因战争积累起的利润，帮助了城市建设的全面繁荣以及大量的电力工程。

一年当中，几乎每一天都有大量的游说者访问建设省的办公室，建设省在分配国家财富中的强势由此可见一斑。大臣以及次官的办公室吸引了这么多的人，以至于从 20 世纪 60 年代早期开始，他们门上的告示就要求游说者下午再来，以便让这些最高级的官员能在上午处理自己的行政事务。游说者中有不少人是地方政府的代表，他们对（比方说）该省确定道路分级的权力很感兴趣。建设省如果能将市级道路或县级道路提升到国道级别，这条道路就会由中央政府维护，释放当地政府的资金用于其他目的。

干涉部门的大臣们带来恐慌

由于建设省的大臣处在一个理想的位置，可以为自己和他的同僚吸引“政治资金”，这一职位是那些强大的自民党成员最想得到的。出于构建人脉的目的，建设省大臣一职被认为与首相或自民党秘书长一职具有同等价值。首相总是试图确保这个位置属于他自己派阀里的人。如果一名不是首相的派阀领袖，能让他的追随者当上建设省大臣，这在政府派别内是具有极大力量的象征。田中角荣就是最著名的例子。

建设省的官员和其他日本官员一样，对“强势”领导有着矛盾的心理。一方面，他们希望自己的部门名义上由一位自民党的政客来领导，因为他足够强势，可以帮助他们获得更大份额的国家预算。另一方面，他们也害怕在职员的安排上出现政治干涉。日本官员和他们大臣之间的常规关系，在一桩被认为是极端反常的事件中可以得到清楚的证明。事实上，这桩事件在日本官员的记忆中一直代表了真正的恐怖统治。1962—1964 年，担任大臣的河野一郎因忽略了所有人事管理的不成文规则而声名狼藉，就像他之前在农商省一样。他从警察厅调来三名官员并委以高位，其中包括农商省秘书处主任一职，那可是仅次于事务次官的官职。[11] 这里他所犯下的主要罪行，是破坏了建设省仍然非常脆弱的官方形象，因为建设省是由已被解散的内务省剩余人员组成的，而内务省的核心成员是警察。[12]

这些不成文规则被用来缓解无所不在的官僚派系观念所引起的紧张局势。大多数日本各省和政府部门被分割成各个派系，有时甚至争吵到一起瘫痪，因此也受害不浅。在建设省，潜在的冲突存在于技术官员（“技官”）和行政官员（“事务官”）之间。这种冲突从建设省官员还只是战前内务省工程部中级别很低的官员时就已经开始了。为了维护事务官群体和技官群体之间的权力平衡，建设省的组织很聪明，大约 1 万名第一类的员工和大约 13 000 名第二类的员工都被明令禁止侵入对方的地盘。两类员工的代表轮流担任事务次官这一最高职位（在其他部门，技术员工不可能被提拔到那个级别）。地方办公室主任一职归技官，但是最重要的建设省秘书一职由事务官把持。道路局和河川局的领导永远都是技官。都市局和建设经济局的领导则永远是事务官，而住宅局的领导在两类人中来回交替。每个部门都严格遵守分工，技官支持事务官，反之亦然。[13]

河野的任命无视官场中的敏感性，这对部门造成了严重破坏。虽然曾有（与更有地位的省相比）强势到不可一世的其他大臣领导过建设省，但没有人胆敢干涉官场的惯例。河野不是东大毕业的，他是早稻田大学的毕业生，在20世纪30年代初期进入政界之前，他担任报社的记者。另外一位著名的，但同样没有官场背景，甚至连大学都没上过的政客是田中角荣。他所采取的措施，与河野采取的暴力措施有很大的不同，田中展示了政客应该如何控制日本官僚。但他从不违背官场的任何期望，他给予建设省更多信心，并加强了它的自主权。从他当建设省大臣和首相开始，到后来他把持着建设省，建设省的成员都对他热爱有加。直到今天，他们还是热爱着他。

竞选活动以及操纵投标

退休的建设省官员通常在竞选中表现良好。建设省对此非常满意，因为在自民党中有强势的代表，这对于防止敌对利益方阻挠对建筑行业有利的法案的通过是非常必要的。对每个省来说，有越多的前官员进入自民党体系，那么这些省的预算提案和草案也就越容易通过。

建设省官员在选举中的强大在1959年的参议院选举中凸显出来。一位只在职6个月的前副相米田正文在全民投票中获得了创纪录的票数。紧随其后的是鹿岛守之助，他是日本主要建设公司之一的鹿岛建设株式会社的主席。[14]

在日本的竞选活动中，所有候选人通常都会列出他们帮助建设的道路、桥梁和隧道的情形。但和建设相关的候选人的主要力量来自建设省控制下的当地组织。地方建设部门在几乎每个地方都是竞选活动中潜在的合作者。他们毫不掩饰地支持前建设省官员竞选公职；有时建设省的现任大臣会公开加入竞选。[15]建设省对县级工程部门的领导任命也有着话语权，虽然是非官方的但却依然很强大，这也同样转化成相当可观的竞选力量。[16] 建设省河川局与防洪联盟中的大多数人也保持着密切的合作，防洪联盟设立在日本的河谷地区，那里有大量居民。[17]

建筑公司自己构成了热情而努力的后援会核心。后援会是建设并维持拉票网络的后援社团。一些大型的建筑公司或是其他公司的总裁，可能会成为某位自民党候选人竞选机器中的重要人物，而不管后者是不是同样明确地表示对建筑界的认同。通常，这些公司会提供秘书和汽车给这些候选人，这样他就能在两次选举之间的那些年里保持活跃，抛头露面。

自民党政客和建筑行业之间真正的共生关系，是设立在操纵投标这一系统之上的。将其还原为本质的话，系统是这样工作的：一家建筑公司要想被允许投标某个市政工程项目，它就必须先贿赂一名有权势的政客。然后，它会与其他被提名的承包商开会进行商讨，这一过程被称为“谈合”。在这个过程中，会确定谁获得这个项目。这个过程由一位当地的大佬主持，他被称为“谈合屋”；如果当地没有谈合屋，那就由一位大承包商来调停。[18] 谈合系统保证所有参与的承包商这次或下次能获得政府的项目。[19] 对于大型市政工程，这个政客可以从一家公司收到超过 10 亿日元的贿赂。[20]

虽说正式中标是由法律监管的，但官员却无法拒绝自民党成员推荐的特定公司进入名单。承包商自己举行的谈合在公开竞标的表象背后，政府官员也不会正式对此表示关注。通过谈合过程确定下来的承包商，结合他从官员那里得来的内部消息来确定价格，而他的“竞争者”会将他们的竞价抬高。[21]做出正式决定的委员会被几个有影响力的人操纵，所以讨论基本上就是走走过场。[22]1982年，建设省对公众批评谈合系统的回应是给出“行政指导”，要求参与市政工程竞标的承包商数量加倍，从10个变成20个。但是一年之后，由于自民党成员集团——他们是与建筑业有着最密切关系的一群人——的重压，这一指令又被撤销了。[23]

建设省本身也不反对操纵投标。接纳了一位空降官员的建筑业公司能确保至少获得一项大型建筑工程。“相互竞争”的公司中有一个心照不宣的协议，就是在这样的情形下，要尊重建设省做出的政治决定。比方说，如果某家参与修建水坝竞标的公司，有意为某个即将退休的建设省官员提供人生第二个获利丰厚的职位，那么这家公司就会得到承诺，说它将赢得这个项目。如果修建水坝需要10年，那这家公司只要接纳一位空降官员就能存活10年。[24]敌对的政客不会发声反对这样的操作，因为他们当中也有不少人试着通过建筑业来获得选举上的优势。

在20世纪80年代，最有权势的自民党政客之一的金丸信扮演了一个重要角色，他维护并加强谈合系统，以此来对抗“公正取引委员会”。[25]金丸是自民党成员中的一位关键人物，他代表着建筑行业。他指望从大型市政工程（比如规划中的跨东京湾大桥）中攫取巨额利润。[26]要是没有金丸的帮助，竹下登就不大可能成为首相。

自20世纪70年代以来，与建筑行业巨擘的子嗣联姻的做法一直都是自民党政客所追求的。前首相中曾根的女儿嫁给了鹿岛建设老板的儿子。[27]竹下登在建筑行业圈也得到了特别好的安置。他的长女嫁给了金丸的长子。他同父异母的兄弟*（同时也是他的秘书）娶了一家中型建筑公司（福田组）总裁的女儿。他的三女儿嫁给了日本最出名的建筑公司之一竹中工务店前总裁的次子。[28] 还有 18 家建筑公司直接支持他。[29] 竹下登当选首相后不久，几乎所有来自他自己所在的岛根县的项目请求，都被包含在 1988 年预算的第一稿中。县政府习惯每年花费很多精力进行游说，将一开始被忽略的项目“重新置入”后续由大藏省起草的预算草案当中，但这一次岛根县县长——用他的话来说——发现自己是在不停地感谢官僚给新任首相送上的“贺礼”。爱媛县当地政府也同样开心地发现它的市政工程提案被纳入第一预算的草案当中，因为当地支持竹下登首届内阁中的建设省大臣进入国会。[30]

好交际的建筑商

有这样一种说法，有抱负、有思想又有家境的官员试图进入大藏省，而有抱负、有思想却没家境的官员试图进入建设省。后者中几乎所有人最终都会成为公司的董事，而不用担心会被家庭背景更好的对手阻挠。他所需要的一切是一副强健的肝脏来处理“晚间职责”，因为建设省的官员在所有管理者中收到的丰盛宴请最多。[31]

国税厅将建筑业列为第二“会交际”的行业，仅位于批发商这一宽泛得多的行业之后；1985 年，建筑业花了 6 358.2 亿日元用于招待官员。[32] 建筑官员还可能收到来自市长、当地政府领导以及国会成员的邀请。在东京最私密、贵到离谱的那类饭店中，最常见到的官员就是

---

* 这是指竹下亘。——译者注

建设省的公务员（紧随其后的是通产省公务员）。有时，部门也会自己买单。1977年，建设省花费了823万日元宴请了派往八个地方建设省办公室的审计人员，因而引起了一些注意。

建设省通常被称为大约350个承包商的“教父”。官员为承包商提供的服务包括：将承包商加入投标候选人，提前向他们透露关键信息让他们避免“过度”检查，[33]或是利用官员在私营市场的影响力。虽然市政项目比私人建设项目给的钱少，但是石油危机后，公司投资放缓，而市政项目的需求还是很旺的。另外，市政项目合同款的40%是预付的，这也就意味着有大笔资金进行短期投资，因为大部分工作都是由分包商完成的，分包商最多接受一年的延期付款。

地方建设省办公室臭名昭著的地方，就是它涉及贿赂案——当然，被曝光的肯定只是所有案件里的一小部分。针对建设省的指控极少发生。1973年，河川局的一位副主任被捕并被迫辞职，之后他得到了一个油水很足的顾问职位，部门牺牲了一名官员来防止损失的扩散。[34]建设省内有这么一个说法，“接受现金或女人，都是致命的”，这也就意味着其他形式的礼物和款待在可接受的范围内。最安全的贿赂类型是为人“饯别”——给一位退休官员现金作为他的送别礼物。既然像建设省地方局本地办公室里的员工这么低级别的官员都可以收到100万日元以上的贿赂，那更高级别的官员可能收到的数目就会更加惊人。[35]

很明显，建筑公司如果没有足够的资金花费在政客和官员身上，又没有人脉来最大化金钱的效果，那它就不能生存。政治拨款操作让自民党保有权力，也让数百万一般建筑工人、计时工、兼职农民以及农民的妻子在日本的乡村有活可干。巨大的混凝土水道汇聚了曾经围绕在稻田周围的小溪，即便是最大的暴雨也很难盛满这些水道底部，有时它们甚至大到让人根本认不出是条运河。林立着小房子和商店的市镇沿着道路建立有 500 米，有时还配备着兼有行政办公室和礼堂用途的建筑，其比例可以与现代歌剧院相媲美。混凝土的框架告诉我们，那些将是永远无法完工的项目；营造一条昂贵的隧道只是为了在道路上去掉一个弯道。日本的乡村建设永远不会停止；在那遥远山谷的尽头，总会有地方在造一座小水坝，用来留住一些被雨水浸润的泥土。面对这些既得利益集团，县、市当地的反对派政客不管有怎样的意识形态和观点，也不得不与系统的代表进行合作。[36]

“经济奇迹”守护者的起起落落

不是所有的日本官僚都像建设省官员那样，对他们监管的企业那么随和，或是那么容易就受到自民党的压迫。农林省和建设省属于同一类型。而大藏省和通产省则被认为更“负责任”，也享有更高的威望。

大藏省位居日本官场的最顶端，它的非正式工作是负责保护系统，防止巨大人脉金字塔中的非正式关系越界，防止对日本的弄权。[37] 如果别的省官员看似对他们资助的利益集团过于迁就，或太容易被政客影响的话，那么这些人和大藏省官员讨论国家预算时，他们的份额就会被大藏省削减。如果想在特别要求或新项目上得到有利的对待，该部门就必须在大藏省有个总体上良好的名声，而获得良好名声的一个基本要求是给出真实的数字。[38]

大藏省的另一个主要功能是规范从银行到商界的资金流动。从二战时期开始，日本公司没有别的选择，只能依靠向银行借款而不是公开发行股票来获得资本。[39]银行事实上就一直是工业的唯一资金来源。它们持有大量属于公司集团中的公司股票。它们彼此之间紧密合作，再加上数量有限的机构投资者，也就是几乎只由保险公司和信托银行组成的集团，这些按等级排列的银行有着巨大的操控力。而指导这些银行的是日本央行和大藏省的官员。央行必须对（附属于企业联盟的）所谓城市银行的借款策略予以批准。每个季度，银行提交计划并获得所谓的“窗口指导”。在20世纪80年代，随着资本稀缺的日子到来，公众以及官员自己都认为“窗口指导”不过是走走形式罢了；但是，在东京的外国银行以及其他特别观察员认为，“窗口指导”还是一种很有力的控制手段。央行试图从大藏省中独立出来，但是没能成功，因此大藏省对“窗口指导”拥有最终的发言权。它的直接控制也非常强大。一位见多识广的观察家这样比较大藏省中银行部门的功能：

> （它）与经销商类似。而银行本身是以特许加盟商的形式出现。位于霞关的如堡垒一般的大藏省的大厦中，一位穿着朴素的40岁的课长，向一群身着蓝衣的银行家们颁布命令。这些银行家五人一组分批来访。几十年来，这种仪式曾是并且现在还是财政部的核心。重要的东西很少被写下来或是形成条文。规则属于一种口头传承，由课长加以阐释。因为核心的动机是保护银行利润，系统对此也表示容忍。[40]

这一过程的非正式性对日本经济的重要性也是不言而喻的。作者进一步提到，“规则”不像西方那样具有附加的意义。这里没有裁判；“官员实际上是球队经理，敦促着他的银行家队伍”。[41]

大藏省的官员通常会受到官僚机构中其他部门同事的特别待遇。在公众眼里，他们的形象最接近于那种公正无私、努力工作、自我牺牲、一心只为公共利益着想的理想公务员。大部分人当然是努力工作的。一个经常说到的笑话是，预算局官员的孩子都在冬天的那几个月出生，因为一年中的大部分时间里，他们几乎都见不到太太。最近几十年，大藏省官员离婚率高得离谱，这也许就反映出这样一个事实，上流社会的太太对精英阶层的期盼中，不再包括无夫之家了。[42]

虽然除了成为公共服务的样板之外，大藏省不能以任何其他的面目出现，但是精英中的精英受到的训练以及部门运作的环境，不会使大藏省成为比其他部门更心慈手软的官场、更没有进取心的部门，反而会使它更加野心勃勃。它的成员想当然地认为，自民党中支持他们参加全国选举的人数要多过其他省的官员。他们也期望得到商界领导层能够提供的最高的“空降”职位，通常那会是政府公司、银行、保险公司或是证券交易所以及集团公司中那些收入优渥的顶级管理职位。

某人在官场的级别越高，就越能得到更好的空降职位。前事务次官是最可能掌管央行、出口银行或是日本投资银行的，也是担任一家国有公司总裁的人选。不管一位官员最后的去向是何处，他只能通过恰当的人脉来获得，这也就意味着他在整个职业生涯中必须与商人和政客培育起恩庇侍从（patron-client）的关系。

大藏省官员的黄金年代从美国占领期开始一直到 20 世纪 60 年代。

这是一段他们与通产省官员合作，多多少少地管理着日本的时期。他们垄断了货币与预算政策的制定。与此同时，他们保持着神秘感，而且无所不知，以至于被起了个“日本的中央情报局”的绰号。外人不能充分地了解他们在做什么，因此也就不了解他们能调用的财政资源，他们的指令几乎没有受到质疑。

当为团结起来的利益集团提供补贴这件事束缚住了大藏省官员的手脚，这一荣耀时期便结束了。有好几年，大藏省尝试消除这一主要障碍，其中最引人注目的是 1967—1968 年的“破除财政僵局”行动。大藏省的预算局先是提出警告说，因为必须增加固定支出，预算决策便丧失了灵活性。稻米种植者以及众多其他获得政府补贴的团体已经习惯了他们的收入每年都有增长，再加上政府直接负责的工资和其他递增的费用消耗了太多收入的增长，只留下很少的东西，甚至没有东西可以让省进行自主分配。[43]

为了充分证明某些特定的官员有多强势，预算局主任村上孝太郎在 1967 年秋联合媒体、其他省以及自民党中的主要人物，一同发起了一场大型的宣传活动。他想要营造出危机已经来临的效果，因此需要他的省开展一场营救行动，对预算政策做出重大改变。虽然有自民党重量级人物以及其他行政圈子的大力支持——包括时任经济企划厅长官的宫泽喜一提出的平行计划——但这一行动对下一期预算并没有起任何作用，最后也只能无声地结束。这个活动自己打了自己的脸，因为预算局声称高速经济增长的时代已经结束，但同时经济持续以常规的高速度继续发展。另外的还暴露了一个问题，也是一个有时被描述为“只知有局，不知有省”的省内典型问题，即其他机构都没有给预算局任何支持，这实在令人尴尬啊。[44]

且不论官员们是否知晓，“破除财政僵局”运动以及之后不那么高强度的运动，实际上是为了将大藏省预算局建成日本最强政治实体而进行的努力。这是大藏省针对它认为的强势自民党政客（特别是田中角荣）逐步侵蚀其特权而做出的反应。如果成功的话，就能让大藏省的官员自由引入新的国家事务优先级。而目前的情况是，日本的预算并不反映新设立的或是再次明确的任何国家事务优先级，也没有任何一个中央政治实体可以在现存的事务优先级中引入重大变化。[45]

国家资源这块蛋糕以几乎预先确定好的方式被分割了，这种方式是为了确保政治和平，需要自民党客户和附属于官僚的利益集团进行定期支出。系统内这一常规操作的僵化意味着，对大藏省的官员来说，赤字性开支是一场挥之不去的噩梦。大藏省的官员毫无例外地以“财政保守派”而为人所知；而他们的“保守”是有充分理由的。一旦某个趋势在日本被发动起来就很难停止，更别说反转了。让政治经济得以运行的非正式关系，无法说服其中的主要参与者放弃眼前得到的好处。任何限制越轨行为的重要规定都不会被承认，诉诸国家利益也不管用。但从 20 世纪 60 年代末开始，赤字性开支一直是官员们用来帮助推进经济发展的重要手段。它造成了巨大的政府债务，以及直到 20 世纪 80 年代末还存在的巨大忧虑，人们担心国库陷入越来越依赖于政府债券的陷阱。[46] 对大藏省来说，政府的债券问题意味着无增长的预算（除了几个项目外），也意味着它对其他部门的影响力逐渐削弱。[47]

直到 20 世纪 80 年代后期，新的“金钱游戏”手段被用来提高收入，随着日本电报电话公司的私有化（它的股票的市盈率达到了天文数字，从而成为世界上最高市值的公司），大藏省的官员才算松了一口气。随着日本的银行、证券公司和保险公司——在很大程度上它们都是在大藏省羽翼下运作的公司——（至少在账面上）以接近指数级的速度增长，成为国际资本和金融市场上的主宰力量，精英管理者们似乎进入了一个新的荣耀时刻。

每一个日本省通常都会在其他省中有一个主要对手。对于建设省来说，那是运输省，后者对道路有着管辖要求，而且它想从汽油税中分成。对大藏省来说，那是邮政省。邮政省运营着邮政储蓄系统这一非共产主义国家中最大的金融机构。从1976年开始，邮政储蓄的比例超过了商业银行中储蓄账户的比例。邮政省有着为邮政储蓄系统设置较高利率的权力，而且它对用假名开设多个储蓄账户来避税的做法视而不见，因此它获得了影响力。它还受到自民党内一个强力团体的保护，这个团体在一定程度上依赖于日本几乎每个乡村中都有的邮政局的局长所提供的竞选帮助。[48]

但是，大藏省之所以恨邮政省，一个主要原因是，它们在为那些使用邮政储蓄资金的部门选定空降官员时相互对抗。大藏省的秘书处主任每年不得不为退休的官员安排20多个高级职位。为了保护它的空降计划，大藏省帮助建立新的机构（如住房贷款公司），并成功地为其中一些公司提供总裁人选。[49]对空降职位的竞争带来一个有益的副产品，那就是让官员们有强大的动机使自己的部门保持很小规模。

有一个部门在与邮政省的官场斗争中的遭遇更加引人注目，这个部门就是通产省。这两个部门在20世纪80年代的前5年中，在相对较新的通信技术和通信工业领域的争斗是很严重的。斗争使得好几名自民党政客介入调停，最终在部门之间达成了一个停战协议。在此之前，通产省的权力也一直在衰减。查尔莫斯·约翰逊是这个著名机构的编年史作者，他总结道："从某种意义上说，通产省是一个典型的采取自杀式成功政策的官僚机构。该部门有点像一个实际上已经成功地消除了贫穷的扶贫机构。"[50]

随着经济超高速增长的结束和工业部门的合并，通产省不得不重新评估它的任务。它迫不及待地将自己投入高科技以及信息工业发展的新项目当中。但是，部分由于这些新的领域中竞争部门的主张，它不能得到像过去那样各部门对它几乎无条件的服从。

当人们谈到日本战后的"经济奇迹"，通产省被认为是与之关系最为密切的。几十年来，在和那些阻挡其发展道路的部门的斗争中，特别是在与担当反垄断法官方监督人的公正取引委员会进行的权力斗争中，通产省一直是胜利者。正如在首次重点解释管理者之间非正式关系的著作中所总结的那样：

> 通产省不光有行业的强有力支持，而且还有贸易协会以及四大商业组织的支持——实际上，那是它的选区。结果，通产省的功能更像是行业的推广者和保护者，而不是规范者，而且直面公正取引委员会的反对而一贯地推行政策，以此来帮助并支持商业和行业。[51]

公正取引委员会可能是唯一一个曾经试图阻止（至少在某段时间内）系统中破坏了正式规则的非正式做法和关系的日本官方机构。虽然几乎每次它都以失败告终，但它帮助保持了“正式规则还是要认真对待”的假象。但在极偶然的情况下，公正取引委员会能够战胜经济官僚。1974 年就有一桩著名的案子，石油联盟以及 12 家石油公司的高管被指控在上一年的石油危机中操纵价格。他们在辩护中声称他们只是遵照通产省的指令行事。但这对东京高等裁判所却不起作用，案子最终在 10 年后了结了，结果是对高管加以罚款并处以缓刑。

通产省和大公司之间的关系，与大藏省和银行之间的关系一样，都是极不正式的、极为个人的。日本官僚的有效性不能通过客观标准来评价。要评价的是一个省在多大程度上“保护表现良好的公司”，或是“在企业界众多成员中调整利益”，而不是对经济或社会总体起到怎样的作用。[52] 同时，在对企业界发出指令时，总干事级别的官员可以正式地使用“判子”（官印），但是来自干事的口头交流或非正式的书面交流同样有效。企业界与部门的关联主要是通过部门干事。后者可以召集企业协会的主席，并向他们发号施令。指导之前的咨询也在干事这一级别中进行。如果通产省的指导没被遵守，企业领袖就必然会受到惩罚。通产省对工业拥有权力的基础，在于它能在公司违背其意愿的时候，停发执照或法律许可。通产省对某个业务领域的非正式指导通常都会被执行，不然就意味着公司在可能想要进入的其他领域面临潜在的不合作威胁。公司也会听从命令，因为它们知道通产省操纵着一个巨大的情报搜集网络，而且可能通过披露它们以往的一些过失来破坏它们的名声。

反过来，商人对通产省官僚的影响力通过政客来实现。由超过 200 个国会成员组成的协会中，有不少与公司有着互助关系。因此，自民党很容易受到企业界压力的影响，而通产省总干事通常也会对来自自民党的压力做出反应。

虽然更为保守的干事认为先例在处理事务时非常重要，但通产省为创新和冒险提供了相对宽广的余地。大家都知道，对政策终极目的的考虑可以否定习俗和先例。整个组织有时必须求助于大胆的措施来得到“保护”。如果一个冒险的行动成功了，负责的干事就会沐浴在荣光之中并且会得到升职。“思维灵活性”——或者说像变色龙那样根据条件的变化而进行改变的能力——在通产省的官员中受到高度评价。这也是那些有着“经济学家”名声的人，也就是完全根据经济理论来确定自己立场的人，往往只能升到部门干事级别的原因之一。[53]

在他们职业生涯的最初，日本官僚得到的回报是真正地施行权力的感觉和来自其他人的尊敬。即便如此，通产省官员中的知情人确证说，从长远来看，他们的主要目标和所有的官僚一样，是在私人企业界为自己创造工作机会。

省内外交家

大部分内阁大臣在他们正式领导的省或政府部门中并没有留下任何具有创始性的遗产。他们的首要任务是保护自己的省，以此来对抗系统中可能的敌对利益集团。但是，有些积极的大臣，特别是那些追求首相职位的大臣，他们远远不止挂名而已。比起建设省、运输省、厚生省来说，通产省和大藏省不会那么容易就被这样的大臣控制住。但是，一个强势的、政治上精明的大臣在执掌对经济至关重要的通产省或大藏省后，会小心翼翼地培育与高级官员和有前途的年轻官员之间的密切关系，并通过间接操纵来加快年轻官员的职业进程，从而建立起一种忠诚债。

这种利害关系极大的人脉建设艺术，由以下几位首相实施并取得重大效果：池田勇人、佐藤荣作、福田赳夫，还有田中角荣。竹下登也一直这么做，未来首相的候选人，如宫泽喜一和渡边美智雄也都精于此道。

这对通产省会产生怎样的重要作用？从 1984 年 6 月小长启一被任命为通商产业省事务次官（该部门的实际领导）一事便可以说明。整个日本官场都屏住呼吸，对此事表示惊奇；53 岁的小长是第一个未从东大毕业就登上这个位置的人。31 年前，他加入通产省，成为 38 名新职员“阶层”中的一员，其中除他之外只有 4 人没上过东大；更不寻常的是，他来自冈山大学，这是一个几乎没人听说过的学校。

一个具有如此文凭的官员怎么会登上一个顶尖的管理职位？答案很容易便可以找到。田中角荣担任通产省的大臣后，小长被任命担任他的秘书。田中成为首相后，他仍旧待在那个职位上。凭借这个关系，也凭借他自己无人质疑的超强能力，小长获得了与强势政客有着独特渠道关系的名声。正是因为这些关系，他能帮忙达成通产省与邮政省的停战协议，而他的同事们希望他能够利用这些渠道重现本省往日有口皆碑的活力。每周一和每周四举行的次官会议就能确定将于次日内阁会议上会自动通过的政策决议。像小长这样一位官员的外交手段，对日本部门来说是至关重要的。

结构性腐败

管理者之间的控制和相互依赖，人们通常会以三个方面来进行讨论：强势经济部门对企业的控制和保护、部门与自民党政客之间的权力游戏、企业界对自民党的支持。我们还需要审视第三个方面和极为重要的政治资金问题。但在此之前，我们应当先看看一位政客的职业历程，看看他是如何成功地在系统中建立起一个现代日本此前从未见识过的帝国。

此人便是田中角荣。这个名字已经在各种关系中出现过。对他职业生涯的调查，对于本章而言很有用，因为他在管理者世界里建起的帝国，正是让系统成为系统的政治行为中，非官方的关系和非书面的标准所形成的交叉网络的缩影。他是最伟大的人脉构造者。他的故事证明，一个全面掌握这项技能的人，几乎可以控制整个国家。

“影子将军”

1983 年某天，有报道说田中呼吸困难。首相以及几乎所有其他自民党中的重要人物，都冲到他的病榻前。再没有别的场景更能说明田中的权势了。1985 年，田中角荣得了中风，这标志着他的政治生涯开始衰退，但即便是一直以来被认为是反田中派的宫泽喜一，也急忙跑到医院；他知道，此时此刻，田中对他的认可还是他成为首相的先决条件。

田中的职业生涯，是以道路建设工地上的工人开始的。他在小学毕业之后报名学习夜校的土木工程课程，直到他在东京某承包商那里找到一份工作后才付清了学费。他的父亲是一名小小的马商，沉迷赌博。他的母亲不得不打工，以免家庭破产。这样的童年完全符合流行的日本故事的老套桥段：母亲通过她的苦难，敦促儿子获得更大的成就。

19 岁那年，田中开设了自己的工作室，开始进行建筑设计。他与一位家里拥有建筑公司的离异女子结婚，因而得到巨大转机。他得到允许，在 1943 年将公司进行重组。他接受了一个风险很大的战时合同，将一家活塞环工厂迁到韩国去，并且成功地留下一小笔以硬通货形式保存的财富，战败后的日本无人对此提出任何异议。靠着这块金融跳板，他在 1947 年获得了众议院的一个席位。10 年后，他成为邮政省大臣（这也创下了纪录），5 年后，他又成为日本有史以来最年轻的大藏相。然后在 1972 年，这位白手起家、缺少正式学历的男人创造了历史，成为日本首相。

此时的田中被当成国民英雄而受到尊敬，他是充满活力的日本战后经济、社会流动和民主政治的鲜活典范。他担任首相两个月后从北京回到日本，带回的是有他功劳在内的外交协议。媒体和公众谈到了“田中繁荣”，他们都充满信心地认为，日本将在这位“计算机化的推土机”的领导下，向世界证明日本能做到什么。

差不多 11 年后，田中将成为一种近乎歇斯底里的厌恶情绪的焦点，这个情形发生在著名的洛克希德贿赂案的首次判决之后，这个判决指控他有罪，而田中对此拒绝表示忏悔。媒体将他描述成一个恶棍，其行为与一个日本人毫不相称，理应被逐出社会。实际上，他的噩运开始于 1973 年。那时，他和忠于他的官员启动了一个宏大的计划来

“重塑列岛”（本质上那是一个改造乡村来迎接工业产能巨大扩张的方案）。第一个值得注意的疑问开始出现，就是过热而失控的经济对日本生活质量产生的影响。随着通胀和经济不稳的凸显，他继尼克松之后访问北京带来的大量一致的赞美之声越来越弱，但到了 1974 年，众多日本人找到了在田中“金钱统治”（这是媒体当时刚发明出来的概念）下的日本经济出错的原因。漫画描绘田中背着一个保险柜，从他的耳朵、鼻子和嘴巴里冒出钞票，这是经济奇迹开始出现小毛病的一个鲜活象征。

到了 1974 年底，田中被迫辞去首相一职，因为某本著名的杂志上刊登了一些揭露丑闻的文章，曝光了他不为人知的金融交易。但直到 1976 年春天洛克希德丑闻被揭露后，众人才开始公开批判他。那年夏天，他被指控受贿，还违犯了外汇及海外交易控制法，所以被判有罪。他被监禁了几天，也就是在这段时间里发生了最具破坏性的事件：报纸在提及他的名字时，不再使用“先生”这个尊称。

也就是从此时起，在他象征性地赎罪并退出了自民党（但是没有放弃议席）后，田中开始拼命地认真拓展他的权力。他扩展了自己的圈子。他当首相时，这个圈子的成员在 80—90 人之间浮动，而此时圈子的成员数达到最高 122 人的峰值。他不光建起一个比主要反对党还大的派阀，还用一个涵盖官场和企业界的交叉人脉网络来巩固它，在自民党中培育了众多“田中的隐秘追随者”。[54] 这一群人以田中“军团”为人所知。这使得田中能够让他的老同盟大平正芳成为首相并掌握权力，还选出下一位首相铃木善幸以及铃木的继任者中曾根康弘。他做到这一切时甚至都不是“执政党”中的一员。这才是这种无人知晓却又无所不在的权力的终极典范。

1985 年 2 月 27 日，田中因患上脑梗死倒下了，这可能是因为他每天的日程都令人疲惫不堪，而且他有呼吸困难的病史。在他的政界密友看来，原因还有田中忍不住对竹下登的怒火。竹下登当时是军团里位列第三或是第四的指挥官。他成立了一个包括 40 名田中派阀成员的“学习小组”，摆明了这是要竞争首相的位置，而且他在 1987 年 10 月成功当选了首相。

有一段时间，日本的政治注意力狭窄到了令人难以置信的程度。自从 20 世纪 60 年代开始，多亏自民党的垄断权力，让它成为报纸持续关注的唯一主题。但到了 20 世纪 70 年代末和 80 年代初，焦点进一步集中在田中军团中的阴谋上。最后到了 1985 年春，好奇心集中到了田中的病榻前。只有他的直系亲属和他忠诚的秘书早坂茂三可以接近他的病床。有两队摄影师，一队在田中住的医院对面的房顶蹲守，一队在田中宫殿般的家宅墙外面的梯子顶上试图保持平衡。甚至连他们都不知道田中的病床到底在哪里。

与此同时，顶层的管理者们发现他们突然之间不知道应该向谁去讨命令。田中不能发令后，日本国家铁路公司以及日本电报电话公司中的高层职位的安排面临着困难。当时的日本电报电话公司经过私有化之后，刚刚成为日本最大的私人企业。好多县里的市政工程谈判陷于停滞状态。中曾根首相和他的内阁突然对他们能否生存这个问题感到非常不确定。

在本书写成的好多年前，田中已经找到了本书的一个中心主题：系统核心之处的空虚化。和战前关东军里的那些中级军官一样，他发现只要他研究出正确的技巧，这种空虚化能让他相对轻松地迫使敌对掌权者站到他身后去。他以国会民主之名（但完全不是以民主应该的做法）开始设立一个地下幕府。也许他永远不会得到允许来完全接管系统，但他比任何现代日本人都更有机会做到。

田中的权力来自众多互相强化的因素，但有两个主要的力量，一是他能够刺激官僚采取行动，二是他几乎能保证他派阀里的成员都再次当选。

日本选民评判他们国会代表的标准，是他们是否有能力从中央官僚那里获得建造道路、桥梁、医院、铁路以及学校的承诺，田中无疑是他们所希望的最佳代表。新潟是田中的选区，它曾是相对隔绝的日本沿海最穷的，也是最受人遗忘的地区之一。到了 20 世纪 80 年代末，这里到处都是公路，桥梁遍布，即使只有几十个居民的小镇也有隧道连通。有两条超级高速公路穿过城市，还有一辆“子弹列车”停在巨型钢筋水泥站台，只为坐落于稻田中的村庄服务。恐怕再也没有别的地方如新潟那样，如此公开地展示政治拨款的成果。日本其他地方的居民有理由表示嫉妒，因为在 20 世纪 80 年代，该地区由国家税收支付的人均建设资金比国家平均值还要高 60%，甚至到了 20 世纪 80 年代末，它比其他 46 个县获得了更多的市政工程项目的拨款。

田中征服东大派系官员的堡垒靠的是他的个人魅力，他对官僚们当务之急的关注。最重要的是他有着惊人的记忆力，这让他能记住各种法律条文和漏洞，并在与官僚系统中最好的专家的无数次对话中筛选信息。他知道，官僚把机构不可告人的秘密埋在哪里。他也前无古人后无来者地知道，哪个省的哪个局应该对哪种决策负责。田中的名望沾染污点后很久，我在采访高级官员时，他们还会充满感情地回忆起田中是如何记得在八九年前，他们随口向他提出建议的细枝末节。他的能量和知识，使他在接触到的几乎所有部门中赢得了长久的崇拜和尊敬。[55]

他的才能得到执掌自民党的前官员的认可。岸信介首相和池田勇人首相对他的奖励分别是一个油水丰厚的大臣职位（邮政省）和一个最重要的内阁职位（大藏省）。佐藤荣作让田中用自己的派系掌管大藏省，并让他当上了自民党秘书长以及大藏相。

在政治生涯早期，田中组织过新潟的农民和季节工。他们世代受人剥削，在战后成为左翼活动分子，但是现在他们迫切地紧随这位可靠的政客，因为他在东京这个保守派堡垒中，获得了如此难以置信而且是立竿见影的成果。

在所有的后援会中，田中的“越山会”具有独一无二的名声，它成为众多其他后援会的典范。它在新潟这一处地方就有 92 000 名成员，维护着一个巨大的分支网络。它除了进行许多别的活动之外，还仔细跟踪葬礼和婚礼在何时进行。直到 1975 年，新婚夫妇和 80 岁以上庆生的老人，都会收到由田中亲笔签名的祝贺。这一做法被禁之后，他们会收到电报。而在每个葬礼之上，都会燃烧一支粗大的蜡烛，上面饰以用毛笔写上的田中的名字。越山会安排了许多联姻，至少帮助 1 万人找到工作。这些得到好处的家庭和亲属对田中都感恩终生，感到欠了他的情。在东京，田中主持工作，每天上午接待数十个到数百个上访者。安排联姻、安顿工作、为老年公民安排周末旅行、帮助访客、解决当地的争端……这些是如今大部分自民党政客日常事务的一部分，但田中完善了大规模执行这些事务的方法。

田中对日本政治历史做出的原创性贡献是，他发现有效获得地方选票的技术同样适用于国家这个层面。他对村长、市府官员、学校校长、当地政客以及无论来自哪里的所有有名望之人的问题都表示出兴趣。他强大的记忆力至少能让他在和人通话的时候提供安慰，哪怕他无法立刻提供需要的资金或是官僚干预。由此，他成为全日本众多当地老板崇拜的对象，他们将他视为自己在东京的代表。他们甚至不用百分之百地支持他，田中会在电话中与他们亲切地谈判，要那些对敌对方忠诚的人，或是那些考虑到自己名声而避免与他靠得太近的人，为他提供“一半的支持”。

在那些多议员选区中，田中机制为新的自民党候选人提供了当选的最大希望，能让田中招揽最具才华的前官员。这是“胡萝卜”，当然还有“大棒”。如果田中想要拉拢一名敌对的自民党成员，他一般会威胁这个碍事者将安排选民支持此人的对手（因而后者会有更大的机会胜出）。这里也多亏了田中与地位极高的警方的关系，他能获得大量信息，以此保持对对手的控制，必要的时候还可以进行精确的勒索。

田中通过全国范围内的裙带关系，在他身边组成巨型政客团体，来保持着他的好名声，因为其中包含了在全日本能够找到的最好的管理人才。田中本人喜欢把它看成一家综合性医院，所有认为自己的地位受到威胁的政客在里面都能得到帮助。每个有可能想到的政治问题，在军团中都能找到对症的专家；他的“医务室”对不属于他团体的甚至不属于自民党的政客都极为友好。

政治的乳汁

随着1974年选举的开始和洛克希德丑闻被揭发，媒体开始聚焦于“金权政治”和政治伦理。他们发现，“田中目光敏锐地发现，一切的一切在于，金钱确实是政治的乳汁。谁控制了最多的金钱，谁就能控制系统”。[56]

金权政治受到普遍谴责。没有人可以公开为之进行辩护，或是在媒体上进行解释说，没有它就没有自民党。立即采取的“补救”的措施是加强《政治资金规正法》，从而表明自民党与企业家之间的关系领域里一切本不该如此。社论作者以及形形色色的政治家使用“政治伦理”一词，只是为了将田中从内阁中驱逐出去。它成为自民党派阀持续斗争的武器，是一种表示象征性反对的修辞手段。田中要是真的被迫辞去了人民代表这一职务，日本政界才算开始进行自我清理——直到1985年，众多社论都采用如此的论调。

从企业到自民党的规范化金钱流动，强调了两者之间得到官方认可的关系。财界——日本金融、工业以及贸易组织的精华所在——的领袖在导致1955年11月自民党成立的这一过程中，扮演了重要角色。他们应该通过提供必要的资金让自民党生存，这才是自然不过的。有组织的政治资金已经历史悠久，而战前的两个主要政党——两者都彻底地被官僚吸收——都是由两大商业集团资助的：三菱集团资助的是民政党，三井集团支持的是政友会。

直到1955年自由党和民主党合并的时候，政坛老板从商人个人那里以个人方式获得了大部分资金，而那些对最慷慨的老板友好的人往往能爬到最高。但这导致了丑闻，破坏了战后早期政治系统的公众信任。财界特别担心的是左派可能取得政治成就，于是在 1955 年 1 月，在为消除此类威胁而召开的峰会上，四大商业联盟建立了“经济重建圆桌会议”（Economic Reconstruction Round Table），来安排一个更好的资助系统。该组织由当时经团联副会长植村甲午郎领导。他是战前联系军方经济规划者与平民经济规划者的关键角色，也是负责战时经济规划的高层官员。这个组织的目的是将金钱直接拨到党派的总部，从而避免派系斗争以及不合时宜的个人争夺，帮助“保守派”联合起来。[57] 该组织的后继者是成立于 1961 年的国民协会，它在 1974 年改名为“人民政治联盟”（这是因为“金权”丑闻而进行的表面改动）。它在 20 世纪 60 年代和 70 年代为自民党提供了 90% 的官方收入。

每年在和企业界代表举办的新年会议上，三位最高级别的自民党官员会正式要求“捐款”，而且会给出一个“目标”。1985 年，这个“捐款”数字是 100 亿日元。哪个行业捐款多少，会在实业家的后续讨论中决定。从元旦到 4 月 1 日新财年开始，自民党财务部的主任必须拜访数百家工业机构和大型企业，鼓励他们捐款。[58] 自治省的数字表明，每当一位自民党政客获得一个公认的更高职位，他从企业界得到的捐款就会增加 55%—100%。中曾根康弘在 1985 年收到的捐款是他上一年成为首相前获得捐款的 5 倍。

一种增加公司资金的新方法，是自民党政客的合作者组织“鼓动”会，并收取每张 2 万—100 万日元的门票费。有时，公司被迫通过它们的工业协会购买一定数量的门票。举办会议的饭店也可以出售门票给业务伙伴和它们所属企业联盟的其他成员。出售这些门票并不违法，负责监督的自治省认为那是“茶水费”。1984 年，自民党成员玉置和郎在东京和大阪出席了两个月的聚会，他通过提供“茶水”而净赚4亿4 500万日元（以当时汇率计算约合260万美元），除此之外，还有官方宣布的，在他选区中通过正式捐款得到了10亿2 290万日元（约合720万美元）。

各省也要出钱。一位职业官员这样对一名新闻记者抱怨道：

> 我有好多次购买了与我工作有关的、国会委员会中那些显要成员的聚会门票。这些费用由我本省的预算报销。除此之外，我们还要自掏腰包，为那些我们必须维持关系的政客买单。我个人一年大约参加15—20场聚会，对我来说这可是一个财务负担啊。[59]

申报的收入只是一小部分，对于自民党来说更是如此。有不少间接的方法可以从企业界收钱。其中之一就是通过股票市场。内幕交易在日本非常普遍，政客可以通过各种操作，买入日后价格将飙升的股票。（当然，内幕交易在理论上肯定是不允许的，但是在1947—1987年，却只有一起诉讼案。日本公司和经纪人不受西方证券市场服从的那种法规监管，否则企业联盟的结构就会消失，大型证券公司也将没有生意可做。）自民党政客在自己选区收到的金钱只需在当地政府登记，也没有人会追踪这笔钱。更引人注目的是，所有自民党的要员与公司和银行都有着秘而不宣、非常有利可图的协议，还有所谓的“隧道组织”负责将钱转移到个人派阀的手中。

从企业界到政客的金钱流动没有规范管束，是一个老传统。一位早期的外国政治评论家，对明治时期党内政客通过受贿而发大财这种事感到惊奇。一旦国会的政客发现他们在不知不觉间获得的正当权力——也是他们拥有的唯一重要权力——可以迫使政府根据去年的预算来承担费用，他们也就会系统化地受到官僚机构的贿赂。[60] 他们需要受贿，因为买选票这一传统在日本和竞选活动本身一样古老。[61]

当今的自民党政客在谈及“秘密”收入时会非常坦诚。我陪着他们进行常规的选区访问，确实看到过他们接受装在一个棕色纸袋里的数千万日元。政客申报的收入只是他们在常规年份雇用员工以及维护后援团、在选举年间接地买选票、在他们爬到党内总裁位子上时购买敌对派阀的支持甚至“贿赂”敌对议员的所有开销的一小部分。不过，这也只是他们复杂的政治运作中的一部分而已。

要算出一个可靠的平均值是不可能的。但是按照我的估计，在 20 世纪 80 年代没有选举的年份中，政客需要花费 4 亿日元（按照 1987 年的汇率大约是 300 万美元）来维持其在选区中的存在。

这些还只是基本开销。曾经受到严密保护的三光汽船株式会社的老板河本敏夫，他因为购买首相职位的戏剧化尝试而引起公众的广泛注意。自民党引入了新的党规，将在草根自民党成员中进行初选，来决定政党总裁候选人排名。该党规引入后，1979 年只有 140 万的党员人数突然增加了 170 万。在明确了不会进行初选后，自民党又“失去”了这些党员，党员数在 1980 年 8 月又降到 140 万。河本自掏腰包支付了那些人中大部分人的党费。

田中当选自民党总裁时，据说花了 30 亿到 50 亿日元。中曾根康弘在 1984 年重新当选自民党总裁时，他的派阀花了 10 亿日元，还将 10 亿日元当作备用金以处理意外情况。[62]

回报

企业界花在自民党政客身上的钱所带来的好处也是十分明显的。1984 年最慷慨的（申报金额最多）捐赠方是商业银行，它们捐出了整个企业界花在自民党上金额的三分之一。受到高度追捧的金融行业自由化只帮助这些日本机构，也就不足为怪了。紧随银行的，是受到保护的钢铁和机械工业，它们在捐赠上历来很慷慨。处在第三位的是通信行业，捐款额占到总数的 11%。正是在这一年，美国强力施压，要求日本开放通信市场。

一位专家发现：

> 为了让官僚采取行动——比如从建设省获得一份建设合同，或是让邮政省放缓实施某些开放市场的方案——而付给田中政党的佣金相当于项目价值的 3%。[63]

自民党成员为市政府或县政府出面协调由中央政府出资的市政工程，按照常规收取项目价值的 2%。[64]

这样的例子不胜枚举。医生和牙医协会在 1984 年申报的捐赠超过了 10 亿日元。他们每年都会捐很多钱，获得的回报是持续的税收优惠，以及政府容忍他们基于健康保险系统进行敲诈。20 世纪 80 年代，运营超市的公司大量购买筹资会的门票，因为他们意识到——虽然为时已晚——只要他们与合适的自民党成员发展好关系，就可以修订那些对他们不利的行政规定。[65]1984 年自民党总部举行了一次会议，讨论是否要对办公室自动化设备进行征税。一大群自民党成员聚集在会议室中，高声宣布他们反对这么做，连走廊里的行业代表都听到了。自民党税收系统研究委员会主席加藤六月说，很容易就判断出谁与哪个行业走得近。[66] 他自己就和运输省的人关系最为密切，还对日本汽车机械促进协会特别友好。该协会保护着日本 78 000 家修理厂和 570 000 名维修工人的利益。它收入中的很大一部分来自每两年一次的汽车强制检测，每次大约花费车主 20 万日元。他总是身在一线，反对任何对该系统进行改革的建议，而这个系统通常被认为是一个巨大的敲诈勒索系统。[67] 人寿保险代理也积极地在选举前为自民党候选人做宣传。尽管有大藏省的反对，自民党还是在 1984 年提议保险公司应该享有某些所得税减免权。这绝非巧合。

商业领域，特别是那些市场在扩张或萎缩，要不然就是一直从政府干预中获得好处的领域，往往根据政客对他们干涉的行业问题的了解程度，他们愿意合作的程度以及过去提供了什么服务，来给政客进行排序。政客期望获得与这个排名相称的财政支持。

丑闻

因为与商人有着共生关系，战后的日本首相中几乎无人能避免在职业生涯的某个阶段，因为丑闻或是腐败嫌疑而沾染污点。吉田茂利用关键行业重组的相关法律向煤炭公司收钱。[68] 岸信介是个政治商人，他被人怀疑因为赔款、援助贷款以及在中国台湾地区、越南、菲律宾、印度尼西亚和韩国的特许经营而发了大财。[69] 儿玉誉士夫这位幕后的调停者是鸠山一郎战后主要财政支持者之一。芦田均和福田赳夫被指控与 1948 年引起巨大轰动的昭和电工的丑闻有关。池田勇人和佐藤荣作涉及 1954 年的造船丑闻。20 世纪 60 年代曝光的一系列丑闻事件被媒体称为“黑雾”，在不同程度上牵涉几乎每个在自民党中有些地位的人。[70]

这些丑闻以及其他丑闻虽然时不时地会引起抗议，但是日本的腐败因为其系统性犯罪的特点而获得某种意义上的合法性。它的组织如此严密，很大程度上在多个层面上已经成为日本系统在法律范畴之外的办事方法，以至于大部分公民和外国居民都不会用其本来面目来看待它，而是将其作为“系统中的一部分”而接受。媒体称之为“系统性腐败”，这就含蓄地承认它是系统在目前状态下必不可少的一部分。

如果每个日本人接受这种情况，那为什么对田中的金钱交易还要小题大做，逼得他辞去首相一职？为什么对洛克希德事件还要不断地争吵？事实上，洛克希德丑闻是首先在美国被曝光的。毫无疑问，这就让遮掩这桩丑闻变得更加困难。即便如此，1976 年之后的田中，为什么还会被人不断嘲笑？在他被捕三年后，另外一家飞机制造商麦道公司被曝光，说它向日本自卫厅总干事行贿，行贿的数量与田中从洛克希德那里收到的贿赂相当（5 亿日元）。但是，这桩丑闻引起的轰动很快就消失了，到现在基本上没什么人记得了。那为什么田中的情况却如此不同？

所有人都知道，田中为了爬到他现在的位置，为了加强他的派阀，为新潟人民做到他所做的一切，让官僚对他所认为的有利于日本的方案采取行动，这些都要花很多很多钱。这些钱必须有出处；没有哪个日本政客靠自己的钱可以做到这一切。派阀领袖藤山爱一郎的经历便说明了这点。他是一名著名的商人和前外相，他试图成为首相但却没能成功，为此他还差点破产。[71]池田勇人在为自己的派阀成员做宣传时，毫不避讳地谈及政治资金应该从何而来：不是自掏腰包，也不是用自己的生意所赚的钱买单，其他人应该承担政客的开销。[72]

惩戒具有威胁的外人

田中的不同之处在于，他通过自己的业务往来获得了很大一部分政治资金。曾经有一段时间，新潟地区内除了建筑业以外，几乎没有别的商业形态。田中对房地产进行投机却不冒任何风险，因为他有政府项目的内部消息。他拥有很多空头公司，这些公司不做别的，只是用来买卖土地。

田中曾对他的秘书早坂茂三解释道，他没法模仿其他政客，因为他没有他们那样的背景。他的历史中没有“东大”将他与系统其他部分相连。[73]与池田勇人、福田赳夫以及大平正芳不同，他没有在大藏省中任职过，所以也就不能与银行、保险公司和如钢铁这样的基础工业建立强大的金钱关系。他也不像三木武夫，因为娶了经营化肥发家致富的企业家的女儿而发财，他也没有得到公用事业公司的支持。

这也许能在某种程度上解释田中受到的集体谴责。因为他相对独立。系统中的企业界成分最终没能控制他。只要首相本人不是非常富有，他们就可以否决他的决定或是持保留态度。最终，田中只不过是一个外人。1983 年洛克希德案判决后，他拒绝做出任何哪怕是最轻微的姿态来让人觉得他有悔意，“他是外人”这点就再清楚不过了。就连许多同情他的人都同意他敌人的观点，就是他那么做实在是太过分了，他的做法是“非日本式”的。所有人都期待着他做出仪式性的忏悔，要是他再辞去议席，在即将来到的竞选中“让人民说话”，那么竞选大获全胜会让他获得最大的政治腾挪空间。但是，他暴怒了，最终选择了一条与国家精英进行对抗的道路。

但是，反田中风潮的主要原因可能在于我们在本章中谈论的系统本质层面，即系统的非正式性。在某种程度上，田中太诚实了。他比以前的任何人都熟练地利用政治系统中固有的非正式机会来获得权力。然后，他试图将这些一直是隐藏的东西公开，他想要将系统制度化。但田中做得实在是太明显了。1974 年，在他还是首相时他在参议院竞选活动中毫不掩饰地企图大量收买选票并对公司施压，要求公司命令员工为自民党候选人投票。另外，每个管理者都知道存在结构性腐败，但他们却假装不知道，一旦这种腐败开始以这样一种公开的方式进行后，他们就再也没有办法否认了。

此外，另一个令人不安的事态发展也起了某些作用。这位没上过学的政坛天才通过在民间和东京了不起的运作之后，最终打破了所有的壁垒，进入一个由东大系的管理阶层所把持的世界中心，他似乎开始变得战无不胜。自民党内部派系的平衡，被田中军团的霸权攻破。对于忧心忡忡的日本人来说，这实在太可怕了。在许多人看来，日本“民主”的精髓就在于保持系统各部分之间以及自民党子系统内部的平衡。

田中主导一切的表现在管理者中引起了长久的反应，有时甚至到了近乎疯狂的地步。这一事件的极大讽刺之处在于报社编辑的表现。他们想成为驱魔者而非分析家，在日本战后的政治中，这个丑闻是最有趣的一个进展，却引发了道德上的愤怒而不是理性的思考。尽管田中不再是首相了，而且因洛克希德案被捕，但他拥有一项最大的权力，也就是选择下一任日本首相的权力，同样在这九年内，他的权力还在不断地增长，媒体会定期而且一致地做出预测，他即将失势。这种预测在某种程度上不过是个为了自我实现的预言。媒体为了担当起国家道德卫士的角色，通过报道他的权力在衰退来让田中“走开”。这种做法也许对一个不那么伟大的人物来说会奏效，但是日本的编辑总是低估田中。由于田中一直对他们嗤之以鼻，编辑的话语变得越来越尖锐，越来越歇斯底里。只有当这位“影子将军”因为身体部分瘫痪而出现了语言障碍，从而对日本有史以来最大的人脉系统失去控制之后，这些编辑才停手。

自民党的斗争、官僚和政治部落成员

日本政治的一个大问题是，自民党一直没能找到一个大家接受的方法，来选出自己的总裁。有一段时间，首相在得到企业界的鼓励和祝福后挑选出自己的继任者，这样就能解决这个问题。因此，岸信介交班给池田勇人，池田继续交给佐藤荣作。但是佐藤被迫在 1972 年退休时，并未指定任何人接班。于是，一场权力斗争就爆发了，而且成为之后十几年的政治新闻和公众讨论的主要话题。

“派阀”政治

日本报纸上的政治评论几乎只关注派系领袖做了什么，以保持或获得互相的影响。1987 年春，竹下登最终宣布他有意竞选自民党总裁一职，于是田中军团出现了分裂，他触发了媒体关于谁是中曾根康弘的继任者长达半年的猜测。但是，社论从来没有谈及在四个竞选者当中，谁会成为最好的首相这一问题。大部分日本政治评论都狭隘地集中在反复进行的猜谜游戏，猜测谁以拜占庭式的手腕*对谁做了什么。社论从来不会谈及政策，因为他们所谈的政策并没有什么不同。

那些复杂的理论认为，自民党的派系实际上就是一个个政党，他们之间互相争夺政治决策权，但这种观念是错的。派阀互相争夺首相职位，直接控制官僚，为的是兑现政治拨款的承诺。这里不存在应该如何执行权力的想法或原则之争。[74] 派阀政治并不对应任何形式的多元政治。它只是权力游戏，是一场完全没有意义的政治讨论游戏，也是选民无法施展影响力的一个游戏。

由于存在分裂与合并，派阀的数量也会变动；在 20 世纪 70 年代和 80 年代，任何时候都有 5—7 个重要的派阀。它们以各自领袖的名字来命名。这些领袖都是自民党总裁的主要人选，因而也是首相的候选人。派阀是永无休止的摩擦根源，有时也是严重冲突的根源——这种冲突有时甚至严重到让自民党接近解体的边缘。内阁的职位是根据每个派阀的大小来分配的。如果某个派阀看起来在某个部门中得到了太多，马上会就这一“敏感”或“非常微妙”的情形进行讨论。派阀协助规范政治战利品的分配方式，它在分配资金时也扮演着至关重要的角色。在多成员选区中，自民党鼓励候选人之间进行竞争，指望那

---

* 原文为 Byzantine maneuvering，有进行错综复杂的秘密约定、秘密交易、秘密安排的意思。——译者注

些显赫的派阀成员，为了自己的成员当选而抵抗属于其他派阀的自民党候选人。当地的自民党办公室就算真的存在也毫无意义，甚至会在这样的自相残杀式的竞争中受到敌视。

要产生首相，就有必要进行派阀之间的联盟。成功的联盟一般被称为政府支持的“主流”。敌对的“反主流”派阀还是能够得到一些内阁职位的，但是成员会受到密切的监视以防止他们发起破坏现任内阁的活动。最近几年，派阀中出现了“变节”的现象，与此同时，在互相重叠的“学习小组”中，敌对派阀各部门之间出现了新的联系，这样，要区分“主流”和“反主流”就变得越来越困难了。

角福战争

从 1985 年开始，派阀的运作，也就是安排日本政治核心的联盟和产生继任首相候选人，变得越来越难预测。这是因为田中不再做出任何重要的选择。早在 20 世纪 70 年代末田中获得这么做的权力之前，自民党内部的这种斗争还一直保持着比较容易预测的模式，因为这一超越其他任何事务的主要冲突，事实上已经制度化了。战后日本这一持续很久的事件，通常被称为“角福战争”。“角”是田中角荣名字的第一个字，而“福”是福田赳夫姓的第一个字。

两人的公开冲突从 1972 年田中“买到”了自民党总裁一职时开始，并以 20 世纪 70 年代末福田全面溃败而告终。正如我们在其他场合已经注意到的，自民党政客的功能主要是代理，他们站在预算卫士和当地利益之间，规范日本财富的分配。佐藤荣作政府日渐式微，河野一郎去世，只有两个政客——福田和田中——具有人脉，可以要所有省局偿还累积的人情，他们有才华有毅力，可以成为这些政治掮客的老大。这两位巨头有着许多相似之处。每天工作一开始，他们都要会见大批来自家乡的请愿者。他们持续担任过不同的内阁职位，但都可以维持对这些官僚的权力，这在内阁大臣中是两个例外。两人都曾负责省内重要的晋升，也因此建立了对自己忠诚的官僚小圈子。但是，他们的区别根植于学历背景和社会背景，这才是更为重要的。佐藤荣作辞去首相之后，两人都知道谁都不会容忍另一人继续待在高位。不光是对首相官邸的觊觎使他们彼此之间斗争尖锐化，就如后续几年的情形清楚地表明，这是一场权力之争，争夺的是远远超出首相官邸之外的、管理日本政治的权力。

在田中就职首相时，福田虽然遭遇失败，但还没有放弃任何实际的权力。正如一位日本学者所说，财政是“日本公共财政史上最大的政治拨款”。[75] 福田继续发挥非同寻常的影响，就如他在三木武夫首相内阁中担任同一职位时一样。如果田中没有被赶下台的话，福田恐怕就能够获得对田中的优势，并加以保持。他在揭露田中“金钱政治”丑闻中扮演了重要角色。但是，在丑闻迫使田中下台后，他还要和大平正芳展开角逐，后者也曾是一名大藏省的官员，他在之前的派阀斗争中是田中的老盟友。一位党内元老椎名悦三郎被请来解决因福田与大平旗鼓相当而造成的僵局。椎名悦三郎找到了解决方法，提拔了一名派阀更弱小的老板三木武夫。三木有着不同寻常的“清廉”名声，对那一年的自民党有好处。

妥协之下，三木当上了首相。至少在某些人看来，政治拨款手段似乎会衰退。三木自己积极地反对日本政治在实践中的外延，很明显他希望为日本带来真正的国会程序。虽然这一野心不大可能达成，因为三木没有一个强大的权力基础，但讨论“清廉政治”却受到媒体的欢迎。由此带来的热情造成了一种假象：国家已经准备好来清除权力交易系统了。

如果这种幻觉曾经存在过的话，那么福田赳夫与大平正芳的那次著名的握手也就将其打碎了。这次握手让三木在 1976 年底被逐出首相之位，为福田当上首相铺平了道路。大平正芳将接替福田赳夫，这是他俩商量好的。但福田并没有优雅地退在一边。也许自民党历史上最具戏剧性的高潮，就发生在 1979 年这 40 天的斗争当中。他和大平正芳两人都在国会内以首相候选人的身份出现。田中确保大平正芳将获胜，但是福田和三木在 1980 年背叛了大平政府，他们不让自己的派阀成员参加国会内由反对党发起的不信任决议案 * 投票。公众普遍认为，这一举动使大平心脏病突发，并因此在全国选举 10 天前去世。他的死让选民对自民党投同情票，并因此产生了巨大的收益，因为这个事件增加了田中的权势，让他能够自由地选择铃木善幸作为下一任首相。

回头看来，究竟哪个自民党派阀拥有最大的幕后权力，这一问题在 1978 年已经得以解决了。大平正芳和铃木善幸都没有作为代理领袖的野心去进行统治，因此，官僚与特定利益集团之间的关系，主要由田中军团来处理。到了 20 世纪 80 年代末期，这种情况仍然没有改变，虽然田中本人此时已经丧失了行动能力，并且因此退出了政坛，但他那不忠诚的前幕僚竹下登担任了首相，并在形式上接管了田中军团，

---

* 不信任决议案是议会制国家的议会对政府（或内阁）表示不信任的议案。——编者注

而竹下登的姻亲金丸信（田中体系中的老牌二老板）是自民党权位背后的力量。

自民党中的官员

在某种意义上，角福战争反映了以前官员身份从政的政客与草根政客之间更为古老的斗争。田中所做的尝试，是草根政客第二次试图从虽然人数较少但更具有支配权的前官员团体那里获得政党的控制权。河野一郎在自民党成立后的第一个十年内曾经试过，但却没有取得成功。虽然在早些年，两个团体之间的分裂比现如今要明显得多，但差别还是存在的，国会成员有时被分为“党人派”（草根政客）和“官僚派”（前官员）。后一派的人讨厌被打上这个标签，因为他们希望人们搞清楚一点，他们是由人民选举出来的。[76]

在20世纪50年代和60年代，自民党党人派与官僚派的成员分工非常明确。前者的任务主要局限在再次当选，保持国会中自民党成员的数量达到定额。官僚派适合成为真正的管理者，利用他们对法律规定的掌握程度以及与前同事和财界的人脉关系，来推行有助于日本经济成功的政策。[77]大野伴睦和河野一郎相继于1964年和1965年去世后，就再也没有哪位党内政客强大到可以挑战前官员出身的政客了，直到田中角荣在前官员佐藤荣作的派阀中扎下根基（并通过他的赚钱本领使自己对佐藤而言不可替代），最后凌驾于所有人之上。

在前官员与自民党的其他成员之间，没有不可逾越的阶级划分。两组人在派阀中混在一起。他们的差别不会影响田中角荣与大平正芳的派阀联盟，而后者的派阀尤以其强烈的官僚派特征为人所知。这两个团体之间逐渐形成一种共生的关系，前官员政客教会了草根政客控制官场的技巧，而后者促使前者开始进行竞选活动。前官员政客不再像岸信介、池田勇人和佐藤荣作那样快地就被提拔到大臣职位上，因为这样一来，惹恼草根政客的一个源头也就消失了。

尽管如此，人数较少的官僚派毫无疑问是自民党当中更为重要的一派。前官员政客从企业界获取的资金还比较简单一些，而草根政客最后只能围绕名声不大好的右翼组织，或虽然有钱但却很可疑的个人周围打转。党人派中只有几个特别强势和有能力的政客，其中包括前大藏相渡边美智雄。田中自己认真地维系并利用着与官员的关系。值得注意的是，年轻且权力日盛的渡边开始笼络前官员成为他在自民党中的主要追随者。在 1986 年的众议院选举中，总共有 25 名之多的前职业官员，首次试图为自己争取到一个自民党的席位。作为加强派阀的手段，他们会被认为有多大价值呢？有件事便可以说明，就是在这些更换首相前的选举中，四名希望成功接替中曾根的反对派，再加上渡边美智雄，都想拉他们进入自己的队伍。[78] 前官员在自民党内仍然享有特殊地位的另一个证据是，在 1986 年参议院选举中，他们获得了全国选区中的大部分高级职位。[79]

自民党中的前官员心怀期盼，至少在某种程度上要代表他们曾经就职的省的利益，因为他们如果不这样做的话，与前同事的人脉关系就会被削弱，对自民党所起的作用也就少了。另外，虽然日本学者和记者在到底是政客还是官员掌握着最多权力的问题上有分歧，但这两个团体之间的关系是互相扶持的，甚至是真正共生的。河野一郎作为农林省大臣和建设省大臣时，对部下的去留弃用所造成的敌意只是一个例外。对这种惯例最有代表性的要数大平正芳在自民党成立之时的说法：“大臣必须认为自己不过是他政府办公室的访客，必须竭尽全力，不要让他下属的官员讨厌自己。”

大臣和省

对于大臣与省之间的关系，我们不应该轻易做出假设。相比回到自己老省的大臣，来自另外一个省的前官员大臣通常会比较容易相处。相比官僚派的大臣，党人派的大臣会更热心地为他应该领导的官员们说话，因为在几乎所有的情况下，他们必须更加努力地来培养官员对他们的支持，进而推动自己政治目标达成。

在谈到影响高级自民党同僚（不管是不是在内阁中）的能力时，草根政客具有优势。从前官员宫泽喜一与政治领袖金丸信身上，就可以清楚地看到这种不同。宫泽担任过几乎所有重要的内阁职位，但他仍然很难让自己派阀中的下属领导人用他的方式来看待问题；而金丸信则被认为是自民党当中最会操纵国会成员的人。另一方面，前官员后藤田正晴（前警察厅长官）是个例外。田中和中曾根把他当作自己的副手来和官员打交道，而同时他也在政治操作上拥有很大权力。竹下登不想冒险，免得在和后藤田的竞争中处于劣势，于是便将他排除出自己的内阁。竹下登、后藤田和金丸信在竹下政府成立后，商量了三个星期，最后决定三人每个月要会面讨论。[80] 如果说 1988 年在自民党中有一个权力中心的话，那么这个中心就是由这三人组成的。

不同的派阀在官员中的名声也会不同。安倍晋太郎派阀（前福田派系）的成员据说很会提要求，而官员通常都会觉得，与来自田中派系的大臣相处得很舒服也很放松。[81] 有野心的自民党成员会试着在有影响力的省（如大藏省、建设省、运输省或农林省）中建立起权力基础。特别强势的那些人可以让他们的派阀“殖民”某个省。这里有一个很好的例子：田中军团对邮政省具有支配地位。从 20 世纪 70 年代末开始，“军团”中的年轻成员毫无例外地都得到了政务次官的职位。无论是谁新进入新型的通信领域，他都应该与田中军团——从 1987 年后被称为竹下派阀——的成员保持友好关系。这被认为是前提条件。

在官员这边，他们有众多资源和发达的技术来和政客打交道。他们十分熟练地进行细微的调整，以便适应派阀联盟中多变的模式。他们这样说道：“官员就要像昆虫那样，必须将触角伸向权力散发气味的方向。”

官员能做些什么来颠覆一个假想中的非自民党政府呢？对此的讨论限于假想范围内，只有一个实际例子。在福田赳夫担任大藏省预算局主任的时候，为破坏片山内阁起到了关键作用。片山内阁成立于 1947 年 5 月，是日本第一个也是唯一一个具有社会主义色彩的政府，它只持续了九个月。片山哲进行一个敏感项目需要资金，但是福田没法筹措出来——虽然他为下一任保守派首相芦田均筹措到了需要的资金。[82]

在日常工作层面，各省利用一系列的常规机制来让大臣保持精神饱满，同时又防止他过度打探官员们的事务。在前途更加光明的中层官员中，会有一人担任特别的“秘书”，他的任务是判断大臣的思维和偏好的方向。与省秘书长（第二高的官场职位）一起，他有时必须摆出姿态，站在大臣一边，与来自他同僚的根深蒂固的反抗做斗争。

官员从来都不公开批评政治领袖，就更别说什么公开反对了。但政客有条件傲视官员，并且可以公开地申斥他们。有时，他们这么做是为了证明自己的优势地位，但这种优势其实都是幻觉。虽然国会免受官员的批评（他们对政客的无知和无能早就达成了广泛的共识，但各自心照不宣，不会将这种看法付诸文字），但是国会成员得到的信息，局限在官员认为有必要的范围和程度之内。

但是，官员让自己在自民党政客中受欢迎还是有好处的，更受欢迎就意味着更有机会得到政客对他们管理技能的正面评价。大臣在职期间，手中有一件主要武器，那就是可以开除挡路的高级官员。但是，如果他真的行使这一权力的话，他就可能会永久地丧失机会，再也不能在他的任期中从省内获得任何将来的好处。人事管理是官僚部门的圣殿之一，还没有哪个大臣能在其中妄加践踏而不受惩罚。如果他的干预太过明显的话，他就无法建立起人脉。[83] 在这个领域，要施加影响力就必须通过暗示，最好是向前事务次官提出暗示。比方说，在通产省，前任副相团体对确定部门内这一最高职位有着最大的影响力。在超过 90% 的情况下，通产省大臣都会接受由前任副相提名的副相人选。

即便一位大臣用尽他所有的权力，也不能让他在实践中以公开的方式重新定位日本的政策。大臣因为有权提拔或开除官员而可能对省产生影响，并通过对资源分配让自己的支持者和选区受益而扩大影响力。但是，这与在这个省拥有强大的政治权力不是一回事。除了参与旷日持久的运动来确保教育控制权之外，某位大臣的“决策权”一般会受到极大的限制，以至于担当不起大臣这个名称。

政治的劳动分工

官员也会主动进行政策调整，而这些调整很可能会受到利益集团的阻碍，或是在国会中引起激烈的反对。采取如此举动的主要工具是各种审议委员会，即“审议会”。著名学者、记者、商人和相关利益集团的知名代表都要参加。参加这种委员会被认为是一种荣耀，而得出的大部分结论都是所谓发展而来的“共识”：意见通常会受到操纵，来附和参会的那些官僚的想法。审议会通常也能帮助官方分散并抑制对某个计划潜在的反对意见。

一项法案在呈交国会时，制定法律的流程通常也就结束了。在几乎所有情形下，民选的代表只是“橡皮图章”，不过是在官员们交给他们的文件上盖章通过而已。真正对法案进行讨价还价（如果有的话）的情况，发生在自民党内部。讨论的结果会根据各省的差异与企业界及其他主要游说团体协商的不同结果来确定。一旦法案提交给国会，自民党就会尽一切努力让它获得采纳，国会很难再对其进行修订，否则这个省将颜面扫地。

在国会中，如果没有官员的帮助，自民党的成员往往会不知所措。在大部分国会系统中，政治讨论通常是在国会成员中间进行的。在日本，这种情形极为少见，甚至就算到了发生“讨论”的时候，也只有反对派提出狡猾的问题，这些问题基本上都由专家官员进行回答。大臣参加国会委员会听证会的时候，准备充分的局长和主任会陪同他一道前往。在大臣发表了不负责任的解释后，他们会用自己刻板的答案加以“补充”。[84]在大多数情况下，大臣们对自己正式掌管的行政领域缺少最基本的了解。[85]指导自民党国会成员审阅与政策相关的资料，往往占据了高级官员日程中很重要的一部分。在通产省，干事要花费一半的办公时间，总干事要花差不多三分之一的办公时间与政客相处。

发生在国会成员身上最糟糕的事情就是，他被自己的选区认为是“无动于衷的”，或是“不够诚恳的”。为了避免这种情况出现，普通的自民党成员必须花费相当多的时间巡视自己的选区，以此表明他对本选区的关注。他也必须证明，他确实可以获取（他所谓的）“渠道”，进而可以接触到东京那些位高权重的人。随着选举临近，他从若干乡村中将数千名群众带到某个中心（如体育馆或者市政厅），在这里，他所属派阀的一位高级成员（最好是一位大臣）亲临会场，生动地证明他拥有“渠道”。

一个自民党政客成为大臣之后，人们就期望他特别注意召集在他省下的客户群。为了在他们眼中显得“诚恳”，他就不得不进行众多仪式性的行为，其中通常包括在最终预算调整期间，去拜访一下他大藏省里的同僚。事实上，这些最终的调整总是由较低级别的官员来处理的，但在通常情况下，大臣会出现在大藏相办公室中，以此来证明他很努力地在进行协商。有一次，一位大臣高呼：“我做到了！”一位记者问他到底做到了什么，这位大臣的回答则是：“这你得问问我的副官——我为他做的，不过就是向大藏相表示我的敬意而已。”[86]

首相

相比于西方政府或亚洲大部分国家的政府首脑，日本首相的实权实在是少得可怜。大部分粗心的外国观察家都认为很多权力属于首相，但实际上首相的权力比这些观察家所推测的要小得多。1964 年秋，佐藤荣作作为首相发起了一场运动，为的是通过加强首相官邸的权力，加强对官员的中央政治控制。

基于从之前池田勇人的内阁那里继承而来的一些想法，他准备建立一个内阁辅佐官系统，其中的人员都是为首相提供建议的特别秘书。由于自民党和官方机构都强烈反对，这个计划最终失败了。政客们不想要这个系统，因为他们担心它会横亘在政客和部门之间，成为对政治资金的一个重大威胁；公务员反对这个系统，是因为这一新的机构可能会危及他们的既定特权。

最后，首相们发现，如果在自己身边围绕着一个由他的内阁辅佐官形成的永久性团体的话，那么他最终能控制的会变得更少。通常来说，现有的临时辅佐官是从官员中选出来的，这些官员就当前特定事务为首相出谋划策，但他还是一个“间谍”：如果首相想采取对他们有不利影响的行动的话，他们就能让自己省采取应对措施。如果安排了永久的内阁辅佐官，首相就还得要再设置一个监控部门来对他们进行检查。[87]

虽然首相不能设立新的国家优先级事务，也不能推行他认为对日本国际地位至关重要的举措，但首相和首相之间还是会有很大的不同。当然，我们马上会想到田中的例子，虽然他对日本政治历史的重要性主要来自他不担任首相后所获得的成就。但是，由田中选定的最后两任首相——铃木善幸和中曾根康弘——之间的差别，最能显著地说明一位首相到底可以如何与众不同。

没有领导力的象征

铃木善幸将日本人回避做决定的本领发挥到了极致，他是所有战后首相中前无古人的一位。在田中担任首相期间，铃木处于“隐形”状态，他帮助维持自民党的秩序。这也让田中有理由选他继任首相。维持党内秩序需要的是对派阀之间和派阀内部权力模式的更换有着超高敏感度，除此之外，还需要有精妙的调解能力。日本的政治评论家很快就达成一致，铃木确实有着这方面高超的技能，但相对应地，他也缺乏做出决定的迫切要求，以至于他的政治被动性在人们记忆中破了所有纪录。

人们完全没有料到他会升到首相一职，因为之前根本就没有人注意到他。但是，有一点很快就清楚了，那就是他对经济或外交事务一无所知。铃木最大的兴趣是永远不要招引别人的愤怒，而确保这一点的方法就是什么都不做。这方面有很多例子，其中之一是日本对中学课本中的日本殖民和战争史进行改写，造成日本与韩国和中国的外交危机。在危机最严重的时候，他权衡之后，提出官方的解决之道：文部省和外务省之间应该解决这个问题，虽然前者一直以来坚定不移地拒绝做出后者要求的象征性姿态。

官员们都看不起铃木。大臣们对他的忽视甚至到了日本战后闻所未闻的地步。内部人士透露，在内阁短会上，他没有得到过首相普遍拥有的尊重，除了在他第一次进行外事访问时。日本内阁虽然经常试着对外维持一种表面上的团结，但河本敏夫这位经济企划厅的总干事（级别与大臣相当）采取了独立行动，他在政府计划上加入了经济刺激的措施，这导致大藏省否认那是政府政策的一部分。

所有这些都不是夸大其词。作为首相，铃木获得的一个绰号是"录音机"，因为开会的时候，官员必须对他进行培训，让他记住答案并加以复述。官员对他呵护有加，不让他接见来访的外国政要和记者。但是在铃木访欧之前，他不可避免地要召开一场欧洲记者招待会，在会上他宣布此次访问是出于减少误解的目的。大概在招待会举行的前三周，我接到外务省的电话，他们问我是否想要提问，要问的是什么样的问题。他们指示我该如何提问，在前一位指定的记者得到回答后，立刻提出我的问题，"为的是不要引起误解"。开记者招待会之前，我收到两次指示更改我在七位指定提问者中的顺序。会议当天，铃木向后一坐，眼睛半睁半闭，复述着他背好了的答案。有时，他的答案显得很古怪，因为有些记者故意对他们的问题进行重新描述。

"记者招待会"的高潮出现在快要结束的时候。在无言的掌声中，一位德国记者用最有礼貌的言辞问铃木，问他是否知道，事实上这一切都是预先安排好的，为了让提问看上去像是自发的，但有差不多 50 名欧洲报纸和电视的记者前来，认为每个人都有平等的提问机会。既然此次欧洲之行的官方目的是为了减少误解，那么铃木先生难道就不认为这么做很令人遗憾吗？问题的翻译毫无瑕疵，但铃木只是复述了我那位同行最早提交给外务省的问题的答案。[88]

当铃木否认他与里根总统签署的一份联合公报中的一个说法时，[89]很明显，他成了日本的国际负担。在后来的 1981 年的年度峰会上，美国总统明显表示出没有兴趣和他进行任何讨论。而准备 1982 年的下一次峰会，让日本官员感到更加头痛。美国总统和日本首相之间进行峰会前的会晤是一个公认的机会，会前会晤可以减少出现令人不快的意外的可能性。而里根总统明确表示他抽不出时间来见铃木。事已至此，日本在峰会是否成功，只能从其他国家首脑对铃木的忽视程度来判断。日本的报纸不加克制地表明，铃木没有足够的智力来认真思考将在会谈中提到的问题。

在某种意义上，按照通常日本人的理想标准来看，铃木善幸是一个理想的日本首相。他不爱出风头，相信“共识”才是最重要的。但是，媒体几乎都一致认为，过于一贯坚持这种理念是行不通的，铃木连自己的基本职责都没做到。

来自幕后的拯救

偶尔会发生这样的情况，一位强势的幕后人物防止了即将发生的危机。1982 年，美国总统与日本首相之间的关系急剧恶化，这一情况被岸信介制止。他巧妙地阻止了铃木善幸的再次当选。那年初夏，田中角荣数次前往岸信介的乡间住所，来拜访这位老牌的官僚政客。两人曾被认为是天敌；岸信介是田中主要对手福田的政治靠山，而岸信介的女婿安倍晋太郎则是福田派阀的指定接班人。但是，按照他们的助手向记者的描述，人们的印象是，这两位自民党幕后的掌权者表现得就像奥林匹亚山上的神祇一样，仁慈地俯视着世间发生的政治争斗。不管他们达成了什么协议，岸信介都向铃木传递了一个信息：他不一定会支持铃木参加第二任期的竞选。铃木立刻宣布，他将不参加第二次选举。这让大多数日本政界人士吃了一惊，他们错误地戏称这是铃木所做的唯一决定。

岸信介从未透露自己这么做的动机，但是我们并不难猜到。他一直被认为是“美国的朋友”，肯定理解两国之间“特殊的关系”。他曾作为二战甲级战犯被关押，但从未受过审，在美国的护佑下，他又重入政坛。他尤以修订《日美安全保障条约》而为人所知，他还以其他方式帮助并促进了日本与美国的战略关系。他一定非常清楚，铃木对这种关系造成了多么灾难性的后果。

田中和岸信介于 1982 年 11 月选定为首相的派阀领导是中曾根康弘。他被要求修复对美日关系所造成的伤害；甚至在中曾根接任首相之前，他第一次发表演讲时就展示出巨大的热情，并表示会如此做。不久之后，岸信介很不寻常地公开表扬了中曾根的外交政策。在派阀冲突之时，他还确保他的女婿安倍晋太郎会一直支持中曾根政府。这与安倍政治上的老板福田赳夫的愿望相反。

想要统治的人

在 20 世纪 70 年代早期，政治评论家就认为中曾根康弘可能会是一连串相对平庸的首相之后的一个例外。他确实没有让他们失望。但是，他也一直被人认为很不适合当首相，理由和使他变得形象鲜明的理由完全一样：他有明确的想法，发表了很多被人广泛引用的宣言和民族主义的成见。他在担任自卫厅总干事（大臣级别）的时候，曾试图重组自卫厅，却未获得多少持续的效果，不过这件事已经让他引起了不寻常的注意。早在 1951 年 1 月，在他还是一名国会的新成员时，他曾大胆地向麦克阿瑟将军提交了一份“宣言”，总结了“日本人在想什么”。这让他很早就在美国人中获得了“激进的民族主义者”的名声。在这篇文章中，他对日本一直屈从于美国会威胁到日本的主权表示了担心。他也是公开讨论修宪的少数自民党成员之一。

从他当上首相的那一刻起，中曾根就毫无疑问地表明他所有的目的就是为了进行统治。在1983年初，他决意访问在当时与日本关系紧张的韩国，以此向外务省表示抗争。在那之后，一切对他的统治意愿的疑虑都消失了。他在选择内阁成员时同样表明了自己的领导野心。到目前为止，这些选择是由派阀间的权力平衡来决定的，很少根据候选人自己的能力来决定。中曾根的历届内阁都非常与众不同，因为“强势”大臣的数量高得实在是不一般，而且他们经过几轮常规重组后还能留在内阁。1985年，在一次校友聚会上，中曾根对一位同班同学坦言，他想要当一名总统型的首相，像撒切尔夫人那样推行强硬的政策。1986年7月25日，就在他第三次组阁之后不久，他和11名大臣召开单独会议，指示他们在处理重要待办事项时，要克服来自官员们的阻挠。在上周二举行的新内阁第一次会议上，他表示大臣绝对不可以成为省的发言人，他们应该对国家事务有个总体了解。他经常选择在国会中自己回答问题，而不是由大臣和他们的下属官员来回答；他（按照日本标准来说）直截了当的答案也引起人们的注意。

作风坚决和承诺坚定，往往引起管理者们的不安。不管哪个级别的人在做出重要的决定时，都要经过全体同意，或是在没人注意到的情况下执行。尤其是在处理国际事务的时候，管理者们还会做出第三个选择，就是避免做出决定并希望需要做出决定的理由自然消失——

而在实践中，这个希望常常会实现。中曾根反对这种情况，他的决断让人震惊，他在自民党的同僚中很不受欢迎。

日本媒体对他的第一个内阁看法很负面，他们联合起来称其为“田中曾根政府”，因为内阁中田中军团代表占了太大比例。但是，编辑们都忽视了一点：第一个中曾根内阁是如何做到目标相对明确的。他们也完全忽视了另一个事实：中曾根内阁为日本政治发展带来了新的可能性。日本政治中的这一关系带来了最有才华的权力掮客，以及人们最近记忆中第一位真正愿意执政的首相。

田中继续经营着他的政治拨款帝国，但中曾根自己开始处理起一系列事务，这些事务曾经超出了经济增长、政治拨款或巩固地位等相关事务的范畴。他提出“未解决的战后事务”这一积压的工作，也就是从战后美军占领时期继承来的禁忌和阻挠。与此一致的是，他对各种表现日本主权方式相关的问题表示出巨大的个人关注，比如教育问题和国际责任问题。在国会中，他欢迎就防卫问题向他提问。这些问题都涉及民族尊严，也形成了一个潜在的政治平台。他敢这么做，是因为只要田中还在掌权，而且两人关系也还没有破裂，那么他的任期就是有保证的。田中的机制不仅支配了自民党，也成为一位有进取心的首相应对官僚机构的最佳手段。

在中曾根接下来的几任政府中，主要协助他与官僚打交道的是后藤田正晴。他曾是中曾根的首席内阁秘书（这是一个重要的协调职位，级别与大臣相当）。这一任命被认为是中曾根最惊人的选择，因为到目前为止，这个职位都是为首相自己派阀中的人预留的。后藤田由田中发掘起用，他被认为是军团中最有能力的政客，有时被人称为田中的“大脑”。如果田中急着要办成什么事，就派后藤田渗透进顽抗的官僚当中。他曾是警察厅的总干事，懂得如何使用自身特定人脉的力量。他成为中曾根的左膀右臂，是内阁中的关键人物。中曾根成立了一个新的政府部门，叫总务厅，他用这个部门来快速应对紧急情况，并任命后藤田担任第一任总干事。

12 年来，一位日本首相第一次有机会在首相位置上超过两年，其意义是国际性的。中曾根曾经说过，他要帮助日本扮演一个与其经济实力相称的世界性角色，为此他做出了重要的象征性姿态。他明白无误地将日本表现为西方盟友中的一个积极成员，并在和美国总统的交往中引入一种直接的个人外交的模式。

中曾根第一次拜访里根总统时，后者发现他面对的这位领导人似乎用和他一样的眼光在看待苏联。里根总统喜出望外，他要求日本首相叫他“荣”（里根名字“罗纳德”的昵称），中曾根也用他名字的简称予以回应。事实上，即使在日本，亲密的男性朋友之间也很少简称对方的名字。这就让这一举动的象征意义在日本变得更加重要。有那么几年，“荣康关系”让华盛顿不再发出尖锐的声音，就是要求日本在贸易和防卫方面干出这样那样坏事的那种尖锐的声音。日本方面巧妙地运用了这种关系。它扫除了一些潜在的重要问题，加强了日本给美国的一种假象，即认为日本终于找到一位领导。

根据日本的民意调查，中曾根的受欢迎程度破了纪录。在田中政府执政一年的时候，田中也受到过如此热烈的欢迎，但是随后，田中的支持率就跌到了历史的最低点。中曾根政府的支持率一直都很高，和通常认为的相反，日本公众欣赏一位能给出明确答案、在国内和国外都能留下深刻印象的首相。

公众的喜欢与自民党议员中的大多数人对中曾根感到厌恶形成了鲜明的对比。因为他处理问题的方法很理性，相对缺乏达成政治目标的耐心，所以他被认为是个缺少个人温情的人。田中从1985年开始丧失掌权能力，中曾根的领导似乎处于危机之中，因为他可能要面对的是新一轮的派阀争斗。在1986年选举中，自民党获得了历史性的胜利，让他又能多当一年首相。但是，受到公众欢迎是日本首相保持权力时最不需要考虑的事情。于是，中曾根不得不在1987年的秋天，选择竹下登作为他的继任者。

作为政治润滑剂的审议会

在进行统治、提出政策这些方面，中曾根做出了艰苦的努力，但最终还是没能对政策或方案做出实质性的改变。但是他确实改变了政策的形式、意义和环境形势。他的主要成就是在与韩国关系上获得突破。这也完成了美国的愿望，就是日本应该更多地体谅它的亚洲盟友。也许同样重要的是他在年度峰会上给予了日本地位，并在1986年他必须亲自主持峰会时，他赢得了同伴的尊重。在他的任期内，国家铁路得以私有化。他还挑战了与日本战时相关的若干“禁忌”事项。

但是，官僚和自民党党内的特定利益团体，满怀戒心地保卫着自己的领地，根本无意解决扔到他们面前的问题，哪怕他们也同意这些问题是当务之急。中曾根发现自己身陷这种半自治力量的包围之中。他对农林省没有发言权，对大藏省也是如此。

中曾根发现了审议会的新用途，于是他为日本首相找到了一个有趣的行使权力新方法。我们已经看到，审议会通常是官员用来帮助平息或避免计划的反对意见的。首相可以成立审议会，或他人可以为首相成立特别的审议会，提供智囊团方案。长期方案讨论的是抽象理念，短期方案注重的是具体提案——官员可以顺利地将其变成政策。但是，中曾根的前任首相们要求审议会思考的是虽有教化意味却很空洞的主题，比如“生活圈”（三木武夫）、“社会发展”（佐藤荣作）、“讨论未来”（福田赳夫）、“花园城市”（大平正芳），中曾根利用他的审议会来尝试打破禁忌和官僚阻碍，并试图为立法做准备。他建立的审议会直接向他汇报，由他亲自挑选主席和其中的关键成员；对于期望如何得到“建议”，他也不给这些人留下任何想象的余地。

在中曾根当上首相之前，他与临时行政改革推进审议会关系很密切。这也是审议会的一种。最成功的商人、学者和退休官员在其中讨论缩小政府规模和减轻政府负担的方法。到目前为止，它完成了三个任务：日本国有铁道的解体、创立总务厅（结合了行政管理厅和首相官邸的一些要素）、日本电信电话株式会社表面上的私有化。中曾根自己将行政改革委员们和其他审议会推进的改变，比作日本在明治维新后所经历的改变，或日本在二战之后随即发生的改变。他当然是夸大其词了，在他的任期内，不存在严重危机的意识，也就不可能促使笨重的系统着手进行自我整顿。到最后，中曾根克服官僚阻碍的创意，只获得了些许效果。

批评中曾根不民主地使用审议会已经成为一种风尚。据说在团队开会前，决定就已经做出了；更有甚者，几位高级成员与中曾根曾经是同学或是一起在帝国海军服过役，或是都曾服务于内务省（中曾根曾短期担任警部）。所有这些都没说错，但这只不过反映了官员一直以来利用审议会的方式，而且这是被人接受的；这也符合使用自己人脉的方式，也同样是被人接受的。在中曾根的做法中，引人注目的地方是，在他为自己的顾问团配备的人员中，没有官僚背景的专家比例高得不同寻常。这么做的效果就是让这些官僚在稍显犹豫之后就开始意识到，如果要保护自己省部的利益，他们就要在某种程度上向这些“业余”团队提供信息并保持合作。

新的自民党部落

自民党和官员的关系之所以出现细微的变化，还有其他的原因。日本经济已经渐渐转入不再那么疯狂的发展阶段；预算赤字飙升，造成各省局之间的摩擦；“打破财政僵化”运动失败；各省在新兴工业领域展开了领地之争——所有这些都在他们的关系上起到了作用。

中曾根说，这些改变可以与明治时代相比。这并非纯粹的政治修辞。他在审议会进行的试验也不是随兴所至的。事实上，他延续了田中角荣发起的运动，目的是增加自民党政客对官员的影响力。为了更好地理解这点，就有必要在此介绍管理者体系中的最后一个正式机构，了解一下它的理论和各种实践。

自民党政客与官员之间最重要的机构化接口是“政调会”。它包括 17 个部门，与大臣们管辖的行政领域差不多一样。政客成为这些部门的负责人之后，就能获得包括实业家和官员在内的巨大人脉网络。在部门负责人位置上任职平均一年半后，他会自动成为“族”（自民党内“部落”或“家族”）的一员。“族”只关心自己所在的部门，监督其进展，并通过官员提出的法律提案对其施加影响。前大臣和政务次官也经常成为他们曾服务过的省的族内成员。

政调会部门通常不做决策。他们提供给官员和自民党一个互动空间，不受任何检查，而且就我了解到的情形而言，它完全是非正式的。政客与相关官员小团体以及强势的财界代表合作，能施加压力或进行巧妙的勒索来获得成果。在这种情况下，背后的法律条款几乎是不起作用的。如果某个特定部门出现结构性改变，又或是出现新的工业分支的话，族内政客的影响就举足轻重了。但是，最终分析下来，他们的参与大部分只是一种寄生关系。通过与贸易及工业协会和联盟的接触，政调会帮助组织强制性的“自愿捐赠”，并提供选举中不可或缺的“帮助”。部门主管打个电话，希望相应的企业界提供他们需求的资金，通常都会立刻得到回应。[90]

在20世纪60年代下半叶，当省内的官员带附属的利益集团加入，和政调会一起对抗预算监管部门，通过政调会部门行使权力的政客渐渐开始崭露头角。[91]预算监管部门最终被迫用真正的解释而不是例行的解释来让政客们满意。[92]但是“族”的权力增长的最主要原因在于田中的举动。[93]田中军团比任何一般派阀都更好地利用了官员与政客间关系的结构性渐变。它统治了许多族，包括那些新建的重要族（如邮政通信领域内的族）。因为他们在相对较长的时间内，对某一特定政策领域感兴趣，族的成员一般比以往的自民党政客具备更多专门知识。单凭这一事实，他们就可以用新的影响力来影响官员。

一名政客在自民党中的地位，以及他与族的关系和在族中的地位，首先取决于他有几次重新当选的经历。在20世纪80年代末期，要获得内阁任命，一般需要成功当选6—7次。当选一次能让一名政客成为国会委员会或是政调会中的一名初等会员。当选两次的国会成员，可以成为某个部门的副主席或是国会委员会的执行委员。要成为政务次官——这个职位因为可以与商界接触而非常有利可图——需要当选3次。当选4次或5次的国会成员，能成为委员会或部门的主席。但是，后一职位不是最重要的。要想加入族内大人物形成的内部小圈子的话，这名自民党成员几乎必须先在某部门内担任执行职务，在获得对应省的内阁职务后回到那里。[94]

与法国比较

在第三章中我们看到，虽然日本系统可以在表面上被认为是一个“多元主义”或“社团主义”的政治系统，但它和那些最经常被当成这类系统样板的国家不同。这种差异有着本质的不同，人们不禁会怀疑这些标签实际上说明了什么。日本也经常被称为“行政国家”。这就带来这样一个问题：日本系统该如何与西方“行政国家”的优秀例子（比如法国）相比？

这两个国家确实有很多相似之处。法国的官僚体系从17世纪的专制政府开始，并由拿破仑加强，最后形成国家制定政策的机制，一直以来都是世界上最强大的体系之一。它是永久的，也是高度集中的，无论谁执政都不能忽视它在众多问题上确定下来的意见。而在日本，中央政府对当地政府、大部分的教育机构、市政工程、法庭、警察以及很多别的领域都有管辖权。在大多数其他的西方国家，这些权力要么在独立的当地官方控制之下，要么就掌握在私人手中。

和日本一样，法国将精英化的过程高度制度化。另外一个惊人的相似之处是“下海”现象，也就是公务员不断地转向私营领域。另外，也有不少法国官员转入政坛。[95]他们在私人和公共领域之间仍然互相保持着重要的但却是非正式的关系（相比于英美国家或联邦德国，这样的公私分割不那么明确）。乍看起来，在发展出一个管理阶级的方面，法国和日本的情形最为接近。[96]另外，这个阶级在战后也同样关注创建最优条件来扩张其经济。

但细看之下，就能发现具有启发性的差别。法国高级公务员的教育背景相对较广，一般来自五所“大学校”之一。好记性也许有价值，但同样有价值的是通识教育、知识能力和超卓的表达能力。要成为高级官员一般先进入五个主要的大型国家机构（Grands corps de l'État）之一：金融监察局、外交使节团、审计法院、国务院以及桥梁道路局，然后再被安置在不同的部门当中。他们的流动性比日本官员要高多了，还能临时被抽调到别的政府机构、国有企业、银行或私企中担任领导职位。对“精英、学校与机构”背景的一般看法是，它能让某人快速地掌握任何情况的要点，因此，他或她能适应几乎任何类型的管理职位。[97]在日本，高级官员在部门之间流动，为的是增加他们的能力见闻，但是他们不会离开他们最一开始就任的省中，而且他们必须对他们的省产生认同感。而这种认同对官场整体的运作有着不利的影响。

在同样的背景下，法国的“下海”与日本的“空降”很不相同。除非是新创建的国有公司或机构，日本公司和银行会敞开大门欢迎空降官员，希望他能确保与他退休下来的省有着平稳的关系，但不指望他完成决策或是扮演领导角色。但是，一位法国官员进入私人企业时，人们期望他成为能做决策的领导者。

另外一个至关重要的区别是，法国存在其他强有力的传统：政治思想可以由一位非官员的精英进行清晰的陈述和表达。一位法国专家这样总结道：

> 高级公务员因为他们的精英背景和业务能力，会受到保护主义法律的照顾，享受着惊人的工作安全性和巨大声望。他们形成一个独一无二的专家团队，几乎所有看法都和其他专家，或政客组成的重要团体的意见不同。因此，治理国家的职能中的这两个不同概念一直处在互相冲突的危险之中。[98]

大型国家机构中的成员在帮助起草和控制立法方面是不可或缺的。但是一般来说，法国的部长比起他们的日本同僚来说，是举足轻重的人物。[99] 另一方面，法国官僚机构不像日本官僚机构那样理所当然地扮演自己的角色。它会经历政治起伏，而起伏的程度取决于党派政治所造成的混乱，以及法国总统的相对强弱程度。作为一个精英机构，它还面临着严重的攻击，如它在第一次世界大战前、20 世纪 30 年代、第二次世界大战之后以及 1968 年所面临的那样。

当然，最重要的区别是，法国官僚机构服务于一个高度中央集权的国家。即使算上它所具备的知识，它还是需要一个可辨识的政府给出命令才能正常工作。戴高乐或密特朗的权力是任何日本首相根本无法相比的。换句话说，法国的管理者有办法来改变国家事务的优先级。

“变化越多……”(Plus ça change)

在 20 世纪 80 年代末，不少日本政治评论家以及一些学者声称，他们在对日本政策进行更多政治指导的方向上，发现了重大的结构性变化。他们认为这些变化以“族”的出现为代表。同样的论点被用来反对日本贸易伙伴的批评，意思是日本的政治经济会慢慢地越来越好，能做到改变或调整事务的优先级。但是，将“族”的兴起作为官员及政客之间关系出现根本变化的标记，进而认为是统治日本的方式出现变化的先兆，实在是为时过早。

事情的变化越多，它们似乎就越是保持原样。事实上，旧模式在 20 世纪 80 年代末更为明显，因为它组织得更好。不少自民党政客希望追随田中的先例，将他们已经在做的事情系统化。这么做可能会在某种程度上实现更平均地分配国家财富，但是，这样的分配与之前一样只是偶尔为之。国家事务的优先级排序还是没有形成机制。因为没有机制，预算系统的弱点也只能更加突出——如果非要说有个变化的话。

官员们有两个基本的也是互相关联的目标：保持控制，并将政治对普通老百姓的影响降到最低。这两个目标没有任何改变。自 1945 年以来，日本人民在政治上越来越精明，但是他们的精打细算没有起到作用，一部分是因为自民党和政党用联合保证的津贴及其他收入收买了他们，一部分原因是在第六章要讨论的公司雇佣政策。

当然，政客、财界以及官员的管理系统中，一直发生着特定的权力变化。但这并不意味着这三类管理者之间的关系出现了任何本质上的不同，或是出现了本质上不同的动机。说高级公务员成为自民党政客的战士，这种结论是错误的。只能说，他们找到了一种方法，假装国会成员在掌权，但实际上，他们仍然依附在官僚统治的原则和权力上。官僚实际上仍然是进行预算分配的立法者。自民党政客从属于一个族，是因为这么做有财务和选举上的好处，而不是因为他们突然强烈地意识到日本应该有新的事务优先级，必须形成新的政策来配合它。

管理者的唯一终极目标就是维持系统。从 1945 年以来，日本通过牺牲其他必要条件为代价，将重点放在工业扩张，以此来维系高增长的经济发展，并通过社会控制，实现了这一目标。本章描写的系统参与者不断地证明，尽管他们彼此之间有着冲突，但他们在这两个领域中都做得非常出色。

第六章

顺从的中产阶级

日本系统在战后的目标主要托管给经济组织。系统忙于追求工业和商业增长，认为这些领域的扩张对系统的生存是最根本的。我们虽然找不出政治核心，但系统还是和以往一样，众多机构中有一个核心机构。这些机构数量庞大，组织严密，互相关联，紧密地围绕着这些目标。

站在制造业、银行、贸易公司这一互联等级最顶端的管理者们，他们关注的远不只是生产或贸易。“私人”企业实际上有两个功能。从政治上说，它们通过控制员工的行为和思想进而控制人口。这非常重要，更何况它们的控制程度远远超过西方公司渴望做到的或希望避免做到的程度。日本公司通过标准的日常教化，成功地将一种生活方式强加于员工身上，由此让系统更加坚实。

“工薪族”模型

系统庞大的核心中的人口资源来自“工薪族”（サラリーマン）。

最初，工薪族因按月获取薪水（salary）而得名，与较低职业等级的工厂工人和其他工人获取的现结工资（wage）有所不同。但“工薪族”这个词的含义远远不只是“办公室员工”或“白领职员”；它还代表了一种值得追求的行为规范。工薪族的关切和习惯很容易被人预测到，因此，在日本谈到“工薪族文化”是很普遍的。主要针对已经建立起来的工薪族口味的书籍和杂志（包括厚得像一本电话本那样的漫画杂志）是日本最大的产业之一。媒体将工薪族生活方式带到了日本的每个角落。

当上“成员”

第四章中所述工薪族的世界向大约三分之一通过了选择系统考核的日本年轻男性敞开了大门。但是，即使在清除了学校系统中的所有障碍之后，他们得到公司录用通常还要依赖于教授的引介、公司进一步考试以及调查结果。他们小学、高中的老师还有邻居，可能会被问及待聘人员在孩童及少年时代的表现。很多公司希望验证待聘人员不是那些“不洁”部落民的后代，或者确保他不是所谓的“新宗教”里的一员，因为这可能影响他的忠诚。[1]

入职之后，通常还有漫长的“过关仪式”，以戏剧化的方式来确认并表明这位年轻人已经成为他所加入机构的“成员”，同时还要对他相对这一格局中其他人的地位给予确认，让他不再有任何怀疑。

“成人世界”生活的开始，通常要进行一个仪式。有时参加这个仪式的人，还有几百名公司的同事。这位新人穿着全新的“工薪制服”（暗灰色或是蓝色的西装，领子上别着公司的徽章），第一次聆听总裁或高管宣讲“公司哲学”。他很快就能在睡梦中背诵这一“哲学”，以及与之相应的其他一些较短的口号。

在后续的培训中，他大量的注意力会放在一套通常十分复杂的公司礼仪上。即使是鞠躬的角度也是规定好的：在走廊见到同级的同事，鞠躬 15 度；见到上级或者是重要访客，应该双手紧贴裤缝，鞠躬 30 度；如果出了问题或需要特别的礼数，要鞠躬 45 度，同时还要致以礼貌的问候或者道歉。给出和接受无所不在的名片也需要练习。上级在场时，接待室、轿车或者火车中他应该待的位置也必须进行研究。在公司走廊中行走时，他必须稍稍落后于上级，但要比客人先进电梯。新人不应在走廊里和同事聊天，除非他完全没有认识到这么做的严重性。新工薪族给旁人留下的印象是至关重要的。

与此同时，对新人的洗脑工作也即将开始。他只裹一条缠腰布，长时间地泡在冰冷的河水里，和军人一起进行 24 小时的拉练，和同事一起清理厕所一整天——这些只是公司找到的比较极端的方法，用来解决大学应届毕业生这一新团体的问题。在公司看来，他们每年招收的新员工都有纪律问题，因为只有借助纪律，这些新人才能完全体会到他们所获得的关系有多么特殊。他们不应该只是将公司看成是赚钱养家糊口的地方。如果某个工薪族感觉不到他与公司已经融合在一起，或者是只在表面上装作与公司绑在一起的话，他就很难被当成一个有价值的、成熟的社会成员。

有些公司与禅院合作，为员工提供忍耐力方面的训练。差不多有 2 000 家公司把新人送到自卫队军营中去。大部分公司以较为宽松的方式处理招募新“成员”的问题，但基本上所有公司都有可能持续 2—6

个月的特别训练计划。

公司可能要求新人在这段时期住在宿舍里。他要在黎明前起床，执行各种公共任务，遵守宵禁，晚上十点就要熄灯睡觉。大一点的公司在度假区有自己的娱乐和会议设施，他们通常会将新人隔离几个星期进行归属感训练、相互表白以及其他高强度的练习。有些练习明显包含净化和激励的仪式。这么做的最终目的与军队里教官的目的一致：为了集体组织的目标，打碎所有个人可能有的抵触习惯，灌输以顺从的习惯。

人们普遍认为，当今的大学毕业生迫切需要这样的训练。因此，日经联为小型公司组织了年度的培训课程，在为（1964 年）东京奥运会而建的场地上进行。课程结束后，新人跟随在印有公司徽章的旗帜之后，沿着体育场行进。日经联发言人的解释是，城市化、生活富有以及学校教育的不足让每个年轻员工的训练越来越有必要。

因束缚而忠诚

每年，报纸都会刊登一项民意调查的结果。这个调查问的是，他们更加重视家庭还是工作？每年公布的结果中，更偏重家庭的百分比都会有小幅提升，于是就激发了另一轮的专栏和文章，讨论的是工薪族的道德观发生的改变。1986 年，80% 的被调查者表明他们会更看重个人生活而不是公司的想法。但是，日经联的专家不会太把这种要求的独立表态当真。到目前为止，实际情况已经清楚地表明，一旦公司利益与家庭发生冲突，必然是家庭做出调整。“我家主义”（my-home-ism），也就是年轻工薪族更重视妻儿的要求的倾向，并未像管理者和企业精英在20世纪60年代和70年代早期所认为的那样是一种威胁。不管后面接什么名词，“我的”这个前缀仍然具有相对负面的含义，因为在工业管理者眼中，它和缺乏对工作场所的关注关联在一起。但与此同时，工薪家庭相互攀比，不断往自己的小家中添置最新款式的冰箱、空调、立体声彩电以及各种各样能省时省力的电气设备，购置新车停在自家狭小的停车场里。这种攀比消费正好保证了他们所在的众多公司全力运作。

大多数公司特别关注刚结婚的工薪族。但是，等到第一个孩子出世（通常是结婚后两年内）后，公司就希望这位丈夫能安顿下来专心处理业务，为公司奉献他大部分的精力、时间和注意力。

一些社会学家和其他评论家认为，日本男人更喜欢与同事相处，在他们不得不和妻儿外出时会感到不舒服。但人们也可以这样认为，这些工薪族没有别的选择，他们不适应是因为缺少实践。去乡下或城市周围看看，那里占主流地位的是家庭作坊和蓝领工人。他们会证明，大部分日本人要去适应一个以家庭为主的社会生活并不会遇到先天的困难。中产阶级在很大程度上被剥夺了男人作为丈夫和父亲的角色，是新近出现的现象。“如果日本人因为文化上的先天条件而‘自然而然’地愿意放弃自我而献身于一个大型组织的话，那么这些组织也不用如此努力地去灌输忠诚度和认同感。”[2]

人们期望工薪族积极地表现出对公司的忠诚。有很多方式可以做到这点。在20世纪60年代和70年代铁路罢工的时候，他们走路去上班；在20世纪80年代的时候，他们控制自己只休很少的假或是干脆不休假——而这些假期完全是他们所应得的。表现忠诚最常见的方式是上班上到很晚，或是在工作时间之外和同事以及业务伙伴在一起。这也就意味着他们花在家庭上的时间是晚上 11 点到次日早上 7 点。

当然，这种公司和员工之间的绑定，只有在员工没有其他地方可以提供自己的服务时才能得以维持。在大多数情况下，他没有这样的“其他地方”。虽然在企业界较低的层次中——比如小型的分包公司中——员工跳槽率通常保持平稳，但在工薪族的世界里，无论出于什么实际原因跳槽，也只有在最初几年才有可能，甚至他们从来没有跳槽的机会。

对这种人员不流动的“心理学”解释泛滥。尽管工薪族会毫无疑问地认为最好是待在同一家公司里，但更重要的因素是，跳槽几乎毫无例外地会造成收入减少、地位降低以及前途暗淡。大公司的政策是，除非这个调动一开始就出于公司的安排考虑，否则不接受来自其他公司的白领员工，要么就只能将他们安排在比原来公司职位低得多的职位上。

这个政策显然是一种政治条款，用来帮助工薪族维持对“忠诚”的敏锐感觉。在 20 世纪 80 年代，专业人才，特别是工程师和软件开发者构成的自由劳动力市场带来一些疑惑，因为对这些人才的需求远远超过了供给。这就使得经团联发表了一份报告，声明这种发展应该被认为是要加以限制的、不受欢迎的趋势。企业界的管理者毫不掩饰他们的愿望，认为工薪族应该保持对公司的完全依赖，就像是孩子依赖父母一样。

家庭主义意识形态

对精英管理者来说，工薪族对公司的忠诚是所有日本人与系统之间理想关系的象征。最常见的表达方式就是“公司即是家”。这种印象已经深入众多外国人对日本经济生活的评判当中。人们普遍相信，这种家庭式的关系是从有着几个世纪历史的心理偏好的传统中自然而然地演化来的。但实际上，这种“公司即是家”的观念是非常现代的，虽然日本家庭的社会政治功能，以及从德川时期继承而来的那种虚构的亲属关系已经为这种观念铺平了道路。

从与政治角度完全不同的社会经济角度来看，日本公司成为“伪家庭”绝非必然。明治时期的商业机构往往由非常个人主义的企业家来运作。那时对工人公然剥削并导致工业不稳定，更不用说造成显著的阶级差异了，哪怕是最轻信的观察者都无法认为家庭式的比喻能在那个时代为人所接受。

即便如此，工业中的家庭化组织也不是无中生有的。虚构的亲属关系已经普遍存在了几个世纪之久。另外，我们很快就会看到，德川幕府为每个家庭分配的社会政治功能，在某种程度上预示了公司具备的社会政治功能。还有一个更直接的模式，这种模式产生的背景，是明治时期的日本因企业精神迅速扩张而创造出活跃的劳动力市场。这个市场最早由被老板控制的工人团体构成。他们和老板互相称对方为“亲方”和“子方”。从字面上来看，就是分别担任“父母”和“孩子”角色的人。他们通过这种伪家庭关系绑定在一起，通过忠诚和顺从来交换所谓的恩惠。事实上，早期的工会无非就是这种亲方-子方的团体。在某种程度上，他们和如今的黑帮组织可以做比较——事实上，在19世纪和20世纪之交，这两个团体有时是有联系的。装卸工人和煤矿工人就是很好的例子。

由于大型公司越来越要求更精细化的技能，对工人运动的担心也日渐增加，企业家受到自己的需求以及政府的驱使，开始以形成永久雇员固定团体的目的来招聘并培训工人。即便如此，经理开始理解家庭观念还要再等几十年。在他们理解后，很多公司不再由具备独立思想的企业家来领导。“直接从大学中招聘而来的第一代官僚主义经理人，才真正采用了家庭主义这种概念。”[3] 要是没有这些商界早期的经理人，家庭主义的说辞恐怕永远也不会得到大众的接受。在官场中也有与经理人相当的人，也就是那些来自东大法律系的毕业生。他们与此同时也在颂扬一位仁慈的天皇统治下的“家庭式国家”的理念。但是，直到 20 世纪 30 年代后半叶，侵华战争让政府专注于提升生产力的工业计划后，“公司即是家”的说法才在全国普及，并伴随着与之相应的组织调整。日本著名的“终身聘用”制度中的一些特征，最早是在 1942 年由“重要事业场劳务管理令”引入的。[4]

“公”“私”领域

在战争时期，官员更容易对商界的经营者下达命令。在这一点上，日本传统中缺乏“公”“私”领域之间的区分反倒是帮了一些官员。两到三个世纪之前，从各个层面来看，日本完全是通过个人关系来进行控制的，这种关系也是复杂的家长式结构的一部分。地位最低的农夫和他的家庭，除了服侍地主之外，不知道还有别的权威。对地主和他的家庭来说，权威完全体现在处于他们之上的某个人物：大名的家臣。家臣又只向大名效忠。[5] 随着德川时期的经济生活变得愈加复杂，出现了自治的职业阶级和功能组织。即使是城市工人、商人或是手工匠人偶尔也会想到，权力还有别的来源，它不只来自自己的上级或行会，不过他还是不会认为可能会存在任何不带个人色彩的政治组织，或任何可能的国家的雏形，会对他的行为加以客观的评判。“公共”事务就是他的上级用心处理的那些事务的总和。

几百年来，政治统一逐渐得以加强，国家文化开始产生，但是没有平行发展出一种“从属于国家”的观念。如果日本人的思维中真的建立起这种观念的话，那么今天的政治态度很可能就会大不相同。有了“国家”的观念，人们就能想象权威有一个界限。这会让人们产生出这样的想法，画一张地图，然后标注出不同的公共和私人领域，这是判断公共领域在哪些方面并不必要或不应当侵犯私人领域的先决条件。如果没有这种知识架构来帮助整理自己的思想，那么对他来说，政治秩序和“社会”就完全是一回事。事实上，日本的知识传统一直没能区分政治领域和“社会”的差别。

理想的日本观念可以从对“我家主义”的否定中体现，工作场所、与基本家庭不同的多代家庭、学校或是俱乐部都不会被人认为是私人领域的一部分。显然，这就意味着公共领域可以一直侵入到个人心理这一底线层次当中。对许多日本人来说，家庭、朋友和同事并不能构成一个缓冲区，可以在自己面临政府或公司的权威时提供保护或是道义上的支持，身躯之外就是政治世界。或者也可以反过来说，整个世界就是一个“私人”世界，“家庭”紧张的关系和其他问题都将会导致道德上的败坏，这些问题也只能通过“个人关系”才能得到解决。

政治化的家庭

我们在此处将对第三章中已经谈及的一个主题进行更深入的检视，会很有启发：日本的“家”，以及德川幕府的“家”，与中国对应的“家”有什么区别。[6]和中国进行对比是有意义的，因为尽管这两个国家在家庭方面有着共同的儒家观念，但日本的“家”代表的社会单元与中国的“家”所代表的不同，前者较少由血缘关系决定，而更多地是由共同的经济角色决定的。当然，“亲属”家庭可能与“家”所代表的经济单元在很大程度上是重叠的，但一旦考虑到中日两国通过收养（过继）而进行继承的不同，两者之间的区别也就再明显不过了。如果家庭中没有一个男性继承人可以成为新的一家之主的话，中国的做法是从家族血脉中找到关系最近的一个男子，让他过继过来。但在日本，关键问题往往是继承人是否合适，即使是亲生儿子，如果被认定缺少必要的素质，他也有可能被剥夺继承权。[7]家庭如果出现儿子不适合继承或是没有儿子的情况，非常常见的一个解决方案是收养一名女婿，甚至可以过继一名年轻的姑娘，然后再为她找到一个合适的丈夫，这位丈夫可以日后再被收养，进入这个家族。这个传统并未消亡。我有一位挚友是一个僧人，他没有孩子。[8]他花了十年的时间想要收养一名年轻女孩，安排她和一位年轻僧人结婚，然后再让这个僧人继承他小小的寺庙，但最后没有成功。在日本，侍女、农夫以及类似的人群，被认为是“家”的参与者，而不在一个屋檐下生活的家庭成员反而不是“家”的一部分。相反的情况是，中国人一般会一直对家庭中的成员地位有种深深的感觉，哪怕是远隔重洋，过了好几代人之后依然会如此。

日本之“家”具有的公司特征并不是自然而然产生的，而是德川幕府强迫实施规则的结果，而这些规则是其精细的社会控制系统的一部分。大约在三个半世纪之前，家庭有意识地转化成一个政治单元。首先出现的是武士家庭，然后又出现了从事商业的富裕村落家庭和城市家庭。个人并不拥有财产，“家”才拥有财产。个人被登记为“家”的成员，领导人对他们负责。领导人对他的家庭成员还拥有着几乎是毫无限制的法律权力。

作为一个政治单元的“家”的重要性，来源于它形而上的特性。它不仅仅是一种社会便利；根据它演化而来的一套意识形态，“家”获得了存在的实体和来自一代又一代祖先的祝福（不管是真实的还是虚构的），而且只要有适当的继承，就能传承万代。家就像是一艘由神明启航的轮船，永远不会被当成废品出售：它是不断变化的成员之家，他们的神圣使命就是让船漂浮在水上并保持正确的航向。

对于掌权者来说，这真是一个适合合作的美妙单元。明治时期的寡头将法律上的“家”组织扩展到所有人口中的所有层次。在 20 世纪，直到 1945 年前，“家”具有培养道德公民的法律义务。[9] 战后的公民规范剥夺了家庭以及家庭领袖法律上的权利和义务，彻底废除了正式意义上的“家”的概念。但它依然存在于组织理念当中。

德川时期以及明治时期的早期，参与商业事务的家庭才是法律定义下的“家”。在 20 世纪初，随着经理人替代了企业家的位置，他们简单地重新采用了“家”的形象，并将这一本来是政治性的结构叠加到自己的公司上。今天，很多大公司都有自己的“祖先”，他们以充满传奇色彩的创始人总裁和他们的直接继任者的形象出现，经常为了数代员工的利益而留下某种“哲学”或是“道德”规范。有时，日本公司堆砌起华丽的辞藻来对其加以详细说明，通常是要人相信商业利润是日本经理最后才会考虑的东西。公司被描写成造福人民（如果不是造福全人类的话）的机构。实际上，有不少公司在他们的宣传资料中，会插入一到两行文字，描述他们为世界和平做贡献的理想。但最重要的是，按照公认的理论，公司造福员工，为了员工而存在。因此，公司期望员工以“真诚的努力”来回报之前经理为实现目标所做出的努力。

工作场所放在首位

从另外一个角度，也就是与西方经验相比的角度，来看看将家庭与工作场所等同所带来的启发。在工业革命之前，欧洲家庭是经济生产的基本单元，中国和日本也是一样。但随着工业化的进展，西方人开始在家庭之外的非个人场所找到工作：工作的职能开始从家庭单元中剥离出来。但日本在巩固了当今系统之后的过渡期内，出现了这样的一种情形，我们大概可以将其看作家庭职能从工作单元中的剥离。今天，我们说到“家”的时候，指的都是大型公司里的工作团队。在中国悠久的历史上，一直存在着宗族制度和中央政府代表之间的冲突。但日本人即使没有中央政府的特别刺激，也会展现出为了集体的经济追求而愿意牺牲个人和家庭的利益的态度。系统中各事物存在的样子，让工薪族别无选择。社会学家在无意之间得出了意识形态方面的结论：日本社会的基本组成部分是工作单元而非家庭单元。日本的统治精英对此非常满意。[10]

社歌与奉献

工薪族完全投入到公司当中。这就有必要树立起一个可靠的象征，让员工确信他奉献出来的时间、精力和个人利益，都是为了一个有价值的事业；建立公司这个组织的目的，肯定不能仅仅表现为赚取利润或是给员工发放生活费，而通常都要表现为其固有的价值。有时，公司屋顶上的神社可以提供一个空洞的但却是无处不在的暗示，这个暗示提醒员工要团结努力，继续公司从前辈到现在再到未来的征程。这么做具有精神上的重要性。大型现代公司的一个重要象征是公司的徽章，这让人想起历史上那些显赫之“家”的家徽（与西方的纹章类似）。有些公司和古老的商业之“家”一样，也有一本“宪法”，其中包括了信仰及其规定的义务。每个大公司都应该有自己的“社风”，也就是来源于问答式小册子讲述的理念中的“公司精神”。不管是谁去参观当代日本工厂，最后很可能都会拿到一堆折页和宣传册，里面展示了公司的特别才华以及传统，点缀着有关公众福利的陈词滥调。

公司的统一文化还通过集体咏唱社歌得到常规化的巩固。日立造船员工唱的是：

> 晨光初现，大和诞生。
>
> ……
>
> 制造精良船只，吾辈重任在肩。
>
> 日立造船，贡献国富。
>
> 吾辈吾侪，为之祈福。
>
> ……

活力四射，快乐无边，

日立造船，为吾带来。

……

以和谐而骄傲

以船舶连接世界，实乃吾辈心愿。

愿天神保佑日立造船。

日日进步，万世永远。

日本胜利公司的员工是这么唱的：

各地天才会聚于此，此地响起音乐。

文化精髓、科技成就。

胜利、胜利，我们的胜利。

国家的福利，家庭的和睦。

我们已经实现。

当代最高的科技，世界独一的骄傲

我们为完成使命而自豪，

……

我们的真诚之火铸就了产品。

文化精髓、科技成就。

建筑公司大林组的工人这样唱道：

让我们在天空架起一道彩虹。
只要我们满怀希望地建造，
建筑之歌就会回荡在明日的天空。
大林建设，建设世界。
让我们在地球上刻画我们的梦想。
新的事物将被创造。
道路由此出发，直到绚烂的黎明。
大林建设，促进世界。

丰田汽车公司的员工确信自己充满了：

追求阳光普照、绿色遍地的愿望。
我们用勇气与不断扩大的人际网络
走入新时代……
明天的我们将不断成长，
带着统一的思想和持续的努力。
我们的、我们的、我们的丰田。
带着世界的梦想、智慧和丰富的技术，
我们铸就了历史。
未来无限光明，
统一思想，迈开新步伐。
我们的、我们的、我们的丰田。

随便再挑另外四家公司，他们的社歌也基本上都包含着一样的内容。其中从来不会缺少诸如“未来更光明”以及“和谐”这样的说法。社歌中经常提到“属于一个大家庭”，帮助建设国家，下定决心完成目标——但这些目标通常只有很空洞的含义。很多社歌提到过去的那些人做了什么才创造了现在，也就暗示了众人有责任将这一优良成果传承下去。

确切地说，虽然日本的工薪族不会用集体祷告来开始一天的工作，但“朝礼会”确实给人带来这种印象。大约有 80% 日本公司都会举行这样的晨会。[11] 员工不断地参加会议、工作讨论小组、“质量控制团”等的活动。所有这些都有助于形成一种容易受到操控的个性。对公司象征、创始人以及公司理念的热情依附，咏唱公司的社歌，集体做体操……这些都是象征性行为，用来再次向员工确认，公司中有他的成员身份以及公司具有的培养能力。这些象征虽然抽象，但却很直接，让人很熟悉。这些陈腐的词句像咒语一样不断被重复，磨钝了那些至关重要的能力。这一切消耗了工薪族大部分的情感活力，让他们几乎没有任何心理余力在公司之外进行个人之间的交往。

顺从与等级

随着众多关于日本经济成就的大众读物出现，日本人对公司的忠诚度几乎变得尽人皆知。有必要在此从一个更清晰的角度来进行分析。大约在 100 多年前，西方人重新被允许访问日本。从那时起，他们就对日本人忠诚的力量有了深刻印象，[12] 直到现在，他们往往还会得出结论说，那是日本生活中的最高价值。这个结论是对的，但除非我们搞清楚日本式的忠诚真正包含了什么，否则就会被这个结论误导。

对上级的虔敬

我们先要说的是，日本的忠诚完完全全针对一个团体或一个人，而不是一个信念或一个抽象的概念。而且对系统可能会产生敌意的组织几乎已经完全被人从社会中铲除了，所以日本式的忠诚大部分被引导去支持已经建立起来的社会政治秩序。

忠诚通常会和“孝道”相提并论。这两个都是中国儒家思想的核心价值。日本的贵族很早之前就将其引进，用它来巩固自己的权力。孝道这一训导的影响力必然非常强大。B. H. 张伯伦在 20 世纪伊始这样写道：“日本人最喜欢的就是‘二十四孝图’。它记录了中国美德传说中古怪离奇的行为。”有一张图描述的是，一个人有一位狠心的继母，她很喜欢吃鱼。虽然继母待他很坏，但是他还是卧在冰封的湖上，用他的体温在冰面上化开一个洞，抓住了两条浮上水面来换气的鲤鱼。还有一位孝子裸体睡觉，这样蚊子就可以叮他而不会去叮他的父母。但我最喜欢的故事，说的是有一位七十岁的孝子，他穿起小孩子的服饰，在地上爬来爬去，为的是让他已经九十岁的父母产生错觉，相信他们其实也不是那么老。[13] *

明治政府不仅通过推广孝道来加强具有政治重要性的家庭道德，

---

* 文中所引的三个故事，在二十四孝中分别题为“卧冰求鲤”“恣蚊饱血”“戏彩娱亲”。——译者注

培养爱国主义，而且还颁下命令，声明（对长辈之）孝与（对天皇之）忠完全就是一回事。在此很久之前，政府对中国的道德系统做过大规模的政治修订。德川时期的统治者更是将道德翻转：对主人的忠诚才是最高指令，而对家人的孝道并不是。

日本早期的统治者将所谓具有天神血统的天皇搁置在一边后，就再也不能利用放之四海而皆准的原则来说服较低级别的领主追随并服从他了。这是个大问题。维持军事等级，在某种程度上解决了这个问题，这也设定了向政府效忠的标准。军事组织中服从上级的纪律和道德自动就会占据上风，为日本发展出对忠诚的狂热提供了一个理想的场所。在这样的背景下，忠诚几乎总是意味着对主人强迫性的盲目服从。在中世纪的欧洲，一位骑士可以以上帝之名抛弃他的领主，而且他还拥有特定的权利；封建制度建立在领主和家臣之间的相互忠诚之上。但在日本却正好相反，领主与家臣之间关系的“特征是只有追随者有着义不容辞的义务，他们不得不完全服从领主的命令”。[14]

今天，当代日本人对上级的服从一般不会再被当作是盲目的或是完全无条件的，但在大多数情形下，他们还是缺乏选择。如果大公司里的大部分员工觉得受够了现在的老板，他们还是别无选择，只能保持“忠诚”，因为如我们已经看到的，假如他们离职的话，就找不到另外收入可以与这份工作匹配的工作。即使在今天，对上级的忠诚也超越了其他公认的道德考量。1976 年，在调查洛克希德行贿丑闻时，一组高管持续精心地，而且非常明显地做了伪证，为的是“保护”那些接受国会听证的雇主。全国的电视观众都见证了这个场面。在论及“忠诚”的时候，这种场合下的系统化欺骗，在很大程度上得到社会的认可并广受赞誉。

忠诚这种道德，一旦在文化上得到极度赞美，在歌舞伎表演和一些当代电影中被歌颂，西方人会感到无法接受。比方说，为了救下领主孩子的性命，父母杀死了自己的孩子。但是，最重要的是，我们必须理解日本的忠诚道德，在本质上是一种服从式的道德。

忠诚的承包商

不光是日本的员工被迫对公司表“忠诚”，公司的那些小的承包商也别无选择。在大公司生意不好的时候，他们对承包商供应的零部件或半成品的付款就会减少或延迟。承包商只能接受这种安排。[15]

工薪族的世界以及它的关注点，也许设定了当今日本生活的基调，但它只不过包含了大约三分之一的工作人口。100 人到 1 000 人规模的生意提供了 16% 的工作，1 000 人以上的生意提供了另外 15% 的工作。而在这个世界之外，以“终身雇佣”（一般在 55 岁到 58 岁之间退休）为人所知的相对稳定的工作并不存在。但是，创业精神为工薪族的希望和态度提供了一条值得尊敬的出路；拥有自己的公司的梦想仍然非常普遍，这为所谓二元经济的生存提供了重大理由。大量中型和小型公司的存在支撑着大型集团的塔式等级，而在生意不景气的时候，这些公司都是可以被压榨的。

在日本，从事生产的工人所就职的工厂中，几乎有一半人数不到 50 人。它们往往不过是血汗工厂，男男女女每天要工作 10 个小时以上，甚至更长。作为承包商，他们制造零部件或装配成品，然后让那些著名的公司进行分配，这些小公司提供了廉价的劳动力，并且在经济不景气的时候承载了大部分的冲击。从 1985 年到 1987 年间，日元对美元的汇率翻了一倍，这些小公司被要求承担那些急于保持海外市场的公司所遭受的利润损失中的大部分。[16]

比起高度工业化的西方国家，日本这些小型企业的比例要高得多。在所有日本公司中，只有 0.2% 的公司雇佣 1 000 名以上的工人（虽然这个比例仍然相当于 2 000 多家公司）。个体经营者和家庭工人（主要是妇女）在日本劳动力中占了 29%。与之形成对比的是，英国这个比例是 8%，美国是 9%，西德是 14%，法国是 17%。[17 *] 经济盛衰之时，小型企业的适应能力对日本大型企业强大的国际竞争力是至关重要的。大量小企业的破产，由差不多同样数量的小企业开张来平衡；同一位企业家在另一个商业领域重新开张。在东京和大阪这样的大城市里的那些少有人到访的陋街后巷中，你可以听到咔嗒咔嗒声接连不断，那是数百扇木门背后的小型机械发出的。这和十年前、二十年前没有什么不同；但是，这些咔嗒咔嗒声如今所生产出来的产品已经完全不同。

小企业家拥有的自由是实实在在的。他们可以用自己的名字给公司命名，自己当公司的总裁。但是几乎三分之二的小型制造商在财务上还要依赖于某一大型企业，而后者可以决定小企业在什么条件之下运作。在这个意义上，小企业的自由就是虚幻的。也同样在这个级别上，“家”的比喻得以大量应用。“母公司”帮助承包商找到原料并提供技术支持，包括对机器设备的投资。通常情况下，它也不会转而寻

* 这些是 1982 年的数字。这些比例在近几年都上升了，比如英国的比例在 2017 年上升到了 15.1%。——译者注

找更便宜的承包商。但“子公司”必须接受它的角色，在经济下滑的时候扮演冲击的承受者。

系统在这里也同样起作用。它的包容同样明显地出现在众多中小企业协会以及这些协会的联盟当中。它们在选举时期支持自民党的候选人。官员有自民党在他们身后，帮助维系二元经济，不会用严格的规则给小企业增加负担；而最重要的是，官员给予它们正式的或是非正式的税收优待。大藏省有个中小企业部门，它协调本地银行复杂的融资支持体系，来帮助维系在更小企业中的等级关系。小公司团体中较大的那些成员深感对自民党负有更多义务，于是就帮助他们对更小的公司进行控制。

雇佣的等级结构

除了控制工薪族的思想和行为，日本企业界还以别的方式帮助维持系统中的秩序。公司之间的关系是高度等级化的，公司之间的联系也是如此。在承包商层次，等级更加明显。公司不会从人口的各个阶层中来招聘，而是非常狭窄地从被选定的分组中招聘。但这些分组源自不同等级的学校。因此，那些在集团和工业协会中有着自己等级位置的大型公司，它们通过所谓人口“分级”来进一步强调社会的等级顺序。

未来的员工对他们加入的公司到底是什么类型的并不感兴趣——做保险的也好，搞化工的也好。但是，他们对公司的排名却特别感兴趣，因为这直接决定了他们自己在社会中的地位。同样，工薪族的员工也不太会担心他加入的公司有多成功。在西方和大多数非日本式的政治经济中，诸如盈利能力这样的经济因素决定了公司是否取得成功，但在日本，成功更多地是由政治因素来衡量：公司的大小、市场份额以及与此相关的公司在等级中的位置。

日本公司帮助维持社会秩序的另一个方法，是对妇女采取系统性的歧视。女性是劳动力中的重要组成部分。超过一半的已婚妇女通过全职或兼职工作来补贴家庭收入，她们通常会在承包商的公司里工作。但是，这些职业女性为系统提供了一个巨大的、相对廉价的劳动力供应池。她们之所以廉价，是因为那些目的明确的公司政策，这些政策因为有“日本社会习俗和传统”和官员的支持而得到了明确的允许。从18岁或20岁开始，女孩们在服务行业或办公室里工作；然后，到了她们二十几岁的时候，就结婚、退休。很多人在三十几岁，养育了一两个孩子后，又重新回到劳动力大军中来。大多数办公室女性比她们同年入职的男性员工少赚10%甚至30%。她们回来工作后，她们无法和男性一样在“终身雇佣”体系中要求获得前辈的特权。她们通常以“兼职”的身份得到聘用，但是她们可能与男同事工作一样多时间却只有一半的报酬，而且几乎没有任何额外的福利。

让女人待在适合她们的位置上

在20世纪70年代，在一些激进的女性雇员提起诉讼后，大部分大型公司在年轻女性达到“退休年龄”或结婚以前，不会立刻解雇她们。[18] 但是要她们“自愿”离开的压力几乎总是无法抗拒。除非她们为银行、保险公司、政府办公室、百货公司或是外国公司工作——这些组织确实为女性提供了职业发展——否则女性雇员到了 25 岁的时候，就必须找丈夫或是找到另外的收入来源。

从 1985 年春开始，日本有了《雇佣领域确保男女机会及待遇平等法》(简称《男女雇佣机会均等法》)。其本质是要求日本公司“试着”平等对待男性和女性员工。法律并未规定如果不这么做会有什么后果。而法律的最终文本——也是在官方指导下审议会多年讨论后的结果——被普遍认为是资方的一次胜利。这个法律是日本为了维护国际形象所能做到的最低限度。法律通过得很及时，正好赶上联合国通过了《消除对妇女一切形式歧视公约》。

日本女性在经济进程中的地位是个问题，只有通过来自激进团体的压力才部分地反映出来。1985 年已婚女性的就业人数相比于 20 年前翻了一倍，“蜜月宝宝”现象大幅降低，离婚率仍然很低，但却有了渐增的趋势——这主要是因为妇女有了追求自己职场发展的动机。为了平息这种紧张和压力，官员们积极地支持由大众媒体和著名“社会批评家”勾勒出的“传统”日本家庭的形象。那些严肃的杂志对下定决心加强均等法实施的解放人士做出了激烈的反应。我们得到的结论是，日本“文化”的延续确实出了问题。[19]

虽然在现实中，日本的传统从来就没有对职业女性说不，而且如今大部分已婚职业女性不得不帮忙贴补家用，但是在官方认可的“完整”家庭的写照中，毫无例外地表明适合女性待的地方还是在家中。日本向来很注重传统固有形象，对已经建立好的恰当的女性角色加以强调就会特别引人注目。这种强调扩展到端庄文雅的举止、故作天真的可爱、比自然语调高上一个八度的“温柔”嗓音、性情总是那么充满关爱和充满母性。工薪族世界中的女性典范是南丁格尔和财务部长的混合体——因为女性几乎总是完全负责处理家庭收入。对于女孩和女人来说，超级聪明是个负担，必须对此进行伪装。在电视节目或是漫画册子中，女性经常被人巧妙地贬低，有时还会被人不那么巧妙地贬低。很多书店里有一个 SM 区，其中最受欢迎的是那些印有女性被捆绑成一团的图片的杂志和书籍。1985 年，文部省文化事业总干事三浦朱门引起了一个小小的争议，因为他在若干杂志的文章中写道，虽然强奸不是绅士行为，但如果施行在那些现代年轻女性身上也不能算太坏，反正她们的道德准则已经荡然无存了。

当然，也不全都是负面情况。日本女性在法律上获得解放的最大进步，是在美国占领方的促使下取得的：作为犯罪行为的通奸，从法律文本中被删除了。在旧的法律文本中，为了和儒家观念保持一致，认为只有妻子通奸才算犯罪。另外，看起来毫无疑问的是，大量紧闭大门的家庭背后，日本的妻子们是家庭中更有权力的成员，被公司束缚的工薪族男人和他的妻子一样可以利用这样的解放。但是，大量漫画书和电影，以及电视台中播出的众多肥皂剧，将对得体行为的期望深深地植入家庭中。在所有播肥皂剧的国家中，那些肥皂剧往往都支持标准的社会道德观念，但是日本的肥皂剧一般对不遵守者表现得更加严厉。有事业心的独立年轻女性，如果坚持走自己的道路而超过了一个临界点，她将会面临各种各样的阻碍和灾难。快乐的结局总要符合这些不成文的规则：工作、婚姻、生育、照顾年老的父母和公婆。这些标记了日本女性生活的恰当阶段，几乎毫无例外。

不被代表的中产阶级

我们已经看到，日本的乡村如何与系统进行关联，医生、教授和小厂家也是系统的组成部分。相对独立的人是那些商店主、美容沙龙的经营者、艺术家和其他一些人。但就算是商店主也经常被绑定在由厂商控制的经销商协会上。而在其他领域，协会的数量也非常多，并且常常对成员提出相对较为严格的要求，并命令其成员遵守。但没有哪个类别的自由比工薪族的自由受到更大的限制。

通过工薪族的生活和所有的组织，系统对日本大众施加了最有效的经济控制。与其他工业化国家对比最鲜明的是，日本没有任何劳动者力量可以作为抗衡的组织，因为对于工薪族来说，几乎就不存在劳动力市场。

大多数工薪族都是城市消费者，他们拥有相对较多的储蓄，这些钱继而进入企业联盟渠道中经由资本投资，在保持经济“奇迹”中扮演了一个关键角色。在20世纪80年代末期，也同样是这些工薪族被系统性地剥夺了购买低成本的进口产品机会，却要为几乎所有日常必需品支付比西方工业国家中那些消费者所支付的高得多的价格，从而不断补贴日本的出口工业。

在大部分其他国家中，中产阶级的兴起扰乱并从根本上改变了政治关系。而在日本，这一令人不安的影响被最小化了。不管工薪族对系统的生存可能有多重要，可悲的是，始终没有代表工薪族利益的组织。住房政策被忽视的其中一个原因是，自民党在其中看不出对选票的好处。[20]我们在第三章中已经看到，工薪族的太太们发起的消费者运动如何被系统化地隔离和破坏。在第四章中，我们看到某种形式的敲诈勒索（高利贷）如何在政府支持下得以重组，但政府关注的不是消费者利益，而是大型高利贷公司、大藏省以及政客们的利益。

所有将工薪族的政治潜力组织起来，包括建立起一个工薪族党派的努力都失败了。公司主宰了每一个工薪族，让个人没有足够的时间、精力和想法成为一股政治力量。工薪族被认为是日本的新兴中产阶级，但这一白领阶层从来没有成长为资产阶级，并成为对日本传统政治体制的威胁。

工薪族文化的制造者

为了让日本人民既有“马戏团”又有“面包”，日本形成了一个巨型的产业。日本的大众文化是被定制的，为的是保持工薪族世界的井然有序。它的特点是缺少任何可能激发政治想象力的东西。严肃的、揭露社会和政治问题的日本电影早就消失了。从20世纪60年代开始，日本的制片厂（它也是系统中很大的一部分）就开始根据僵化的公式做些微小的改动来出品完全能被猜到的作品。东映与山口组这个犯罪辛迪加一直有着密切的关系，它出品了数百部电影来称颂传统的黑帮“道德”，也带着民族主义倾向拍了大量战时和战后历史的电影。每年也许有两到三次，一位较为独立的导演会拍出一部有质量的作品；即使这些作品对当今的社会现实进行了讽刺，也不能对其起源做出任何含蓄的分析。日本的先锋派电影小组有时声称他们是在做出“政治声明”，但其含义既晦涩抽象又毫无分量。

大众文化组织

日本流行文化中的一个关键因素是其商业组织的成熟，它没有特立独行者的空间。电影导演大岛渚就是一个例子。他是为数不多的能让自己严肃对待 20 世纪 50 年代和 60 年代的学生运动、在日本生活的韩国人面临的困境等社会政治问题的导演之一。到最后，他被排斥到日本电影工业的边缘，甚至到了只能靠海外投资为自己的项目提供资金的地步。即使是严肃的艺术界也是组织严密的，地位决定收入。日本的画家、出版商、音乐家和舞台演员都被绑定在相比西方来说更加等级森严、禁忌重重、僵化死板的系统上。

不需要公开的或直接的政府约束，就能轻松地完成对日本大众文化的控制。日本人不管聪明与否，都不大会对文化做出贡献，除非他们受雇于娱乐行业中排得上等级的公司，或是与这些公司的高管有某种关系。这个行业讨厌所有与社会政治预期有哪怕一丁点相悖的想象。照片或电影场景中出现阴毛的时候，警察才会出动。其他一切与大众文化相关的东西都可以得到控制，因为出产这些作品的“私人”机构，都和不少精英团体有着非正式的关系。这些团体包括电影电视制片厂以及大部分巨型报社和出版社。不过，最好的例子恐怕要算广告界，其中最特别的是电通这家世界上最大的“广告代理商”。

媒体的幕后老板

电通直接或者是通过承包商群体塑造流行文化。在这点上，它做得比世界上任何一个地方的任何一家公司都要强。它还组织展览会和教皇来访等大型活动。它具有高度的政治活跃性，这点我们很快就会谈到。

电通直接掌管着三分之一的日本电视广告，它几乎垄断了黄金时段广告商的安排，更不用说通过它的众多子公司和外包公司所施加的影响了。在其羽翼之下，有大约 120 家制片公司和 400 多家外包的图形艺术工作室。广告商如果希望在晚上 7 点到晚上 11 点间的电视节目中插入广告，他们就几乎没有选择，只能通过电通，因为它控制着对这些广告商的挑选以及大部分节目的内容。

节目制作人开玩笑地将电通称为“筑地编辑部”（筑地是电通巨大的总部所在地）。[21] 它能扮演这个角色是因为在日本业务量往往直接与政治的影响程度相关。在这样的情况下，能得到电通的考虑被认为是一种特权，广告商往往会遵照电通的指示而不是反过来。对于商业电视频道来说也是如此，因为它们也高度依赖于电通。

结果就是，电通对日本电视文化内容的影响力完全不同于世界上其他地方通过大众媒体所施加的社会控制。这具有巨大的政治意义。日本对电视毒药的应用如此成功，是其他地方比不了的，其他地方也不能如此坚定地培养对电视的痴迷，饭店、商店、观光巴士甚至出租车里都有电视机。很少国家（如果还有的话）会对自己电视节目的总体质量感到骄傲，但是全球的文化沙漠中总有灾难大一点或小一点的地方。有时，NHK 会播放一个严肃的节目，允许记者就社会问题提出真正的问题——特别讽刺的是，这是与官方有着最直接关联的电视台。但是日本的电视节目，多数是在 NHK 上播放的伪学术的、经审核的、小心翼翼的不至引起争议的“严肃”作品，和各个频道中夸张放大日本传统习惯的肥皂剧，以及空洞至极的综艺节目。

问答节目和业余歌唱比赛是从外国节目那里抄来的，但在日本，这些节目达到了无脑娱乐的顶峰。流行“明星”是批量生产出来的；他们的“职业生涯”很少能持续两年以上，他们也夸张地反映了西方娱乐圈人士只靠名气出名的现象。[22]

评价这种事情在国际上没有普遍标准。但是，如果说大部分西欧国家和美国的电视节目适合心理年龄 11 岁或 12 岁的观众的话，那么日本节目适合的是心理平均年龄 8 岁或 9 岁的观众。电通是决定日本日常娱乐质量的主要机构，它成功地将几乎所有东西缩减到“最小公分母”。虽然在别的国家也存在着出品无脑娱乐的机构，但我们在日本面对的是这么一个组织，它拥有几乎战无不胜的力量，能把其他人都排除出局，限制或阻止较高质量的流行文化的发展。

电通权力封闭圈

电通处理着全日本广告预算中的大约四分之一；它将其中超过了五分之一的广告放在主要报纸上，将接近三分之一的广告投放在比较重要的杂志上。其余四分之三由 3 000 家较小的公司来处理，其中最大的八家公司的销售总额与电通相当。相比之下，美国最大的广告代理商扬罗必凯（Young & Rubicam）只占美国市场 3.46% 的份额（1986 年）。电通收取比小代理商更高的提成，而且还可以设定付款条件。它可能还会要求新办的杂志免费为其刊登几次广告来作为测试，效果好的话才会考虑将杂志作为广告投放渠道；如果杂志不配合，电通有足够的影响力砍掉杂志现有的广告收入。[23]

电通战无不胜是因为它的人脉。它的雇佣政策一直以来的目标就是维持并扩展这么一个圈子，圈子里的人都是电视界和出版界高管的儿子，加上特殊客户以及职业后台调停者们的儿子。它的雇员等级系统反映出公司认为这些雇员能在多大的程度上与客户、政府机关、广播公司和出版商培养关系。[24] 一位电通的高管曾经这样说过，这是通过“劫持人质”来维持与大赞助方的有利关系。[25]

反过来，电通也向主要报纸、国家及地方电视台[26]、其他与大众媒体相关的公司以及自己的子公司输送总裁和高级管理人员。电通人员的一个着陆点是“视频研究公司”（Video Research Company，简写为 VRC），一家评估电视节目受欢迎度的收视率调查机构。1962 年，在美国的尼尔森公司将电视节目评级系统引入日本（世界上第二大的电视市场）两年后，电通成立了 VRC。如果官员们不喜欢某个电视节目，电通就可以利用这个机构把节目砍掉。比方说，曾有一个节目叫《审判》，关注的都是有争议的事件（如部落民、文部省对学校教科书的审查、有关税收系统的问题等）。它被撤档了，据说是因为收视率很低。[27]

在其他国家，广告代理商只是中间人。而在日本，电通往往可以决定公司必须如何做广告，以及在哪里做广告。在美国这样的国家，商业电视是大产业，会有一家独立的评级机构来判断节目取得了怎样的商业成功；而在日本，这一功能保留在电通手中。

电通的地位使它能对大公司进行恐吓，因为它既能揭露公司丑闻，又能再将丑闻掩盖起来。另外，公司很少敢更换代理，因为有传言说，电通会向官方举报这些公司业务中的种种违规行为。[28]

电通能帮助大型企业避免经受消费者的审查。一位电通高管曾在一次演讲中得意地说，《读卖新闻》在邀请消费者活动家拉尔夫·纳德

（Ralph Nader）访日后，注意到了电通的警告，于是就拆分了一个计划好的双页特别报告，并对其各个部分进行隐晦处理。与此同时，《每日新闻》也在电通的指令下，发表了一篇较为“温和”的有关消费者运动的报道。[29] 电通有能力向媒体施加巨大压力，让他们不报道，或是轻描淡写地报道那些可能会对电通客户名望产生危害的事件。电通在 1955 年对森永乳业株式会社出品的奶粉中出现砷污染消息的控制，就是一个很出名的例子。另外就是 1964 年至 1965 年间，电通封锁了因服用大正制药株式会社感冒药而导致死亡的新闻。日本共同社的一位记者这样回忆道：“服用该药而死亡的消息只要一到我们手里，诸如电通这样的公司就开始向我们施压，要我们不要报道，或是不要提及这家制药厂的名字。有时他们会给我们打电话，但有时会有一位高管来拜访我们。”[30]

周刊会针对那些可能对电通大客户造成负面影响的报道进行某种程度的自我审查。在发行之前，他们也做好了承受压力的准备，因为电通通常知道即将发行的刊物的内容。[31] 电通会购买某杂志广告版面中常规的那些页面，保证杂志有常规的收入而不再有自己去找广告商的必要。[32] 这个系统让电通有了更多的影响力。它在审查行业的成功，不光来自它的财政影响，还因为它曾经与占垄断地位的同盟通信社合并，在 1936 年到 1945 年间政府提供宣传工作，也还因为它与日本的两大通信社（共同社和时事社）有着非常密切的关系——而这两大通信社都派生于战时的同盟社。[33] 交叉持股更是加强了这种关联。[34] 电通随时知晓共同社处理的新闻，更可以立刻代表它的客户与地方报纸进行交涉。[35]

传递官员的声音

这一媒体机构的另外一个主要功能，是通过“民意调查”的帮助来强化“传统价值”，并为官员和自民党进行公关工作。它为首相官邸和自民党收集情报，通过带有倾向性的调查制造出“公众意见”。它还负责更加复杂的自民党竞选活动。它进行有关争议性问题（如原子能发电的安全性）以及与各省项目相关的宣传工作。它在20世纪70年代末，通过协调政治运作，罢免了一系列反对派的市长和县知事，还发起过运动，用以抵抗具有政治意义的当地消费者运动和环境运动。

为官员和自民党所做的这些工作，主要是通过电通的“九局”完成。九局设有相关部门，这些部门对应了建设省、运输省、农林省、邮政省、文部省、大藏省以及首相官邸。经过官方私有化但实际上几乎毫无变动的公有公司，如日本电报电话公司和日本铁路，也由九局来处理。九局吸纳了首相官邸超过三分之一的公关预算，吸纳各省差不多40%的公关预算。[36] 电通对自民党公关预算如何使用，也几乎拥有着垄断权。

自民党和电通之所以能维持如此真心的关系，一个原因是电通的垄断权力让它能从商业客户那里收取非常高的佣金，于是总是缺少“政治资金”的自民党就不用付出太多，更不用立刻就付钱。1972年，在田中内阁刚设立后不久，九局就成立了。一年后，电通发布了一份令人难忘的报告，即《自民党公关回顾》，其中有些论断经常被引述，即尽管自民党已经通过记者俱乐部系统与日报记者、电视电台等建立起非常有利的关系，但它与那些由报社出版的周刊之外的重要周刊的关系，还不是很充分地基于某种“固定规则”。

系统的宣传家

日本第二大“广告代理”博报堂（其销售额约为电通的40%）在官员中，特别是那些金融领域的官员中也得到很好的安置。这是可以理解的，因为这家公司连续两任的总裁以及其他若干管理层人员都是大藏省的空降官员。[37]

在为官员们做政治宣传的小型机构中，最有意思的是非常活跃的“东急社”。电通通常是通过官员接收指令，而在中曾根康弘作为首相的时期，他会直接打电话给东急社下达命令。联系如此紧密，是因为东急社的大老板五岛升直到1987年都同时担任着日本商工会议所会头，此人是中曾根在东大的同学。这也是五岛人脉关系的最高峰。[38]

东急社最大的一次任务，是进行一场与引发争议的建国纪念日相关的庆祝活动。这是中曾根倡议的，作为他清除战后禁忌计划的一部分。它合作参与的另一个活动规模更大，那是和中曾根行政改革计划相关的全国范围内的宣传活动。[39]该活动形成一个施压团体，支持家庭主妇协会在国会大厦前举行游行及示威活动。在1983年3月的某次活动中，它成功地发动了15 000名“抗议者”。东急社做这些大型活动是赔钱的，但却通过这些活动巩固了关系，让它成为发展最快的“广告代理”。

这些主要“广告代理”的角色就是系统的仆从。这极好地表明，要在日本的私营、公立领域划分界限是不可能的。如果继任的自民党政府准备提出的“政治平台”听起来很像是广告文案的话，那是因为他们用来替换政治思想的口号确实是由上述这些代理中的某一个炮制出来的。

人们经常会问一个问题：商界和政府之间是否有勾结？在谈到电通、博报堂、东急社的时候，这个问题并不切题。如果与政治相关的团体想要破坏这些公司所依赖的系统，那他们会无动于衷地旁观吗？这是无法想象的。

第七章

人民的保育员

“战斗精神”，强制性的集体主义，在意在公司里的地位，或更明确地说，在意雇员作为“家庭”的一员所得到的专属待遇，以某种方式阻碍独立个人的发展……“工薪族生活”显然会让人回想起军队传统。确实，大部分日本人在生活中会受到严格的管制。日本是世界上唯一一个在宪法中被剥夺了发动战争的权利的国家，它的官方发言人严肃地表明，日本可以教会世界怎样去热爱和平，日本正式地对使用军事力量表示谴责，而不管战争发生在何时何地，以及是谁动用了军事力量。但讽刺的是，这样一个国家却经常让人想到军事组织。高中学生像20世纪初的普鲁士军人那样穿着黑色制服，剪成军人的发型。这些都只是表象。强调集体锻炼；为了操练而不断操练，远远超出了对提高技能的需要；社会对“頑張る”（不放弃，毫无理由地坚持）的认可；对思想单纯的年轻人努力的“纯洁性”加以富有情感的强调；柔道、空手道、剑道和合气道等训练中斯巴达式的纪律——所有这些都代表了用军事化的方式来管理社会秩序。自我控制、忍耐的美德以及忠诚，日本人被灌输了这些品德的重要性。这些都是战士必须培养起来的最重要的品格。

如果有人认为在历史中，日本大部分时间都是由战士进行统治的，这种想法也不会令人吃惊。几个世纪以来，军队为得体行为提供了主要榜样。德川幕府是武士政权，它维持着某种类似军事管制的统治。随着时间推移，它演变成一个官僚政府，其中包含各种意识形态和特权统治阶级。但是，它理想中的社会纪律仍然是军营里和战场上的那一套。

仁爱的力量

在德川日本的城市之外，生活似乎不能为普通人提供任何持久的快乐。大多数封建领地里的房屋风格都很压抑。有些大名的统治极端严酷，他们仇视外来人，监督子民的一举一动，禁止他们与从其他领地来的人有任何接触。但尽管如此，还是存在着一种儒家的仁爱观念，它适用于任何有权力的人。虽然没有哪个上级会受此约束，但在历史上有不少仁爱君主受到广泛赞扬的例子，这就为大名和武士提供了一种动力，促使他们尽己所能地表现出宽宏大量。同样可以理解，仁爱的政府看重农民的生产力，因为这是政治系统的经济基础。[1]

明治维新之后，宽厚的姿态带上了明显的政治目的。大部分明治寡头政府的大人物都接受了这样一种观点：偶尔接受公众的愿望是有必要的。山县有朋是早期政党的主要反对者，他创造了大量的官僚机构和军事机构。就算是他也能明白，如果单纯地削弱政党而又不加以补偿的话，就不能“消除让人民容易遭到塞壬歌声诱惑的那些因素”。[2]山县认为，文部省可以处理社会控制的问题，但这要在当地政府得到改革之后。明治时期的统治精英在政策方面灵活又务实，是缓解人民的压迫感的能手，只要让政策符合“家长式独裁统治”中的“家长”一面就行。[3]

这个战略很有效。最强大的反对派运动——自由民权运动，呼吁帝国承诺召开国会、进行公开的政治讨论[4]——失去了势头，从此时开始它注定只能鼓舞几十年后同样没有效果的政治抵抗运动。明治时期的寡头政府及以后的政府深知，只要有可能，就要用宣传的力量替代直接的压制。官员不喜欢与那些政治挑战的源头或潜在的源头发生正面战斗。相反，官员通过提供“指导”和官方的帮助来削弱他们。因此，在 20 世纪早期，改善心怀不满的工人们和其他显然处于弱势地位的团体之境况的组织匆匆建立起来。到了 20 世纪 20 年代，负责劳工政策的内务省官员推动发展了工厂法和工人健康保险，这在某种程度上缓和了商业公司剥削的后果。[5] 当然与“仁爱”相随的，是对“危险思想”的压制。不过我们很快就会看到，即便是压制，也还有很大的宽容。

如今，那些以政府、警察和检察官（他们和税务官一起最明显地提醒我们，存在着某种形式的政府）之名，行使与个人利益无关之权力的人，已经把宽容的习俗变成了第二天性。但有一个条件：接受方必须反过来承认已经建立好的社会秩序所带来的好处，政治异端邪说将受到严厉制裁。

保姆、监督者和传教士

在 19 世纪 70 年代日本警察形成的时候，人们就意识到，他们与挥动着刀剑的武士前辈不同，不能光靠恐吓来让大众服从。川路利良是东京警视厅第一任长官，也是现代日本警察系统的规划师，他简明地总结道：政府应该被看成是家长，人民是子女，而警察则是这些孩子的保育员。[6]

这一观点不像听起来那么牵强附会。川路在1872年作为众多明治学习团成员中的一员来到欧洲，见识了巴黎的警察。他紧紧追随并扩展了法国的模式。巴黎的警方——那时是最受国际尊重的警察——执行着各种附属功能，如落实健康条例、给妓女发放执照、对范围广大的商务行为加以监督等。[7]明治时期的警方在公共管理上的重要性可以从1880年的雇员数量上看出。当时东京都市区县级和市级官员的数量只有912名，而警察局的人员数量却有4 400名。直到20世纪20年代，这些数字才开始平衡。[8]日本警方监督健康条例的执行，可以颁发众多行业的执照和许可。他们也监督出版界、剧院和政治聚会。

川路的一个主要提议是，负责监督社会如此广泛方面的这些人，应该有一个属于自己的部门。成立于1873年的内务省一直是最强势的官员机构，直到战后它才最后被分割为厚生省、劳动省、建设省和新的自治省，来监督当地政府以及警察厅。哪怕是在今天，这些官僚机构仍然认为自己的角色部分地继承自它们这位强大的前身。[9]

进入20世纪，警察的一个重要功能是监督可能会引起暴动的新型关系，也就是早期企业家跟他们在工厂和建筑工地中雇用的劳工之间的关系。乡村警察的办公室和住所合一（称为“驻在所”），通常就建在工厂内，并由一位企业家资助。企业家有时甚至会支付这些警察的工资。于是警察实际上就成了厂内警卫，对劳工的骚动进行威慑。[10]

当然，直到1945年，日本警察仍然负责对政治异端邪说进行压制。后来出现了一个精密的情报收集网络，间谍遍布在平民人口中，让这个工作更加简单。在上门家访的框架内，所有日本人都经常受到检查。警方每年召集一次重要的家庭和有地产者，每年召集两次没有资产的人，而对无业游民和可疑公民，每年要召集三次。不过，就算是在严厉压制任何可能扰乱现有秩序的情况时，警方也意识到宽容与和解才是让日本国泰民安的最佳途径。即便在令人生畏的“特高”（特别高等警察，后来被称为“思想警察”）通过1925年《治安维持法》而获得巨大权力之后，有“错误思想”的人只要表示后悔，就不会受到严厉的对待。他们放弃自己的信念就能免于被起诉，然后在官方的帮助下找到一份工作，平稳地重新融入社会。[11] 这一过程很成熟，会让嫌疑人“转变信仰”，相信天皇治下“家国”的仁爱。它得到了法务省的积极支持，并以“转向”（最好的翻译是“叛教”“脱党”“变节”）而为人所知。

友好的邻家警察国家

占领军当局在二战之后解散了内务省，这一做法带来了警方行为的巨大变化。如今，警察很少对个人过度傲慢（这与他们通过扩音器和高音喇叭向公众发出劝告不同）；他们通常会融入自己巡视的片区，培养出一种友好而且有益的行为方式。

城里的每个社区都有“交番”（警察岗亭）。这是根据柏林城市警察中一位警监的建议在1888年引入的。[12] 在乡村则遍布着驻在所，本地警察和他们的家人就住在这里。交番可以在许多事情上（从找不到地址到照顾生病的宠物）提供信息。所有人还会每年两次接待来自交番警察的家访，后者利用这样的机会搜集邻里八卦，并就任何“不寻常的行为”进行质询。众多身在东京的外国人不受这种家访的打扰。但是，我为了写这本书而搬到乡下一个月后，一位附近乡村驻在所的警察就登门拜访了我。

通过住所登记、家庭登记（对日本人）和外国人登记（对外国人），以及观察相互关照的街坊邻里，警察很容易跟踪大多数人的行止。这对进行精细的社会控制也有很大帮助。日本人更换工作的范围非常有限，这也在很大程度上让社会保持在被监控的状态中。在住宅区，警方信任的熟人会仔细观察背景不明的新来者。如果某个家庭要是发生了什么麻烦，警员可能会早于一年两次的常规访问时间而提前到访。有好几起贪污案就是这样被人发现的：邻居注意到有人不停往家里运冰箱、电视、汽车等等。[13]

警察喜欢整理轻微违规行为的记录，特别是整理那些在社区中名声不大好的人的记录。这让他们有借口要求此人在任意时间前来警局接受盘问。我就有一次被传唤到警局，而根本想不出是什么原因。等着我的是一封我写的道歉信的复印件。那是我四年前重返日本时，因为迟了一天去我居住的东京区的办公室登记而写下的。由于登记的截止日期正好是公共假期，也由于我的书面解释和道歉充满在此类情形下应有的悔意，我实在想不到还会再看到这份东西。但是，这位友好的警官采集了我所有的指纹和掌纹，问了一堆似乎毫无关联的问题。之后事情就明朗了。原来他们是为了一桩完全不同的事情才来找我的。最有可能的情况是，这件事情牵涉到我的一个朋友，而且正好在我抵达警局之前刚刚解决。[14]

也不是所有的公众都对警察表示尊敬。在某种程度上，他们还是会感到害怕。但是，尤其是在乡村，人们会给他们带礼物，请他们吃饭、参加酒宴。而在城里，警察可以信赖大量的热情线人：在小小的窗口出售香烟并监视街上生活的人，或社区中值得尊敬的成员（如医生和牙医），他们的数量也许是巡警数量的两倍。还有数以千计的基于邻里组织和职业团体建立起来的义务防范犯罪协会，它们都结成了联盟。

有一次，在某个周六的下午，我和一小队中年家庭妇女一起，巡视东京主要娱乐区之一的街道。她们都受过训练，可以很快就认出来自郊区的青少年，然后走上前去盘问；谈话结束时通常鼓励他们乘坐下一班通勤列车回家，远离城市里等待着无辜年轻人的诱惑和陷阱。在众多西方国家，这样的交流最起码也会导致对方爆粗口。而在日本，这些年轻人低头鞠躬，喃喃地感谢这些预防犯罪的女士给出的建议。

当今警察仍然重视给所有公民当保姆的作用：

> 实际上，警察的做法似乎在让他们扮演社会工作者或牧师的角色。他们调查可疑人员的背景，试图确定他为什么会变坏。他们会让嫌疑人相信，本质上他其实是个好人，只是犯了错而已。如果警察在审讯时对他吼叫，他们发怒不是因为恨他，而是因为他是个好人却犯了错，还不愿意承认。[15]

你不需要成为罪犯才能获得这样的看护式关注。交番或巡逻警车的高音喇叭突然以劝解的口气发出指令时，你就会发现这种关注。在一些小型城市的公寓楼地区，警察可能会在早上 7 点通过有线广播系统向大家道早安，为健身操和鼓舞人心的演讲配乐，提醒大家小心各类事情，让大家感觉到自己是社区的一分子。

唠唠叨叨、爱下命令的保姆

公众往往会遵从警方的指示，而不管这些指示其实毫无必要也太过专横。行人走在只要跨上一两步就能到对面的狭窄街道上，或是走在因为被封而根本不会有车辆通过的街道上，往往也会等待其实完全多余的红绿灯变绿。

每年樱花盛开的季节，在东京的上野公园内就能看到人们如何容忍警方的干预了。公园吸引了大量的聚会团体，主要是办公室白领。他们会坐在樱树下铺开的垫子上，野炊畅饮，一边唱歌一边拍手，和谐一致得就像是在公司聚会时一样。但是，警察也为自己标出了一大块领地，并用他们的扩音喇叭公开地进行规劝和警告。这一切会持续到晚上 8 点 30 分，狂欢到了高潮的时候，警方开始呼叫：是时候回家了！令人称奇的是，不到 30 分钟，公园就几乎清空了。基本上所有人都会遵守规则——即使这是警方任意制定的规则。实际上，该公园全天开放。

还有一个警方瞎干预和公众盲目服从相结合的例子。这种情形经常发生在拥挤的主干道上，当积雪已经开始化成污水的时候，沿路会设有点亮的警示牌，巡逻的警车则会命令司机装上防滑链。几百名司机听命停车，开始笨手笨脚地遵命照办（而且往往是摸黑）。但这么做只会损坏链条和他们的轮胎，更不用说对道路造成损害了。

日本人，特别是住在城里的日本人，一直会有一种“自己不是公民而只是一个臣民”的感觉。他们生活在一个哄骗与劝解的环境中。一直有人警告他们有危险，提醒他们做事的正确方式，并对他们加以轻微的责备。川路所说的“人民的保育员”变成了永久的导师。巡逻警车上以及较大交番上安装的高音喇叭，会让人想起一位忧心忡忡的母亲说，有些东西总是很“危险”（危ない）。语调中隐含的痛心疾首，进一步加强了警察与一位日本母亲的相似之处；街上的行人会有自己就是那淘气孩子的感觉。

在几乎所有赶路的工薪族每天都要经过的车站内，不断重复的广播宣告着大部分无用的信息，有如声音制成的鞭子，驱使通勤者做这做那，好像不这么说的话，他们就会堵塞通道和月台似的。这和无处不在的警方劝告每天都展示着工作场所之外的权威。这样的侵入只是听觉上的；没有人会被揪住领子抓出来，也没人用手电对着人脸直照。但是，所有人都会得到如此温柔的提醒：在这个世界上，权威无所不在。

针对司机还有另外的特别提醒。在某些县，还能找到几乎真人大小的水泥或塑料警察人模，它们带有全副装备（会有风吹雨打的痕迹）。有些地方会用印在塑料膜上的大幅警察像，或是用刷上荧光漆的高度仿真模型来替代。在汽车头灯的照射下，它们会让人想到交警的白色头盔和红色指挥棒。

忏悔的嫌疑人

一位对警察手段进行跨文化比较的专家总结道，日本是警察的天堂，因为日本社会自己会维持治安。[16]也许我们还能再加上一句，相对来说，日本也是那些被警方抓捕的人的天堂，因为他们很少真正受到惩罚。保姆功能明确地出现在对违法者的处理中。警察有时会很严格，为的是设立一个榜样；但一般来说，如果犯下不端行为的人表现出足够的歉意并保证改善其行为的话，他们很有可能会在接受一个敷衍了事的训话后逃避惩罚。[17]

哪怕有更严重的犯罪行为，让警察对此也加以追究，公诉人（或者用日本的说法是检察官）也几乎拥有不受限的权力来让罪犯免于起诉。刑事诉讼条例允许检察官在考虑到嫌疑人的性格、年龄、环境或犯罪余波之后撤销一个案子。这就让检察官扮演起“公共道德解释者的角色，因为他决定谁应该被树立为典范，谁应该再获得一次机会，什么才是公共利益最需要的”。[18]最近几十年间，严重触犯刑法的案件中几乎有一半被撤销了，而且其撤销的理由与证据不足无关。老年人和初犯往往得到极为宽大的处理。当然，在其他地方，这种情况也并非少见，但日本的检察官比其西方同行有着大得多的自由裁定权。

嫌疑人即使被起诉并被定罪，通常也不会被判入狱。1986 年，只有 3.2% 的起诉案件（包括违反交规）中的当事人被判入狱，57.4% 的案件都被判缓刑。[19]对强奸犯判处两到三年的缓刑是很常见的。结果就是，在全国 1.2 亿人口中，只有 5 万人待在监狱里。[20]其中有一个原因，就是监狱的预算非常低，因为法务省在和大藏省协商时，其表现是出了名的软弱。但还远不止如此。日本执法机构拥有巨大的自主权，这就让它们不将重点放在惩罚不端行为或是犯罪上，而是放在让违法者“洗心革面”上来。

几乎在所有案子中，影响检察官做出决定的最重要因素，都是嫌疑人表示悔改的程度。警察和检察官都喜欢接受“道歉”。只道歉一次当然不够，即使在日本一般的社会交往中，这往往也是不够的。警察和检察官期望嫌疑人持续不断地道歉，道歉的强度和深度必须表明他们有多么“真诚”。实际上，有些嫌疑人会双膝跪地。于是，日本的执法系统就不会根据罪行本身量刑，而是根据案发之后罪犯的行为举止来定罪。我们不要将其误认为是“同情”。日本的官僚机构不会这么做的。如何处置嫌疑人的决定需要象征性地判定他们是否还能适应社会。最重要的标准是，所有的嫌疑人要完全理解并准备经历必需的赎罪仪式。其背后隐藏的原理是，合作进取的公民比耗费巨大的囚犯更好，而且入狱可能只会教他们变成更坏的罪犯。

忏悔吧！

日本人一般会不断地致歉。有时他们会让人产生这样的印象，即他们认为自己仅仅因为存在就对别人造成了麻烦。一般性的道歉是“真诚”的表示。但人民的“保育员”所要求的真正实在的道歉，必然直接与不端行为或罪行相关。因此，警方的一个主要任务就是要让犯罪嫌疑人坦白。在此环境下，个人的法律权利是无关紧要的。警方和检察官极为重视认罪，而根本不管宪法保证公民没有义务做出对自己不利的证词。自白还被认为是重返正常社会所必经的第一步。

日本执法官员对自白的渴望导致了越轨行为，1983 年一些严肃的月刊对此进行了相当大的关注。三家东京的律师协会组成了一个委员会，找出了被迫招供和错误定罪的模式，那年5月被错误指控之人的聚会和法律专家的私人证词也验证了这一点。[21] 30份官方承认的假供词受到调查，最后得到的结论是，根本不尊重嫌疑人权利的骚扰很常见，而且事实上在日本警方的拘留所里，偶尔存在虐待的现象。[22] 1983年7月，最高裁判所在重新检查免田荣的案子时，发现这名在牢里等了31年被处决的罪犯其实无罪，最高裁判所还发现另外两个被定罪的杀人犯其实也是无辜的。这两人随即得到释放。公众于是更加清楚地意识到，系统性不公是有可能存在的。

即使没有太多明显的胁迫，警方也处在有利地位来让犯罪嫌疑人自白。只有一小部分犯罪嫌疑人被真正羁押。但如果警方选择这么做的话，他们可以签署逮捕令拘留犯罪嫌疑人，时间可以延长到23天之久，其间犯罪嫌疑人还不能接触律师，也不能获得保释。[23] 为了让警方合法地这么做，占领期通过的法律被废止了。[24]

警方还有一个优势，就是日本社会由衷地认同道歉。外国的观察者会认为这其实毫无必要。因此，日本人有时会因为想象中的冒犯而请求原谅，其实这只是为了表现出“真诚”。被警察带走，不管怎么说都是很羞耻的一件事。将巨大的羞耻感转换为认罪会带来安慰作用，因为认罪可以更轻松地应付；不同于羞耻，罪恶是可以弥补的。[25] 犯罪嫌疑人与所有人隔绝，只能面对他的审讯者；审讯者也不会提醒他，即使是在被拘期间他也是有权利的。犯罪嫌疑人的心理就会在警方的操控下变得容易受影响。很多人会“坦白”他们并未犯下的罪行——一旦他们被告知这么做就能撤销指控的话，坦白就会变成更有诱惑力的做法。而如果不合作的话，犯罪嫌疑人就会被投进监狱，面临更严重的指控。

如果犯罪嫌疑人不合作，而警方又坚信自白是必需的，这时，微妙的勒索就能起到作用。可以预见的是，这样的威胁在很大程度会牵连犯罪嫌疑人的家人。在不少记录在案的事例中，相对头脑简单的犯罪嫌疑人会被告知，如果他们不自白的话，他们的父母也会被逮捕。我们要理解这种威胁的力量就必须明白，只是接到警方的传唤调查，这个家庭就会感到惊恐不安。几个世纪以来的军事化政府留下了集体有罪的模糊概念，因此即便是到了今天，犯罪嫌疑人的家庭也有可能会被社区放逐。

那些特别不愿意自白的人，面临的是持续几天从早到晚的审讯。警察将案子转给检察官之后，九成的被拘留者会被带回到 1 236 个警方拘留所中的一个。这完全违背了战后法律条文的初衷。1908 年生效的一项警察法案允许在法务省羁押中心地方不够的时候——而到今天这些中心也只有 153 个——临时使用这些警局监狱。司法官员一直在敦促立法，以此来全面支持这样的做法。[26] 在检察官看来无须进行更多审讯的犯罪嫌疑人，会被直接送往法务省的羁押中心。这也就表明，使用“替代监狱”系统主要是为了获得自白。[27]

在之前提到的 1983 年东京律师调查表明，在用作替代监狱的警方羁押场所，犯罪嫌疑人会受到 24 小时的监视。这些监视要么是直接的，要么是通过闭路电视。犯罪嫌疑人被迫在刺眼的日光灯照射下睡觉，而且不允许将毯子盖在脸部。[28] 很多犯罪嫌疑人被这样的条件吓坏了，身体机能受损，连吃饭睡觉都有很大的困难。食物很少，而且质量极差。审讯者的说法是“自白而换取一碗丼”。他们的意思是，作为自白的奖励，犯罪嫌疑人可以（自己掏钱）点一碗有肉有菜的饭。在某些情形下，犯罪嫌疑人被迫整天坐在水泥地上的某个固定位置，不准移动、站立，甚至也不准靠在墙上。

在30桩被调查的案子中，有21桩的犯罪嫌疑人生了病。[29]有些犯罪嫌疑人虚弱到连楼梯都爬不动。这就是审讯者手里的一件重要武器，因为很多犯罪嫌疑人处在这样的环境后都开始担心：如果他们不自白的话，就不会被允许活着回家。他们也往往开始分不清方向，又因为没有钟和窗口，因而丧失了时间感。在狭小的审讯室里，桌子有时被用作拷问工具，被死死地顶向犯罪嫌疑人的胸口。30例中有25例，犯罪嫌疑人不断地面对一批吼叫着的警察；有20人说警方对他们使用了身体暴力；有23人因为疲惫而陷入半睡半醒的状态，但他们还是不断被逼回答问题；有个犯罪嫌疑人被审讯了327天。[30]在被调查的23个案例中，犯罪嫌疑人“自白”只是为了结束漫长的审讯过程，而在此过程中没有吃饭时间，也没有水喝。允许上厕所的条件是他们要自白。

没有可靠的手段来判断这样的越轨行为是否常见。官方没有兴趣对此进行正式的调查。从受害者的陈述中可以清楚地看到，辩护律师的地位和态度存在重大缺陷。在很多情况下，他们在过程中的参与几乎无关紧要。有些委托人从律师那里得到的建议甚至是“忍着点”。刑事律师一直抱怨警方总是阻止律师访问犯罪嫌疑人，而这本是犯罪嫌疑人应有的权利。[31]1981年，日本律师联合会人权保护委员会向日本所有的律师发了一张问卷。问卷的答案表明，与大众的想法相反，因假供词而错误定罪的现象不是只在战后那几年才有，而是在不断增加。[32] 按照律师的估计，强迫自白要对 60% 这样的裁决负责。

有两件事情很明确。首先，没有制度保证这类有案可查的越轨行为不会再发生。其次，不管以何种违宪的方式从犯罪嫌疑人那里获得自白，自白本身仍然是警方和检察官采用种种手段而要达到的一个重要（可能还是最重要的）目标。

为了避免大家认为人民的“保育员”实际上是一群食人魔，我必须强调，当地交番中警察的行为总的来说堪称典范。他们乐于助人，当邻近居民敞开心扉倾诉，他们也愿意倾听；有人争吵时，他们则会努力调停。考虑到他们的班次（18—20 小时一班）实在让人劳累，这些行为就更加让人肃然起敬。公务员警官和普通警员之间的等级差异极大，哪怕是在日本的体系里也显得不同寻常。[33] 上级通过一个效率评级系统来施加压力。在这个系统中，日本很多地方的警察被要求去发现小偷小摸、处理交通犯罪等等以完成固定的份额指标。[34]

处以绝罚

在警方和犯罪嫌疑人的标准关系中，后者自白之后再加上大量的道歉，就能打开系统仁慈之门。一旦犯罪嫌疑人被“争取过来”，警方就会待他非常好。当看到警员和愿意配合的犯罪嫌疑人之间轻松随意的关系时，外国研究者往往会非常震惊。犯人只是戴着手铐或腰间绑条绳子而已。

只有被判极刑的人才不能接受系统的仁慈。死刑判决牵扯太多的秘密，但这并没有引起在西方所见到的那种争议。1918 年，200 名知识分子、艺术家和演艺人员召开会议，试图发起一场全国性的反对死刑运动，但没有成功。只有一小群认为死刑太过武断的法学家对这种判决有争议。法务省尽其最大努力不让一切与死刑相关的东西出现在报纸上。国际特赦组织的一个调查小组没法确证，在他们来访的前一年是否执行过任何死刑。很少有日本人知道战后到底处决了多少死刑犯；大部分人会猜有几十个，但截止到 1987 年的实际数字是 570 人。在大部分情况下，死刑犯的家庭都是在执行处决后才得到通知。由监狱长决定是不是要告诉罪犯，他在什么时候会被处决。因此，众多被判死刑且不在上诉过程中的罪犯，会持续生活在“明日早晨就是自己的最后一天”的死亡恐惧中。[35]这样的罪犯吃得很差，而且也不能抽烟。唯一对这些人经常表示关怀的是基督教教士。[36]说实话，教士在日本社会中让人真正皈依的情形不多，死刑犯是其中之一。

几个世纪以来的关照

执法者施行仁政的理论，与日本掌权者从 19 世纪 70 年代末开始不懈推广的权力关系观念是一致的。如今在个人层面，对日本人的要求是要他们相信上级的所思所想都是为了他们好。在社区层面，则是希望自民党和官员也受到同样思想的指导。子民对上级永远的感激（仅次于无条件的忠诚）一直是日本社会政治生活的要求，而且这种要求与官方认可的、现存政治秩序具备终极仁爱和美德的信念紧密相关。

传统上，仁爱在日本并非如中国那样是统治的一个条件，而是人民统治者从内心之善出发、赐予子民的额外恩赐。下属得到特权或财物，是因为他们有一个仁慈的上级，而不是因为他们有权得到什么东西。人们期望中国的皇帝为了顺应“天命”而施行仁政、维护正义。但是日本的天皇作为太阳神的直系后裔，不需要上天的认可；他们自身就被认为永久地掌握着仁爱。没有任何明确的证据表明，这一完全无私的仁爱声明曾经被人广泛信奉。

从 19 世纪中叶开始，日本重新进入国际社会，但并未破坏这一理论。与明治宪法最紧密关联的寡头伊藤博文在他晚年曾明确表示：“和其他国家不同，日本人民并非依靠强制力从皇权那里争取到宪法中的权利，这一新政体是作为［皇权］自愿的礼物而赐予人民的。”[37] 天皇那无尽的仁爱主要在“家国”以及“国家本质”的理论（见第十章）中得到体现。这些理论从快要步入 20 世纪的时候开始盛行，一直持续到 1945 年。新渡户稻造作为最早一批向西方解释有关日本疑问的作者写到，日本从未有过“西方历史上的暴君”，并断言日本的史书“从未沾染诸如查理一世或路易十六之死这样的污点”，[38] 但他忘了至少有一位天皇被谋杀，还有多次刺杀未遂事件。与其他君主的子民不同，据说日本人都自然而然地热爱他们的天皇。1910 年，一位日本人在伦敦经济学院获得了博士学位。他的论文论述的是日本政治的发展，他解释了日本人天皇崇拜的背景：

> 几乎不可能让一个明智的日本人抨击这些东西，因为与这些东西相关的是对祖国最愉悦的想法，父辈享受过而且自己仍在享受的和平、安宁、快乐、财富，以及他自觉意识到的国家稳定、尊严、统一和强大的基础。[39]

日本佛教的教义支持本土以及引进的儒家观点中对君主尽义务以换取仁爱的观念，并将其上升到形而上的层次。另一位日本文化的早期评论家这样对西方受众解释道：

> 宇宙本身就是仁爱、恩惠或关照的体现。太阳升起，雨露滋润大地，花儿绽放，万事万物都是关爱的体现。我们人类受到宇宙如此之大的恩惠的关照。我们生于父母，长于土地。诸多先贤智者揭示的教义培育了我们。美国人穿着日本制造的丝绸衣物。火车在英国发明，如今也在全世界得到使用。我们住的房屋由木匠建造。感谢制造商和贸易商的努力，我们无须付出特定的劳动就能买到任何东西。那么，世间万物难道不是这恩惠的体现吗？[40]

这段话本身具有令人尊敬的伦理感，不过也很容易被扭曲，用于政治目的。

人类学家鲁思·本尼迪克特在她对日本基本动机进行的经典研究中，认为日本人是“历史和社会的负恩者”。[41]直到1945年，日本儿童受到的教育还是因为祖先、教师和上级所做的一切让世界变得宜居，所以他们是“负恩者”。这种负担是所有日本人在某种程度上仍然背负的，也曾经是他们做出最大个人牺牲的依据。这种负担被称为“恩”。它和一般的社会义务（“义理”）的不同之处，在于完全还清债务是不可能的。在权力关系背景下，“恩”所包含的义务让“恩惠”的接受方对施恩的上级的长久服从有了理论上的正当性。

虽然系统不再像战前天皇之“家国”那样，以生活中一切恩惠的源头出现，日本人仍被期望可以想当然地认为它是仁爱的。但实际上，日本人对上级施行的所谓恩惠是非常怀疑的。选民判断当地被选出的前往东京国会的政治代表的依据，是他能不能给选区带来桥梁、道路和其他承诺过的好处。村民们几个世纪以来尽力养活自己，在这一过程中，他们对有权获得哪些便利，形成了一套自己的想法。[42] 听听喝着清酒的工薪族在说什么就能让你确信，他们最爱的消磨时光的方式之一就是抱怨上级。但是，这样的怀疑态度没有破坏他们向所谓施恩者不断地表示歉意和感激的习惯。官僚机构和大型公司的领导也想当然地认为，自己应该有仁爱的动机。

安全的社会

人民的保育员和自我监督的人民成功地造就了一个安全的社会，这个工业化、城市化的拥挤的社会，比日本历史上其他大部分时段的社会都要安全，也比当今世界上大部分的其他国家都安全。在东京的小巷里走动，你不用担心被抢劫，更别说被杀害了。人们晚上行走在大部分街道上时不会感到害怕。全球在嫉妒日本成功的贸易之后，又开始嫉妒它的低犯罪率。1984 年，每 10 万人中只有 1.47 人被谋杀，美国同期的数字是 7.92 人，英国是 3.24 人，联邦德国是 4.51 人。[43] 偷盗抢劫很常见，但是与西方相比，伤人抢劫的统计数字更是悬殊：日本的数字是每 10 万人中有 1.82 起，美国是 205.38 起，英国是 50.02 起，联邦德国是 45.77 起。[44]

除了警方的线人和由平民所组成的预防犯罪的小队以外，日本警方和有组织犯罪之间的共生关系，也能在一定程度上解释这个巨大的差异。平民无法获得手枪，而且手枪进入日本受到严格控制也起到了作用，没有会导致犯罪的毒品问题同样帮了忙。日本打击贩毒吸毒时毫不手软，对瘾君子的痛苦不表示任何同情，不提供替代品帮助戒毒；吸毒者被抓获后，将“突然完全停用毒品”。家庭主妇、公司员工和少年儿童使用冰毒这样的兴奋剂是个问题，但这并未导致盗窃流行。大麻被认为是一种危险的“硬毒品”（会在生理和心理上致瘾的麻醉品）。被怀疑使用大麻的人——主要是那些接触西方青年文化的人，特别是娱乐圈中的人——其公寓会在凌晨遭到突击搜查。如果被抓到，他们就会入狱，和他们在一起的外国人会被驱逐出境。

那些未被保护的人

从最顶层到几乎最底层，系统对社会中广泛的群体提供了相当不错的保护和服务。毫无疑问，它大大优于其他主要的社会工程产物，比如 20 世纪基于纳粹主义而出现的极权系统。

但还是有一个问题：对大多数人都好的安排，是不是也为少数人给予了足够的保护呢？在这一点上，我们必定会得出这样的结论：系统施行仁爱时是有选择的。我们已经看到，被指控犯罪的人没有得到很好的保护。少数民族（如朝鲜人）和社会少数团体（如之前被官方放逐的部落民）也是如此。这些少数团体在教育和工作中受到系统持续的歧视，特别是受到本应起到表率作用的机构（如警察和公立学校）的歧视。官方的家庭登记以及私人情报搜集机构，能让雇主和有适婚年龄青年的家庭将这些少数团体中的成员排除。执法官员也不对少数团体施以任何仁爱，而是将他们作为一个与世隔绝的、问题不断的群体来对待。[45]

非自愿的脱轨者

仔细观察日本如何对待精神病患者，就能看出日本社会哪怕对那些不是自愿脱轨的人也抱着强硬的态度。当然，在其他国家，那些被社会认为发疯的人也基本上会被关押起来，最糟的情况下也会无视他们的意愿。但是，一个符合宪法的政体，应该以标准的形式来判断某人是不是危险，从而提供一种保障，同时也要保障被机构关押起来的那些人的安全和个人尊严。

1985 年 7 月，国际法律家委员会强烈地谴责了日本处理精神病人的方式，认为它违背了日本宪法，同时也违背了日本签署的《公民权利和政治权利国际公约》。该组织发现，被监禁的人死亡率高得出奇，并认定这些机构收容的人数大大超标，而且实施了不必要的暴力。病人受到剥削，饮食很差，被迫生活在糟糕的环境之下。该组织还得出结论，很多病人被关起来，却没有任何正当的理由。1988 年，位于纽约的国际人权联盟声称，在日本有多到不寻常的智障人群被关押起来。它还说，日本所采取的治疗精神病人的常规措施，构成了对人权的侵犯。

在 20 世纪 80 年代末，有大约 34 万病人住在日本的精神病治疗机构中，这些机构有 87% 是私营的。在这些人中，有五分之四的人未经本人同意就被关了起来，而英国的这个比例只有 5%。有三分之二的人被锁了起来，大部分情况下，他们没有任何手段与外界取得联系。约有 20 万被收容者关押的时间超过了合理的期限。如果有人能对一个被认为有精神病的人承担监护责任的话，日本法律就会允许监护人最终决定是否要将该病人送入精神病院，然后再由机构决定这个病人必须待多久。

按照习俗，生理或心理有缺陷的日本人，会被他们的亲属藏起来远离社会，因为很多人认为这样的残疾是一种耻辱。近几年来，越来越多的智障人士被送进机构而不是留在家中。在这些精神病院中，一家具有代表性的医院里有一位医护人士愿意合作参加一项调查。他对研究人员说，如果排除歧视因素的话，大约会有 70% 的病人可以在家中得到治疗。除了真正的精神疾病或智力障碍以外，在不少案例当中，父母被送往精神病治疗机构是因为年老或与儿媳日常争吵。有时，将不受管教的年轻人关起来也被认为是一个合理的处理方案。

这些私营精神病院赚了很多钱。全国健康保险系统允许进行这样的“敲诈勒索”，而其运营费用（平均 68 名病人才有 1 名医生，一般医院中则是每 14.3 名病人就有 1 名医生）是很少的。

1984 年，一家精神病院中出现了 19 起可疑的死亡事件。这引起了日本媒体的关注，从而使日本各个地方都揭露出强迫关押、虐待以及死亡的事件。但日本精神健康与人权基金会的秘书长户冢悦朗认为，官僚机构采取有效行动的希望不大。1987 年生效的相应法律修正案，应该只产生了表面上的效果。对日内瓦和纽约做出的指控，厚生省的反应是，日本有自己的文化，与西方文化有一些不同之处，因此日本有权以自己的方式处理智障人士。

系统之敌

日本系统持续而激烈地反对一类不合常规的人，那就是左翼分子。我已经追溯了受到马克思主义者鼓舞的教师工会与文部省之间的斗争，也提到过有几位战后劳工组织者领袖的精神出了问题；但是，警察和检察官非常歧视因意识形态不同而产生的冲突的参与者，这已不是什么秘密。“意识形态，而不是金钱，形成了权力滥用。”[46]警方处理一般的暴力争斗通常脾气还算不错，之后，事件本身也就被遗忘了。但是，蓝领工人在其工作场所打斗的事件会被严格追查，而且工人一般会被起诉。[47]最高法院对执法人员的这一偏见是支持的，并在大多数案例中所做的判决对劳方不利，有时甚至会否决下级法院的判决。[48]

不认可系统的运作方式并将不满转化为政治行动的日本人，会被认为是危险分子，会被看成是潜在的“投弹者”。警方和检察官对学生中的激进分子的处理，要比对其他被带到他们面前的人的处理严厉得多。警方对左翼分子的反应“几乎是粗俗的”。[49]正如一位美国学者总结道：“谈到共产主义者或是左翼工会的时候，警察就像是受到了激励。他们在不同场合告诉我，他们认为这些人对日本社会以及警队的建设构成了威胁。”[50]申请当警察的人如果流露出左翼倾向，就肯定不适于出任警方工作，会被剔除。[51]有一位作家在兵库县警察局服役了10年。据他描述，高级警官很可能不自觉地用“赤色！”（“共产主义者”）来反驳任何人——不仅是对外部的人，也对警察局内部的人，只要这些人对警方的手段和优先级提出质疑。[52]

被当作日本现实的一部分而被人们接受的是，警察应该不懈地镇压激进的左翼团体，而放任激进的右翼团体为所欲为。位于东京中心位置的银座地区，是世界上最繁忙的地区之一。日复一日、年复一年，人们会发现一辆插着旗帜、挂着标语的广播车，停在某个显要位置上。它属于著名的战前极端民族主义者赤尾敏（他曾自称是“日本的希特勒”）。我第一次经过那里是在1962年。当时他正在那里高声喊叫，把喉咙都喊哑了。仗着言论自由的名义，他被允许用大音量的训诫来抨击训斥行人，反对左派的活动和全球的共产主义。购物者无视这个年老的右翼分子，但是却很难想象警察会允许一位左翼活动家有同样的机会，年复一年地对过路者滔滔不绝地宣讲他的信念。

右翼分子有很大的自由，可以在街道上开着发出刺耳声音的广播车穿行，在繁忙的街角发表震耳欲聋的演讲。实际上，他们居然会得到允许，可以干扰、阻挠社会党主持的会议，而警察对此却视而不见。我们也已经看到，由于右翼分子的威胁，教师工会很难找到地方来召开会议。

在与左翼激进分子对抗时，还有一件事加重了警察和检察官的愤怒，那就是这些左翼分子拒绝放弃自己的信念。在警方看来，就算他们有罪，罪行也没有他们“错误的态度”来得严重。在执法官员眼里，这些人不肯道歉的事实，就足以表明他们不是“完完全全”的日本人。在被关押的那些极端分子中，有时其罪名只是预谋做出犯罪行为或是策划某种阴谋。他们受到的待遇，要比实际犯下罪行而被收监的一般囚犯更糟糕。发誓抛弃他们所坚持的意识形态，他们就能获得改善待遇的机会。这让人想起战前的“转向”：坚定的马克思主义者和知识分子宣布放弃自己的“错误思想”，承认帝国秩序的美好。如今，执法者只会对已经确证的极端分子施加这样的压力，但这并不能改变这样一个事实：命令他人背叛信仰是违宪行为。

可想而知的是，警方和法官的宽大仁厚在日本造就了一大批感恩戴德的犯罪嫌疑人和罪犯。另一方面，也就不难想象为什么涉足政治的年轻人，会很容易因为他们的歧视态度就变得激进，从而提供种种“证据”表明这个社会只有通过暴力革命才能获得进步。那些激进的学生基本上只有两个选择：要么不再涉足政治，要么就加入激进分子的队伍开始实施违法行为。因此，掌权者直接参与了日本极端分子的诞生。

系统中最强的组成部分

为了消除以“转向”为主要特征的权力滥用，美国占领军解散了内务省，并将警察力量分散，让它们直接向县里的公共安全委员会负责。但他们很快就清楚地看到，后面这种安排不会有前途。在 20 世纪 50 年代，在被解散的省中，那些有影响力的官员占据了关键的政治职务和官僚职位，以此来对社会进行控制。工人运动中所谓来自左翼的威胁帮助这些人扩张了权力。“作为政客，他们的表现一直和内务省的官员没什么不同，都要捍卫现有的秩序免受左派的威胁。在 20 世纪 50 年代前半段时间中，再也没有别的事比重新集中国家的警力这件事更让这些前官僚费心了。”[53] 这一运动取得了成功，而站在最前线的是前内务省官员滩尾弘吉。他在第三章中出现过，他在人生后半段扮演着日教组最可怕的敌人的角色。国家公安委员会和警察厅以及自治省、厚生省、文部省的最高职位在很长一段时间里，从来没有被“中立”或“温和”派的人物把持过，也就不会给左翼反对派任何对社会政策的调整施加影响的机会。

1954 年的《警察法》在知识分子和左派中引起了骚动。后者将其（不恰当地）与 1925 年的《治安维持法》加以类比，因为内务省根据《治安维持法》这个旧法律拘禁了大量具有“危险思想”的日本人。说实话，1954 年的法律强度远未达到那些想进行社会控制的官员的期望，但这已经足以取消占领时期众多他们眼中的“过度”改革措施了。1948 年福井县地震之后首次发布的安全条例此时已准备就绪，神户、大阪以及东京后来都采纳了这些条例，来规范并限制游行活动。最高法院在三个独立的诉讼中，都拒绝声明这些条例违宪，还在 1960 年宣布这些游行者实际上就是“暴民”。维持公共秩序才是法庭绝对的优先事项，如果有谁似乎对这一秩序构成威胁，它就会以最严厉的判决来针对他。[54] 最高法院有两次坚持要求东京高等法院进行再审，因为东京高等法院对违反安全条例而被起诉的被告做出了无罪判决。[55]

在 1960 年的大型“安保斗争”中，众多左派团体联合起来反对岸信介首相延长日美安保条约的决定。这标志着日本反政府运动达到高潮，但也让官方有了道德上的借口来扩大警方的权力。事件中最引人注目的是“机动队”（或说是防暴警察）展现出来的力量。保卫国家安全是他们的任务。出于这一责任，这支经过高度训练的队伍成了与原日本帝国陆军精锐最接近的后继者。一般来说，从属于一个独立群体的感觉在警察团体中已经够强烈了，[56] 但在机动队中尤甚，长官和下属之间的相互忠诚也更强。

与机动队同属一个组织类别的是秘密警察。他们收集有可能会造成麻烦之人（其中包括左派工会会员以及共产党员）的情报。秘密警察坚持说他们不会使用（被宪法禁止的）窃听装置，但消息灵通的观察家们相信事实并非如此。[57] 这些怀疑也都被证实了。1986 年 11 月爆出了这样一条新闻：日本电报电话公司的员工发现日本共产党国际部主任的电话被搭上了一条窃听电缆。电缆通往一间公寓，租用人是某位警察的儿子。他与房东的合同由一位公共安全局的前警员联合签署。之前就有不少关于日本共产党官员的电话被窃听的案例，但是，日本共产党并没有收集到足够的证据来让检察官满意。而当最高级别警官向检察官办公室道歉后，本案也被撤销了。检察官接受了解释，认为要为窃听负责的那位警官不过是奉命行事。于是，虽然窃听是违宪的，但警方高层仍可以逃脱处罚。

在 20 世纪 70 年代和 80 年代，有多起牵涉到日本国际声望的事件，如美国总统的访问，英国女王的访问，韩国总统的访问，还有两次峰会，这些事件让机动队和秘密警察大大地扩展了自己的日常权限，而且没有公众或新闻媒体对此表示反对。日本极端主义分子在海外实施恐怖主义活动，难以追踪的极端分子在家里发射粗制滥造的火箭，进一步营造了气氛，让公众对警方权力的加强表示出容忍。而机动队又都是进行战术控制的高手，特别小心不让牺牲者出现，免得让舆论反对机动队的行动。

连续的国事访问和峰会，鼓励警方打破了自己花钱购置设备的纪录，并进一步干扰平民百姓的生活。1984 年，韩国总统全斗焕来访。警方在来访前一个月就开始在东京的高架公路上拦住车辆，进行所谓的“搜查演习”；拜访外务省的外交官被警卫拦住接受询问。但就算是这些安保措施，和围绕 1986 年东京峰会而实施的措施比起来也不算什么。那时调查或搜查了大约5万个建筑和小型公寓。没有任何明确的理由，就逮捕了大约900名左翼行动家。每天都检查下水道，然后再封闭起来。峰会期间，东京中心地区距离峰会地点和住宿地点1.5—2千米半径范围内被警戒线封锁，只有少数与峰会相关的有特别通行证的车子和人员才可以进入。警方动员了3万名警察来保护参加峰会的人员。整个城市的汽车都被拦下进行搜查。机动队因此可以试用价值相当于4 000万美元的新型设备（另外，采取这些安保措施的费用达到了约1 700万美元）。[58]

人民的保育员还有一个最重要的特征，就是他们不受任何人的管辖，而是自我管辖的。这让他们在系统的组成部分中获得了一个不寻常的位置。地方性的公共安全委员会仍然施行着理论上的控制；但是，考虑到这些委员会往往由具有右翼分子历史的老派保守分子组成，[59]警察的力量不论怎么看都是高度中央化的。25万警察以及文职助理被控制在寥寥450名职业官员的手里。与所有系统主流的组成部分一样，其最上层从19世纪80年代开始就由东京大学法律系的毕业生组成。这些官员如果觉得形势需要，就会展现出独立的一面来。比方说，1984年在一桩涉及警方的丑闻被揭露后，自治省大臣、国家公安委员会主席田川诚一想要与关西地区的警员们进行一次正式的谈话。警察厅断然拒绝了这一要求，理由是这不符合有关官员一贯的做法。

警察厅和警视厅关键的领导岗位任命都由即将离任的警察厅长官决定。警视厅总警司的任命需要得到首相的正式批准，警察厅却“完全独立，与其他政府机构和部门没有正式关联”。[60]

警方得不到任何监督，除了应该在媒体上反映出来的所谓民意之外。但后者对限制警方近期的权力扩张毫无作用。警方通过附属于主要警察局的记者俱乐部，与媒体保持着顺畅的关系。记者们得到很好的照顾，一些采访设备都由警方买单。一般来说，记者们传递的新闻都是由警方专职官员进行相应解释后才递交给他们的。[61]

特别值得一提的是，《朝日新闻》这样的报纸，通常会对独裁的行为发起质疑，但不会因警方过度努力的行为而谴责警方（比如“作为演习”而搜查车辆），因为如果这么做的话，它就会在国家面临所谓极端主义者威胁的时候显得不负责任。

战前，内务省中有其他部门存在，日本还有强大的陆军和海军，这些都是与警方争夺权力的对手。现在，警方不用再面对系统中任何部分的竞争了。在目前的情况下，日本美其名曰“自卫队”的军队组织根本就不能成为警方的竞争对手。事实上，自卫队的地位与一个省相当，其中有不少“平民”成员都当过警察。

按照他们在紧急情况下的作为判断，警方是日本系统中最强大的组成部分。如果某个野心勃勃的派系真的控制了警方，那他们真的就可以发起一场成功的政变。从某个角度来说，警察的效率激发了自信；而在另一方面，他们对民主原则以及法律概念的矛盾态度让我们有理由表示担心。在通常情况下，警察保证的是一个安全的系统，而不是一个合法的系统。

第八章

让法律受控

虽说系统不大可能成为“老大哥”，但日本人必须接受的是：系统爱他们，他们也应该以社会服从作为回报。这就意味着除了其他义务以外，国民还不能去质疑政治系统——至少不能不断地、系统地质疑。对他们的要求是不要认为自己是具有权利的公民，而要相信官员们具有宽广的胸怀。简单地说来就是，西方权力披的是原则的外衣，而日本权力披的是仁爱的外衣。西方传统允许民众对社会政治环境进行思想探究，有时甚至是鼓励他们这么做；而日本传统要求的是满怀感性的信任。

日本人习惯于接受与社会阶层中高于自己者之间的不平等关系，并认为那是自然而然的。很多人发展出对这种关系的心理需求。从儒家思想派生出的理论完全支持这一点。但在中国，其哲学传统尝试为这样的不平等找到一个理性的依据。中国的儒家要解决两个必要性之间的基本冲突：一个是（根据历史经验得出的）等级社会的必要性，另一个是缓和这一不平等秩序中固有的不公平的必要性。在印度，权力执行与权力服从之间的关系也形成了一个思想问题，通过宗教裁定来解决。而在日本，这一不平等的关系既不是通过宗教也不是通过任何有关国家统治的合理理论来解释的，而是通过宣称仁爱是其本性来让人接受的。

日本和西方的思想传统在处理不公的事实以及服从的必要性时，采用的方法体现出的差别最为强烈。为了更好地理解这一关键性的差别，就有必要揭示日本社会政治界的思想基础。从基本的宗教和法律思想出发是再好不过的了。宗教和法律都关注终极信念，在它们早期的发展过程中，二者似乎总是密切相关的。在人类文明的共同语境中，日本和西方国家的宗教观与法律观站在两个完全对立的极端上。因此，将这两种传统放在一起对照来看会非常有益。我们将会看到，西方的掌权者越来越受到法规的束缚，而且他们对法规没有任何控制；而在日本，至少直到德川时代结束时为止，掌权者都被描绘成真理和美德的终极化身。

掌权者之上和掌权者之下的法律

在欧洲，个人与其政治统治者之间存在合理的紧张关系这种想法，至少可以追溯到苏格拉底，他因为坚持个人理性高于社会理性，被指控“腐蚀”了雅典的年轻人，最后被迫喝下毒药。

苏格拉底最著名的学生柏拉图认识到，个人追求权力的冲动造成了众多罪恶。在他看来，城邦（polis）最高贵的任务就是通过保证公平来抑制原始权力。[1] 在罗马帝国崩溃后，这一想法得到延续，而此时欧洲的政治生活相比于处于内战不断的中世纪的日本来说，一样混乱，一样堕落。

终极实在

即使在查理曼的时代之前，残暴的新贵阶层和篡位者草菅人命的时代，也至少有一种模糊的观念相信，在地方领主对权力的渴求和反复无常以外，世界还有另外一面。在中世纪早期的欧洲修道院中，保存了古地中海的哲学架构，这就有可能对中世纪的政治安排进行反驳，并隐隐提醒着人们存在超越观念的信仰。罗马帝国比其他后续的帝国统治欧洲的时间都长，它的法律是保存下来的回忆。

在古代日本，大和首领将力量变成了一种权力，也因此将服从变成义务。他们让权力得到"神"的认可（神是日本神道教中的祖先之神和自然之神）。这是世界很多地方都存在的做法。到了 4 世纪，他们征服了足够的领地，可以担得起"王国"这个称呼了，就通过实际与虚构的血缘关系编织了一张网，以此来扩张自己的权力。他们还建立了神社，祭拜皇室家族的祖先，让所有的子民都进行祭祀。[2] 从此，天皇就有了这样的御号——"奉行天命，统御万邦"。[3] 值得注意的是，对于犯罪行为和其他想瞒过众神的事情来说，净化仪式是非常必要的。[4] 因此，日本法律像其他许多文化中的法律那样与原生的宗教仪式交织在一起。从 5 世纪开始，神道传统中加入了早期的儒教思想；儒教的准则认可了一种严格的等级化社会秩序，它与日本本土的实践糅合在一起，成为政治组织的合法依据。日本通过朝鲜半岛接触到儒教，越来越熟悉这个伟大的世俗道德之源泉，从而发展出了自己的原始刑法。

6 世纪中叶，佛教经由朝鲜传入日本。日本的贵族将佛教教义作为推广大众服从的工具。圣德太子作为日本第一位"立法者"，在他的“宪法”中为这个新宗教留下了头等重要的位置。这份宪法灵感来自中国，在今日的小学课本中它还被作为日本历史中的里程碑而一再强调。宪法中堆砌了众多有关统治者和子民之间良好关系的陈词滥调，却没有对统治者的行为加以法律约束。不管是儒教还是佛教，二者都没有引入任何规则来限制日本权力的执行。

在早期西方论述中，道德和行为的正当性依赖于大量超出社会现实、高于社会现实的原则。中世纪的教士和文艺复兴时期的思想家诉诸的抽象原则被奉为真理，这完全是因为它们超越了世俗的关注。因此，对世俗权力做出永久的限制就是一个很坚定的理念。相反，日本的儒家学者和佛教僧侣即使在面对更高的、更抽象层次的现实时，仍然完全依赖于当时的统治者。他们命令战士和平民遵照自己的教导，只是因为这些主张与当时的政治优先事项相吻合。与西方的国王和领主不同的是，日本的掌权者不会被要求对自己的所作所为进行道德上的反省。他们永远不会被自己不曾建立起来的标准评判。

佛教得到官方的支持而传播。但这也带来一个风险，就是佛教的一些教义命令个人遵照自己内心之光照耀出来的道路，而不是遵照外部的指令。但与此同时，通过宣扬顺从精神，它又削弱这种个人主义倾向。正如一位日本专家写道，日本的佛教没有发展出独立的伦理，“而佛教几乎完全丧失了让人从社群压力和传统中解脱出来的重要能力”。[5]

圣德太子和他的大部分继任者一点也不担心神道教、儒教和佛教之间的不相容，只要这些教义能为他们的政治目的服务就好。佛教引入日本大概 150 年后，举行过一次宗教活动。有大约 5 000 名僧侣诵念着佛经，庆祝皇宫新近落成的神社中落座了一位神道教大神，这位大神获封一个极为尊崇的世俗封号。[6]这就很好地证明了我们在本段开始所列出的论点。两大宗教的融合很明显是官方政策安排的结果，为的是加强两者对现存世俗统治的认可。在接下来的几个世纪中，神道教和佛教基本上都能和平相处。神道教的神被供奉在佛教寺庙附近，成为佛教的（神道）保护神；而神道教的神也轻松地以菩萨身份出现在佛教中，就像希腊诸神出现在罗马神话当中一样。

限制统治者权力的法律与用来控制和限制被统治者活动的法律完全不同，其发展有一个不可或缺的前提，就是要树立起“合法反对”的概念，而“合法反对”统治者的见解，在日本传统中根本不存在。

上级对待下级的方式，在某种程度上是通过“律令”这一法律系统得以规范的。该系统基于日本的第一套法律条例：公元 701 年成文的《大宝律令》以及在 17 年后完成的替代前者的《养老律令》。两者都受到中国唐朝法律条文的启发。[7]“律”意味着对做错了事的人进行惩罚，它几乎是中国人写下的东西的翻版，只是降低了惩罚的程度（一共有五种不同程度的惩罚：鞭笞、杖刑、苦役、流放和死刑）。“令”是一系列行政法令，日本人对它进行了修改，以符合自己的需求，并扩充了一些新的规则。实践如果与“令”有冲突的话，会以“当代措施”的名义维持下去。[8]日本长期以来都只是模仿外来体系中的一部分，用花言巧语来掩饰其中的矛盾。律令正是一个早期的例子。而在当代日本例子更多，有一个是反垄断法。它是 1945 年后“自由市场”体系的一部分，但它与各种形式的卡特尔和谐相处，情如兄弟。[9]

日本的政治权力在人们所熟知的镰仓时代（1185—1333 年），几乎全部转到武士（战士阶级）之手的时候，至少存在着三套法律体系。第一套适用于皇室王廷；第二套适用于属于早期日本封建体系一部分的土地（庄园）领主；第三套适用于幕府，也就是正式的军事政府。但是，这里说的法律指的是统治者想要颁布的随意的法令，这些法令往往非常主观，而且也不与任何总体的司法概念有任何关联。等到大名（后期日本封建体系中的贵族）在15世纪后期出现的时候，什么合法、什么违法完全取决于当地，而很多领地根本就没有正式的法律条例。

欧洲的政教分离

掌权者如果意识到，世间存在某种更高级或与他们并存的强制力，他们必须与之相处的话，他们会更容易接受他们也要服从法律的想法。这种强制力可以是人格化的神祇，也可以是正义的抽象概念，或是"政府"。

欧洲早期法律思想中的一个要素是政教分离。公元5世纪末，教皇杰拉斯一世（Gelasius I）重新定义了大量古老的概念，这些概念涉及人类事务的两种秩序：一种是由宗教权威统治，另一种是由世俗统治者统治。政府有可能维持超越专制封建权威的正义，这种观念一直存在于欧洲，这也是人们对罗马帝国模糊记忆中的一部分。后来，大学教育加入了经院教育，坚持一种包含理论与道德观的思想传统，它在终极意义上无可置疑，在任何时代、任何场合都适用于所有人。这些理论和道德观，与法律概念有着无法分割的关系。

1159年，在日本建立幕府的25年之前，自罗马时代以来欧洲政治理论的第一篇巨著中明确写道：国王要服从于法律，并最终要服从于上帝。[10] 在《论政府原理》一书中，索尔兹伯里的约翰论证道："下级应该保持与上级的一致，正如四肢要服从大脑；但永远只有一个条件，那就是信仰没有受到侵犯。"[11]

索尔兹伯里的约翰论证道，如果君主对正义的藐视到了不能容忍的地步，那么刺杀君主就是正当的。这当然只是理论；不少被谋杀的欧洲统治者，实际上主要是因为他们的敌人觊觎他们的权力。在日本，天皇也有被刺杀的风险。在一位地位很高的佛教僧侣写下的13世纪的历史中，多次提到谋杀和刺杀的企图。[12] 皇太子通常在父母生活的皇宫之外长大，因为在朝廷中心怀不轨的人会对皇太子的生命构成威胁。但即使在"理论上"杀死神的后代有正当理由，谋杀君主在整个日本历史上都是无法想象的。

在13世纪的欧洲，最伟大的中世纪政治理论家之一托马斯·阿奎那明确表明：政府为了公民而存在。他的作品是对国王最有力的提醒，他们需要遵守"基督之法"。中世纪后期的欧洲形成了这样的想法，就是维护正义才是政府的首要任务。"柏拉图关于法治政府的想法被证明是一股真实、活跃的力量：这巨大的能量不光影响了人们的思想，而且还成为人类行动的强大推动力。"[13]

由于世俗的统治者渴望得到基督教会的承认，基督教权威便成为一种强大的合法力量。查理曼迫切地想让人民相信上帝为他加冕。在后来的11—14世纪，罗马贵族和神圣罗马帝国的皇帝，以及其他欧洲君主也许对教皇都没有什么尊敬，他们只不过用教皇的祝福来促成自己的政治目的，但他们都需要教会的认可，并且要小心避免被贴上异端的标签。这几百年间的政治文献十分关注教会和政府的相对权力以及两者之间的冲突。[14]

确实，思想架构通常很少与它们应该反映的现实相对应，而且有一些历史观贬低思想所具备的实际力量，认为原则不过是幻觉，只承认既得利益集团对子民无所顾忌的操纵。但这种做法忽视了欧洲历史中的某些方面，这正是在与日本历史进行比较时需要注意的。西方的理论经常在政治现实中获得强烈的映射。亨利四世跪在位于卡诺莎的教皇城堡外的雪地上，人们永远记住了这一象征着屈辱的行为。腓特烈二世也许与罗马教皇进行过战斗，就像他与世俗国家作战一样，但就算是他，也从来不会公开质疑教皇的权威。

普适法律前的平等

北欧地区的日耳曼部落民众会普遍参与政府实践，这就带来了早期的政治平等观念，并且和中世纪的法治理论融合在一起。通过西塞罗的作品而被中世纪欧洲所熟知的斯多葛派曾经论证道，所有人在本质上都是平等的。在他们的影响下，中世纪学者认为法律作为一种独立存在，可以比柏拉图所认为的更加普遍。

欧洲那些“绝对”君主在组织越来越复杂的国家权力结构时，也不敢破坏这个传统。他们声称君权神授，但这仍然是一种约束，让他们对上帝负责；宗教和哲学传统施加了压力，这也就意味着，事实上任何政治权力都不能再被认为是“绝对”的。掌权者服从原则的权威，而原则以法律的形式出现，“不可改变、不可违背，因为法律表达了神圣秩序本身，体现出至高无上立法者的旨意”。[15]

权力必须服从道德目标，这种观念最终在欧洲历史上产生了人民主权的概念。[16] 到文艺复兴和宗教改革时期，政治和宗教之间的冲突几乎让所有大学都分崩离析，[17] 人类也不再处在一个由上帝主宰的宇宙中心。对斯多葛哲学的重新解读，在欧洲思想家中成为主流，他们不再需要基督教的教义来支持普遍法则以及普遍道德良善的观念。胡果·格劳秀斯是荷兰法官，也是国际法的创立者，他认为即便是万能之主的旨意也不能改变道德原则，或是废除由自然法承诺的基本权利。

当今世界的法律最终都以这个论断为基础。通过国家契约的观念，国家产生了法律基础。这一观念直接催生了康德、洛克、孟德斯鸠、斯宾诺莎等人的伦理学。这些人假定“自然权利”的存在是自由主义的基础，并由此产生出有关国际法、人权的现代观念以及一般意义上的“公正”观念。

纵观日本的历史，我们发现与西方相反的是，日本只强化了将统治者描述为道德化身的意识形态。从17世纪末开始流行起来的新儒家教义基本上没有提供什么新的东西，而只是详尽地对军事独裁本质上毫无道德缺陷进行了学术论证。我们会在第十一章中继续对此详细讨论。

借来的法律系统

19世纪中叶，也就是日本被迫开埠的时候，日本的法律基本上只是一种手段，用来加强政府下达的有关社会行为及关系的严格而详细的指令。因此，日本的法律实践（包括为了获得有罪判决而折磨犯人，令其自白招供的常见行为）是日本与西方人接触伊始产生大量摩擦的原因之一。这也是欧美列强在1858年以及之后几年的条约中，坚持自己国民有治外法权的原因之一。

为了赶上西方，明治时期统治者们的日程已经过载，但是他们还是加入了设立宪法和法律条文的工作。这么做的一个主要动机，是外国人拒绝在条约口岸服从日本司法的管辖。西方对日本的法律实践有着毫不掩饰的轻视，从而加重了日本新任领导人的自卑感和无力感。于是，明治天皇的官僚们努力工作，以说服西方列强相信日本正在引入现代法律。1890 年，青木周藏外相提议签订新的条约，并废除治外法权。他告诉西方国家，将近六年来，日本政府一直在培养可靠的法官。他还声称，在六年后新的条约生效之时，外国人再也不用担心受到不合格法官的审判了。[18]

明治维新时期的领导人基于古老的《养老律令》，临时做出了一个杂乱无章的安排。《养老律令》在 1150 年前制定，但却从来没有被德川幕府的规则正式取代。为了更新日本的法律实践，首先定下来的是应该将法国的《民法典》等所有拿破仑时期的法典翻译过来。在明治天皇上台后的第一年，箕作麟祥这位时年 23 岁、迷恋西方观点的官员，受命完成这项了不起的任务。一位著名的日本法律学者将他比作一位必须从自己造砖开始工作的建筑师，[19] 因为他必须为那些日本思想界完全陌生的概念创造出新的术语，既无法查询任何字典、法律注释，也无从咨询任何外国律师。不过，这位全力投入的年轻人只用了不到 5 年的时间，就完成了这项任务。

政府任命一位法国顾问埃米尔·古斯塔夫·伯松纳德·德·方特拉别起草了日本的第一部现代刑法，并于 1880 年颁布。他急于完成这个项目，这从他对拷问的抗议中可以看出。拷问一直在进行，很显然，这是因为从他办公室所在的院子里，一直能听到尖叫声。后来，在主张采用法国法律的一帮人和认为英国法律才更合适的一帮人之间发生了斗争；但到了最后，对于一个在当时已经巩固了地位的政府来说，普鲁士模式以及德国法治国家的概念被证明是更有吸引力的，而不是英国或法国的法系。而且，那时德国法律顾问赫尔曼·罗斯勒的影响力盖过了方特拉别。到了 1898 年，日本颁布了第一部完整的民法典。德国的影响显然超过了更自由的英国法律和法国早先引发的短暂兴趣。

未被保护的公民

至此，有一点应该非常明确了：日本历史上没有任何东西鼓励一般日本公民认为法律的存在是为了保护他们。传统的日本法律从来不会构成一个基于理性的、哲学的公正原则的系统，它包含的不过是一系列命令而已，要求平民盲目地服从。在实践中，这么做的后果就是不公正的。在平安时代，似乎还有相当大的空间施展仁慈。但是到了室町时代（1333—1568 年），人们对大量的残暴行为习以为常，这些现象直到日本开放后才消失。在德川统治下的两个半世纪里，如何实施法律要看社会地位；如果一位武士发现乡镇居民和农夫无礼，或以别的方式无视他们自己在生活中的身份——又或者是按照另外的一些说法，只是为了试试新铸的日本刀——那么他可以当场格杀他们。

和幕府时代相比，明治的改革带来了巨大的解放和大量的自由，哪怕舶来的法律条文的精神基本是缺失的。1889 年，明治宪法的颁布引发了媒体的狂欢、庆祝和赞颂。但无论是这一“天皇的礼物”，还是其他受到西方的启发而制定的法律都没能让日本人感受到他们受保护，不再受到强权的压迫。在宪法颁布之前的1888年，展开了有关人民“权利”与“义务”的争论。最后，人民终于获得了权利和自由，但条件是他们永远不能扰乱社会秩序，也不可以违背限制了这些权利和自由的法律规定。[20]

日本的统治者面临一些自己引入的东西导致的合理结果时，会迅速做出反应，确保大众和知识分子不会存有“错误思想”。山县有朋强烈反对依靠法律来保护社会，他认为这是众多社会问题的根源所在。但与此同时，山县本人却毫不犹豫地自由运用法律“作为对政治活动的防范”[21]——这里的政治活动指的是民主的、国会的、反对党的政治。法律很快就变成为官员们服务的主要工具。

进入20世纪后，将马克思主义引入日本的经济学家河上肇对明治立法的总体结果总结如下：

> 个人不被认为是自享、自有的自治实体而存在；只有政府才是。在日本，政府主权由上天赐予，而个人权利由政府授予。只有在个人权利推动了政府目标的前提下，政府才允许存在有限的个人权利。因此，个人权利永远都是政府的工具，它不能被用作个人的目标。而在西方，个人权利被认为是由上天授予的，因此不能被剥夺……西方对个人权利及个人身份的尊重对日本人来说是不可想象的，就像西方人无法想象日本人对政府主权和政府的尊重一样。[22]

但还有一些日本人固执地从西方法律思想中获得了他们的线索。

侵华战争爆发后不久的1937年，一位学者主张：

> ［公正是］一种客观精神，超越了政府的现实，并为政府的存在提供基础。换句话说，公正不是政府创造的原则，而是让政府崛起的基本原则。政府不能定义公正；相反，公正支配着政府。[23]

刊登这些文字的那期杂志立刻就被停禁了。

20世纪前45年的其他经历——遭人痛恨的1925年和1928年《治安维持法》，“思想警察”，法官、警察和检察官的偏袒——都没能让日本人民熟悉政治权力的概念。直到日本在1945年战败，日本的“民主化”进程开始，才产生这些观念。当时有一项重要的努力来帮助一般公民认识自己的法律权利。但它是否如预期的那样，成为日本法律史上的伟大分水岭呢？

战后分水岭

毫无疑问，因为有着美国占领军的干预，日本发生了很大变化。同时，还存在一个相当普及的观念，就是政府至少有义务表现出仁慈。仁慈不再是天皇自愿授予国家的某种东西。

但是，对法律的一般看法和1945年之前没有什么不同。总体来说，日本人还是认为法律是一种约束工具，政府用它来实现其愿望。日本官员可以自由地挑选法律，用它来进一步发展自己的事业。一旦法律和部门政策看上去发生了冲突，官僚们便对法律施加“新解释”，调整法律来适应政策。[24] 不少法律的条文故意写得很含糊，以便能够更轻易地进行这种调整。一位日本学者将国会通过的众多法律比作没有通读就签署的合同。[25] 自民党国会成员为了自身利益，通过立法让自己政治分肥的客户得利。他们并不会审核法案以确定它们是有助于还是有损于社会公正。一位文部大臣在 1958 年谈及某项与教师效率评级有关的法律时这样说道："所有人都可以如其所愿地自由解释法律。但针对这部法律，我希望大家尊重文部大臣的观点。"[26] 他可不是在开玩笑。

东京大学的法律系几乎是培育最高层官员的唯一温床，大学的教授似乎将法律在本质上看作管理的辅助。他们仍然盲目地接受有着几百年历史的前提，即政府天然地高于人民，相信"人民天生不能理解政治领域，也就因此不该批评官员的政策"。[27] 相反，法律之所以被大众认为是合法的，只是因为法律一直由那些有权制定法律的人制定，而不是因为法律符合任何公正的大众观点。当法律运用在平民身上时，它仍然是"痛苦或惩罚的同义词"。[28]

当然，日本官方会认同公正的国际概念。但是，日本的政治传统防止这样的概念成为一种真正有生命力的力量。人权、民主自由和一个新词"和平的权利"都是概念，它们一直很含糊，没有界定清晰。没有人拥有足够的信念或是足够的政治意愿来培育一个清晰的理论，并将之应用于实实在在的政治方案中。

弱势群体的保卫者可能会传播"权利"的主张，但根据我的经验，这些运动的成功来自恐吓或其他施加压力的战术，而不是对公正的普遍看法。传统的态度经由当今的实践而加强，这就有碍于确立一个清楚明白的"权利"概念。创造"权利"（けんり）这个词就是为了传递这个意思。这两个字中的一个意味着公正。但某位知名的日本法律学者认为：“目前，几乎所有人都无视这个词中所蕴含的公正概念。对于普通日本人来说，这个词让人想起利己主义。”[29]

缺乏“权利”这个概念引起了不少令人吃惊的结果。其一，也是外国人经常痛惜的，就是日本人缺少公民的勇气。另外一个结果，就是对日本真正的国际化造成了明确的障碍。日本的教育或系统中的其他元素都没能以任何方式告诉子民，为了某些理由而努力抗争是正确的做法。这种态度明显地反映在工薪族顺从的美德上。在第十章，我们还将看到，“日本性”这一强大的意识形态是如何进一步加强这点的。

到目前为止我所列出的区别，通常会被人不假思索地以“西方个人主义”与所谓亚洲人愿意为了集体而牺牲个人利益的精神这两者之间的差别来进行解释。但这并不是一个令人满意的观点。在谈及法律意识、政治权利观念以及公民勇气的时候，诸如韩国和菲律宾这些亚洲国家中的态度就和日本有着巨大不同。

20 世纪 70 年代初曾经有过一段短暂的时期，左翼激进律师代表污染的受害者发起了四次重大的庭审，这就暗示着革命性团体的进步。[30] 诉讼的成功以及随之而来的广泛曝光，让众多普通日本人第一次意识到，有可能利用法庭来诉说自己所遭受的不公。突然之间，似乎任何团体或个人，即使他们与系统部分没有密切关联，都能走上讲坛并影响重大的社会决策。[31]

牵涉其中的官员们反应非常敏捷。官员们敏锐地感觉到他们在某个领域中失去了社会控制，而且这样的趋势还可能会蔓延到别的领域，于是他们果断地行动起来，确保这种程度的诉讼成功只能是一次性的事件。他们很快颁布了法律和行政命令，将主动权从法官之手转到了官员之手。左派律师说服污染的受害者进行起诉，结果受左派影响的律师协会遭到了更猛烈的反对。我们稍后就会看到，法官受到间接但有效的压力，克制住了保护污染受害者的权利的热情。在后续的小型审判中，相比于那些成功的开创性案例，控方成功的机会明显降低。

处理对系统的法律威胁

如果西方民主和日本一样不依赖于法律，那么这些国家就会被持续不断的平民暴乱扰动，很可能会见证权威结构的崩塌。反过来，如果日本像西方民主那样运用法律，而且是遵照着日本宪法的规定正当运用法律，那现在日本的权威结构就会崩塌。

作为占领期的遗产，日本宪法不能更民主了。相比于西欧与美国的宪法，它有着更多明确保护公民的安全措施，但却根本无法反映出日本的政治优先级。宪法在法律和行政之间划出界限，让司法在政府其他部门之外保持自主。这与日本整个历史上的做法都是相悖的。如果向掌权者提出法律挑战的可能性成为现实，那么掌权者不让子民寻求超越现世的真理以确保子民不对自己施加影响的时代，这个至少有 1 500 年历史的时代，恐怕就要结束了。不过这还不会发生。

战后的正式规则产生了一个真正独立的、去政治化的司法制度，同时还产生了越来越了解诉讼可能性的民众，这本来会考验我们所知的战后系统是否稳固。以超越党争的方式贯彻反托拉斯法本可形成这种考验，坚守选举法本可形成这种考验，持续不断地对大企业与自民党之间的腐败关系进行司法调查本可形成这种考验，对其他各种使系统保持运作的非正式关系和做法进行司法调查也本可形成这种考验。大众如果深谙诉讼技巧，就可以起诉众多未经法律许可并在今天限制了很多行为的行政措施。企业家将官员带上法庭的现实可能性，本可破坏系统的众多行政目标。在最一般的意义上来说，不断执行法律程序会让政治监督得以实现，而由庞大人脉驱动的系统在这样的监督之下将无法生存。

到目前为止，系统还无须面对这种尴尬。这在一定程度上要感谢官员们容忍（也可能是培养）这样的环境，但还要通过有意识的、明确的官僚机构设计来帮助才行。如今，机构性的安排加上从更专制的时代继承下来的公众态度，极不鼓励日本人采取法律行动。实际上，如果对当今实践进行仔细审视，我们就会被迫得到这样的结论：法律被刻意地，而且是尽可能地排除在系统之外。

贬抑司法部门和律师并对其进行塑造

通过将律师和法官数量缩减到最少这种最有效的方法，日本将法律在系统中的重要性降到了最低。日本没有足够的法律专家来达到欧洲国家中日常诉讼的数量，哪怕是其中的一小部分，就更不用说跟美国比了。

所以，如果一个日本人考虑跑去法庭主张某项权利，这种想法从来不会得到支持。平均到每个国民头上，日本开庭审理的民事诉讼案的数量，只有普通法国家的 5% 到 10%。[32] 几乎所有民事冲突的案件都是通过调解得到解决的——要么是庭外和解，要么是在做出司法判决之前就解决了。这种习俗至少可以追溯到德川时期，那时的统治者强迫人民通过调解的方式来解决分歧。对不少当代日本人来说，庭外和解已经能让他们满意；但对于那些不想要随随便便的法庭判决的人来说，他们几乎还是没有什么选择。

这种方式为什么一直存在？通常的解释是，它呼应了一种古老而且根深蒂固的维持和谐的文化关切。诉讼会产生赢家和输家，这和这种关切背道而驰。即使是那些严厉批评当今日本司法的律师和法官，往往也认可对这种不寻常现象——对一个发达工业社会而言是不寻常的——所做出的文化解释。[33]

但是，我们有很好的理由拒绝接受这一文化解读；相反，我们应将当今的司法实践看成之前日本人被迫通过和解来处理问题时期的政治遗产。系统偏爱和解，并确保那是诉讼之外更受人偏爱的选择。日本团体之间的关系与内部成员之间的关系不同，它怎么都称不上是和谐的，我们也很难理解为什么某人会担心破坏与另外一个人之间的“和谐”，更何况此人和自己还不属于同一个社会圈子，也不是自己的邻居。[34] 当日本人还有机会在官吏面前互相争辩的时候（比如在镰仓时期），他们似乎不羞于这么做。[35] 类似地，明治时期在引入现代法律系统之后，日本文化并不像我们今天所说的那样成为起诉的巨大障碍。但是，有另外一个事实表明了这一系统中的政治偏好，如人们普遍注意到的，日本的和解程序几乎总是让更强势的一方得益，并以此维护了现状。如果大量诉讼得到符合逻辑的、公正的判决，就会导致系统崩塌。

通过严格控制进入法律专业的人员数量，司法部门与律师被人为地保持在最小的规模。法务省是裁判所（法院）的看门人。而裁判所是所有立志成为法官、检察官或律师的人都必须进入的机构。该机构提供为期两年但不怎么繁重的培训，所有被认为政治上没有问题的人，几乎都能自动毕业。但每年的入学率非常低，大概只有 2%；1985 年，在 23 855 名候选人中，只有 486 人通过了入学考试。1986 年，80 名候选人在进行了五次考试后才取得成功。这种情形的半官方理由是，只有一小部分国家预算拨给了司法机关。[36]

大家都说日本人不愿意进入法律行业，但这根本不是实情。一位专家指出，1975 年参加司法考试的日本人数量与总人口的比例，比美国人参加律师考试的比例还略高一些。那年美国的通过率是 74%，而日本只有 1.7%。所以在日本，想当律师的渴望必定强烈得多。[37]

1890—1989 年，法官的数量都还没有翻倍，但人口的数量已经多了两倍以上。[38] 对更多司法人员的需求肯定是存在的。日本的法庭严重地超负荷运作，哪怕最简单的案件都需要两三年的时间，才能在地方法院得到解决。大一点的案件如果上诉的话，就可能需要 10 年的时间。原告或被告在第一次见到法官 25 年后才等来最终判决的情形也很常见。

要找到一名律师也很不容易，而缺少律师又让律师费非常昂贵。1986 年，共有 13 161 名律师有从业资格。[39] 也就是说每 9 294 名日本人当中有一名律师，而美国的这个数字是 360 人，英国是 872 人，联邦德国是 1 486 人。[40]

即使已经开始了庭审，原告还是会面临巨大压力，并因此转向调解程序。法官从省钱省时的角度出发，几乎总是会不断要求原告进行庭外和解。如果原告坚持要获得法庭的明确判决，那么他们就会最终认识到，由于他们不配合，案子的判决很可能对他们不利。法官们自己往往会认为，选择通过法律流程来起诉反映出国民道德态度上的低劣。[41] 在这种情况下，不难理解为什么很少有日本人会进行起诉并坚持到底。如果一个日本人决定上法庭，更有可能的后果是他越来越不相信法律流程。日本律师协会进行的一项调查表明，有诉讼经验的人认为，法官“不理解社会现实”，[42] 而且在过程中律师没有足够的机会来陈述案子。

考虑到系统有着可怕的力量，它几乎完全剥夺了日本公民的诉讼手段，个人针对政府采取行动几乎是无法想象的，这应该不会让我们感到意外。最高裁判所拒绝使用战后宪法授予它的审查权，也就是其保卫民主的手段。[43] 再加上政府机构在执行大范围的社会政策时无所不在的官方权力，行政行为几乎完全不受司法审查影响。[44] 社会活动分子在坚持用诉讼来反对官僚决策时，官员会认为这是“激进”行为，近乎暴力行为，这种行为阻碍了国家制定政策。[45]

官员通过入学考试和政府运作的裁判所的培训，获得大量机会来塑造司法系统。受训的人员被认真地审查。被认为适合当检察官的人会得到特别的培训。这些培训往往秘密进行，不让其他注定成为律师和法官的受训人知道。他们受邀造访级别很高的检察官的家，自动与前辈攀上人脉关系。[46] 结果就出现一个严密等级化的检察院机构，系统上层可以轻松地对其加以控制。

未来的法官也会根据政治倾向受到仔细筛选。对当时的自由进程表示同情的学员会被剔除。而对律师来说，裁判所不会培养非常自信的律师。某位官员这样说道：

> 日本的律师在法官面前展示不出配得上他们职责的独立情感。日本律师生活在一个所有人都认为政府是善的、个人动机受到蔑视的环境中。正因为如此，他在法庭中陷入了自卑情结。有些律师在和法官对话时带有对其的巨大尊重，就好像他们在恳求法官做出有利于自己的判断，而在法庭之外，他们表露出对司法毫无根据的不信任。[47]

事实上，这种不信任在某种程度上有很好的根据。

有依赖性的法官

“接受世界就是如此”这种观念根植于日本社会之中，这就让日本人相对容易被司法机构操纵。法官自己似乎也很容易被操纵，让自己的权威从手中流失。战后法官在理论上不受行政控制，只能由自己的同事来评判。但是，占领军官方仔细划出的司法和行政的界限，在占领结束后又被抹去。从此，官僚就爬到法官之上。如今，法官对官僚观点的担心，以及对任期和升职的担心，几乎和战前一样笼罩在他们头上。

官僚控制的核心是一个为了完全不同的目的而设立的机构：最高裁判所事务总局。战后的安排是所有法庭都应该自治。为了确保这点，法官被授权决定所有与自己法庭有关的事。为了维持这种自治，所有法院都有自己的事务局。最高裁判所事务总局应该执行类似的职能，[48]而最高级别的司法行政工作应该由最高裁判所裁判官会议执行。但是，后者的权威渐渐流于形式，实际的权力慢慢转移到了事务总局手中。[49]

在较低级别的法庭，法官得到鼓励，可以将行政杂务留给法庭“主任”来处理，其出发点是，这么做能让法官将所有的注意力集中在司法程序之上。[50]1955年，最高裁判所修改了与低级法院相关的条例，为的是将整个国家的司法行政整合。结果，每个法庭最终的行政权力都委派给了“主任”以及一个新成立的常务委员会，最后再由事务总局进行控制。如今所有日本的司法机构都由背后这个官僚实体来监督。是官僚而非执业法官（practising judge）控制了任命、升职、工资还有解聘等事项。事务总局能垄断所有与低级法院相关的信息和文档，并通过自己的条例和有选择的任命来逐渐加强对司法的控制。[51]它对司法研修所也几乎有着完全的控制。

这一权力的重要转移没有面临多大困难就完成了。最高法院的法官们根本不是官僚的对手。在最高裁判所的15名法官中，有三分之二不是职业法官，他们大部分是来自不同省的“空降”法官；他们的任期相对较短，对司法的行政事务也一向无知。[52]不少职业法官在旧宪法下得到教育，他们在战后回到审判席时却没有改变观念。[53]而在另一方面，占领期早期的事务总局里的杰出人物，倒都是彻头彻尾的战前法务省的官员。在战后的那几年，他们反对进行重大的结构性调整，但占领军和战前大审院（即战前的最高裁判所）中偏向民主的法官联合起来胜过了这些人。[54]改革派和传统派之间的巨大冲突持续了好几年。但到了 1950 年，反左的强硬派分子田中耕太郎被任命为最高裁判所首席法官的时候，战后司法系统已经形成了我们今日所见到的形态。到了 1954 年，像池田克这样与战前“思想控制”措施和判决密切相关的人都能被任命为最高裁判所法官，还能担任此职长达十年。另一位战前法官石田和外在 20 世纪 30 年代末和 40 年代初在对“思想罪”的起诉中起到巨大作用，他在 1969 年成为首席法官。[55]

最高裁判所事务总局代表了司法官僚的所谓“精英路线”。典型的司法官僚一开始在总局的六个部门之一当一名助理法官，几乎可以确定是从东京大学或是京都大学毕业的；最理想的情况下，在他还是学生的时候就应该已经通过了裁判所的入学考试。除了他自己的“学阀”（学校内的派阀）以外，他通常还要有闺阀关系，[56] 比如说，他娶了事务总局或检察官办公室某位高级官员的女儿。事务总局中的野心家们有了这样的优势，就能处在一个优越地位，进而爬上日本司法界的最高峰。[57]

战前法务省的官员慢慢地被这些精英替代。这些精英成员通常被任命为地区法院的行政长官或是高等法院的主任。人数占到最高裁判所法官三分之一的职业法官就是从这群人中升上来的。日本司法系统以这种方式渐渐转向了战前的系统。那时，一群有特权的司法官僚对执业法官有着决定权。这群官僚因缺乏法庭实践而受到批评，作为回应，官僚们做出了一些调整，不再垄断那些较高的职位。但即便如此，要获得最高裁判所的任命，事务总局的经验还是远远胜过实际的判案经验。[58]

最高裁判所获得好名声，是因为它推翻了下级法院那些反对政府的判决。它还否决了限制警察对左翼游行实行控制的判决，否决了给予政府员工（如铁路员工和邮局员工）罢工权利的判决。虽然有严格保密，但事实依旧无法被掩盖：最高裁判所有时会命令下级法院做出符合期望的那种判决，比如在劳工和医药方面的判决。1987 年，有人透露，最高裁判所在 1983 年 12 月召集了涉及全国各地大约 40 起洪涝灾害案件的法官，告诉他们最高裁判所在即将做出的判决中，会就河流管理的政府责任做出怎样的判定。[59]

至于一般的刑事案件，最高裁判所表现出对人权理念的理解，但对于涉及行政或政治争论的案子，它有着极端顺从的名声。[60]

与青年法律家协会的斗争

官员将具有自由思想的法官调去无足轻重的领域，或是在升职和加薪时歧视他们。日本的顶级法官们只是袖手旁观。事务总局承认它进行过此类歧视，但争辩说它这么做的理由是不能公开的。[61] 在与青年法律家协会的一系列争议中，其影响非常清晰地体现出来。青法协由 107 名学者和 157 名律师成立于 1954 年，目的是在修宪成为政治问题时保卫宪法。（修宪是统治精英中某些团体热心追求的操作，[62] 不愿将此事委托给任何高层统治者的人同样热烈地反对它。）

有一段时间，青法协成员中有 230 名法官。[63] 在之前讨论过的环境污染的重要案件中，他们在引发人们关注的过程中发挥了作用。1969 年，北海道地方法院的主任申斥了一名被认为是青法协成员的法官，因为他在一桩诉讼中质疑自卫队违宪。从来没有哪个官员敢如此公开地干预本应是独立的司法，此举被看作对法官组织的一个警告。

第二个警告是他们拒绝委任一名地方法院法官，这种事情首次发生在一个与丑闻没有牵连的法官身上。[64]虽然解聘法官违犯了宪法，但地方法院却没有做出任何解释。人们普遍认为，这是对其他青法协成员法官的威胁。1971 年，事务总局的长官声明：“法官不应该加入具有政治色彩的团体。”后续的警告相继提出，但每个警告都小心谨慎，避免直接指向青法协。[65]

在 20 世纪 60 年代末，不少杂志批评法院由于青法协的影响而做出所谓“偏向性判决”，但这些论调有太多的相似之处，人们怀疑它们出于同一个来源。检察官基于法律之外的安全规定，要求羁押学生活动家，却被法院拒绝，这些文章便对此提出抗议。一份杂志称青法协“亲共”（它的一部分成员被如此描述倒也算公平），于是便发表了一系列文章，来谈共产主义对法庭的影响。最高裁判所将这些文章分发到了全国各个法院。[66]这些得到官方认可的杂志文章以及保守派法官做出的非正式评论，都同意将青法协打上“革命”团体的标记。一位专家惊讶地指出，虽然青法协的成员中包括一些东大最知名的学者，包括大学校长本人，还有所有成功地通过国家司法考试的候选人中的一半，甚至还有几名国会成员，但日本竟然还没有因此爆发革命。[67]

到 1968 年，国家公安委员会主席表明，法院应该更配合警方，同时内阁成员也加入了行动。1969 年 3 月，法务大臣西乡吉之助在一次内阁会议上这样说道：“我们不能干涉法院，但应该踩下刹车。”[68]在这段时期，激进的学生活动，包括占领大学教学楼等举动，正在统治精英中引起极大的痛苦。

后来，在事务总局工作的助理法官（也就是因此稳稳走在“精英路线”上的那些人）得到建议，放弃他们青法协的成员身份。有十位助理法官遵从了这一建议。全日本所有地方法院也给出同样的建议。到1970年4月，事务总局主任岸盛一对青法协成员身份的人提出警告，但没有明确提及青法协的名字。[69]右派团体参与了这一运动，要求国会的弹劾委员会弹劾那些是青法协成员的法官。

这一系列相当典型的步骤，针对的是一个对日本法院系统中官僚的目的构成威胁的组织。正式的听证会从未召开过。官僚通常会避免提及该组织的名字，也没有明确地颁发命令反对人们加入，因为这么做会太过公然地违背观点自由的原则。但是，在部分媒体的帮助下，“舆论”已经形成。要想没有行为不当的感觉，又想继续做青法协一员变得越来越困难。除此之外，青法协成员在薪资水平、提薪幅度以及升职机会上，还有被歧视的风险。

被吓坏的法官

战前法院系统独立性的主要缺陷，是它处于中央官僚的控制之下。官僚可以用各种方式对顽固的法官施压，比如将他们降职，把他们安排到不那么受欢迎的位置上。[70]如今，关注日本司法发展的人都同意这一点，就是法官的公正性正在被能否升职和去哪里就职的担心破坏。而这样的审查每3年进行一次。法官由一个20世纪70年代引入的秘密评分系统来评级。评级时要考虑他们在一定时期的结案数量，其中包括因采用调解程序而撤案的数量。

法官们知道，法院的行政长官会根据他们结清诉讼的速度来给他们的表现打分，因此他们就不愿意花时间听取原告的陈词，更何况原告拒绝接受法官的建议，不愿采用庭外和解的做法已经惹恼了法官。[71]他们也不会有太大耐心接受超出自己社会经验领域之外的解释。比方说，大部分法官往往对黑帮进行勒索的技术一无所知，而在处理工伤的案子时，众所周知，他们会假定原告知道他们所要冒的风险，然后才决定在危险的场所工作。他们很少借助现场的调查，因为他们知道这么做会引起官员的不快，也会降低法官升职的机会。[72]

一位前高院法官认为，法院里的气氛是这样的：法官如果还想留在官员们的白名单上，就很少能完全遵从自己的良知办事。[73]官僚标准在整个系统中都适用。满足这些标准的法官，将有很大的机会被任命从事行政工作，然后升上高位。那些在审案时只听从自己良心的法官一般得不到升迁。[74]

因此，日本的法律系统是高度政治化的。在众议院进行选举时，日本选民难得有机会——如果他们愿意的话——表达对新近当选的最高裁判所法官的不满。不出意料的是，所有这些人都不会因此落选，因为大部分选民都不知道他们支持的是谁，支持的又是什么。“直接民主”在日本很成问题。它完全只是增加了一种仪式，而这种仪式只会误导人们对系统如何运作以及司法特征究竟是什么的理解。

身为法官的检察官

在处理刑事案件时，法庭也不能提供它应该提供的那种保护。前一章中，我们描述了日本执法机构如田园诗般的仁慈。这种仁慈背后的阴暗面，远不只是对左派活动零容忍那么简单。除了几个极为罕见的例子以外，日本嫌疑人的命运根本就不是由“审判”决定的。真正的审讯——包括调查以及对犯罪嫌疑人性格的判定——都是由检察官办公室进行的。而且如我们在之前章节中所看到的，忏悔非常重要，犯罪嫌疑人面对系统代表时的态度通常比他们犯了什么罪更加重要。

我们已经看到，检察官几乎有着不受限制的自主权来决定是否起诉。如果他们认为没有足够的证据来赢下官司，他们当然不会把这个案子带进法庭。但不管怎么决定，他们自由地按照自己的规则或他们上级的规则来做决定，而不管手上有什么证据，也不管自己是否相信嫌疑人有罪。

完美的系统守护者

如果一个司法系统尽可能地不让人入狱，却能维持比其他工业化国家低的暴力犯罪率，你要和它争辩是很困难的。我们必须注意到这一令人尊敬的成就。另外，在司法界官僚公认的公正解释下，日本检察官努力做到一丝不苟的公正。我们不必怀疑他们对维持部门尊严的责任感。

日本检察官的问题是，一旦他决定起诉，他就不能接受自己被证明是错误的。一位日本专家这样写道：“检察官想成为上帝。”[75]对他们来说，输掉一桩案子比他们的西方同行输掉官司要糟糕得多。他们自己的权威岌岌可危，再放宽视野，整个官僚部门的权威也危如累卵。不过他们不用太担心。他们向法庭提交案件时，有 99.8% 的机会赢下官司。[76]1986 年，有 63 204 人经受了第一次刑事审判，但只有 67 人无罪开释。

那么，检察官实际上就是法官。但是，我们已经看到，公正判决对检察官来说是个陌生的概念，他们随时准备为了社会考量而让天平倾斜。尽管具备人性和公允判断的能力，检察官仍然会犯常人所犯的错误。他们对系统有义务，无论是有意还是无意，他们都必须歧视那些受到意识形态鼓动的人。日本的认罪率高得惊人，日本司法机构通常将这种现象解释为警方和检察官功课做得特别好的结果。但实际上，这相当于是对检察官的完美性进行了官方认可。他们也可能出现人为疏失？这是不存在的，否则他们代表的仁爱社会理论就被破坏了。因此，战后情形与战前也就没有什么不同：法官对检察官带到审判席前的几乎每个犯罪嫌疑人都做出有罪判决。[77]不存在有效的机构来确保检察官代表公众利益。由普通公民组成的官方检查委员会由检察官办公室控制，而它们的发现（比如发现与警方丑闻有关的案件）可以通过免责而被忽略。[78]

日本检察机构的超级权力可以追溯到20世纪20年代，那时它对司法的控制到了几乎可以认为法官是仆从的地步。开庭的时候，检察官和法官一起坐在高台上。20世纪30年代，检察官办公室在维护“国家本质”的意识形态中扮演了主要角色，与其认为危及这一理念的人进行斗争。在20世纪日本进行社会控制的历史上，最重要的人物是山县有朋，而排名第二的平沼骐一郎就是检察官中的一员。平沼狂热地相信执行“天皇意愿”的官员具有道德上的优越感，他以民族主义右翼分子的“校长”为人所知。[79]平沼与马克思主义、自由主义以及民主等国外“异端邪说”做斗争，并与他的派系一起统治了法务省，这一情形一直延续到二战结束。他史无前例地担任总检察官9年之久，然后他又成为法务大臣、枢密院议长和首相（1939年当了8个月的首相），然后又是内务省大臣、甲级战犯，最终于1952年在狱中死去。[80]即使是在战后，尽管有着宪法改革，他的追随者施加的影响，也有助于阻止司法守护者进行任何真正的改变。

平沼是日本政治化检察官的缩影。他操纵着自己看不起的政党，给政客定下贿赂的罪名，迫使他们辞职，同时又能利用他们进一步拓展自己的政治生涯。战后有人模仿善于操纵的平沼，此人就是马场义续。他操纵了自民党的最高领导人河野一郎，让后者欠了自己的情。于是河野一郎多年来给他提供了众多政治资源，直到他当上了总检察长。[81]

如今，检察官仍然是司法官僚机构中实际上最强大的力量。检察官办公室理论上是法务省的一个从属机构，但法务省中课长以上的职位都被检察官和几位法官垄断，而副大臣，也就是法务省实际的领导，总会由一名检察官担任，[82]因此也就总是服从于检察官等级中的几位上级。

我们有理由怀疑，检察官几乎不容置疑的地位经常造成误判。这是因为在日本，被公开反对会导致颜面尽失。一位著名的日本法律学者说过，检察官的行为并不遵守“疑罪从无”原则。[83]检察官可以确信法官也不想让检察官丢脸；一种很常见的情形是，辩方律师不光将检察官，也将法官视为法庭上的敌人。法官还出于另外一个重要的理由站在检察官一边，那就是如果上诉的时候自己的判决被推翻，他们自己的名声也会遭到破坏。[84]

在极为罕见的无罪判决案例中，日本检察官会忘记一切展现仁爱的动机，他们会选择不断上诉，为了重新夺回“办公室的尊严”而坚持战斗。夺回尊严这种说法很常见，但和法律尊严的概念没有任何关系。与之相关的是“判决不能更改的尊严”，检察官办公室长久以来用这一表述来反对重审。[85]

为判定被告有罪而举出的间接证据通常很不可靠，我们之前已经看到日本检察官的成功在多大的程度上依赖于自白。一位极富洞察力的政治学家这样描绘日本：

> 日本的警察、检察官和法官认为自白是“证据之王”。它是证据中的决定性因素，每个检察官把案子带进法庭前都在追求它；而在他来到法庭后，它也是最为重要的事情，决定着检察官的努力能否得到大部分日本法官的认可。与一个手握优质的自白的案子相比，间接证据当然是次要的；考虑到检察官和法官对自白的偏爱，日本警察更愿意去获得自白而不是去构造“客观的”案件，这不能不说一个小小的奇迹。[86]

在占领军官方试图改变日本的做法之前，警方通常用哄骗或是与酷刑相当的手段获得的自白，几乎是所有成功起诉的基础。占领期结束之后，基于自白的定罪再次占据了主导地位，占了所有定罪案件的 65% 到 75%。我们在第七章中已经看到，这是违宪的。宪法规定，如果唯一对犯罪嫌疑人不利的证据是他的自白，那么此人就不应被定罪或受到惩罚（宪法第 38 条）。另外，在自白随后被用作间接证据的时候，不少被指控的人都翻了供。在这样的情形下，法官的态度非常重要。优秀的法官会拦住检察官的路。比如说,1987年12月16日,东京地方法院法官反町宏就认为一名犯罪嫌疑人没有犯下入室盗窃罪和强奸未遂罪,并公开地批评检察官是在不断努力地获取自白。我自己对法官和律师进行过调查。调查表明,在检察官败诉的不到1%的案例中,有些就是因为少数思想自由的法官不愿意接受被翻供的自白作为证据。

披着破损盔甲的正直骑士

检察官必须将系统的道德完美性人格化。经常被指出的一点是,尽管所有的其他政府部门和机构都有腐败和举止严重不当的情况,但检察官们过的是模范生活。这种印象得以维持,部分是因为所有的司法官僚在他们身上笼罩了巨大的神秘感。正是因为这种神秘感,研究这些检察官以及他们最有名的案例的学者,很难验证哪怕最简单的细节。法官和检察官相互审查对方的记录和案例史,[87]他们压倒一切的关注就是“办公室的尊严”。他们的盔甲中只有一条大大的裂缝没法掩盖:他们对涉及丑闻的政客和官僚的处理。

理论上说,检察官都是独立行动的。但在实际上,在针对有影响力的官员、大臣、国会成员或是当地政府领导采取行动前,他们应该写好初步报告,提交给上司(一直到法务大臣),并等待同意。检察院在权责方面的“处分请训”(就应采取什么行动而请求指示)系统引起了很大的争议,并且导致很多政治腐败案撤诉。[88]即使这些腐败案没有撤诉,牵涉其中的政客通常也都能毫发无损,而官僚政客也根本不必担心有什么公开的影响。[89]

在洛克希德重大贿赂丑闻爆发前的7年时间里，检察官对政客中猖狂的结构性腐败没有采取任何行动。之前的大案子是1968年的日本通运的贿赂丑闻。它使检察院遭到沉重打击，因为属于东京地方检察官办公室的大部分检察官后来都被调往各地。[90]洛克希德案能够得到全心处理，只是因为当时的首相三木武夫表明他不会做任何事情来保护田中角荣。

即使是在美国参议院弗兰克·丘奇（Frank Church）的子委员会被调查，导致丑闻的细节首次在海外曝光时，检察官仍然认为洛克希德案是一个机会，可以让他们重新夺回在日本政治圈中失去的部分声望。但同时，检察官和若干自民党的显赫人物一致认为田中角荣还是“日本民主的威胁”——就如我们在第五章中看到的，他的权力太大，让对手感到不安。

由于自民党政客在大部分时间都在互相争斗，检察官会受到各方压力的影响，这些压力总在发生微妙的变化，而且往往来自相反的方向。有时，强大的自民党团体会很公开地加以反击。他们在自民党政治事务研究理事会中，成立一个特别委员会来研究司法公正，但主席本人却还牵涉一桩大丑闻。[91]这个委员会主要关注的是对洛克希德丑闻的司法处置。

检察官认为针对特定的案例，根据大众媒体反应程度的不同而采取高度选择性的做法来处理政界的腐败是有道理的。因此，舆论要求逮捕田中，检察官就采取行动“维持目前的秩序”和自己的声誉。反过来，在处理后来的道格拉斯–格鲁曼（Douglas-Grumman）的贿赂丑闻时，媒体反应不够激烈，所以也就无法说服他们调查牵涉其中的政客。[92]因此，五大全国性日报所解读的“舆论”对日本检察官有着举足轻重的作用。反过来，如果担心他们决心追查的案子可能会受到政治阻挠，他们会向报社透露该案子正在被调查的事实，以及必要的最少量信息，让报纸在头版揭露这一即将爆发的丑闻。[93]

不少法官也同样担心媒体对他们判决的反应，这种反应总是被人认为代表了“舆论”。律师往往也认为舆论是一种重要的制裁力，它必须在法庭判决中得到反映。因此，哪怕是青法协和其他日本司法系统的批评者，也都会表扬检察官对田中角荣案的追查。他们忽视了其中的政治偏见。最高裁判所前审判长冈原昌男很好地描述过这一偏见，即无论是在高等裁判所还是在最高裁判所，田中都不可能赢下这场官司。他们似乎也不清楚，用来对付想象中田中对系统造成的威胁的方法，也同样可以用来对付（比方说）想象中消费者运动所造成的威胁。1971 年 11 月发生了一桩案子，它显然是用来破坏消费者运动的名声的。当时，一位日本消费者联盟的干事声明本田车有故障，但是他反而被指控对厂家发出威胁。[94]

另一种保护

我们必须以日本法律系统中实际缺陷的角度，来看待日本媒体所扮演的社会制裁角色。“尽管其他国家的司法系统与日本法律有着相同的限制，但其他国家在制裁或补救违背法律规范的行为时，不会失败得如此彻底。”一位美国专家这样写道。[95]掌权者除了将犯罪的人关押起来，实在无法做更多的事情来加强法律。日本法院没有藐视法庭罪。查封财产也许是最终的制裁，但罪犯有很多方法逃脱这一处罚。[96]如果违犯者是一家公司或是其他大型主流组织，那么就几乎无法执行因其违犯法律规范而做出的处罚。我们已经指出，能防止日本的组织和它们的主人犯下太多罪行的情况是，万一他们不幸被选为“杀一儆百”的典型，他们的名望将会遭到损害。

到1986年底，法务省宣布，在不远的将来会关闭575所简易裁判所中的149所。简易裁判所是战后出现的，目的是让平民百姓比较容易进入司法流程。除了违反交通规则和小偷小摸这样的不轨行为之外，简易裁判所也接受涉案金额不高于90万日元的民事诉讼。

在官方看来，由于简易裁判所很少被使用，关闭它们是有道理的。但这些法院服务地区的村民担心，这会导致黑帮这样的“职业调解人”涌入；一旦没有了足够的法律保护，人们就需要强有力的朋友。面对一个如此依赖武断进程的系统，小人物需要个人关系来保护自己。这有助于解释当地“老板”、国会成员、黑帮以及其他“调停者”在日本社会中扮演的角色。它解释了一个人拥有人脉的无上重要性——关系对于自身安全以及成功具有关键作用。这也是日本人不能采取个人主义立场而冒险与社会环境分离的理由。

日本人知道他们的同胞不可靠——包括那些控制了社会的人，那些对他们加以裁决的人。如第七章中所指出的，他们往往对仁爱的主张表示怀疑；有时在向外国人解释系统和系统法律程序的传统理念时，他们会说大部分“典型的”日本人都会认为那是最好的，并且也接受下来，隐隐地将自己排除在外。

免田荣在牢里待了33年，其中有31年在死囚牢里度过，才等到重审宣布他无罪。在一次采访中他问我是否认为日本存在正义，这隐隐地表明他并不这么认为。有人会认为，他最后被无罪开释的这一事实，证明了他的观点是错误的。但是，且不论迟来了 33 年的正义已经不是正义，他最终得到释放，靠的是司法系统以外的同情者所进行的艰苦奋斗。20 世纪 80 年代末，人权活动家为大约 24 桩类似的案件进行抗争，他们清楚地知道，这样的案子不能留给日本的法律程序来处理。1987 年 10 月，被刑讯逼供而自白的赤堀政夫在死囚牢房待了 33 年后，在声援团队的强大压力下，他的案件才被批准重审。在日本的背景下，这意味着司法机构已经判定他是无辜的。但将他无罪开释的最终判决还需要再等一年。米罗万·吉拉斯（Milovan Djilas）说，最公正的国家是最清楚自己不公的国家。按照这个标准，日本系统的得分不会很高。

第九章

对现实的管理

理论与实践的差异，人们说他们如何组织生活与他们真正生活方式之间的差异，属于人类境况。在这一普遍的社会体验中，日本是突出的，不仅是因为存在的差异有时十分巨大，而且还因为日本人似乎对此无动于衷。

在形式上的现实和本质上的现实之间存在某种程度的差异是普遍的。但日本与西方的差异程度不同，而且这种区别大到形成另外一种差异。不光几乎所有日本的东西从来不符合它们看上去的样子；而且形式现实和本质现实的差异被制度化，因为这对日本执行权力的方式是必要的。现实得以在不同层面存在，这些层面之间的明确分野远远不是用理论与实践、形式与本质的通常二分法所能表述的。如果不是这样，依赖于非正式关系的系统就无法存在。

矛盾的政治用途

对于想要缓解政治和社会紧张局面的官僚来说，不急于让现实吻合某种理论显然是有好处的。灵活地调整判断标准，就可以平息或者解决冲突，而在日本式的讨论中是有可能这么做的。这也提供了必要的操纵空间，让日本官员和政客得以为自己的行为找理由或是做伪装。只要官方现实和真正现实之间的差别变成制度，并被人当作一个既成事实接受，用来完成各种目的，那么真正的实践就一直不会受到审查，更不会受到威胁。

日本正式的法律结构为官僚们提供了大量的行政法律，让他们得以给自己的行动找到理由，同时官僚又可以自由地跳出这个结构，发出各种命令，而不受公众诉诸法律的阻挠。系统很强大又无处不在，因为它不会受到可能具有破坏性的审查的伤害。形式现实与真正现实之间的差异变成制度，让身处高位的人有了一个理想的手段来对弱势群体施加控制。

现代日本形式现实与真正现实间差异的一个标志是明治宪法。宪法中列出的公民权利毫无意义，因为其他现行的法律让民权的实现毫无可能。它是最早的伪宪法之一。目前的宪法和之前的宪法相比，实际执行与宪法理念上的不符虽然没有那么明显，但也没有提供理论中的宪法保障。作为美国占领时期的遗产，它希望日本的集体态度发生基本改变。但是，改变要么没有发生，要么就是被存续到战后的官僚机构阻止了。[1]

理论和实践存在的惊人差异是大部分当代国家的政治特色。但在民主国家，通常会有一群人痛斥社会政治事件中理论与实践的差异，并且有相当多的人尝试针对这些差异做些事情，比如说，代表弱势少数群体采取行动。他们这么做是在诉诸共同的原则，而官员、政客、社区都会理解。在西方的民主社会，民主象征可能会在某种程度上为专制的做法打掩护，但也总会有个限度。一个限制来自“赶走害群之马”的可能性，另一个来自对法律法规的诉求。但在日本哪样都做不到。“自主宪法期成同盟”秘书长说：“在注意到法律和实际情况出现重大差异的时候，欧洲人和美国人往往会感到很不舒服。因此，他们会受到鼓励，去改变法律和宪法以适应新的情况。但在日本，他们没有消除这种差异的紧迫感。”[2]

在日本，无法实施宪法并未被普遍认为是个问题。相反，它符合那些担心任何形式的修订都可能重新引入不受欢迎的战前条款的想法，它也迎合掌权者违背现实的法律安排的需要——因为这对维持支撑系统的非正式安排是有帮助的。针对官方的“现实”的公开批评和大众讨论是有必要的。但众多政治批评只是空谈所谓的意识形态，没有人会认真对待。这也让真正的权力关系非常安全，无人触及。

所以在理论上，工业巨头们遵循着经典的自由市场的实践，不欢迎官僚来插手。在官方现实中，公众的政治偏好由他们选入国会的政客来代表。同样根据这一官方现实，日本有反垄断法和公正取引委员会来防止出现卡特尔，有司法部门保卫民主自由和个人权利。工会能保证工人的抱怨得到公正的评判，还有不少其他机构保卫着“民主的自由市场系统”不受敌人的破坏。这背后被掩盖的事实是，没有独立的司法机构，没有主要代表工人利益的工会，也没有有效的保护措施来抵抗官商勾结和阴谋操纵市场。如果没有形式现实与实际现实之间的制度化差异，就不可能有战后的经济“奇迹”。

面对这种矛盾时的精神麻痹——甚至是根本无法分辨出这种矛

盾——让特权阶层在非特权阶层身上施展权力时，不会受到任何阻力。日本传统观念中服从与统治的机制，与不合理但同时又看似合理的可能性紧密地绑定在一起。这就像极了禅宗高僧给出让人无法理解的答案，让他的学生困惑不已，最后学生放弃了所有智力上的抵抗，只能遵从导师完全主观的权威。

现实冲突的闹剧

日本的“真相”管理通常牵涉不止两层现实，而是三层甚至四层的现实，系统中身居高位的政客在其中向着自己的目标蜿蜒前行。一场模拟的政治斗争为我们提供了一个非常好的例子，也进一步地描绘了我们在第五章中所描述的近代政治史中的某些关键关系。

1983 年 10 月和 11 月，日本经历了一场“政治危机”。一开始是东京地方法院在判决中认定，政治巨擘田中角荣因牵涉洛克希德贿赂丑闻而有罪，反对党也对国会发起长达 47 天的抵制，并发起对中曾根康弘首相的不信任投票，成为这一事件的高潮。

田中对判决提起了上诉，但也就到此为止。规则中没有说在此情形下应该辞去国会的职务。但是反对党大声疾呼，因为田中连这个象征性的姿态都没有去做。反对党提出一个前所未有的议案，要求讨论解除田中的职务，而在被中曾根拒绝之后，反对党走出了国会。国会就此瘫痪了。

我们必须记住，田中不是中曾根党派中的成员。他 7 年前就退出了自民党，因为自民党的所有高层都认为，如果在他们的班子中有一个被指控受贿的嫌疑人，会对其形象不利。腐败是一回事，被检察官带走则完全是另一回事。但是，我们已经知道，田中对自民党的控制比其他任何实际成员的控制都要强，而且他已经选定过三位首相。多亏田中，中曾根才有了首相的位置。他陷入一个困境当中。反对党抵制国会的行动会破坏日本首相的威望，因为管束不听话的反对党是允许首相展现出领导力的为数不多的方法中的一个。另外，中曾根还迫切地需要通过一系列法律。不过，即使不考虑他对田中的亏欠感，他也还想继续当首相。而他知道，如果田中决定不再支持他的话，他继续当首相——哪怕只当到年末——的机会也就近乎为零。因此，他不能简单地向反对党屈服以结束国会的危机。

在人们紧张的等待中，方案终于出台了。吵吵嚷嚷的少数党同意达成和解。他们会发起针对首相的不信任动议——这是让人民知道他们也握有权力的一种方式。中曾根“接受”反对党发起一场针对自己的不信任动议的计划。作为交换，反对党承诺对那些等待审议的法案不做象征性的反对。投票表决时，这些反对派国会成员在不在场根本无所谓，因为他们已经正式放弃了抵制活动。反正他们就算投票也不会有什么区别；重要的是，他们正式取消了抵制。没有任何规则阻止自民党在抵制发生期间进行投票。但在本例中，如果这么做了，少数派很可能会大叫“多数党的独裁”，这可能会对舆论——或说是媒体告诉读者他们该有怎样的见解（这又是现实的另一层）——造成不好的影响。

我们在日本的政治奇境中进行了一次短暂的旅行。首先，这次旅行表明，所有代议制民主的正式规则根本没有关联性。如果遵守了这些规则，其实就不会有危机；田中留在国会的问题也不会产生冲突，而自民党多数派可以随心所欲地在任何时候通过众多法案。但是，“现实”冲突的闹剧才刚刚开始。

反对党和中曾根之间的协议是媒体所描绘的官方现实。媒体评论家几乎一致地表明，中曾根很不情愿接受它。按照这个版本的现实，不信任动议之后的选举和解散众议院，不符合首相最初的计划。但这一被广泛接受的解释与众多泄露出来的点滴信息相矛盾。这些信息早先登载在同一份报纸上，但现在显然已经被人忘却。这些信息表明，国会已经准备好了与提早解散国会相关的一次大规模选举。

协调新闻界的操纵者于是帮了中曾根一个大忙。中曾根最大的问题是要在公众眼里造成一种印象，那就是他在与田中保持距离，但他又不想让田中有同样的感觉。另外，通过向反对派让步，他也证明了他有多么“民主”。而最重要的是，他在一直计划的提前选举中大获成功。我们可以总结如下：在最外层的政治形态下，存在着一个预料之中的按规矩办事的半官方现实。而在此现实之下，才是权力关系所构成的真正现实。这个现实被喜欢“揭露”真实动机（也应该是秘密动机）的记者进一步打乱。在这个过程中，媒体也不自觉地扰乱了这些动机，因为媒体往往到最后也是被操纵的对象。

政客们创造的现实

在日本近期政治历史中，最生动的一幕，同时也是媒体帮助建立自民党巨擘所创造的官方现实的一幕，就是 1976 年末三木武夫被赶下首相宝座。按照官方的说法，因为在刚刚结束的选举中，自民党遭遇失败，三木要“为此负责”而辞职。这听上去很有道理，因为日本首相确实应该为其实与他没有关系的失败承担象征性的责任，就像他们会为根本不是他们得到的成就而享受荣耀一样。

但是这一次，这么做毫无理由可言。确实，那年的洛克希德丑闻比所有其他战后的丑闻都更严重地损害了自民党的声誉，但三木的作为在控制损失方面起到了最大的作用。在那一年的大部分时间里，媒体强烈要求自民党为其“道德”进行公开反思，并因三木（“干净先生”）认真对待此事而大加赞许。普遍的看法是，前一年如果不是三木当政的话，自民党只会在选举中输得更惨。

三木不得不辞职实际上另有原因。田中被捕之后，自民党内的火力就集中瞄准了他，但三木未做防卫的动作。拥立三木当上首相的椎名悦三郎说，“三木对他人的感受没有任何概念”，这就隐约地指责了三木那些很不日本的行为。自民党的领导人物害怕万一三木的“改革雄心”引诱他进一步“过度行动”该怎么办，于是便成立了一个“举党体制确立协议会”（简称举党协），设法让三木下台。在它的支持下，大平正芳和福田赳夫被说服了，停止了两人的斗争——而这也是最开始选择三木当首相的唯一原因。两人达成协议，确定了他们成为首相的顺序。在此之后，如果三木继续当首相的话，那就意味着自民党内部几乎肯定会出现分裂。三木不愿意承担选举失利的责任，也错失了重新引入两党制系统的机会。在自民党接受了改变党内选举规则的准则后，他放弃了斗争。媒体在之前九个月里为三木欢呼，鼓励他整顿日本政治，但又马上在三木因选举失利而引咎辞职的时候，扮演了创造这个“现实”的主要角色。

媒体支持的现实

日本媒体在对事件做出统一的解读时，有一种创造权宜“现实”的能力。日本媒体是有关日本的正确信息和错误信息的主要来源。它对总部在东京的外国通讯社发稿的影响，要超过其他国家首都当地媒体对外国记者的影响。只有某些小众主题的专家才敢完全依赖新闻以外的来源，一般人必须依赖日本媒体来获得大量信息。这些信息都与那些相对难以接触的领域相关。而且不管他们的语言能力有多强，或是他们的助理有多努力工作，记者在这些领域中都不大可能获得足够的第一手资料，对于具有最好装备的大使馆和外国公司来说也是如此。

外国记者、外交官和外国商人往往相信日本报纸上所提供的信息，因为那些信息都是一致的。要创造一种有说服力的气氛来描绘现实，最好的方法就是创造一种统一的氛围来讨论政治事件，来传递“人民的声音”。基本上，外部世界通过一个过滤器获得了它对日本的印象，而且因为日本媒体没有得到应有的质疑，这种印象通常会误导人们。

我们就拿这个报道来说吧，上文所提到的“危机”在不信任动议以及解散众议院后解决了，紧接着 1983 年 12 月就举行了选举。在日本媒体的社论和大部分报道中，自民党由于公众不满而失去了 36 个席位，被归咎于政府处理“政治道德”的方式。所有其他国家主要报纸的社论对这个说法也许不那么坚持，但大部分都提到了中曾根不得不肩负的所谓“田中负担”，或是公众对执政党腐败的反应等陈词滥调。事实上，不管是“政治道德”还是中曾根的政策，都不会以任何明显的方式影响选民对自民党的支持。投给自民党的票数下降了 2%，但这只是因为天气不好而导致出席投票人数太低（而这总是对自民党不利）。日本媒体没能解释的一个讽刺现象是，与支持田中的候选人相比，批评田中的候选人的遭遇要糟糕得多。

媒体一致地将众议院选举称为“坚定地表明了中曾根不愿意在其党员中重建政治道德的立场”。这描述了一个媒体一致同意的现实。一些比较严肃的月刊做了微弱的尝试，去解释其中的因果逻辑关系。但等到月刊出版的时候，现实已经不得讨论了。

中曾根如果试着拿出实在的数据证明媒体得出的结论是错误的，他就会挨骂。人造现实已经太稳固了，他改变不了。同时，自民党也必须正式支持媒体认可的现实，为欢呼雀跃的少数党带去无数个（虚假的）“建立政治道德”的计划。在所有管理现实的方式中，假装悔悟是让选民得出“真诚”印象的理想方式。

媒体在管理现实中所扮演的角色，可能会对某些官僚团体产生不利影响，但总会对别的团体有利：在上述例子里，自民党中，田中和中曾根的众多对手就得利了。

遵守支撑起系统的人造现实，是报社编辑的习惯。1987年底，公司投机造成地价飙升，附属于黑帮的土地倒爷采取行动，胁迫租户搬出屋子，业主卖出资产。这成为一个令人尴尬的问题。政府因为不作为，所以也在媒体上受到了指责。但到了1988年1月，这个问题就从报纸版面上消失了，取而代之的是政府正准备迁都，希望借着这个过程可以缓和土地价格的问题。每过10年到15年，一些政府办公室和大学迁出东京（或是在富士山下新建一个首都）的计划就会在媒体上公布。在1988年，同样没有任何一个政府人员有任何意向去执行这种计划。但媒体没有去追查土地价格这个原始的、紧迫的问题，反而在大众中间散布政府正在着手做事情的假象。

媒体还在其他为数众多的场合，帮助官员制造出他们在捍卫公众利益的假象。1988 年 1 月，大阪地方检察官判定一项“政治捐款”实乃贿赂。我们来看看媒体做出的反应。这次成为媒体选择性评判受害者的，是一位参议院兼公明党成员（该党素有“清廉形象”），此人名叫田代富士男。他被指控接受了 1 000 万日元 * 来换取他在官员中的方便之门。对那些和建筑行业有关联的自民党大佬来说，1 000 万日元不过是零花钱罢了。这位公明党成员犯下的罪行是，他收了钱，作为交换条件，他代表“全国砂利石材自家用船组合联合会”向运输省提出建议，希望对联盟成员有歧视的特定措施做出部分修改。我们要记住，这种联盟是无法将某个省告上法庭的；出现此类情况时，居间调停是日本政客可以接受的任务，如果找不到自民党成员去做这件事的话，可以找少数党中某位有着良好人脉的成员去做。不管怎么说，这位反对党政客辞去了参议院席位。他一边激烈地抗议，表明自己的清白并强调这笔钱是政治捐款，但同时也为没有尽到自己的“道德责任”而深表歉意。要是他不这么做的话，报纸将会对他释放出全部愤怒的力量。一个显而易见的问题是，为什么检察官突然觉得，毁掉一位反对党国会成员的职业生涯乃是合情合理的，但这却没有引发记者的本能反应。相反，媒体刊登了常规的训诫，强调政客自我反省的必要性。

---

* 田代收受贿赂的金额说法不一。按照维基百科的词条，田代接受的所谓“谢礼”是 7 000 万日元。——译者注

社论认为日本不能容忍这样的事情——这是故意在欺骗大众罢了。被容忍的不光是这些做法，还有与此案相比涉案金额多十倍或百倍的数不清的类似交易，这些构成了真正的现实。如我们在第五章中看到的，日本整个政治系统正是建立在这样的现实基础之上的。

操纵现实的时候，透明度是不同的。报纸向世界宣布，铃木善幸首相采取了激进的步骤，他成立了一个新的内阁，“为的是更好地处理国际贸易问题”。任何有经验的人立刻就会看出这不过是瞎扯罢了。内阁洗牌是常规操作，大概每年都要进行一次，目的是把阁僚职位奖赏给对此孜孜以求的自民党国会议员。铃木委任的新一批大臣根本无意用与前任不同的方式来处理国际问题，就算谁有这样的想法（这种情况不大可能发生），也从来不会付诸实施。

另外一个例子是自民党内部就解散派阀（党变成了各派系的联盟）而经常举行的讨论。因为人们认为，派阀是大量政治腐败的根源，自民党宣布了大量的计划来消除派阀。在 20 世纪 70 年代末，有几个派阀确实宣布解散，媒体也刊登了派阀办公室清空的照片。但有经验的观察家知道，要将派阀剔除出自民党，就像从活人身上剥皮一样。

但是在众多领域中，对现实的管理会让人很难或根本不可能对其做出精确的分析，结果就是不少公众接受的历史都是不可靠的。即使是见多识广的（通常也是高度专业化的）日本记者，为了照顾某个官方认可的现实，也往往会压下自己对事件的特有理解。即使是近期的历史中，也有不少政治和外交事件的真相永远不会为众人所知，虽然在实际上，身处要掩盖这些事实的外交圈和政治圈之外的众多日本观察家，可以获知这些事实。

社会认可的欺骗

在一个现实互相冲突的世界中，表象很关键。政客如果因涉及或是被怀疑涉及丑闻，他们就会用竞选活动来“净化”自己的处境。这个过程被称为“禊”，是以神道教的净化仪式命名的。政客会在演讲中用到它。即使他们声称自己是无辜的，他们还是会提到完成了“禊”的过程。在日本，哪怕只是涉嫌参与也是要负责的。

“正确的形象”这一说法常被用来描述各种洗白的做法。“调整观点”的说法被频繁使用，这个说法意味着就现有的任何东西的性质达成一致。这表明“现实”被认为是可以协商的。日本的代表喜欢在国际会议上、主流媒体上以及大量得到丰厚补贴的杂志上对“真实情况”进行“解释”。我们必须在这样的背景下看待这样的解释。掌权者特别急于确保每个人都“理解”大家已一致认可的事情。

比较常见的是，日本精英中相互敌对的派系认定，他们出于实际原因，必须对目前的情况达成一致的、不容置疑的解释，然后使其成为所有人都认可的官方现实。这种商量出来的现实不要和共识混淆，它在缺少共同的政治领袖以及明确的上传下达时非常重要。当政治的缺陷会造成不受控制的混乱时，上述做法能帮助遏制这种混乱。官僚之间的凝聚力部分来自他们对现实不容置疑的看法有默契的认同。他们的教育背景相同，个人关系也交织在一起，于是他们的参照系就非常相似或是完全相同，不太受个人形势判断的影响，而且与个人对世界的看法全然不同。

在日常生活中，日本人非常乐于互助，这样就减少很多尴尬，而且他们经常会清楚地表明他们刚说的话也许不能按字面意思去理解。

你所需要做的就是捕捉信号。日本人也希望外国人这么做，因为日本有时在国际交往中给出的借口或“解释”实在粗陋，根本无法认真对待。为了让事情更加简单，日本人还有对应的术语：“建前”，表示事物被呈现出来的样子，表面上的动机，官方的真相、外观、借口、事物应该的样子（日本人经常错误地将其翻译为“原则”）；“本音”，表示真正的动机、观察到的现实、你知道或判断出的真相。

日本人经常会提到建前-本音两分法，而且这两分法通常被认为是日本社会中道德中立（如果不是道德正面）的一面。但是，它也提供了一套参照系，众多形式的欺骗在其中得到了社会的认可。[3] 日本人会很诚实地承认作假，其诚实的程度是西方人不可能做到的。他们可以假装诚实而不用担心因不诚实受到责备。如一位有人类学专业背景的观察家所说：“真相和道德……是依眼下情况而定的……日本人往往会接受明显的矛盾，视其为同一真相互补的两面。他们很少会坚持一致性，往往说那些死磕逻辑的人“爱诡辩”（理屈っぽい），也就是‘找理狂人’。”[4]

不信任外国人

因为日本人自己将真实动机和表面动机之间的差异制度化了，所以他们往往对外国人和外国人的动机表示怀疑。他们永远在寻找隐藏在外国人对日本情况或双边关系所做的分析背后的“本音”。建前-本音这两分法可以解释日本人在二战前和二战中经常做出的一种声明，即日本在亚洲的真正目的从未被理解，而西方的真正动机比它伪装出来的更阴险。

有一次，我写了一篇新闻报道，总结了日本和西方社会中的错误认识，而且认为这些误解导致了冲突不断加深。一位日本高层官员通过共同社发表了他的见解。他认为我这篇文章应该在欧洲共同体试图败坏日本名声的背景下来阅读。与此类似的是，我在美国刊物上也发表了一篇文章，分析了华盛顿缺乏连贯的对日政策所带来的后果，并列举了系统的一些特征。这之后有人谨慎地向我打探，问我是不是可能和某些美国的利益团体有共谋。我犯的错在于，虽然和日本官员有了这么多年的友好关系，但我没有帮助他们在世界面前维持“建前”。“本音”是要严格保密的，只能在推杯换盏的时候可以聊聊，开上几句玩笑罢了。

极度恶毒的逻辑

在任何有关政治和社会环境的讨论中，逻辑都提供了稳定的参照点以及一致性。逻辑的规则不是临时创造出来的，也不是经由阅读和讨论而新近得出来的。它们也肯定不会由政客口述。我们不去理睬逻辑时，它们仍然存在。我这样讲，好像是在说废话。但在日本，你会见到这样的知识分子，他们声称“逻辑”是西方人发明出来的，是用来让西方人赢得辩论的某种东西。确实，在日本广泛流传着这样的信念：就算现在没有逻辑，日本人也能生活得很快乐，就像想象之中的几个世纪以前那样。这当然不是真的。日本的工程师和科学家，与世界其他地方的同行一样懂得逻辑思考，有些人还因此获得了诺贝尔奖。

但是，至少在谈到社会和政治事务的时候，日本人没有那种压倒一切的紧迫感驱使他们去发现悖论、解决矛盾。无论是日本的三大精神体系（神道教、佛教和儒教），还是科学思考，都没有给出可以利用的工具，来让日本人去思考他们的处境。德川时期的数学成就很了不起，到17世纪末延伸出微积分的发明。但它占据的地位和下棋一样，被认为是一种游戏，不可能对宇宙的本质或对居于宇宙之中的日本社会有什么影响。抽象思考的实践往往只能以自身为目标，不会允许它来确定人类交往的本质。而社会研究本身仍然不过是一种练习而已，完全失去了在经验中作为参考的地位。

学校加强了这种态度。一名权威人士在比较了日本和西方的教育后总结说："逻辑教学和西方文明本身一样古老。相反，日本的传统……长久以来强调记忆和模仿。前一种做法帮助内化道德与知识参照系，而后一种则帮助适应环境。"[5]

思想真空中的岛屿

几个世纪以来，种种政治安排从日本人身上剥夺了一个无形却十分重要的文化成就：一个进行自由论辩的领域。我认识不少日本人，他们思路清晰，并做出了知识上的发现。历史上肯定还有不少人曾经跟随人类进行哲学思考的冲动。但关键的是，这些人不得不创建自己的思想世界。日本没有宏大的思想传统将所有这些思考整合起来作为参照系，也没有任何哲学思考的实体可以让人攻击或对思想进行补充。逻辑严密的抽象层次体系是思想长期深入探究现实的成果，如果没有它，各种互相冲突的证据间的相关性、权重、比例和平衡只能被随意地理解。

日本的学术讨论往往作为小型的、独立的领域而存在于知识真空当中。此外，开展讨论的学者非常讨厌被人反驳，他们往往将自己的观点加以遮掩，甚至几乎无法进行反驳。很少有人要求知识分子证明其假设的真伪，结果就是他们自己也不擅长进行批判性评估。丸山真男通过观察认为，日本的知识分子会快速地采纳国内或海外的新观点："新的想法不管来自哪里，总会以极快的速度赢得知识分子的关注。"他们不会自觉地用自己建立起来的信念来检验新观念。[6]激进的学生很好地说明了这一点。他们经历的思想进程和精神进程，与世界其他地方转变的信仰经历有一比。但他们往往只是重复这样的经历，到最后似乎没有什么东西保持下来。长久地坚持某类思想的人特别少见；不仅是因为这么做没有好处，还因为这经常与周遭环境的社会–政治要求发生冲突。不少西方人与日本人进行过有价值的谈话，但日后他们发现，当初达成的结论似乎早就被忘却了。

在日本的高中里，互相冲突的西方观念和日本观念会一并得到介绍，而没有内容帮助学生去解决这种疑惑。学校里有关政治和历史事件的课本从来就不会表明，政府系统有值得要的和不值得要的两种。

> 完全没有热情。完全没有判断。学生学到的不是历史力量的独特性、生命力或是冲突，他们只是会背概念。极权主义、资本主义、共产主义还有许多其他"主义"，包括自由和民主（在日本，这些也都是"主义"）也会被提到，但不会得到具体详细的讨论。[7]

人们得到的印象是，这些“主义”是可以互换的，应该同等地获得我们的尊重。

日本思想传统的缺乏反映在日本大学这一毫无热情的机构中。日本学生最令人震惊的特征也许就是冷漠。不过这不应该让人吃惊。我自己在早稻田大学以及别处教学的经验表明，就算学生真的发现了思想探求的乐趣，那也是他们自己发现的。鼓舞学生这么做的老师很少。就像是在高中的时候，培养和拓展思考能力的教育几乎不存在。即便有一些日本大学教授担当起思想导师的角色，他们也是出于内心之善去做的，而不是因为他背负了这样的期望。不少天赋很好的学生都经历过极端虚无的阶段。

互不关联的知识

从根本上而言独立于权力安排的思想传统，比如西方的思想传统，不仅能在某种程度上控制政治事务，而且能促进新思想出现时的一致性。“一切都支离破碎，所有的一致性都荡然无存。”约翰·邓恩（John Donne）* 哀叹道。他说此话时，中世纪有关宇宙运行的理论已经无法抵抗哥白尼或伽利略的“异端学说”；但他低估了希腊逻辑思维传统的力量。没有这样的逻辑思考，他自己都不会担心一致性的问题。日本的思想生活不断地面对大量新事物，但却没有这样的传统。

尽管一个明确的秩序管理着社会关系，但个别事物和想法共存于一场不一致的盛宴中，这让外人感到既困惑又好笑。到访日本的人

---

* 约翰·邓恩，17 世纪的英国教士，诗人。——编者注

几乎立刻会意识到，他们身处一群搜集各类思想、方法和噱头成癖的人之中。我知道有几家咖啡店和别的建筑是用 7 种或 9 种不同的建筑风格建成的。大学里有曼陀林演奏俱乐部。这样的例子成百上千，我们再举一个：日本有约德尔合唱社团的演出（演出时会邀请瑞士大使馆文化参赞到场），社员演唱时身着瑞士服装登场。日本也大量引进各种思想。书店里堆满翻译自英文、德文和法文的著作。这样的译作通常不能传达原著的精神和目的，但毫无疑问也渗透出作者的某些新想法。

也许，史上再也没有其他人像 19 世纪下半叶明治维新之后的日本人那样被要求接受如此海量的新思想了。大量的杂志和学习俱乐部见证了这些思想在一个正进行重建的国家里的传播。但这些思想通常与迅速接受这些思想的成员所属的背景是分离的——他们是原来的武士精英以及受过教育的普通人。引入这些思想的知识分子通常带着实际目的对其加以挑选。当他们挑选宗教、道德标准、艺术和政治体系，作为让国家强大、现代化、赶超其他国家的工具时，外部世界俨然成为一个大集市。

日本唯一一位略具国际声望的哲学家西田几多郎记得，1914 年在东京帝国大学，他的那位接受德国教育的老师拉斐尔·冯·科培尔博士痛斥了日本知识分子的半吊子理论。科培尔如是说："这些学者只是引入了让人称奇的花朵，却没有试着连根移植过来。结果就是，虽然有的人因为带来了花朵而备受尊敬，却找不到开出那些花的植物。"[8]

来自法文、德文和英文的大量译作，还有因闸门打开而涌入的观点碰撞出的喧闹，没能让日本人以一套连贯的理念为基础，形成一种被人广为接受的生活方式。较严肃的思想家一旦开始怀疑他们的传统知识是否有用，便会反应激烈，有时甚至会完全失去学术立场。一个难得的例外是自由主义学者吉野作造（1878—1933年）。他对社会做出了综合的评判，对日本政治系统应该采取的发展方向也有自己独立的、实际的见解。

日本知识分子已经养成习惯，没完没了地就分类上的细微之处进行争论。“中日战争”是“民族主义”战争还是“帝国主义”战争，这样的问题还能让某些人兴奋不已。第二次世界大战前后，日本马克思主义者社群因为对日本社会是否仍然是“封建”社会存在争论而瓦解——因为如果日本还在封建社会的话，就需要快速地经过资本主义阶段才能进行一场社会主义革命。这次大讨论使学术界严重分裂，形成了“讲座派”和“劳农派”。后者认为资本主义已经创建了足够多的工人阶级，由无产阶级接管的条件已成熟。[9]通常，日本人抓住一种西方观念，然后用它来批判和对抗另外一种观念，但他们却不会尝试将两者与日本的经验进行关联。出于种种实际目的，从明治时期开始直到20世纪30年代民族主义兴起为止，对抽象的西方学问狼吞虎咽之后，留给日本下一代的，是杂乱脱节、消化不良的知识碎片的大杂烩。

避免做出区分

一些战后的日本知识分子（如政治理论家丸山真男和他的追随者）似乎很担心一件事，就是日本不断拒绝应用那些评判政治进程和个人目的的普遍原则；他们认为，缺乏原则是日本生活中充满缺陷的原因。但是，更具民族主义倾向的日本人可能会认为，日本思想中的“灵活性”其实是一个优点。在中曾根首相于 1984 年 8 月接受的一次全国电视采访中，他似乎对此非常自豪，并暗示这会让日本人相比西方人而言有很大优势。他利用这个机会解释道，日本人是多神论的，因为个人可以在接受佛教的同时，也接受神道教和基督教。这就让日本人的思维比“一神论的西方人”更加宽容。很明显，他没有想到的是，同时接受那些极其不兼容的信仰，事实上和一个都不信的结果一样。

这样的例子没法鼓励公众去理解“鱼和熊掌不可得兼”的想法。爱德华·赛登斯迪克（Edward Seidensticker）评论道：

> 被要求发言的时候，学生的想法往往展现出一种折中主义，而这种主义把他们的想法给抹杀了。一位调查人员向一组挑出来的学生询问，问他们认为自己处于哪种意识形态的影响之下。她给出的选择是：马克思主义、非马克思的社会主义、自由主义、人道主义、实用主义、无政府主义、虚无主义、存在主义、民族主义、理想主义、享乐主义、没有什么主义、其他主义。47 名学生中约有一半将自己描述为活动家，他们只对马克思主义表示满意。三个人选择了自由主义，一人选择了人道主义。其他人声称信奉多种（但往往互相冲突的）意识形态。其中有两人选择了 10 个不同的主义，还有一个人选择了表中除了“其他”以外所有的项目。在别的政治文化中，这也许会有一些幽默讽刺的意味，但在日本却不是如此。再也没有别的地方如日本人的思想那样，可

以让迥异的意识形态如此舒服地共存。当然，其最后的结果就是一种激烈的反智主义。[10]

美索不达米亚、波斯、印度、西方以及中国宗教和哲学传统中避免做出区别和二元对立的做法都受到日本人的赞许，他们认为那是最典型的日本做法。比方说，早在18世纪，日本最伟大的古典学者之一本居宣长就将拒绝分辨好坏这一观念加以理想化。他将本地神道教与外国的信仰进行对比："神之一道，不同于儒家和释家之道。它没有一个论断，对好坏、对错做出令人生厌的评价。神之一道是丰富的、宽大的、精妙的。"[11] 即使到了今天，人们仍在称颂日本传统思想中这种所谓的"根本二元性"的缺失。研究国家特征的当代理论家骄傲地宣布，日本人喜欢生活在思想上的暧昧当中。[12] 禅在西方最出名的推广者铃木大拙，用英文写了40本书，解释"不能用文字表达"的真理，并因此而发了大财。他不厌其烦地指出西方"二元逻辑"的缺陷。事实上，日本的禅在武士阶级中得以兴盛，是因为它的历史功能就是降低个人抵抗性，表现出他应当具有的盲目服从。从禅常用思想的"灭""却"等比喻中就可以得出这个结论。[13]

被削弱了的儒家

在日本，真相是可锻造的、可协商的、非绝对的；逻辑被认为是多余的；强大的文化传统是缺失的；对法律的管理者是屈从的；对反常是接受的，甚至是称颂的：这些交织在一起当然也是有原因的。它们加强了我所提到的日本权力执行过程中的关键因素：没有诉诸先验真理或是普遍价值的传统。[14] 所有现存的其他文明发展出的宗教和思想体系，都承认存在着超越社会政治关注点的真理。神道教和佛教对此都没有任何帮助。

检验一下日本政治传统的思想背景，然后与中国的文化和精神生活做个对比，是一件有帮助的事。儒家是占有统治地位的思想力量。它是宗教的一个替代品，其起源在于社会经验，因此非常适合日本的掌权者。儒家伦理的基础是对人类特征以及社会动态非常复杂的理解，形而上学在其中没有位置。中国人和西方人（起源于美索不达米亚的）关于天的概念也很不相同。西方认为天就是一个由神力创造出来并由神力控制的宇宙。中国的天当然也被认为高于地上的一切，但并不被认为是万物的起源，也不以具体的形式呈现。[15] 它也从来不被认为是社会知识的重要来源。儒家的行为规范的基本信仰恐怕不能更世俗了。但具有重要意义的是，它所发展出来的原则被认为是普遍成立的，也是在所有场合下都适用的。

这就让中国人的思想建构出一种独立于社会秩序的道德秩序。尽管没有任何基于超自然存在的信念或是形而上的思辨支撑，但它还是超越了当下的权威和眼前的社会关注。在这个意义上，中国的儒家还是与基督教、犹太教、伊斯兰教、印度教和佛教的先验传统类似的。

不管日本人在别的事情上怎么模仿中国，也不管日本的掌权者多么希望其子民顺从，他们都没兴趣试着去引用最高的抽象原则来产生有道德的公民。要求日本进一步跟随中国，从社会接受的行为中抽象出道德，发展出个人良知的概念，与社会实践对抗，这是完全不可想象的。一个中国人可以依靠传统训诫，让他自己的道德判断不屈从于社会。孔子可能也曾表达类似观点说，一个有道德的人，不应是社会中无足轻重的人，而应该是协力合作的一员。如果他认为常规做法是不道德的或是有害的，他不但克制自己不去遵从，还要试着说服别人也去改变这种常规做法。[16]

孔子拒绝认同对领主的绝对忠诚，而认同对原则的忠诚、对“道”的忠诚。[17]结果就出现“众多殉道者，他们为了捍卫‘道’而献出了生命”。[18]这一传统让中国人至少有怀疑统治者合法性的自由，特别是当彗星、地震、洪水或瘟疫出现，人们会相信上天发怒了。中国历史上不时会发生革命以及改朝换代，革命者通过宣称自己获得天命而让政权具有合法性。哪怕对于广大老百姓来说，道德秩序概念超越了对当下政治或经济情形的考虑，也让他们至少在原则上寻求从专制权力中解放。

意识形态的变色龙

相比其他亚洲国家，日本进入现代工业社会相对容易些。其中一个原因是，伴随着物质层面的改变，有必要对思想层面进行改变。而没有任何基于超越信念的、被人坚守的训诫阻止日本。无论是文化上的还是思想上的抵抗，都不足以阻止众多新观念的影响，而这些新观念是国家进行现代化所必需的。[19]

日本人没有受到任何“要对自己诚实”的传统训诫的束缚，一个人可能“相信”一件事，但却做出与之完全相反的另一件事来。相对来说，他们很容易正式接受西方的政治体系和意识形态，因为在这些国外观念和信念符合日本自身需要的新目的，日本将其当成工具使用时，道德仍可以被保留下来。

日本人发现自己身处的环境与自己习惯的环境完全不同时，他们根据社会条件快速地做出思想调整的能力，让他们的行为如变色龙般令人称奇。鲁思·本尼迪克特在对日本人行为的经典研究中，注意到西方战士和日本战士之间最显著的差别，莫过于日军被俘后竟与盟军展开合作。“他们比模范战俘还要好。有些老兵和多年的极端民族主义者给我们指出弹药库的位置，仔细说明日军兵力的配置，为我军写宣传品，与我军飞行员同乘轰炸机指点作战目标。”[20]

西伯利亚战俘集中营的一名前日本战犯写道，这些集中营里的德国人、意大利人、朝鲜人和中国人，与他的同胞不一样，没有向苏联人表现出如此“可悲的投降行为”。他说日本囚犯既无胆色又无骨气，居然挥舞着红旗，宣称日本是敌国，高呼“斯大林万岁”。这名前战犯将其与日本知识分子表现出来的机会主义相比。日本知识分子一开始表现得仿佛相信日本天皇是活着的神这样的神话，但后来他们屈服于美国占领军的权威而开始颂扬“民主”，再后来，“当感到来自苏联的威胁之后，他们开始歌颂苏联是世界和平的保卫者”。[21]

石油危机之后，日本对阿拉伯人的外在态度迅速从轻蔑的漠视转变到谄媚的关注。那些把阿拉伯国家描述得很糟糕的电影根本不可能在日本上映。中东某位代表只要打个电话给日本最有名望的综合类报纸《朝日新闻》，就能让他不喜欢的讽刺漫画撤下。[22]

我们来总结一下日本政治文化中最重要的东西：日本人从来就没有被鼓励认为思想力量可以大到对抗政府的现实力量。理解日本权力关系的关键，是它们不受超越观念的管辖。公众没有任何思想手段来对生活中的政治面做出一致的判断。相对较弱的、受意识形态鼓动的政治团体或个人，除了有时能在物质层面施加点压力外，其实对现状也是无能为力的。简单来说，日本的政治实践就是“强权即公理”这么回事，只不过由“仁慈”的承诺和表征加以伪装罢了。

第十章

伪装成文化的权力

系统的凝聚力，成功地网住了民众，压制了造成麻烦的批评者，化解了敌对团体潜在的威胁，任何意识到日本没有控制中心的人都一定会对此感到困惑。我们很难想象，一个没有政治核心的国家可以让它所有的国民按照一个鼓点行进。事实上，日本也不能。既然如此，日本人民前进时众多鼓手打出的鼓点，为什么会碰巧有同样的节奏呢？

部分原因在于国家对日本人的个人倾向几乎进行了全方位、全阶层的主动压制。这种压制通过性格塑造计划来实现，其目的是保证国民行为的可预测性和纪律性。哪怕是在休闲活动时，大部分日本人也似乎会遵守无形但有力的声音指引。负责规范人性的人通常会发现日本人已经被安排得井井有条。身处统治地位的日本人很少会因出现意外而感到难堪。

“日本性”的意识形态

大部分对这些事情进行思考的日本人会认为，日本社会的合作力量和推动力量来自“日本文化”。不少人会主动表示，他们很容易配合别人，隐藏自己的个性，全身心地奉献给公司，与权威机构合作，因为和谐和忠诚是他们的最高文化价值。出于同样的理由，他们会解释说，他们不会上法庭给彼此找麻烦，因为他们的文化不喜欢诉讼以及其他冲突。

我们很难与这种说法争辩，因为在表面看来，这些说法完全无害。毕竟，广义上的文化包含了一切对个人行为有规范效应的、代代相传的东西。[1]在每个社会，文化都是群体行动一致以及群体目标统一的保证。文化被定义为“人类创造的全部”，[2]因此文化也包含了各种各样的意识形态和权力安排。

但如果用“文化”来解释日本，那么“我们这么做是因为这是我们的文化”（也就是说“我们这么做是因为我们就是这么做的”）这样的话就不会被认为是废话，反而是接受各种做法的合理理由，这些做法的政治属性则被忽视了。于是文化成为系统化剥削、滥用法律、敲诈勒索以及其他不受控制地运用权力之方式的借口。在国际领域，日本以文化为借口，不去遵守协议，不去担当责任，面临贸易伙伴的压力时也不采取行动。日本生活中林林总总的政治问题从来没有得到审视，因为从一开始它们就是“由文化决定的”，于是也就有了存在的正当性。

作为意识形态的“文化”

日本文化一直被提到的“自觉性”应该会提醒人们注意它的意识形态功能。事实上，“文化”频繁地用于解释每个场景下每个日本人的动机。有时这仿佛意味着，日本人作为个人只有文化植入的动机，就像被某些国家性的自主神经系统给奴役了。

在官方认可的主流观点中，日本人为公司而牺牲自己和家人的生活，不是因为这能让公司以最低成本进行扩张，而是因为日本人文化上就愿意为了团体而牺牲自己。在发生争吵时他们会服从调解，这是因为他们的文化不喜欢法庭和律师，而不是因为法务省限制法官和律师的数量，使其远远达不到现代法律系统运行所必需的人数。公司宿舍的军营式环境据说是遵从了日本的文化习惯，为的是时刻关注年轻人。日本的利益团体允许官僚弱化其地位，不是因为政客利用他们，或是因为缺乏法律机制来补偿他们受到的不公，导致他们高度依赖于官僚的好意，而是因为他们都被灌输了“和谐”这一文化规范。

人们寻求启示的时候，总能找到符合文化主义的解释。它甚至对大部分研究日本社会、经济和政治方面的外国学者也有着强大的影响。在这样的背景下，日本社会政治生活中的基本决定因素，就被暗中排除在一般政体必须受到的审查和批判之外。而一旦“文化”进入了讨论范围，所有有争议的讨论就应该停止，因为我们此时面对的是一个无法改变的东西。日本发言人对待日本文化的方式，就好像所有包括在文化之内的东西自动地不受指责一般。企业工会信奉的和谐，让丈夫远离家庭的那种对雇主的忠诚，流通体制内将外国人从市场中排除出去的错综复杂的关系，都是神圣不可侵犯的文化成就。你能感觉到，绝对没有空间让你做出批判性的、不感恩的或是其他负面的评价。20世纪80年代末，负面评论甚至很有可能会被官方发言人和媒体打上“排日”的标签。

蒙蔽世界

日本官员、评论家和企业家常常在解释为什么没有去做那些外国人认为他们应该做的事情的时候，用上“文化”这个理由。日本人“在贸易争端时，请求对他们那一方做出文化上的理解，这是因为社会和谐的传统啦，长久与世隔离的历史啦，本国人脆弱的敏感性啦……但从来不是因为本国商人要被迫与外国人进行不愉快的竞争”。[3]索尼公司的盛田昭夫认为，贸易中的对等“意味着改变我们的法律，接纳可能不适用于我们文化的外国系统”。[4]

“文化差异”也是日本公司尝试违反合约时喜欢用的一个借口。一个著名的例子是20世纪70年代末世界糖价下降后，日本与堪培拉进行的食糖谈判。日本人指责澳大利亚人迫使“无合同义务”的日本人遵守外国文化的规则。

西方人，特别是美国人，一直很容易受到这种论点的影响。20世纪80年代中期有那么一段时间，美国批评日本相对封闭的市场，日本对此通常的反驳是外国人正在试着改变日本的文化。这一指责让某些批评者闭上了嘴，因为他们担心他们的要求也许确实造成某种冒犯。“文化差异”这个策略很有效，因为西方人往往担心被人认为具有种族优越感，而在众人看来，这离成为种族主义分子只有一步之遥。

政府官员明确而坚定地表明，他们所有的行动，日本在国际上受到的一切指责，都可以用日本文化来解释，也因此必须得到谅解。如果外国的批评开始增加，官员和媒体不是在分析之后反驳这种批评，而是更愿意说有必要加强努力，多为日本这一边进行解释。解读日本，已经在出版业中派生了一个强大的子行业。政府部门和得到大型商业联盟资助的私人机构积极参与这类国际化传播。覆盖面广泛的精美出版物不断问世，其出版方是各个省、日本经济广报中心（附属于经团联）、其他半官方和私人实体，他们试图说服外国人，特别是日本那些生气的贸易伙伴，日本被国外批评的做法是有文化渊源的，因此无法改变。这样的解释还得到海外"辩护者"的帮助。不少辩护者是接受文化主义观点的学者或外交官。

有时，有迹象表明这种做法的本质是宣传性的。我在美国《外交事务》（*Foreign Affairs*）杂志上刊登了一篇文章，谈到日本缺少占统治地位的自由市场力量和中央领导权。此后一位日本驻美领事向东京的外务省汇报说，日本最近费力费钱地进行的公关活动虽然获得了成果，但我所做的事情可能将这些成果抹去了一半。[5]

通过意识形态加强服从

日本普通人遵守纪律的程度和服从程度高得惊人，而这是通过系统地灌输服从的态度来维持的。对性格加以塑造并通过服从来培养忠诚，在日本的教育方式中占据主导地位，也体现在成人生活的众多方面。这个方法源自一种意识形态，但人们一般不能以它本来的样子来认识这种意识形态：这是一种披上了“文化分析”可敬外衣的意识形态。一代又一代的人被告知，他们应该遵守群体的教诲，因为他们是日本人，也因此具备这种性格特征，使他们愿意为群体尽忠。日本人的思维过程与西方不同，据说是非理性的、无逻辑的、因地制宜的、感性的，也是依赖于社会的；但这并不是缺陷，而是一种具有优势的象征。这种服从文化——日本人通常所称的“典型日本文化”的精髓——包括一种无所不在的强力信条，灌输集体情感，支持政治安排并为其找到存在的正当性。

不是每个观念系统或信念系统都可以成为意识形态。事实上，意识形态的目标是让沉思成为多余的。它禁止进行思想的探险，它是解释的替代品。于是，它消灭了我们的知识，进而消灭了我们对社会政治现实的洞察。也就是出于这个原因，它可以用来对现存的权力关系进行伪装，服务于那些使真正的政治境况难以理解的人，而这是让这种虚假境况永远存续下去的一部分努力。

当然，日本的意识形态不同于试图借助政治力量来最终实现乌托邦未来的意识形态。相反，它的任务是要让现存的日本社会政治世界变得完全为人接受，不受任何重大变革主张的影响。和西方意识形态不同的是，它并没有无视社会当下的需求，所以个人也就无法利用它来给那些违背社会期望的思想和行为辩护。

虽然有不少著作帮助“日本性”这个意识形态保持活跃，但没有哪本著作可以被认为是其“圣经”，当然也不会有任何中枢机构来捍卫这种教义的纯洁性。日本意识形态所服务的利益集团不会很快被人认出来，因为他们并不由一群占统治地位的掌权者来代表。

还有一个原因是，这种意识形态也不能以它本来的样子为人所认识，因为要散播意识形态的话，一般总会假定有一个相对强大的中央领导。

不过，意识形态的宣传不需要单一的秘密来源。权贵联起手来，一心维护自己的利益，就能够展现出一个一致而且利己的世界景象。日本的各个团体尽管有着对立和利益冲突，但他们至少部分地使用了“秘密”手段来控制各自的领地，同时为了努力让系统占据有利地位而合作。因此，他们都认可并帮助传播了同一套互相增强的社会政治现实的表象。

虽然系统是进行宣传的源泉，但我们不能马上得出结论，说帮助提供此类宣传的人清楚自己是宣传家。相反，日本意识形态之所以具有魅力，部分原因在于它在提供意识形态时表现的诚意。虽说推测大部分日本掌权者是否意识到其宣传造成的假象，是件很有趣的事，但这个问题的答案与分析日本权力关系无关，因为无论他们知道与否，结果都是一样的。

400 年的宣传

如今用来解释法外权力和为其辩护的很多论点，在四个世纪前便首次出现了。它们将古老的道德和形而上学理论的不同部分糅合在一起并加以调整，为的是巩固几个世纪内战之后的政治稳定。随着德川幕府权力的巩固，日本的思想流派失去了它们可能拥有过的政治独立性。它们有关生活意义与恰当举止的学说融入了唯一的正统观念，而之前具有影响力的佛教各派以及基督教的“异端邪说”都被压制了。

幕府将军们可以接受的思想流派，也许用正统范围内的精神“活动”或文化“活动”来形容更为恰当。其中，有一些渐渐发展出异端，这让德川幕府在19世纪早期的统治遭到了质疑。尽管具有多样性，它们还是在200年间构建了一个停滞不前的政治系统的思想基础，这一事实具有不可估量的重要性。

日本重新向西方开放所带来的巨变与早期明治领导人带来的革命性变革交会在一起，不过这只是个插曲，之后相对自由的政治主张再次让位给政府支持的意识形态。“传统文化价值”不仅和其他文化价值一样可以保证延续，无须大臣和官僚的帮助，而且还“复兴”了。明治时期建立的官方意识形态直到1945年还在为统治精英们服务，为德川幕府的武士统治进行学术辩护，同时也着重强调了日本政治文化独一无二的优越性。

与美国作战失败后，麦克阿瑟将军带来的社会工程学家做出许多努力，再加上本地人的热情，日本开始建设一个法治的立宪制民主国家，这让上述国家官方意识形态宣传再度暂停。之后，强调日本独特性的旧意识形态的点点滴滴又被用来从各个方面点缀文化主义者的解释，并为当代日本的政治准则寻找正当性。但是，在进一步审视当代日本之前，我们必须更仔细地审视德川时期和明治时期的日本人，看他们在成长过程中相信什么样的观点。因为如果对这一历史背景没有一定的了解，我们就在很大程度上无法理解如今日本人对于自身心理和社会做出的一些文化解释。

武士道和禅

德川幕府掌权者最关心的，是维持一个完全没有社会流动性的政治秩序。所有臣民在官方规定的阶级层次中，都占据一个固定的位置。尽管他们的权力关系会随着事件的自然进程发生变化，但没有任何理论上的依据支持这样的变化。在幕府至高无上的统治背景下，所有要求臣民顺从的命令都被认为是正确的教育而受到欢迎，而不管其来源是什么。

掌权者可以从丰富的传统中提取出大量有关服从的观念。在德川幕府统一前差不多500年的时间里，日本大部分地区都会不时爆发战争。内战几乎从不间断，一种行为法则自然而然地发展起来，其主要特征就是对战争领袖盲目服从。公元1600年前，日本的武士政府发展出的道德观后来归入“武士道”这一术语中。这种道德观同样也培育出战斗至死的意愿，还在领主或将军的命令下自杀的意愿。[6]

从中国引入的众多宗教哲学体系的日本版本中，禅宗进一步支持了服从的道德观。它完全与道德无关，将反智的生活方式理想化，并认为这会导向高级的觉知模式。德川幕府的掌权者也许并未意识到，而后来成为德川幕府意识形态的观念的第一位大宣传家既是武士，也是禅师。他就是铃木正三（1579—1655年）。[7] 作为低层武士的私人顾问，他在一连串寺庙中散播这种见解：用一个人的理解力来做出判断，是一切罪恶的源泉，更是政治动乱的源泉。[8] 从新的政府机构介入普通人生活的程度上，我们可以感受到他的影响力。说铃木正三对个人没有丝毫的尊重还算是说得轻了。在他看来，人的身体不是别的，它只是“一袋痰液、眼泪、尿液和粪便”。无论在何种情形下，它都不属于自己，而只属于领主。每个人的命都是领主慷慨赏赐的。[9] 身体里不管有什么，都绝不会有一个独立的自我。[10]

至少直到1945年，对“向死而生”态度的赞颂还一直影响着“日本性”的意识形态。武士道戒律被加工成不作战的武士的一种礼仪。1716年写成的那本著名的《叶隐》，对这种礼仪做了总结。它在第一章就说道：“武士之道，向死而得。”[*][11] 这本书很乏味又很极端。通过面向普通大众的介绍和转述，其中的各种故事和格言因为简明扼要地表现了一部分“日本性”的意识形态而长存。1970年，日本国民见证了现实生活中武士道做法的实例。作家三岛由纪夫在劝说日本自卫队武装政变并恢复天皇战前的权威失败后，选择了切腹自杀。而在那之前，在他对武士礼仪表示钟情时，人们还带着几分怀疑的态度。

虽说认为自我是一个毫无价值的存在，只适合于全心全意奉献给自己的上级这样的直白理论，已经不再被广泛接受，受到禅和武士道启发的形象还是影响着日本人的理念。有关武士和黑帮的电影和电视连续剧往往很严肃地看待这些形象。虽然这些戏剧化表现中的行为规范在现代日本人看来十分极端，但其隐含的信息是，现在的观众还可以从那些浪漫化的历史人物表现出来的奉献、忠诚和牺牲精神中学到一些东西。《忠臣藏》这部伟大的史诗，歌颂了18世纪真实发生的仇杀。这场仇杀由47名家臣发起，原因是一位幕府官员侮辱了他们的领主（因为前者礼数不周）。这部史诗一再出现在电

* 原文为the Way of the samurai is found in death，这里采用译者自己的译法。——译者注

视里、舞台上，还有影院和无数的漫画书中。这部历史传奇有很多支线情节，讲到家臣将妻子、女儿卖进青楼，亲属被谋杀。这么做只是为了给将来的受害者一种虚假的安全感。阿瑟·库斯勒对这本书做了最恰当的描述："按照所有西方的标准来看，[这本书是] 绝对疯狂的传说。"[12]

武士和黑帮，以及关于太平洋战争的电影中代表了同一类极端奉献精神的英勇战士，他们在日本的流行形象被认为是"真男人"。这种理想男人沉默寡言而且反智。如一家报纸的社论所言："日本人不信任话多健谈的人……[但] 往往尊重那些说话不畅的人。越来越多的日本人开始认为'健谈是不诚实的表现'，这一说法正好适用于中曾根首相。"[13] 而这完全是因为相比于他的同行，中曾根更清晰地表达了他认为哪些才是日本需要的政策。

纯粹日本精神中的"真诚"

激发日本精神形象的一系列观念的核心，是"诚"的理念。通常我们将其理解为"真诚"，但是这一"真诚"的标准却有点不寻常。在西方语境中，它表明一个人呈现给世界的表象与他的内心活动是匹配的。但是"诚"强迫日本人的思考及情感与周围社会的期待保持一致，而不是表现出自己的自然情感。理论上，它要求一个人行事问心无愧，将躁动不安的内心自我深深地压抑住。在日本的日常生活中，这种调整自己适应别人的态度会被反复灌输，毫无疑问，这会使人际关系令人满意和放心。

"诚"与西方的"真诚"概念是有冲突的，而且在更深的层次上，它是一个高度政治化的概念。它通常会促进由社会决定的伪善，毕竟过于压抑自我是很痛苦的事。它显然与把自己的社会政治处境当成宿命来接受的观念有着某些联系；要想被人认为“诚”，个人就必须尽可能抹除个性，达到与社会政治经济情况相适应的程度。“诚”的内涵表明，人们以务实的眼光意识到一个事实，就是几个世纪的严格社会管制期间，很多日本人（甚至大部分日本人）并不真的相信为了他人而牺牲自己会成就生命的终极意义。人必须伪装才能生存，当时如是，现在亦如是。比方说，著名的《叶隐》就明确了一点，一旦聪明的武士发现苛刻的礼仪其实毫无意义，他应该确保不将这个认识透露给年轻人。

通过服从、“诚”、坚持和牺牲而体现的日本精神首先是一种“纯粹”的精神。这一传统大量吸收了德川时期另外一场思想运动的内容，即“国学”，它可以追溯到作为精神食粮的古代日本著作。18 世纪的起初几十年，德川幕府的信徒将虚构的史前时代理想化，说有一位皇帝被天照大神安排到日本列岛上，管辖由快乐、纯真、无邪的日本人组成的大家庭。这些学者第一次提到日本独特性和优越性的现代理念，并将这些理念追溯到这个民族最初的纯真和无邪。和中国人不同的是，早先的日本人不需要法律，因为他们的本质就是善的，也是相互体贴的。正如本土主义者贺茂真渊（1697—1769年）的表述：

> 在古代，人们的性情简单，就不需要一个复杂的系统。不好的行为自然也会偶尔发生，但人类坦率的性情会阻止他们隐瞒罪

恶和加重罪行。因此，在那些岁月中，并不需要错与对的教义。[14]

本居宣长（1730—1801年）作为国学运动的代表人物也论证说日本之所以与中国不同，在于日本有着道德上的优越性。中国的统治者发明了天命概念来为自己的不诚实辩护，保护自己，抵抗起义。而日本人天生就有道德，而且更加优越，因为他们不必阐明道德规范。[15]虽然国学运动主要关注本国经典文学的语言和文本注释，但它对后来明治时期的政治意识形态和20世纪的国民思想都具有决定性的影响。

这一“纯粹”的日本，没有受到中国文化的“污染”，它被称为“大和”。这个名字来自公元第一个千年早期征服并同化了日本大部分王国的那个王国。真正的日本人要具有“大和心”，也就是大和魂或大和精神，他们的感知力要比其他任何人都要强。国学运动后期的学者平田笃胤（1776—1843年），他在日本被迫结束闭关锁国后因其排外学说而极具影响力。他宣扬说，净化自己的大和心是至关重要的。“一个真正日本人的心与灵，才是他分辨真假唯一有效的基础。”[16]

精神训练

在20世纪70年代和80年代，很多公司开始担心员工中出现的萎靡不振状态。不少公司鼓励员工学习精神训练课程。日语的“精神”（せいしん）意味着“精神”或“思想”，不过在这个语境下，它与“纯粹日本精神”这一概念紧密关联在一起，而且更多应该是一个人的献身精神、毅力和忍耐力。

这样的训练通常由各种操练组成，通过精神上和肉体上的疲乏，粉碎对命令的任何抵抗。没日没夜地连续诵唱，在地上下跪——监督者就在周围巡视，随时准备在精力不那么充沛的人背上狠狠敲打一下——都能做到这点。马拉松是另外一个受公司欢迎的项目。不过大部分公司还是坚持采用更为简单的禅宗冥想（偶尔打一下背部），或新入职的工薪族由公司组织进山修炼时接受的军事拉练。不管是哪种方式，成功完成精神训练的员工的收获，都是能够在无条件地服从权威的同时保持精神上的平静。

工薪族有充分的理由来认真对待这样的培训。公司在员工升职前对其个人品质的评价，往往会“根据精神培训提供的框架”做出。[17] 一个人在日本的组织生活中位置越高，就越是要对这样的考量加以注意，“特别是走在通向领导之路（通常被描述为‘精英道路’）上”的时候。[18] 不少大型日本公司具有一种精英亚文化，积极响应种种对“精神”的特别强调。它们用来自以往的暗示刺激工薪族，特别是激励其中那些更为野心勃勃的人，让他们去遵守标准并不断向下传播。

成为日本等级条件的正统观念

在自由思想话语环境中长大的人很难立刻理解某种意识形态对人的思想施加的严重限制。世界上有的人可以在各种各样关于人类境况的哲学思辨中，自由选择一种意识形态并坚持下去；有的人则在社会政治环境中被灌输特定意识形态，而这种环境是排斥其他信念和想法的。这两种情况有着天壤之别。

在过去的四个世纪，日本人一直生活在正统观念之中。占统治地位的正统观念对于日本权力的执行方式来说一直是必不可少的，以后也是如此。相比战前直接进行“思想控制”的日子，20 世纪 80 年代的情况肯定是宽松了许多。不过，我们已经看到，警察、检察官和法官对意识形态中的异端毫不仁慈，而日本媒体也还没有开始质疑系统基于其上的不成文原则。这只是两个例子。

如果不持续压制其他思想，日本就可能会像其他社会一样，诞生出批判性政治理论传统，那么日本系统不可能持续到今天。日本文化如果得以自行发展的话，就一定会演化出超越性价值观，正如同其他主要文化那样。但日本文化没能做到，因为它一直在有意识地使用政治权力来压制那种要求系统转化为政府的想法。

德川时代对危险思想的压制

一直到 19 世纪，日本平民或武士想要塑造一种与将军要他们所相信的东西有冲突的完整批判性思维，都几乎是不可能的。但即使日本与世隔绝，从而确保平民百姓没有办法知道其他国家的人民如何接受统治，国民还是受到国外和国内的启发，产生了足够多的怀疑，因此武士政权很难说服低级别的领主及其相对聪明的臣僚和文人，让他们相信它所领导的政府结构无法改进。毕竟早期中国的统治模式已经摆在那里，内战岁月中滋润了贫瘠思想领域的一些本地佛教派别的教义也可能发展为攻击当时掌权者的理论基础。然后，还有被驱逐的葡萄牙传教士，他们的遗产可能启发了崭露头角的政治理论家，让他们产生用不同方式运作国家的想法。还有荷兰人，虽然他们被小心地安置在长崎之外的一个人工岛上，处在政治隔离之中，但荷兰仍然是一个与日本性质极度不同的社会的鲜活例子。

随着新的学者阶层接管了德川时期之前佛教僧侣在思想界的领导地位，武士们也得到鼓励去学习知识（从而让这个有津贴可领的休闲阶级不要干预政治），可能具有颠覆性的思想在精英中得到扩散的环境就成熟了。武士政权并未形成或要求形成任何防止政权颠覆的意识形态。但是，它明确规定了哪些是可以说的，哪些是不可以说的，并执行了这些规定。所以不存在异端思想，“那些言行不同的人被迫处于地下状态”。[19]

对政府事务进行讨论是被禁止的。批评任何牵涉到政治的事情都会以叛逆罪论处。德川幕府存在的260多年间，虽然展示出严酷和宽松的交替变化，但它总是保持着对道德标准的完全垄断，判定武士和平民交往或讨论当下事件属于“危险现象”。它的官员维护着一个精密的审查系统，它对无关紧要的文字和图画都要审核。“由于所有‘新’的东西都会对阶级结构构成威胁，政府就特别急于压制那些提到新思潮或任何不寻常之物的著作和宣传品。”[20] 正是在这样的压制背景下，一系列新儒家运动开始蓬勃兴起。

新儒家正统

新儒家，特别是朱熹学派，之所以能成为德川时期正统观念的支柱，是因为它提供的宇宙观符合所有专制官僚政权的理想。按照它的说法，社会秩序和自然秩序都与不变的自然原则和谐一致。掌权者为什么掌权，为什么身居下位的人应该保持“他们的本分”，这样的问题完全不能得到理性的讨论。

我们在第六章中看到，日本新儒家发展出的理论颠倒了中国儒家的优先级，它要求国民对统治者保持忠诚，而不是主张压倒一切的道德要求：孝道。吉川惟足总结道：“出于对君主的考虑，可以遗弃自己的父母；但没有任何理由为父母遗弃君主。”[21]后来，明治寡头们创造了一个神话，说天皇是所有日本人的仁慈之父。吉川的学生、德川早期具有极大影响力的思想家山崎暗斋认为，统治者不论善良还是卑劣，人民都应盲目地效忠，侍奉他们。山崎综合了新儒教和神道教，认为现存的政治结构和社会结构得到了形而上的祝福。对他来说，政治变革永远不会合法，而且是完全不可想象的。[22]

德川幕府后期，林家和他们的学院成为官方旗手，他们对自然法则和人类社会法则进行新儒家的阐释。这种阐释完全符合当时政权中的权力关系。[23]但是，思想生活不总是可预见的。德川时期的“经院派”偶尔会展开活跃的讨论，锻炼自己的思想。这一时期主要的政治思想家荻生徂徕采纳了早期倡导者的想法，要回归更传统的儒家思想，还要建立一个自洽的理论来研究在整个历史变迁中所建立起来的政治体系中的稳定性。这让所有人都大吃一惊。在荻生看来，中国古代的圣君创建了这些体系，将其作为施行儒家之道的工具；它提供了一个内嵌在政府结构中的道德原则，而且经历任何可能的变革都会延续。[24]

虽说德川时期的思想并不抗拒改变，还包容若干彼此不合的学术潮流，但它改变得越多，它的政治推动力就越是维持不变。德川时期思想生活的参与者坚持正统并不意味着他们都说同样的话，而是他们都对某些东西保持缄默。他们在争论时，从来不会意识到，他们可以对基本的社会政治事务产生分歧。他们联合起来排除了产生异端的可能性。在他们的世界观中，个人的道德自治并不存在，这才是这一意识形态的核心。政体本身则认可学术有必要具有某种程度上的灵活性。从 18 世纪中叶开始，政府以及众多领域的思想潮流主张调整意识形态，在不断变化的历史背景下维护权威。[25]

阳明学派里的教师强调依靠直觉来判断什么符合道德，他们同样坚定地支持幕府统治直到最后。[26] 至于国学运动，贺茂真渊的出发点是，现时的秩序是神圣的，因为它说到底由神圣不可侵犯的帝制统治。本居宣长进一步支持德川时期的政治安排，称其完全符合天照大神的意愿。除了认为评判君主的性格是大逆不道的事之外，他还宣扬无条件地服从那些身居高位的人。[27]

德川时期得到官方容忍的思想家都宣扬这样一个观点：现在被强加的秩序是不可更改的，它与自然协调，与众神的意愿一致。甚至在思想家内部，人们也会为了表现得比其他人更“纯洁”和更“忠诚”而奋斗。就像从 20 世纪 20 年代开始直到二战结束的那段时间，日本那些超级爱国者与政府当局以及其他人的意见都不合，他们只求比别人看上去更热爱天皇。

许多生活在三个世纪之前的人并不愿意屈从彻底顺服的要求。证据可以在当时的流行文化中找到。戏剧和小说中充满了“义理”和“人情”之间的冲突。义理指的是由社会严格规定的义务，而人情意味着天生的人类情感，在这个语境下，特别意味着那些被迫杀死亲属、放弃伴侣的人的感情。如今，我们还在使用义理–人情的两分法。不少日本人认为人情是专属于日本人的情感，外国人无法理解。德川时期的剧院和文学充满了基于这一主题的形象。没有义理和人情的话，如今的歌舞伎演出基本上就没有内容，电影和电视的观众，还有漫画书的读者也得不到尽情的享受。在历史上，义理总是在最后胜过人情。但与此同时，对困境的戏剧化处理也提供了理解人类困境所必需的象征。

在当代日本，政治理论的传统太弱，无法消除挥之不去的、认为社会政治等级符合自然秩序的新儒家思想。很少有日本人会质疑官僚具有的超级权力，而这种权力根本没有任何法律基础。德川时期的政治安排被视为完美地符合“天上地下众多自然现象中体现出来的秩序”。[28]今天，首相官邸和其他政府部门一直在调查人们的社会实践、态度和意见。但他们的目的不是要知道发生了什么，而是将他们的发现转化为一种模型，用来解释哪些行为对日本人来说是正当的。附属于政府办公室的研究小组发表报告，描述理想的日本人身份。舆情报告总会向公众反复确认，有 90% 的人属于中产阶级。日本的女性则会得知，她们希望在婚后放弃工作，待在家中，直到她们带大至少一个孩子。

国家身份的建设

德川时期将人们束缚在各自恰当位置的道德训令，虽然有着宗教性质，但各种意识形态的主张还未汇聚成单一的宏伟信仰，因此人们能对其简明地加以总结。只有在日本结束了与世隔绝的状态以后，意识形态的碎片、古老的神话和全新的爱国情怀才混合成一个包容一切的日本信仰。在信仰的名义下，许多日本人会献出生命，还会让其他许多亚洲人失去生命。明治时期的寡头尝试铸造国家，于是便要求所有平民和它刚刚废除的武士阶级中的成员效忠，他们非常有意识地创建了这一新的信仰来为其政治目的服务。

不少作家的结论是，没有任何一个主要国家的人民像明治早期的日本人那样，在短短数年之间，就经历了如此之多的变革。张伯伦作为那个时代的见证人，在他那本著名的著作《日本事物志》开头指出，在经历了这些事件之后，“一个人会感觉不可思议地变老了；因为现代来临了，人人都在谈论自行车、细菌以及‘势力范围’，但他还能真切地回忆起中世纪”。[29]一开始那只是一场政变，但逐渐演化成一场重大的政治变革。掌权者和政府结构都是新的。也许最革命性的变革是紧随国家军事力量建立而产生的那个改变：几个世纪以来，国家禁止人们拥有任何形式的武器，违者格杀勿论；而到了现在，非武士阶级中体格健壮的人也受到战斗的训练。日本平民有史以来第一次以非常明确的方式参与了国家的目标。

就在一般大众成为政治因素时，外国理论的引入让很多日本人知道，政府是可以被批评的。外国政府系统的例子立刻让人对本国政府产生了迫切的疑问。好奇的日本人可不能被危险的个人主义、自由主义和民主等海外思想感染。必须用前所未有的方式来解释日本权力的运作并将之合理化，必须引入新的控制方法。

这需要许多工作，比如明确国家身份。日本没有发生过那种反复蹂躏欧洲的对外战争，因此没有“自然”发展出国家共同目标的意识。

从1600年到1850年间，法国总共打了115年的仗，英国打了125年，俄国打了124年，西班牙打了160年，奥地利打了129年。[30]而在这段时间里，日本只对一艘美国船开过火，因为它不顾禁令试图靠岸。[31]既能让日本强大到对抗来势汹汹的西方力量，又能证明新的寡头统治的正当性，这样一种强有力的新民族主义信仰，显然是必不可少的。

明治时期的人认为西方国家势不可当，他们的结论是，西方国家的实力来自其普遍且超越的思想和信仰系统：西方的法律系统、美国的宪法，还有基督教。这些恰恰是日本没有的。日本人普遍的印象是，西方国家刻意信奉基督教，因为那是用来征服世界的最好工具。明治维新前不久，一位学者已经将基督教解释为"欧洲统治者为了'让臣民驯服并容易领导'而使用的窍门"。[32]

明治时期刚开始的时候，宗教成了官方担忧的事。寡头们毫不怀疑地认为那完全是他们的事务。他们中的一位重要人物伊藤博文断定，日本的宗教很虚弱，因此必须找到某个替代品[33]。在19世纪70年代，政府与宗教的关联是热烈争论的话题。西周是所谓明治启蒙运动中的大思想家，他在一系列杂志文章中也谈到了这点。他提倡宽容，但也警告说宗教不应该干涉国家利益。他还强烈要求政府不依赖于宗教："哪个政权能在依赖某种事物而又掩盖其虚妄的情况下免于破坏与毁灭？"[34]他批评了新统治者为建立新的国家宗教而采取的行动。政府在此期间设立了神祇官，组织了全国性的神社系统，派出神官去拉拢佛教僧侣，以此来破坏佛教的影响力。但这些建立国家宗教的早期行动逐渐停止了，原因是僧侣不愿认可并宣传这一新的国家信仰，也因为这一整套做法让日本在西方人眼中很糟糕。[35]

明治启蒙运动时期因翻译约翰·斯图亚特·密尔的《论自由》而闻名的另一位杰出人物中村正直提出了一种解决方案。他的方案是天皇应该树立起榜样，带头受洗成为基督徒。[36]睦仁天皇（追号为明治天皇）没有采纳这个建议，虽然最终他还是树立了另外一个榜样：在他的食谱中加入了牛奶和牛肉。人们相信，由于这些食物来自巨大而强健的动物，日本人也就能和几个世纪以来一直吃牛肉、喝牛奶的西方人一样高大而强健起来。[37]

基督教被证明不是答案，但明治寡头们确实让天皇成为准宗教解决方案中的关键因素。新的掌权者为自己选好的形式，找到了一个想象出来的日本远古之物，他们创造出来的神圣天皇为他们提供了合法性。

“国家本质”及天皇的祝福

明治时期的掌权者试着说服日本人民，天皇是唯一的祝福。他们可以利用大量传统。日本第一部史论书《愚管抄》（1219 年由一位涉及政治的佛教僧侣写成）也确认日本的精华在于其独一无二的神圣皇族。中国人选出皇帝，而日本唯一的皇族体系是由天照大神创造的。天照大神还留下了特定的安排，天皇可以据此进行统治——在不同的历史阶段，统治方法可以不同，但都要适合当下。[38]

大约一个世纪后，出现了两个对立的天皇，这让《愚管抄》的理论失效了。北畠亲房是参与这场政治分裂的最有学问的人。他写了一部著作，支持他选择的天皇。这部描述皇族神性的著作里，包含大量关于皇权和人民之间关系的论述。为了描述这种关系，北畠使用了一个古老的、来自中文的词语：国体。在日本的语境里，它通常可以被理解为“国家本质”。这一概念最终成为大和主义意识形态的核心，日本人接受这一意识形态的灌输，直到 1945 年为止。

我们刚看到，不少 17 世纪和 18 世纪的思想家在不曾中断的皇族神圣血统中也在寻找日本优越性的证据。山鹿素行是 17 世纪皇族制度的一位重要理论家。他认为日本而非中国才是真正的“中央之国”，是神道教指引了儒家的发展。他的言论都是围绕国体概念建立起来的。

1825 年,《新论》的编纂者会泽正志斋让国体概念再度流行起来。他的论点将成为明治寡头构建的人造宗教中的主要成分。很讽刺的是，启发会泽的是西方政权。他认为西方的统治者比德川政权建成了更好的国体。[39]

帮助明治知识界确立观念的掌权者满怀热情地利用“国体”。1873 年，在向媒体颁布的审查指导中，国体已经作为不能批评的主题被列入名单。[40]

差不多花了 20 年的时间，大和主义者宣传的各种主张才汇总形成了一个全面的国家神话。寡头还创建了两个强大的制度来向公众宣扬这一神话：一个是征兵制，一个是国家教育系统。

从 19 世纪 80 年代开始，日本学校里的历史书就不是从石器时代开始讲述的，而是从作为天皇祖先的那些神祇开始讲述的。这个国家在 50 年间接受的那种教化，我们从 1882 年的《军人敕论》中可以窥见。而 8 年后颁布的《教育敕语》才是第一个官方声明，它将成为判定什么是真正日本的东西的依据。为了增添天皇的荣耀，它命令培养忠孝之道和另外12项道德。用于“修身”的所有课本中都会加入这些观念。修身是所有学校每日的第一堂课。1892年，小学生就开始背诵“愿意为天皇献出生命”这样的语句。[41] 文部省向世界做出了这样的总结：

> 天皇是天神的直系后裔，他的崇高地位世世代代不可动摇。天皇之于子民，如父之于子，而非主之于仆。皇室是父母的家，子民就是血缘亲属。[42]

西方思想进入日本前，神道教复兴者若不回归儒教，那除了天皇的神圣性之外，便没有什么别的可以谈了。尽管他们更想“回归”到本土宗教被中国思想影响之前的纯粹日本状态，但神道教却没有创立起任何神圣的文本、教义、道德准则或哲学论著，除了天皇血统从未间断的思想以外，什么也提供不了。围绕着国体意识形态的论述也不可避免地要借用儒家关于家庭的概念，不过这种论述得到拓展，将中央集权的新日本容纳了进去；它也融合了普鲁士的组织理论，以此来支持强势的政府。

称颂“家国”的课程还伴随着警告，就是那些危险的、非日本的思想会对国家精神构成威胁。明治时期求知若渴的学生接触到非常广泛的西方思想流派，其中包括英国的自由主义，卢梭的人民主权论，英美的经验主义、实用主义以及社会达尔文主义。早在引入马克思主义和无政府主义之前，黑格尔的国家概念就已经译为日文。但是，越来越多的人对西方道德或政治思想体系表示怀疑，它们能提供一个包含所有人类体验的概念框架吗？

进入20世纪后，大和主义神话已经足够可信，可以作为宗教的“替身”。19世纪80年代，人们还会相信所有国家都有国体，而表现形式多种多样；但一进入20世纪，国体就变成日本独有的了。[43]一开始，“国体”在英文中被翻译为“国家政体”（national polity），但后来，它就经常被描述成一种无法用任何外语传达的概念，因为它包含了独一无二的日本精神的意义。一位日本历史学家在总结明治时期的政治变革时这样说道：

> 通过法律、神话和古老道德的重生，国家得到了观察、研究和批评，也得到了尊敬……这时就发生了变革；人们应该谦卑地去服从它。人们不再去解释国家，而是去相信它！[44]

植原悦二郎1910年在伦敦经济学院获得了博士学位，从他的博士论文中可以发现，很多日本人似乎都相信国家。植原解释说，从（神话中的）第一个天皇神武天皇开始，日本人就生活在同一个政府之下，也一直严格维持民族一致性。[45]在他看来，日本就是一个大家庭，证据是日本人的行为方式一样，情感也一样。“对国家的强烈感情刺激着他们的整个神经系统”。天皇体系“深入他们的骨髓”。从天皇那里，“万物发生；万物存在于天皇之中；日本大地上存在的一切，没有不依赖他的。他是帝国唯一的拥有者，是法律、公正、特权、荣誉的创造者，是日本国家统一的象征”。这位伦敦经济学院的博士研究生发现，天皇对日本的统治并不明显，不过这不是问题，因为“日本这一主权国家完全没有必要去尝试证明天皇个人的伟大”。

农村的“武士化”

“家国”这一意识形态，结合了社会组织中的军事价值和军事手段，通过大量新招募的军人有效地在全国传播。它和教育系统一起带来了国家的快速“武士化”，也就是在人口的较低阶层，宣扬作为武士教育代表的纪律理念和极端“忠诚”的准则。

20 世纪的最初几十年中，军队慢慢渗透到农村。它慢慢渗入当地议事会，利用农村人口对小型社区的投入，将自己最关注的事情与村里原有的要求结合在一起。1910 年，成立了“帝国在乡军人会”。随后，在 1915 年，在军队精英、内务省和文部省的推动下，“大日本青年团”建立了。1926 年，军队和教育部官僚建立了年轻人的军事训练中心。全国性妇女防卫组织的建立，完成了这一努力。1935 年，这四个组织的登记注册人数在 1 100 万到 1 200 万之间。[46] 军队通过这四个组织，建起一个庞大的教化机构。因此，侵华战争爆发之时，“家国”的组织者们已经相当有效地控制了 6—40 岁日本人的头脑和心灵：通过学校控制 14 岁以下的人，通过青年团控制 14—20 岁的人，通过兵役和帝国在乡军人会控制 20 岁以上的人。

战前“文化”的遗产

如果今天有哪个日本官员或知识分子开始谈论“天命任务”、“君主路线”或“道德方式”的话，那么他的大部分同胞会认为他疯了。

尽管还有一小部分人坚称日本并未在1945年无条件投降（因为帝制仍然毫发无损地保存了下来），但是1945年8月的原子弹证明，国体虽然独一无二、受于神命，却不能在战争中拯救国家。日本历史上第一次迎来外国征服者。他们证明，以民族统一和天皇一脉相承为依据的所谓无上勇猛的观念是错误的。1946年元旦，日本人在晨报上得知，天皇发表《人间宣言》，向众人确认“朕与尔等国民之间的纽带……并非基于‘认为天皇是现世之神，日本国民比其他民族更加优越，从而延及支配世界的命运’这种错误的概念”。* 但是，日本内阁在1946年发行的解释新宪法的小册子中，仍然能够提及“国体”。不过此时对它的解释是，它意味着“国家的基本性质”，是日本存在的基础。其主旨是，人民对天皇的崇敬是国家统一的力量。[47] 日本的国家概念自然地蕴含了国家永续的意思。如此看来，国体概念所表达的思想仍然是当代思想中的基本元素。

要想确定当代日本还保留了多少德川和明治时期的意识形态，我们很难找到可靠依据。其原因之一是日本人满足于空洞的含义，另一个原因是日本人处理传统理念和自己身份的问题时显得非常矛盾。一方面，20世纪早期宣传中的众多常用术语，如今看来十分荒谬而且不合时宜。另一方面，心理学和社会学主题的大众书籍通过将这种矛盾“解析”成日本模式，继续灌输个人政治服从的观念；公司宣称自己是庞大而仁慈的家庭，而民族独特性和优越性的信念广为传播。

服从的道德以及战时的神话在大众娱乐中也不断出现。[48] 不少战

---

* 译文采用维基百科《人间宣言》对应词条中的文字，略有修改。——译者注

前的宣教渗入了今天的日本。国际社会对日本的贸易制裁导致日本到处是自怨自艾和自我怀疑的集体批评声音。于是20世纪80年代末，日本出现了旧时代图景重现的可能。

日本人的独特感和优越感

学校、报纸和电视节目会一直提醒日本人，他们的文化是独一无二的，他们的信仰、风俗和生活方式是特别的。政府出版物中众多间接的引用肯定了这些想法，专门研究此类主题的独特文献也在反复强调这样的观念。这类文献被称为“日本人论”（关于日本人的理论），它不仅强调日本人的特殊性无与伦比，还通常声称日本人的生存状态更为人所喜，因为优于世界其他地方。[49] 虽然日本人论有些假说非常牵强，但它能表达出广泛接受的大众信念。日本的读者可能会抛弃他们认为夸张的说法，但认可其关于日本社会独特性的核心观点。打着日本人论标签而得到推广的理论，也许各个部分之间都相互冲突，但所有部分都在复述相同的主题：日本与西方在思维和行为上的不同。

温暖、湿润但不合逻辑

整体来看，日本人论容许日本人不相信普遍价值和“不合逻辑”。它将这样的特性描绘成宝贵的财富。据说，这样的特性让日本人更关注现时现地的实际环境，让日本人对他人更具爱心。西方的方式和风俗被说成是“干硬”，而日本的被说成是“湿软”。西方人——在这个意义上还包括中国人——各自为政，如一盘散沙，日本人却可以像糯米一样黏合在一起。同样，西方的理性“冷峻、死板、无情”，而日本人因为“湿软”，所以更加人性化。日本人论的理论家相信，日本人对彼此的需要特别敏感，有一种特别的才能可以进行无声的对话。所有人都强调团队而非个人是首要的，这就意味着日本人更愿意将自己淹没在集体生活中。

中曾根康弘是日本比较强硬的战后首相之一。他是日本人论的虔诚信徒。他相信一种派生于“季风文化”（因为日本在夏天非常潮湿、温暖，给人温润的感觉）的、特别的日本式同情心。在他看来，基督之爱也一定派生于产生了佛教的亚洲季风文化。它不可能来自中东的沙漠气候。中东产生的犹太-基督教价值是“以眼还眼，以牙还牙”。在 1986 年的一次演讲中，中曾根直言不讳地说，日本的国际使命就是在全球其他地方传播来自季风的同情心。[50] 他还暗示，契约是毫无同情心的沙漠文化的产物。

这种类型的“分析”，直接继承自民族主义道德哲学家和辻哲郎（1889—1960 年）。他是日本侵略战争的主要辩护者，认为那是世界历史发展压力施加给日本的命运中的一部分。他著名的战前著作《气候与文化》鼓舞了众多日本人论的实践者。[51] 除了“季风”文化和“沙漠”文化之外，和辻哲郎还假设有一种“草原”文化，它主要存在于欧洲。大部分西方人都是草原和沙漠的混合型，也就是说，他们在温柔体贴的同时，还会实践枯燥而抽象的契约式理论。在和辻哲郎看来，日本具有一种非常特别的季风文化，培养出的人民“感情充沛、体贴入微”。所有这些据说都能促进日本人形成亲密的家庭式关系。[52]

不会有人鼓励普通的日本人怀着半信半疑的态度接受这类文字。

日本的严肃作品谈及与社会相关的任何东西，都很难摆脱日本人论的影响。日本人论大量渗入外国作者的论断当中，这也很让人惊奇。胁迫和思想的灌输能否算是塑造日本人行为的关键要素，不在日本人论的形象体系的考虑之内。宣传的力量就蕴含其中。在日本人论的观点中，日本人约束自己的行为，不主张“权利”，总是服从于上级，但这不是因为他们别无选择，而是因为这是自然而然的。日本人被描绘成一出生就具有特别的思想品质，这让他们愿意压抑个人自我。

日本人似乎随随便便地就接受了他们是与其他民族“在生理上不同的一个种族”的说法，这着实令人吃惊。我听过官员向外国的商人解释说，外国公司制造的药品必须经过特别的测试之后才能获批进入日本，因为日本人的身体构造与众不同。[53] 全中（农业协同组合）的前主席岩持静麻曾经对一群外国记者解释道，由于“所有人都知道日本人的肠道比外国人的长一米”，我们都应该理解，美国牛肉不适合日本人消化。自民党农业政策研究委员会在 1987 年 12 月访问华盛顿时，委员会主席羽田孜也提到日本人消化道较长，很难消化红肉。[54]

日本人独特性的伟大“科学证据”据说来自角田忠信博士的著名研究。他发现日本人的大脑和西方人的大脑有着本质上的不同，或者说其实世界上其他大部分人的大脑都和日本人的不同。按照他的说法，日本人可以用左半脑听到昆虫鸣啭、风铃叮当、哼哼唧唧的声音，而西方人是用右脑听到这些声响的。

角田博士认为，因为日本人使用两个半脑的方式不同，他们推理的方式也一定和别人不同。他的测试方式很令人生疑。根据他的某位外国受试者的说法，我的感觉是自我暗示扮演了重要的角色。但他的书在日本卖得很好，而他的观点也得到官方认可，并且得到半官方的日本基金支持进行海外推广。[55]

日本人论有一个很流行的子类，谈的是日本的语言。日本人普遍认为，日语特别难学，但不是因为它那复杂到令人发狂的书写系统，而是因为它有不同于其他语言的“精神”。这种精神被称为“言灵”，这是战前日本的优越独特性意识形态中重要的神话组成部分。它在“大和言叶”中得以体现。大和言叶被认为是最纯粹的日本文字，能够表达出极为深刻的含义，而借用自中国和西方的语言则不具备这种能力。[56]对日本人论的一般实践者来说，相信日本语言的独特性很重要。他们喜欢把日本文字精微的差异和内涵与他们认为极为粗糙的西方文字进行对比，为日本的独特性添加新的证据。

附属于文部省的统计数理研究院就日本人的思考方式做过一次调查。受到这一调查的启发，国体论的一位主要作者山本七平得出结论，日本的年轻人正在向德川时期的价值观和社会态度回归。他认为这种德川时代日本人的特征是，以放松的方式去遵守传统纪律，无须刻苦或有意努力就能接受并享受这些传统。在他看来，这是享受当下的最佳方式，因为你不用试着成为别的样子，而只要顺应天性就可以了。他认为，这一切都因为日本社会运作的基础是准血缘关系的群体。[57] 1971 年，山本假装成一位仰慕日本独特性的犹太人，写下并出版一本书。这本书成为第一本日本人论的畅销书，也是同题材卖得最好的作品之一。

日本人论的著作一般是一系列散文，捍卫“日本性”的意识形态，对抗西方个人价值观念的侵蚀，对抗西方政治自主的范例，对抗西方逻辑一致性原则给日本政治文化带来的威胁。日本人论可以和德川时期本土国学对中国思想的反应相提并论。不论是当时还是现在，它们都很明显地尝试证明其优越性。国学的学者将日本人描述成比中国人更具道德感之人，因为中国人自己都没有理解他们思想学说中的道德。在本居宣长最出名的学生平田笃胤的影响下，日本传统被认为对外国有着重要影响而受人称颂。即使向西远至印度这样的国家，人民也相信天、地、人都是由一位大神创造出来的。“因此，日本乃万国之祖，乃世界之首要国家或核心国家。天皇乃唯一真正天之子，是世界的统治者。四海之内奉其为君为主，乃天命使然。”[58] 如今，日本被描绘成教育外国人“热爱世界和平”的国度，也被认为是通过和谐而获得力量的典范。整个“日本人论”都呼应着日本战时形成的西方人缺乏意志的想象，而与之形成对比的是，日本的力量和活力通过集体的努力而变得优越。

日本政府（在中曾根首相的鼓励下）决定资助设立一个跨大学的研究中心，来研究日本文化的独特性，目的是向世界展示其发现。因为按照政府的解释，这个世界充满了对日本的误解。根据与该项目相关的一些学者的著作判断，他们正试着对文明的概念进行全新的梳理。[59]

该中心的远大目标似乎是要在一般的国际讨论中，提升对日本历史、社会习俗和政治的评价。我们必须承认的是，日本媒体虽然不反对基于日本人论的解释，但反对政府参与到京都的这个新机构中。比方说，《朝日新闻》评论道，外国不会特别注意一群追随20世纪30年代前辈的日本教授所提出的看法，《读卖新闻》的社论提醒官方，政府决定个人必须如何生活的时代已经过去了。

同质性的神话

日本人论的核心信条以及日本当今政治意识形态的核心观念，是所谓的日本人民的同质性。有关这个古老种族的纯粹性和社会同质性的神话，在穿上了新的外衣之后重新进入了我们的视野。日本人忽略区域间风俗、看法和关切的巨大不同，忽略近300万部落民（从前被放逐之人的后裔），加上近100万出生在日本的朝鲜人、冲绳人、虾夷人，数十万祖先来自朝鲜、中国和其他国家的已归化的外国人，日本人被要求为自己国家没有任何少数民族而自豪，为他们都受到同一种以团体为中心的伦理驱动而自豪。根据这种观念常用的语境来判断，"同质性"代表了日本的独一无二。

外务省在"蓝皮书"（1985年夏天发布的一份外交报告）中，对国家取得的伟大经济成就表示祝贺，并将这一成就归于日本的种族同质性。另一些官员，其中最引人瞩目的是中曾根，则表示日本人民有充分理由庆幸他们的国土上不用容纳其他种族的代表。1986年9月，中曾根说，美国社会因为有黑人和西班牙人等少数族裔存在，就不如日本那么"明智"。这让美国错愕不已。[60] 这可不是外务省在面对美国不安反应时所声称的那样，是美国的误解或是断章取义。他这番话来自完全面向日本听众的一次演讲中，发生在他激发公众民族自豪感的长期运动的背景下。50名听到他演讲的日本记者中，只有2人认为这个演讲值得报道，因为中曾根之前就做过类似的陈述，而且不少人观点和他一致。

1980年，在一份提交给联合国人权委员会的政府报告中，日本否认本国社会中存在少数民族。这样的官方否认具有巨大的象征意义，因为日本同质性的观点对日本官僚来说是至关重要的。日本会力劝归化的外国人起一个大和民族（多数民族）的名字用于官方登记，尽管没有任何这样的法律要求。法务省官员反对使用以日文片假名写出的非日语名字，理由是这样的名字“与日本单一种族社会不符”。[61]

同质性神话的另一个表现，是日本具有一个无阶级社会的形象，贫富之间只有微小的差距。1958年后的每一年，政府都会进行国民调查，询问国民认为自己处于怎样的社会地位。从20世纪60年代中期开始，越来越多的人把自己归为“中产阶级”；20世纪80年代，这个比例高达90%。调查结果几乎总是让新闻报纸有机会再次祝贺读者，因为他们都属于一个同质社会，可以为此而骄傲。这些报告基于主观的评估，没有提供“中产阶级”概念的标准，也没有对收入差距给出任何提示。

如果用日元的国内购买力来衡量收入的话，那就必须把相当数量的日本人看作相对贫困的人群。一些政府官员隐瞒了真正的失业率（它应该是官方数字的两倍），而如果用另一些计算方法，失业率必然会达到官方数据的三倍左右。另一方面，日本在1987年特别意外地得知，日本有22位亿万富翁，比美国还多一个（而美国的人口是日本的两倍）。其中有一位富翁的身家高达 210 亿美元。[62] 汇率以及土地价格惊人的暴涨，无疑放大了这些统计数字。但名列榜单的人肯定一开始就有惊人的财富。简单说来，没有理由将日本描述为“一个阶级”或是“没有阶级”的社会。

同质性观念与日本享有独特纯洁性的观念常常联系在一起。很少有长篇大论来阐述这点，但电影和电视连续剧对日本文化和外国文化之间碰撞的处理体现了这一点。

离开人们视野几十年后（也就是 1945 年战败的几十年后），“纯粹”的大和心或大和魂（真正的日本人即大和民族的心灵和精神，一个不受中国或西方文化影响的神秘核心）出现了令人关注的回归。尽管没有明确提出大和心这个词，但在 20 世纪 80 年代，同质性的概念在媒体上开始越来越多地与“民族”一词同时出现。这个词指的是日本人或他们的“种族”，暗示一种有机的家庭式团结。日本人对“民族”一词的运用在某种语境下可以与纳粹对德语单词“人民”（Volk）的应用相比。根据中曾根所做的一些演讲来判断，他更喜欢用“民族”而不是“国民”或“民主”这种不带种族主义色彩的词来表示“人民”。这个词还经常用在官方出版物以及官僚对日本看法和行为做出的解释中。在政府报告中，人们还能发现《国体本义》这本 1937 年由文部省发行的、列出“国家本质”基本要点的小册子中的断言。正是因为这些所谓的古老品质，日本才成为唯一一个建立了富足、和谐社会的工业强国，而且没有敌对阶级试图破坏国家一统的局面。

严肃的西方日本观察家往往也认可这种推理，就是单一种族和社会同质化的主张能解释社会凝聚力、“共识”和政治合作的现实。他们经常会指出，种族融合发生在1 000多年前的日本。这样的逻辑很吸引人，特别是吸引那些生长在美国这种大熔炉国家的观察家，或是因为移民工人和前殖民地子民涌入而在近些年来直接面对适应问题的欧洲观察家。但是，日本的“同质性”不能解释它准备解释的问题，而且它还很容易引起误解，因为它让人忽视了麻烦不断的日本少数民族问题，也让人忽视了非常重要的社会压力指数。

确实，公开表示反对会让很多日本人感到非常不舒服。对冲突双方“各打五十大板”的古老做法仍然在现实中实行着。这是一个非常有效的措施，让日本人不断表现出彼此之间相处融洽的样子。但日本人并不比其他人更爱自己的邻居。思想相近的表象以及行为的一致性有效地掩盖了潜藏在凝聚力之下的问题。他们的社会到处都是冲突，必须用同质性的神话来加以掩盖。这个神话掩盖了政治精英成员之间永无休止的冲突。只有一点绝对是他们都同意的：现有的权力安排要持续下去。它还掩盖了在很大程度上仪式化的持续政治冲突：冲突的一方是系统的管理者，另一方是不同意系统代表的东西的日本左翼以及其他团体和个人。

终生教化

日本人论基本上就是国体论中除去军事元素的结果。通过同质性神话的手段，日本人再次告诉自己和外人，日本人本质上都是一个幸福大家庭中的一部分。

将国家维持为一个整体的神话，也维持了构成整体的小单元，比如大公司让工薪族相信，他不光是为了家中的妻儿工作的，更是为了工作场所中更庞大、更仁爱的家庭工作的。我们在第六章中看到，公司与家庭的类比在20世纪最初的几十年中得到宣传，用来对抗劳工的不安定和早期的工会运动。[63]而“家”（不是以血缘关系而是由其经济和政治任务定义的家庭）的构建，在德川时期是社会控制的主要手段。[64]在最近的一部日本人论主要著作中，“家”这个前现代的政治构建作为战后日本的基础组织原则出现。[65]该理论预设的前提是，团队生活和日本个人对集体的道德服从是不可避免的。因此，它（也许是在无意中）认可对日本成年人施加永久的政治监护。

崇拜西方的人要在日本的行政结构和生产结构中追求“完整人格”，[66]但他们似乎不知道这样一个事实，那就是这么做通常要以一般日本家庭的生活作为代价。我们对几个工薪族的婚后生活做个粗略的评估，应该就足以说服每一个西方崇拜者。另外，也不能假定工薪族通过家庭式的公司能和同事发展出真正的亲密关系。这种工作关系本质上是被迫形成的，往往反而会阻碍发展亲密关系必不可少的自愿心态。

家庭类比给经理执行权力做了一个伪装。一位日本工业工作环境专家提醒我们：

> 日本职业道德的许多层面，最终都取决于不容忍任何误解的基本权力关系……毫无疑问，最重要的是，日本的经理保持着大部分传统的管理特权，并牢牢控制着权力的缰绳。员工的参与、员工的奉献、公司的培训以及诸如此类都必须在这样的背景下理

解。对于那些致力于公司民主化的人来说，这很难说是一种值得效法的理想。[67]

如今，财界热情地宣扬着，官员和政客呼吁着，用日本人论观点研究的学者们支持着家庭主义神话。但是，如果大部分日本人真的认为他们自己是国家大家庭的一部分的话，那么他们还需要所有这些提醒，需要不断被人说服吗？我们知道自己在和意识形态骗术打交道，还因为大城市以外的日本人和日本女性没那么经常用“我们日本人”（我々日本人）这种说法来表达自我。越是远离系统关键部分的日本人，似乎越是不受“大家庭”教导的影响。

因此，日本的权力在多个层次上都被独特文化的意识形态加上了伪装。让日本人接受这种终生教化的核心目的是让他们保持顺从。由这一政治现象维持的文化以多种方式加强了这种服从性。流行歌曲、大量著名的故事以及众多电视连续剧赞颂的理想，就是接受如此这般的世界。被动接受的态度会得到社会尊重，这会促进对命令（比如说教育系统和公司的命令）的接受，哪怕是这些命令是荒诞的。不管不幸是人为的还是偶然的，逆来顺受都被认为是成熟的标志。[68]受骗后小题大做则是“不够成熟”的表现。这种态度在日本社会中会导致大量自发且有组织的欺骗。日本人得到日常生活中种种迹象的积极鼓励，要在自己从属的一个更大的社会实体中“湮没”自我。[69]

一种令思想迟钝的意识形态

支配思想架构的意识形态在解释社会政治现实时具有什么效果，

不能光用它有多大力量去吸引知识分子来衡量，还要看它在多大程度上不让知识分子接触其他思想。在日本，意识形态通过抑制在本质上和它不同的想法，来抑制公民追求思想的冲动。如果能让工薪族和流水线工人相信，因为他们都以不可思议的方式与某个更高级的文化紧密相连，所以每人都在做分内之事，然后再进一步对他们说，这就是他们快乐的源泉，那么他们也许就不大会产生难以控制的想法。更加重要的是，如果他们在报纸上读到的大部分评论都证实了，放弃自己的个人生活而为公司奉献，是在实现一个更伟大的使命，那么他们也会变得思想迟钝。

具有思想能力和个人主义倾向的日本人面前呈现的是系统化的思想垃圾，否则他们必定会怀疑这一切为的是什么。这往往会驱使他们成为虚无主义者或是遁入极端的唯美主义。

当代“日本性”意识形态的成功，部分是因为日本战后生活中普遍的思想匮乏。因为缺少一种思想传统来对权力关系中常规确定的东西以及权力关系派生的社会行为进行不懈的分析，所以博人眼球的周刊和学术月刊上发表的对社会政治现实的解释，质量往往会令人生疑。这些解释通常会传达日本人论的信息。面对压倒一切的、无法抗争又无所不在的日本文化意识形态，严肃的日本评论家很难保持思想上的警惕性。一些知识分子可能意识到了自己的研究领域中对文化的解释常遭人误用，但他们却没有注意到在别的领域也是如此。铺天盖地的声音一再确认日本人热爱团体生活、天生不好争论、不需要进行逻辑思考等等，少数荒野之中的话语只能被那些准备聆听它们的人听见。你很难在报纸上看到这些人，也不会通过电视接触到他们。这就是当今日本正统思想所具有的力量。

系统要求的纪律表面上被人们心平气和地接受了，这只是因为大部分日本人没想过对此提出质疑。日本生活和文化的卓越鉴赏家爱德华·赛登斯迪克说道："了解日本社会的关键是，要理解从来没人教过日本人说不！"[70] 大部分日本的初中和高中根本不会鼓励以质疑的态度看待社会安排，而且往往对提问的学生大为不满。大部分日本家长也是如此。被娇惯的日本儿童也许会非常顽抗，但和母亲玩心理游戏并不能替代学会如何在社会框架中客观地审视自己。日本人当然也有人类的一般能力，可以对自己构造出来的东西说"不"。但是在成长过程中，日本的年轻人不会意识到，社会从根本上说是人类设计的产物，而不是自然的反复无常所带来的必然后果。

如果一个日本人排除千难万险，还是要质疑社会政治环境，那么他就会被不断地提醒不要再这么做。日本对社会因素造成的心理障碍进行的临床治疗（如森田疗法和内观疗法），压抑了人们对建立自我认同的向往。病人被引导改变自己对外部世界的态度，而不是接受自己。一旦病人清空个人的思考方式和个人情感，"治愈"也就开始了。[71]

服从在日本已经制度化并被"文化"认可，掌权者在代表现实的时候却有权变的余地，这为专制权力的执行创造出理想的环境。事实上，我们已经注意到，"官僚威权主义"的标签能最贴切地描述日本政治实体。这一标签唯一的问题在于，我们谈到专制的时候，总希望能指出控制社会的力量来自何处。在日本的情况中，这些力量似乎来自所有地方，也似乎一直来自社会本身。公共权力的结构和社会——后者对工薪族来说基本上就意味着他的公司——在大众思想中混为一谈，构成“日本文化”的精髓。政府、社会和文化是一个巨大的混合体，对大部分日本人来说，它是一个包罗万象的自然现象，是一种无法逃避的力量，对他们产生影响。日本人受到的教导使他们认为这样的力量是种美德。

第十一章

作为宗教的系统

日本人在评价社会政治的安排时，一直以来既不从法律和宗教的角度入手，也没有成体系的清晰思想探究，他们也就别无选择，只能参考周围社会环境的要求和规定好的日常“真理”来对这些安排做出评判。因为不存在系统之外的东西来否决、评判系统，系统只能进行自我评判。这就意味着系统天然正义，对系统本质进行批判是不可能的；系统的守护者对此深信不疑，认为他们所代表的秩序具有仁慈的本质。系统通过这种方式，成了宗教的替代品。

构建于 19 世纪末，持续到广岛和长崎原子弹爆炸时的社会政治秩序，其宗教特性得到公开的强调。国家神道教的建立为“天皇制”提供精神养料，成为包含所有其他宗教的伞式组织，那些宗教必须抛弃所有与天皇崇拜相冲突的信条。

国家神道教和以神化的天皇为中心的“家国”理论都属于过去了，在 1945 年战败后的差不多 30 年间，日本人听到了太多对于“天皇制”的毁灭性批判。但这些批判的理论基础不够深刻、不够强大，不能成为另一个终极解释和政治信念的来源。任何世俗的信仰系统，还有社会主义、人道主义和自由主义的世界观都不能彻底抹除那些古老的神话。在战后时期，连日本应该遵照宪法和法律来统治这么简单的结论都没人提出来。于是，服从的政治文化仍在持续，而系统实际上还是无人敢挑战的替代宗教的力量。“日本主义”（Japanism）这一标签通常用来形容战后的行为，放在今天还可以形容服务于系统的实践。“日本主义”当然和第十章中所描述的意识形态密不可分。“日本性”这种意识形态没有得到过精辟的总结，不会呈现在书架上装帧精美的著作中。这个事实其实无关紧要。日本的意识形态令人敬佩地完成了为系统提供支持的目的，就像一本官方发行的“圣经”。

共产主义意识形态经常被比作一种宗教，它也确实被打上了“世俗宗教”的标签。它的宗教特性是很明显的；它提供了一个能解释一切的哲学系统，反击批判它的论断时，会指出自己依据的原则。在某些方面，相比共产主义而言，日本主义是更有效的宗教替代品，因为它受到的检验较少，更加被认为是理所当然的、无法逃避的。日本主义还有一些有组织的宗教的边缘属性，比如存在狂热行为的风险和担心世俗化。

如果我们考察日本权力结构对竞争的处理方式，那么它的强烈宗教特性就十分明显了。

适合的宗教

按照一个著名社会学理论的说法，所有宗教都有一个社会基础。[1] 在社会发展的早期阶段，社会秩序若要维系，就必须形成一套法典并获得某种神圣特质。政治力量若被认为是神圣权威的扩展，便会具有最令人信服的合法性。虽然更高层次的宗教无法令人信服地追溯到这么一个原始的起源，但以自然和祖先崇拜为中心的宗教能用社会政治起源理论来解释。在现存的此类宗教中，神道教是一个最令人震惊的例子。日本本土宗教的信仰派生于“神”（かみ，意为“神圣的灵魂”）的概念，而这个概念最早用来使团体神圣化。对这些神灵的集体崇拜以神秘的方式确认了个人对团体的从属，并帮助早期的大和统治者以及当地部落首领的统治取得合法地位。如今，神社神道基本上只是一个僵化的传统仪式系统，其目的已经基本被遗忘。和进行祖先崇拜以及崇拜树木、岩石、瀑布等的“村落”神道*一样，它并没有提供可用来对抗系统的精神。相反，两者在某种程度上都在加强掌权者得到的尊重。

我们已经看到，对佛教来说，它与神道教和儒教的糅合，创造出一种宗教的大杂烩。直到如今，这种大杂烩还在为日本的权力关系提供重要支撑。虽然对个人来说，佛教能作为一种身处逆境时的安慰力量，但它的政治效果是让个人接受与现存社会状况。不论是神道教还是佛教，都没有为当今的日本人提供类似政治原则的理念，也没有提供生活观念，甚至连道德标准都没有提供。

大部分日本人都会在结婚时举行神道教风格的典礼，在死的时候要诵唱佛经。神社为社区庆祝活动提供了一个中心，而佛教寺庙处理身后事务，从守灵、葬礼和入葬（几乎总要先火化），到定期祭拜

* 这应当是指神道教信仰中的民俗神道。——编者注

亡灵的仪式。在20世纪80年代早期，税收调查证实了这么一种印象：佛教是一门利润丰厚的业务。被大众承认的宗教享有免税的待遇，它的传统活动越来越像摇钱树。有些佛教寺庙经营停车场、补习学校和幼儿园，或出售为夭折婴儿的灵魂祈祷的雕像，赚了很多钱。传统的业务也一样赚钱，在葬礼上低诵佛经可以净赚25万—100万日元，而取法号也可以赚相同的数目。自己拥有墓地的寺庙，有很多“教区居民”——这些居民因家族的墓地都安置在这些寺庙中而与之有了关联——这些寺庙也可以很轻松地赚钱。京都有一座寺庙是300年前的一位天皇建立的，由最后一位住持的女儿继承，管理着成片的公寓、一家停车场、一家素菜馆以及一家夜总会。理论上，尼姑必须剃头，但女住持冈田久美江却能得到豁免，因为要是剃了光头，她在夜总会女招待中看上去就会很古怪。她从事这一不寻常副业的理由是，维持她继承的文化遗产所需的成本日渐上涨，她需要更多的收入来应对。

当然，有一些佛教僧侣会和当地信徒讨论生活问题，但大部分僧侣不认为这是一项主要任务。只有所谓的“新兴宗教”才让成员有机会进行更深层次的参与。

“新兴宗教”

新兴宗教是过去一个半世纪的产物。其中之一，就是受到高度尊重的天理教。天理教可以追溯到德川幕府的末期，如今它控制了一座城市（天理市），还拥有一所大学，若干所中小学校，一座民族学博物馆，一家历史图书馆，并在第三世界派驻了教士和医生。另外两个宗教是大本教和金光教。它们在农村都有众多信徒，都能追溯到明治维新后不久。[2] 但只有到了战后，日本解除了所有的官方压制，新的宗教才真正开始繁盛。它们当中有非常神秘莫测的宗教，如崇拜爱迪生的“电神教”。1951 年，有 720 个新宗教登记注册。不过为了遏制广泛的偷税漏税，相关法律得到修订，让这一总在波动的数字缩减了一半。

有一些新宗教团体变得相当庞大、富有，而且有权有势。其中最有名的是“创价学会”。它因为规模巨大而具有政治影响力，它声称有 600 万成员。在海外设立分会方面，它也是所有新兴宗教团体中做得最成功的。在 20 世纪 60 年代，它因激进的改宗行动以及对其他新宗教的积极抵制而给系统造成过巨大的不安。但如今它已经安定下来了，并且开设了自己的中小学校、综合大学，建立了自己的政党和出版帝国，它已成为系统的一个成功但仍然富有争议的参与者。

另外一个大型的新团体声称有 500 万会员，那就是“立正佼成会”。它有一个巨型婚礼蛋糕形状的主寺。寺庙被刷成粉色，这也是其女性创始者最喜欢的颜色。她在 20 世纪 30 年代的一次精神崩溃中受到了神的召唤。这个团体还拥有一家著名的医院以及全国最大的音乐厅。和创价学会一样，这是一个派生自日莲宗的一般信徒的组织。其联合创始人庭野日敬是该教派的核心人物，他曾为诺贝尔和平奖而四处游说，还设立了一个“庭野和平奖”来增加自己获得诺奖的机会。战后第三大新教派是“完美自由教团”，有一段时间它以“高尔夫宗教”而为外人所知，因为这是其创始人的爱好，也因为该教派在某些教会建筑屋顶建造了高尔夫练习场。

这些新兴宗教最引人注目的方面，除了大部分宗教似乎都毫不困难地积累起巨大财富之外，还有它们的教义实在太简单。人们有时不禁会怀疑，它们的信条中有哪些实质内容是不信教的人平时不相信的。这些宗教都没有发展出任何有思想价值的教义，也没有为成员提供太多哲学方面的指导，就更别说政治方面的指导了。确实，创价学会创立了公明党。但这一新的国会议员团体——他们在20世纪70年代正式和其上级组织划清界限——并没有提供一个明显基于不同政治原则的新选择并丰富日本的政治界。说它是自民党中的另一个派阀也不为过。

日本新宗教的主要功能是社交。它们为那些渴望进行大量团体活动但又不是大公司“成员”的人提供了港湾。在新兴宗教的捐赠者中，你会发现大量寂寞的家庭主妇、酒吧女招待和从事边缘工作的人。

一个人可以在其内心深处信仰宗教，这对大部分日本人来说是很奇怪的。宗教被看作工具，人们觉得求神拜佛是为了实现某种目的。某家报纸的咨询专栏曾这样告诉一位为女儿担心的母亲，若她女儿在加入基督教后变成一个“不一样的女人”，她首先应该试着找出是什么个人问题让她女儿皈依宗教。[3]明治时期有不少知识分子转投基督教，但没有立竿见影的效果，于是他们又纷纷放弃了信仰。

人们参加、退出日本宗教教派都十分随意。但有一个例外是“统一教会”。这一团体发源于韩国，它的追随者在西方以“文信徒”（Moonies，以该运动创始人的名字“文鲜明”命名）而为人所知。

相比西方的同伴，日本统一教信徒的狂热程度一点也不逊色。通过渗入一部分政界和学术界，他们获得了巨大的影响力。他们有巨额的资金可用来收买人心，从事恐吓行动，狂热地反对共产主义。这些都对他们的得势起到了帮助。对系统里那些认为有必要重新将日本军事化，从而提高日本独立地位的人来说，统一教提供了一个重要的后盾。

公司和社会成为教会

公司对属于新宗教的员工或是父母属于新宗教的员工总是心存怀疑。公司在筛选应聘者的时候通常会对这点进行调查；在日本，宗教狂热是通过对自身从属的组织的极端忠诚表达出来的，而对公司的忠诚和对宗教的依附之间出现冲突的可能性实在太大。古老的佛教教派很少甚至不会占用信徒的时间，因此也就不会对公司构成威胁。有些公司要求员工在公司大楼屋顶的“公司神社”里参拜，众所周知，这会让信仰基督教的员工为难。大型贸易公司日商岩井的一位管理人员留下了一份著名的绝命书，明确提到了公司是他宗教寄托的来源。在这位经理卷入一桩丑闻而决定跳楼自杀时，他给所有同事写下这样一段话：“公司是永恒的，我们应该为公司的不朽奉献自己。”

在公司之上，系统整体提供了宗教寄托。我们必须记住，大部分违法分子表示出忏悔就可以逃脱处罚，管理者希望他们运作的机构被大家视为仁慈的源泉；在一些极端情况里，被扣押的激进分子拥有违背正统的观点，有人会厌不起烦地让这些人改变信仰。日本虽然有很大的言论自由，但任何非正统观点一旦变得有组织，与某个团体有了关联，似乎立刻就会激活系统吸纳和瓦解的力量。个人抵抗现存社会政治安排，在道义上是不会被承认的。

日本社会的宗教特性帮助解释了日本为何缺少对社会进行探究的知识分子。只要社会关切永远是至高无上的，和宗教一样重要，那么对社会的分析就会等同于对神性的分析，而这样的分析总是会破坏信仰。就像体现在日本人论中的日本性这种意识形态，日本主义这个替代宗教的信仰从未被认为是宗教，于是系统作为宗教的性质便更加隐秘。

佛教徒、基督徒、马克思主义者和狂热分子

含有超越政治秩序的真理的传统，确实没有在日本生根。但这当然不是说，日本人不能创造和渴望这样的信念和原则。日本系统并没有自然而然地演化为宗教的替代品，它是那些对宗教思考从来不感兴趣的人出于某些无法解释的原因而搞出来的。人的思想不可避免地会寻找支配自己感知中的一切的无形秩序。思想在这么做的时候不需要任何指令，它通常会面临巨大的阻力。人并不完全是其成长过程的产物，日本人的经验可以和其他任何人一样证明这点。

历史上有几个时期，日本的掌权者抹除了存在于日本官方宗教中的超越价值观和普遍原则的痕迹。掌权者总是非常害怕可能会让他们无法表现为终极美德化身的那些威胁。我们可以确定这点，因为有些宗教团体不愿意束手就擒，它们便遭到积极的压制。

佛教徒的反抗

就拿法然（1133—1212 年）这位镰仓时期首位伟大的佛教改革家来说吧，他宣扬个人救赎的可能性。佛教改变了神道教的身后观。与神道教宣扬人死后渐渐与先祖神灵融合的教义不同，佛教提出了在三界六道中重生的理论。大约从 10 世纪开始，个人有来世的想法已在某种程度上影响了一些不受政治控制的道德标准，但它随着日本本土佛教教派的繁荣才第一次流行。法然正是这些教派中的先行人物。他的主张是，信徒像孩子那样依赖阿弥陀佛慈父般的爱和同情，而不要依赖于仪式性的行为，就能保证在西方极乐净土重生。天台宗（总本山位于京都附近的比叡山）觉得法然太危险了，于是对他采取了极端的行动。天台宗的和尚烧毁了他们能找到的法然的所有文章，以及印刷这些文字用的木版。最后，由于法然太出名了，政府只好将其放逐。

下一个伟大的佛教理论家是亲鸾（1173—1262 年），他在一生中的大部分时间也基本上处于流放民间的状态，因而远离日本的政治和文化的中心。他将法然的理论推进，认为只要有信念，就能获得救赎：不用念佛，不需仪式，不需禁欲。只需虔诚，就能得救。尽管佛教在引入日本后，已经成为统治精英的工具，但亲鸾让信仰成为最普通的村民都能获得的东西，在这点上他比所有其他日本人做得都要多。他成立的教派“净土真宗”到现在还是日本最大的教派。

日莲（1222—1282 年）是日本第三个原生佛教教派的创始人，他是日本历史上最丰富多彩、最政治化，因此也最具争议的宗教领袖。值得注意的是，600 多年后，人们还会记得他是将个人信念置于国家利益之上的突出榜样。[4]日莲教导说，信仰《妙法莲华经》这一先验真理并唱念经名，就足以拯救日本个体的灵魂，进而拯救整个民族。他做出预言：除非全民信教，否则就会有各种灾难发生（包括外敌入侵）。元朝皇帝忽必烈确实在1274年和1281年对日本发起了侵略战争，这让日莲在接下来的几个世纪中名声日隆。

尽管日莲从来没有呼吁过推翻统治阶级，但他确实规劝过贵族们自我改革，压制净土真宗和其他古老的教派。由于他对镰仓时期精英的生活方式以及当时存在的佛教派别进行抨击，他被判死刑（但是又奇迹般地逃过了），然后被流放。在与政府达成前途未卜的和解后，他来到富士山西麓过上了隐居生活。在此，他提出了单一佛教教会的想法，并和全国的追随者大量通信。他梦想中的全球性的教会应该以日本为基地，而且就位于富士山下，并从这里扩展到全球。[5]日莲宗中最大的分支，新兴宗教创价学会总部就在富士山下。这自然不是巧合。

尽管日本这些伟大的原生佛教教派创始人的教义并未汇总成一个持久的政治理论体系，尽管他们的著作中固有的对现存权威的宗教挑战并没有转化为成功的军事对抗，但他们都具有政治上的重要性。他们的教义尽管简单，却为广大民众提供了一个真理的例证，而这样的真理确实超越了由当时权贵所代表的真理。历史学家已经很清楚，有不少民众起义在一定程度上是受到了宗教的鼓动。

至少从14世纪早期以来，大量地方性农民起义（被称为“一揆”）——有时还联合了心怀不满的武士——通常是因为村庄负债过重、没法交税或是收成不好。而超越的佛教教义毫无疑问会提升村民的政治意识和团结性。在了不起的本愿寺本寺住持莲如（1415—1499年）的领导下，亲鸾的净土真宗得到了蓬勃发展。在政治稳定的德川幕府出现之前的一个世纪里，最可怕的“一揆”都是由这些信徒组织的。随着武士领袖越来越多地使用纯粹的军事力量，这些以乡村为基地的军事行动（称为“一向一揆”）的数量也越来越多。这也许表明，有很多农民开始理解“新生秩序具有的新型剥削本质”。[6]

在16世纪末接连出现的三位将军将日本逐步统一，结束了几百年的冲突和流血，他们对本土的佛教没有任何耐心。这点并不奇怪。三人当中的第一位是织田信长，他在十几年间野蛮镇压“一向一揆”运动。他对僧兵的看法，从他战胜他们之后所采取的灭绝行动可以得到体现。按照记录，1574年大约有2万名教众被活活烧死。而这位织田信长，却放过了战败的敌对贵族和一般武士。[7]后者是正常权力秩序的一部分，但受到宗教鼓动的战士却不是。

第二位伟大的统一者是丰臣秀吉，他采用的战术是让佛教欠他的情。他团结大众佛教，来瓦解曾经受佛教鼓动的一揆。这个目标完成后，他还需要继续压制大众佛教主张的世界观。[8]在之前几个世纪慢慢演化出来的佛法与世俗之法在理论上的差别，慢慢地模糊了，然后被人遗忘。世俗权威再次成为最根本的，而对世俗权威的服从就成为最重要的义务。[9]

虽然第三位统一者德川家康功勋彪炳，对佛教组织也施加了控制，规范了它们的教义和行为，但有迹象表明，那些相信超越权威的“真理”的人没有那么轻易地放弃。[10]德川幕府开始于17世纪初，而佛教徒一直到德川幕府统治的第40年还在抵抗有组织的压迫。有一本早期的畅销书叫作《清水物语》。它于1638年发行，明确地指出了日本的意识形态顽固派是一揆的信徒、日莲的追随者以及基督徒。[11]

基督教的威胁

德川和明治时期，以及20世纪前几十年，日本人都表现出对宗教竞争的恐惧，其中最令人震惊的是对日本基督教的不宽容。

16世纪最后几十年以及17世纪最初的几十年间，葡萄牙的耶稣会士和其他教士总共使100万人改宗，其中包括一些封建领主。但这个时期是如何结束的？人们对此意见不一。按照某个理论，将军们认为这些教士是葡萄牙或西班牙殖民者的先头部队。但也许更重要的是，德川幕府担心那些不那么忠诚的领主会得到外国人的军事支持。但还有比这些更重要的原因。基督徒相信“主”高于将军和天皇，这给政治秩序带来的潜在力量肯定让统治者感到非常害怕，哪怕“主”只存在于天堂中。在日本基本上切断了国际交往后，对基督徒的无情迫害还持续了很久。这表明将军们真的不只是对葡萄牙的政治活动感到害怕。传教士在被驱逐之后，日本的基督徒受到折磨，他们被钉上十字架、被流放。[12] 为了证明他们已经脱离了基督教，他们被迫踩踏十字架并起誓。这段誓词的开头和结尾都很奇怪：“以圣父、圣子、圣灵、圣马利亚和诸位天使之名……如违此誓，我将永失主爱，陷入犹大一样的悲惨境地。”[13] 设计这段誓言的官员在见证了超验宗教的力量之后，看来已能理解这种力量了。

在1637年，众多基督徒惨遭杀害或被迫放弃信仰之后，所谓的改宗者联合浪人高举基督教的大旗在九州的岛原半岛起义。男人、女人和儿童共计多达3.7万人，他们攻下了一座当地的堡垒，并坚守了4个月来抵抗将军的军队。从此到大约230年后的明治维新为止，武士军队再也没有打过一场正式的战争。

佛教徒和基督徒受到迫害，但是他们对规定的“真理”之外的东西的追求并未完全消失。安藤昌益是18世纪上半叶的一位思想家，他看出了幕府统治的本质是依赖于意识形态支撑的军事力量的专制统治。[14]应该还有更多的人和他看法一样。安藤的著作直到1899年才被人发现，直到二战之后才向更多的日本民众推广。

基督教被无情地清除。佛教失去了它发展出来的超越观念，还有一些教派被宣布为非法的。[15]在德川统治时期，新的权力关系被冻结在正统意识形态当中。所有这一切对形成我们今日所知的日本政治文化至关重要，而这一切都是政治命令的直接后果。

统一日本的三位将军理解宗教的政治意义，这从他们努力进行的宗教创新上能得到进一步证明。织田信长、丰臣秀吉和德川家康像他们之前几个世纪野心勃勃的武士一样，都是突然崛起的。但这三人都想避免皇室才能授予合法统治地位所带来的政治束缚，因此他们都需要一个精神基础来进行统治。于是，这三人便将自己提升到神的地位，同时又发起以自己为中心的崇拜，试图解决合法性的问题。[16]日本最著名的建筑群之一的日光东照宫就证明了德川家康崇拜对德川幕府的重要性。德川幕府统治的第一个世纪中，这个神社与日本最重要的、天皇祭拜先祖的神道神社伊势神宫受欢迎的程度不相上下。

20 世纪的危险信仰

德川幕府建立的警察国家持续了两个半世纪。其间，有关人类与社会或宇宙关系的新见解，从来就没有机会与日本人的思想体系竞争。当竞争最终以明治时期外国学说的形式到来时，权力系统的守护者们花了几十年时间，来确定他们自己的关于个人与社会关系的学说，之后再次不可避免地采取了保护措施。

这一次还是从基督教开始。明治三十几年，基督教成为官方限制的对象。1899 年，文部省禁止在学校进行宗教教育。六年前，东京帝国大学哲学教授井上哲次郎发表了著名的《论教育与宗教的冲突》。他在书中“得到合乎逻辑的结论……那就是基督教完全是反国家的”。[17] 另一位民族主义者和记者陆羯南，以撰写社论指导政府如何维护日本道德而出名，他呼吁用政治系统吸收佛教的方式来同化基督教。[18] 禁止宗教教育也影响了佛教教派，使佛教徒在某种程度上也模仿基督徒，试图成为社会中的新兴道德力量。但只有基督徒“被意识形态的信奉者比喻成精神外国人，他们怪异的反应将爱国主义衬托得更为清晰”。[19]

明治寡头希望基督徒放弃对至高无上的上帝和个人责任的信仰，适应统治者所认可的社会。换句话说，日本基督教被剥夺的正是使它成为基督教的那些东西。即便如此，众多信徒还是做了调整，虽然有时也会抗议。有些基督教学校用天皇崇拜教义问答书《教育敕语》替代《圣经》作为道德教育的来源。

日本最著名的基督徒内村鉴三（1861—1930 年），可以代表感受到大量冲突无法解决，但还想继续为日本社会所用的基督徒。这必然意味着他们要同意，没有任何思想的或道德的指令可以超越现存社会政治秩序的需要。内村发现，他在美国得到的训练让他不适合在日本学校中教学。在1891年那次著名的事件中，他拒绝向《教育敕语》上加盖的天皇之印鞠躬，在同事的恳求下，他最后才屈服。早在1925年，他的短篇小说《两个J》就已经深入地刻画了他的两难处境：

> 我爱这两个J，绝没有第三个；一个是耶稣（Jesus），另一个是日本（Japan）。我不知道我更爱哪个，耶稣还是日本……以基督的名义，我不能拥有除了圣父之外的其他神……以日本的名义，我不能接受以外国人为名的任何信仰……我的信仰不是只有一个圆心的圆，而是有两个中心的椭圆。

内村所追求的基督教，是纯日本的、未受西方影响污染的基督教。就算是有这样的基督教，也是难以实现的。他认为自己找到了方法，就是保留《圣经》中的传说和部分基督教道德教义而排除教会组织。

在其他日本基督徒建立的教堂中，没有哪个能让掌权者头痛。出现冲突的时候，官方总有办法。比如说在战前，所有的日本人被要求去靖国神社（一个国家的神道神社，祭奠阵亡战士的灵魂）参拜。梵蒂冈对日本的天主教徒说，他们可以将这一行为视作公民义务，大部分新教教堂也给出同样的指示。1941年，有几十家新教教堂合并，形成国家认可的日本联合基督教会。战后，圣公会和另外一些团体退出了该组织，但它至今还是日本最大的新教组织。如今，只有耶和华见证人才偶尔会因为在学校中出现麻烦而上新闻。这主要是因为信徒的孩子被要求做出与教派规定相悖的事情，而校长又拒绝为宗教少数派破例。

20世纪初，日本的基督徒被认为是非日本人的样板。正是他们首先将政治左派思想引入日本，不过这并没有什么用。社会主义研究会及其催生的社会民主党（成立两天后就被禁止）的一些创始人是基督徒，日本第一个全国工会组织（友爱会）的组织者也是基督徒。[20]

在20世纪，马克思主义者和基督徒只有向社会妥协才能平安无事，而进行这样的妥协就必须放弃他们所持信仰中最关键的原则——这是一个基本条件。20世纪初，上层圈子里一个常见的议题是政府如何才能最好地压制“危险思想”，主要是派生自基督教和马克思主义世界观的思想。1923年，天皇发布通告，命令人民立即停止拥有这类思想。[21]从20世纪30年代开始直到二战结束，那些坚定的马克思主义者被威逼利诱进行“转向”（即公开放弃自己的信仰）。在处理共产党的时候，迫害是最直截了当的方式；共产党很容易被描绘成外国势力的代理，因为它接受共产国际的指导。[22]共产党当然是非法的。它被严重的派系斗争折磨，又被大规模逮捕进一步削弱。它的领导人战时大部分时间都在狱中。

日本战后的言论自由并未给曾经作为“反常的外国思想”主要来源的团体带来命运的重大改变。有些教堂主持婚礼的业务量大增，但这是因为在天主教神父或新教牧师面前结婚很时髦。只有1%的日本人自称基督徒。

至于日本的社会主义者和共产主义者，他们拒绝将自己的理论与可实现的社会政治目标相关联。共产主义组织和系统主流的元素一样，它继承了同样的日本政治思想和行为习惯。直到 20 世纪 60 年代，共产党在为其决策找理由时，还在参考“苏联共产党一贯正确”的观点，而集体领导的神秘性模糊了个人的责任。[23]

确立已久的马克思主义信条，在仍然庞大却日渐萎缩的学者和知识分子评论家群体中还是有着影响力。他们提出的“垄断资本主义”概念被长达 75 年的时间里逐渐形成的意识形态厚重枷锁压制着。他们应用这一概念时往往不加思考，于是只能互相认同，或说服少数轻信的学生罢了。

但无论如何，这种久远的日本马克思主义是唯一牢固确立并可以替代“日本主义”的东西。它至少为唯一真正的政治对抗提供了一些思想上的支持，这种对抗挑战着系统所谓的只有自己是正义的这种说法。至少到 20 世纪 80 年代为止，唯一能拒绝“逃不开的信仰”的大型政治组织是日教组，这绝不是巧合。日教组的领导人是教条的马克思主义者。唯一持续反抗司法官员将日本司法政治化的，也是唯一努力试着保持司法自主的组织是青年法律家协会，它是另一个至少在部分程度上受到马克思主义思想家影响的组织。

浪漫的激进主义

日本主义和真正宗教间的差别在于，真正的宗教超越了社会政治的关切，而日本主义从它的定义来看却没能这么做，因为它来自这些政治关切，并且完全由这些关切控制。无休止地确认支配日常生活的现存安排是不能改变的，是具有终极含义的，这不能让所有日本人永远都满意。日本主义不能完全满足人类对终极解释的追求。

这种追求也是日本人伪装的一部分，就像其他人一样。上述过往的例子可以证明这点。新一代的日本年轻人也时不时地表明这点。聪明的学生有时会经历个人的巨变，以飞快的速度接受和抛弃信仰体系。由于缺少思想上的支柱，他们特别容易受新接触到的思想影响。因为从来没有人鼓励他们用普适原则进行思考，于是，在突然发现似乎能解释一切的信条之后，他们往往会非常投入地参与其中。

这样的参与如果是集体性的，那么它还会具有众多纪律和规则的特性。20 世纪 60 年代和 70 年代早期的日本学生运动，在两个方面和欧美的学生运动不同。日本的激进分子盲目地喊着来自马克思主义的某些僵化的意识形态变体的口号。与此同时，他们充满热情地将自己交到领袖手上，服从他们的一切命令。防暴警察和激进学生之间的冲突，经常会让人感觉像是演练好了一样。激进分子戴着相同的头盔，佩戴着相同的徽章，在头盔带里夹上相同的小毛巾作为面罩（目的是保护他们不受催泪瓦斯的影响），手持相同的木棍。他们给人的印象是像身着深蓝制服、手持金属盾牌的防暴警察一样纪律严明。而他们在结成队形跑动之时，能让意大利以机动性见长的神枪手部队（Bersaglieri）汗颜。

这和西方学生“革命家”以及与之关联的亚文化之间的差距十分巨大。“自发性”是西方激进年轻人文化中的必要因素。它的理想是消灭一切约束真我的权威，甚至是自己领袖的权威，还要消灭一切能缓解从而减少“革命”的理论。[24] 那个时期的日本学生运动（和后来的更激进的衍生运动不同）将抗议变成仪式，以至于防暴警察应付起来很轻松。但这并不影响众多成员热烈地信奉系统害怕的观点，并且随时准备为之献身。

在日本更为压抑的年代，以某种更崇高的事业为名的激情行为，那些让官方不喜或谴责的行为，也并非默默无闻的。事实上，它形成了一个令人尊敬的传统，从中创造了众多（甚至绝大部分）的日本英雄。要理解该传统受到的思想启发，我们必须再次审视现实中的蛛丝马迹。武士政权据说体现了“天人合一”，然而偶尔也能听到其他声音。尽管德川时期官方认可的教学体系中的各种团体，已经被完全驯服并持续地支持统治者，但这不能完全阻止他们放眼幕府宫殿之外。

比方说，本土的国学学者在强调日本具有天皇乃神之后代的光荣传统时，就会有这样的视野。每个德川时期的学生所熟记的东西大部分来自中国宋明理学的著作，相对具有探索精神的人一定曾偶然地窥视到超越幕府官员意识形态的普遍道德。日本对中国阳明学派的解释中，不止包含了这样的闪光点。日本“阳明学”的创始人中江藤树（1608—1648 年）认为“理”是存在的，而且存在于全宇宙当中，他称之为“明德”。一旦某人找到自己的明德，他就会自动成为有德之人。[25] 在追求这个想法的过程中，中江构想了一个接近于个人的上帝的存在，他称之为绝对真理，认为它是无限的，而且是万物的本性。[26] 他的思想走得这么远，已经不再稳定也不再一致了。但他至少明确地肯定了一个事实，即可以借助直觉来理解对错。

在所有的日本思想学派中，阳明学的理解是最接近先验原理的。

一名名叫熊泽蕃山（1619—1691年）的浪人将中江藤树的教导应用到冈山地区的改革计划中，为追随他的那些关注社会的日本人树立了榜样。他教导的格言是“致良知”[27]。这样的阳明学概念渗透到武士阶级，为他们在特定情况下不得不采取的一些激愤行动赋予了模糊的合法性。

19世纪初，这些想法转化成造反的理论基础。那段时期最出名的反抗者大盐平八郎（1793—1837年）将阳明学思想用在明确的政治活动中。[28]在他看来，一切东西不论生死，其本质都是一种普遍的、绝对的创造性力量；这种绝对精神就是道德真理。他由此总结道，反抗邪恶的行动才是不变的律令。认为邪恶是自身之外的东西，实际上就是容忍它在内心中的存在。因此，他主张所谓的持续“净化”行动，暗中支持了持续的反抗。他甚至更进一步写道，一个人在社会中的行动应该“像是疯子的所作所为”。[29]如果有什么能成为普遍原理的话，这就是了。但他几乎没有提供任何思想基础来持续地干预政治。大盐将理论转化为实践，他在1837年起义，焚毁四分之一的大阪城。他给饥饿的农民刀剑，并卖掉了自己的藏书，用来购置枪支和一门大炮。大商人的家被抢劫烧毁，大盐被官方发现然后自杀。他的军队遭到折磨，被屠杀殆尽。

大盐理论的遭遇，典型地体现了日本的异端政治思想散播之后似乎注定要被曲解的命运。明治维新前夕，大盐得到反幕府力量的崇敬。但他的道德理想被转变为关乎“国家存亡”的口号，这就意味着对外国人的驱逐。拯救穷人的想法被转变为拯救国家的想法。[30]阳明学和国学运动发展到高级阶段后，便成为思想武器，使人们得以呼吁恢复帝制，不再服从德川官僚的力量。[31] 国学学者强烈主张让天皇将政治秩序神圣化，以至于他们的言论获得了意想不到的革命潜力。

本居宣长和平田笃胤的众多追随者在全国的平民中散播着古代习俗的神秘价值以及天皇祝福的思想，[32] 再结合大盐所阐明的依靠直觉的道德行为概念，年轻武士中的反叛者（“志士”）受到了鼓舞。他们在幕府时期的最后几十年间，以重建日本帝国的名义造成一场动乱。最后，他们促成了德川幕府的灭亡。[33] 有些志士是没有雇主的浪人，经常流浪，但有一些志士却成为大众英雄。他们当中有各种各样的人物，但最重要的是排外的民族主义狂热分子，其口号是“尊皇攘夷”。他们中有人在 19 世纪 50 年代和 60 年代谋杀过早年的欧洲定居者。

英雄的浪漫传统和“爱国”流氓就此开始出现。这些人在追求“更纯正的”日本的时候，据说受到的是纯正日本主义者的激励。这是日本政治思想史上的重大悲剧：本来可以用来对现存秩序施加压力的思想，最终沦为那些想要比日本主义者还要追求日本主义之人手中的武器。

战时的狂热

浪漫化的志士传统为 20 世纪 30 年代自称爱国的人实施的刺杀行动提供了公认的“道德”基础。这些自诩的爱国者相信自己可以“拯救”日本，有着伟大梦想，但思维却混乱不堪。我们在第十章中讨论过的“日本性”意识形态称颂纯洁的精神，一旦允许不经严谨的推理就凭直觉行动，这种精神就变得更加纯粹，让人着迷。[34] 在日本主义者看来，逻辑推理会鼓励错误的动机出现。激进日本主义的一个重要特性就是它通常的导致自我毁灭。这也是意料之中的事。

国学意识形态让“纯粹”精神的形象得到社会的尊重，成为战时众多日本人的强大动力。对于日本主义者的神话来说，不费太大力气，就可以进一步认为大和民族天生优越，注定要统治亚洲（如果不是统治世界的话）。根据这种放飞的想象，日本可以让所有被它殖民的国家找到自己在世界中的“恰当位置”，也就是说，位于天皇最初的也是更纯粹的子民之下。与此同时，为日本而死是一个人能想象到的最精神化和最纯洁的行为。20 世纪 30 年代用谋杀来“拯救日本”的疯子的愤怒，成为被社会接受的愤怒。和所有愤怒的人一样，他们拒绝理解，不会考虑政治辩论的可能性。[35]

我们知道，这个时期有不少日本人从未停止思考，但将他们带入战争的军官肯定已不再动脑子。陆军军官学校的毕业生学会了依赖于“精神主义”——精神对物质的胜利，而忽视了逻辑思考。他们中的很大一部分人与现实没有过接触，却自信到病态的地步。[36] 小林纯一郎将军是陆军省大臣（后来是文部省大臣）荒木贞夫的好友。他在一份著名的册子中警告说，过分依赖“物质产品”将会腐蚀日本军人的灵魂。[37] 在 1939 年的诺门坎事件中，还能看到日本人因为其“纯粹日本人”的特征而相信自己能力非凡。17 000 多名关东军战士在长官的命令下，依靠自己的卓越战斗精神，发起“人海”战术，对抗苏联高度机械化的部队和卓越的战术技巧，结果死伤惨重。这一早期的可怕失利一直是高度机密，日本民众从不知情。[38]

在太平洋战争之前，官方意见就认为日本的意志力将战胜美国强大的物质实力。一些军官对此大加宣扬，恐吓那些谨慎的同僚，让他们不敢发声。海军大将加藤宽治相信，大家都认为战胜具有强大军事优势的对手是不可能的，但是有了这样的意志力，不可能就会变成可能。在批准开战的御前会议上，日本军令部总长永野修身谈到了对美开战的必要性，因为不战而降将会导致“国家的精神和实体都遭到破坏”。[39] 日本战败了。文部大臣前田多门在一份日本投降后发给学校校长的备忘录中解释道：“这是因为我们这方面努力不够，也缺少纯粹的爱国精神。”[40]

另一个导致普遍的宗教式狂热的说法是，据说这个国家诞生以来就精力无穷。[41]1937 年文部省用来解释“国家本质”的宣传小册子《国体本义》认为，对中国东北的侵略是“国家蓬勃活力不可避免的表达”。战争从国家无穷的精力中自然产生，也是维持活力的必要方式。

战后的纯粹

美国在战后强加给现代日本的宪法，永远剥夺了日本宣战的主权。尽管再没有人认为战争是高贵的行动，但认为日本先天活力无穷的想法还是很常见的，这一点从工业统计的数据中就能看出来。

同样，“纯粹”动机和“纯粹”行为的理想仍然为有害的情感认同形式创造了对象。将日常思想升华成对日本性的强烈庆祝，这一传统起始于将大盐的狂热转换为对超级日本的支持，通过志士和战前极端民族主义分子得到延续，至今仍然没有消失。它提供了某种终极的、充满意义的东西，和日常生活中毫无生气的常规形成对比并为日本人提供了避难所。时至今日，和战前一样，它还是一个令人遗憾的替代品，替代了超越日本主义的思想结构的那种个人解放力量。

三岛由纪夫在采用“日本人行为中最具男子气概”的形式切腹自杀前，曾要求日本自卫队政变并“恢复帝制”，他这种可怜的行为完全符合这种传统。1969 年，学生向警方的催泪瓦斯和高压水枪屈服，并乖乖地交还了东京大学的安田讲堂（学生们之前占领了这个建筑）。三岛看到没有一个学生在现实中做出跳楼自杀这样的终极表达，就让学生们对此公开讨论。从当时的评论来看，他让众多左翼学生为此羞愧不已。

《每日新闻》1972 年有一篇社论，对“极端分子有权存在，只要他们准备为自己的事业献身”这样的信念做了最明确的表述。社论发表的背景是 1 500 名警察包围了极端主义组织赤军的 5 名成员，造成了一时轰动。这些激进分子为了“净化”队伍，将 11 名同志折磨致死，然后又挟持一名人质逃进一间山间小屋。小心翼翼的警方在采取行动 10 天后（全国都进行了直播），极端分子投降了。就如《每日新闻》所说，这让“认为他们在耗光弹药后，要么会自杀，要么会与防暴警察殊死肉搏”的人非常失望。这家报纸还继续评论道：“信念被彻底背叛了……这五个年轻人几乎没有做出任何抵抗……这样的态度表明这些人‘精神太娇贵了！’”[42] 编辑更进一步讨论了“娇贵”的思想方式，将它与其他人准备为自己的事业献身进行了对比。伊恩·布鲁玛总结道：

> 对学生最严重的指控不是他们残酷地杀害了十一位朋友和一位警员，也不是他们的行为（往轻了说）十分荒诞，而是他们没有为此献身。他们缺乏真诚，他们心地不纯。写下这篇文章的编辑肯定不能算是“赤军”理想的同情者。但他是与不是都不是重点。动机纯粹才是最重要的。只要他们的态度正确，他们是可以变成英雄的。[43]

英雄式的极端日本主义传统，仍然是不安定的潜在来源。失望和紧张这两样东西在日本都很普遍，它们可能与将来出现的经济问题，以及越来越强烈的国家被剥夺其正当目标的感觉结合起来，一起触发情绪化的、非理性的日本主义行动。各类右翼组织中都有适合它们的结构。随着日本人感到自己成为世界排日风潮的牺牲品，“回归纯粹日本价值”的迫切感也在不断增强。右翼组织还能得到不少同情。

世俗化的危险

如果日本严格的社会规范逐渐消失，在其背后就很难发现什么了。这是因为政治体制防止了任何可能成为道德准则来源的宗教信仰体系和道德信仰体系的产生。剥掉日本社会中有关个人服从的严格规范，也就不会有什么东西留下来维系这个社会了。不少官员知晓这一事实并感到不安。

战时狂热的日本主义由日教组和其他左翼团体维持。在这些日本的道德卫士看来，人们对战时狂热的反对太过激了。而在外人眼中，这些道德卫士对下一代的道德品质表现出了过多的、永无休止的担心。

在20世纪60年代初，我第一次来到日本的时候，日本就有不少人感叹世风日下，说日本年轻人傲慢无礼且没有为社会工作的决心。而20世纪80年代末，人们能听到同样的抱怨。国家的“精神”似乎总是在衰败。官员有时似乎充满了焦虑，他们担心现在还在读书的这一代也许会全然放弃这些精神：对公司的奉献，家庭主妇的职责，对权威的服从，为了国家而坚韧不拔。他们一致认为，不能再坐视不管了。

加强民族精神

我们回顾20世纪50年代以及80年代的“矫正占领期的过度行为”运动，以及自民党成员和教育官员对于年轻人要有新的爱国观念的呼吁时，就必须基于这种背景。道德规范缺失，政府试图重新将规范引入学校时又面临抵制，导致众多领域公开表示出强烈的不满情绪。经济联盟顶层的商人和官僚们，一直鼓励发展使“考试地狱”更加严酷的教育系统。这不光是因为他们认为这样一个系统产生的温顺中产阶级对业务有利，还因为他们认为其纪律性能防止日本社会瓦解。日本政治秩序的维护者虽然不会明说，但他们最害怕的是日本社会的“世俗化”。值得注意的是，人们轻易接受了一种观念，即政府应该帮助培养“文化价值”，如它在明治时期所做的那样。

日本系统与源自西方的信仰之间存在的冲突，导致日本教育中出现紧张状态，这种状况在20世纪80年代愈演愈烈。前首相中曾根以毫无歉意的态度重申他自己以及其他坚定的日本主义者所阐释的日本道德观，希望以此来解决这些问题。他大力宣传说，要想让日本真正国际化并为世界福祉做出贡献，首先要透彻而认真地研究日本人。在回答我提出的一个问题，即日本人是不是一定要接受与其他人不同的道德教育时，中曾根表示，基本的道德也许到处都一样，但它有着不同的社会基础，有不同的形式，而在日本的情况中，官方有必要对此加以关注。[44]一些自民党政客远远超出了这一步。文部大臣藤尾正行（他写下朝鲜在1910年同意被日本吞并的言论后，被迫于1986年辞职）很明确地表示，有必要重新引入《教育敕语》中教导的道德规范，恢复日本的传统道德秩序。另外一名文部大臣濑户光夫在1983年的一次新闻发布会上断言，美国占领军官员对日本学校中的无法无天负有间接责任。他们得到的任务就是要破坏日本的风俗、道德以及历史，目的是将日本人改造成适应美国人生活习惯的民族。按照这位大臣的说法，这样做虽然有一些好的结果，但是没有让人民幸福。作为补救措施，他建议重新研究民族道德问题以及古老的教育方法，他建议灌输给儿童的观念在《教育敕语》中都能找到。濑户光夫要是在六年前说出这些话，一定也会被迫辞职的。

和中曾根有一样想法的日本人，以及大部分战后的文部大臣认为，“个人主义”自从占领时期开始就代替了传统道德，是它导致了自私和暴力的猖獗。1987年，文部省的审查官员对学校课本作者就宪法教育提出“指导”，说有必要进行改变，不要强调对个人权利的保证，而要强调对社会和国家的责任。人们对“个人主义”这种观念态度很矛盾。这个词说明使用它的人对教育目的有着正确的认识，就如在

1947年实施的《教育基本法》中所陈述那样。人们还认为，日本要是想有更多具备创造力的思想家，个人主义也是必不可少的。中曾根成立的临时教育审议会中包括学者、知识分子和商人，他们曾和个人主义观念角力。他们在1985—1987年发布的报告会无可避免地让人有这样一个印象，那就是他们相信控制越多，个人主义就会越多，创意也就会越多。日本的官员通常很随意地定义外来术语，这样他们就能采取与表面目的相悖的行动。日教组和其他批评家熟谙如何在互相矛盾的现实中玩弄技巧，他们担心"个人主义"正是期盼已久的那匹被偷偷运进民族主义道德中的特洛伊木马。[45]这些改革者的意思是，为了激发个人主义和创造力，为了成为国际社会中举足轻重的成员，教育必须向学童灌输对日本的爱。在他们为道德教育课程给出的最终建议里，教育改革委员会强调了"尊重日本文化"的教育。根据这种说法一般使用的场景来看，这就是说要尊重现有的权力关系。

1985年，文部省向所有中小学校长发布指令，要求他们在学校举办典礼时必须升国旗，让他们管理的学生和教职工唱国歌。这在教育者中造成了骚乱。一份报告表明，只有92.5%的小学和86.4%的中学在学年结束的庆典中升国旗，只有72%的小学和53%的中学唱《君之代》(非正式国歌)。所以文部省首次下达了此类指令。关注此事的官员们认为，要在所有日本孩子的心中灌输爱国热情，这么做是不够的。而另一方面，日教组认为国旗和国歌都是"帝制"的残余。当文部省争辩说其他国家也有类似的做法，批评家反驳说，德国和意大利在1945年后都更换了国歌和国旗。就在文部省颁布指令前不久，首相官邸公开表明，有些人一见到国旗就反感，这是因为他们有着自己的战争回忆，也正是出于这个原因，需要在没有战争回忆的一代人中培养爱国主义。

你在日本旅行的时候，会一再看到学校门口有一个男孩读书的雕像，他的背上背着柴火。这个男孩是二宫金次郎，也被称为二宫尊德。他是一位出生于1787年的历史人物，他一边努力工作一边刻苦学习，最终成为幕府官员和农政改革的先驱。他教给人们勤奋、节俭、真诚以及互助的美德，象征着人们对于福祉的集体感恩。这会创造一个“真诚的社会”。[46]这个雕像看上去纯真无邪，代表了儒教伦理，但这却是战前和战时学校里道德教育的核心道具。在军方加强对国家控制的那几年里，小学操场上这个雕像的数量迅速增加，二宫金次郎让许多日本人想起了“道德”，那种在占领军修改日本课程前最后一次看到的道德。

外部世界“逼迫下的世俗化”

自私自利和物质主义一直被认为源自西方。[47]二宫金次郎代表的节俭与集体努力的美德，如今正受到那些“羞于工作、注重消费而放弃了生产，现在面对日本的经济竞争而一败涂地的”外国人的威胁。这是众多管理者的评论。[48]20世纪80年代末，外国人批评日本的经济举措以及在国际问题上的不妥协态度，再加上更多对日本“民族主义”行为的分析调查，日本学者、编辑和其他发言人的评论中也开始出现一种愤愤不平的语调，认为这些做出批评的外国人是故意要削弱日本社会建立的基础。

一些更能言善辩的评论家解释道，这是西方抛出文化相对主义原则的结果。京都大学一位经济学教授这样写道：

> 当面临不在西方传统之内的文化和实践的挑战时，欧美人越来越冲动地指责那些非西方的东西是不道德的、不公正的……正是由于欧美意见领袖中逐渐兴起的反文化相对主义言论，贸易冲突……才愈演愈烈。如果对这样的哲学保守主义放任不管，期望我们的文化、社会结构和习俗都得到公正的理解便是不现实的。[49]

外国人对日本系统以及帮助维持系统的观念进行审视，经常会引起日本人强烈的反应，这似乎也是不可避免的。毕竟，这相当于对一个无法描述的神进行分析，这种做法对所有宗教都是具有破坏性的。因此日本非官方的（但无论怎么看都是世界上最优秀的）喉舌《日本时报》（*Japan Times*），就一位外国作家与一位日本教授在一份文化杂志上的交流，发表了宣扬日本主义的评论：

> 如果外国人以愤怒和不公正的方式抨击这个国家的身份认同或者说这个国家的神话（如果你愿意这么说的话），这只会让日本人对外国人的批评愈加充耳不闻。建立没有罪恶感的国家身份认同的要求，已经牢牢地写进人类发展议程当中。但这样的要求不是建立平稳的全球关系所需要的。它需要的是耐心、理解、宽容和礼貌。[50]

若没有广泛的“世俗化”，日本的子民就不会成为真正的公民。他们也不能清楚地认识到，他们仿佛信仰宗教般狂热地参与其中的系统活动会将他们带向何处。但因为外国人，特别是外国政府和企业的代表，不能接受日本社会作为宗教替代品的地位，因为他们确实担心日本何去何从，也因为他们总是会提出问题并自己猜测出入木三分的答案，所以他们确实是官员们害怕的“世俗化”力量。《日本时报》和这位京都大学的教授，还有诸多其他评论家对此一无所知，但他们是信念的捍卫者。

第十二章

统治权

只要非正式的权力相当分散，行使这种权力就不会引起剧烈的痛苦。如果战后日本人真的能感觉到的话，系统的无所不在又无处可逃的权力也是微妙的、含糊的、难以定位的。在法律管辖框架之外保持秩序的非官方手段，几乎不为人所知，就更别说被公开审查了，也因此从不会出现明显的问题。而在另一方面，官方的领导却会造成持续而严重的，而且似乎无法解决的紧张关系。

在形式上管理国家的那些日本人，也就是首相和他的内阁，他们实际上不允许根据宪法执行他们应该执行的权力。渴望实际掌权的政治领导人，总会面对一堵墙，碰到各种怀疑和无穷的阻挠。这堵墙无影无形，却又让人无法穿透。没有哪个日本人有无可争议的统治权，也没有哪个人或哪个团体会对日本的作为真正负起责任来。因此，日本的领导力总是不完整的。

日本官方领导力的弱点广为人知。对此的解释通常会说，日本的社会传统不鼓励“个人主义”，所以不会产生个人主义的领袖。但如果我们考虑那些有可能成为强硬领导的人，如中曾根康弘、田中角荣、池田勇人、岸信介以及利益集团和黑帮中的众多“老板”，这个理论就站不住脚了。就拿中曾根康弘来说，比起年度峰会上与他谈判的外国领导人，他的“个人主义”色彩一点都不少。另外一个相关的理论认为，公众不接受一个强硬的领导，因为不喜欢个人主义。这个理论同样不能令人信服。总是有很多大众英雄表现得非常个人主义，并因此得到民众广泛的尊敬。

用文化主义术语来解释这一特定问题就会忽视一个关键的政治事实，那就是参与权力分享的日本人对他们中谁有权力进行统治，永远意见不一。这个对于现代工业国家来说异乎寻常的特征才是日本政治生活中最根本的问题。这个问题在不同程度上直接或间接地影响着本书所描绘的大部分现象。在本质上而且从定义上来说，这是一个政治合法性的问题。我提到“定义”，是因为与其他方面相比，“合法性”这个词暗示了统治权已经建立起来的情况。

合法性问题

从表面看来，日本似乎不应该存在政治合法性的问题。不可否认，左翼知识分子经常会质疑为“垄断资本主义”服务的国家政府的合法性。他们因此而绝望并抱团，将情绪化的异议变成仪式。我们已经看到，这反而帮助了系统。但在这僵硬而仪式化的马克思主义理论框架之外，合法性的概念完全没有出现在日本的政治讨论当中。尽管日本人缺少能让他们意识到并讨论这种问题的思想框架，但这并不意味着这样的思想框架不可能存在。日本从未出现过这种思想框架，这一事实也许会更加误导人们的判断。

自证合法性

“政治合法性”是个很不可靠的概念。它反映的社会现实，比其他大多数社会政治现象更加不易衡量。另外，它是一个政治系统中很微妙的一部分，只有当政治合法性缺失或不充分时，才会被大众注意到。这样的缺陷在两种情况下会格外明显。第一种情况是，新的权力系统诞生，要求有新的服从习惯。第二种情况是，“权力的传统方式和限制都被改变了，令人不安的新型权力运作方式呈现在人民面前，而且他们被要求接受新的责任和新的主张”。[1]

在当代政治科学的大部分领域中，合法性被解释为随着接受、默许或共识而自动产生的东西。[2]但事实并非如此，因为如果接受、默许或共识构成了合法性的关键，那么针对某些政府行为的广泛示威，就会被误以为表明当权者不具备合法性。绝不能认为当权者是否具有统治权取决于政策的好坏。统治权是矗立在当权者之上的某种东西，而不管他们是不是执行了灾难性的政策。另一方面，有时就算没有暴乱或其他证据明确表示统治的终止，当权者的统治仍缺乏政治合法性。没有反对势力并不等于自动拥有合法性，如果不能认识到这一点，那么就会完全误判政治形势。显然日本社会总体来说对政府表现出支持态度，这在一定程度上是由于对公众的引导让他们相信政府当局是仁慈的、为人们福祉着想的，但这些支持合在一起并不等于政府就有政治合法性。[3]

合法性的内涵远不止默许或共识，因为按照定义，它是由一种外部力量授予政治安排的。这种力量可以是法律系统、神的允许或是任何其他超越现时政治的东西。人们一致认为这种力量既支配着被统治者也支配着统治者。如此看来，我们就能立刻清楚地知道，为什么合法性在日本居然会是个问题。日本的系统是自证合法性的。它自己就是“神”，是为自己提供信仰和自我评判的封闭系统。既然一个政治系统不可能给予自身合法性，所以从定义出发，日本系统就永远不可能是合法的。

我不是要轻视政治因素中的“接受”和“默许”。相反，公众的不在意是所有国家维持现有权力模式的重要原因，到目前为止，它也是维持日本政治安排的特别重要的因素。“我无能为力”（仕方がない）是日本人生活中的日常感叹句。它承认了一个自然的事实，就像是说“今天好热！”或是“今天好冷！”一样。服从掌权者的命令基本上就是一桩“无能为力”的事情，更何况还看不出社会秩序和政治系统之间有什么明确的分界。但这一类服从是因为社会强制力带来的潜在威胁，所以这与合法性也还是没有任何关系。[4]

面对政治现状，那些被迫感叹“无能为力”而总是退缩的人，应该不会对谁有权利来统治的问题感到兴奋。但是，被动接受是环境的产物。政治理念没有进入其中。如果系统将你包围，而它又是不可战胜的，如果据说它包含了你生活的终极意义，而你却不知道在别的什么地方可以去寻找这一终极意义，那除了欣然接受或是苦笑并忍耐，基本没有其他选择了。我们已经看到，在日本人的想象中，个人领域和社会政治领域的边界非常模糊，还有系统扮演着宗教角色。从这些现象中可明确看出，对于大部分普通日本人来说，质疑系统的合法性就像是质疑自己出生的合法性一样。

统治阶级面临的问题

和一般人不同，统治阶级里的个人或团体通常会面临这个问题：他们中谁可以命令其他人服从并配合？虽然他们从来不会用这样的话来表达，但自民党政客、工业集团的高层管理者，还有报纸编辑都同样面临统治权的问题。中曾根康弘的首相生涯对此做了一个精彩的描绘。

中曾根似乎完全清楚，日本在国际层面碰到的困难，在很大程度上是因为国家领导力太弱。而他也比之前的战后首相更努力地让首相拥有世界普遍认为这一职位应当具有的权力。[5]我们在第五章中已经看到，他成立了一个新的省级行政机构，试着提升首相官邸对紧急情况的快速反应能力，并寻找新方法来增加对官僚的影响力，以便化解僵局。我们可能会认为，这样的措施会得到官僚、自民党政客以及不少社论作者的欢迎。这些人清楚来自外国的压力和批评，并为此而感到不安，一直在强调为了有效的领导力和更有责任心的国际角色，有必要进行重大结构性调整。毫无疑问，日本的官员和评论家，以及大部分公众都认识到，首相被其他政府领导认真对待是有好处的。但是，那些承认有决断力的首相会对国家有利的声音，也反对中曾根试图比前任更强、更有决断的做法。对自民党国会成员（可能是其中的大部分）来说，中曾根试图建立一个可信的日本领导阶层，就是他们打心眼里不喜欢中曾根的原因。中曾根呼吁调整政策，他们几乎没有做出任何配合的行动。社论在评价他的努力时，也普遍散发出不信任感。

有趣的是，公众根本没有因为中曾根试图成为一个强硬的领袖就感到紧张。民意调查表明，他比所有其他战后首相都更加得到人民的尊重。感到不安的是各个精英团体。确实，日本知识界中有一些团体一开始就对他不信任。中曾根对自己的民族主义信念，是出了名地直言不讳。他准备比前任们走得更远，去打破日本尚未释然的帝国主义经历相关的禁忌，他与主张日本是单一民族、单一种族社会的个人和团体站在一起。但总体上，他的计划符合大部分官员的愿望。只是因为他太直白了，一些人才皱眉。问题在于，运营着日本系统各个部分的人，他们就是不愿接受一个目标明确清晰的中央政治领袖。如果中曾根的前任们，如福田赳夫、大平正芳，也试着加强首相官邸权力的话，他们一样会极度得不到信任。

早期问题

回顾日本历史，我们会注意到，日本人为了弥补无法确定谁有统治权的问题，引入了一系列措施。我们在本章中，要关注这些不完整的措施，因为其中大部分对日本权力在今日的实施方式，仍然有着决定性的影响。

维持政治秩序最简单的方法就是威胁，使用武力。赤裸裸权力的残余（比如警察在逮捕罪犯时实施的权力）在所有现代社会中都可以找到，而且绝大多数公民认为那是不可避免的，因此就会接受。但对更普遍的政治控制来说，暴力显然有着太明显的缺点。如果掌权者有意维持自己的权力，他们就想要一个稳定的环境，而暴力对此没有帮助。实施赤裸裸的权力可能会让统治者有威望，但不会产生出正面的情感——除非子民都是受虐狂。另外，统治者必须雇用武装侍卫，让人民相信自己有可能受到真正的处罚。但这些人在某个野心勃勃的首领领导下，也可能转而反对统治者。

要想解决这两个问题，并让子民（包括战士）相信统治者确实有统治他们的权利，就需要有一个理论体系，再加上一套仪式和别的象征手法。早期的日本首领确立统治权的方法是声称自己具备天生的美德，而这样的美德来自他们和守护神之间的原始亲属关系，他们还通过祠堂、墓葬和编年史加强这种统治权。我们不清楚日本这些最初将政治权力合法化的尝试效果如何。《日本书纪》是最古老的官方史书，它提到允恭天皇在415年命令进行一次测试。部落首领和世袭头衔的拥有者，必须由神来判断其地位的真伪，方法是将手浸入沸水之中。史书记载称，名副其实者没有受伤，而撒谎者惊惶地逃走了，从此，再也没有人就自己的血统撒谎了。[6]

6世纪和7世纪，大和朝廷试图扩大对当时仍然独立的首领的控制，这就需要新的、更有说服力的合法性定义。于是，圣德太子的“宪法”中强调了和谐的必要性，大和统治者们还迫不及待地抓住了佛教和儒教，为的是增加自身的合法性。

武士家族的兴起以及内战时代本身就能说明这点。不管哪里出现未解决的合法性问题，都会有军事力量现身解决。[7] 所以，日本有史以来有超过一半的时间都在经历种种形式的武士统治。考虑到这段时间几乎完全没有外来的威胁，这点就实在太不寻常了。

日本的统治者可以通过大规模展示军事力量来支持自己的政治索求，而且常常不得不这样做。丰臣秀吉召集了超过15万的军队去围攻小田原。这比查理五世征服大部分欧洲需要的野战军和驻军加起来还要多1万人。[8]第三位德川将军德川家光率领30.7万人通过京都，象征性地巩固了政权。顺便提一下，天皇当时还住在京都，他当然没有别的办法，只好同意德川家光的做法。[9]

德川幕府以前的日本，经常会用到一个“下克上”（下位之人推翻上位之人）的表述。这个术语意味着权力位置有了大洗牌，出现了大量的机会。在室町幕府时代，“在大部分情况下，实施代理权需要军事力量作为保证”。[10]在德川幕府的大分水岭出现之前，这样做就足以保证政治合法性了。之后的情形也很难说是进步。

德川的武士统治强加在一群毫无热情而且有时明显不情愿的民众身上。[11]一般人的印象是，那时的人民享受了两个半世纪的长治久安。但恰恰相反，这一时期动乱不断。尽管政府持续不断地对异端邪说进行镇压，并用一种意识形态将政体表现为终极的善，但是一份统计资料显示，在这段时间里，农民起义有2 809次，暴动约有1 000次。[12]藤田幽谷（1774—1826年）是一位重要的儒家学者，他参与了《大日本史》的编纂，他对日本平民支持掌权者的意愿没有任何幻想。他相信，只要有机会，这些平民就会迫不及待地加入敌对行列当中。这个评价似乎也得到了他同侪的认可。[13]

“要职人员”方案

合法性无法获得，而直接暴力压制又不是长久之策，这时还可以用一个中间方法来保持控制：[14]确保身居社会关键位置的那群人相信，现在的安排对他们来说是最好的。设置一种按比例给军人和公务员提供好处的系统，就可以赢得他们的赞同。

对现存统治秩序的挑战，不大可能来自最低层且最无特权的社会成员，除非他们得到了某些精英团体的支持和领导。斯巴达克斯起义这样的运动很少见，而且以失败告终。另一方面，身居关键位置的人有充足的理由去阻止改变发生；经济萧条是系统得以繁荣的条件，而对他们来说，在该过程中发生改变是危险的。不听从命令是不可能的，这意味着失去似乎已经获得的体面生活所需的特权。一个人越是听话，就越有可能获得特权、医疗服务、精英教育，让子女获得好工作等等。

德川政府建立的系统非常类似这一"要职人员"的方案。它强迫"诸侯"每隔几年就要住在首都一段时间，而在其余时间里，他们的家人会留在首都当人质。具有世袭特权的武士上层阶级保证了政治的连续性。在他们之下，是受过教育并严守纪律的下级武士阶层；他们是早期的"技术官僚"，被赋予权力，对快速发展的政治经济体进行日常管理，通过征税等方式将社会财富输送给寄生的上层阶级。[15] 低级武士越来越不安分守己，但是他们也知道，如果他们"兴风作浪"，掉下船的很可能是他们自己。

德川时期的"要职人员"阶级，依赖于对政治无感的农村人口。这些人往往被精英忽视，也不太相信德川的统治是优秀的。不同的信息来源（包括欧洲当事人的证词）表明，这个军事政权在它衰败的日子里统治得比 17 世纪时更加严苛。[16] 阿礼国爵士（Sir Rutherford Alcock）认为日本是"一个以有史以来最精密的间谍活动为基础的政权"。[17] 即便如此，它实际上还是失去了对大部分封建领地的控制。1853 年，美国突然要求日本向世界开放。这看起来也只不过是最后一击，使得摇摇欲坠的武士政权体系最终因为萨摩和长州武士发动的政变而崩塌。诸侯后来的态度表明，他们和幕府之间本来就没有多少感情。[18]

制度化的不负责任

为了解决巨大的合法性问题，新统治者做的第一件事，就是将明治天皇从京都的皇宫迁到江户（改名为东京）的将军城堡中。这一行动加上连接皇权与政治进程的新机构，为的是表明寡头们的决定现在是以天皇之名做出的。实际情况是，天皇的“复辟”根本没有恢复天皇的世俗权力。即使这些寡头实施了重要的政治变革，他们还是坚持一个重要的政治传统。所有的幕府统治者，理论上都是由天皇任命而获得合法性的。国家主权是神圣的，对天皇不敬是项严重的罪名，因此毫无实权的天皇一直是权力游戏中的理想道具，也是政治操纵的理想后盾。

睦仁（明治天皇）14岁的时候登基，他似乎从来没有对统治产生过兴趣。但这无所谓，因为虽然维新之前有过一场“维新运动”——而这一运动的理论支持是，历史研究表明，天皇应该位于国家中心，但这些寡头从来就无意给他任何权力。（不过，他们确实要求他显得对统治有兴趣；天皇的政治导师有一次责备天皇对自己的马匹太过关注，因为这对舆论有着负面的影响。[19]）

明治维新之后存在这样一个印象，那就是进行统治的寡头们最终要被国会系统代替，这也就能让日本在现代国家行列中有一个令人尊敬的地位。在引入全新的外国理论后，有人在政治讨论中建议设立大体类似于欧洲那样的君主立宪制。睦仁是君主，为首相和国会授予合法性。但是，这种做法意味着逐渐从寡头身上夺走权力。而他们最终制定的明治宪法清晰地表明，他们认为君主立宪制对他们根本就没有任何好处。在书面上，所有权力归于天皇，而他出于大方赋予国家宪法。但实际上，一个容许实施非正式权力的新政治系统开始成形。这种非正式权力让寡头们还能留在最高等级。明治宪法提供了另一个系统，替换了德川幕府和所有其他较早的、非官方的系统。这些系统的合法性来自帝国统治的理论，但实际上，该理论与实际权力的实施关系不大或根本就没有关系。

新国家的设计者来自不安分的下层武士阶级。他们知道，通过特权等级实施的控制，必须让位给通过宣传实施的控制。他们开展了一场大型运动，说服公众相信他们的统治绝对稳如泰山。但这一运动失控了，产生了神秘的“国家本质”（国体），进而导致政治上受到约束的君主立宪制变得不可想象。在更直接、更实际的层面上，他们避免在宪法中明白无误地写入政府领导人的选举由天皇授予合法性的条款，因为这么做会直接威胁到他们自己的位置。如果他们允许权力集中到首相或是其他人手上的话，那么明治寡头团体之间的联盟就不可能稳固。[20]

从那时到麦克阿瑟将军将新宪法带给日本人民的几十年中，没有人说得清谁有权决定重要事务。老牌政治家团体围绕在天皇周围，让系统得以运作；但他们在国家中没有任何宪法或法律赋予的地位，所以他们不能负起这个责任。

那应该是谁？军队、枢密院、国会、内务省，还是外务省？谁的合法性应该得到评判？丸山真男做出了经典总结："不明确地共同承担责任是更好的做法。这么做就没法找出哪个人应承担做出决定的最终责任。很明显，天皇系统的国家机制，天生就有发展成不负责任的庞大系统的危险。"[21]

明治时期的日本掌权者和后来的掌权者既不对罪行负责，也不对明显的恶政负责。这一传统给日本（以及其他国家）带来的巨大危险，在 20 世纪上半叶得到充分展示。征服亚洲的日本当局从官方角度来说属于对日本事务没有实际发言权的天皇。这一时期匿名做出的决定改变了亚洲的政治地图，发起了与世界上最大的工业力量的战争，导致约 300 万日本人以及 1 000 万到 2 000 万非日本人的死亡。最终中国成为社会主义国家，欧洲殖民力量也加速撤离亚洲。而这只是比较重大的几个结果。

"无知"方案

解决谁有统治权的问题，还有一个不完整的方案。这个方案在明治时期引入，今天仍然至关重要。这就是迷信那些据说毫无权力野心而受到任命的博学官员。

在日本的传统中，学识渊博与有权进入行政机构是联系在一起的。这看上去也很容易理解。但是，由此得到的推论是，那些不掌权的人应该继续无知下去。简单来说，我们可以认为，在过去 300 年的日本政治实践中，至少存在两类人：一类人有权行使权力，他们自然就是"有知"的；另一类人处在被管理端，他们是"无知"的。

德川幕府的官员们承认，公众的无知和官方的保密是维持秩序的关键。会泽正志斋以后来的国体意识形态为背景，写过一本具有影响力的著作，[22] 他认为人民应该接受规则的存在并且相信这些规则对自己有利，但他们不用知道这些规则是什么。他对德川幕府刻意让平民软弱且无知的事实也表示接受。[23] 在他离世 100 多年后，试图打入日本市场的外国出口商们遭遇了挫折，他们发现自己的产品受到各种规则的限制，但官员却没法给出任何具体规定。

我们有充足的理由认为，明治和大正时期的统治者要民众相信天皇神圣又无限仁慈，接受"家国"以及随之而来的一切，但是他们自己却不会相信这些东西。19 世纪最后几年中，我们看到"严谨的宪法研究和公众对宪法的态度之间出现了巨大鸿沟"。[24] 国体作为宗教替代品，用来回答被刻意保持无知状态的公众可能提出的任何有关合法性的问题。

对政治产生怀疑的想法，只有被普通百姓知道后，才会被认为是真的危险。20 世纪初的几十年中，掌权者虽然苦于这些想法带来的威胁，但没有试着将其完全扑灭。大部分知识分子要么直接为政府工作，要么以某种方式支持政府。政府很难对他们的知识生产做出太严重的限制，这么做也会产生反效果。至少到 20 世纪 20 年代末为止，学者即使提出了与政府主张的意识形态内容相悖的想法，他们基本上还是会得到宽容。

战后的日本官员取消了"危险思想"这个说法，日本人也许能比其他大多数亚洲人更自由地表达批评意见或是激进想法。但官员所知的东西不应该让平民知道，这一前提显然还是保留了下来。

不同的政府官员在各种场合告诉过我，虽然他们同意我的结论，在我的文字中也找不到什么错误，但我所做的一些分析“会造成错误的印象”。日本记者往往批评官方对“知情权”的限制，这种限制远远不是用“国家利益”作为借口能解释的。[25]德川时期的谚语“民不可使知之，而应使其赖于政府之权威”在今天还偶尔会被提到。[26]让官员们感到幸运的是，附属于各省的众多记者俱乐部成员虽然会对知情权的限制做出批评，但几乎总是会配合。

日本的官员无须因为保密的习惯受到良心谴责，因为这么做符合广为接受的对现实日本的管理方式。那些“无知”的人也不用担心被认为不重要，因为愚民的天真和对政治精妙之处的无知，一直被认为是日本这一纯粹与天真的理想国家的必要部分。

对权力的否定

在日本掌权者发现的解决统治权问题的方案中，最有创造力的是从一开始他们就否认自己在执行权力。为了回避合法性问题，官员们假装对权力没有任何兴趣。

这一方案也来自德川时期。按这种说法，德川幕府的将军们和他们的代理人就没有追求权力，更没有执行权力，他们只是执行正确的仪式来维持自然秩序。他们如何坐上这个位置进而主持这些仪式，属于不能提起的禁忌。[27]明治寡头及其催生的官僚体系，同样以对权力不感兴趣的实体出现，驱动这一实体的，是为了整个日本大家庭的利益而服务天皇和国家的无私渴望。士兵和水手，直到将军和元帅都做着同样的事情；他们为天皇服务，根本没有一丝一毫自我扩张的想法。今天，很难找到一位日本官员公开承认他渴望获得或是保持（先不说扩张）自己的权力，但显然这样的渴望才是他的主要关注。

但是，这个方案否认了对权力的拥有或说对权力的渴望，它将政客们置于困境。他们与选民交谈时，没法避免吹嘘自己拥有的权力，并追求更多的权力。如果他没有影响力去说服大臣造桥修路、修建机场，来造福将他们送进国会的选民，那他们为什么还要投他的票呢？日本政客的问题一直就是，他们没法掩盖自己真正的政治野心，也因此招致了众多非难。

腐败的政客和正直的官僚

明治维新之后，日本引入了政客要对选民负责的西方观念。这在日本的领导人和知识分子中间引起了困惑。一开始，寡头不是太清楚自己想要什么。在最早期的那些领袖中，木户孝允主张宪政政府对人民的意愿负责，但这应该慢慢实现，因为人民还没有为此做好准备。大久保利通认为国会制不适合日本，他更喜欢由强人组成的专制体制。伊藤博文受到大久保的影响，基本上是赞同这点的。[28]

但是，引入党派政治是日本努力追赶西方的过程中不可避免的副作用。这就意味着必须要做些什么来减轻可能出现的破坏，因为“掌权的武士官僚很难接受‘忠诚的反对派’这样的概念；他们认为反对派不光对掌权者构成威胁，也对国家构成威胁”。[29] 解决方法是，寡头们在宣传中明确提出，议论政治就是不爱国。[30]

从整体来看，明治时期的媒体对政客的批评，只略少于对寡头政治和官僚作风的批评。日本早期的记者对贿赂和其他不规范的选举等丑闻表示愤慨或是假装表示愤慨。这就设立了如今还在被遵守的一种模式。党派政治在明治时期呈现给大众时，被描绘成卑鄙的、由狭隘的个人利益驱使的政治。国内牢牢树立起这样的观念，即对天皇忠诚的子民（如军人和官员）应该和政治毫无关系。[31]

政党统治被系统地蓄意破坏。当时的一位外国政治史家这样总结道：

> 与各政党为保证政府负责而做出的所有努力相悖，参议院［成员都是官僚和贵族］支持的是寡头，随时准备阻止与某个党派关系过近的政府提交的所有法案。因此，政党统治的尝试往往被得到党派成员支持的寡头统治取代。一会儿是这个组合，一会儿是另一个组合。合作得以维系，有时是因为贿赂，有时是因为他们坚信反对将徒劳无功。[32]

反政客的宣传成功地代代相传。在20世纪20年代，日本主义者是这样看待政党的：

> ［政党］体现了对个人权力的不堪入目、毫无道德可言的竞争冲动。它们不是以帝国的统治团结人们，而是像入侵者一样切断了天皇和子民间神圣而神秘的联系。这种联系具有和谐之美，一旦以天皇的仁慈和子民的忠诚服从体现出来，就能让日本在世上所有国家中获得道德制高点。[33]

在即将进入20世纪的时候，官僚和政客在权力结构中的相对位置得以确立，而且这种位置安排本质上一直持续到最近。这是寡头之一山县有朋进行制度改革的结果。相比其他明治时期人物来说，山县被人引用的言论较少，得到的关注也相对较少。但到最后，他也许比同时期的寡头在较长时间段内获得了更实在的权力。他是推行征兵制的主要力量，也是内务省在成形的那些年里获得权势的推手。他比其他任何人都配得上日本社会控制官僚缔造者的名声。他“坚持认为，竞争的政治系统将会加剧社会分裂，扰乱国家统一。而国家统一才是需要牺牲一切去维持的”。[34]

尽管国会成员无法接近任何行政权，但他们还是变得越来越重要。这是因为寡头犯了一个错误，让国会对预算有了否决权。换句话说，这是一个工具，政党用它来迫使政府依据上一年的预算来行事。这也最终意味着，官员不得不与政客们混在一起。[35]不过，由于山县设置的规则，官员和政客之间的权力之争几乎还未开始就基本上有了结果。随着日本第一个政客组成的内阁倒台——该内阁在 1898 年持续了 4 个月——山县有朋成为首相并迅速采取行动，对未来可能会出现的对国家的“破坏”进行控制。领导第一个政党政府的大隈重信不断被人要求用政客来替代官僚。[36]温和派的政客一直希望体系中能有两条接近权力的途径：除了通过高级公务员考试的人（大部分是东大法律系的毕业生），也要考虑让国会和县议会的成员有机会获得高位。大隈没有答应，但山县重新掌权后，散布谣言说大隈同意了。

山县设计的体制创新，基本上永远消除了未来执政党在内阁任命党内成员为副相、局长或县知事的可能性。其效果就是将官员与政治决策的结果分离。[37]为了确保修改后的《文官任用令》永远不会被废止，山县让枢密院[38]成为他颁布的法令的守卫者。为了确保内阁永远服从枢密院的管辖，他“选择了一个少见却精巧的方案，一个没有法律效力但在实践中却有着广泛约束力的方案”。[39]他让天皇颁布“敕令”，列出自此之后应该送交枢密院的一系列条例，并在其中包括所有与官员考试、任命、训诫、解职以及职级相关的条例。

来自天皇的私人信息与正式的诏书不同，它是永远不能被推翻的，更没有要求天皇废除诏书的先例或步骤可循。[40]当然还有一个很小的可能性，就是后来某个内阁敢于要求天皇改变主意。山县的终极精明之处就在于此。他甚至为此设计了一种防御机制。“为了保护帝旨，他秘而不宣。枢密院和皇室之外甚至几乎没有人知道帝旨存在。山县找到了一个复杂而又巧妙的方法，绕开了没有法律不能被取消的司法理念。”[41]

选出具有美德的官员

一旦寡头决定日本不应该由选举产生的代表以人民的授权为依据来统治，他们面临的任务就是组建并巩固统治阶级。他们使用的模式至今仍决定着日本的权力分配。世袭遴选的原则在当时让位给了择优原则。明治维新后的若干年里，成为寡头及其官僚延伸体系成员的重要条件是曾参与那场导致政变的起义，或者是萨摩和长州的武士阶级成员。后来，获得“西方知识”——最好是在欧美吸收知识——变得越来越重要。[42]但到了 20 世纪，最有保证也几乎是唯一能进入管理国家的“有知者”阶级的方法是从东京大学法律系毕业。如我们所见，这个传统决定了日本教育体系延续至今的特性。

日本与西方列强签署的治外法权协定，让东大在赋予合法性方面获得了关键地位。如前所述，只有当一个司法制度有能力进行法律审判时，外国人才会废除这些令人深恶痛绝的治外法权条款。由此产生的迫切需要使东大法律系获得了任命当代武士的功能。一开始，毕业生担任那些最高的职位，还不需要通过公务员考试。到 1890 年，东大提供的毕业生数量足以填补几乎所有的行政职位空缺和超过一半的司法职位空缺。[43]

19 世纪 80 年代，超过一半的东大毕业生获得了高位，4 人当中就有 1 人获得上层精英的身份；而在早稻田大学或庆应大学（主要的私立大学），每 25 名毕业生中才有 1 人能获得如此成就。1901 年到 1926 年间，在 8 个部门的 76 名副相中，有 70 人是东大毕业生。[44]

这一用来任命统治精英的、如今已经根深蒂固的方法对智力和技能的要求相当随意。特殊的“知识”以及官员由此具备的“美德”，帮助他们看上去名副其实，而这归根结底是因为他们属于一群掌握了最深奥的入学考试艺术的人。当时是如此，现在也是如此。在第四章中，我提到过西方在论及日本挑选精英时存在的一般误解。精英成员被选中主要是因为他们具备耐力和奉献精神。东大毕业生往往很“聪明”，但也有许多很有头脑的日本人因来自不同的群体而被抛弃了，他们注定永远只能在边缘工作。大量原创性思考的能力被浪费了。日本的统治阶级在学校里接受的与其说是教育，不如说是全面的管教。在谈到日本官员在国际社会的态度和做法时，这个事实极为重要。

政治的去政治化

战后日本的政治合法性是通过人民授权正式地赋予政府的。而选举和国会也确实在某种程度上代替天皇，成为给当下政治安排赋予合法性的机制。但人民主权的概念并未被大部分日本人理解，它肯定也不是分享权力的人所持的生活原则。媒体对人民主权的呼吁完全是口头上的，也从未有人对无处不在的、系统性地阻碍了人民主权原则实现的非正式权力，给出合乎逻辑的分析。公众并未认为国会和选举让现存的政治秩序合法化，而是认为它们没有代替旧机构，因为在天皇还是合法性的授权者时，国会和选举就已经存在了。而在那时，它们受到广泛的批评，被认为削弱了日本民族的纯洁性和健全的道德。

1945 年以前，人们认为所有以天皇之名颁布的法律和命令，理论上来说都是为大众的利益服务的。因此理论上，官员们就是公平公正的。相反，政客显然受到政治因素的驱使，而在日本的背景下，这意味着无法摆脱自私的动机。直到今天还有一种强烈的倾向，认为任何政治方面的动机永远不会比（据说是）为公众着想的动机好。尽管官员们办事时明显优先考虑自己的利益，也从来不会咨询大众，但官员的工作总是比政客所做的一切都显得正当——政客从来就没能完全摆脱最初的差名声，一直被当成追逐私利的机会主义者。战后媒体仍然对政客充满下意识的偏见，经常向公众灌输一种可疑而消极的政治观，虽然这种观点很少被清晰地提出来。政治地位在日本可以很容易地买卖，这导致自民党政客团体内部并不稳定，加剧了公众的怀疑和厌恶。

尽管如此，日本不能没有政客，因为理论上他们构成了社会与政治实体之间的连接。如果没有政客，系统最强大的组成部分将只由官员和实业家组成，官僚专制会变得太明目张胆。国会的进程形成了一面外墙，高层躲在其后管理事务。这就像天皇曾经为明治时期寡头起到的作用。

人们一直对有着“自私动机”的典型政客感到厌恶，因此自民党喜欢表现成一个由仁慈的官员构成的团体。大约有三分之一的自民党国会议员——一般是最有权势的那些——在官场上的晋升之路都从东大法律系或地位相当的高校院系开始，之后通向一个部门。虽说一个自民党成员如果否认对权力有兴趣，就会被认为不可靠，也会被人怀疑没有能力给选民带来政治分肥的好处，但自民党作为一个整体能更容易地掩盖其存在的理由。

为了与对权力的否认保持一致，自民党喜欢展示一幅将政治去政治化的景象。有种古老的观念认为，掌权的人比不掌权的人更有道德，而且既然他们掌权了，就说明他们是有这个资格的。这种观念对自民党的做法有很大帮助。尽管大量的媒体活动痛责自民党搞“金钱政治”，举止傲慢，而且搞错了优先事务，但自民党还是有着其他政党没有的某种体面的光环。人们尽管对自民党批评不断，但仍然认为执政党和带着新的政治主张进入政治领域的其他团体不同，属于一个不同的类别。后者很容易就会受到诋毁，说他们只关心极少数公民的利益，而不是全体日本人民的利益。他们对自民党某些权力的渴望，自然而然地给自己带来“利己主义政客”的名声。

西方宪政民主国家中不会出现合法性的问题。这是因为只要做出政治决策前的程序持续偏离法律许可的轨道，公民就能求助于纠偏机制。在日本，法律不是用来控制官员的，而是让官员进行控制的，因此就不存在这样的求助机制。日本的民主观念不是一种指导实际政治进程的实用观念。日本思想史领域最重要的专家之一这样评价，在日本，民主是个激进的观念，它具有抽象性、规范性的价值。它基于理性的人道主义，从超越现有的政治和历史的层面上为日本人民提供了一个参考。“它提供了道德认同，用来批判历史趋势以及当今的文化和政治内容。在 20 世纪 20 年代……民主不是一个为宪政赋权的意识形态，而是批判性的意识形态，通常还是非常反传统政治的意识形态。”[45]

按照亚里士多德在他著名的“君主制、贵族制和民主制”分类中的用法，日本可以被称为“民主制”，因为“亚里士多德所说的民主制只是成员相对多的贵族制”。[46] 日本的“民主”合宪，但不是宪政。只是因为最高裁判所掌握在官僚手中，所以宪法中的民主条款最终无法得到执行。

制度化的反对派是不忠诚的

在西方宪政民主中，政治安排的正当性是由法律秩序确保的，而这种法律秩序又是由有机会“把流氓扔出去”这种做法来保障的。只要选民能选择将权力移交到另一批掌权者手中，他们就能防止政治系统变成一个将权力滥用自行合法化的系统。出于这个目的，一个政治系统必须容忍制度化并且忠诚于国家的反对派。我们已经看到，包容一切的日本系统最本质的特性之一，就是它不容忍任何真正的反对派。它对日教组的反应以及日教组的命运就是对此最明显的说明。

忠诚的反对派是可以反对政府政策，但仍被认为完全合法的政治组织。这种观念给所有那些按照中国传统治国理念执行权力的国家造成了大麻烦。韩国的政治问题就与此有关。它也阻碍了南越政权被推翻之前的“民主化”。[47]“越南共和国”总统吴庭艳在和约翰·肯尼迪以及小亨利·卡博特·洛奇打交道时感到困难重重，因为他的儒家思考方式不允许任何反对派的存在。[48]按照儒家传统，统治者理所当然是有道德的，因此反对统治者自然就意味着对他们的合法性有质疑。

所以在当代日本，情形基本上仍然如此。一个有能力接管政府控制权或只是改变政策日程的真正反对派，是自民党和官僚体系中的官员所不能接受的。说他们面对这样的反对派时会感到不舒服，那是大大低估了问题。真正的反对派会让官员们所代表的一切都没有意义。因此，即使日本的官方政治体系披上了体面的外衣，掩盖了人脉交易的现实，它实际上还是一个一党制系统。

自民党就是一个对任何形式的反对都强烈不信任的官僚体系。[49]中曾根首相发表竞选演讲时一再强调（和他在1986年竞选时所说的一样）：反对党表现得就像是任性的幼儿园小朋友。他迎合了一种根深蒂固的偏见，这种偏见认为这些党派还没有做好照顾人民的准备，而自民党才是有担当的超级典范。投票给反对派尽管是一个普遍的做法，但被认为是一种轻微的出格行为，可以得到控制。投票支持一个大家都知道永远不会获准分享中央政府权力的政党是一种“表达”行为（与“起作用的”行为不同），它就好比参加午餐时间的罢工，或是携带伪革命标语在国会大厦前游行。

1945年以前由选举产生的国会是一个舶来的机构。根据它最初的功能，它在理论上和“国家本质”意识形态存在冲突。国会存在的先决条件是允许存在政治选择和政治冲突，而国体的政治安排，则是由一位仁慈的天皇赋予并维持一个无冲突的社会。如今，让合法的反对派加入进来以实现真正的国会政治，仍然与日本主义要求实现一个无冲突社会的强大信念完全不兼容。

“大包容”的假象

官员们认为政治多元主义的基础在道德上是可疑的，但他们在将日本作为国会制民主国家呈现给世界和日本人民时从来都不会承认这一点。但是，自民党发表的某些言论似乎证明他们在根据具体事务的实际情况摸索更加令人满意的方式，希望能用这种方式作为未来计划的理念基础。自民党在1986年7月的选举中获得了创纪录的议席数量。之后一个月，中曾根首相声明，此次胜利标志着他所说的“1986政治秩序”开始了。为这一秩序的诞生提供帮助的是一个新的党派战略，它要赢得城市选民中所有“灵活保守派”的选票。(与农村人口和企业主不同，城市主妇、工薪族以及学生并不是自民党的稳定支持者。)按照中曾根的说法，这些额外的对自民党的支持，将标志着“1955政治秩序”的结束以及“1986政治秩序”的开始。前者通常用来代称自民党与模仿自民党形式的社会主义者之间的不平等竞争。

这并非只是胜利之后的豪言壮语。4年前，自民党理论家发表了一篇重要的文章，其中有关日本政治历史的理论得出这么一个结论：自民党注定会吸引工会，远离社会主义者，并创建一个新的政治组织，可以直接吸收城市居民和消费者的政治能量。[50] 这些自民党理论家以及中曾根多多少少都在大声宣告，不久之后日本社会党这唯一的反对党就再也没有存在的必要了。

随着以马克思主义为导向的学者逐渐消失，系统开始赢得学者对系统所代表的东西的支持。村上泰亮提出一个受到青睐的新术语“新中产人群”。[51] 日本的政治分析家开始频繁引用“大包容系统”的说法。他们就是以此来理解不接受公开审查但又能得到大部分人支持的官僚统治的。

归根结底，要所有人都支持一个去政治化、“大包容”的政治系统实在难以置信。首先，这种支持被认为是理所应当的，也从来没有被量化统计过。另外，美国占领军的“改革者”也不是唯一一批将日本实行健全民主制的希望寄托于激烈的党派竞争之上的人。很多日本人也期待这样的民主。20 世纪 70 年代，自民党的运势明显衰退，伴随着这一衰退的是媒体纷纷猜测“多党制”时代终将来临。有着自由思想的日本人对此表示欢迎。有很多日本记者和学者讨论官僚体系中的各个部分有什么相对权力，讨论亲身感受到系统各部分潜在威胁的平民有什么相对权力，这种人多到让官方的否认显得毫无说服力。

政治文化受到儒家影响，不接受合法“忠诚反对派”的其他亚洲国家，都有一个强大的中央领导。在这些国家里，统治权归谁的问题可能会让掌权者脱离大部分人口，韩国就是例子。日本的合法性问题不会导致这样的政治分裂，因为日本性这一意识形态在全国范围内压制了潜在的政治抵抗。但这并没有为统治精英们解决这个问题。之前讨论过的不完整方案，特别是完全否认自己在行使权力，只会造成进一步的问题。

将政治系统去政治化的想法当然只是个幻觉。假装权力所影响的社会关系和社会进程是非政治的，这便意味着没有对政治与非政治领域做出根本的区别，也意味着通常在政治领域之外的众多日常生活领域的政治化反而非常严重。从某个意义上来说，系统的去政治化，让西方认为是政治的东西看似越来越少。但正是因此，我们可以说整个系统以及它所包含的一切，是格外政治化的。我们已经看到，日本生活中这种无所不在的政治披上了“文化”的伪装。

一个看似去政治化的社会否认存在真正的冲突，需要不断地创造一致同意的假象。这带来的最严重后果就是，它不能提供在现代宪政社会中可以找到的常规手段来解决冲突。对这一结果，我们的认识还不够充分，但它具有深远的影响，而且不仅局限在日本的国际关系背景中。日本社会没有解决冲突的官方机构，意味着社会关系中赤裸裸的强权无所不在。换句话说，威吓无所不在。

第十三章

仪式和威吓

日本人在成长过程中都会有一个社会政治形象相伴：它将政府当局描述为一个团结一致的机构，它理解人民所想所需，这来自日本人本质上的“同一性”。这种独特的同一性概念让富有同情心的官僚统治成为可能，对官僚的形象也非常重要。用来培训官员的教导中很明确地表达了这点：

> 我们国家特有的集体主义是因为一种组织氛围得以出现的。这种氛围来自我们的民族传统，来自我们国家由同一个民族组成的事实——而这在世界上是很少见的。有这样的氛围也因为我们在过好自己生活的同时，会去理解彼此的感受，担心出现对抗，“以和为贵”，克制自己，让自己与团体内人民的思想和行动保持一致。[1]

这一重要形象中的另一个基本要素在上述引文中已经提到，而且与对同一性和仁慈的信念不可分割地交织在一起。这就是“和”的概念。它通常被翻译成"和谐"，但其内涵要丰富得多。普遍认为，"和"是外国人很难理解或是没法理解的概念之一。但是，日本的"和"与诸多普遍的美德和品质联系在一起，如调和、温柔、和谐、包容、成熟、缓和、和平、柔顺、和蔼、安抚、顺从、温柔、秩序、一致、妥协等等。

事实上，"和"是日本儿童在历史课上学到的第一个政治概念。他们会学到日本第一位立法者圣德太子在他著名的"宪法"里以这样的训诫作为开篇："以和为贵，无忤为宗。"圣德太子和之后的掌权者一样理解"和"的必要性，因为他生活在一个为了皇位而谋划刺杀和发动战争的时代。也是在这个时代，本土主义力量正在对抗外来宗教（佛教）的入侵，而佛教的仪式正因政治目的得到推广。

不那么完美的和谐

一个本质上说由社会紧急状态决定的价值体系缺少为思想斗争的冲动，也排除了通常意义上的革命。在日本历史上，有起义，有因为衰败的经济和无法忍受的奴役而发起的农民造反，但这些都没能持续，也从未演变为重大革命。

直到一百多年前，就算农民的抱怨得到承认，抗议运动的领导人也还是经常被杀害。他们往往在死后得到荣誉；人们为了纪念他们而建立了神庙，领主与平民一起对他们进行祭拜。[2] 但就算是大英雄也不可以破坏社会的和谐。1937 年，文部省散发了 200 万份《国体本义》。这是一本阐述"国家本质"这一意识形态的小册子，声称和谐精神一直以来就是日本民族发展的源泉。铃木善幸在他担任首相期间（1980—1982年），利用一切机会来解释“和”是他政治哲学的核心思想。从20世纪70年代开始，“和”频繁地出现在试图向世界其他国家解释何为日本文化的日本作品中。一些日本人会说，“和”之于日本就如同普遍价值之于西方，它是社会运作的中心“原则”，经常与“忠诚”一并被提及。我们不用对此感到意外。

痛处所在

许多公司的会议都提倡为“和”努力，公开演讲时人们也会经常提到“和”。有些事情，比如不要为了纠正错误而诉诸法律行动，被认为是维持“和”的关键。[3]换句话说，你要努力获得“和”，因为它不会自动地出现。所有对“和”的强调都在无意中透露出一个真正的痛处：“和”不是现存的、至高的和谐，而是人们不断表现出心甘情愿为了团体的安宁而牺牲自己的个人利益。

日本系统的某些部分可能缺少“和”，这种可能性让人深感尴尬；这表明理想化的社会政治系统存在可怕的缺陷，因而将会暴露出其真实的本质。掩盖这一点需要做大量的工作，因为日本社会和其他社会一样充满了冲突。系统根本就不是静态的，它由巨大的内部动力驱动，通过内部竞争得到提升。这种基于精英原则的竞争从学校的考试系统开始，然后是在职场或是官场获得尽可能高的位置，最后上升为各团队为了市场份额或派系力量而彼此竞争。它从19世纪早期开始取代世袭权力的分配制度。只要有可能，与大团体有关的竞争就会被控制，但仍然有很大的空间可以为平衡而调整，照顾个体利益的得失。维持体面的努力会得到诸多避免和压制公开冲突的精妙手段的支持。

日本的冲突以及对冲突的压制，还有冲突最后无法被压制时会发生什么，在黑帮电影中以极端化、艺术化的方式得到了精彩描绘。在这类电影中，一旦出现冲突，匪徒就会“像压力锅那样嘶吼”。[4]这是很常见的。主人公最终挺身而出，为他主人受到的侮辱（或邪恶的敌人犯下的任何其他罪行）进行报复，他也知道自己最后一定会死，就和德川时期农民起义的领袖那样。在这些浪漫化的电影故事中，死亡是扰乱社会秩序的代价，即使是为了最值得尊敬的事业也会如此。

在日常生活中，你可能不会真的听到“嘶吼”。但如果仔细观察一个心烦意乱的日本人，你通常会有这样的印象：他的脸上努力表现出克制，但他内心正在发出嘶吼。如果这样的紧张得以公开释放——但这很少发生——那结果就会具有爆炸性：一次突发的、极为情绪化的爆发，会让其他在场的日本人完全陷入沉默。通常这样的爆发来得快去得也快，就像谚语里说的晴天霹雳一样。这个心情沮丧的人很快会重拾镇定，微笑着就像什么都没有发生过一样。

释放紧张最常见的方式之一就是集体买醉。饮酒会成为安装在日本社会这个压力锅上的若干安全阀中的一个。小型激进工会的残余力量在一些公司中得以保留，他们发动的吵闹而仪式化的示威是另外一个安全阀。

我们不大有机会撞上一个嘶吼着的官员。但是用过晚餐，喝点清酒，再稍微刺激一下后，他们在描述自己省和其他省的关系或部门内部争斗的时候，言论往往带有一种别具一格的军事战略色彩。为处理某个特定的管理问题而组建起来的专门队伍，永远担负着前进、战略撤退和诱敌的任务。秦野章作为前警方高管，被任命为中曾根首届内阁的法务大臣。他被描述为空降到敌方领土上的人。各省总是试着将别的政府机关变成自己的“殖民地”，而强势的自民党政客对各省也有同样的打算。官僚斗争是消息灵通的政治圈中主要的交流话题。借调到海外的省内官员则会谈及与外务省外调官员“战力”的对比。

日本媒体的“政治分析”，基本上由自民党派阀之间永无休止的权力斗争相关的实况报道和猜测构成。日本的政治危机是这种权力斗争瞬间加剧的结果，这种危机可以与有关日本武士历史的电视连续剧相比，其忠诚和背叛的主题有着惊人的相似性。

官僚斗争

和所有其他地方的官僚一样，日本的官僚有其天生的敌人。但是，他们的敌人在敌对省中而不是在政客和商人中。官员，特别是部门的中层官员，主要任务是和别的官员谈判交易。比方说，谈到对某输油管线的控制时，运输省会声明这属于运输范畴，而通产省会坚持由自己来管理，因为石油是一种商品。[5]几乎在任何国家都能出现这样的争吵，但在日本官员中它往往会发展成大型的冲突，进而引起官方决策的全面瘫痪。日本评论家批评省与省之间的冲突是本位主义作祟。省的利益优于国家利益几乎被当成理所当然的。身处高位的官员自己也承认，“领地冲突”（缊張り争い）导致的功能失常超过了一切合理的界限。[6]

外务省和通产省的关系中没有那么多“和”，它们都认为对方是自己的天敌。它们因“领地”而产生的冲突可以追溯到20世纪30年代。当时，外务省员工集体辞职，抗议设立贸易省的计划，因为贸易省会从他们的部门中夺走相关的职权；而相比现在而言，这样的职权在战前要强大得多。[7] 80年代末围绕日本商业手段的国际冲突，以及围绕日本外交控制而引发的冲突表明，这两个省其实一直都在争斗，因而双方对日本的贸易伙伴给出了相互矛盾的说法。

1984年，通产省和邮政省之间爆发了一场壮观的官僚斗争，即所谓的VAN（增值网络，也就是高级数据通信服务）战争。它也是争夺新兴通信工业控制权的更大冲突的一部分。VAN战争是一场让外国人（主要是美国人）也受到刺激而加入的战争。在通产省看来，这一新的子业务属于所谓的“信息社会”领域。这是一个工业发展领域，多年来通产省就此写下了无数报告和“未来展望”。但是，邮政省认为这是属于它管辖之下的通信服务的一部分。通产省要求外国人在该领域的日本市场上有着完全不受限的竞争机会，而邮政省坚持建立执照体系，实际上这几乎排除了外国公司的参与。这场战争有一部分是在自民党的政务调查会中进行的，政客们扮演起重要的调停角色。[8] 邮政省表现得特别强硬，因为邮政一族（自民党国会成员因相关利益而形成的“部落”）比起其他族来说，会更疯狂地支持自己的部门。[9]

没有行政手段来对省之间的冲突进行裁决，[10] 所以“幕后掌控者”（影子权力掮客）就很重要。通过一个外部机构（比如自民党）办公室“处理”省之间的冲突，并不意味着冲突就已经得到解决。对立省之间永远不可能有和平，有的只是暂时的停战。

另一个鲜为人知但同样重大的冲突发生在警方和检察官之间。虽然在表面上他们互相支持，联合起来镇压意识形态方面的左翼分子，但他们之间的相互鄙视根深蒂固。这种鄙视可以追溯到战前内务省和法务省之间的斗争。战前，检察官在跟踪怀有“危险思想”的人物时，警方有时会向检察官隐瞒关键信息。[11] 根据战后宪法，警方摆脱了低于检察官的传统等级地位，但《刑事诉讼法》仍然规定警方要服从检察官的命令。在与警方的斗争中，检察官得了分，因为有不少警界官僚加入自民党，让警方越来越不敢放手调查腐败丑闻，于是检察官比警方进行了更多的政治腐败调查。[12]

团队凝聚力是通过对周围其他团体的厌恶而得到提升的，这是很常见的情形；基督教会之间的激烈斗争就是一个很好的例子。在日本，派系斗争可以采取极端而且极为不合理的形式。强调团结一致，要求个人认同团体，这个观念是如此强势，如果没有别的能调动人的事务将他们团结在一起的话，团体之间很容易开战。考虑到这种倾向后，政府部门的管辖权就设置得尽可能互不重叠，这提高了各部门的自主权，然而冲突一旦发生，也会变得更激烈。

各部分的半自主权破坏了整体一致的模式，这在系统各个层次上都在不断出现。就拿一家报社中不同的部门来说，其运作方式通常让人觉得好像是它们在分别推出独立的出版物一样。这样的本位主义也在大多数省中流行；省局之间的冲突有时超过了政府机构之间的冲突，如果某个处级机构认为自己的上级准备做出的决定对它的利益构成威胁的话，它可能会破坏大团体的计划。

警方也被若干严重的派系斗争搞分裂了。一种是刑警和治安警察之间，从警察学校到警察岗亭的冲突，[13] 另一个是东京警视厅和警察厅之间的冲突。[14]

虽然官员会认同他们的部门，但我和几位高官的私人谈话表明，终极的冲突是某位野心勃勃的官员与其同事发生的斗争。这在世界各地都是如此。大藏省官员以整体团结为代价来拥护的部门，不一定就是他特别关心的部门；只是因为他作为一名忠诚的官员，其个人品质将由他部门成功与否来衡量。他未来的职业生涯取决于此，而且最终他作为"空降官员"能落地到哪个部门也取决于此。

制度性的瘫痪

日本特有的冲突，会对公众利益造成严重的损害。这一点从 1985 年 8 月一次飞机失事的后续处理中可以得到证实。此次飞机失事有 520 人遇难，这是前所未有的。面对此次灾难，各方权威机构并没有联合起来试着为所有相关方缓和悲剧，反而是加强了各方之间的敌意。

首先，行政管辖权不清大大地耽误了拯救行动，很可能就是以若干条人命为代价的。直到 14 小时后，首批军方营救队伍才出发前往位于山腰的失事地点。空难有 4 位幸存者，他们报告说在最初的冲击后，其实有更多的乘客存活下来，他们听到孩童们随着时间流逝发出的声音越来越弱，直至死亡。

日本航空自卫队在自己的设备上目睹了此次事故发生，他们派出两架幽灵式战斗机前往调查。飞行员在 4 分钟内就找到了客机的坠落地点，然后回到基地，却没有进一步采取行动。直到两个半小时后，负有第一责任的运输省民航局才向地面部队提交了开始搜索的要求。

日本有配备直升机的空难紧急救援队伍，却从未投入使用。飞机坠毁在群马县内，但该县警方没有直升机。美国驻日的两个空军基地提出可以帮助提供设备和具有夜间山区复杂搜索经验的人员，但没有任何日本机构对此做出反应。这些专家无所事事地待命了差不多13个小时。即使位置已经确定，首批派出的地面部队还是跑错了山头。在空难发生10个小时后，日本军方营救队伍的直升机找到了残骸，但没有采取任何行动，因为采取行动的命令已经下达给了另外一个军事单位。当战士们根据运输省的命令出发，最终到达失事地点时，当地村民早在几个小时之前就已经到了现场。

对于造成灾难的拖沓、跨部门之间明显缺失有效沟通的质疑，随后被一系列针对日本航空的指控淹没。这在很大程度上是运输省和半政府性质的航空公司之间多年冲突的结果。运输大臣山下德夫在接受报社采访时表明，虽然他并不了解技术细节，但他相信日本航空应该受到谴责。结果就是，日本媒体开展了一场精心的运动，将日本航空描绘成一个大坏蛋。报纸每天都能找出这家民航公司出了这样或那样的错。[15]

国际航空公司飞行员联合会觉得有理由发表一份声明提醒相关各方，对飞机失事始末进行调查，这么做主要不是为了分担责任，而是为了找到原因从而防止类似事故再次发生。它要求官方不要再向媒体泄露引起混乱、自相矛盾的信息，并恳求官方在调查的时候，让制造商方面的专家和美国国家运输安全委员会的专家参与其中。到那时为止，美国国家运输安全委员会的专家已经在东京等了两个星期，但他们却只被带去现场一次，这还只是因为日方要表示礼貌。

日本军事单位和运输省的行为看似古怪，但如果在缺乏中央领导力的背景下分析，就会更容易理解。战士们尽力坚守“民事责任”原则，为的是不要被人和1945年以前的军人相比。日本不存在一个能起作用的中央军事官方机构。紧急情况下能发出指令并进行协调的民事机构也不存在。具有第一责任的部门里的官员没有必要的能力来有效地处理日本空难事故。更重要的是，这些官僚和大臣没有把自己看成一个有责任心的政府代表，要为包括民航人员在内的大众负责。他们把自己看成各自团体的党派成员，在一切情况（包括发生空难的情况）下捍卫自己而抵御系统中其他的部分，这是其利益所在。中曾根首相当时在度假，度假地到坠机现场需要不过20分钟的直升机飞行时间，而他也以主张领导要有决断力而闻名，但他显然是克制了自己，没有去现场帮助慰问死难者的至亲，鼓励搜救人员。他要是这么做了，就会造成不必要的印象，即政府为此次事件承担了象征性的责任。

未曾消化的过去

有神话称日本是一个快乐大家庭，思想统一，价值排序一致；和这个神话形成明显矛盾的，是由所谓未曾消化的日本1945年前的过去——统治亚洲的企图和国内公然的政治镇压——而引起的全民讨论。在这一讨论中，那些激发冲突的团体只部分地从属于系统或是根本不属于系统。在全国性的冲突中，最重要的冲突围绕着天皇的地位、建国纪念日、靖国神社、修改宪法、学校中引入爱国主义道德教育和自卫队的现状等话题展开。政府在行为或声明中只要重新提起上述任意话题，日本少数残余的左翼、知识分子小圈子和特定宗教团体就一定会做出激烈的反应。

建国纪念日，又称“纪元节”，于1872年——那是国体意识形态发展的早期阶段——首次设立，为的是纪念公元前600年，传说中的第一位天皇神武天皇在这一天于大和建立了首都。后来这一天也被称为“帝国日”，每年2月11日都举行庆祝。美国占领军废止了这个节日，认为那是危险的狂热军国主义的残余。1966年这个节日用另外一个略有不同的名字得以合法恢复。但一直到1985年，才有首相（中曾根康弘）参加官方的庆祝活动。愤怒的抗议风暴曾阻止他参加1983年的活动，所以他为了让参加1985年的活动变得多少可以被接受，需要做大量的准备工作。中曾根的朋友、日本商工会议所会头五岛升接受了任务，安排了必要的协调工作。五岛的广告及公关公司东急社确定了细节并开始宣传。仪式中不再采用三呼“天皇陛下万岁”的方案——这太容易让人想起发动冲锋的战士或神风特攻队飞行员冲向敌人时用到的口号——取而代之的是为日本的建立三呼万岁，并为天皇祈祷。

左翼人士和基督徒批评中曾根让国家“向着陈腐的军国主义近了一步”，而民族主义者攻击他削弱了庆典的意义。有差不多2.2万名教师、基督徒和其他反对者参加了全日本的抗议集会，但有差不多两倍的日本人参加了当地的庆典。这也许表明，天平开始向纪元节的拥护者倾斜了。即便如此，神话中的神武天皇也没有得到仪式性的祭拜，只是在一份官方讲话中被提到一次而已。这也表明，民族主义者为了重新引入过往的点点滴滴是多么坚决。

最广为人知的国家分裂标志之一就是靖国神社。靖国神社曾是国家神道的两大著名神社之一，而国家神道是一个包括了给“国家本质”神话增添光彩的各种仪式的人造“宗教”。从19世纪末之前几年开始算起，共有2 464 151名为国而死的士兵的亡灵在神社被正式封为神明，其中包括东条英机以及其他被盟军作为战犯处决的将军。靖国神社不是一个战争墓地，但有刻着被封为神的战士名字的灵位，以及那些精英部队（如宪兵队、神风特攻队）的纪念碑。缅甸铁路的纪念品，一架神风战斗机以及一艘单人驾驶的自杀式潜艇都是神社中的展览品。

每年的8月15日，日本会纪念二战结束。此时的靖国神社就成为争论的焦点。从1975年当时的首相三木武夫在那天拜访了神社后，争论就几乎每年都要爆发一次。因为对选举有影响力的日本遗族会施加了压力，三木开创了这一先例，但他清楚地表明他是以私人身份参拜的。他的继任者福田赳夫又退让了一步：他在参拜时作为个人，但在访客本上签字时是首相。下一位首相大平正芳有着身为基督徒的悲悯心，不过还是参拜了靖国神社。下一位首相铃木善幸坚持他“促进和谐”的主要政治原则，决定不告诉排队等候的报社和电视记者他在访客本上如何签名以及他如何进行祷告。最后又是中曾根直截了当地打破了所有留存的障碍。1985年8月15日，他不仅以首相身份参拜靖国神社，献上了用政府开支购买的鲜花，还直接走入内室——这些都是重要的象征性行为。陪同他前往的，还有大部分内阁大臣和几百名自民党议员。[16]

靖国神社引起的争议，是所有与未曾消化的过去相关的争议中最明显的一个，因为对许多日本人来说，它仍然象征着军国主义价值观的复辟，而这是很危险的。中曾根此次大张旗鼓的参拜，也成为与中国外交摩擦的根源。争议也使中曾根放弃了 1986 年和 1987 年的参拜，但实际上几乎整个内阁和大量自民党议员都出席了这两年的参拜。

天皇

天皇作为日本国家宗教的核心，或者说他在战后秩序中的位置，曾经是非常有争议的。1945 年后，裕仁天皇被塑造成了据称是二战牺牲品的日本良知的化身。但即使到了 20 世纪 80 年代，还有一些日本人憎恨这样的权威：就因为这个名字，他们的父亲、丈夫和儿子都牺牲了。在这个问题上，少数人认为裕仁天皇应该在 1945 年象征性地退位，从而表明他意识到了那些借用他“意愿”的人所犯下的罪行。一个更大、更有声望的团体担心他的儿子明仁，会再次被那些留恋日本军国主义和专制主义过去的势力当作政治工具。

裕仁天皇在皇位上待的时间，比 110 名现实中的天皇以及 14 名传说中的天皇中的任何一位都要长。[17]1986 年 4 月，在裕仁天皇 85 岁生日的那天，他庆祝自己登基 60 周年。这位当时世上年纪最大、统治时间最长的君主具有无法超越的责任感，65 年来他以最严格的方式过着被人控制的生活。但具有讽刺意味的是，政治环境让裕仁比他的父亲和他的祖父更有可能施行权力，但裕仁天皇选择不去使用这个权力。军人按照“天皇的意愿”行动，与他的个人意愿相悖的唯一一次情况，出现在 1936 年那次关键的“二二六事件”中。军人试图发动政变，谋杀了几名政界人物，这让天皇震怒。他下令将反叛者赶下台，并拒绝了他们领受皇命而自杀的建议。

二战中裕仁天皇的个人角色仍然不为人知。据说他在1945年，至少是在形式上做出重要决定，接受了盟军提出的投降条件，但事件的真实顺序也许永远都不会为人所知。他本人长期被法庭官员监禁，从来没有就他在20世纪上半叶的战争动机做出任何公开声明。只有一次，在1981年的正式文件中，他声明他无法在阻止向美国宣战的同时，遵守宪法条款，因为宪法没有规定他可以做出直接的政治决定。除了他的妻子和他最亲近的宫廷大臣（而他们保持沉默），没人和他进行过非正式的交流。

麦克阿瑟对他和天皇于1945年9月27日首次会面时天皇所做出的陈述给出的说法，与内务省发言人4天后的报告或者说他们的日文翻译（当时唯一在场的外人）的记忆并不一致。那次会议很多年后，麦克阿瑟写道，裕仁天皇对他说，“我前来您处……作为这次战争过程中我的国民所采取的行动以及所做的每一个政治军事决定的全权负责人，接受您所代表的权力做出的审判”。这段文字写进了众多西方的历史著作中。而按照内务省和翻译的说法，我们只能得出这个结论：谁要负责的问题从未被谈及，而只是留给“未来的历史学家”来判定。[18]

人们对裕仁的动机进行了猜测，但最重要的线索也许是这个：裕仁7岁的时候被置于乃木希典将军的监护之下，后者不得不担任父亲和朋友的角色。乃木是名战争英雄，也是一个病态的民族主义分子，责任感和自我牺牲对他来说具有宗教意义。明治天皇（裕仁天皇的祖父）去世时，裕仁的这位导师、孩童时代唯一的朋友切腹殉死。这位 11 岁的皇太子被迫接受这一事实，而且不能表现出任何情绪的波动——因为这是他所受教育的一部分。乃木留下一份遗嘱。在遗嘱中他对明治统治末期日本的道德缺陷表示哀叹，并呼吁重塑“日本精神”。有迹象表明，这让裕仁产生了心理创伤。

裕仁从来就不知道任何一种自发的快乐。唯一的例外是他和英国王室共处的一段时间，他将其描述为他人生中最美的时光。[19] 他才 3 个月大的时候，便离开了他 17 岁的母亲。他不可以有儿时的朋友，也不能玩儿童的游戏。他和自己的弟弟们是陌生的。他自己的孩子在另外一个住所长大。香淳皇后是他生活中的唯一伴侣。在他生病之前，每周有 3 天时间，他被允许待在实验室里。那是一个简陋的木棚，里面有显微镜和标本让他进行海洋生物学研究。这是他能找到的直接慰藉。

日本的宫廷生活一直以来都受到管制，刻板又过时。美军占领时期有那么一小段时间，美国发起了让天皇更像欧洲君主的运动，作为其中的一部分，裕仁环游日本，访问工厂并和工作中的平民百姓交谈。天皇和子民几乎没有什么接触。相比 20 世纪 50 年代和 60 年代时期帝制神话受到的强烈质疑，今天的皇室再次被各种禁忌包围。1985 年，神社本厅发行了一本面向中学生的小册子，其中重新出现了天皇是天照大神后代的古老神话。一些自民党国会议员再次宣称日本帝制的唯一性外国人永远不会理解。宫内厅官员不允许政府发行印有天皇肖像的金币来庆祝天皇登基 60 周年。他的形象从未出现在任何硬币或邮票上，不这么做的公开理由是那太容易损毁了。

虽然天皇在1946年元旦发表了著名的《人间宣言》，承认自己的人性，但右翼活动分子，一些民族主义知识分子和官员，还有一些自民党团体，宣称天皇的地位和角色和他还是官方认定的神道教神祇时没有什么不同。1988年秋，裕仁临终前的几个星期，大臣们推掉了国际会议，名流们推迟了计划中的婚礼，电视台和周刊也减少了无聊逗趣的节目和文章，众多公司和学校也取消了庆典，而媒体也在很大程度上为创造一种近乎神圣的氛围做出了贡献。

虽然人们普遍认为，天皇的病况不应该剥夺学童进行秋季庆典和体育竞赛的权利，但学校需要担心来自日益扩张的右翼团体的威胁。出版商和编辑出于相同的理由，非常小心地对待印刷品中看似与皇室有关系的一切东西，哪怕在正常的情况下也是如此。

右翼团体和自民党中的民族主义者期待利用即将进行的继位庆典，来扩大他们的影响。登基典礼中的主要仪式（大尝祭）在裕仁天皇去世的大约一年后举行。仪式中，新天皇象征性地变成一个女人，然后象征性地受神感孕，再带着神性重生。相比西方君主立宪制国家中王权的地位，日本的宪法条文对天皇的尊崇程度更低，并将天皇称为“人民以及国家统一的象征”。但这些条文不太可能对天皇崇拜的复兴产生实际障碍，除非国会中持异见者有法律基础来反对用政府的钱支付宗教庆典的开销。

新天皇继位带来了这样一种可能，那就是全国范围内的极富恶意的冲突将再次出现。神道教仪式将在战后第一次占据中央舞台。人们对宗教仪式的反应，在他们具有民族主义倾向的同胞眼里，可以成为衡量他们作为日本人“纯洁性”的标准。

心理的灰色地带

未曾消化的过去体现了日本潜在的不和谐，另一个问题也与此有关，那就是政府试图重启道德教育（见第四章和第十一章）。还有一个问题是自卫队的地位。自卫队的实际状况和占领军实施的战后协议有冲突。宪法第九条剥夺了日本宣战的权利，也明确禁止日本保有海陆空部队以及其他军事力量。麦克阿瑟将军不得不将这个条件写入宪法，才能让盟军接受保留天皇。这一争议的讽刺之处在于，从 20 世纪 70 年代开始，美国就一直要求增加日本的防卫力量。

自卫队的地位，教育的“更高任务”，天皇的确切角色，国家纪念仪式的政府支持，还有靖国神社的问题，都属于日本特有的心理灰色地带。它的特征是，一些禁忌未经深思便形成了，但对这些禁忌的反击却没有清晰地形成。社会党和共产党、日教组、规模越来越小的左翼工人团体以及（要看是什么问题）一些知识分子，还有基督教以及新型宗教的代表都认为自己是战后宪法的捍卫者，他们对任何要恢复被美军移除的东西的行为和说法都会做出反应，而且这些反应一成不变，毫无新意。

这种反右的声音主要由在集会上高喊的仪式性口号构成，很难有任何有逻辑的讨论。这样的抗议与日本左翼典型的意识形态表述高度一致。他们不会尝试用一个一致的参照系将各个独立事件整合起来，从而形成一个具有说服力的而且可以明确讨论的事例。相当数量的不激进的日本人要遵循的路线仍然是麦克阿瑟将军和他的改革者们所制定的路线：这条路线从未被正确遵循过，但美国人所点亮的灯塔，如天皇新的民主角色，对国家神道的禁止以及“民主”教育等，依然让这条路线明晰可见。与未曾消化的过去有关的争议性问题往往与一些令人不安的感觉有关，即某些群体可能再次将日本引向歧途。

日本媒体通常是这两大国家阵营中间的墙头草，这体现了在处理这些问题时知识界的无能。对在学校中重新引入“道德教育”的努力，媒体表现得相当不安，但这样的不安从未以知识术语来表达，因而缺乏一个基准来进行理性的讨论。

反对官员们倒退倾向的日本人将攻击的焦点放在象征性符号上。因此，政治左翼和众多知识分子坚持不可以修改宪法中的任何条款。他们认为，这个不是由日本人写成的文件，哪怕遭到最小的修改，也会为战前政策开启复活之路，让人担心军国主义东山再起。尽管外界人士认为这样的担心过于夸张，但这种忧虑无法以理性平息，因为造成人们担心的事态发展仍然模糊，政府也从未声明过任何东西——这种模糊性仍然是日本权力执行时的核心特征。反对派在象征性的事务上浪费大量精力，而标志着去政治化的系统得到巩固的社会经济发展，远远超出了它的控制范围。

未曾消化的过去引起的问题没有得到系统性的讨论，只有右翼保守派力量和左翼自由派力量之间的平衡以及仪式性地重复呼喊的口号。不少左翼人士知道，开始这样的讨论只会让他们陷入无处可逃的重围，因为友善地对待每一个日本人是他们的义务。系统的力量似乎已经渐渐胜出，因为反对全面恢复未曾消化的过去中某些要素的声音越来越弱了。

经由仪式建立的等级

仪式的流行也是日本小规模冲突的特征，而在外人看来，严肃讨论和理性分析才对反对党更有利。“和”不是通过推理实现的，当然也不是通过法律实现的，而是通过虽然别的地方也存在，但在日本已经登峰造极的机制实现的。

无效的内心声音

要完全理解日本生活中仪式的重要性，我们必须再次考虑在缺少普遍价值的传统时，这一社会政治体系对传统的日本人来说是怎样的。相信建立于永恒法则之上的道德秩序，会带来种种确定性，而在大多数情况下，日本人眼中的世界不具备由此而来的确定性。也就是说，大部分日本人最终没有思想上的依靠。当他们在邻居、同事或上级的面前给自己的行为寻找理由，他们没法运用任何原则或理想。要理解这个道德世界，我们就必须想象这样一种处境：什么是良好行为，总要根据他人的期望来确定；他们永远不能想“去他的”，符合社会期望不是不幸的让步，而是生活的唯一方式。

实际上，日常生活提供了一些具体行动的使用指南，并以箴言、谚语、传统格言的形式出现。但它们不足以证明违背社会期望是正确的。我们之前看到，理想的良好行为是“纯粹的精神”、“忠诚”以及“真诚”，这些都是为了维护现有的社会秩序；它们肯定不是个人用来反抗政治系统的武器。如我们所见，抵制任何被描述成对群体有利的东西，都会被谴责为从纯粹的“个人”——“利己”的同义词——

动机出发，而且不可能被认为是合法的个人政治主张。

日本人不会听从某种内心的声音，从而回想起他们在成长过程中接受的绝对道德法则。道德权威不被认为驻留在内心并指导生活。也没有任何历史模型鼓励他们为自己的信念挺身而出。他们不能因为听从良心比追随常规要好，就去效仿苏格拉底以及众多思想家和政治活动家。当然，他们可以做所有这些事情，但要冒着被批评的风险，而且回报也很少。

一些日本人提出的“位高任重”观和压倒一切的礼让，在日本的社会体验层面有一种安抚和宽慰的作用。一些日本人出于理想而献身于道德事业。但在上述任何情形下，个人都不能以个人的行为理想来为违背群体期望的行为进行辩护。日本人如果想要在纯粹的日本环境下发挥作用，就必须放弃逻辑、道德价值以及哲学或科学“真理”作为防御或攻击的最终手段。给日本人贴上“实用主义者”的标签很有诱惑力，但我们会发现，很难找到始终践行实用主义原则的日本人。

确保秩序

我们可以这么说，指导日本人的不是普遍原则和抽象的内心准则，而是“雷达”。这尤其体现在事物和人的表象上。一位严肃而机敏的日本观察家提到：

> [日本] 存在一群异常敏感、健谈甚至过分健谈的“感受者”，他们的工作就是不断留意他人的反应并做出必要的调整。这些调整虽然细微，但累计起来会在根本上支撑起社会。想法和

原则是第二位的，不起主要的支撑作用。仁慈、温和、人性等普遍观念都要在这个背景下体验。[20]

日本人总是要用言行在某种程度上帮助克制他们的日本同胞。个人不能寻求内心无形的裁判来为自己的行为辩护，最终也不能诉诸法律来阻止其他人干扰自己的私人秩序。他们必须时刻警惕，疑心重重。至于他们的上级，他们最大的担心是上级会不会为他们做最好的打算。由于内心没有终极的制约判断，所以制约就必须来自外部。在系统的较高层次上，那些握有一定权力的人都忙着不断限制他人的权力。

日常生活和沟通中的众多仪式性事情为"秩序占据上风"提供了持续的确证；这是必要的，因为日本对秩序缺失的担心要比西方更加严重。由于没有用普遍且不变的真理对世界进行解释的传统，未来的事件就变得更不可预测，人民也少了一层保护，也根本没有思想上的保护，他们暴露在一种无法理解且反复无常的力量之下。唯一的保证来自严格受控的社会秩序。这种情况的全面影响，对于那些成长过程中被灌输了基本法律意识和原则思想的人来说，是很难想象的。

在日本，社会生活必须尽量可以预测，从而保证日复一日的确定性。因此，日本人的沟通往往非常刻板。他们在成长过程中非常清楚事情应该如何发生，人们应该如何行动。他们的人际环境有"软"的一面，也有"硬"的一面。两者相辅相成，却没有构成一个连贯的逻辑体系。在软的一面，存在着支配较为亲密的个人关系的灵活性；这时的世界是"湿"的，感性的，对个性是容忍的。但在不那么友好的硬的一面，人们倾向于以现成的、僵硬的、不可变通的标准来看待事物。在日常社会中，日本人通过上什么中小学和大学，或是属于哪家公司、哪家政府机构来相互评判。对外国人的判断则更进一步，根据的是对他们国家的刻板印象。从这个角度来看，世界是一个拼图游戏：一切都根据表面来判断，然后再放在相应的位置上。人们为了随时察觉直接社会环境构成的“湿软”世界中的改变，付出了巨大的努力，但在“湿软”世界之外与个人较为无关的地方，要求却似乎更加简单。

如果世界和众人不能达到预期，日本人会非常不开心，他们往往干脆拒绝那些与先入为主的观念不符的东西。这又是人类的共同特征，只是程度上仍旧有巨大差异。日本人面对不符合预期模式的东西时，思想会明显不通融，哪怕受过良好教育和聪明的人也是如此。这往往让外国人感到震惊。由不确定性产生的焦虑，会导致特别顽固的态度和做法。

通过等级避免冲突

仪式和等级替代了一套内在的抽象概念，以此来增加可预测性，减少公开冲突的可能。如果每个人在这一体系中都有一个恰当的位置并固守的话，许多社会骚乱和动荡就能避免。在日本，接受等级秩序似乎是防止冲突恶化的唯一选择。那些在全国范围内持续存在的冲突（比如重新引入“道德教育”的冲突）是无法解决的，因为牵涉其中的双方，也就是官员和系统的批判者——在本例中，是文部省和教师工会——都不接受相互之间存在任何等级关系。日本和外界的冲突也一样在恶化，因为日本的团体从不会自愿服从一个外国团体。就拿农林省和农协来说，它们考虑到国家利益，不会因为外国政府希望平衡对日进出口，就接受开放国内市场。外国人做出的逻辑推理从来就不会成功地说服日本。这种和外人的冲突无法解决，除非别的国家也采用日本系统所使用的方法，迫使日本承认这些国家的地位更强大。

在日本的社会政治秩序中，冲突通过仪式得到回避、忽视、拒绝、否认和驱除。日本没有运用普遍原则、采用法律程序维持社会秩序的传统，个人和团体接受自己的地位，只是因为一个更强大的力量让他们停留在原位上（不过那些不易察觉的破坏行动总会发生并得到原谅）。在亲密的人际关系中（比如母子、夫妻、上下级之间），心理操控通常会替代对于各人之间态度的推测。日本人将这种心理“游戏”推到了精妙艺术的高度。在很大程度上，弱者要学会好好地玩这个游戏，这样才能维护自己。

因此，系统的那些半自主部件之间的相互包容，以及较低层次上的秩序，最终并不由理性来决定，而是由权力来决定。秩序要求服从。没有等级也就没有“和”。日本人在一生中一直会得到提醒，相对他们的亲戚、校友、同事以及他们实际接触的几乎所有的人来说，他们的位置是“上”还是“下”。他们还需要以不同的方式对待各类组织的代表，以表明他们知道各种组织的地位。他们对含糊不清感到舒适，但对社会地位却不能含糊。

等级始于家庭，但在社会地位极高的家庭中，对“长幼”的强调已经比战前弱了很多。不过在学校中，学童的地位可以通过他们穿怎样的制服或佩戴什么样的徽章来判断，他们在教室里的位次是明显而且公开的。在大学体育社团和啦啦队中，等级是很重要的。更为轻松的校园社团中甚至也存在等级。在美国的学生社团中，学生在几年级几乎没什么关系，但支撑起日本社团关系的，是高年级学生和低年级学生间的等级关系。[21] 在工薪族的世界里，等级就更加明确了。我们听一个日本人打电话，几乎总是立刻能明白他是在和比他级别高的人还是级别低的人说话。国外有种十分普遍的看法，认为日本的工作团体信奉平等主义（日本公司的董事和级别最低的工人在一间餐厅中吃饭的例子经常被当成证据），但这是胡说八道。日本的员工不光要调整他们的语气以匹配与他们对话的人的地位，还必须知道正确的鞠躬角度。通过观察桌子的位置以及椅子的质量，通常就能立刻明确办公室里各人的地位。一位身处其中的观察者是这样描述的："老板想见谁的时候，会直接喊他过来，全办公室都能听见；下级不会走着而是会跑着过去。"[22] 日本人进行团体谈判时，人们一眼就能看出他们的社会等级。在众多半自主的团体中间，这样的等级排序也是得到认可的。日本的日常生活就像是一场外交鸡尾酒会，其中的大部分宾客都是驻外武官。

我们已经遇到了日本等级中一个广为人知的基本要素：日本工业化早期劳工帮派中的"亲分–子分"关系，今天它继续存在于帮众、政客、传统手工匠人以及剧院艺人当中。类似的双方关系是前辈（资深工人）和后辈（初级工人）之间的关系。他们的关系比一般同事间的关系要亲密得多。[23] 在很多公司和政府机构中，这样的前辈–后辈关系会自然出现，但也可能是由上级指定的，特别是在员工数量快速增长的成长期公司中。

日本的官僚等级更加森严，比大部分其他地方的官僚机构成员能想象到的还要严得多。一位中层官员曾有一次对我说，他喜欢抽烟斗，不过在工作时从来不敢这么做，因为这么做的话就会让人感觉他认为自己比抽香烟的老板级别还要高。大藏省的一位前官员记得，一位同事因为他孩子比同校的他上级的孩子名次高而被调动了工作。[24] 在安置警方家属的公寓楼中，警员的级别直接决定了他的妻子儿女在这一相对独立的世界中的地位。[25] 这让人想起其他国家中军队的住房分配。

日本公司广为人知的“年资制度”，是为了维护明确的等级秩序而存在的。战后有一些公司根据员工的才华和成就来提拔他们，引起人们的注意。后来，这些公司出现了问题：上级“太年轻”了，没法维持他们和下级之间的正常等级关系。

无论出现怎样的情况，都必须维持官方的等级秩序，哪怕大家都知道这并不对应着实际的权力关系。比方说，经常出现的情况是，一个团队的老板没有能力想出点子，因此就必须依赖一个有创造力的下属来做出决定。在这样的情形下，老板应该知道如何利用后者的才华而又不能太过明显，这对建立良好的“人际关系”至关重要。在大多数情况下，同样关键的是，具有才华的成员不应该因其出色的表现而主张获得承认。一个良好协作的团队中的成员会认为，领导权落在一个理论上与他们平等的人手中是正常的。在某些情况下，特别是在工作以外的场所中，几乎不会有人努力维持谁有权做决定的假象。如果没有第三方在场的话，富有才华的下级有时可能会非常粗暴地对待自己的老板，这种粗暴甚至在西方都是不能被接受的。但在公众场合，下级还是要不折不扣地坚持对上级表现出仪式性的尊重。这种做法可以让团队的等级秩序不受影响。在大多数西方的社会环境中，那些有才华的、有领导力的人会升迁更快。但是在日本，他们在较低的等级里会待上更长的时间，结果就产生了我们经常注意到的现象：普通员工会有较高程度的主动性。

在日本人已经确定的关系中，上级向下级提出要求时无须给出理由——这是一条通则。但是，上级必须表明自己已经替下级尽量着想了。反过来说，下级也不会有意就他们得到的指令或他们受到对待的方式而询问原因。只要他们的上级没有让他们不再相信这么做背后的动机是善意的，他们就会接受命令。

等级秩序遍布日本的各个角落。日本央行热心地捍卫着大型银行的等级，为的是帮助维持易控的借贷系统。[26] 在第五章中，我们看到，自民党议员的等级（主要取决于他们被选入国会的次数）决定了他们在委员会中可以担任何种职务，何时能当上大臣，而不用管他们的才华和能力如何。

在日本对其他国家的态度中，也往往能明显地看出优越感和自卑感。对待“模范国家”时（先是中国，然后是西方国家），日本人总是表现出矛盾的情感。他们认为世界秩序是等级森严的，这个观念加剧了这种感觉。虽然面对模范时，他们总感到自卑，但通过提出常见的神话般的“日本主义”观念，日本人还是断言其民族从根本上说具有优越性。

合规之事

至少从德川时期开始，对社会秩序的执念就伴随着这种想法：要让社会秩序长久维持，就需要很多仪式。“从天皇以降，依次是将军、领主以及众多的武士、农民、工匠和商人，直至最卑微的劳动者，在这一宏大的链条中，所有人都必须履行仪式，让秩序得以全面维持。”[27]

等级和仪式自然是相关的，而仪式对“和”来说也是关键的。违反礼仪规则或是没能维持规定的仪式，都属于重大过失。要说日本人与其他人（西方人以及亚洲邻国的人民）有什么明显不同的话，那就是他们将行为仪式化的程度不同。日本人用仪式把自己包裹了起来。外国人注意到的仪式化的日本行为，只不过让他们对日本人在国内的体验产生一种最浅显的印象罢了。一个由各类仪式构成的牢固网络覆盖了日本人的生活和行为，比如体育活动、聚会、蜜月等。在其他国家中，这类行为基本上应是自然而发的。

日本人不比其他人更热衷于仪式，但如果没有了仪式，他们就会感到失落。仪式不一定非得是古老的、庄严的。从20世纪60年代才开始出现却席卷了整个日本的婚礼庆典，就是一个新仪式的典型。大饭店和婚纱店的商业利益形成了一个如今大部分日本人在结婚时都遵守的“习俗”。这样的婚礼庆典死板无趣，又昂贵无比。[28]婚礼进程了无新意：包括切蛋糕、献鲜花、点蜡烛的标志性庆典，新娘要换三四次服装（婚纱、和服、晚装加上可选的蜜月套装），新人公司中的资深雇员进行冗长的演讲，演讲中会拿新人开玩笑——而这些笑话几乎在每个婚礼上都可以拿来用。仪式充满了（新加入的）象征，表示新娘（几乎总是20岁出头）和新郎（几乎总是30岁不到）现在才算脱离孩提时代。[29]婚礼没有任何喜庆或是自愿的气氛，大部分不得不举办庆典的夫妇——按照他们的说法——都不喜欢它。但是，所有人都会对新人说，那是“合规之事”。

日本人从小就习惯于相信要做“合规之事”。这些事情涵盖了生活中的一切，包括对休闲的追求。这种状况的一个明显产物是高度仪式化的高尔夫文化。高尔夫在日本从一开始就不是体育活动或是休闲消遣。对于高级商务官员来说，高尔夫令人痛苦却又不可或缺。而对于 30% 练习高尔夫的工薪族来说，打高尔夫是非常严肃的事情。最近几年，强制参加的社员旅行（也就是公司旅行）中通常会有高尔夫比赛。高尔夫文化为展示等级地位提供了理想的机会。20 世纪 80 年代中期，新开球场的会员价格平均在 1 000 万日元（差不多是 77 000 美元）左右。[30] 名气大的球场要花费 2 500 万到 5 000 万日元。会员身份就像股票和债券一样可以交易，而且被认为是最好的投资。但是，这一昂贵无比的高尔夫文化的主要功能，是给商人、官员和政客提供一个地位基本平等的机会，让他们得以在相对轻松的氛围中接触，从而拓展人脉。

即使是在学者中，做合规之事也比追求真理更加重要。所以，那些自重的日本学者不会触及近期政治历史或是时事的特定话题，而是把它们交给记者处理，这也就意味着把这些话题留在了八卦闲聊的领域。

在日常生活中，日本人必须遵守一套可能和老式宫廷礼仪一样复杂的礼节。这些礼节几乎将工作团体、家庭和亲人组成的核心圈之外的世界，渲染成一个完全不会令人不安的社会。日本人被期望坚守自己的角色，并通过着装和言行来表明自己的角色。很容易就可以看出母亲角色、主妇角色、前辈角色、老板角色和学徒角色——这些只是几个最明显的角色。

在日本，等级和仪式是种奇妙的机制，可以让弱者向强者屈服而不失尊严。这是能避免不少冲突的原因。和解程序代替了诉讼，能让各方都保存颜面。而在不那么正式的环境下，调解也能起到相同的作用，可以扫除人际关系中的诸多障碍。

由于管理现实的传统，用不着解决矛盾，社会冲突就可以化解。用逻辑推理来破坏最重要的“和”，几乎是完全不允许的。在西方，诉诸逻辑的争论是协调各种不同意见时可接受（也是被期望）的做法。在日本，这样的争论和冲突本身是关联在一起的。既然所有的冲突都是坏的，那么争论和讨论一般也就不会被认为是解决冲突的健康方式。日本基本上没有学术争论，大部分日本学者也不知道如何争论。外国的访问学者和知识分子几乎总是得到赞誉，很少有人和他们争论。这样一来，丢脸的风险也就降到了最低程度。

富有表现力的政治行为

政治行为可以分成“表现型”和“实用型”。大部分的行为是两类形式的混合。如果重点明显在于向世界表明自己的立场，而不是获得某种直接利益，那么我们就说这是表现型行为。日本的反对派运动显然主要是表现型的。

20 世纪 70 年代，总评（日本劳动组合总评议会）每年春季都要组织“怠工”行动和罢工，如今它们还组织“五一”游行。这些都是完全无害的仪式化抗议的不错示例。最好的例子也许是日本的激进学生运动。虽然它已经不像 20 世纪 60 年代和 70 年代初那么常见，但在大型游行中还偶尔能看到学生“示威者”小队的参与。他们戴着同样的头盔，穿着几乎一样的衣服，随着尖锐哨声的节奏而起舞，像被催眠了一样用富有节律的声音高喊口号。他们以紧凑的阵形前进：肩并肩，前胸贴后背。男孩女孩们在他们后面奔跑，紧紧追随。他们构成一个长长的波浪形，世上再没有哪个游行场地上的哪个合唱队，或是军事单位，能比这些学生排出更好的阵形了。但所有这一切都不会获得成果，他们也不想获得任何实质性的成果，只是为了游行而游行。

打着民主旗号的仪式在日本政界十分流行。要让“管理现实”毫无障碍地施行，就有必要一丝不苟地遵守协议，认真讲究地维持民主形式。于是国会中就有了预算听证会的仪式。这些听证会都是事先安排好的，但所有政客和官员都不敢轻视。在形式上，内阁对国会负责。在就预算进行几乎完全仪式化的质询时，所有大臣都绝对不敢缺席。[31] 国会的质询、提问和回答通常是官员们的精心表演。反对党的国会成员通常依赖官员为他们提供问题，然后同样由那些官员进行回答。自从池田内阁以来，国会中反对党的质询得到很多的尊重，但更多的注意力是放在回答问题的语气上，而不是答案的实质内容。

不尊重政治习俗会导致危机。所以，自民党在 1986 年 6 月的选举中获得创纪录的胜利后，中曾根做的第一件事情就是在面对反对党时表现出仪式性的谦恭。如果不表现出关心，可能他的政党会显得“太傲慢”，可能引发来自媒体的抗议风暴和公众不满的迹象。少数派可能会抱怨自己成为多数人暴政的对象，所以较强党派的仁慈外表基本上也是必需的。

官僚机构存在于一个完全仪式化的世界中。官员们说的都是暗号。他们说“正在研究此事”，意思就是不会做任何事情。他们保证“以向前看的态度进行研究”的话就比较有希望；这意味着，如果情况允许，他们就可能会做出一些调整。对政客来说，官僚世界里的一切都是事先解决好，才会在仪式性的事件中正式做出决定。总干事在和外国人谈判的时候，几乎总是一丝不苟地坚持事先准备好的简报，否则会让下属大为不快（这种情形是很少出现的）。

另外，官僚们认为，仪式和强有力的等级展示是必不可少的，它是让人们对权威保持尊重的手段，因此是社会秩序的基础。下层官员认真地对上层表示出尊敬，总是假装将事件提交给更高层进行最终决策。官僚等级本身被认为是令人敬畏的。[32] 所有这一切中，仁慈的假象都是关键。日本社会需要一再得到确证：官僚们的所作所为不是为了自己，而是为了提升人民生活的稳定；他们持续不断地工作，丝毫也不放松；他们牺牲了自己的时间来工作；他们对意外的事件也时刻保持着警惕。

等级和仪式无能为力之处

在从德川时期继承而来的，在20世纪初由“国家本质”神话提升的政治形象中，无私的官员对人民的仁慈关怀创造了最好的世界，它代表了终极真理。在这个观点中，人民的团结是基本前提，而不是要达到的目标。在最坏的情况下，国家的这一自然状态也只会因一些意外事件而暂时中断。[33]

所有的日本人都应该努力维持“和”，因为“和”依然是社会的内在特征。如我们所见，这意味着冲突的可能性被正式地忽视了。在这种情况下，等级和仪式维护秩序的有效性简直令人称奇，但它们不能解决所有冲突。冲突如果发生在没有“求同存异”规则的情形下，就会完全没有理性沟通，这就可能导致情绪失控，有时甚至出现肢体上的冲突。这种情形在那些最不可能发生的地方（比如国会礼堂或是公司董事会议室）都会发生。但即使如此，对峙时的姿态也往往会变得非常仪式化。

20世纪60年代中期以前，少数党和自民党（或自民党的前身）之间的沟通彻底失败时，国会经常出现肢体冲突。这样的争斗实在太严重了，以至于国会速记员在1954年要求议员承诺，在打斗时议员不要走到他们桌子前，不要碰到他们和他们的记录。1971年议员们再次做出承诺，之后又至少承诺过一次。

沟通彻底失败有一个很好的例子。那就是东京大学医院精神科住院病人部和门诊病人部之间的争吵。他们的冲突几十年前就已经开始了，但各自都不清楚对方的观点，因为他们已经停止了交流。

臭名昭著的水俣病事件中，水银中毒的受害者进行抗议的场景被记录在影片中，这些场景体现了日本人在不断恶化的冲突中不肯沟通的可怕程度。受害者在造成污染的窒素株式会社管理层眼前几寸的地方挥动着畸形的手臂。母亲们把孩童举到官员眼前，这些孩子四肢畸形，因痉挛而颤抖。但所有这些人却面无表情、一言不发。到了某个时候，某个高管承受不住而昏了过去，但到最后他都是公司的忠实仆人。

日本社会中有多少不和谐，又有多少可能会出现社会混乱，这很难确定。因为日本媒体坚信，它们的任务是帮助平息社会冲突，而不是去反映情况，有很多冲突一直没有得到报道。1987年有一次，防暴警察和反对修订《外国人登记法》的抗议者在法务省大楼前发生了冲突。为了阻止抗议者从临近的地铁站聚集过来，防暴警察粗暴地对待抗议者，将他们推倒在地上。但是，第二天报纸上并没有任何照片或是任何报道。日本电视中的新闻节目也没有对此做过任何报道。

20 世纪 60 年代末，我在新宿看到过暴乱。暴乱由学生运动派系发起，但是工薪族也热情地参与并帮忙放火焚烧了被推倒的汽车，他们还向警察投掷石块。后续的新闻报道将这些骚乱描绘成受到意识形态影响的激进学生的常见举动。

1974 年，日本闪现了一丝社会混乱的可能性。作为“怠工”活动的一部分，国有铁路的工程师们故意将通勤列车停下，乘客们被禁锢在过度拥挤的车厢里。被激怒的乘客摧毁了东京某个站台上的一个办公室。不久之后，乘客在东京附近埼玉县的上尾站又发起了暴乱。暴乱确实有传染性。之后几天，乘客的暴乱蔓延到东京的好几个站点。我亲眼见到，东京有乐町站的售票机和玻璃窗都被普通工薪族砸碎了。这些行为和 1918 年的大米骚动相比虽然规模小得多，但是有着类似特征。无组织、完全自发的通勤者骚乱遍布全国。这种骚乱消退得也快。但官方还是很重视，他们请求“怠工”的组织者发起常规的罢工（而政府人员罢工是非法的）。这样，他们才可以将车站关闭。

成田机场

针对东京新建的成田机场的抗议活动，是 20 世纪 70 年代持续存在肢体冲突威胁的活动中最出名的一次。机场修建地三里冢的农民发现，他们失去西瓜地和花生地后得到的补偿少得可怜，于是他们在

1966年开始抗议。一年后，他们得到当时还很强大的积极学生运动组织全学连的支援。1971年至1978年间，学生们建起堡垒、哨塔、隧道还有地下掩体。在一场堑壕战中，有四名防暴警察和两名抗议者丧生。不少学生开始在土地上耕作，而且还娶了农民的女儿。当地的村庄通过行动小组的网络而连接，行动小组中还包括一支童子军。1976年，在一位受人尊敬的基督教领袖去世后，这场运动发生分裂并变得激进起来。

成田机场在建筑和跑道完工后的第五年开放，比计划时间晚了七年。1978年3月，就在计划中机场正式启用的前几天，激进分子成功地通过下水道潜入了控制塔并破坏了设备。机场于是不得不再次延迟开放。此次事件有一个引人注目的方面，就是很多普通的日本人因为那些激进分子办成的事情而崇拜他们，并暗中给他们鼓劲。

机场开放之后，防暴警察和激进分子间还发生过几场恶战。来到“和”之地的访客，竟然降落在标志日本人没有能力解决冲突的巨大纪念物上，这可真够讽刺的。成田机场是日本最戒备森严的机构，它被几圈高高的电网包围着，而且电网深入地下，防止有人挖地道。所有的旅客和平民进入机场的土地时，都会被检查，有时还会被警察搜身。每隔几百米，就矗立着配有探照灯的瞭望塔，全天都有人值守。通往机场的道路上好几处都有钢铁路障，装甲车和水枪随处可见，总共有超过1 500名精干的警察长期值守此地。

共识迷思

至此，我描述的日本，并不像人们通常认为的那样，人际关系建立在共识之上。这是因为被夸大了的共识不过是个迷思。国外关于日本的大部分通俗作品和很多严肃著作都强调了日本的共识特性，不少美国评论家也习惯提到日本的“共识型民主”，这是有关日本的迷思中最有影响力的一个。不出所料，和外界打交道的日本官员们发现，用“达成共识”来为他们的不作为开脱真的很方便。

“共识”这个词意味着对某个想法或某个行动路线的积极支持。但是在日本，相关各方认为不值得引起麻烦的状态被错误地打上了“共识”的标签。事实上，日本式“共识”的各方对他们“同意”的东西都非常反感。还有一种现象会被西方人误认为已经“达成共识”，其实是对人情债的复杂计算，而人情债是当事各方人脉系统的重要组成部分。

在日语词汇中，用以达成“共识”的过程被称为“事先协调”（根回し，本意为修整植物的根部）。这指的是相关各方事先交谈，让他们做好“接受”某个计划的准备，就像是为了种植物而准备土壤一样。这样的基础工作不会导致“民主”的反对（可以选择拒绝），而在西方进行类似的工作就会引起反对。日本人使用“共识”这个词来表示在他们的社会中表面上已达成一致，但往往并未真正全部同意的事。

有种观点认为日本的政策是由集体产生的，这并不准确。日本人不是全由委员会说了算的。在这点上，日本人体现的人性和其他人是一样的，这令人欣慰。同时，一位前副相曾经告诉我说：“你越是达成‘共识’，做成的事情也就越少。”达成日本式共识的进程具有一种严格限制的功能。团体中的成员可以借助这种功能得到正式反对某项提案的机会，这样的提案往往像是体现了全体的意见，就好像是匿名提出的。一旦达成“共识”，相关各方就没有人会再冒险或找麻烦，去抵制更强势的个人或团体想要做的事情。如果省略了事先协调这个顾全面子的步骤，或是这个步骤进行得太快，那么日本人就会说那是“多数人的独裁”。这里的区别对理解日本权力的执行具有重大意义。只要强势的一方不是粗暴地实现自己的愿望，正义就会在他们那一边。

在公司层面，和其他工业化国家的员工相比，日本员工对影响他们工作生活的事情没有更大的发言权。但是，日本员工一直有种错觉，认为他们在重要问题上可能有的反对意见已经被充分考虑。在日本公司或其他日本团体中制造这种错觉，一般来说不会太困难，因为个人的主观看法很少会（如果有的话）和他们眼中的环境客观变化发生冲突。日本人已经习惯于很好地理解此类事情，并相应地调整自己的想法。

根据我的经验，日本团体一般不会重视少数人的意见，他们会用微妙的方式向团体成员提醒这个事实。少数派观点会妨碍团体形成统一感，会威胁到至关重要的团结。尤其是在做出重要决定时，团队领导必须咨询所有人并征得同意。这个过程十分精细，但总体而言只是表达一种姿态，再次向所有成员保证他们不是无关紧要的。在真正进行说服并达成所谓共识的过程中，有可能反对的人很少有其他选择，甚至根本没有选择，而只能支持。如果他有强烈的反对情绪，而且知道其他人有同感的话，那么他就更有可能会组成新的小帮派，而不是在大团体中挣扎。

禀议系统

还有一个常见的决策手段会造成“达成共识”的假象，那就是所谓的“禀议”系统。在这个系统中，下级官员制订的计划在比他级别高的官员那里传递，得到他们的批复和盖章。这就达成了全员参与的表象。那些不赞成计划的人可以在某种程度上消极怠工，让“禀议书”（传递的文档）蒙上一些灰尘后再加盖自己的章。官员调整将文件移交下一个人的等待时间，隐隐地表明他们对计划不满的程度。因此，禀议也被称为“堆压系统”。[34]

禀议系统是分散责任并最终模糊责任的绝佳机制。不光是局长对“为结果负责”没有什么感觉，下级官员链条上的所有人也是如此。根本没法找到做出不当决策的人。禀议系统倾向于阻碍从上到下的领导。某位中层官员构想的方案要想得到最好的实施，有时需要和较低级别的官员讨论，让后者起草一份纲要并向上呈递，而且要经过发起者的办公桌。有些官员认为禀议系统实在是太荒谬了，但是哪位长官一直拒绝按此行事的话，那他的位置也就岌岌可危了。[35]禀议系统还有一个效果，就是确定相关官员“应该不做什么”，而不是“应该做什么”。[36]日本一个著名的官僚体系研究者认为，禀议系统并不是日本行政机构中伪家庭关系的产物，而是迫使这种关系出现的机制。[37]

至于那些似乎会给利益集团带来问题的官僚决策，在第五章讲到的“审议会”将帮助营造一种全国范围内对于这些决策已形成共识的感觉。审议会将尝试召集相关各方代表一起开会讨论，事后拿出据说是经过友好协商提出的调整方案。[38]如果事情紧急，他们偶尔也会使用新做法。不过大部分做法只是“共识”的象征性表述，为的是向公众证明：所有最聪明的大脑已经彻底考虑过了行动方案，而且是在为人民服务。

经由胁迫而出现的等级

在日本，对权力的制度性约束非常弱。由于缺少一套所有人都可以使用的普遍信条，所以法律系统的控制功能很有限，实际掌权者不负责任，更常见的情形是找不到实际的掌权者，这就让日本在政治上具有“弱肉强食”的本性：权力恣意放纵，掠夺性的社会经济行为横行。

权力的平衡

但是，“弱肉强食”却被很好地隐藏起来了。其他政党担心自己权力会被削弱，因此会采取高压手段来掌控自己的权力，在某种程度上，高压手段也会受到各种等级的仪式的约束。在日本，公开展示权力会引人担忧。用西方国会民主制的术语来说，日本几乎没有“制衡”机制，却有着很特殊的“平衡”状态。为了让系统不至于失去平衡，众多团体总是有必要表明其存在，并且进行积极的干预。要想让构成日本系统的各部分之间取得平衡，就需要一个或多个部分不断干预，以保证哪个部分都不会变得过于强大、太有野心，有能力控制系统中的其他部分。大众影响力和法律限制不能做到的事，必须通过持续不断的平衡行动来达成。如果某个人，或是某个派系权力增长得太快，不能被现有架构平稳地接受的话，类似人体内白细胞围攻外来物质那样的反应就会出现。发生在前首相田中角荣身上的事情就是绝佳的例证。中曾根也因此在试图加强首相官邸权力的时候遭到怀疑。

官员们对他们相关领域中权力平衡的波动特别敏感。有一个令人称奇的例证，就是检察官办公室以及它对左翼的态度。左翼活动家发起了针对腐败的强烈抗议，检察官们看到了他们的传统敌人作为商界和政界清洁剂所具有的价值。政治腐败虽然是“结构性”的，但检察官不会幻想去清除它，系统必须得到保护，不能受极端行动的影响；而随着左翼力量的重要性逐渐衰退，检察官又会认为，他们必须成为抗衡的力量，将更多的腐败案例公之于众。[39]

可利用的弱点

反抗胁迫的可能性，让日本的政治秩序在那些未被驯化却能施加压力的团体面前变得脆弱。在别的国家，现时的统治精英可以引用被普遍接受的法律和具有说服力的政治理论，来证明他们统治的合理性。但日本的掌权者却做不到这点。幕府将军能说的道理，将军政权的批评者也可以说。因此，过去的政治领导不得不一直和麻烦不断的、半自治的小权力团体打交道，和他们作战，联合别的领主来帮助自己维持地位，和他们讨价还价，在某种程度上还要容忍他们。

来自各幕府、明治时期、大正时期以及昭和初期政府的威吓之所以有效，是因为发起威吓的人自己本身就很强势。明治时期的统治者是以融合在神圣天皇身上的、被恢复的宇宙秩序的名义来施行控制的。但是，一个重大的威胁随之而来，那就是任何人都可能会借用“天皇意愿”作为更改政治秩序的理由，加强威吓的机会也大大增加了。[40]威吓在当今的系统中一样有效。自卫队总会引起争议和让人害怕，一个重要原因是它们的权力没有得到可靠的机构性制衡；如果日本的军事力量变强的话，它就会成为一个造成巨大威胁的实体。

我们已经了解到系统对抗这一奇特弱点的两种方式。一种是持续不断地发起运动，收编、吸收或是阉割所有的社会成分和力量——这些成分和力量与系统进行竞争，争取日本人民最终的拥护。第二种是维护政治现状的宣传。

在任何情况下，权力的缺失或存在都会很快被日本人理解。他们察觉到变化后，往往会立刻改变自己的行为。日本人容易崇拜力量和勇气，他们不管这样的力量和勇气出现在怎样的环境下，也不管其存在的目的是什么。

柯特·辛格（Kurt Singer）是最敏锐的战前日本观察家之一，他简明地总结道：“他们对腐烂的气味特别敏感，不管这种气味被遮掩得有多好；如果敌人的核心表露出不稳定的迹象，他们就会发起攻击。”[41]外国人在和日本人打交道时应该牢记这点。20世纪80年代，美国人因为本国经济相对不够好，往往在日本人面前表现出谦卑的态度。日本人立刻就感受到并利用了这一弱点。

威吓无处不在

在贸易协会中，使用威吓是为了维持等级。地位显赫的成员比其他人更有权力，在极端情况下，他们甚至可以通过对承包商、分销渠道和债权人的影响力让对方破产。

系统中的官僚部分可以使用各种方式让公司认识到它们在等级结构中的地位。自命不凡的公司会因为太激进或是惹恼了行业中占支配地位的公司而受到教训。其中的一个例子是京瓷。它是一家由真正的企业家领导的公司，成立时间不长，富有冒险精神，非常成功。它不在既有公司等级中，就特别容易遭到因官员不满而来的攻击。1985 年 6 月，厚生省命令京瓷停产 35 天，理由是在长达 5 年的时间里，京瓷没有经过官方许可就向医院出售陶瓷关节和骨骼。事实上，日本官方用一大堆规范和禁令来管理陶瓷业，没有哪家公司能够完全符合这些规范和禁令的要求。执行这类规定的严格程度取决于人脉关系和这家公司在等级中的权势。在这样的背景下，对京瓷采取的那些措施，只有在需要给公司一个教训的时候才会采用。媒体也为教训京瓷助力。被质疑的公司总裁不得不仪式性地请求社会原谅。

威吓非但不会受人憎恶，反而会作为社会和政治生活中不可避免的一部分而被人接受；威吓之所以不可避免，是因为系统特有的法律范畴以外的非正式关系，会自然而然地导致它依赖于非正式胁迫（也就是威吓）来维持秩序并捍卫掌权者的权力。日本高度重视的一致性，在很大程度上是由威吓来执行的；不少学校的教师鼓励学生的欺凌行为，直到最近出现抗议。官员们也更喜欢威吓而不是合法的、可强制执行的价值标准，他们会广泛采用威吓来维持社会控制。

黑帮享有的自由和事实上得到的支持，是威吓帮助系统运作的又一个例子。黑帮存在而且强大，这自然表明他们已经为人所接受。他们进行的威吓让他们变得“可接受”。他们可以不受惩罚地威吓普通人，警方和大部分法院对受害者的困境无动于衷。我们在第四章中已经看到，系统中那些受人尊敬的、位高权重的人有时会用黑帮来达到威吓的目的。

相比于法律制裁，威吓手段更为常见。这一点通过官方对部落民解放同盟的容忍体现出来。该团体采用的谴责战术使它在面对出版社、作者、记者、编辑和教师时显得非常强势。这些人如果说了有关部落民少数群体的言论，却和部落民解放同盟的理论不符，就有可能遭到谴责。这会令人非常不快。受害者非自愿地被带到某个会议场地，在场的还有其他"社会代表"。批判者接连不断地对他们进行谴责。他们只有不停道歉才准离开。其结果就是，书籍和杂志中提到部落民的大部分内容都被编辑删除了。系统对部落民解放同盟采取妥协态度，但系统和部落民解放同盟都反对附属于共产党的部落民团体，因为后者在出现公然歧视的时候会寻求法律途径。

政府机构喜欢这类威吓，而不是某些受到共产主义影响的部落民所主张的法律诉讼。这是可以理解的。相比于创造新的标准和规定，威吓要容易控制得多。大型诉讼以及法律先例能帮助巩固常规，而常规又能被其他弱势群体和个人引用，从而绕开官员们的社会控制特权。[42] 在劳资关系中，解决恶性冲突的方法也不会留下可以成为标准的先例。否则，后续的冲突就可以据此解决，同时缩减官员行动的权限范围。[43] 这就意味着在日本，判断在劳动纠纷中使用暴力是否合理的标准比较少。

威吓不管来自何处，在日本都能起作用。阿拉伯国家要求日本停止和以色列的贸易时，威吓起到了作用。在西方盟国中，日本是唯一一个带着宗教般的虔诚去遵守阿拉伯对以色列的经济制裁的大国。

自此之后，再也没有日本人或经济代表团访问过以色列，而通往阿拉伯国家的大路却被踏平了。[44]再也没有悬挂日本国旗的船进入以色列港口。日本银行对出口到以色列的投资物品不提供长期融资，丰田也从来没有在以色列卖过一辆汽车。前纽约市长郭德华（Ed Koch）在一次新闻简报会上批评了这一政策，200名在场的日本记者中没有一个人在自家的报纸上提起这件事，哪怕是一个字。[45]在西方，播出批评阿拉伯社会现实的电影会引起争议，而这种事情在日本是不可想象的。只要阿拉伯国家表示出最轻微的不快迹象，这样的电影就会停止公映。官僚机构会向公司施压，要它们遵守这样的政策，因为官僚们认为这事关国家安全。

通过施加“外压”（来自外部的压力），所有外国都能参与日本的政治拔河。各省在相互较劲的过程中，有几次曾鼓励外国人使用“外压”，这已不是秘密。[46]

官僚的威吓

我们已经看到，官僚为了便于控制而起草的法律被刻意写得含糊不清。如果法律和政策出现冲突的话，官员们会更倾向于调整法律以适应政策，也就是进行所谓的“法律解释”。[47]法律有可能被运用到一般不适用的事例上，因此政府机关的威吓就有了巨大的力量。

这是反间谍法遭到强烈反对的一个原因。该法案在若干场合被提出，但都未能成功通过，因为里面有关国家安全的空泛条文可以得出不同的解释。《朝日新闻》编辑部的一位成员总结说：

> 倒不是说，我们会因为在报纸上写了什么东西被逮捕或被枪毙。那些促使该项法案通过的人所期望的，不是马上把我们抓起来，而是让我们进行自我约束……不少记者［在反间谍法下］会选择不冒险的聪明做法。内容有关外交和国防时，只有经过授权的文章或是安全区内的独家报道才会付印。这样一来，管理者“想要的环境”就出现了……而那些富有勇气的少数派则被压制。[48]

至于商业公司，它们和官僚的关系一般不是敌对的，但是在发生冲突的情况下（比如双方在政策的细节上产生分歧），公司一般没有选择，只能服从官员的意愿。事实上，官员们“行政指导”的技术本身，就是一种通过威吓达到的强制手段。这引起了西方观察家的诸多关注。

“行政指导”很有效，这是因为官员对企业具有影响力。有权不发执照就是很明显的一种影响力。政府官员负责审批各种你能想到的业务活动的申请。如果官员出于什么理由而不喜欢某个申请人的话，他们可以搁置此人的申请。虽然企业家从来就没有法律义务去遵从官员的指导，但所有人都会遵从，因为他们希望能继续运作公司。这是日本官僚控制的关键方式之一。尽管有官方理论，但行政指导却是强制性的。[49]

这种强制有时会更加直截了当。一位通产省的高管告诉我说，因为所有公司都在某个时期做过一些见不得人的事情，所以它们担心不遵从通产省指示的话，做过的那些事情就会被曝光。搜集此类情报，然后在这样的勒索中派上用途的人是副课长。情报来自直接调查、竞争对手、客户、警方、商圈里的敌人和心怀不满的员工等。我的线人估计，在警方和通产省官员所知晓的公司恶行中，有一半都被遮掩了起来。这么做给予通产省令人畏惧的影响力——人们害怕的不是针对公司采取法律行动，而是“社会惩罚”。人们认为，公司的名字如果与丑闻有关的话，这会成为最有破坏力的事件。

对官员来说，维持自愿合作的假象非常重要。所以，官员几乎总是更愿意与可能非常顽固的公司进行非正式的接触，为它免除“官僚作风”的束缚，换来对政府意愿的遵从，哪怕有相应的法律管辖该事务。[50]行政指导的接受方认为，主动合作而不是（非正式的）被迫行动，会更有益于他们的名望。[51]作为遵从行政指导的回报，相关省会向公司略微施舍一些好处（比如税收优惠和财政补贴等）。

官员让计划实施的主要工具有三种：法律手段、预算手段和行政指导。他们更喜欢最后一种，因为它很有效，而且在采取快速行动时能立刻用上。在大多数情况下，官员们能找到法律来配合他们的目的，但“行政指导”能够维持自愿合作的假象。大藏省在强迫商业银行购买政府债券的时候，将这种做法称为“合作”。与使用标准的法律规范相比，在与接受方协商时，行政指导也提供了相当大的空间来进行特殊的调整。另外，行政指导比法律行为更加有效，因为法律不容易付诸实施。

对于那些不听命的公司和银行，大藏省有强大的骚扰力量。官员手里的王牌是声称他们“建议”的东西并非政府的意愿，而是产业一直想要的。这种做法通常会与官僚迫使企业协会俯首帖耳的权力共同使用。这样的策略迫使顽固的公司遵守规则，若不遵守它们就有被竞争对手集体排斥的危险。一个著名的例子是，大阪的住友金属工业株式会社被迫遵守通产省在1965年发出的钢铁减产令。

威吓官员

官员如何看待自己在系统中的位置，突出地表现在他们对极少数针对他们的法律诉讼的看法上。一位日本专家恰如其分地指出，这样的法律诉讼被认为是没有正当理由的。[52]法律纠葛会妨碍官员履行职责，但官员讨厌诉讼主要是因为他们觉得向法庭解释官方的行为与他们极为重视的“行政管理的保密性”有冲突。法院的审讯强迫官员泄密，这损害了他们的尊严，进而破坏了日本安定的仁政状态。

因此，威胁可以是双向的。尽管那些所谓的人民公仆有优势，而且对他们采取法律行为的可能性是如此有限，甚至不存在，但某些团体或个人试着将官员告上法庭的可能性还是有着威吓作用。公务员认为这样的抵抗是“红灯”，于是他们改变态度，试图不让事态变得不可控。不用说，一旦公众的不满表现为强有力的抵抗，官员们就会害怕。[53]

日本的政治模式几乎总是僵化的，除非发生灾难，或那些自认是受害者的人成功地发起真正的抗议。[54]反对或抱怨活动首先通常会被忽视或压制住。但官方如果意识到进一步的压制只会让活动变得更强大，就会改变态度。掌权的人会更加灵活应变，做好宽容非法行动的准备。如果一个问题突然有了激化的危险，相关官员的变化——从顽固不化、决不妥协变成宽容和配合——通常会非常明显。

我们在日本系统中看到的威吓，也许可以称之为“结构性威吓”。

没有这种威吓，我们所知的系统就会慢慢停摆，因为威吓给予掌权者以权力。仪式和等级能帮助维持秩序，但不能保证安全。在日本，只有权力才能提供安全感。没有法律和普遍价值的时候，权力对于提供保护就是不可或缺的。捍卫自己权力的最好方式，是巧妙地展示它并扩大它。但由于这种做法只有通过非正式的方法才能做到，所以威吓就成了日本社会无法避免却又无所不在的一个特征。

第十四章
强化控制的 100 年

准确评价日本系统的一大障碍，就是人们仍然普遍认为日本在太平洋战争中的溃败带来的强烈挫折感，以及驻日盟军总司令部对日本的改造，使日本成了一个与不久之前的过去决裂的国家。按照这个观点，1945 年之后几年形成的社会遵循了不同的治理原则，并由认可这些原则的人来领导。日本传统政治文化的影响力当然依旧不可忽视，但人们认为它经历了一次重大蜕变。

有一派很有影响力的观点认为，20 世纪 20 年代末到 1945 年这段时期是日本历史上的失常时期。这就让上述“蜕变”观点很容易被众人接受。按照这一理论，日本原本处于历史决定的“现代化”进程当中，直到九一八事变[1]前不久。所有能将日本转变成一个令人尊敬的现代化民主社会的元素——诸如国会和政党——都已经就位。但此时的日本却被民族主义的狂热分子带出了正轨。[2]

这一观点受到最近的学者，主要是美国的历史学家的严厉批判。他们认为日本建设帝国和国内镇压的做法，可以看成明治时期主流趋势符合逻辑的发展结果。但要到 20 世纪 80 年代，才有一些学者开始指出，1945年并不是人们认为的分水岭，而且在当今日本成形的过程中，20世纪上半叶开始出现的专制制度及手段起到了关键的作用。[3]

我们具有后见之明，可以更进一步地看看20世纪80年代后期的日本系统。特定的官僚权力和政治权力的整合从19世纪末就已经开始，并因战争的缘故而加速，最终形成了这个系统。

最根本的连续性

不可否认，战后日本在众多方面都可以说是一个新日本。一般民众强烈认为，军事冒险主义是个巨大的错误，国家应该将自己投入和平运动，从20世纪50年代到70年代尤其如此。生活水平，特别是日本农村的生活水平，是战前普遍贫穷的状态无法相比的。现在的日本人享有更大的个人自由，不用担心因言获罪。日本公众得到了前所未有的照顾。但是，在我们的主题即日本权力如何运作的背景下，连续性似乎比改变更加重要；连续性不光出现在统治精英的动机中，也出现在系统塑造的机构中。

日本从被炸毁的城市废墟中如凤凰涅槃般重生，曾经成为世界上第二强大的经济实体，并对老牌工业化国家发起了挑战。但是，此次重生的主要动力，倒不是美国占领军推动民主而引发的经济和政治重建措施，反倒是日本的社会政治界加上在战时被否定的“封建”做法。我们在第十五章中将会详细讨论日本令人惊叹的政治经济史。首先，我必须更具体地证明，将系统视为1945年以前官僚机构的整合的看法是公道的。

战争中最幸运的幸存者

占领军官方在开始改变日本政治领导层的时候，做出的最重要决定是几乎保留了整个官僚机构原封不动。[4] 对此通常的解释是，驻日盟军总司令部别无选择，只能通过现有的国家机构开展工作。但是正如一位研究日本政治的专家指出的，过分强调美国的依赖性，就忽视了权力的实际情况。[5] 与占领期政策有关的大部分人甚至没感觉到做过什么重要决策。负责的美国人简单地认为，各地的官员会和美国的官员采取一样的做法，也就是作为不关心政治的技术人员而工作。在驻日盟军总司令部宏大的"民主化"进程中，负责劳工事务的官员描述了运输部队一名年轻中尉弥尔顿·艾斯曼（Milton J. Esman）所在的运营中枢是如何改革战败后的日本官方机构的：

> 艾斯曼的桌子在繁忙的改革活动中是一片宁静的绿洲，因为他在凯兹手下负责行政部门。似乎别人对这个领域都没有兴趣。参谋长联席会议第 1380/15 号指令中甚至都没有提到过这个机构。艾斯曼确实没有什么办公任务。[6]

在某种意义上，艾斯曼中尉确实成功地完成了胡佛使团（Hoover Mission）让官僚机构"去封建化"的任务。胡佛使团由几位专家组成，他们应日本政府的请求前来传授现代行政方法。但使团甚至没有认识到几乎所有高级公务员都是东京大学毕业生这一事实的重要性。不管他们可能获得了什么样的成果，都和革新官僚机构没有关系。[7]

占领军发起的清洗消灭了战败的军事组织，免除了 1 500 名地位很高的企业家的职务，[8]禁止若干党派政治家担任公职，还解散了极端民族主义组织。它没有更进一步地去解决日本统治系统的主要问题。清洗的目标在一定程度上是相互矛盾的，既不够清晰，在当时的环境下也不能达成。[9]另外，出于政治上的原因，美国的改革者们十分注意在占领期保持“平和安静”，在军事组织和极端民族主义组织之外的领域，都只进行最低程度的干预。[10]于是，官僚清洗的具体工作交给了官僚自己执行。而官僚们很快就意识到，他们可以自由地利用众多漏洞；他们经常直接无视驻日盟军总司令部的指令。

1950年，得到赦免的官僚重返公共生活，同时日本进行了“赤色清洗”（有超过1 000名政府官员和差不多11 000名公司员工因被怀疑是共产党或有共产主义思想而丢了职务）。占领军对日本官场进行清洗的效果，被削弱到近乎为零的程度。战后第一位重要的首相吉田茂总结道：“占领军在行动时有着一切权力和权威，但他们对要统治的人民知之甚少，因而受到阻碍，甚至可能因为乐于对那些必要的知识毫无了解而受到阻碍。”[11]

革新官僚以及“新秩序”

驻日盟军总司令部对日本官僚的真正力量一无所知，这就让后者有机会进一步发展和整合经济机构。从20世纪30年代初到1945年，在战时工业动员的背景下，他们已经对此做过了试验。战后的尝试得到了更好的组织；官僚们总结了经验，而更重要的是，驻日盟军总司令部授予了他们前所未有的权力。

与战后工业政策相关的那些卓越人物中，有不少人在战前和战时的日本就以“革新官僚”为人所知。他们深受希特勒德国的观念以及墨索里尼社团主义的影响。这并不是说他们转投了纳粹主义，而是说针对日本的经济问题和社会控制问题，他们赞成采用德国的处理方法。[12] 西方人一般不会将纳粹及法西斯理论和日本的“经济奇迹”关联在一起。但如果没有这些极权主义国家控制理论的启发，日本能否出现“经济奇迹”还确实是个疑问。事实上，革新官僚和他们的门徒控制了战后经济部门、央行以及大型商业联合会的领导地位。

考虑他们在战后的重要性，革新官僚值得我们仔细审视。他们前进的道路已经由更早的改革派，1931 年九一八事变后登场的所谓“新官僚”铺好了。这些人被认为是“新派”，因为他们帮助重新安排国内政策，通过权力分享的变动和对民政党以及政友会的逐步压制，获得了地位。他们不是通过这两个主要的（也基本是从属于官僚的）党派来工作，反而是帮助破坏和消除党派政治的影响力，并让他们自己与军方的联盟获得新生。他们主要扎根在官员控制社会的大本营内务省中。他们引入新的机构，通过城镇与乡村的社区协会更加严格地管控地方政府和人口。真正的革新官僚，也被称为“新新官僚”，从 1936 年 2 月 26 日那次命运攸关的政变企图以及 1937 年中国爆发全面抗日战争之后开始引起人们的注意。[13] 他们开始了解经济进程在社会秩序中扮演了多么关键的角色，并急于引入经济控制措施。

经济的不稳定和公众日渐提升的期望让社会产生了困惑和不满，革新官僚们对此做出了充满激情的也富有理智的回应。在探索解决这些社会问题的全面方案时，他们在早期的理想主义阶段受到各种欧洲观念的混合影响。他们要解决的是各种冲突以及施政能力方面的问题。不少革新官僚一开始是马克思主义者，或是具有社会主义信念的人。事实上，有些人保留了“赤色”，这导致 1941 年初高层官员中爆发了一场大丑闻和抓捕行动。但是，革新官僚后来因纳粹理念、意大利的法西斯主义、强烈的日本主义、对自由党派政治的彻底厌恶以及对强有力的国家控制的信念而团结在一起。那些杰出的革新官僚在他们职业生涯中的关键时刻，都曾为日本关东军设立的伪满洲国效过力。实际上，资深官员对后辈的标准建议是：“如果想自称改革派，你就必须在满洲受训”[14]。在伪满洲国，他们学会了如何与军方大佬共事，如何在一个比本土任何地方都要苛刻的严密组织中利用经济机会。军方的规划者部分受到苏联政府五年计划的启发，一直梦想着能有计划来协调军事和民事经济动员。他们中的杰出人物永田铁山将军首先表明了“国防国家”的想法，这对官僚们的想象力起了强大作用。[15]

革新官僚的观念在一个叫昭和研究会的“研究社团”的成员（官僚、知识分子和记者）口中得到了最明晰的表述。该研究会由近卫文麿的一位密友创立。而在逐渐走向太平洋战争的那几年中，近卫文麿是最重要的平民政府领导人。[16] 昭和研究会以近卫的“智囊团”闻名，后来启发了新体制运动（也称新秩序运动）。这个运动的目标是彻底改革政治系统，消除日本的利益冲突，促进极权下的民族团结。大政翼赞会于 1940 年 10 月成立，目的是成为“新秩序”的控制机构，希望一劳永逸地让日本摆脱根深蒂固的“本位主义”，让帝国发挥全部的能力。这一努力没有成功，但是其中的“经济新体制”对战后无限工业扩张的计划具有启发作用。[17]

革新官僚的中心运作机构是企划院。这个全民动员的中心机构，在 1937 年通过合并内阁调查局（成立于两年前）和内阁资源局（是一个军事经济规划单位）而成立。军方推动了此次合并。在后来获得了“经济总参谋部”绰号的企划院中，[18] 军人与官僚身份兼具的经济规划师，不再将重心放在日本–伪满洲国工业发展的五年计划上，转而研究更广泛的动员计划。[19] 企划院从未完成让战时军事工业与民用工业紧密配合的预期任务。直到 1943 年，它和当时的商工省合并成军需省，才算完成一半目标。[20] 但是企划院可以被认为是战后卓有成效的经济安定本部 [21] 的前身，而军需省的主要功能由通产省继承。我们在本章稍后会继续讨论大政翼赞会和它的后续影响。

经济部门的加强

官僚机构和人员顺利地融入了“去封建化”中的新日本。东条英机最亲密的伙伴之一革新官僚岸信介，他作为战时军需省最强势的官员，是执行日本战时工业政策的核心人物，并成为战后工业政策的主导人物。[22] 我们已经提到岸信介作为战犯嫌疑人在巢鸭拘置所入狱（但从未受审）后是如何成为日本著名首相的，他于 1987 年去世之前又是如何成为日本最有影响力的幕后操纵者的。

战后工业政策的缔造者中，仅次于岸信介的是椎名悦三郎。他曾是伪满洲国的革新官僚。日本投降后，他在第一批美军到来之前及时想到要将军需省改组为商工省。[23] 战后，他成为通产大臣。1979 年去世前，他一直是通产省幕后的强大力量，也是自民党最杰出的领导人之一。

大藏省在伪满洲国团队的领导人是星野直树，他是战时企划院的总裁。战后，他成为经济研究会中杰出的一员。该研究会是为了重新审视战后的经济政策而成立的，它以池田勇人首相“收入翻倍计划”的形式，提出了经济高速发展的蓝图。[24]他还是东急酒店及贸易集团的社长，专门从事商务出版的钻石出版社的社长。

战时财政控制的主要架构师来自1933年成立的大藏省外汇机构，也有秘书和财政局人员。财政局是一个很不寻常的部门，有着确定国家政策的自主权。[25]这些官员中比较突出的有革新官僚迫水久常，他曾担任经济企划厅的长官，又在战后担任邮政大臣。

另一位与这一战时规划有关系的杰出大藏省官员是森永贞一郎。1957年至1959年，他担任大藏省副相，20世纪70年代后半段他担任日本银行行长。第三位是下村治，他确立了至关重要的战后经济安定本部中的物价政策，后来成为池田首相“收入翻倍计划”中的主要智囊人物。

对贷款进行的不少关键战时控制，都通过一个部门协调。该部门的领导是一万田尚登，1946年他成为日本银行的行长，在十分关键的八年半时间里担任此职，之后他被任命为大藏大臣。在他领导下，央行被大家称为“梵蒂冈”。

经历清洗而留存下来的官员有一个额外的优势：他们不再与偶尔引起麻烦的军方有瓜葛。另外，占领军认为，大企业一直是“激进的民族主义者和侵略的活跃分子”，于是便下令分解财阀集团，解散控股公司。这意味着官僚控制商界权力时不再面对讨厌的对手了。各省的局长们开始参加内阁会议，这是战前没有的做法。他们成为在麦克阿瑟将军总部和政府大臣之间奔波的中间人，[26]他们说的话获得了相当重的分量。

战后，日本的知识分子和评论家开始将官僚们称为“占领方的承包商”，但是他们没有意识到本末倒置的根本事实。查尔莫斯·约翰逊是这样描述的：“1945年到1952年的占领期中，我们见证了政府对经济最高级别的控制，这是现代日本之前以及之后从未有过的，而且这显然高过太平洋战争时期所达到的控制级别。”[27]驻日盟军总司令部向战后通产省官员授予的最大礼物，也许是构建卡特尔的权力，让卡特尔成为日本工业政策的核心工具，而此前工业政策的决策权被战时的“控制协会”所垄断。这些协会是因为此前有太多官僚派系参与，引发冲突，还遭到商界反对，才在1941年成立的，以便在战时各个工业领域中协调行动、生产目标以及原材料分配。[28]但是，官员们从未对其有过真正有效的控制，因为商界会确保这些协会的领导由各领域中最大公司的最高管理层担任，从而将协会置于财阀的有效控制之下。解散财阀的时候，驻日盟军总司令部禁止任何私有制企业形成卡特尔。那些即将成为通产省的部门中的经济官员似乎突然之间“就来到了官僚们的应许之地”。[29]

健谈的官员公开承认，虽然日本战后在形式上经历了剧烈的转型，但经济系统，特别是财政控制的机构基础还保留着战时的形式。两位前大藏省官员对比了两种“现实”，形式上的和实际上的，并认为这种双重现实对形成战后“奇迹”是至关重要的。如他们所说，民主、机会平等的意识形态造成能量的爆发，这有利于经济发展，不过高增长本身实际上是通过严格的财政控制达成的。[30]他们在战争结束32年后的作品中指出，管理央行行为的基本法律仍然和纳粹帝国银行实现极权主义经济目的的基本法律相同。[31]他们还认为，战后创立日本开发银行、输出入银行以及长期信用银行，都是为了加强日本兴业银行在战时的角色。[32]

控制官僚变成了“企业代表”

战后经济官僚设计并实施的工业政策，让私营企业具有活力，这些政策以前所未有的程度指导着私营企业向着他们所选择的方向前进，并通过强力的保护主义，促进了本国制造业的发展。这很快就成为日本占主导地位的——实际上是唯一的——重要政策。如果官僚没有采取比战时协调企业界的计划更有效的手段，这个政策就会严重受阻。财阀的灭亡尤其重要，因为它为战后成为控制中心的四大工业联盟提供了空间。四大联盟中充斥着官僚，在系统发展和工业政策中各自扮演着重要角色：经团联是总体协调者，为后来成为自民党的政治团体充当筹资人；日经联是所有反劳工运动的协调者；日本商工会议所表面上是小企业的守卫者，但实际上也是控制者；经济同友会则为当局正在采用的一般发展路线提供宣传和辩护。

经团联会长被众人称为“商界首相”，其第一位会长在战争结束之前还被称为“控制协会的上帝”，此人就是石川一郎。他是前面提到的在政府激励下产生的卡特尔之一化学工业控制协会的领导。战争的最后几年中，他升任重要产业统制团体协议会（协调工业控制协会的伞形组织）的高级职务，在驻日盟军总司令部行动之前就主动解散了该组织，然后建立了一个临时的协会（后来成为经团联的主要组成部分）。[33]

战后不久，石川召集在企划院工作过的年轻经济学家，对日本经济重建进行理论研究。其研究成果后来成为一个长期的政府经济计划。小组成员中有一位是大来佐武郎，他在日后先后成为经济企划厅的重要官员和外相。他在担任外相期间，负责国际经济关系，也是吸收并转移海外批评的主要国际“缓冲区”。

从日本投降到经团联创建的这段时间里，经济控制官员以及工业控制协会官员已经创立了一系列委员会和子委员会，为工业在最初很不确定的未来规划了一条道路。他们中最杰出的人，在战时经济官员中也是最杰出的。五个工业子委员会中的三个由之前控制协会的领导人领导。松本健次郎是石炭统制会的第一任会长，也是重要产业统制团体协议会的前会长，他主持着主委员会。

主委员会的副会长后来成为经团联中最强势的人物，他就是植村甲午郎。他是一位杰出的革新官僚，早期曾帮助军方和商工省建立重要联系。在领导石炭统制会之前，他是企划院的次长。和其他大型商业协会的领导人一样，他在战后成为企业界的主要发言人，让大部分外国人（也有不少日本人）错误地认为他是个企业家。我们再怎么重复这点都不为过：企业协会不代表真正的企业家。战时的财阀企业家往往比他们战后的后继者更有企业家精神，他们特别担心植村甲午郎和岸信介之流试图建立的“新经济秩序”，而且在植村去纳粹德国修学访问归来，并对希特勒的经济管理表示出极度崇拜后，表明了他们的担忧。[34]

经团联第二位会长是石坂泰三。他出名是因为他不喜欢三样东西：

官僚、商界对政客的支持以及政客对自由市场的干预。他敢在演讲和面对记者时反对这三样东西，是因为正是在他担任经团联会长期间，三类官员之间的密切关系才得以悄悄地巩固。[35]石坂还是递信省的官员，然后进入第一生命保险株式会社，这家公司与政府关系紧密（他在战时担任该公司社长）。占领军清洗企业后，他指导了如今东芝公司的重组，然后在1956年成为经团联会长。十几年后，他将职位移交给植村。1968年之后经团联的副会长以及1980—1986年的会长是稻山嘉宽，战前他曾在通产省的前身机构中工作，然后他将日本最大的几家钢铁公司国有化再私有化，最后再合并它们。1970年，他通过一次合并创建了世界上最大的钢铁公司，使他成为日本最出名的反对反托拉斯法案的人物。永野重雄让日本商工会议所重新焕发活力（他在1969—1984年担任会头）。他和稻山紧密合作，在日本钢铁工业中也扮演了一个领导角色。他为战时政府效力，担任战后经济安定本部的次官。

驻日盟军总司令部同意建立经团联的计划，条件是它不会尝试控制经济，也不会介入劳资关系。两年后，关于更容易实施的第二项限制，有了回旋的方法。成立经团联的几人（包括植村）也建立或帮助建立了日经联这个对抗工会的总部，后来日经联负责控制工资涨幅，使其远远低于生产力的提升。

大多数杰出的日经联组织者，也是经济同友会的核心人物。该团体表面上看起来对社会主义者和工会采取了更温和的立场。[36]乡司浩平是经济同友会成立的关键人物，他曾担任战时重要产业统制团体协议会调查部长。后来，他和日本生产性本部关系密切，并在1972年成为其会长。该机构在美国的帮助下建立，最初的目的是让日本企业家熟悉美国的先进生产方式，但后来被用来赞助提升“公司忠诚度”的方法，以及教导还未驯服的公司工会合作的美德。

设立经济同友会的另一个关键人物是帆足计，他曾是控制协会的伞形组织的秘书长，在1941年写了一本小册子讨论政府以及企业在“新经济秩序”下的“正确关系”。在这份发人深省的文件中，他强调了企业自愿与官方合作的必要性：企业应该独立，但不应该回到“以追逐私利为基础的自由经济”中去。国家目标必须优先考虑。[37]他提到了德国、英国以及美国在第一次世界大战时的经济动员，将其作为政府与私营企业之间进行真正合作的优良典范。[38]但在他看来，最好的例子，同时也是日本最好的榜样，是纳粹德国的“经济指导”。他费尽心力地想将它与纯粹的“经济规划”做出明确的区分。[39]帆足受到了1929年全球经济危机的启示，从不怀疑企业家应该由规则来约束，也就是国家目标必须优先考虑。只有那些追逐私利的人同时也追求“公众利益”的时候，经济系统才会健康。[40]

企业家应当关注“公众利益”的观点在经济同友会战后几十年内发表的大部分官方言论中都得到重申。在帆足和经济同友会看来，公众利益当然就是官员们的目标。它提出一个广为流传的理论，目标是吸引潜在的经济顽固派，然后列出一系列优先目标并最终形成一个经济同友会创始人之一大冢万丈所谓“改革资本主义”的提案。[41]1956年，同友会领导人进一步调整了方案，形成一个正式声明。该声明后来成为战后管理的意识形态标杆。它将日本企业看作公共机构，供应商和客户以及工人和管理层都参与其中。因此，管理层的一个主要工作，是确保相关各方没有利益冲突。声明接着强调，各个公司的管理层有追求国家经济整体福利的集体责任。它进一步提出警告，如果各家公司各行其是，不能有意识地做出这种集体努力的话，那么政府就会逐步接手，以确保经济可持续运行。这听上去像是帆足和伪满洲国出身官员理想的老调重弹。不过，这毫无疑问是一种要求私营企业牺牲自己特权的呼吁，就像是所有大企业家团体曾经要求的那样。[42]

20 世纪 50 年代末，经济同友会开始委派前职业官员担任管理职务。[43] 其他大部分高级成员都是通过高度官僚化的企业等级制度获得晋升的。从 20 世纪 30 年代初开始，企业就已经渐渐与政府官僚交缠在一起了。1966 年，经济同友会成立了“产业问题研究会”——更广为人知的名称是“产研”——进一步推动产业协调。经济同友会相信，面对即将到来的“自由化”，这么做是有必要的。[44]1970 年，经团联的植村甲午郎和一位日经联的杰出人物加入了产研。之后，产研开始向众多产业协会施加直接影响。它通过控制政府审议会的公司会员资格，在向官员提建议时扮演了一个重要角色。产研的所有 24 名成员都以私人身份参与一个或多个审议会。[45] 产研在 20 世纪 80 年代才渐渐停止运作。

在这些协会建立的早期，它们的官方目标列在众多公开的声明中。其中有一个是促进民主蓬勃发展。这让人想起教育改革临时委员会提倡“个人主义”。我们应该记得，这个委员会的报告暗示说，要达成这样一个目标，最好的方法是学校更强调纪律，教导人们更了解身为日本人的意义。财界信奉的民主没有给任何代表工人的运动留下空间，也没有给社会主义（更别说共产主义）留下空间。实际上，它没有给任何可能与稳定“保守”的政府产生冲突的政治原则留下空间。

联盟的领导人在维持“稳定”的过程中扮演着关键角色。他们对岸信介怀有疑虑，因为他甘冒政治风险，而他们认为这会危及政治环境。他们对鸠山一郎更加没有热情，对鸠山于1956年秋辞职一事也曾推波助澜。鸠山辞职是他们的辉煌胜利：将所有“保守”派系汇集起来，置于稳定的自民党大伞之下。[46] 1952年10月的一次选举中，执政的自由党表现糟糕，社会主义者却表现不错。之后的第三天，四大联盟的50名代表召开紧急会议并达成决议，要求获得“稳定”的政治环境。之后还有更多类似的“请求”。未来的自民党派阀之间无休无止的争论促成了这些请求。这些派阀的领导还是更担心自己的政治生命，而不是稳定的系统。最后，就如我们在第五章中所看到的，经团联支持的新政治资金系统使联盟的愿望于1955年得以实现。将自民党各派系团结起来的主要角色，仍然由那位植村扮演，正是他在20世纪30年代将军民两方的经济规划师撮合在了一起。

但是，直到池田勇人接替了岸信介担任首相，联盟领导人才真正松了口气。他们也曾在之前的首相选举中施加影响，但在某种程度上，池田才是他们自己挑选并培养出来的。下一任首相佐藤荣作也是如此。

重新掌握控制社会的方法

占领军对控制经济的官员很仁慈，却将沉溺于战前和战时社会控制方法的官员们置于可怕的困境。“民主化”教育意味着教师组织受到马克思主义的领导，丧失了一整套教化手段。法务省官员必须和那些认为法律高于一切（包括官员）的理想主义者打交道；他们至少花了15年的时间，才通过最高裁判所事务总局重夺控制权。内务省已经四分五裂，警察队伍也已经重组。尽管崩溃的经济、悲惨的生活条件要求官员们进行大量的经济规划和控制，但新生的“民主”几乎没有给“思想警察”以任何存在的理由。

麦克阿瑟将军将宪法授予日本，但是他没有意识到，这么做至少给社会控制官员帮了一个大忙。这部宪法不是人民从掌权者手中争取来的，所以人民没有勇气相信他们有权利从统治精英那里获得任何东西；于是，终极仁慈的理由便可以维持下去。到了占领期中期，人们渐渐明白美国改革家正在造成的“破坏”是可以得到控制的。1949年，底层官员、工程师背景的官员以及高级官员中比较自由的一派发起了一场大众运动，要对公务员以及公务员选拔制度进行真正的改革。但是，由于缺乏驻日盟军总司令部的支持，这项运动无果而终。[47]

官员面临的主要威胁是新的民主立法机构，因为它可以轻易地破坏社会控制机制。社会控制的主要机构内务省被解散后，有大量经验丰富的官员涌进国会，只在1960年就有54名前内务省官员进入国会，于是上述威胁便被化解了。[48]这些人大部分都已经被“清洗”了。退休官僚进入后来成为自民党的保守党派，这种“空降”在战后不久便开始了，[49]占领军对战时政客进行清洗而空出的职位也起到了作用。在1949年选举时，有大约30名精英官僚加入了自由党的行列。在后续的选举中，他们在国会成员中的比例上升到差不多四分之一，这当中有日本至关重要的吉田茂内阁、岸信介内阁、池田勇人内阁和佐藤荣作内阁——正是在他们当政期间，战后系统才得以巩固——以及他们之后的大部分首相。

关注公共秩序的官员们也和占领军建立了联盟，后者从来就不了解他们的“承包商”对自由主义有多么抗拒。这些盟友中有反情报部队（驻日盟军总司令部下属三大子单元之一）司令查尔斯·威乐比将军（General Charles Willoughby）。一位负责劳工问题的美国人在差不多40年后还记得：

> 在这个国家中，马克思主义术语是知识分子交流时的通用语言，而所有的工会至少都会声称自己是社会主义者。威乐比这次蹚的水有点深了。在他看来，社会主义就是通往共产主义道路上的一站。民主社会主义者不是对抗共产主义者的盟友，反倒是现有秩序的破坏者……只能相信日本的保守派……对他而言，在保守派和共产主义者之间没有中间地带。[50]

“思想警察”的战后职业生涯

在巢鸭监狱的牢房里，平沼骐一郎这位强势的检察官、社会控制官员的模范，在1952年对一个不幸的事实提出深刻思考：那么多人开始认为战前和战时的特别高等警察（简称“特高”，更以“思想警察”之名而为人所知）是邪恶的，这让他为国家的未来深感忧虑。[51]不过，他的担心实在是有点太超前了。大量特高官员通过重组策略骗过了驻日盟军总司令部而从清洗中脱身。[52]1935年到1945年间，有14名内务省官员被任命为所有警方（包括特高）的行动顾问。他们中有一半在战后的国会中有席位。

我们可以列举几个内务省官员的名字，他们在战前和战时负责“思想警察”的主要工作，战后就任高位：町村金五（让《中央公论》等杂志停刊，压制宗教团体）成为自治大臣以及统管战后警察的国家公安委员会的主席；丹羽乔四郎（特高京都地区主任）成为运输大臣；冈崎英城（特高爱知及东京地区主任）先后担任劳动省、行政管理厅、通产省的政务次官，自民党公共安全委员会副主席。原文兵卫（特高鹿儿岛地区主任）进入参议院，成为东京警视厅长官。特高鹿儿岛地区的另一位主任奥野诚亮成为自治省次官、文部大臣和法务大臣，然后担任 1987 年成立的竹下内阁中的国土厅总干事。著名的内务省官员古井喜实（内务省警察厅主任，内务省次官，茨城县和爱知县知事）成为厚生大臣和法务大臣。革新官僚大达茂雄（1944 年内务大臣）是文部大臣，就如我们在第三章中所看到的，他将前内务省官员领入文部省，和他一起与教师工会日教组进行战斗。滩尾弘吉（内务省次官及大分县知事）成为厚生大臣，他担任四届内阁的文部大臣，成为日教组的死敌。增原惠吉（特高和歌山县地区主任）成为自卫队总干事。大坪保雄（负责监管出版物的警察部门）成为文部省和法务省的政务次官，众议院司法事务委员会主席。后藤文夫作为革新官僚的领袖及内务大臣，在管理战前和战时本国年轻人组织时扮演了重要角色，在战后他也进入参议院任职。[53]

前“思想警察”重入政坛的名单比上面列出的要长得多，我只列出了那些因战后在中央政府任职而出了名的人。他们中不少人最后当上了县知事，地方公共安全委员会（理论上监督警察局）的官员，或是较低级别的地方政府职位。如我的名单所示，这些前“思想警察”往往调任到与社会控制有关的政府部门：文部省、厚生省、法务省和劳动省。驻日盟军总司令部放过了内务省中的劳动官员，直到1969年，他们都把持着劳动省次官以及各重要部门的领导职位。[54]一位美国编年史作家写道：“讽刺的是，劳动省官员在美国的庇护下获得了最大的自治。和其他省的同事一样，这些官员在占领期之前和之后，都不如占领期间的权力更大。”[55]

占领期让这些社会控制官员有机会建造制度上的武器，以此来阻挡工会的发展；而在美国的命令下，这些官员一开始是帮助工会发展的。“赤色清洗”驱逐了有着“危险思想”的战后官员，并为开除那些与驻日盟军总司令部民主化工作“合作过于密切”的文部省官员做好了准备。[56]其他领域（如警察系统以及反托拉斯法）也采取措施去纠正“占领期的过度行为”。战后官僚权力的巩固就此完成了。

不是所有的日本人都对保留战时控制官僚表示欢迎。一位作者在日本极受重视的一份知识界月刊中刊文称，东京审判是根据战犯对外国人犯下的罪行来审判的，但是却没有考虑这些人对日本人民犯下了何等罪行。他指出，那些把别人送上前线的人、剥夺了这些人自由和财产的人、制定了残暴法律的人，如今仍然在战后内阁中把持高位。[57]作者说明了这些有问题的官员是如何处理政府资产，以此帮他们所选择的政客提供资金、获取权力的。作者提醒读者，和日本不同的是，在德国，大众的正义感已经占据上风。德国人自己对逃脱了纽伦堡审判的战犯进行了审判。

制度化的记忆

这些战时官僚在战后辉煌的职业生涯只是故事的一部分。同样重要的还有系统各部分的记忆制度化的现象。日本的官僚和他们的同行一样，一直在追求对他们的所作所为承担最少的个人责任。但他们和西方国家、亚洲国家同行不同的是，他们被期望对所属的组织具有不同寻常的责任感。我们在不同场合已经看到，日本的社会政治环境没有给组织成员太多选择，成员只能强烈地认同组织，对精英团体而言更是如此。通产省、检察官办公室、日经联以及所有对日本进行指导和控制的机构，其成员一直牢记着前辈的经验，知道他们的任务很严肃。制度化的记忆以及制度化的激励相互关联，因为在实现集体目标以及参与激烈党争时，集体经验可以带来巨大优势。在日本政府机构中，这些记忆强烈、生动而深刻地印在官员的思想中。要在日本以外找到一个可类比的例子，我们可以参考克里姆林宫里与资本主义世界打交道的专家；也许可以参考某些情报机构、教会和秘密社团。这些特别的机构与常规的日本行政机构类似，其成员的资格从来不是可以随意获得或短期获得的（而美国政府机构的众多成员资格就是如此）。另一个相似之处是，它们运作的一个主要条件是主流社会的法律几乎无法影响它们，甚至可以在执行任务时运用自己的一套“法律”。

举个例子来说，在对普通大众实行专制方面，没有哪个西方国家负责国内事务的部门可以和日本内务省相比。1947 年 12 月，解散内务省的占领军官员对内务省制度化记忆的广度和深度一无所知，更不清楚它消亡后还能保有的力量。除了上文提到内务省出身的国会成员和副相，以及作为战后日本地方政府关键人物的县副知事以外，这个九头蛇般的组织还通过其社会机构继续生存，这些机构在战后变成劳动省和厚生省；内务省的市政工程部门变成建设省和国土厅；它的警察部门成为警察厅；它的本土局，在经历了作为特别部门的过渡期后，重新复活成为自治省。自治省一般被认为是 1947 年前内务省的主要继承者，[58] 但是，这些衍生机构的官员在不同程度上都有“内务省精神”。

到了 20 世纪 80 年代，内务省的一些衍生体被认为在增强相对权力。自治省的情形显然如此，它的前官僚们已经把持了三分之一的县级政府，[59] 以及市政府中的重要职位，以至于它渐渐成为大藏省最强大的对手。[60] 与社会控制大背景最相关的是自治省在当地政府中设立的特别委员会。它们负责收集居民信息及其人脉信息。自治省的优势在于，那些利用内阁权力增加“政治资金”来源的政客对它没有兴趣，于是自民党也就对其放任自流。[61]

在不那么明显的地方，也有内务省传统的痕迹。比方说，日本最大的报纸《读卖新闻》战后的强势掌门人正力松太郎在 1924 年成为报社社长之前，就在内务省工作。1936 年，官僚们将新闻机构合并成一个政府宣传机构，名叫“同盟通信社”，他在此过程中为官方竭尽全力。[62] 作为战犯嫌疑人，他曾在监狱里待了一段时间。然后，他成立了日本电视台，当上了国会议员以及科学技术厅长官。

二战后，军方不再是考虑因素，警方也不会有更激烈的手段来强制别人服从。文部大臣和法务大臣被迫披上“民主”外衣，这就不可避免地对战前那种咄咄逼人的态度产生某种抑制效果。但是，行政部门管理人员的一个基本态度是他们必须控制人民，这种态度仍然保留了下来。

日本的社会控制官僚总是坚信，他们的任务远远不止执行法规；那是大部分西方国家公务员的常规任务。不管有没有他们军方盟友的支持，这些官员总是对社会工程感兴趣，认为这种积极而有创意的社会干预对防止不稳定是必要的。日本的统治精英无论在战前还是在今天，都有一种压倒性的态度认为“爸爸知道得最清楚”。与此同时，我们已在本书各处看到，人民永远被置于政治训导之下。最能决定日本今天政治系统特征的，是战前、战时到战后的延续，而不是精英们的行为举止显而易见的改变或是个人自由的加强。

整合

通观全书，我们看到了继承自日本帝国时代的机构和管理人员的社会控制手段所产生的后果。现在，我们后退一步，以一个更广的视角来审视官员们的动机。这应该很有用。他们继承了一种极不寻常的巨大恐惧。在德川时期的掌权者、明治时期的寡头以及20世纪20年代写出“思想控制法”的那些官员的担心里，我们能感受到他们对政治世界消亡的终极恐惧。世界各国的统治精英都害怕骚乱，但日本的统治精英尤其受这个问题困扰。

恐惧是有理由的

非正统的政治思想以及非传统行为之所以让人害怕，是因为统治者对权力关系中主流秩序的脆弱，有着强烈的感受。这并不让人惊讶，在这些权力关系之外，没有任何东西来维系社会政治秩序——没有法律框架让人坚持并提供安全感，也不存在超越现时现地的政治权宜之计的确定性。相比西方的政治精英，日本的统治精英更有理由担心骚乱，因为任何不能预料或是事先阻止的事情都会直接威胁其安全。西方人非常理所当然地认为，社会通过法律和普遍原则会自动得到调节，他们几乎从未真正理解日本人需要时常保持警惕的急迫感。只要系统所代表的秩序具有终极意义，并且不受任何宗教或世俗信仰体系的挑战，维持秩序就必须是最终的目标。

新儒家观念把现存社会政治关系当成终极真理的体现，为德川幕府提供了极大的意识形态支撑，它那令人生畏的痕迹像上面提到的问题一样留了下来。后世的管理者从德川时期的前辈那里还继承了一种压倒一切的要去控制大众的责任感。日本人论的意识形态通过强调同质化与和谐，为超出法律的权力辩护，但这不能完全消除官僚们自身的不安，他们还是会意识到，让他们保住官位的“文化主义”借口无法说服所有人。就像圣德太子和明治时期的官僚们一样，他们知道和谐需要通过强制来实现。要想成功地掩盖合法性未被承认的问题，就要成功地维持社会秩序。

如今的官员从个人层面来说不一定会对此特别关注，但作为官员机构的一部分，他们有责任感到担心，就像美国那些反托拉斯的执行者要担心最轻微的商业勾结都可能是自由市场系统开始终结的征兆。比方说，他们会通过共同用语来表明他们对秩序有着根深蒂固的集体关注。大量报告和演讲谈及“越来越复杂的社会”。[63] 这是媒体极为常用的陈词滥调。从明治维新和日本重新接受外国影响开始，复杂性就让日本的掌权者害怕，他们再也不能一眼就判断出政治局势了。“复杂性”如今经常被人们提到，这是为干预找理由，如果某样东西“变得太复杂”，通常就表明它要开始接受更多的监管了。

“过度竞争”这种说法的出现，也表明掌权者担心无法无天的、意料之外的行为，由此推断出有必要加强官方的控制。“过度竞争”的意思是，竞争会带来风险——在自由市场国家司空见惯的那种风险。管理者们也经常提到“混乱的情况”，意思是事态出现不受欢迎的发展，脱离了官僚的掌握。

借来的秩序

在谈及文化输入时，日本历史通常会提到国家“只拿了它要的东西”，而且一般而言“只借鉴了形式而不是内容”。这就支持了我们在第一章中的说法，即几个世纪以来的日本当权者，在限制具有政治意义的想法和体系的引介与发展上，已经做到了多么不寻常的程度。官员指导并监督的社会改革，很多时候会被认为是认识到新的现实并进行了不可避免的改变，而不是与古老传统进行刻意而激进的决裂。

为明治寡头服务的官员们，会对引进的概念和体系可能产生的危险保持警惕，将“思想善导”作为预防欧洲的社会问题的手段。[64]与此同时，日本的掌权者大量引入可以用来加强自己地位的东西，还发现不少外国进行社会控制的方法。最早开始这么做的官员集中在内务省，他们的核心是川路利良的警察力量。警方担负着多样而广泛的社会责任，这是受到了高效的法国警方榜样的启发。60 年后，纳粹德国又成为关键的样板。建立爱国工业协会（战后企业联盟的前身）的计划以希特勒处理劳工问题的方案为基础。1936 年的劳工法，“明显是对纳粹德国 1934 年《国家劳力组织法》的模仿”。[65] 二战之后，企业管理者转向基本被无视的美国观念，以此来提高资本主义的效率，同时创建了如质量控制团这样的体系，目的是加强工厂中的纪律性。20 世纪 80 年代，官员又开始研究“先进国家病”的原因。据说，当时的欧美经济都因患上这种病而变得疲软无力。

明治寡头在 1873 年引入征兵制的时候知道，这个制度除了表面上的功能以外，还是他们加强秩序的最大希望。会泽正志斋这位前明治时期的作家已经预见到了这点。他说，人民应该遵守规则，但不需要了解规则。[66] 在会泽看来，除了让人民软弱无知，唯一的选择就是把他们纳入军队当中。按照他的说法，西方政府不得不引入征兵制，就是因为政府没能阻止群众的解放。[67]

“天皇的仆人”形成的不同派系之间虽然冲突不断，但他们对社会控制的观点却基本一致。从明治早期到 1945 年间，一个军方与官僚的同盟形成，成为确保这种控制的首要体制条件。为这种联盟赋予最初特征的人是山县有朋。他是第十二章中提到的政治天才，让官僚机构永久远离反复无常的政客。在培训官员和军官时，他的影响力比所有其他寡头都要大，于是，他建立了一种模式来对平民社会施加军事影响，他还培育了一群门徒，他们在 20 世纪上半叶继续推进他的计划。在 1885—1906 年，领导内务省的那些退伍军人“几乎构成了陆海军名人录”。[68] 文部省也认为，要在小学中体现军事思想。不少学校的校长都是退休军官。另外，陆军为教师们准备了半年的高强度军事培训和训导，目的不是要把他们送到未来战争的前线，而是要将村里的年轻人训练成战士和军队价值的崇拜者。[69]

利用农村里的等级发起的一场运动，严格控制了大量有可能不忠诚的日本农村人。当地的统治精英一开始看不起从军。不过官方（在一位德国顾问的指导下）建立了这么个系统，地主和其他村里领导者的受过教育的儿子们，要先应征入伍，但时间只有普通村民常规服役期限的三分之一或一半，然后就可以以中尉的身份退役回家。村里的统治精英们对此采取了合作态度。进入 20 世纪后，内务省开展了“当地改进运动”，目标是将村民对古老村庄的忠诚转变为对新的行政村落的忠诚，这样的村落更容易被东京方面控制，这对上述控制运动做出了贡献。[70]

山县的梦想是，学校和军队的训练应该互为补充，以此形成一个庞大的机构来灌输“国家本质”（国体）信念，从而保证国家有序而统一。[71] 正是为了这个目标，他最重要的学生田中义一将军建立了“帝国在乡军人会”。这个组织是第十章提到的其他全国范围内组织起来并由军方领导的教化机构的先驱。

田中义一在未来许多年里一直在执行他从山县那里继承的任务。1928 年，在他担任首相期间，《治安维持法》变得更为严厉，对包庇“危险思想”的人施加了终身监禁和死刑的处罚。在他的保护下，支持平沼骐一郎这位激进的国体倡议者的法务省官员们进入了内务省，然后以此为新的基地逮捕了 3 400 多人。[72]

起伏不定的独裁主义

官员并非以冷酷无情的方式来干预社会。他们将自己的任务看成是为日本的社会问题找到解决之道，并特别强调“和谐”和“美好的古老传统”等。20 世纪 20 年代最重要的民主改革，实际上有不少是由内务省中劳动部门官僚组成的激进派系发起的。[73] 考虑到国家安全，这些官员在进入 20 世纪之前就开始讨论照顾工人的必要性，因为残疾的儿童和虚弱的母亲会造成战士也虚弱而不健康。[74] 即使如此，内务省为工人着想的方案仍由存留下来的仁慈理想来支撑。

在为拯救和维护日本的神圣秩序而进行的官僚军事运动中，出现了一个很古怪的政治时期。这个时期从 1910 年以后开始，到 1932 年结束。历史学家关于这段时间的观点出现了巨大分歧。这段时期被称为“大正民主”，因为它和大正时期，也就是裕仁天皇的父亲在 1912 年到 1926 年的统治期大致重合。这一时期出现的发展表明，对日本的统治进行结构性的改变是有可能的。各个城市中出现了某种程度上的宽松政治，而各个政党也越发重要。

信奉进化论的人将此解释为向着西方议会民主制的“自然”发展。但事实证明，这一预测没能实现。1925 年，选举权被授予所有的成年男性，但也就是在这一年，“思想控制”的法律基础随着《治安维持法》的颁布得以确立。相对的开放和自由只不过持续了大约 10 年时间，军事官僚在 20 世纪 20 年代末做出了更加激烈的反应。[75]

控制公众

在战后日本的官员成功创造出的世界，危害他们安全以及内心平静的社会政治无序状态，被控制在最低限度内。日本的政治文化由连贯的政治安排塑造成形，而且对服从的崇拜一直是这些安排中的一个共同特征。这种政治文化对于塑造上面描述的世界起到了帮助作用。这一传统不鼓励个人成长，不培育独立精神。日本人对高度的组织性和约束表示接受，容忍官员干涉他们的生活方式，也不质疑这些人施加的永久性政治监护。很少有人认为民众的不服从是合法的政治举动。

尽管如此，官员们必须保持警惕，因为他们先辈建立的传统不可能靠传统本身得以延续。在本书中，我们已经看到他们保持警惕所产生的结果。官员在对待大学生、工薪族和年轻工人时，就好像他们还在念小学一样。即使是年长一些的成年人，也会经常得到告诫和建议，就好像他们还是孩子一样。服兵役已经不能保证日本的青少年遵守纪律，战后家庭失去了战前拥有的对成员的法律控制，但工薪族生活中强制的循规蹈矩，是一个很有效的替代品。

系统里日常生活中的非常规行为和意想不到的变化让人害怕，必须得到控制。当官员感觉到社会中充满了各类团体，而且这些团体的行为可能会变得无法预计，他们往往就会做出敏锐的反应。战前有一个典型的例子是，官员对各种新宗教流派加以压制。官员不担心它们的教导，因为它们没有攻击政体中的任何弱点。但麻烦在于，这些流派是在现有宗教等级之外快速发展的；它们不受欢迎，只是因为它们已经和常规的团体不太一样了。[76]

20 世纪 80 年代后期，官方在追查那些拒绝采录指纹的人时投入了大量精力。这是一个战后的例子，说明政府会竭尽全力地对某事施加压力，哪怕这件事情根本没有可能造成混乱并破坏社会。少数民族中的一些华裔和朝鲜裔成员，已经在日本居住了好几代，他们反对日本为了让外国人进行登记而必须采录指纹的法律；他们认为这一做法是他们受到歧视的象征，因为对日本公民来说，只有罪犯才被要求这么做。其他一些外国居民也拒绝采录指纹。没有任何有说服力的理由可以解释为什么要使用这一过时的身份验证方法。不少富有同情心的地方市政办公室没有举报那些拒留指纹者，以此来帮助他们。虽然指纹事件成为外务省在外交上的负担，但法务省和警察厅的官员非常顽固，他们坚持要执行“命令”（有时会使用帮助警察强行采录指纹的设备），还通过拒绝签发再入境准证、拒绝续签签证、签署驱逐令等方式来示范。

这种出于自身利益的控制也为日本人民树立了榜样。如果不把社会控制认为是理所当然的，系统就会崩溃。媒体编辑部的管理层，与警察和法官圈子里的官员一样，以所谓维护公共“道德”的崇高目的为借口，以自己的方式任意进行控制。

只要有机会，官员就喜欢树立榜样来表示出“仁慈”的态度。举个例子，1984 年的时候，3 名 21 岁的日本奥运会游泳选手在洛杉矶因吸食大麻被抓获。日本检察官尽管在日本境外没有任何司法权，却做出了不进行起诉的“宽大”决定，理由是这些年轻人只是出于好奇而尝试了这种禁用品。这些选手所在的大学也同样“宽大”：让三个人休学，然后在一个学期后重新将其录取。在这一学期中，三人定期向校方提交日记，以此表示悔恨。

长期控制

当然了，日本官员在加强对平民百姓的控制时，不会认为自己出于有问题的动机，提出了有问题的方案。日本的官僚传统让他们深信，如果放松警惕，社会就会被破坏；公民有自主决定的政治权，这个想法对他们来说还是陌生的。

尽管没有确切证据表明日本官员在为遥远的未来规划控制措施，但他们为了所谓长期控制的利益，毫不避讳地利用当下的环境。就拿日本的女性来说，她们不能轻松地获取避孕药物。官方理由是，这种“新”药据说有副作用。但仅在 1986 年一年全球最新推出的 40 多种新药中，几乎就有一半得到厚生省的许可在日本销售。这 40 多种新药中，大部分药品都是日本发明的，也只在日本得到过测试。为什么不让日本人获得有效的节育措施？一个常规的解释是，这会破坏利润丰厚的流产行业（一年有 100 万—200 万例流产），[77] 日本医师会也确实利用它曾经令人生畏的权力，不让“避孕药”出现在日本市场上（除非是用于调节月经周期，不过会使用另一种强效药物。这样，就证明了对避孕药副作用的指控）。厚生省（内务省的残余）是在积极地参与实施这种控制，还是出于进一步发展自己的目的而欢迎来自医生方面的压力？无论如何，结果就是，日本女性被官僚控制在官僚想要的位置上。日本官场知道，得到解放的女性公民可能会扰乱国内劳动力市场，而禁止避孕药就能从大部分日本女性手里剥夺西方认为女性社会解放中最重要的因素。

实现古老梦想

一般认为，现在的日本政治体系比战前秩序更有竞争力也更多元。这当然不是全无依据的。[78] 为了维护公共和平而必须做出行政上的调整时，有许多的声音会参与进来。官员们当然比 1945 年之前更担心“民意”；从这个角度来说，20 世纪 80 年代的日本比 30 年代的日本要“民主”多了。

不过，九一八事变前的几十年里，可以见到各精英团体之间更激烈的权力争斗。尽管有着系统性的阻碍，但明治时期崭露头角的政党，那时已经发展到可以参与权力斗争了。他们和大企业有关系，并联合起来一起制衡军方。在军方与官僚联合起来制止之前，大正民主究竟能有多民主？对这个问题有很多争论，但各党派至少在争夺组阁或结盟的机会，也对军方和官僚的影响力产生了真正的挑战。[79] 1918 年原敬首相组阁之时，两大政党（民政党和政友会）也影响着他们吸收的官员。在这两党轮流执政的时候，地方官员也经常替换。[80]

另外，大企业作为政客的伙伴，其公司关系结构以及驱动力方面，要比当今日本的企业更符合西方企业标准。经理们显然属于管理阶层，他们与国家官僚机构有密切关系，还没有完全取代企业家。

因此，大正民主与战后那几年的多党政体一样是一种萌芽。政党和其他政治力量之间的斗争虽然被国体的神话掩盖，却带来另一种政治发展路线的可能性，但这种可能性似乎如今已经不复存在了。

20 世纪最初 30 年的政治秩序，相比于 20 世纪 80 年代来说更不稳定，因为其中公开竞争的程度要大很多。相比今日的系统，它经历的骚乱也要激烈得多。这是众多身居高位的日本人的眼中钉、肉中刺。

他们非常清楚现实情况和天皇护佑之下的家国统一理想之间存在的差异。20 世纪 20 年代，地方冲突越来越公开，有成为常态被民众接受的风险，这就完全违背了国体中“和”这一要素。国会进程中的多元主义，还有国会外的公开权力斗争表明了政治的无序：对那些自视为日本神圣秩序捍卫者的人来说，这简直就是诅咒。

结果就是，20 世纪 30 年代，人们开始关注新的计划，以增强精英之间的团结，让公众对展现日本的伟大之处更有热情。日本社会各领域中的革新官僚和他们的同僚，不管最早是受到纳粹主义还是意大利法西斯主义的影响，都认为“只有建立一个单一的、极权的、基于大众的政党，并将其与政府紧密连接在一起——就像德国和意大利那样——才能达到”这些目标。[81] 近卫文麿内阁在 1937 年当政以后，上文中提到的新体制运动，开始将重点放到“日本性”以及包容性政治组织的神圣性上去。[82]

改革派提案的最终产物，以及由近卫文麿帮助在 1940 年成立的大政翼赞会，远远不及之前的宏伟计划。大政翼赞会实际起到的作用，不是一个庞大机构将所有日本的能量联合起来，为其国际主张指明一个共同方向，它反倒像一个大规模的宣传工具，为早就广泛接受的政府扩张主义目标争取更多的支持。它最初的目标从来没能实现过，因为不同的掌权者团体一旦意识到，更强大的政治中心将意味着他们自己的权力相对丧失，就会停止合作。平沼骐一郎治下的内务省、右翼、一些军事派系和司法官员，都反对由近卫文麿领导的中央组织政府。他们担心会出现独裁者，破坏自己的权力；当陆军带头努力将一个具有完全极权特质的“新秩序”变成系统时，企业家、官员团体以及敌对的军方派系都站了出来，提出有力的反对。[83]

日本进入官员、审议报告和媒体喜欢说的“信息时代”或“后工业社会”时，它的政治经济似乎正在渐渐地接近大政翼赞会蓝图中的愿景。从 1945 年到 1955 年间，政党力量的分布与 20 世纪 30 年代的情形类似。[84] 接着，植村甲午郎和其他前官僚企业协会领导人努力要达成的“保守”党派合并实现了。虽然此次合并没有给自民党政客阶层带来和平，但将官方政府永久地置于单一组织的掌控之中，会为政界带来具有重要意义的秩序。正如我们在第十二章中所见，这一政治安排，连同受意识形态影响而产生的、无伤大雅的反对党，被称为“1955 政治秩序”。这一安排看起来几乎已经实现了 20 世纪 30 年代改革派的主张。

一党制保证了官僚控制的政治系统的延续性，不会受到真正的企业家和真正的政客那样的不可预测的政治因素干扰。日本今天维持的社会政治“秩序”，是自德川时期以来从未有过的。工薪族等级为系统提供了血肉，公司管理者和官员一起保证工人和中产阶级办公室职员都处于受控地位。农协和农业省中那些农业官员的行为，再加上更多地从政治目的出发而不是从实际需要出发的永不停歇的建筑工程，让日本农村处于受控状态。教师也受到了控制。医生已经得到了利益。黑帮继续帮助保证犯罪本身是“受管辖”的。现在，在系统的范围内，激进的劳工运动和受到意识形态影响的反对派甚至也受到欢迎。

20 世纪 30 年代和 80 年代的一个关键区别在于，30 年代时，“国防国家”的观念和导致大政翼赞会形成的新体制运动所共同体现的愿景得到了清晰的阐释，有意重塑既有的精英圈子。相反，战后系统的结构和无限工业扩张的目标，从未被纳入一个可供批评的总规划当中。但所有战后精英团体的目标，都和系统的结构与目标协调一致。既然系统已经顾及了各行政团体的利益，也就没有人急着要改变系统的本质了；因此，和他们战前的先辈不同，现在的官员似乎已经解决了国内政治和平的问题。

自民党的命定论

1982 年元旦，自民党党刊发表了一篇文章，提出了一些引人深思的观点，有助于我们理解一些官员在上文所述的大环境中是如何看待自己的。[85] 作为编辑部的集体作品，这篇文章就自民党理论家如何解读历史，如何在上文背景下预测他们组织的未来，做出了迷人的陈述。

这篇文章建立在一个事实基础上，即反对党联盟组成政府的机会已经荡然无存。之后，该文预测了“1955 政治秩序”的终结，正如我们之前看到过的中曾根的预言。该文之所以得出这个结论，是基于自明治维新以来政治事件进程中的两个主要特征：第一个事实是，日本的反政府团体从未被压制，政府反倒一直聆听他们的声音；第二个事实是，从 1866 年以来，政治系统每过 30 年左右就会发生一次重大改变。文章解释说，出现这 30 年一循环的有趣事实，是因为在 30 年中，总会出现一次由无法参与政治进程的团体领导的政治运动，而周期性的改变正是政府接受这些运动的结果。

该文轻松地忽略了太平洋战争和美军占领期，列出了发生在 1924 年和 1955 年的最近两次改变。1924 年周期性改变后发生的运动，换句话说，也是导致 1955 年周期性改变的运动，是改革派官僚们的新体制运动。自民党理论家解释说，这是由于人民普遍不满两个政党轮流组成政府，“因为这会导致腐败和商业界对政策的控制”。大政翼赞会的成立就是为了处理这个问题。文章继续写道，在类似的计划下，企业创立了产业报国会，据说工人和管理层在其中可以合作运营企业。

自民党作者将新体制运动当作来自人民的运动，这可不是一般的离谱了。虽然新体制运动吸引了一些在政治决策中争取更大话语权的团体，但它还是由现有的政治派系把持的，而它们的目标都是加强自己在精英团体中的地位。自民党发言人无视了帝国主义战争和美军占领期，好像这些不过是无足轻重的小事一般；他们对战时政治机构的解读值得注意。文章认为，产业报国会为工人在公司管理中提供了发言权。而大政翼赞会“虽然如今因其军国主义和‘鹰派作风’而得到负面的评价”，但他们也在还政于民上做了很多事情。自民党理论家得出一个令人震惊的结论：这些方面都由“1955 政治秩序”继承，政党像当年与大政翼赞会捆绑在一起一样，与自民党牢牢拴在一起，而由产业报国会打下的基础，有可能会产生出一个相当理想的企业工会系统。

简而言之，作者自豪地承认，1955 年后经济高度发展的 30 年间，系统的两大主要特征——无人挑战的执政党和听话的工会——是从战时为了增强国力而建立起来的机构直接派生出来的。虽然这么说很正确，但这么承认却很奇怪；自民党从来就没有当着全世界的面赞扬过这些战时的安排。

未来会怎样？按照这位异常善于表达的自民党发言人的看法，20

世纪 80 年代中期见证了两个 30 年周期之间发生的另一次转变。带来“1985 政治秩序”的关键运动有两个：革新自治体运动（增加来自反对党的市长和其他市政官员数量的运动）和地域住民运动（由大城市当地居民发起的，旨在进一步保护消费者利益的运动）。这两个运动都无疾而终（见第三章）。但是，该文向我们保证，它们的失败不是因为被人无视，而是因为它们的要求被接受了，愿望也已经达成了。

这位自民党的作者总结道，这样的运动清晰地表明，在面对现实的时候，自民党应该做出怎样的调整。自民党必须成为城市工薪族和他们妻子的政治天堂，也必须得到工会的支持。

该文的核心主题之一是左派工会正面临着消亡。确实，20 世纪 80 年代中期见证了这一背景下的一个重大进展（而且会为人铭记）：日本国有铁道解体了。日本国有铁道这一公共部门的工会曾相对激进，他们构成了左派总评（日本劳动组合总评议会）的支柱。1986 年选举的时候，已经有几个工会投票支持自民党的候选人了。在若干地区，当地社会党政客为了完成开发项目而与强势的自民党议员形成工作联盟。[86] 新的全国劳工联盟“全民劳连”一旦安定下来成为常规存在时，无法逃脱的拉拢也就基本完成了。

有组织的工会在掌权者心中总有一席之地，只要劳工们按照掌权者自己的条件进行组织就行；毕竟，内务省的社会局在两次世界大战之间曾推广劳工法，而战后的管理者一直都欢迎“现实的”（也就是遵守规矩的）工会。[87] 这一进程被自民党理论家正确地描述为爱国工业协会中管理者与工人委员会之肇始。考虑到进入 20 世纪之后，受到基督教鼓励以及后来受到马克思主义影响的工会，是与系统持续产生冲突的唯一主要社会团体，上述进程的巩固，标志着一个具有历史意义的里程碑。

去政治化国家的梦想

随着系统在消除左派的运动中再次取得重大进展，它离完成去政治化国家的梦想又近了一步。这也是西方的一个古老梦想。为了改善人类生活而共同付出宏伟努力的愿景，以及由此而来的人类彼此关爱的回报，激励了马克思之前和之后的众多社会工程师和乌托邦分子。

在这个梦想中，失乐园可以复得。1887 年，斐迪南·滕尼斯发表了《共同体与社会》，他对这个观点给予了最著名的学术认可。他假设存在一个两分法。传统村庄的世界（即共同体，Gemeinschaft）是一个由所谓亲密的人际关系构成的世界，统治它的不是政治，而是一种联结感。对大部分西方人来说，这个世界已被人造的、不友好的社会（Gesellschaft）替代，冰冷的法则替代了温暖的理解。虽然从没有人找到有说服力的证据，证明曾经存在过这样一个没有权力斗争的共同体，但这个两分法对西方几个世代里怀着浪漫梦想的人和公社建设者来说，有着长久的激励作用。它与“日本人论”可以横向比较，后者认为亲密、有机、温暖而“充满人类情感”的日本传统社会与日本人想象中精明、机械而毫无信任感的西方世界是不同的。

上述梦想的另一部分，是一种为人熟知的观念，就是要用理性、无私而科学的政府替代虚假无用、玩弄权谋的政治。这样，国家才能享受到先进的、现代的技术治国知识所带来的全面而系统的好处。西方政治思想家考虑了许多方法，用来消除阻碍执行国家目标的杂乱国会流程和其他宪法问题。圣西门著名的格言对此做了总结：对事物的管理要替代对人的统治。马克思主义的未来观中也包括这点。

这样一种用理性规划取代私利式政治的社会生活十分诱人，因为它承诺要解决那些自古以来便困扰人类的问题。如以赛亚·伯林所述：

> 一旦目标确定，就只剩下方法上的问题，方法不属于政治而属于技术，也就是说，这些问题能由专家和机械解决，就像医生或工程师讨论的问题一样。这也是为什么信仰某些宏大的、能够改变世界的现象（比如理性的最终胜利、无产阶级革命）的人必然相信，所有的政治问题和道德问题因此能被转化为技术问题。[88]

要驳斥伯林的观点，唯一要问的是在“对事物的管理”之下，计划到底是为了什么？对日本系统而言，从明治时代开始，答案就很明确了：保持秩序，变得强大。从1945年来，官员们没有讨论“目的”就整合、调整和规划了事务的优先级，他们进行无限制的工业扩张，就好像这是一桩不言而喻的好事似的。事实上他们也真是这么认为的。

系统的整合带来了显而易见的巨大稳定。是不是只有表面上的稳定而没有实质上的稳定？这个问题，只有在官员们无法处理事态发展而引起危机之后才会变得紧急。而在1988年，日本国内似乎没有任何紧张情势会在可预见的未来内达到危险的地步。不被公开承认的合法性问题已经得到有效的处理，而且其处理方式显然比1945年之前更有效率。只要系统成员能防止他们中的一员以独裁形式接管政府，这个问题也不大可能变得尖锐。强烈的冲突倾向被压制了；如我们所见，在政治上，冲突被认为是不可接受的。

但一个完全去政治化的社会系统不会存在，也不可能存在。滕尼斯认为的共同体不过是个假设。如我们所见，日本系统的讽刺之处在于，系统完全是政治化的。构成系统牢固核心的企业与企业协会的政治动机和功能是明确的。这些当今的企业巨头并非只是像其在西方那样运用政治影响力，而是成为整合在政体中的根本不可缺少的器官。这一事实，连同官员提出的无限工业发展这一不可置疑的优先事务，才是日本在国际关系中的根本要素。而这一根本要素与日本国内的紧张关系不同，它极有可能会引发危机。

第十五章

日本凤凰

神圣的日本秩序面临两个主要威胁：来自日本人的和来自外国人的。在过去150年间，两者都曾经投射出巨大阴影，让统治精英感到害怕。那些带来了明治维新的政治事件，以及在此之后发生的政治事件，可以看作是来自国内和国外的、对既定权力关系的一系列威胁，并由此引发了一些反应。之后的差不多60年间，新成立的部门保卫着日本，抵抗国内思想或行为的无序状态。为了实现这个目标，它利用逐渐演化出来的“国家本质”作为宗教替代品，还产生出第十四章中所讲述的进行社会控制的军事官僚机构。大概从1955年开始，国内政治无序的威胁，被战后的系统令人敬畏的控制能力更为有效地处理了。但在这些国内措施的控制范围之外，还存在着第二个威胁：来自外部的威胁。这一威胁的本质使它成为不安定的永久源头。外部世界不可能接受日本社会控制的传统手段。

国家安全的经济意义

由于日本掌权者自身感到的威胁自动被视为对国家安全的威胁，因此他们及其能言善辩的发言人一直以来都将日本描绘成一个特别容易受到失控的外来力量伤害的国家。从明治时期开始，直到至少20世纪70年代，这种一直存在的焦灼感有时隐隐作痛，有时却很尖锐，并为刺激日本“迎头赶上”提供了不少能量。

“赶上强国”

结束闭关锁国后的50年间，日本要想有能力抗衡外国势力对日本社会政治安排的干扰，就必须提升国家的工业实力和军事实力，必须让俄国和西方国家将日本视为一个平等的战略实体。明治时期最著名的口号“富国强兵”，以及日本针对实际上或是想象中的外在威胁的反应，是努力让日本变得无敌。飞速工业化被视为理所当然，因为在掌权者看来，进行工业化无异于保护日本和他们自己的政治生命。赶上世界最强的国家已成为日本的执念，它不光是政府的优先事务，而且也是所有日本爱国者的最高目标。西方人几乎无法理解，不少日本人除了单纯的社会政治需求外没有任何宗教信仰，他们认为生活的最终意义、生存的目标就是国家的生存和安宁。

追赶其他国家也意味着去控制环绕日本的大海彼岸的地方。明治时期和大正民主时期，没有哪个发出政治声音的日本人不这么想。政党与军队及官员共同推进计划，使日本成为具有统治力的大国。“问题不在统治本身，而是如何获得统治以及由谁来统治——是由外务省、政党以及产业领袖进行外交渗透和经济渗透，还是由军方机构来进行军事占领。”[1]

当然，计划中“强兵”这一部分带来的成功更容易得到证明。从明治媒体的反应来判断，扩张主义的目标广受欢迎。报纸对中日战争和日俄战争都表示支持，对关东军抗命发动最终导致太平洋战争爆发的九一八事变也表示支持。臭名昭著的 1905 年日比谷纵火事件以及东京多地警民之间的持续冲突（推动了军事管制），都是因为反对《朴次茅斯和约》中的条款而引起的。在接下来的几十年中，日本的帝国扩张就像普选权一样受到大众的支持。

即使如此，精英中还是有一个团体认为国家目标中的“富国”部分能够提供更大的激励。明治时期有不少作者和官员都被赫伯特·斯宾塞及社会达尔文主义的流行学说影响，谈及国家之间“和平时期的战争”，强调经济发展的终极必要性，并认为军事是一种强行建立外国市场和确保原材料供应的工具。[2]

成立于 1873 年的内务省在它的第一个十年中还没有被山县有朋变成社会控制机构的总部，首要任务是促进国内工业的发展。它的第一位大臣大久保利通，是最早的寡头中极有权势的一位。在某次前往欧洲考察的过程中，他很失望地发现日本落后西方太多，恐怕追赶不及。[3] 他强烈反对入侵朝鲜的计划，这些计划导致寡头之间第一次出现重大分歧。他的理由是，日本无法承受这样的冒险，他认为日本应该只考虑在经济上强大起来。大久保利通利用新成立的内务省 70% 的预算帮助建立了庞大的政府工厂产业链。他将一家政府海上运输公司和三菱造船厂合并，以消除美国和英国在运输领域的统治地位；他将学习使团派往西方，建立了绕开外国代理的贸易系统，为丝织业、农业和其他产业提供财政支持，还资助全国博览会来宣传快速工业化的好处。[4]

从明治时代早期开始，日本就有了工业政策。在接管了地方创建的企业之后，寡头在其中加入了全国铁路和通信网络，以及军工业、矿业和造船业。明治工业化启动后，政府自动获得了对经济的控制，因为政府要么自己提供资本，要么通过提供保护来鼓励私人投资者投资。平行投资造成的浪费由此降至最低。明治政府在几乎所有主要的产业中都采取主动措施。19 世纪 80 年代早期，政府对它建起的所有产业几乎彻底放手，不再对其进行直接控制，而是改为间接保护。1881 年，政府成立了农商务省来帮助规范这一政策，并起草相关法律，将寡头与他们的企业家朋友和贷款方之间的早期交易正规化。经济寡头体制开始形成，它由具有政治特权的金融机构组成，这些金融机构受到政治寡头和官僚精英的支配。人脉网络由血缘关系、联姻、贿赂或是从学生时代开始的友谊建立起来，在日本现代化经济发展进程中发挥了令人称奇的作用，此时这种人脉网络已经开始运作。

将私有化作为工业问题的解决方案，一直都是日本经济政策的主要特征。只要放手不管看起来足够安全，官员就会摆脱直接管理的烦琐工作。这一习俗仍在延续。20 世纪 80 年代日本在处理国家铁路和通信事业时表现还是一样。官员在实际管理权力上几乎没有任何损失，但经济因为新的刺激、风险分散以及有限制的竞争方式而提升效率，促进了“自然选择”。到 19 世纪末，明治官员们很轻松地就保留了对具有战略意义的行业（矿业、重工业以及运输业）近乎全盘的控制。

培养奉献精神

第二次大型的追赶运动开始于战后重建已经结束的20世纪50年代，并一直持续至今。凭着同样全心全意的奉献精神，它让日本的经济实力超过了除美国之外的所有国家。我们再说一次，推动这一发展的不是，或说不主要是，西方人所认为的经济动力。日本经济发展的主要目标从来就不是增加其国民的选择和舒适感。相反，经济增长通常是以国民的牺牲为代价的，它与国家安全的理念直接相关。由于国家目标中的“强兵”部分必须被放弃，所以经济努力在此时就必须担起全部责任。

明治时期人们认为匆忙进行的工业发展对国家安全至关重要，如今要获得工业主导地位也是如此。日本官员认为这是理所当然的。我们仔细阅读他们的文章，认真听他们的演讲之后，就可以看出这一点。他们似乎是在暗示而世界也必须理解，他们不会允许自己的工业在面对外国竞争时出现失败。[5]

不少20世纪的外国观察家证明，日本人投身于自己的工作时具有毋庸置疑的奉献精神。二战结束后的20年中，全国重建工作如火如荼地进行。同一家公司的工薪族团结在一起，表现出传教士般的狂热。特别是在20世纪60年代，日本公司给人的印象是在参与一场永久的竞赛。虽然实际上竞争是受到控制的，但各家公司毫不停歇地在商界等级中向上爬，各个行业的龙头企业也是广为人知的。家庭主妇和学童按说对这种事情不太关注，但即便他们也非常清楚哪家公司在哪个领域做得最大。这样的宣传，再加上媒体（在污染丑闻出现之前）报道出一切安好的一致印象，帮助产生了这种现象级的推动力。但是，成为国内的顶尖公司只是开始，它们还要和强大的国际公司开展竞赛。20世纪70年代中期，在和大型电子制造商中的工程师和管理人员对话时，人们能感觉到这些人活着就是为了一个目标：赶上并超过IBM（国际商业机器公司）。日本宣布“美元冲击”（尼克松在1971年决定美元停兑黄金，迫使日元重新估值的结果）后的第二天，我拜访了富士胶片公司。我发现了一群痛苦沮丧、面如死灰的工薪族。他们解释说，公司的国际销售计划受挫，因此赶上并超过柯达的希望变得渺茫，而且公司有可能再也不能恢复过来了。

完美之路

“赶上强国”心理一直是日本作为一个经济大国崛起的重要方面，因此值得研究它在与政治经济不直接相关的日本生活领域的影响。相比西方，日本的“进步”一直以来经常被人以更直截了当的方式衡量。在其有记载的历史之初，也就是在公元6世纪，日本还是一个没有文字系统的原始部落社会。与唐朝接触是日本的一次重要经历。唐朝是当时世界上最先进的文明。日本对唐朝文化形式的吸纳有一种少见的彻底性，甚至在历史上很难找到类似的情形。这样，日本就形成了一种自我改进的态度，而且一直流传至今。

这种态度的特征是这样一种观念：做事情可以有一种“完美”的方法。在学习技能，特别是学习日本音乐、传统剧场艺术，或是柔道、合气道、剑道和空手道相关技能的时候，重点在于不假思索地不断重复老师的动作。要做到精通，就必须消除自身与完美典范（也就是老师所体现的样子）之间的障碍。

认为学生可能有独特潜力的想法几乎没有任何影响力，即使在非传统的艺术中也是如此。外国导演和音乐老师几乎一致认为，日本的表演者有强大的技术能力，但相对缺乏个人表现能力。这在某种程度上反映出一个追求服从的社会中缺乏勇气，但也说明没有人告诉那些从未在海外学习过的音乐家，音乐应该由他们自己来诠释。做任何事情都有“完美”的方法，这种想法可以与对团体行为的顽固期望进行对比；实际上，艺人必须按照模型而生。根据日本的学习方式，技能或艺术有一个权威的、事先设定好的样子，需要大家遵从。没有空间让人做出特别的变化，来适应实践者的个人倾向和品味。

这种做法的好处是能在演艺界和造型艺术界产生技艺大师，以及由全然自信而产生的从容之美。但也有缺点。技能的进步根据定义得非常狭窄的标准来衡量，不符合这些标准的成果就不会引起注意。传统的日本教学方法在早期树立的自我意识，往往也成为一种阻碍。风格，即精确呈现的方法，被认为是至关重要的，因此需要不断的重复来消除自我意识的干扰。练习传统技能和现代体育技能的日本学生，不会轻易得到停止训练的许可，让身体休息一下，去关注其他事情。

我认为，这种学习方式具有政治意义。日本政治发展在最早期就受到中国模式的影响，而唐朝文明又是那样辉煌灿烂，这不仅表明两个政府没有可比性，还增加了日本长期的创伤体验。掌权者引入了中国政府的表面形式，他们似乎都意识到他们必须以某种方式去适应新现实，并且受到这种想法的驱使。我怀疑这是日本的两种观念——做事情有“完美”的方式和普遍感觉不够“完美”——的起源，特别是在艺术和学习方式中。

19 世纪，日本突然开始面对欧美国家的力量和技术奇迹。这一次流行的口号呼吁模仿外国的物质进步，但要保持日本“精神”不受影响。而日本人能做到的模仿程度，恐怕是前无古人，后无来者。

“恐慌”、沮丧以及新控制

到了 1905 年，日本已经建起足以让它在日俄战争中击败俄国的工业基础。明治寡头成功地刺激了经济发展，后来第一次世界大战使日本的工业进一步发展。这种好运在 1920 年终止，一连串“恐慌”造成了持续的“衰退”和商业混乱。按照国际标准来看，日本经济实际上还在高速增长，[6] 但一般印象仍然是不稳定和无序状态。就在调整开始起作用的时候，1923 年的关东大地震冲击了东京和其外围地区。接着发生了 1925 年的通货紧缩和 1927 年的金融危机。很多公司因早期的繁荣而过度扩张，此时不得不靠政府贷款来拯救。地震之后，央行借出了太多的款项，而随之而来的金融恐慌造成 37 家银行倒闭，让 5 家财阀银行建立近乎霸权的地位。所有这一切都发生在佃农叛乱越来越多和其他社会动乱愈演愈烈的背景之下。

在保障日本安全的人看来，这种无序状态已经到了无法忍受的程度，于是他们要求采取紧急的行政措施。而实施这些措施，标志着一个经济系统的终结。这个经济系统虽然有着强大的官僚元素，但在很多方面它仍然类似于西方的自由放任主义经济。在“大正民主”时期，企业繁荣发展，新的企业不管是不是和官僚有关联，都有机会扩张成大公司。赚取利润被认为是企业的正当功能。当时的日本存在一个劳动力市场、一个开放的资本市场，还有此后日本再也不曾见到的自由贸易以及自由流通的外国资本。但在银行危机之后，田中义一在1927年4月组建了内阁，目的是引入更易控制的新经济管理办法。如第十四章所述，田中义一是山县有朋最显赫的门徒，同样认定有必要增加社会控制。他逮捕了大量左翼分子，解散了一切“可疑”组织。田中组阁一个月后，商工省在省内成立了一个商工审议委员会，探讨是哪些因素让日本经济不景气，政府又应该做些什么。查尔莫斯·约翰逊是“资本主义发展型国家”这一说法的提出者。他正确地指出，这种发展是促使战后高速增长的工业政策的开始。经济官员开始思考“产业合理化”，并且从未停止过。[7]

由1929年西方大萧条引起的1930—1935年的“昭和衰退”，在10年的诸多“恐慌”后降临日本，它对“革新官僚”获得权力起到了帮助作用。这些官僚的社会经济控制理论基于纳粹和意大利的社团主义思想。同时，日本非常著名的大藏相高桥是清推动了通货膨胀政策。这是日本进行此类经济管理的首例。在军火制造加速的帮助下，该政策发挥了作用。重工业和化工业继而将日本拉出了这种衰退状态。高桥一直呼吁进行经济扩张而不是军事扩张，他坚持认为“超出国家支付能力的军事开支不能真正加强防卫”。[8]正是由于他的这种态度，超级“爱国分子”在1936年2月26日将其刺死。日本政治历史中的这一关键事件，也标志着在军方要求为“国防国家”增加预算支出时，日本经济政策领域温和派力量的消亡。

国家资本主义实验室

精英集团中进行着永无休止的暗战。相对不受这些争斗有害影响的地方是中国东北，尤其是在日本关东军建立伪满洲国傀儡政权之后，这个事实上的殖民地被军方和官僚中的“改革派”认为是推动工业方案的理想环境，但这么做并不是为了私人利益，而是为了体现日本帝国的实力。陆军一直对大型的日本公司表示不屑，因为这些公司对赚钱更感兴趣，而不是为了增添天皇的荣耀而工作。所以，他们想将财阀排除在伪满洲国之外。

九一八事变以及其他关东军行动背后的参谋是石原莞尔，东京对这些行动完全失去了控制。石原是一名出色的战略家，最认同“国防国家”的理念。他在立命馆大学担任讲师，教授他的“最终战”（也就是美日之间的战争）思想，引起了人们的注意。他是浪漫主义军事活动分子的偶像。1935 年，石原担任参谋本部作战课长。石原立刻开始起草伪满洲国的发展计划，目的是为日本和苏联的战争以及“昭和复兴”（由激进的民族主义者领导的革命，为的是将背离了“国家本质”的精英集团清除出日本）[9] 提供一个基地。不过这两个目标都没能实现；但正是石原莞尔和他的朋友、九一八事变的共同策划者宫崎正义（俄国革命时他住在俄国，并在 20 世纪 20 年代末再次访问俄国，为的是研究经济规划）提出了基础经济计划草案，并由关东军呈交给革新官僚岸信介和星野直树，让他们加以改进并付诸实施。[10]

南满洲铁道株式会社（或称满铁）运营着一个庞大的经济帝国。日俄战争后，南满铁路转入日本人之手，* 从此一直扮演日本工业和商

---

* 南满铁路前身是沙皇俄国于 1897—1903 年在中国东北修筑的中东铁路的南段，日俄战争后铁路经营权归日本，日本于 1906 年创立南满洲铁道株式会社。——编者注

业渗入中国的先锋角色。它也是日本在亚洲的军事政治野心的预兆，导致了与中国的冲突，这些冲突对触发九一八事变起到了推波助澜的作用。除了铁路之外，满铁还运营着煤矿、炼钢厂、仓库、发电厂、轻金属工厂、银行、港口、水路运输业和飞机制造厂，代表了共 80 家公司。它也在极大程度上对中国劳工进行剥削。

但是，满铁经营者发现很难为它想成立的或是想扩张的那些公司筹到足够的资金。于是在关键的 1937 年——此时侵华战争已经全面展开，全面开发中国东北成为重中之重——军方和革新官僚规划师将满铁彻底重组，将工业从铁路中剥离出来，并组合成“满洲重工业开发株式会社”。需要的新资本中，有一半由一个所谓的“新财阀”提供。这个财阀就是日产集团。

日产（如今日产汽车公司和日立集团的母公司）之所以被选中，是因为日产的领导人鲇川义介[11]是岸信介的亲戚和政治伙伴，在军方看来他不会只是追求私利的人。鲇川接下来花了 5 年时间在伪满洲国建设公司。[12]我们再次看到人脉的重要性。个人关系在革新官僚之间、在官僚和军方之间、在军方和官方政府之间是至关重要的。岸信介争辩说，他的亲戚鲇川和那些攫取钱财的财阀家族有点不同，这才说服军方鲇川是他们最好的选择。事实上，鲇川获得在业界的地位，要感谢他自己家族与主要集团领袖的关系。他的姐姐嫁给了三井帝国的最高管理者，他的另外三个妹妹的婚嫁和其他各种联姻关系，将他与一系列显赫家族关联起来，而这些家族代表了政治精英和经济贵族。我们稍后再谈鲇川，因为他在战后还扮演了一个重要但不一定为人所知的角色。[13]

在以实施经济控制的官僚为先锋的强行工业发展中，有三个方法为日本战后经济提供了重要教训：金融方法和保证市场份额的方法——这两个我们马上讨论——以及规模经济的原则。鲇川的伪满洲国重工业开发的任务，是为每个工业领域设立一个大型制造公司。所有这些公司都被要求完全发挥生产潜力，并以牺牲利润为代价。它们在东北当然没有任何竞争对手。

太平洋战争爆发两年后，日本的前景变得暗淡，鲇川的日产集团和陆军-官僚联盟的关系出现了问题。到 1944 年，伪满洲国工业试验的失败要比其成功更加让人印象深刻。[14]

战时控制的限制

战时的经济官员们从来就没能实现他们期望靠法律、企划院、控制协会、中国东北的工业安排以及对财阀主导的企业界颁布的众多指导意见而获得的结果。政府机构和其他权力团体相互阻碍，各方的目的是冲突的——这是日本持续存在的问题——因此，日本战时经济就没有有效的中央控制。一位美国的战时观察家说道：

> 在 1940 年，国家对外汇、进出口贸易、资本投入、价格、劳动力市场、消费品工业和电力工业有着程度不同的控制。但这些措施远远没有达到对基础工业和大型垄断企业实施全面国家管控的地步。随着特别紧急情况的出现，大部分措施的设计都很随意。在很多情况下，企业利益成功地自行限制了国家控制，或限制了这些控制的应用和执行。[15]

一些与新秩序运动有关系的官僚，一直对他们的中央经济控制的尝试持悲观态度，很快就责备起他们的军方同盟，说是军方逼着他们采纳行不通的政策。[16] 直到 1942 年中途岛海战爆发，他们才开始为战争目的启动全面工业动员，提出“企业整备运动”的形式。相比明治早期政府拥有这些公司的时候，官员们更深入地干涉这些工业企业的事务。这也为战后工业规划提供了另外一个先例。用最近一位观察家的话来说，“战时企业整备运动是道路的起点，之后是 20 世纪 50 年代的产业合理化审议会和 20 世纪六七十年代的产业构造审议会”。[17]

来自全国动员的国家遗产

战时偶尔生效的措施，在战后取得相当好的效果。这要感谢驻日盟军总司令部大大增加了经济官僚的权力。事实上，确定了日本战后工业发展本质的最强有力的两大安排都继承自战时的经济法。第一个安排是“企业联盟”与商业集团组建时依据的金融关系，第二个安排是新重商主义的贸易实践。这两个重要因素让战后的生产者可以几乎毫无风险地扩大产能，允许对国内竞争加以众多控制，保护日本工业不受外国竞争的影响。

从战时金融到战后“企业联盟”

战时金融控制结构的基础，在太平洋战争爆发的几年前就已经铺设完毕。1931 年金本位制的废除，为制定新的货币政策做好了准备。首先，在此之前相对自由的日本贸易受到 1932 年《资本逃避防止法》

和1933年《外国为替管理法》*的限制。在国际收支平衡危机以及日本关东军全面发动侵华战争的背景下，日本于1937年制定的两项法律进一步加强了控制的基础。一项法律是《输出入品等临时措施法》，这项法规让商工省有权减少或停止任何商品的进出口。另一项法律是《临时资金调整法》，这项法规控制了对新工业投资的贷款，让大藏省有权为军工业输送资金。[18]

这些措施中的第一个，为战后于1949年通过的《外国为替及外国贸易管理法》提供了基础范本，该法律一直是通产省执行工业政策的最强大工具。[19]第二个措施让大藏省官员有了直接“指导”银行的习惯，一直存续至今。

20世纪40年代初，进行国家动员的中央组织是企划院。它试图更有效地协调能源、资源以及机构，使其成为“新经济秩序”中的一部分。于是，它计划将大藏大臣办公室和日本银行行长办公室合并，组成一个金融控制联盟，来帮忙清理以获利为动机的日本金融机构。当时，这种动机被认为对国家目标有巨大损害。虽然这一政策的全面贯彻受到大藏省各部门之间常见的内斗阻碍，也因大藏省和企划院之间的摩擦和大量个人争吵而受到阻碍，[20]但1942年5月成立的货币控制联盟，为央行在战后对商业银行的控制创造了先例。[21]

但是，所有战时金融安排中最有决定性的，可能是日本在战败的一年半以前才引入的。这就是所谓的“授权向军工企业提供资金的金融机构系统”，[22]其目的是为军工业提供资源，因为军工业消耗的资

---

* “为替”即外汇。——译者注

源数量大大超出了早先规划师的预计。1943 年 12 月生效了一项法律，1944 年 1 月，政府挑选了首批 150 家“军工企业”和“得到授权的金融机构”配对，后者要不受阻碍地随时为前者提供资金。到 2 月底，该系统已经就位。[23] 得到授权的机构主要是大型财阀银行，它们得到大量小型银行、其他金融机构以及日本央行的支持，从来就不会缺钱。[24] 到 1945 年，超过 600 家大型企业以这种方式得到资金，并通过指定银行获得 97% 的借款。这些银行控制了日本所有贷款的 70% 到 80%。[25] 大藏省进行整体监管，而军需省进行资金的分配。[26]

这就是战后企业联盟金融业的最初模型。[27] 日本企业和其“主要银行”之间超乎寻常的紧密关系，可以追溯到二战结束前的最后几个月。我们在第二章中讲到，大部分大型日本公司以一个所谓的城市银行为中心，形成一个团体；而在战后的大部分时期里，它们对这些银行的依赖更加不寻常。战前，借款的平均利息是 30%—40%（和战后欧美的利息差不多）。从 20 世纪 40 年代末到 70 年代末，大型日本公司从这些享有联盟关系的城市银行借来了它们所需资金的 80%，甚至更多。

战后的大多数年份里，这些为企业联盟注入资金的银行都在过度借贷，因此它们也就越来越依赖于央行。央行的一位经济学家在与主要的西方工业国家进行对比时指出，“日本是唯一一个央行作为净贷方的国家”，这意味着央行的贷款和贴现超过了商业银行的存款。[28] 直到明治中期，这一情形都还是很普遍的。但从 20 世纪第一个 10 年末期开始，一直到为太平洋战争提供资金为止，这些大银行都认为欠央行的债实在很羞耻。[29] 战后，日本央行与大藏省展开了管辖权的激烈争夺战，但央行不得不在重要的事项上做出让步。这就意味着大藏省的官员最终具有并仍然具有控制基础工业发展的巨大权力（虽然对此有相反的报道）。1947 年颁布了《临时利率调整法》，让大藏省官僚可以自由地设置贷款和存款的利息，战时安排因此得以合法重生。这一“临时法律”到 20 世纪 80 年代末仍然存在。限制所有金融机构行为范围的权力，让大藏省帮助组织日本国内外经济行为的手段变得完整。西方对日本政府与私营企业之间合作的评价，过于狭隘地集中在官僚机构给产业多少直接补贴。这个问题提错了。大藏省和日本银行的官僚一直在规范资金的分配，而这才是对产业最有效的控制。

继承而来的对社会控制的支持

我们已经看到，除了法律和经济官僚机构之外，战时安排留给战后的遗产还包括各种有意形成的，至少是被鼓励的支持。这种支持是在更广的社会背景下形成的，它对工业政策取得巨大成功起到了帮助作用。其中的一个重要工具是企业工会，它是产业报国会的直接后继者，而产业报国会为了战争规范了劳工关系（见第三章）。战后社会控制在大部分领域都变得非常复杂；它战时的起源被人忘却，而且人们通常不认为那是控制。记者俱乐部体现的信息过滤比直截了当的政府审查更值得注意，它对新闻和公众意识有了一种可能更有效的控制标准。我们在第六章已经看到，战后对大众媒体的控制，在很大程度上已经由私人机构执行，而电通是其中的主要协调机构。

让电通脱颖而出的人是吉田秀雄。他能做到这点，是因为他在战后拥有非常了不起的人脉，与前革新官僚及其他伪满洲国官员关系紧密。战时，吉田为经济官员提供了必要的后台帮助，以控制广告费的系统化，并将 186 家广告代理整合成 12 家公司。[30] 他还和冢本诚进行合作。后者是在上海从事军事情报工作的大佐，他参与了秘密的政治运动，并镇压了中国的抗日运动。东条英机担任首相期间，冢本被任命为军方“思想警察”的主管，[31] 在战时政府和记者之间居中调停。战后，吉田让冢本担任了电通的董事。他还选用日本政府在伪满洲国的宣传机构领导人之一森崎实担任“视频研究”（Video Research）这家公司的总裁。这家公司垄断了电视评级，非常适合用所谓观众数不够这样的理由停播节目。[32] 被清洗的政客、商人和记者，被吉田召集在一个俱乐部中。他们在美军占领时期每月聚一次。他因此拓展了人脉，并得到允许成立第一个商业广播电台。由于日本的广播公司要仰仗官僚才能获得执照，吉田在这个领域的关系极有价值。电通办公室的绰号是第二满铁大厦，因为吉田雇用了不少前满铁的管理者。伪满洲国官僚和军官接受吉田的训练并获得“重生”，他们要么在电通任职，要么就在新成立的商业电台和电视转播公司中任职。我们在第十四章中看到的著名革新官僚迫水久常，他在电通大厦中也有一个办公室。[33]

官员们将电通变成日本伟大的成功故事之一，以此回报吉田。1946—1947 年，它的销售额翻了一番，下一年翻了两番，下一年又翻倍，在 1950—1955 年又翻了两番。[34] 从 20 世纪 70 年代初开始，它就成为世界上最大的“广告代理”。1971 年，吉田举办了“媒体恳谈会”，企业协会和大众媒体的代表在会上讨论了媒体“偏见”的危害。[35] 我们已经看到，电通统治了商业电视节目，在很大程度上负责为自民党和官僚塑造他们想要的“形象”。

鲇川和承包商

日本战时经济的另一个产物对战后“经济奇迹”也是不可或缺的，那就是承包商系统。在这个系统中，从属企业和甲方之间存在准家庭关系。九一八事变后，该系统就已经成形并在战时迅速推广。作为提升产量的紧急措施，军工设备制造商不再自己生产所有部件，而是将部件制造和其他工作承包给较小的公司。[36]效率不高的小企业被重组并融入战时生产系统当中。[37]上文中提到的1937年的法律，让大藏省官员在向企业贷款时有了决定性的发言权，这个法律也将公司分为三类：军事优先的，必要的以及非必要的。那些“非必要”产品的制造商得到命令，要转而生产国家需要的东西。[38]控制协会的任务就是对这一切进行协调，而协会中有些领导人组建了战后的企业协会。[39]

如我们在第六章中所见的，大企业从这样的等级关系中能持续获取巨大利润。战后初期，不少协会——有些比较“民主”，有些相当独裁——争当中小企业的利益代表，而在朝鲜战争之后的经济衰退中，他们乐意相信自己的卡特尔化可能会减轻企业联盟和大企业卡特尔紧缩带来的负面结果。但是，如我们在第三章中所见的，任何具有一定规模的日本组织，如果没有意识形态的良好保护，都很容易被系统中更强的部分剥削。通过反映了大公司意愿的“自发”调整和政府机构的授权，官员们对小公司获得了决定性的控制。[40]

此次运动中扮演主要角色的，仍有那位被选来组织伪满洲国工业的鲇川义介。战争结束后不久，鲇川开始对返乡士兵进行再教育和施行农业村庄工业化的方案。[41] 但占领军官方剥夺了他的所有职务，将他作为战犯嫌疑人在巢鸭拘置所中关押了两年（和岸信介一样，他也从未受审）。不久之后，他成为自民党的参议院议员。他一直担任该职务，一直到 1959 年的竞选丑闻毁掉他的政治生涯。因为他是日本中小企业政治连盟（或称中政连）的组织者，所以大部分战后的经济官员都欠他的情。

鲇川在狱中便已认定，中小企业将在战后经济重建中扮演关键角色。[42] 他在 1952 年购入一家商业银行为小公司安排贷款，又和星野直树（大藏省革新官僚团体在伪满洲国的前领导人）以及满铁的冈田一郎一起讨论建立中政连的细节。标志中政连成立的大会在 1956 年召开，会上还宣布建立一个平台，计划以“建立中小企业伟大联合”为目标推动立法。[43] 中政连的目标是吸收 1 000 万成员，并在选举中对候选人提供支持。这就让鲇川有了一个全国性的后援会，并因此再次进入参议院。更重要的是，这为他的老战友岸信介从顶层控制承包商提供了框架。如果其他战后早期的承包商协会没有被破坏的话，它们可能会成为一股令人不安的力量，因为其中有些协会显然对剥削关系保持警惕，对大公司也一直抱有敌意。

鲇川通过大量花费自己的金钱，成功地设立了众多地方分支机构，而且为他帮官员想出的那部法律收集了大约 800 万个签名。该法律设想的规定是，如果一半的小公司加入其产业中的下属协会，那么其谈判决定就是有法律约束力的；如果有三分之二的小公司加入，那么成员协会就“有权”要求官方对非成员的行为加以约束；如果有超过三分之二的小公司加入，那么它可以得到命令非成员加入协会的权力。

它还为协会提供了反垄断法规定下的豁免。工会联盟“总评”反对这项法案，公正取引委员会和家庭主妇联盟也表示反对。但在岸信介个人的调停之下，国会在 1957 年通过了这项法案。[44]

中政连在颁布另一部经济控制法律的过程中也将扮演重要角色。20 世纪 60 年代初，池田勇人的“收入翻倍计划”要求对中小企业的规模和其他特征进行调整，以适应当时正在制定的工业方案。通产省希望在该领域进一步扩张权力，因此起草了《中小企业基本法》，鼓励进一步发展“企业联盟”这种公司集团。日本共产党反对说，该法律会增强大公司在大部分业务领域中的控制。另一个中小企业协会也表示反对，争辩说该法律只是为了发展政府选定的若干工业领域，会加强官僚对中小企业的控制。但中政连对这项法案进行了积极宣传，使其在经过若干修订后，于 1963 年获得国会通过。[45]

鲇川死后，中政连正式由岸信介领导。岸信介在 1987 年去世后，这一中小企业主要联盟的“领导权”由时年 77 岁的田中龙夫掌握。他是前伪满洲国革新官僚，也是企划院和军需省官员，战后他担任过内阁秘书长、首相办公室总干事、通产大臣、文部大臣、自民党执行委员会主任。他也是田中义一——帝国在乡军人会创始人，1927 年引入社会控制及经济控制新方法的那位首相——的长子。田中龙夫可能算不上是最出色的政治人物，但他成为日本被剥削的小型企业的最知名的代表，表明官员们懂得应该让熟手来掌舵的道理。

占领期的遗产

我们已经看到，驻日盟军总司令部给了官僚们机会去实现战时没有完成的对经济的集中控制，还让他们吸取了在伪满洲国得到的经验教训。麦克阿瑟将军和他的“改革家”同样为战后早期工业政策提供了相当大的助力。一开始，占领军针对大企业的措施无意中对他们想要取得的“民主化”产生了相反的效果。我们在第三章中已经看到，共产主义政权接管中国后，占领军的目标出现了刻意的转变：重点不再是对日本进行“民主化”，而是帮它建立起强大的经济体系，使其足以抵抗亚洲可能出现的共产主义发展。这种改变通常被称为“逆转进程”。[46]

财阀控股公司的解散和重组，财阀家族控制的消除以及公司在经济去中心化进程中的重组（对差不多 100 家公司产生了影响），不光加强了经济官僚的权力，而且将官僚管理人员提拔到了行业中最高的职位上。解散财阀还释放了大量证券到政府手中，一并移交的还有之前由这些巨头执行的金融和行政控制权。政府官员开始接管之前属于财阀管理者的责任。另外，战后那一段时间，私人资本的缺乏意味着公司几乎完全依赖于官员的投资。官员的资本来自复兴金融金库，后来来自日本开发银行以及日本输出入银行（即最初的输出银行）。[47]

如果不替换工业的老掌门人，那么强调化工业和重工业发展的重要政治决定也就不会那么容易得到贯彻。20 世纪 30 年代之前，在商工省的权力相对较弱，日本的企业界还有一些自治权的时候，经济官员们已经发现只要促进这些产业发展，便能帮助他们扩张权力范围。通过在这些行业与伪满洲国军方客户之间进行调停，他们成功地让自己的部门成为国内化工业和重工业的主要监管机构。[48] 尽管在战后强调重工业和化工业发展不像是一个合乎逻辑的经济选择，官员们还是知道他们在做什么。

强制经济发展的制度

战后重建在不知不觉中变成无限工业扩张的一套既定政策。国会在对这种政策的优劣进行讨论前，就批准了数百项法律并对法律进行修订，帮助协调用来强制经济发展的体系。到20世纪50年代中期，提交给国会的议案数量上升到每年200件至250件。这一趋势一直持续到20世纪60年代初期。此时提案数量剧减，表明维持高增长的法律体系已经就位。[49]

支持工业政策的法律体系中，最重要的是控制外贸的法律，这项法律基于1937年的法律提出。官员用来保护国内工业、抵抗外国竞争的主要手段，是外汇管制而不是关税。[50]工业政策中的另一个重要手段，是1952年3月颁布的《企业合理化促进法》。这项法案加上对《特别税收措施法》的修订，（特别为出口商）提供了刺激性的税收减免，并设立了储备基金来发展工业。这些税收措施被大多数人看作“资本积累税收系统”，是“新政策的优待例外，结果巩固了现有特权地位和更严格的工业政策”。[51]

日本开发银行成立于1951年3月，它被允许发行自己的债券。1952年7月，“财政投融资计划”实行；这“第二预算”得到日本庞大的邮政储蓄系统的支持，完全由官员自行判断如何使用。输出入银行、中小企业金融金库、住宅金融金库以及农林渔业金融金库也在20世纪50年代初相继成立，这些机构为投资寻求资金来源。

驻日盟军总司令部对经济法规的贡献，是1947年4月14日颁布的《独占禁止法》。这项法案在占领期得到修订，并在1953年再次被修订。它被系统地削弱了，允许存在萧条期卡特尔（也称危机期卡特尔）和合理化卡特尔，允许价格垄断，不再警告经济过分集中的公司。[52]

1949年的第一个季度，随着底特律银行家约瑟夫·道奇的到来，驻日盟军总司令部的经济政策发生了急剧变化。他引入了所谓的道奇路线。这是一系列紧缩政策，目的是控制战争带来的恶性通货膨胀。道奇路线开始于经济危机时期，借助它可以推行通货紧缩政策，而让政府自行实施这些政策是不大可能的。这需要一种让人冷静的新想法：完成复苏这一首要目标的前提是经济要稳定。而道奇认为，经济稳定的关键在于平衡预算。

道奇路线几乎从一开始就遭到破坏。央行命令金融机构去拯救那些濒临破产的公司。一位为战后初期经济规划做出贡献的前官员指出，这个政策显示出过度贷款的初步迹象，而且“预示了央行对商业金融机构更强的控制”。[53]这和驻日盟军总司令部的想法是冲突的，后者下令停止该政策。在接下来的两年时间里，道奇路线让经济官员的步伐放慢了。[54]但令他们满意的是，对“经济奇迹”第一阶段具有重要意义的发展出现了：美国开始为朝鲜战争购置军火，所有人的注意力都转到了生产上。此后仅过去一年，1955年，银行不再放出超过其存款承受范围的贷款，高增长的政策就充分利用超额贷款方式，让日本公司能够迅速地扩张。[55]

贸易“自由化”的好处

不是所有受战时控制启发的正式措施，都被全体官员接受。1963年，由于企业界对自民党施加的压力，通产省在池田内阁支持下提出的《特定产业促进特别措置法》未能得到国会通过。通产省输掉了一场重要的战争。大藏省和银行界也帮忙阻止了该项法案，因为他们正确地解读出，这项法案其实是工业官僚进行地域扩张的尝试。另外，这项法案的目的是授权通产省在那些需要更有国际竞争力的行业中设立正式的卡特尔，让官员们所珍爱的“公私合作”获得法律基础。这太容易让人回想起战时的官僚控制机构了。[56]通产省前次官天谷直弘在12年后回忆说，这项法律最致命的缺陷，是“把一直以来众人心知肚明的一部分通产省政策公开了”。[57]

通产省出于对欧美竞争者入侵的担心，起草了这一干预企业的法律，却没能获得支持。从20世纪30年代开始，政府通过外汇管制抵抗进口，让企业受到保护。但官员们知道，如果日本要成为自由市场国家俱乐部中的真正成员，同时还要持续全面地参与国际经济的话，“贸易自由化”一定不可避免。出于来自外国的压力，进口自由化程度至少在书面上于1963年夏天达到了92%，这让日本获得了关贸总协定第11条国*的地位。加入经济合作与发展组织后，日本成为发达工业国家集团中的第一位亚洲成员。[58]

和之前的发展一样，这种政府不希望出现的发展也被非常成功地利用了。想象中的外国竞争给工业（机械、化工和汽车行业）带来的威胁起到了巨大的刺激作用，因此这些行业翻新工厂，急忙开展新的项目。企业联盟对自由化计划做出反应，通过增加共同所有权而加强内部关系。[59]工业团体以这种方式巩固地位的目的，是能够在有前景的新行业中成立新公司，以确保打败潜在的外国竞争对手。

---

* 关贸总协定第11条国原则上不可对进出口有关税以外的限制。——编者注

在自由化进程最终到来之际，工业团体几乎毫无痛苦可言。自由化计划改善了日本在原材料市场的地位，而国内唯一损失重大的受害者是煤炭工业。书面上的真正改变只出现在那些日本工业具有国际竞争力的领域中。在汽车、计算机和重型机械等日本需要培育的新生工业领域中，出现了一种“逐步自由化”观点。通产省没有法律手段，却有不少“行政指令”可以使用，这种“行政指令”促成了大部分的公私合作。

“自由化”浪潮过去之后，出现了太多此类的公私合作，以至于在法律支持取消之后，保护主义结构仍然存在。这些自由化的领域，在表面上已经对国际竞争敞开，但官员们还是能确保更廉价的外国产品不会夺走国内生产商的生意。他们依赖的一系列措施，后来被称为非关税壁垒。20 世纪 70 年代末和 80 年代初，在面临势不可当的外国批评时，官员们启动了一个取消这些非关税壁垒的计划。但这些壁垒是在他们的帮助之下得到巩固的，其存在是如此稳固，无法撼动，取消壁垒的计划对进口几乎没有任何影响。

结构性的保护主义

尽管市场力量并不是最终决定日本经济发展的因素，但市场还是一个重要工具，各个部门以及企业联盟的官员都用它来追求目标。日本的经济干预最近被人指出是在“顺应市场”，以此来和苏联经济中更猛烈的干预做出区别——苏联的规划师们不会接受任何自由的企业联盟。但市场仍然是不确定性的来源，这也就有可能为官员带来问题。减少这种不稳定性的一个主要机构是“分销集团”。它是一个有限制的关系网，将批发商与零售商和某个特定的生产商捆绑在一起。分销集团这一整体，构成了日本官员和向日本出口时屡屡受挫的海外出口商常说的“日本复杂的分销系统”。

这其实是个误解。分销系统并不复杂，它只是被操纵的而已。

批发商和零售商不是独立的竞争单位。大部分耐用消费品的零售商实际上可以看作日本生产商的常规承包商。生产商为他们提供资金，并在必要时提供技术知识。分销集团最初来自西方，但在日本变得更强大，更普遍，甚至无人能比。[60] 作为控制日本市场的最有效元素，它们在20世纪50年代后半段得到发展，直到20世纪80年代，它们还在更坚定地巩固自己的地位。它们为巩固日本寡头垄断提供了巨大帮助，也帮助了无所不在的价格垄断。为了增强大公司的控制，众多创新引入日本，比如成立经销商协会，其中的成员有义务限制竞争产品的数量。分销过程实际上成为由生产商操纵的市场机器。[61] 它对日本消费电子工业的发展起到巨大作用。

由于取消了关税和外汇管制，分销集团和联合贸易协会（后者基本上排除非日本成员）仍然是日本生产商的保障，因为它们不用担心在国内市场与外国公司竞争。非集团成员生产或分销的消费品——这自然就包括了大部分国外货品——被有效地拦阻在一般日本市场之外，因为这些产品能接触到消费者的唯一渠道是指定的销售点，而在这些销售点里，产品销售的价格一般是该产品原始市场价格的两倍，有时甚至是四倍。

当某个主要的新兴市场，比如20世纪80年代的通信市场面临危险时，日本企业总是被允许先巩固自身的寡头地位，之后才让一些竞争的外国产品象征性地获得市场份额。这个模式在1936年就已经出现，当时岸信介设计、鲇川义介在幕后推动的一项法律约束了外国汽车制造商在日本的行为。20世纪20年代末，福特和通用汽车开始在日本组装汽车。到20世纪30年代中期，这两家美国公司为日本汽车市场提供了差不多三分之二的车辆。令陆军懊恼的是，他们意识到福特汽车在中国前线的表现，比日本汽车厂在政府支持下制造出来的所有车辆都要可靠得多。岸信介保护“重要工业”的方法灵感，来自他对德国的多次学习访问，他让日本除了丰田和日产以外再没别的“授权公司”。福特被迫取消了扩大产能的计划。这两家美国公司的日子太艰难了，在珍珠港事件爆发的差不多两年之前，全面关停了在日本的制造公司。[62]

失去控制的迷思

外国观察家有一种很常见的误解，认为不受控制、不能停止的发展，一定会带来重要的结构性改变。每隔一段时间，他们就会得出结论说，“株式会社”正在解体，政府监管企业的日子已经结束。有一个广为流传的观念认为，20世纪80年代全球经济发展，日本银行和公司变得复杂，劳动力密集型的生产流程转移到了更便宜的海外劳动力市场，这些现象正在削弱官员控制私营领域的能力。日本官员厌倦了外国对贸易控制的批评，他们对上面这样的观点表示热烈欢迎，而且还帮助散播这种观点。

但是，偶尔可见的放松控制，不应该被理解为系统正在崩溃。系统有太多的机构、习惯和需求在支撑着它。公私领域的一致以及日本官员中的互助习惯说明，我们不应该问“企业”是否正在减少对“官僚”的依赖和对“官僚”的感恩戴德这个问题。日本企业为了逃脱官僚的掌握而与其斗争的观念，简单来说就是错的。另外，主要的经济机构相互关联，免受官僚的直接影响，并不意味着工业发展已经滑出了官僚的手掌心。从西方的观点来看，官僚干预被想当然地认为是受企业厌恶的，但从最终的分析来看，日本的精英企业组织如果得不到有人照看的保证，就会觉得自己是赤身裸体的。在企业家自身，特别是那些处在本行业内较低等级的公司领导层看来，这样的合作关系也许不是自愿的，但他们仍然会感激这种关系所带来的好处。

特立独行的商人无法对官员进行成功的长期反抗。1984 年夏，一家有事业心的石油市场公司为了以更低的价格销售，想要转为直接进口。它完全有这么做的正当权利，但是，这违背了通产省和石油联盟的意愿。结果就是银行抽回了它的贷款。接着在 12 月通过了一项新的法律，表面上看是放开了特定石油产品的进口，但实际上是通过弥补漏洞，进一步限制了贸易。

邮政省针对新兴的而且可能非常庞大的信息处理市场和通信市场采取的行动，为我们提供了一个完美的例子，解释了官员正“失去控制”的说法为什么是对日本事务的基本误解。相关官员对 20 世纪 90 年代不同阶段的市场前景进行了规划。他们认为销售额只会从 1987 年的 2 300 亿日元增加到 1992 年的 5 600 亿日元，认定只有让一家新公司来和新近私有化的日本电话电报公司进行竞争的空间。官员在向潜在的外国竞争对手简要地解释时，强调自己的规则和指导是出于一种担忧，是不想让任何公司惹上麻烦。从他们对外国公司可能进入日本通信市场的反应来看，他们很明显不想面对任何真正的竞争。

让日本无敌

日本输掉了太平洋战争，但新秩序运动中的民族主义者共同怀有的一个愿景，似乎在战后的日本得以充分实现。如今，日本很大一部分大型企业的驱动力来自一种比赚钱更“高尚”的动机。

市场份额

公司领导从攫取钱财的企业家变成官僚管理者。从这一转变中，我们可以看出一种非常连贯的发展过程。如今的企业体现了资产所有权和管理权分离这一进程的结果。这一进程在战前很久就已经开始了。财阀家族雇用“番头”（职业经理人）来照看属于他们财团的企业。[63] 战后对管理层的崇拜几乎导致大型企业全面官僚化，而美国占领军解散财阀的行为也使得资产所有者几乎处于隐形状态（甚至看上去与其资产完全无关）。还有少数几家大公司仍由具有强烈企业家精神的领导运作，但如今看来，它们已经或多或少地游离在主要经济后盾的边缘。明治和大正时期的企业家似乎被遗忘已久。如今，受发财愿望驱使的真正企业家，只在中小企业当中才可以找到，或在少数新的大企业中才能找到——在财界等级中，它们时常被人提醒处于服从地位。

尽管这在表面上和西方公司的发展类似，但西方公司仍然是“被拥有的”，毕竟它们还是要对股东负责。由于税收复杂再加上其他一些规定，战后的日本公司十分不愿意通过在公开市场发行股票和债券的方式来筹集资金，因此这些公司向股东的派息是全球最低的。20世纪70年代，在东京证券交易所主板上市的那些骨干企业，平均只支付了1.5%的股息。我们知道，集团成员往往会相互持股。尤其是银行，它们一般会持有自己客户的大量股票；而日本银行的事务优先级和西方股东的完全不同。日本公司的社长不会因大股东要求而去看损益表，他们要担心的反而是自己和银行家同意的扩张计划。

伴随着企业家到管理者的转变，“赚取利润”的目标也逐步转变为“扩张公司市场份额”。在西方的公司环境中，追求利润和扩张市场份额都是值得尊敬的，也肯定是互相关联的。战后日本的情形之所以特殊，是因为存在一种明显的可能性，让公司长期忽视利润而将所有的资源都投入到扩张中去。强调占领市场份额和强调以牺牲利润为代价换取市场份额的能力，都是比较新的现象。明治工业发展的早期，官员们会鼓励企业家用转让给他们的公司，或是用在政府帮助下建立起来的公司来追求个人财富。20世纪的前30年也是如此。当时，私人企业和国有企业的分别要比今天明晰得多，驱动私人企业的是利润最大化的需要。

但是，随着军方和官僚的联盟加强了对日本的控制，对“国家本质”的强调也达到了一个新高度，赚钱开始被认为是没有价值的活动[64]。支持这一观点的一种看法认为，20世纪20年代和30年代出现的经济问题来源于对利润的竞逐。这与传统思想方式十分吻合，因为一个模范武士总会鄙弃追求财物，相信为主上服务才是更高贵的追求。因此，陆军对老式财阀的谴责正是因为后者对利润的追求。这一态度在战后得以保留；经济同友会创始人提出的观点之一，就是一心追求利润的财阀是“有害的，不可能为建立强大而独立的经济做出贡献，也不可能真正为国家利益服务”。[65] 该联盟一直称利润阻碍了对公众（但要解读成“官员”）理想的献身。[66]

20 世纪 30 年代得到政府支持的卡特尔运动以及其他增强了财阀安全的安排，刺激商人们意识到，扩展业务的手段带来一种令人兴奋的可能性。它激励商人们有了新的想法。在看似永不枯竭的资金流的帮助下，这些想法从 20 世纪 50 年代开始就积极地实施着。

一些被刻意制造出来的战后因素迫使大公司为市场份额展开竞争，特别是在 20 世纪 50 年代中期之后。[67] 经济官僚清楚地表明了他们思想里什么是优先的。在卡特尔衰退的背景下，通产省下令减产，但依据的是当时的市场份额而不是工厂的效率。这就意味着投资公司知道，它们追求更大的市场份额，能得到的回报是确保市场份额。[68] 日本公司中的这一主要驱动力导致众多领域中出现了寡头垄断。在大部分工业领域中，你会发现有 1 到 3 家公司控制了差不多 70% 的市场。这些占统治地位的公司会互相商定价格，而在其他地方保持一致的压力也是巨大的。这继而又对加强各产业内“秩序”的控制起到帮助。

不少西方对日本经济的评论提到了“惨烈”的竞争，认为在公司中这种情况很常见。其实不是这样的。不过这样的竞争确实存在，而官员提起时都总是将其描述为“过度竞争”。这一现象几乎完全集中在消费行业的发展领域中，并因此而引起市场份额的争夺战。争夺战在大公司（通常较新）的部门之间，或是在新成立的子公司之间展开，偶尔会爆发壮观的竞争。比如 20 世纪 80 年代早期本田和雅马哈之间在摩托车市场上的竞争，导致每个月都会涌现 10 到 15 个新的型号。

这是一场真正的惨烈竞争（最后是雅马哈输了），因为出口市场突然饱和后，产能出现了巨大的过剩。

在国内电子行业中，新产品更新换代的速度很快，中型高增长公司为争夺国内市场份额而时刻竞争。竞争之后，一般就会有些公司面临淘汰，不那么成功的企业最终会被置于集团巨头的羽翼之下；所有这些都是在官员们严密的监视之下发生的。但更典型的情况是，国内市场成为相对稳定的竞技场，让日本公司可以关注海外竞争。在海外市场份额的争夺过程中，日本管理者得到的帮助来自“规模经济”，而获得规模经济依靠的是国内市场的稳定份额，以及通常可以补贴出口的相对较高的国内营收。要达成这种条件，只能靠公司之间的私下和解，而不是通过无休止的竞争。大型日本公司很少冒险，它们被安置在一个受保护的环境中，不光屏蔽了外国竞争对手，而且还形成了互相保护的模式。这是它们能够以最低价格同时冲进海外市场的基础。

海外市场上不可战胜的竞争者

这些与产业集团有着紧密联系的大型日本公司，在海外市场上也是令人生畏的竞争者，因为它们不会破产，也可以在长时间内不产生任何利润。在和特定海外市场的当地制造商进行竞争时，它们会或多或少地协同努力，这就基本上无敌了。有些事情体现了这一点，比如日本征服了全球的照相机、摩托车以及录像机（VTR）市场，此外在日本企业开始专注于机床和半导体后，美国机床和半导体的美国国内市场份额大幅缩减。

录像机的案例为“规模经济”的应用提供了一个很好的说明。对产能的投资使日本七大 VTR 生产商的产量在 1979—1981 年翻了四倍，产量达到 950 万台。两年后，这个数字再次翻倍，并且 1986 年产量达到 3 380 万台的最高峰。1982 年生产的 1 300 多万台 VTR 是当时全世界需求量的 140%。这样的产能过剩造成大量库存，企业有可能以任何价格在海外销售；而每年的产出中有大约六分之五是用于出口的。美国广播唱片公司和真力时早就放弃了竞争（改为在日本制造的 VTR 上贴自己的商标），而飞利浦和德国根德只有 70 万的产量，根本无法和日本公司在 1982 年运往欧洲的 490 万台 VTR 展开真正的竞争。

根据当地供需状况小心谨慎地调整价格，是日本企业获得海外市场份额的方式。尽管日元对美元的汇率几乎翻了一倍，但日本公司还是想办法保住了美国的市场份额。由此可见，日本公司在这方面有着无与伦比的灵活性。由于在任何时候，日本的出口项目中都只包含少数几样产品，因此日本的企业能发起相对集中的海外销售行动。当然了，它们占领的市场份额和西方总体的工业和贸易统计数据相比，还是微不足道的。但在短兵相接的领域，这种集中效应就是一柄利刃，切入了既有的欧美工业体系之中。日本官员自己常说这是“激光束”或“急流”式出口。而美国先进技术产业中心硅谷提到日本企业的涌入时用的说法是“步枪般的精准”。

美国半导体和机床的遭遇，让一些美国人对日本人竞争的方式产生了警惕。与日本的宣传和过度自我批判的西方评论家的看法相反，这些领域中的美国公司工作努力，也足够警觉。它们只是根本无法和日本公司得到的金融支持匹敌；而且，因为公司要受股东和董事会的监督，它们的最终决定必须出于对利润的考虑。特别是在用到最新科技的制造业领域，美国企业家为了生存，必须让投资人得到回报。它们的日本竞争者通常是巨型公司的子公司，其他更赚钱的子公司可以填补其冲击国外市场的损失。美国法律对外国公司有利，因为它只在美国工业受到明显伤害的情形下，才会对倾销行为采取惩罚措施。在因倾销而被告上法庭之前的那些年里，日本竞争者就能超过美国公司了。[69]

与大型日本公司竞争的海外公司往往处于极其不利的境地，因为日本公司的命运不怎么受经济因素的影响。它们在母国的基地有办法以牺牲其他人的追求为代价来发展，而且在其运作的环境中人们认为这再自然不过了。日本出口商可以承受的损失，最终其实只取决于集团中的其他公司，特别是它们的主要银行。对于那些被认为“至关重要”的行业，贷款银行可以依靠日本中央货币机构做出的终极担保。这也就意味着，决定是否借款给那些要征服国外市场的公司，从一开始就不是经济问题而是政治问题。

不会破裂的泡沫

在 20 世纪 80 年代，与生产不直接相关的日本经济活动也开始引起国际关注。此时交换的不是物品，而是无形的资产，诸如股票、债券、土地和外国国库券。日本公司很快又获得了一个令人生畏的名声。20 世纪 80 年代中期，日本主要通过投资美国国库券，成为世界上最大的“债权”国；严肃的经济周刊和部门官员开始自豪地将日本与 19 世纪的英国，或是二战之后的美国进行对比。以资产论，日本银行已经超过了欧美最大的那些银行；日本四大证券公司成为主要的国际力量；外国银行被收购；不少公司大量投资海外房地产。

直到20世纪70年代末，官员才让大规模的海外投资成为可能。此时日本公司正因其强大的海外市场地位而获取高额利润。当时日元汇率相对较低，再加上日本公司有了新的自由去探索外国资本市场（特别是浮动的欧洲美元债券），这些利润使得大公司不再那么依赖城市银行来提供资金。

到了1985年，随着银行界和货币机构提高贷款金额并鼓励公司增加资产，一个资本流动的海洋形成了。房地产和股票市场的价格开始飙升。这普遍大大提升了资产的价值，而这些资产可以作为抵押物让公司借到更多钱。那时有一种现象叫“财术”，[70]是指生产商和贸易公司通过直接借钱或依靠匆忙成立的分公司借钱的方式来赚钱。这种方式和他们原来的生产活动没有任何关系，它已经改变了众多日本大公司设计战略的方式。有些生产商和贸易公司在这样的运作过程中开始效仿银行，只是他们毫无经验，还冒着更大的风险。如果没有集团关系提供强大的保护力量，这种行为是不会达到这种规模的。而且有令人信服的迹象表明，众多财术企业和机构投资者一样，在账本上将重大失败隐藏了起来。

如果在西方的环境中，日本公司从事的投机活动可能已经遇到了唱衰的声音。日本也确实有一些人预测在不远的将来的某个时间点“泡沫就会破裂”，或是“市场暴跌”。但是短期和中期的悲观者都忽视了一个关键因素：日本的公私领域之间没有明确的界限，官员之间的合作（在此背景下更常见的说法是合谋）和容易被政治进程控制的经济进程，使日本的环境与最初提出泡沫理论的其他资本主义国家环境大为不同。

只要市场参与者坚信他们交换的纸有实际价值的支持，这种无形资产的经济就能繁荣。信任危机将导致股市崩盘。在西方，这样的信任反映在私营企业的普遍表现中。而在日本，这意味着相信官僚机构、银行和企业联盟中的经济管理者有能力让所有人信任经济机构的运作。这一差别看似微妙，其实非常巨大。

日本人民的高储蓄率被广为宣传，这为近几十年日本“超额贷款”的做法提供了一个重要的信用衡量标准。[71] 如今，在外国人对日本银行的稳定表示好奇的时候，他们会被告知，银行被允许持有大量账外资产而不用对其重新估值。按照经济企划厅（它是省厅级部门）的说法，1987 年这一财年中，日本土地的总市值比美国土地总市值高了 4.1 倍，而美国的国土面积却是日本的 25 倍，可居住面积是日本的 57 倍。东京的某些地块要比曼哈顿商业区的地价高 10 多倍。实际上，土地具备了类似黄金的功能，只是它的价格当然不受外国市场力量的影响。日本专家开玩笑说这叫“土地本位制”。说到证券，东京股票市场上日本股票平均的市盈率（每股价格与每股收益的比例）为 55.6%。相比之下，纽约平均的市盈率是 14%，伦敦平均是 12.3%（以 1988 年 1 月计算）。人们对此提出了不少解释，但最简单的解释是，银行、省以及公司中的管理者同意不给彼此找麻烦，找到了以钱生钱的方法。

纽约股市危机震荡了整个工业化世界，但东京相对未受影响——这和众多国际观察家的预测相反。1987 年 10 月发生的事情表明，日本通过某种控制手段才让这一切成为可能。实际上构成卡特尔的“四大”证券公司[72] 与大藏省合作，看上去甚至能防止更糟糕的海外崩盘对东京股市产生严重危害。我们已经知道，大藏省官员私下里承认，影响股市要比影响外汇市场简单多了。

1986 年地价和股价上升的总和，比当年的国民生产总值高出了大约 40 万亿日元。[73] 自此之后，地价开始飙升：在一年的时间里，东京的商业用地价格平均涨了 96.2%，住宅用地价格平均涨了 89%，日本整体地价上涨了 21.7%。[74] 所有这一切都表明有海量的潜在抵押物可用来借款，进一步为财术投资和购买海外资产提供资金。但是，日本企业界还没来得及恣意扩张，系统就不得不做出一次重大调整。

探索国际金融市场

20 世纪 80 年代，“金融自由化”在对日本经济的评论中经常出现。在这十年中，负责国际事务的官员，特别是与美国打交道的官员不断重申金融自由化进程正在进行，外交使团也在众多声明中承认该进程正按计划推行。日本似乎终于有了一个正在逐渐与国际体系接轨的领域。

金融市场和资本市场在某种程度上确实自由化了，但是以符合日本目的的方式进行的，而且没有显著提升外国金融机构进军日本市场的准入度。按照过往的经验，没有理由认为日本官员有任何进一步开放市场面对竞争的意向，他们顶多会为获得必不可少的外国专业知识而临时这样做。

大藏省官僚的明显让步，其首要目的事实上是让法规符合日本金融机构已在运作的方式，其次是鼓励日本银行、证券机构和保险公司在国际上摆脱束缚，从而让它们在世界货币市场上更有竞争力。那时大藏省官员已实行了严格的分工，在银行、证券、保险领域竖起围墙，用闸门规范资金流向，从而在高速增长时期建立了有序可控的金融市场。但已经建立的金融机构开展利润丰厚的新活动的期望因为一些规定而受挫了，不少其他官员已经开始认为这些规定是过时的。

20 世纪 80 年代后半段，不少外国观察家，特别是那些负责制定华盛顿对日政策的观察家仍然认为，市场力量将在金融领域代替法规。但大藏省的“指导”一如既往地重要。以银行为中心的企业集团仍然以银行为中心。官僚没有放弃实际上的控制，但在一定程度上放松管制就已起到了想要的效果，在日本金融机构中形成了一种新的复杂性，并显著提高了富有公司投资的可能性，让它们能朝着新的方向扩张。

日本的投机者渐渐发现，他们不用过分担心信任危机。与此同时，还出现一种新的金融力量。商业银行通过交换股票和人员，加强了与证券公司的关系。而人寿保险公司变成国际舞台上最强大的机构投资者之一（这要感谢日本不断飞增的养老基金），它开始成为第三大金融力量，在国内市场上提供投资工具。大型保险公司除了与制造业、银行和贸易集团一直保持着联系之外，还一直在大藏省的保护下运作。这一领域同样被类似卡特尔的“三巨头”[75] 把持，政府通过三巨头可以轻松地监视和指导该领域。

难以捉摸的总体规划

对自由市场原则有害的官商合谋在日本泛滥，这自然让人怀疑所有这些活动属于一个巨大的阴谋。即使在与经济没有直接关系的系统领域中，合谋也如此流行，这个问题就变得更重要了。高度关注要追求的目标，却不遵守任何规则，也不受任何裁判的阻碍，这种情况十分常见：所有这些当然看起来像是个阴谋。巩固系统的方式让人想起大政翼赞会的计划，那它是不是某种政治总体规划的产物呢？经济管理者是不是有意地创造出各种环境，让他们拥有目前的国际金融界的势力？这些问题虽然很明显，但并未得到广泛讨论。这部分是因为对这些问题进行思考的人，很容易被称为散布“黄祸”* 论的危言耸听者。

总体规划的存在没有令人信服的确凿证据。没有任何一个阴谋家走到台前，也没有任何文件曝光揭露这样的事情。系统的巩固看起来不像是大规模刻意规划的结果，而是两个世纪的日本政治安排的特征所带来的符合逻辑的结果：敌对派系之间没有就统治权达成任何协定；他们都想保证社会秩序，但不借助任何法律框架或是普遍原则。

我认为，日本的政治历史见证了这样一个事实，那就是政治目的无须刻意追求就能够实现。就像无所不在的“日本性”宣传并不来自一个强大的中央机构，反而是来自掌权者中各独立团体的集体自发需要一样，这些团体也是为了自己而改善环境，以保证自己政治生命的，只是看上去像是在有意识地实现一张社会工程学的蓝图。

1945年之后的管理者难免从一开始就减少左派的影响，制服工会，在美国人离开后尽快“扭转占领期的过度行为”。那些有着建立“新经济秩序”经验的人，在战后被授予前所未有的权力，要试着用他们学到的东西建立新秩序。这也完全是自然而然的。现实管理的传统让官员安心地将他们的干预说成是民主，只要还在选举，还有国会，还有看似自由的媒体即可。鉴于官员们总是担心无序的情况，所以指望

* “黄祸”是一种种族主义比喻。“黄祸”论者认为东亚人对西方世界是一种威胁。——译者注

他们解散1945年之前为避免这种恐惧而设立的机构，或习惯这种恐惧，都是不现实的。

他们采用的“资本主义发展型国家”的发展模式不需要遵守严格的原则，而选择这种模式的人也可能完全没有意识到这是一个特别的经济发展模式。他们意识到的似乎是，这个经济系统的潜力可以不断得到发掘和利用。利用新潜力的倾向在明显出现逆境时可以生动地展现出来。如果系统意识到某种意想不到的、不想要的发展，而这种发展又已经势不可当的话，那么官员和其他受到影响的精英就会破浪而行，不断寻找方法来利用这些新的发展。常规程序中出现的干扰，一开始一般会引起严重的混乱，让人拒绝承认变革是不可避免的；但到了第二阶段，官员团队会发挥明显的作用并利用新的情况，就像一位出色的棋手那样，应对出乎意料的棋着并战胜对手。[76]

通过这种方式，短短两年内日元对美元的汇率升值近乎翻倍。对那些一直主张采取合理化计划来提升效率，从而提升大公司竞争力的人来说，这是一个福音。它也迫使承包商领域进行重组。国内对工业环境污染的谴责，最终发展成一场无法阻止的抗议运动，迫使官方做出大调整。通产省官员于是得到了一套全新的全盘控制机制，可以用反污染法规的形式来加强他们对工业的影响力。美军对日本的占领肯定不是20世纪30年代官员的集体目标，但不少人借此机会实施了自己的计划，其中包括土地改革、推行劳动法以及经济动员。当然，其他地方也经常利用这种预想之外的、起初没人想要的机会。但沉迷于和对手争夺权力地位的日本官员与企业领导，特别擅长这么做。

对扩张工业和提升金融实力新机会的探索，也激活了人脉和系统的非正式进程，发展出官员、企业协会和公司管理者之间的大规模合作。无形资产的大规模扩张，让系统在国际金融体系中有了更大的影响力。我们可以很合理地认为，背后的指导就是如此。但这并不是说它属于在尝试新赚钱方法之前制订的某种总体规划。这也并不意味着系统整体一致支持随之而来的政策。就拿财术的例子来说，大量具有影响力的官员至少在一开始认为，这可能会削弱日本的经济活力。稻山嘉宽在从经团联会长的职务上卸任之前，也表示了对企业家偏离本来业务的担心。

凤凰的缺点

尽管没有任何有说服力的理由让我们怀疑官员们为了成为世界工业霸主而制订了宏大的总体规划，但他们的做法的结果和真的存在这么一个计划没有区别。很容易就能看出为什么会如此。日本的管理者用系统的视角来看待整个世界。在国内，他们在保护自己的羽翼时不会诉诸什么普遍原则；他们也不大会认为国际上认可的规则、条约、协议或是承诺都是绝对可信的。日本之所以争取工业霸主地位，是因为权力是安全的唯一保障；而发展军事实力一时是不可能的，而且在未来很长一段时间内大概都是不可能的。因此，日本对海外市场份额和外国技术有着持续的渴求。

在谈到日本这一“自然”动力时，有必要牢记以下两点。首先，日本有能力在某些战略行业中获得相当强的支配地位，因而让西方对其非常依赖。这在半导体行业中几乎已成事实了。第二，西方贸易伙伴出于无知，假定日本的政治经济在本质上和自己的一样，这便为日本官员们实现自己的国际野心提供了一个优越条件。

日本公司在20世纪80年代末的财富（至少以它们能提供的抵押物来衡量）明显巩固了它们在国际市场上运作的基础。它们买入外国金融机构和房地产，不是为了获得中期利润，而是为了给自己加上更多砝码。既然1988年东京的土地“价值”可以是曼哈顿的十倍，那么再过几年地价升到其20倍甚至更高也不是不可能，只要官员需要的抵押物能保证他们的超贷看似可靠就行。

一直以来，日本的相对优势持续得到其他更长期因素的加强。承包制、临时工、低收入的女性劳动力以及提早强制退休，仍然让日本工业享有灵活且相对低成本的劳动力所带来的好处。劳动大军中只有三分之一是被终身雇用的。退休后，员工以低得多的薪水继续工作。劳动人口中有35%的人在65岁之后还要继续工作，而欧洲这一比例只有10%左右。另外，进入某个新行业的集团马上就能保证拥有10%左右的国内市场。除此之外，日本的系统一直奉行结构性的贸易保护主义，这就为日本制造商和银行屏蔽了竞争，而系统中的公司却是靠着这种竞争打败了西方公司。最后提到的这个因素，似乎确证了日本和世界贸易之间的不平衡会永远存在。

人们普遍认为，西方公司在渗入日本市场时还不够努力，而日本的官员们非常乐于让更多人相信，欧美公司已经疲倦了或者效率低下。但是，如果仔细审视日本公司，就会发现它们犯的错误并不比西方公司少，甚至可能更多，如果把它们只满足国内市场这一因素考虑进去的话。渗透还不够努力这种说法是一个转移注意力的话题。日本那些特别努力尝试的人和那些轻松处事的人一样，大多以悲惨的失败收场。日本发言人经常宣传说有一些外国公司进行了“足够努力的尝试”，并且在市场上获得了成功。这些公司名气很大，因为它们都属于被日本政府反复宣传的例子。被选中的这几家外国公司得到帮助，被当作日本开放的生动案例。[77]

日本工业实力还来自一个被低估的原因，那就是系统针对新兴工业领域付出的惊人努力。日本系统用到的金融手段，如果被一位欧美公司的总裁冒着极大风险采用为投资手段的话，就会被认为是不负责任的，他永远无法向股东做出合理的解释。

日本系统到目前为止能享受到显而易见又巨大无比的国际优势，是因为西方对日本发起的挑战在根子上就做出了错误的判断。美国特别容易受到日本工业的冲击，因为负责监管这方面利益的美国政府机构没有任何制度性的传承。每隔差不多两年左右的时间，新一批美国官员就必须从头了解日本经济和本国经济不一样的运作模式。因此，他们死守其实并不适用的自由贸易理论，不断地给自己设置障碍，最后制定出被误导的临时政策。里根政府在越来越大的国会压力下，为解决日本问题而制订了一个双重方案，以此来帮助扭转贸易上的失衡：日元要变得更贵，要命令日本刺激其国内经济。确实，国内需求的增长让日本经济的增长不那么依赖于出口，但没有充分理由指望这会引导日本人更多地购买西方国家想要出售的制成品。日元升值也没有起到预期效果，它甚至可能会使西方的竞争地位进一步恶化，因为这会迫使日本的管理者优化相对低效的领域。要想让日元对美元的汇率对日美贸易平衡起到显著影响，只有在美国走出现有状态，愿意让美元比1987年时更快地贬值，丧失其货币地位时才有可能。

帮助“调整”美元与日元汇率的手段不但没有带来期望中的结果，还几乎让日本投资者在美国市场的购买力几乎翻了一番。除了来自日本金融手段的力量（我们在前文描述过了）之外，这还导致了日本对华尔街和其他金融贸易中心影响力的突然飙升。一个新的主要因素就此引入。它有能力大大地改变日本和美国的关系，而对西方的总体影响虽然还不能确定，但有可能会非常重要。

从长远眼光来看，欧美对日政策效率低下，对日本的管理者来说并不是一个真正的优势。相反，他们的安全受到威胁。到目前为止，美国立法机构一直受到1930年的《斯穆特–霍利关税法》（Smoot-Hawley Tariff Act）的牵制。在一定程度上，该法律要为大萧条之前失控的保护主义连锁反应负责。但是到了某个阶段，可能严重危害日本利益的报复性措施似乎就是不可避免的了，特别是在日本的言行让美国国会觉得日本傲慢无礼，或东京政府道德败坏，给美国面对日本经济活动的挫败感火上浇油时。欧洲国家对严重的贸易保护主义同样担心，但到目前为止，它们受日本势力扩张的影响较小。它们很可能会紧随美国的步伐。欧共体作为一个整体，更有理由在面对日本的市场目标时保持警惕，因为到1992年，所有现存的、规范成员国之间货物流通的壁垒都会被完全清除。西方明显不愿意接受日本经济实力进一步大幅提升带来的后果，至少是在日本以战后发展经济的方式提升经济实力的情况下——日本无限制的工业扩张目标似乎已不再确定是持续可行的了。因此，重构就变得至关重要，必不可少了。

全世界都看到凤凰庄严地翱翔，它获得了应得的掌声和敬畏的表情。但它有着一个天生的缺陷，这个缺陷让它迷失了方向。这个缺陷当然就存在于它的掌舵机制中：因为没有一个人或一个团结的集体有权力做出政治决策来改变目标，它便没有能力采取其他方法，追求别的目标。凤凰似乎徘徊在一条充满冲突的轨道上。

第十六章

身处世界却又不融入其中

有这么一个广为流传的说法，说在20世纪80年代末因为在国际上面临困境，又要面对来自其他国家的期望，日本就新的政策展开了宏大的辩论。[1]专栏作家告诉我们，重大改变正在准备之中；相关各方现在所讨论的，不是改变是否值得，而是如何使这些改变能符合惯例。我们看到，一场关于如何增加进口的激烈讨论正在进行，而日本人民也已经意识到，他们要承担起符合其经济实力的国际责任。

认为这类辩论正在发生的说法都是错的。这种说法显然根植于这样一种信念，就是日本人应该去讨论这些事情，而不是有任何证据证明他们确实在讨论此类事情。我当记者15年了（这个职业有助于培养对“全国讨论”这种现象的敏感），从未发现什么“大辩论”或小辩论会涉及进口以及更负责任的国际角色。毫无疑问，这种说法是日本的管理者提出来的，他们必须和外部世界打交道，经常渴望在他们承诺要有作为的领域采取行动。全国辩论也很符合喜欢“日本正处在十字路口”之类故事的媒体的普遍口味。但是，这些被误解为由国民进行的“灵魂探索”，不过是高层管理者在演讲中加入的浮夸修辞，是报纸惯于放入社论中的说法，是众多国际专题讨论会和研究会中那些讲英语的“缓冲者”在评论时用到的点缀。讨论特定的改变是否有必要进行属于老调重弹，这并不意味着政府有决心或有能力带来这样的改变。

缺少政治选择

说日本人民或是他们选择的代表正在参与一次全民辩论，这是不对的，因为它欺骗了严谨的观察家，让他们错误地认为日本人正在研究并解决他们共同的问题。这种说法也对了解系统的运作构成了认识上的障碍；因为它给人的印象是日本人有政治选择，但一般的日本人根本就不知道在多种社会政治选择中进行取舍意味着什么。

系统性地剥夺选择

在几乎所有涉及日本政治组织的生活领域中，系统性地剥夺选择都对维持系统的稳定至关重要。在选择政治代表时，日本人民没有选择，他们只能选择自民党。在教育上，他们也几乎没有选择，教育的主要功能是为工薪族劳动力市场排序，而通往顶层的唯一途径是从东京大学的法律系毕业。某个中产阶级的日本男性一旦被公司挑中，他就基本没有别的选择了，最好是待在那家公司里。日本人对新闻和信息的来源也没有选择：要么是实际受到约束的媒体给出的单一论调，要么是由其他现实管理者（如电通）处理过的。市场向他们这些消费者提供的选择中，不会包括分销集团不愿意分销的东西。

研究日本政治进程的一般观点，会假定存在政治选择。这种观点注意到的是，统治者和被统治者为了一个永远在演化中的“共识”而不断地交流。这个观点认为，对这个形成共识的过程做出贡献的是大量的利益集团、学术评论家、记者、政客和官僚，因为一切都必须得到他们的同意之后才能做出决定。日本的掌权者热衷于这一观点，因为它可以被假装成“民主”，也因为它能更让人相信系统是仁慈的，这至关重要。

媒体上的号召和重要官员的声明似乎不断表明正专注于某些事情。但是，不断提到某件事值得去做并不会形成辩论。我们一旦仔细观察便不难看出，所有人似乎都总是真心地同意他们所说的一切。每年媒体都要披露一次“官员空降”系统和“考试地狱”的弊端。此时就能明显看出，这些例行的呼吁具有一种发泄的作用，它替代了真正的政策修订。在欧美国家出现这样的讨论时，知识界和政界的代表会提出立场明确而且相互冲突的意见，他们会展开讨论，对公民进行教育，最重要的是对政策进行修订。这种讨论在日本是陌生的。如果从“辩论”一词正确的含义上来看的话，日本“辩论”的东西是毫无实质内容的。

尽管我会同意，在日本确实可以找到达成真正共识的一些例子，但与荷兰或是其他我比较熟悉的西方国家相比，日本还是相对缺少共识，这也是我感兴趣的地方。不管怎样，日本老百姓和官员的权力关系中并不存在“共识”。理论家们声称，日本存在“新中产大众”，而且这个群体在政治上与系统的步调完全一致，这就意味着日本大众有表达喜好的政治手段。但他们忘记了，从来没有人告诉日本人民他们可以自己决定什么事情是重要的。池田勇人首相精练地总结了日本的政治关系。他说道："政府是船长，而财界是罗盘。"[2] 人民选出来的代表试着将官员或企业联盟的领导人拉到自己这一边的现象永远不会出现。相反，这些政客自己站成了一边。革新官僚植村甲午郎在这一工作中扮演了关键角色。他在解释如果没有"保守力量"的整合，就不可能建立强大的国家经济时，对政客应该如何表现做出了明确的回答。[3] 以居住环境为代价，以住房和福利政策为代价，创造世界上最贵地价，所有这些都没有带来大部分欧洲和北美国家认为理所当然的配套设施。通过这种方法达成的工业扩张，并不以任何对人民有利的契约为基础。压倒一切的国家优先事务的重要政治运作，根本就没有媒体监督。没有人要求公众参与政策的制定过程——他们甚至从不知道有这么一个选择。

成功系统的另外一面

我们很难与成功典范唱反调，而日本战后的经济成功获得了世界其他国家的大力赞赏。我无意贬低日本人民取得的令人敬佩的成就，这些成就带来了相对安全的社会，这个社会能养活所有人，只有几千人无家可归。但这本书要说的是日本人是如何被统治的。而在这最后一章，我必须得出结论：日本的总体前景非常暗淡，充满危险。

在世界看来，日本已经树立起富有国家的形象；但具有讽刺意味的是，大部分日本人认为他们相对贫穷。观念的差异从未像 20 世纪 80 年代末那样巨大。此时因为日元升值，日本平均国民收入超过其他所有国家，但日本人收入的购买力却是发达工业国家中最低的。一位在纽约教学的日本教授这样总结道：

> 由疯狂投机支撑的经济增长的表象背后，80% 的人缴纳着巨额税款，忍受着高到离谱的房价、地价、食物价格、衣物价格和其他免受外国竞争的市场提供的高价产品和服务。普通日本人和其美国同行的收入差不多。但是，日本人要工作几乎 5 倍的时间才能买到半公斤鱼，5 倍的时间买半公斤大米，9 倍的时间买半公斤牛肉，3 倍的时间买 4 升汽油。[4]

除此之外，他还可以指出日本人使用拥堵的高速公路要花很多钱，电话等公用事业的费率是世界上最高的，生活空间贵得离谱却十分狭小，城市基础设施和 20 世纪 60 年代一样不便等问题。普通日本人在 1988 年的生活中有更多的设备和更多的“时髦”玩意儿，但和 1968 年相比，生活反而更不舒适、更不值得、更不便宜。只有一个例外，那就是昂贵的日元让更多的日本人可以享受到便宜的海外假期。在某些方面——比如说谈到拥有一个住所的前景时——生活似乎完全没有盼头。这些仅仅是日本执行权力的方法在物质方面的后果。

日本教育的一般特性和它强调的重点，加上媒体和公司进行的思想灌输，阻碍了产生思想自由的公民。系统在应该鼓励的地方变得僵化，主动地防止个人自我实现。从文化相对主义角度出发，不做价值判断，将无法判定系统妨碍自我实现的利弊。但我认为，这种做法对日本人不会起到帮助，对西方人也没有用，从长远看甚至是不可能的。如果一位园艺家成功地发明了一种化学药剂，能防止玫瑰花蕾长成玫瑰，导致他的花园里到处都是不开花而且只能以枯萎来结束生命的花蕾，我们一定会毫不犹豫地说这个花园肯定有什么地方出了问题。

因此，尽管系统无疑为几乎所有日本人提供了生计和极大程度的社会安全，但作为政府的一种形式，它不是一个有着责任中心、对政治冲突实施非恐吓式管理手段的现代宪政“国家”的理想替代品。系统不能容忍具有高度政治责任感的独立公民，[5]而这也是日本没有真正讨论的深层原因；在政治现实中，具有一般才智的日本人就可以参与其中。对日本的管理者和外部世界的代表来说，这个问题就算不明显，至少也无法回避。

政府瘫痪

在别的国家，没有全国性的讨论会带来直接后果。认为共识永远在变化的理论表示该系统是可驾驭的，能产生重大的政策上的改变。但当今日本最大的讽刺之处在于，管理者因害怕无序，通过大量成功的控制而发展出一种政治经济模式，但这种政治经济模式在根本上却是失控的，整个系统是没有舵手的。

我们在第一章中已经看到，一个主要的假象阻碍了国际社会对日本的了解，那就是认为日本政府有能力做出与主权、与国际协定有关的决定并采取相应的行动，就像其他国家早已习惯的那样。不少日本官员完全清楚这个问题在日本的国际关系背景下具有的重大意义。他们当中极少数人对其可能带来的后果持悲观态度，有些人甚至预计日本会发生什么灾难。但日本没有人直接对决定负责，也就没有人夜不能寐地为此感到担惊受怕。

为了让日本调整事务优先级，曾经有几次不成功的尝试。日本银行前行长前川春雄主持成立的顾问委员会在20世纪80年代末引起过国际上最广泛的关注。当时的首相中曾根康弘命令委员会就如何对日本经济进行大规模重组，使其不那么依赖出口也能实现经济增长提出指导意见。后来发生的事情证明了我的“日本没有领导”的观点。

委员会的大部分成员代表了各省和其他人的利益，在大量的会议过程中，他们让《前川报告》取消了所有的具体建议。中曾根看到委员会提交的报告后，愤怒地下令重写，因为用他的话说，报告没有反映出日本经济面临的严峻国际形势。发表于1986年4月的最终版本没有任何改进，但中曾根对此也无能为力。

就算《前川报告》中的所有建议得到执行，那也只不过是一个非常无力的改变事务优先级的尝试而已。但不少官员诚实地表明，就算是尝试也实现不了。就在中曾根于华盛顿拿出此报告，并将其作为日本诚意象征的同时，自民党政客说他们无法接受这个报告。高层官员流露出“担心”：中曾根正在误导里根总统。《日本经济新闻》(相当于《华尔街日报》)将该报告贬得一无是处，而《朝日新闻》在社论中说：“每当一个政治领袖在国外说一套，在国内又说另一套，世界对日本的不信任就会增加。中曾根一直为其外交手腕自豪，现在，他犯了同样的错误。这真是个讽刺。”[6]最后，外务省在权衡之下发表声明，说该报告并不代表日本的政策。

《前川报告》的这个案例也表明，日本人的行动常常伴随着混乱的意见。即使是中曾根的同胞也会突然拆他的台。里根总统、国务卿舒尔茨（George Shultz）和《纽约时报》等对日本决策中的“突破”都表示赞许。负责经济事务的副国务卿阿伦·沃利斯（Alan Wallis）甚至将其称为日本战后经济思想的分水岭。美国政府当然极度渴望从正面角度来展示双边关系，以此证明美国对日本的政策有了效果。但即使非政府评论家和学者，也一直将《前川报告》称为日本政府意愿的重大声明。与此同时，日本的官员们，比如通产省副相黑田真，断言几乎所有的建议都已经付诸执行；而前川委员会中的一些成员则透露，他们因为什么事情都还没有做而深感沮丧。前川亲口对我说，他对缺少具体行动感到厌恶。[7] 报告在发布两年后，也只实施了其中的几点；它们都是微不足道的，而且官员们之前的计划中本来就有这些打算。

前川委员会代表了对系统加以改进的又一次失败。但外部世界还是表现出了热情，因为它们希望相信日本毕竟还是有政府的，相信进行重大重组正是时候。官僚们抓住了这个机会，在 1987 年真的发布了“第二份前川报告”，因为第一份报告在国外造成的印象实在是太好了！确实,《前川报告》的主要成功之处在于它在海外所引发的反响；但在日本，它不过是一张空头支票。[8]1988 年，有种看法被广泛传播，即日元升值两倍这样的情形，实际上已经达成了《前川报告》的目标。但这种观点更多来自某种一厢情愿的想法，没有任何证据表明符合报告构想的结构性改变已经发生了。

误判日本

如果说有些国家认为“不可能”和日本合作，那是因为全世界的政府官员虽然在和别的政府打交道的时候可以适应很多事情，但他们永远都没法说服自己相信，对面根本就没有可打交道的人。这说明存在着严重的概念问题，更不要说实际问题了。当一个完全正常、普遍使用的国际关系术语应用于日本身上时，误解便会产生，这足以说明概念问题的严重性。那些政治观察家、社论编辑和外国政府官员，即使在理论上理解日本不存在一个可以担起责任的中心，也往往出于习惯而断定，“日本”应该开始理解这个或那个，“日本”应该会采取这样或那样的行动。说到一个国家的时候用拟人化的术语，是因为我们认为一些重要的假定是自然而然的：国家身份有一个核心，这个核心让它可以思考未来，做出决定并采取相应的行动。也是通过这个核心，它才能负起责任。人们假定，所有国家都有能力像一个成年人一样“生活”，如果不对外人负责，那至少也对自己有责任心。

美国政府在和一系列日本首相（包括中曾根）打交道的过程中，终于接受了这样一个现实，那就是在日本的情形中，你无法有效地和政府的正式领导或其他任何人打交道。不少外国势力也发现，从20世纪开始至今，他们都无法有效地与日本展开谈判。日本的谈判者实际上无法谈判，因为不管他们做什么，都有被国内反对的可能。[9] 在很大程度上，这种困难促成了西方在战前对日本的态度。一位日本外交史专家这样总结道：

战前时期，从来没有哪个国家像日本一样如此着迷于巩固国际信任，但它还是得不到普遍的信任。日本领导人和谈判者虽然害怕谈判失败，但他们所采取的立场还是非常接近底线，还坚定地认为他们注定要受到批评……在所有的情形下，领导人和外交官都有意避免过去所犯下的错误，但一次又一次地掉进同一个陷阱中。[10]

最能说明问题的一幕发生在1984年的春天。此时的日美关系有急剧恶化的危险，因为农林水产省不肯做出妥协，允许每年多进口几船的牛肉和橙子到日本。中曾根派出他的农林水产大臣前往华盛顿去挽救已经陷入僵局的谈判。一开始，山村新治郎大臣不想去，因为他觉得自己别无选择，只能对自己的省表示绝对忠诚，而他的省需要展示出作为农协保卫者的“诚意”。在抵达华盛顿后，他无视来自中曾根的直接命令。后者最后只好恳求他不要完全放弃对话。中曾根一直对内阁说，日本的国际关系已经到了只有采取切实措施才有意义的地步，而不采取行动将会影响国家的命运。但由于他“旨在提升自己海外名望的抢眼举止和华而不实的承诺”，中曾根受到了谴责。中曾根提醒日本具有国际责任，这让一位典型的评论家得出结论：“他用他在国际上许下的承诺作为武器，来压制国内批评家对他的一切反对”。[11]

试着与日本达成协议的政府当然会注意到，它们没法找到任何人或机构成功地与之进行谈判。外国人经常被要求保持耐心，等待大众共识产生，因为此时据说正进行着宏大的全国性讨论。另外一个常见的额外保证是，虽然全国性讨论的进程慢到令人痛苦，但一旦达成共识，就会十分有效。

最近进行的一次虚假的全国讨论是有关“国际化”的。在整个20世纪80年代，有上千篇报纸社论和上万篇演讲反复提到“国际化”的必要性，并成立了诸多委员会和研讨组来促进其实现。但在实践中，“国际化”往往用来为民族主义的复兴服务。在公司内，它一般被解释为有必要提升能力来捍卫日本在海外的商业利益。如果日本在口头上承诺发展某种事业或断言需要某种事业，这会被误读为要采取实际的步骤，也就意味着对情况做出重要改变。尽管日本不断重复“国际化”让人以为日本的管理者正采取行动来纠正所谓的日本普通人国际主义立场的缺失，但官员们最不想的就是让大家意识到，真正的国际主义是以愿意考虑外国人的论点和愿望作为先决条件的。

令人不快的依赖

日本与其他国家关系中的不正常之处，往往因为特殊关系的不常见特质而被忽视。系统分割政治权力的方式让日本特别依赖美国。双方都承认这是一种不同寻常的关系；但在到底有多么不寻常这点上，几乎所有人都没有足够的认识。在历史上从来没有这样的先例，一个经济如此强大的国家，居然一直对另外一个国家如此依赖，但又没有失去自己的独立国格。如第二章中我们提到，日本官员们发现，一个国家要获得国际承认时应当完成的一切任务，都可以通过美国这位代理来完成。不管怎么说，这都不是夸大其词。日本可以承受脱离国际政治的后果，因为美国提供了一把保护伞。这顶保护伞比军事安全和外交保护重要得多。要是没有美国的容忍和保护，日本永远不可能成为一个新重商主义的经济实体。

未经证实的国际政治力量

我们必须明确地区别日本对美国的依赖和欧洲国家对美国的依赖。一个主权国家（主权也是国家最本质的属性）与两项权力紧密关联：对内让人服从，对外保持独立。而我们看到，日本在这两方面都存在问题。它没有一个明确有权实行统治的中央机构，因此也就不能强制系统的敌对成分服从。法律权威很不确定，也没有得到国内最高权力的支持。维持独立的外交关系也是一个问题，因为日本无法兑现政府做出的承诺，需要美国的容忍和保护。

西欧国家也依赖于美国的保护，但这是它们作为负责任的国家签订的一个协议。它们的国内政治安排不会阻止它们执行与美国联盟之外的外交政策。而在另一方面，如果日本失去了美国的容忍，它就将被迫去做一些到目前为止它做不到的事情，比如执行一个外交政策，并据此来完成外交协定。

日本系统在国际上的尴尬境地，由于它和美国非同一般的关系而并未得到充分的认识。但是，20 世纪的形势显然引发了这样一种悲观的看法：日本跳出日美关系的背景后，将没有能力管理外交关系。对珍珠港的袭击是自杀行为。20 世纪 30 年代，日本的军事掌权者正认真地考虑与美国、苏联以及英国开战的可能性，外交官们在到处破坏友好关系，但没有一个掌权者站出来说这是一个疯狂的政策。

即使战败已经变成板上钉钉的事实，日本也不能召集领导人，让他们确保能把控投降条款。有说法认为日本在广岛轰炸之前就已经准备停战，这没有令人信服的证据作为基础，也表明持这种说法的人不了解当时的日本政治体系。他们忽略了一个事实，那就是在 1945 年，没有哪个日本国家机构可以选择和平，并推进和平谈判。没有哪个人或哪个团体有这个权力，让（战时也群龙无首的）政治体系中的其他成员都接受即将谈妥的任何投降条件。传递到华盛顿的外交消息自相矛盾、模糊不清。即便原子弹轰炸和苏联加入战争的双重打击让掌权者知道战败已是既成事实，军方还在尝试破坏天皇的决定，在电台播放他的投降声明时试着拦截。他们还从飞机上抛下传单，呼吁人民继续战斗。

日本在战后外交政策上做出的有限努力也同样不鼓舞人心。日本政府任由自身受到阿拉伯国家的威胁，并没有为石油供应带来更多的保证。20 世纪 70 年代有一段时间，日本似乎在与北京和莫斯科建立独立的外交关系，但很快就证明，日本是在等待美国的指示。日本与苏联的关系得到发展，是因为莫斯科对东京，而不是东京对莫斯科，有了更多的影响力，而戈尔巴乔夫倡导的政策变化，没有被日本抓住来获得优势地位。[12] 在中苏冲突中，日本站在了中国一边，但它想要获得的中国市场并未实现。

1956 年，鸠山一郎首相与苏联达成关系正常化的条款在自民党当中引发了最有破坏性的、带来最不利影响的那种争吵。唐纳德·赫尔曼（Donald Hellmann）令人信服地说明了这点。[13] 1978 年 8 月，在签订《中日和平友好条约》的过程中，又明显出现了令人震惊的相似一幕。我们再次看到，这里的决定性因素，是自民党内长年不断的争吵。

福田赳夫首相一开始无意签署一个本质上反苏联的条约，但是中国方面获悉了自民党的内部动态并加以灵巧地运作，最终让他也卷入其中。

这段时间媒体的反应也很重要，同时体现了日本外交政策发生重大进展的方式。媒体没有就该条约带来的好处以及承诺抵制“霸权”的保证对日本的安全以及周边关系可能意味着什么等问题进行过任何讨论。媒体只对该条约能以什么方法、在多大程度上提升福田连任首相的机会感兴趣。这些表现若与媒体在日本和莫斯科进行邦交正常化谈判期间的表现进行对比会很有意思：“党内争斗的混乱故事与关于实质性问题的讨论混合在一起，并最终主导了讨论。社论没有受到最后混乱景象的干扰。总的来说，报社的报道抑制了针对外交政策制定过程的明确而普遍的意见所造成的影响。”[14] 与中国签订条约的情况更糟，因为媒体没有任何明确的或普遍的观点。同样也没有迹象表明，外务省的官员团队中，支持和反对该条约的两派进行了理智的讨论，而这些人属于哪一派可以很容易地从他们工作于中国处还是苏联处判断出来。

之后还有一个例子可以表明自民党内部政治如何决定日本对待一个强大邻邦的立场。中曾根政府因为急于在日苏关系中获得至少一个象征性的“成就”，曾经在某个时期几乎恳求莫斯科安排戈尔巴乔夫来访，却没有给出任何能说服苏联照办的理由。在和两位共产主义巨人打交道的时候，东京一直很被动，也很无力，总是让自己被牵制而陷入易受威胁的处境。

有一种猜测说，日本可能会出现“戴高乐主义”，但这种猜测没有足够的依据。倒不是东京非要让其外交政策和华盛顿的政策一致，而是外务省和其他的日本机构所处的位置使其不能接受真正的政策改变所带来的后果，或实现所做出的承诺。东京回避了外国对日本全球政治和经济意图的提问，因为没有人有权做出回答。外务省在 20 世纪 80 年代做过这样的尝试。通过在两伊战争中调停以及参与越南占领柬埔寨相关的调停，日本想给世界留下这种印象：日本已经做好准备，可以更多地参与国际政治——但都不太成功。外方要求日本做出承诺时，看不到任何积极的政策，而一旦与政策冲突的国内利益方开始介入，任何已经开始的善意努力都会无果而终。调停中印冲突创造的国际信任被东盟国家的怒火破坏，因为日本无视协议，与河内进行相当大规模的贸易。

日本的权力关系网编织得如此紧密，以至于没有任何空间去考虑外国利益，也不可能在考虑到外部需要后调整安排。即使是与长远的国家利益相关，外国因素也经常被忽略。三木武夫首相在法国朗布依埃第一次参加工业峰会时，日本的官僚们特别着急，担心他会让日本做出一些不想要的承诺。在国际外交事务中，表面上的让步是经过极其谨慎的估量的。日本政界和媒体拒绝承认也拒绝感谢中曾根在 1986 年东京峰会上的表现。按照一位内部人士的说法，他作为会议主席表现出色，和 1979 年大平正芳——他是主持国际峰会的第一位日本人——平庸的表现形成鲜明对比。但日本新闻界的兴趣，只在于中曾根做出什么“让步”才会给外国人留下好印象，而自民党内部还在就此次峰会到底会产生什么样的效果而争论。

只有在外国利益方已经造成了某种事实时，日本才会考虑国际因素。新的外部现实给系统带来普遍的危机感时，系统是能敏捷地做出反应的。石油输出国组织曾经以其导致石油危机的行动造成这样的外部现实，而日本也对此做出了最高效的反应。

有效的战术与糟糕的战略

系统获得的成就一直广受钦佩和赞扬，以至于外国人和日本人往往都忽视了它内在的缺陷和不足，其中最主要的一个不足就是它对自己没有控制。日本的工业和官僚成功地做出调整以应对两次石油危机带来的变化。这就帮助官僚们掩盖了整体在面对更基本的重构需求时的失败，虽然众多担心的日本人在《前川报告》发布之前，就已经看到了这种迫切需求。日本经济基本上依赖于一个市场，也就是吸收了日本出口量差不多40%的美国市场。在农业还扮演着重要角色的发达工业经济体中，得到高度保护的日本农业的情况要比其他地方都糟糕。只为本国经济服务的工业是非常低效的。尽管国际上的经济表现十分亮眼，但日本的生活满意度相对较低。这就表明重大的结构性扭曲需要改正。一直以来，权力分散在各个管理机构中，没有谁担起最终的责任。这就导致不可能出现长期的、全国统一的战略规划。

国际环境让官员们成为超级战术家，但又是糟糕的战略家。对于那些熟悉日本历史的人来说，这和20世纪30年代日本陆军在中国的情况极其相似。当然，目标是不同的，但情况基本相似。这两个时期都缺少一个有约束力的、综合的长期战略，对可取的目标没有任何认识，因为这样的认识来自对政治可行性和国家利益的理解。日本军队在中国东北的动作证明了自己是战术大师。但同样明显的是，他们的行动并没有一个总体战略规划——没有考虑中国之外的世界，也没有为和美国开战的可能前景做出足够有效的准备。作为战术大师，通产省和大藏省的官员、银行、企业联盟、集团里的公司和所有其他机构，帮助确保社会纪律，提高日本的生产能力和出口能力，这就远远胜过日本军队在中国所获得的成果。但总体来说，日本在国际地位方面以及最终的国际经济生存能力方面，仍面临巨大的不确定性。

那些更有能力的官员的日常战术以及中期战略，确保了进一步的经济增长，允许累积最新的外国技术，让表面资产膨胀，从而支撑起控制外国金融机构、积聚外国房地产这一令人印象深刻的成就。这些战术虽然取得了令人眼花缭乱的成果，但它们最终并不是一个大的总体战略中的一部分——当然，除非在经济上征服全世界是日本官员秘而不宣的目标。即便如此，这个目标也无法形成一个可信赖的战略，因为它永远都不会成功。

错误处理对美关系

一个国家如果有一个负责任的政府，而且对长期国家利益敏感的话，就很难想象它会允许国际关系如日美关系般恶化。东京太仰仗美国的容忍了，对其最重要的关系，也是它整个外交关系依赖的关系，做了十分糟糕的错误处理。官员们全力对华盛顿方面做出特别的恳求，但他们却没能注意到，或至少没能有效地与官员同伴沟通这样一个事实：日本的作为或不作为，正在消耗美国开始对日本产生的那种重要而真正的感情。

到了 20 世纪 70 年代末，情况已经很明显，尽管日美两国对彼此都很重要，但世界最大的两个经济强国并不知道如何相互配合。它们对彼此之间的关系和问题的看法是不一致的。在美国看来，日本没有在任何领域扮演与其财富相称的国际社会角色。美国批评家说，日本已经享受了40年的好处，哪怕只是出于对自己未来安全的考虑，也应该愿意做出回报并分担维持联盟的政治成本。

更具体一点来说，美国人认为这太不公平了：日本人几乎可以完全自由地进入美国市场，但日本市场一直对美国的竞争很不友好。说双方缺乏共同语言，这是对这个问题轻描淡写。美国强调，日本自己一直从自由贸易和开放市场中得益，但这里“得益”的意思——日本消费者有更多的选择——根本不是日本官僚所理解的得益。真正开放的市场会破坏国内秩序。所以在日本人看来，这怎么可能说是日本得益呢?

在大部分日本官员看来，是美国想要改变两国之间的“事实婚姻”。这个关系既没有签订文件，也没有建立起牢靠的安排；但是习惯的力量铸成了一些东西，而相比于正式条约而言，它在确定性上丝毫不差，也因此足够可靠。

美国如果不理解日本政治经济的本质，也就没法接受它的表现方式。华盛顿对日本依赖美国的实际机制和超常程度只有朦胧的理解。日本方面对此有更清晰的感受，但由此带来的心理负担往往不允许它进行诚实的自我分析。日本官僚和专栏作家甚至偶尔会得出结论说，美国在“担心失去日本的支持”，故意暗示与实际相反的情况。日本方面基本上没有意识到，美国若不愿接受日本，这件事本身会给日本带来威胁。日本从未体验过美国立法机构的力量，所以也就无法想象它可能会发出怎样的愤怒。

为了平息因贸易冲突而引起的不满，官员们往往会提高外国政府的期望，却不去实现它。以美国为例，东京的常规论点和空头承诺只能让国会议员、商人和其他每个人相信自己是被骗了。但日本官员似乎没有意识到，提高外国人的期望是国内变革的经典燃料，它带来的挫败感，也将是国际关系中最具爆炸力的。

我们已经看到，中曾根政府执政的最初两年中，美国政府还认为日本有望采取有效措施。这部分是基于首相和美国总统之间的个人关系，也就是所谓的“罗--康”关系。华盛顿刚刚开始认为中曾根康弘握有一切，而罗纳德·里根只能表示两国在军事战略问题上态度是一致的（反正大家都知道那是理所当然的事情），就在此时，在1985年春，美国参议院以92∶0的投票结果通过了一项没有约束力的决议。决议警告总统，如果他不对与日本的贸易采取行动，那么参议院会这么做。这在日本全国引起震荡。但结果只是证明，系统面对外部世界的时候，和以往一样在政治上是瘫痪的。

日本的管理者试图用美国经济和政治力量的衰退，以及由此带来的所谓挫折感，来解释美国对日态度的变化。这么说很大程度是因为美国成为最大的“债务国”，而日本是它主要的“债权国”——这里说的是日本在20世纪80年代大规模购入华盛顿为弥补预算赤字而发行的美国政府债券。把美国表现为一个正在衰退的大国，对一个曾经被它打败的国家来说，这具有极大的心理安慰作用。所以，这样的描绘往往是言过其实的。

美国的政治和无知带来的难题

日本人经常抱怨美国不理性，而且认为日本做出了那么多之后，美国到底要什么还是搞不清楚。美国人认为这太荒谬了；几乎每个来访的美国人在接受媒体采访时，都会强调有必要进一步放开市场，重申只有结果才是最重要的。

即使如此，日本的困惑在某种程度上还是可以理解的，因为美国官方长久以来也一直在传递不同的信号。虽然日本问题已经有了几十年的历史，但华盛顿的对日政策是完全不切实际的。1986 年的美国对日政策还假设，与日本“领导人”发展出真诚的个人关系，就可以让理性占据上风，最后市场会纠正一切偏差。对日政策所采用的手段基本上都是临时起意的、一蹴而就的，缺少一致性和连贯性。经常出现某一行动没有任何跟进的情况。和之前的政府一样，里根政府认为贸易和经济是第二位的，安全和战略利益才是第一位的。国务院和国防部似乎认为，有助于解决问题的贸易制裁会危及在日美军基地的地位。日本工业的冲击有可能会破坏美国的战略产业从而真正地破坏美国国家安全，美国也会因自己的错误假设而陷入两难境地，不过至少在 1987 年的时候，这些都显然还未发生在美国政府身上。美国不管采取什么行动，往往都基于错误的前提。美国对日谈判中最有思想的谈判者之一这样说道：

> 美国法律和传统……都未让人预见到工业和贸易可能会为达成特定国家目标而被组织起来的可能性，而不是基于个人主义的西方模型……结果就是，一系列的谈判从来就没有聚焦在主要问

题上，放着症结不管，反而去处理表面症状。[15]

政治和外交层面的考虑让情况变得更加混乱。为了证明谈判所取得的成功，直到20世纪80年代末，日本方面做出的象征性让步还被美国政府当成真正的让步来宣传。里根政府迫切想将金融“自由化”措施作为一个根本性突破加以宣传，容易操纵的媒体也提供了帮助。因此后续那些同样不相关的官僚行动就更难取消了。当华盛顿宣布通信设备领域的专项贸易谈判已经获得成功，其谈判者克莱德·普雷斯托维茨（Clyde Prestowitz）却告诉我，他还没有结束谈判呢。

到1987年，官方措施中已经有过七个“市场开放方案”和一个“行动计划”，但这些东西是否有效，在它们刚被宣布的时候就存在疑问。有时，通过大量争辩而从日本官僚那里得到的让步，在经过仔细审视后会发现竟和两年前或四年前历经千辛万苦才获得的让步一模一样。当华盛顿时不时对这些措施表示欢呼的时候，我自己和一些同事经常会体会到一种令人眩晕的不真实感。欧洲的发言人会对东京那些无关紧要的措施发表外交辞令式的赞扬，但欧洲发言的分量远不及美国声明的分量。

从长远来看，这一过程是有害的，因为每当美国重新要求日本做出本质上一模一样的让步，很多日本普通民众就会认为那是在要求日本做出新的让步。更糟糕的是，美国有时会要求日本采取日本愿意实施但几乎没有效果的措施，比如通过一揽子需求计划实现国内再通货膨胀，降低利息或金融市场“自由化”，等等。于是，在大众印象中，美国开始变得贪得无厌，对日本的要求也越来越多——尽管美国几乎什么也没有得到。半心半意的措施和从未彻底跟进过的措施造成这种印象：华盛顿是一个从不满足的唠叨鬼，它的抱怨也基本上是不合理的。

管理国际现实

解决日美冲突时，最不利的事实也许是，美国允许在很大程度上以日本的参照系讨论问题。官僚们十分乐于在这一特定领域管理现实。日本官僚没有能力从长远角度来处理这一最重要的外交关系，和他们的短期战术能力形成强烈的对比。凭借战术能力，他们总是确保自己能够得利，在和美国进行的差不多 15 年的谈判过程中一直处于优势。

有一门学问叫“互相理解学”，其日本的实践者想当然地认为，世界了解日本的必要性超过了日本了解世界的必要性。数不清的主题讨论会、研讨会、演讲和座谈会，在本质上都毫无例外地为官僚们的路线和立场进行辩护。微妙的奉承（“您一定要教我们如何面对可怕的问题！”）通常就会让批评的声音无法表达出来。

西方的道德倾向于自我鞭笞，西方知识分子习惯批判本国制度，这帮助形成了一种普遍的观点，认为日本和西方相比是相当不错的，而日本的发言人也满怀感激地利用这点。关于贸易问题的主题讨论会，变成让在场的外国人认识到他们不够理解日本、没有努力尝试进入日本市场的论坛。我们也不该忘记，在任何其他双边关系的背景中都不会存在如日本的辩护者这样的人。一位曾经深入研究日美两国之间的文化交流的历史学家总结道：

> 和欧美之间的思想交流不同，日美之间的对话基本取决于两国中的一小群日本专家和美国专家。他们跨过了语言和文化上的巨大鸿沟。这一由学者、记者和外交官形成的狭窄通道，表面上是为了相互之间的友谊，起到的作用却是让对话越来越对日本有利。这些专家运用文化上的借口和其他特别的辩解，抵挡批评性分析，对日本的敏感问题加以粉饰，假定日本对美国有充分的认识，从不就日本对外国学者和记者的限制进行抗议，以此种种手段使日美对话越发有利于日本。[16]

之前章节讨论到的系统具有的巨大宣传能量，在此得到充分应用。尽管可以预见到官僚会意见不一，但他们——特别关键的是编辑室的那些管理者——最终都会应和相同的基本观点。任何被日本当局认为是在思考或书写日本的人，都会被粉饰太平的杂志和其他记录材料淹没。这些材料表面上有着独立的见解，但其实在所有情形下都说着几乎完全一样的东西。官员们也能利用外国对日本的普遍无知，利用与日本打交道的美国官员的快速更替，利用欧美方面机构记忆的相对缺失。他们转移话题的技巧也是无与伦比的。

日本管理者的一大成功之处可以从让对方普遍接受“对等义务”的假设中看出。日本理解了美国“要从两方面”看待事情的偏好，理解了面对“公平”诉求时美国表现出的防御，因而双方达成协议，其中的条款规定，日本打算采取的措施，美方也必须同时执行。双方承诺为了更开放的市场而努力。20 世纪 80 年代末，日本的官方声明以及由“缓冲区”和数不清的社论和“分析”做出的评论，强烈要求日本进一步开放市场，并担当起更多的国际责任，但同时也提到美国有必要消除预算赤字并存更多的钱。自动加入的“对等义务”条款要求美国降低利息，让美元贬值，直到日元对美元汇率急剧上升。这一“对等义务”战术产生了一个心照不宣的假设，就是只要美国也同样什么都不做，日本就不用觉得自己无所作为有多糟，而是“两边都有错”。对日本做出任何批评性的评价，都会被认为“过于单边”而被忽视。

还有一个成功案例是，日本官员被描绘成站在美国残存的自由贸易商的一边，与美国保护主义势力的崛起进行斗争。日本首相就双边关系发表的几乎所有正式声明中都提到要通过“共同决议”来遏制世界上的保护主义倾向。在几乎所有日本大众的眼里，危险都来自美国国会成员（他们在培植对日的敌意）和欧洲政府（它们不知道还有什么别的方法去安抚国内的失业人口）；很少有人会意识到，日本系统普遍存在的结构性保护主义才是冲突最初的主要根源。

第三个也是更近的成功，是日本在操纵意见时，使用“抨击”一词的效果。这个词最初被一些美国评论家使用，他们认为美国的嫉妒、挫败感甚至种族主义是和日本产生摩擦的原因。日本的评论家充满热情地采纳了这个说法。它几乎自然地出现在每一篇有关日本的批评性分析中，也会出现在所有严肃分析日本官员该为日本的国际问题负责的文章中。结果就是众多力求公正的观察家被禁止说出任何东西，除了大部分日本的评论家会同意的那些陈词滥调，比如有必要更国际化，进一步开发市场，更全面地参与世界政治等。“日本抨击者”这个标签不是那么容易就被洗掉的。

日本的管理者在一群外国理论家的怂恿之下，采用了他们最喜欢的战术，将注意力从基本问题转移到外围问题上。还有一些经济学家对日本工业政策一无所知。在纯粹的理论基础上进行分析，不考虑实施政策的机构、体制，不可能行得通。然后出现了一种特别的计量经济学诡辩，它证明即使日本市场完全放开，贸易平衡也几乎不会受到任何影响。专家通常用日本的资金进行研究，这些人可以给出精确的数字，但显然对系统如何运作没有任何概念。在更普遍的层面上，还有一些老掉牙的故事。比如，日本经常反复争论说，只要美国的汽车制造商记得把方向盘放在右边，他们就能在日本卖出更多的车辆。[17]

日本的管理者在对日美关系进行现实管理的时候，不知不觉中也得到美国外交官的帮助。美国国务院和美国驻东京大使馆一直在回应日本就双边问题做出的解读。这种倾向有着很奇怪的历史。美国占领时期便出现了“一系列目标是扩大或保护自身机构领域的组织形成的全国同盟”。[18] 于是，美国官员很容易就被有着相同权责范围的日本官员以“朋友”之名拉拢过去，进而与其他领域的日美官员同盟发生争吵。最近几十年，日本外务省和美国国务院之间的关系一直非常相似。尽管美国外交官不会正式地对他们的日本同行表示同意，但其中一些有影响力的人物会对日本同行不想听到的批评性分析表示消极态度。

混杂在这一外交问题中的，是美国大使的角色。美国驻日本大使看起来不怎么像是一个传统意义上的大使，反而更像是保护日美关系的“守卫”。埃德温·赖肖尔（Edwin O. Reischauer）对巩固“可利用的依赖关系”贡献很多，他开创了一个传统。麦克·曼斯菲尔德（Mike Mansfield）担任驻日大使十多年，一直被认为更适合成为日本在华盛顿的发言人，而不是美国驻东京的发言人。在公开发言中，他往往会重申日本当时关于美国应该做什么的论调。在外交层面与日本打交道时，人们面对的是一个充满仪式和咒语的世界。这些东西超过了一般认可的外交需求，甚至是不可接受的。而曼斯菲尔德这样的人对此确实非常适应。他表现出关注的样子，却保持“公正”和“无派系”，就像他要置身于发生争吵的两派之上一样。日本媒体已经习惯了曼斯菲尔德对两个国家的责备。在一次外交代表采访中，这位大使的说法被引用。他说贸易问题中更大一部分责任在美国这一边。[19] 即使我们认为这个观点是正确的，它也应被视作外交信号混乱的完美例证。美方这样的态度让日本外务省官员坚信，日美冲突本质上是公共关系问题。

受迫害并被孤立

由于世界已经不再满足于就这样与日本开展关系，官员们现在被要求要像政客那样行动；这是一个他们没有受过培训就去担当的角色，更重要的是，他们无法汇集必要的国内支持去扮演这个角色。换句话说，虽然他们有着超卓的能力去培植一个高速发展的经济体并维持有效的社会控制，但从20世纪80年代末对他们的要求来看，他们是无能的。但是，当公众开始问责，为什么其他国家总是批评日本，为什么外国的要求会永无休止，他们几乎无法承认自己的无能。数十年来日本人一直说外国人不理解日本，这种解释已经老掉牙了。唯一可用的解释是，这个世界确实在针对日本。20世纪80年代，这种说法开始越来越明确地出现在官员声明的字里行间，也经常十分明确地出现在媒体社论和文化杂志的严肃文章中。

日本很容易接受世界有恶意的说法。它符合一个有着悠久传统的信念，那就是日本容易受到不可预测的外力伤害。在很大程度上，它符合众多日本人的个人心理。他们的成长过程和环境，不鼓励他们在生活中对社会阻碍进行抗争，而是只能被动地接受。日本人对此有一个说法叫“被害者意识”。

日本的战争创伤

这个观点也符合日本有关社会政治事件及其发展的常规观点：没有人负责也无法向任何人问责。“谢天谢地，最终日本可以逃出战争！”在纪念 1945 年事件的背景下，《朝日新闻》阅读量最大的专栏曾经这样写道。[20] 从这个视角看来，战争就像是一次地震或一场台风，一次让所有人感到意外的“天灾”。日本最善辩的一位知识分子这样描述侵华战争：“从外部来看，日本似乎带着帝国主义目的而入侵中国。但从内部来看，大部分政治领导人认为，日本是在一个无法避免的进程中被卷入了战争的泥潭。”[21] 如今，“军国主义者”被认为要对日本受到的巨大创伤负责，而一旦他们露出面容和名字，对大部分日本人来说，这些人就变成为了国家而牺牲自己的爱国者。

对太平洋战争的一般态度最能反映日本人的“被害者意识”。在过去 15 年左右的时间里，几乎所有的战争电影都展示了日本人民在战时遭受的苦难，很多年轻人听说邻国遭受了更大的苦难——而且是日本造成的——的时候表示惊讶。日本在它占领的亚洲国家中犯下的暴行往往被无视，而日本才是主要受害者的这一说法开始有了根基。20世纪50年代早期发行的反战电影，对日本的战时军事行为进行了批评，但主要是因为死了很多日本士兵。后来，海外的日本战士被描写为内心充满了对和平的热爱。这让人想起好莱坞“纳粹好人”的陈腐题材。从20世纪60年代末开始，出现了将美国占领期描写为最可怕的经历的电影。最后，到了20世纪70年代末和80年代初，出现了第一部真正意义上的修正主义的战争电影。日本士兵对当地人民（比如说菲律宾人民）友好、温柔、充满善意，而美国士兵才是野蛮人，用人的头骨当足球踢。（这部电影是《大日本帝国》，它将东条英机描绘成一个英雄。）日本海军由和平的居家男人组成，力图让日本摆脱困境（《联合舰队》）。描写新加坡沦陷的日本电影中，在表现日军杀害5 000名华人时，电影说这么做的动机是担心不理解占领者好意的华人游击队阻碍了日本军队在当地人中维护秩序（《南十字星》）。最后提到的那部电影在毫无上下文的情况下，出现了一朵蘑菇云——这是在提醒我们，谁才是二战中真正的坏人。

蘑菇云有时像是那些著名的日本电影公司制作战争电影时一定会出现的镜头。这就是经过终极伪装的受害者心态：牢记广岛和长崎的原子弹轰炸。在这些事件给予的特别支持下，人们越来深信日本具有独特性：日本人不仅仅是受难，而且受到了特别的苦难，甚至可以说是全国的殉难。日本普遍认为，投掷原子弹是二战中最恶劣的行为。有人甚至认为那是20世纪最大的罪行。[22] 年纪大的日本人对这些事件还有一些良知判断。一些人记得，在广岛被夷为平地之前，将军们下令组建一支2 800万人的民兵力量。它由15—60岁的男女组成并受到训练。这些人要在海滩上只靠竹矛去阻止美国入侵者。但是，日本知识分子和公众人物再也不能直率地指出，原子弹可能拯救了数十万人的生命。8月有一周的时间，全国都沉浸在由媒体创造出来的自怨自艾中。广岛的“和平公园”和博物馆已成为众多外国反核活动家和和平主义团体的朝圣之地，但众多日本访客并不会意识到：早在原子弹轰炸之前，历史就已经开始了。

经常有游说团体说服那些居于高位或是名声显赫的外国访客，让他们在其行程中加入对广岛的访问。到了当地后，这位访客会发现一小队记者已经到位，准备传达他或她对日本人民表达的遗憾、后悔的感觉和同情的表述（有时是“开脱”的表述）。在此背景下，不少组织的“和平研究”出版了有关广岛受难的儿童绘本、照片集以及回忆录。日本决定投降时的真实处境，以及苏联解放中国东北对于日本投降起到的部分作用，与原子弹爆炸相比，几乎不会引起日本知识分子的任何注意。日本大部分高中生从老师那里接受历史教育，但这些老师对20世纪上半叶到底发生了什么，也几乎没有任何概念。

广岛已经被从历史中抹去，它现在是纪念日本殉难的圣地。日本被认为是为了人类，为了向全世界展示和平的重要性而受难的。但是，这个世界还是不断爆发战争，于是日本又一次被背叛了。后面这个论点在那部大制作的电影《东京审判》中得到体现。这部电影引起了不同寻常的注意，暗示说日本接受对其军事领袖的有罪判决，是为了让世界知道和平的重要性，但世界却没有履行自己的承诺。同样，日本殉难却毫无成果的想法（这是一种双重受害者心理）在大量严肃的杂志文章中被报道出来。[23]

为外国人做出牺牲

大众文化以及严肃文章塑造的国民受害者的形象，为分析20世纪80年代的日本国际问题提供了一个完美的参照。国际社会一直在损害日本国家利益的“证据”数不胜数。我们只要记得1924年美国国会通过的排亚法案就可以了。它一直是会议和文章中最常用的立足点。在日本老百姓看来，虽然日本必须参与国际事务，但这样的参与如果任由不受控的外部力量主宰，日本就一定会惹上麻烦。

西方贸易伙伴因为贸易严重失衡而针对日本，这种批评助长了日本的受害者心理，导致这种心理在20世纪80年代比60年代要更加强烈。有种观点认为日本被误解了，发怒的贸易伙伴要么是误会了，要么是没有诚信行事。这样的观点很有力，因为日本的报纸、杂志和电视中各处都在宣扬。很清楚的是，其他国家不会把日本放在第一位。外部世界不是一个仁慈的世界。因此，它被认为和日本社会有着关键性的差异。在日本，上级对下级的仁慈是一个根本的假设，并让官僚和其他管理者各司其职。

日本人很容易就相信，根据外部世界的要求而做出调整是在付出代价。向美国和欧洲要求日本削弱经济控制的压力低头，在官员的说法中就变成日本“人民”在处理贸易冲突时必须做出牺牲。[24] 日本公众很少会从报纸上得知，他们会因为进口产品而有更多选择、更低价格并从中得益。现实管理极大地扭曲了人们的认识。不少日本人认为，西方说日本的贸易实践不公平是没道理的，因为他们几乎没意识到日本的系统和国际商务规则完全不兼容。相反，他们听到的是，西方国家要在游戏进行到一半的时候改变游戏规则。在日本，几乎成为信条的观点是，外国人因为日本人竭尽所能做到最好而反对日本人，还因日本人努力取得的战后成果而嫉妒日本人。官员会让人们产生一种印象，觉得懒惰的美国人和欧洲人要将他们的坏习惯强加在勤俭节约、任劳任怨的日本人身上。[25] 日本媒体的见识非常有限，它们不是试着去探索问题，而是和大部分官员一样躲在同一个自我论证的合理化的茧子里。

即使是那些确定有必要进行结构性调整的人，也经常帮忙将日本描绘为各种无理要求的牺牲品，并批评“不那么努力工作”的外国人。这些态度的痕迹，可以在后藤田正晴这样的关键人物发表的声明中找到。他是中曾根尝试进行结构性变革时的副手。他将 20 世纪 80 年代的情形和 1853 年加以对比——那时佩里和他的“黑船”迫使日本结束了几个世纪以来的与世隔绝状态。对这一主题进行评论的知识分子可能会认为官员和政客要为其失败负责，但总的来说，他们会说日本特别容易成为不讲道理、反复无常的西方世界的受害者。另一些人会对日本和其人民在面对“美国的感性行为”时表现出的非凡耐性大加赞赏。一些有名望的作家认为，问题的根源可能是所谓的美国种族主义。还有人搬出了战时的形象对比：美国是虚弱的，而日本则目标明确、动力十足、努力工作。美国因为相信“美国规则”是普遍适用的规则而受到谴责，提倡“美国规则”普遍性的作者显然忘记了欧洲（实际上还要包括中国、东盟、巴基斯坦和几乎所有其他国家和联盟）的反抗。甚至有人严肃地认为，美国对日本为世界和平做出的贡献一点都不感恩。

成为受害者的官员们

如果一般大众认为日本在国际社会中的位置与历史无关、与政治无关的话，那么基本上官员们也会如此。比方说，他们明显拒绝从政治层面来看待与美国及其他贸易伙伴之间的冲突，因为这会要求达成政治方案——这个例子证实了我们的判断。

我们在这里看到了日本问题的一个本质方面。日本对众多其他国家施加了几十年的经济影响，20 世纪 80 年代在国际经济中的金融影响力又得到提升，它在世界上无疑执行着权力。日本的经济冲击显然不能靠经济措施来停止，从事实本身来看，这就是个政治问题。但是，否认在日本行使权力的那些官员，同样（含蓄地或系统地）否认他们在海外行使权力。他们坚持说，他们遇到的国际问题可以由其他人采取经济措施来解决，或是靠市场运作来解决，而且理应如此。他们不愿看到日本的大规模出口及其对欧美特定工业部门造成的破坏所产生的政治影响。他们不愿看到欧洲开始寻求政治方案，也不愿看到美国国会正试着为此立法。他们还不愿看到，这个问题之所以无法消除，是因为日本的政治瘫痪了。

如果接受日本的国际问题其实有着政治性质，这就会将它们不偏不倚地置入一个话语体系。在这个体系中，权力的行使应当得到明确的处置，非正式关系和过程应当被公开，对当局具有约束力的规则、条例会变得必不可少：换句话说，这么一个话语体系会让最高层的官员们吓破胆。

纵观全书，我们一直注意到，日本的掌权者实际上管理着一个巨大的控制机器，也就是“系统”。目的就是在日本老百姓中维持秩序。但很明显，这些官僚说到底也还是受害者，特别是从国际角度看待日本时。他们是其前辈创造的环境的产物，任何偏离传统路线的有关其处境的讨论都不受欢迎；他们因为缺乏想象力而受到限制，是系统真正的仆人。他们是自我欺骗的受害者。这种自我欺骗继承自他们在德川幕府和明治寡头时期的前辈们。他们假装不执行权力，同时否认需要用普遍法则来规范权力，因此在接受明确领导时会有困难。官员们通过相互帮助形成了复杂的个人关系，他们的主要任务，一直是通过防止法律和法院成为社会的最高监管者，从而让这些主宰他们的关系和规则保持在非正式状态。他们有着很精密的理论，否认那种实际管理着系统的力量，将一切都解释为日本“文化”自然而然的结果。通过这种方式，他们保护了自己。他们从以前的官员那里继承了普鲁士对完美管控社会的构想，认为实现这种构想便可不必再担心社会失序，这束缚了他们的行动。他们没有大部分西方国家中政客、官僚和知识分子享有的一种优势。那种优势来自能够在很大程度上回应理性的争论、知识界的警告和真正的政治辩论的政治系统。我认识的一些日本官僚在意识到系统其实根本不受控制时都十分害怕。

与国际社会的终极不兼容

对日本真正权力机制的否认，普遍存在的受害者意识，自视独特却被误解的感觉，领导地位的欠缺——这些加在一起让日本在世界上一直处于孤立状态。要将日本纳入更大的“法治”国际框架中，似乎会面对难以克服的困难。这就进一步加剧了这种孤立。

国际社会，特别是在美国的支持下成立并由关贸总协定、国际货币基金组织以及经合组织等机构维系的战后贸易体系，它们的运作规范与日本系统的运作规范有着本质差别。关贸总协定成员国通常不会根据对各自实力的估计来安排与其他成员的关系。美国并未威胁日本，要它认识到它在世界中的恰当位置。各国政府可能会互相撒谎，对自己的人民撒谎，但非共产主义贸易国家之间的交往中，实际现实和形式现实之间存在的差距，根本没法与日本的那种制度性鸿沟相比。在某种程度上，现实是可以管理的。但是外国记者、学术评论家或恼怒的政府如果认为两种现实之间的差异太大，就会指出形式现实和实际现实之间的不同。

日本系统和国际自由贸易体系的剩余部分并不兼容。后者要求遵守规则，但日本官员们无法接受这些规则，除非他们能推翻自己的那些非正式关系。如果普遍适用的规则控制着外国人在日本社会和日本市场中的机会，这些规则就会破坏复杂的人脉网和非正式的进程，进而破坏并最终摧毁系统。你可以和系统打交道、谈条件，但不可能在系统内引入普遍的原则。

外国方式的“污染”

系统的孤立塑造了大众的态度，这种态度又反过来加强了孤立，将日本人进一步与世界其他地区隔绝。不少外国观察家注意到，长久的心理偏狭是造成日本国际问题的主要因素，他们把这解释为文化偏好。往往被忽视的是，日本人被统治的方式在不断地鼓励这种孤立心态。孤立心态的产生是因为资产阶级的萌芽被扼杀；因为中产阶级纳入公司的等级；因为教育系统不是为日本培养公民，而是为既定的系统等级输出官员和工薪族。

所有这一切都可以由所谓的“归国子女”现象来证明。这些日本儿童在关键的教育阶段于海外接受教育，他们的父亲则在公司海外办事处工作。除了在工程和其他技术领域中得到的训练以外，海外教育通常会成为他们在系统中发挥作用的障碍。这些年轻的海归回到日本之后，为日本的高中和大学带来了知识和经验的全新天地。但是，他们非但没有得到感谢，反而受到歧视，也常常成为被嘲笑和被霸凌的对象。他们总是感觉自己被污染了。这个问题实在严重，于是就不得不成立特别学校，将他们重塑成可被接受的日本人。他们的老师抱怨说，他们问题实在太多了。他们明显不喜欢遵守学校的规定，因此被贴上了对日本社会秩序有潜在威胁的标签。他们被要求注意走路和发笑的仪态，因为这些举止可能会让他们立刻在祖国被视为异类。公司不喜欢有海外生活背景的应聘者，担心他们的行为会扰乱工作团队。

如果只有少数日本代表住在外国城市，他们会表明，日本人的心理构造中没有什么不可逾越的障碍会妨碍他们与其他人一样享受正常的社交关系。一旦日本人的海外社群大到足以成立一所日本学校，他们的孤立就变得严重起来。他们组建只对日本人开放的俱乐部，或是在现有的当地俱乐部中成立日本区。之后，只要有可能，他们往往会迁居到同一个镇或地区。他们孤立自己的程度以及被当地社区隔离的程度，是海外美国人或欧洲人社群根本无法相比的。与在东南亚及欧洲工作的日本商人进行私下交流后，我得出的结论是，很多人不敢让人认为自己在学习外国人的方法，也不敢让人怀疑自己更喜欢外国公司。因此，海外日本人的行为是公司对他们施压的结果，而不是什么空洞的文化规则的结果。

系统是否应该永久存在?

最后也是最重要的问题：情况能改变吗？理论上说，答案是“可以”。纵观全书，我试图证明系统的特性最终是由政治关系决定的。只要是政治的东西，从长远来看就不是不可逆转的，特别是我们对政治维度本身有了认识之后。日本人为什么应该永远被置于政治监护之下？这没有充分的理论依据。

在理想情况下，人们应该怎么做？首先，我们要废除东京大学。法律和党派系统中也要出现基本的改变。法律课程应该在众多大学中教授，律师应得到培训，让日本人有方法保护自己免受官员任意妄为所带来的伤害。最高裁判所秘书处必须撤销对法官的控制和对律师的过度干预，对律师从业人员数量的人为限制必须取消。学校和媒体必须培养出个人政治意识和个人责任心，而不是强调成为公司或其他组织一员的重要性。这些都将鼓励用法规来替代人脉关系，用得到法律保护的进程替代非正规的系统。要想做得更好，就要有根本改变，要出现不依赖于政治拨款且真正代表中产阶级和工人利益的政党。这只是开始，但在这样的情况下，日本会开始令人信服地慢慢以一个宪政民主国家的方式运作。这也将会形成方案，用来解决谁或哪个机构有权统治的问题。

一些日本团体（比如日本律师联合会或一般公民的其他教育改革委员会）的行为和洞见能证明我的建议不算过分，因为他们表明日本人有能力成为真正的公民，并认为自己是真正的公民。不幸的是，到目前为止的经验表明，我们没有理由这么乐观。如果说系统有一个压倒一切的、神圣不可侵犯的目标在指导它，那就是为自己求生存，也就是说，为当前这群官员求生存。这个目标被错误地认成为日本求生存。缺失对国家事务优先级的政治辩论，缺失国会中的彼此制衡，缺失解决冲突的法律框架，让一直存在的“日本性”有加强的危险。反过来，这又有利于极端主义情绪重现。这种情绪的目标是“拯救国家”，很有可能会和过去一样将国家带入更深的麻烦之中。必须要考虑的可能性是，日本系统可能会经历另一次震荡，造成震荡的是和不友善的世界对抗的敏感。可以想见，这种震荡会让一个意志坚定的团体聚拢权力，制定新的国家路线，但结果如何，完全无法预料。

也许，最大的可能性是在日本与西方世界，特别是美国，达成一些临时妥协之后，系统还会这么浑浑噩噩地继续下去。但这要求西方国家制定明智的政策。

还有一种非凡的做法，可以将系统变成一个真正的现代化宪政国家，让日本人成为公民。但这需要重整权力，不亚于一场真正的革命。

第十七章

改变与困境的平成 30 年
——写给 2020 年中文版读者

改革的愿望

二战后，日本在经济上取得了 30 年的辉煌成就。但如今，日本似乎失去了明确的目标，经济停滞不前，国民也不再感到生活有改善。政治体制中缺乏某种重要的东西，不能规划出一条更有希望的道路。到了 1993 年，这个国家的政治心态突然变得激昂起来。两位政坛老手小泽一郎和羽田孜脱离了自民党，开启了一场重大的党派政治动荡。它曾预示着一种新的日本政治。各大报纸都开始刊登系列文章，讲述日本官僚们如何在监督缺失的情况下管理国家，一直用精妙的方式逃避民选政治家的倡议和计划。对于将要发生的事，似乎没有人有任何怀疑。日本要想变得更好，就需要一位真正的首相，肩负常规的责任，还要有一个在形势需要时能为国家规划新道路的内阁。1993 年那些引起人们注意的、具有改革思想的政治家明白制定新路线的政治决策与仅仅保证事情顺利进行的行政决策之间的区别。他们人数太少，而且几乎没有更强大的官僚支持。但这些政治家找到了彼此，获得了巨大的人气，最终组建了第一个让人信赖的反对党并在 2009 年执政。在此之前，政治上最精明的日本人都没有想到，相当僵化的日本政治体制会在不受外部冲击的情况下实现根本性变革。但是从 1993 年起，一种真正的新意识在公众中传播开来：巨大的变化不仅是可取的，也是可能的。著名的政治人物、评论家和商人在演讲和作品中反复强调根本性政治改革的愿望，这种现象已十分常见。

起初，随着小泉纯一郎出人意料地当选自民党总裁，这一愿望似乎就将实现。小泉比几乎所有其他日本政治家都更爱卖弄，而且相对而言他是一个局外人，不介意打破日本传统政治精英们的潜规则，所以他沉迷于表现出政治姿态，给观察家们留下了坚定和大胆的印象。但他的举措并不具有实质意义，也没有给人们认为应该改革的陈腐官僚体制确立切实的新政治方向。小泉生活在日本政治的一个特殊领域，在那里，姿态和象征取代了实质的政策。在其他任何国家，人们都不会像当时的日本人民那样，每天听到那么多有关改革的讨论。电视和报纸每天都在提“改革”。这造成了一种令人兴奋的气氛：日本会变得更好，而且会彻底改变。但小泉并没有对官僚机构建立政治控制，而是基本上听从财务省官员的议程安排。这些官员能想到的无非就是抑制过度公共开支的传统手段。小泉面临的障碍与几乎所有的前任一样，而这样的障碍限制了他们发挥作用的能力。实际上，他之前的几乎所有首相都没有权力制定国家政策，而对于政府首脑来说享有这种权力本是常规之事。长期以来，人们一直清楚，官僚与政客之间的工作关系是日本的核心问题。在日本，最终有责任决定政府应该做什么的民选政治家，很少和非民选官员建立有效的伙伴关系。具有官方权力的政客本应更负责，专业人士却比他们更了解自己的职责范围。在中国，通过等级制度获得职位的技术官僚，以及在他们之上做出指示的政治长官，这两者都属于同一个政党。但在日本，官僚们面临的是无人领导的痛苦。这就是20世纪90年代初开始被广为接受的、最早的改革方案要解决的问题。像小泽一郎这样的人一直在讨论有必要让日本成为一个“正常国家”。“正常国家”是小泽一郎发明的术语，指的是会进行政治辩论，讨论自身对本国公民和外部世界应当扮演何种角色的国家。

小泉时期的中日关系可以反映出，小泉的失败实在非常引人注目。他对国家神道主义的遗迹——靖国神社——进行了具有挑衅性而且不必要的参拜。在中国领导层看来这是有意为之。北京向日本派遣高级外交官，但功能失调的日本外务省未能让小泉做出回应。在他的领导下，日本的外交陷入停滞，与俄罗斯和韩国的关系也在恶化。外务省没能指导他在一个已经变化的世界中应有怎样的新举措。日本也几乎没有任何外交政策，甚至没有一个认真维持珍贵的外交关系现状的政策。小泉纯一郎的主要倡议始于对平壤的访问，但由于他没有考虑周全，也没有将其纳入更广泛的战略之中，他的倡议成了一团糟，而广泛的战略本来可以确保日本全国更加关注他的发展目标。他得到的“回报”是，日本国内因为几年前日本公民被平壤政府扣押而发起暴动。而在有关朝鲜问题的六方会谈中，日本被置于无关紧要的地位。

第一个严肃的反对党

自 1955 年以来，日本一直实行着有时被戏称为“一个半党制”的制度：自民党会组成政府，而日本社会党则在国会中尽可能地批评自民党。社会党永远不会试图提出可行的新政策，或发起旨在赢得多数席位的竞选活动来接管政府。1996 年，上文提到的具有改革思想的政治人物组成了一个新党并与其他政治团体合并，形成了强大的政治力量。在 2009 年的选举中，日本民主党在国会中获得了绝大多数席位。这是日本政治生活中的一个重要里程碑。人们期望民主党去做的，无非是打破日本现代官僚机构（以及军队）创始人山县有朋建立的统治传统。山县不希望不断内斗的政客破坏本应和谐一致地团结在天性仁慈的天皇周围的日本民族的纯洁性。由政客管理的政治系统不可能和谐，因为他们必须互相斗争才能当选。山县做了一些安排，以确保他们永远不会拥有一般政客应该行使的权力。他的措施推动发展的政治体系最终在 20 世纪 30 年代被军事官僚利用，劫持了这个国家。山县有朋的政治遗产一直存在于日本职业官员、官僚和民选官员、日本国会议员之间的奇怪关系中。

之前从未有人尝试过民主党所承担的使命。民主党试图建立一个真正的政治指导机制，而这在第一代自民党政治家之后就不复存在。日本人的经验中没有可借鉴的模式。民主党的大臣们重新审视几乎所有方面的政策，但都遇到了一部分人有时非常强烈的反对。反对不是来自选举他们的公民，而是来自他们想要取代的非民主体制中盘根错节的既得利益集团。虽然基础性的民主机构，如国会、内阁等，都始于明治时期，但机构的运用并不符合最初的目的。能让政客施政的很多小的机构，几乎是在一夜之间从头开始建立的。这让许多没有耐心的观察家有了这样的印象：民主党联盟的大臣们搞不定这些。例如，外务省和防卫省的官员们都在尽最大努力，诱使新的政客们遵守各自部门的传统方式，导致他们错失了与莫斯科取得重大外交进展的机会。这太可悲了。

两个主要缺陷使得新执政党的处境更加糟糕。公众一直非常渴望进行重大的政治变革，才让民主党有了这么多的国会席位。没有足够多的政治家能完全理解改革设计者们想要的治国原则，因此民主党接纳了许多正在瓦解的日本社会党的成员，但这些人根本没有经验，想不出可行的政策。这样一来，新政治变革最初的性质和人们对它的理解就被大大削弱了。民主党从一开始就分为两派。一派记得其最初的目的是建立对行政机构的控制，另一派则认为民主党不过是自民党的一个替代物，他们照样可以利用其等级阶梯爬到舒适的高层政治职位。这为某种曾在自民党内盛行的政治机会主义创造了空间，它最终破坏了作为一个整体的民主党，导致其解体。

这个新政党，对 1955 年以来几乎没有改变的日本政治秩序而言，无疑是一个巨大的威胁。将这一威胁变成现实的小泽一郎，是最有才干的政治人物，因此他既令人钦佩，也遭人憎恨。小泽一郎领导着一群决心改善日本政治体制的改革派政治家。1993 年，他发起了改革运动，在将改革派政治家聚集到民主党的过程中起到关键的领导作用。后来，他利用自己的专业知识，带领民主党在 2009 年夏天的选举中取得了惊人的成功。1993 年后，在日本政府被自民党长期忽视的时期里，近距离研究日本政治生活的人，一致同意只有小泽一郎才能带来日本人民等待已久的改变。他明白什么是必要的，并就此写了一本书。他是伟大的田中角荣的追随者，也是他最好的“学生”。他具有将政治理想变为现实所必需的成熟政治手腕。最重要的是，他掌握了与职业官员进行有效合作的技巧，而不会屈服在官员让政客顺从其官僚主义目标的高超手腕之下。他本应成为新执政党的首位首相，但日本系统不能让这一切发生。它开始对小泽一郎采取无意义的法律行动。日本媒体和官僚们一起参与了一场大规模的抹黑人格的运动。职业官员们自然看到他们的特权受到了新政党的威胁，并正确地认定小泽一郎是对现状的最大威胁。如果一个日本人在政界——也包括商界——获得了地位，成为一个重大威胁，可以想见，既定秩序的守护者们会全力造出丑闻，把他的影响力削弱。

针对小泽一郎的人格抹黑运动卓有成效，在民主党内也是如此。即使是在民主党内真正的改革者中，也能听到这样一种说法：现在是“年青一代”重振日本政治的时候了。不过小泽可以运用他的手腕，在幕后监督新政府的第一届内阁。后来的第一任内阁领导人鸠山由纪夫明白其中的利害关系，完全忠于最初的改革方案。新政府的首批举措之一，就是推行主要由小泽一郎策划的新对华政策。他用两架大型喷气式飞机，载着作家、艺术家和政治家访问中国。此行的目的是专门改善“人与人、党与党之间的关系”。与此同时，鸠山由纪夫公开宣布，他打算与其他东亚领导人一道，形成一个由现有东盟国家加上韩国、中国和日本组成的“东盟 10+3”组织。如果他的内阁继续连任，对中日外交具有毁灭性意义的钓鱼岛争端就不太可能发生。

美国对日本新政府的否决权

近年来，美国的外交政策因一系列成功和失败的政权更迭尝试而闻名。通过这些尝试，华盛顿成功地消除了它认为不利于其目标的现有政府。很少有人意识到，日本的第一个民主党改革派内阁的终结，应当被看作华盛顿这一政策的重大成功之一。可以说，在将民主党推上执政党地位的 2009 年 8 月日本大选前不久，华盛顿已经预见到了日本政权的更迭。当年 1 月，希拉里·克林顿第一次作为奥巴马总统的国务卿来到东京，与即将离任的自民党政府签署一项协议（自民党也知道自己快要下台了），重申了在 2005 年 10 月签订的、极具争议的美国海军陆战队在冲绳建立新基地的计划。希拉里曾明确表示，无论日本选民选择什么样的政府，都不能背离早先的安排。这是她“重返亚洲”（pivot of Asia）政策的一部分，该政策旨在控制中国日益增长的实力。美国在世界各地的外交活动，已经逐渐脱离外交人员和外交政策专业人士的掌控，而由各大洲设立的六个军事“司令部”的最高层操作。希拉里领导下的日本事务负责人——库尔特·坎贝尔（Kurt Campbell）、凯文·马赫（Kevin Maher）和华莱士·格雷森（Wallace Gregson）——都出自军方，而具有对日经验的国务院前一代外交官似乎已被完全挤出了这个圈子。2009 年秋，美国国防部长罗伯特·盖茨（Robert Gates）访问日本。他再次强调，华盛顿不会接受日本的独立行动，也不会接受任何偏离自民党一贯做法的行为。为了明确这一点，他拒绝参加为他举行的例行宴会。正如人们所预料的那样，日本出人意料的举措让华盛顿的“日本管理者”集体焦灼不安。记者援引其中一些人的话说，也许他们一直搞错了要担心的国家；他们担心的焦点应该是日本，而不是中国。

日本大型日报的高级编辑们通常团结一致，他们为这个国家创造的政治现实比别人都多，现在也开始举棋不定。日本的报纸开始反映美国编辑们创造的现实。这意味着不久之后，日本国内的大型报纸将开始采用这样一种口径：鸠山首相正在破坏日美关系。我们很难在其他情况中见到华盛顿官员像对待鸠山时期的日本政府那样，如此明目张胆地侮辱一个国家。除了鸠山一再提出的正式会晤请求被忽视外，美国处理日本问题的人员还建议奥巴马，如果他们在国际会议上碰面，不要给这位日本首相超过10分钟的时间。希拉里严厉地斥责日本驻美大使，指责鸠山首相“撒谎”，就因为后者在哥本哈根的一次宴会上坐在希拉里的身旁，然后对日本媒体表示他与希拉里的谈话是积极的。日本报纸无法用正常的参照系来衡量这些事情，于是开始照搬反映华盛顿官方意见的美国媒体的多数观点，说鸠山由纪夫正在破坏跨太平洋关系。

长期以来，各个国家一直鼓励日本凸显其“国际形象”，但当民主党真的准备这么做的时候，华盛顿几乎立刻就安排其首任内阁下台了。为此，它将美国海军陆战队在冲绳新建基地的错误计划当成一个测试。冲绳（仅占日本国土面积的0.6%）负担着美国在日本所有军事基地的四分之三。尽管公众不断地在远离日本中心的地区举行大规模抗议和反对行动，但华盛顿方面坚持认为，必须为他们的海军陆战队新建基地。我们完全可以理解的是，第一任民主党首相一旦上任，就会试图重新为那项不切实际的美国海军基地协议展开谈判。鸠山掉进了一个陷阱。他出于习惯相信，这个问题会得出一个可以接受的折中办法，但事实并非如此。他最终干脆辞职了。按照惯例，政客如果希望完成通常被认为是有争议的、有困难的事情，会把自己的政治前途押在结果上。大约半年后，他告诉我，他犯了他政治生涯中最大的错误。

民主党曾打算着手消除半个世纪以来因一党统治而产生的、已经无法有效运作的政治积习，但它失去了平衡和支配权，并且再也没有恢复过来。鸠山辞职后，民主党所有与亚洲大陆国家进行积极接触的计划被抛在了脑后。鸠山的继任者菅直人不希望重蹈前任的覆辙，与外交政策改革派保持距离。而他的继任者野田佳彦则帮助重新调整了日本的官僚体制，使之与美国的期望完全一致，回到已经持续半个世纪之久的一党统治。他呼吁在 2012 年 12 月举行一场没有必要进行的选举，而所有人都知道民主党会输掉这场选举。他让受到美国支持的自民党重新掌权，让日本重新回到早先那种顺从华盛顿意愿的状态。

在早些时候，对华友好的政策正在制定，但突然之间什么也没有了。政治真空为政治上的恶行提供了理想的空间。石原慎太郎是个资深的恶棍，他通常被认为是一位极右翼政治家。他因为哗众取宠的姿态而平步青云，但仕途也同样因此而中断。2012 年 4 月，他在担任东京都知事 13 年后，任期结束之际，提议由名义上在他治理之下的东京“购买”东海上那些无人居住的岛屿。中日邦交正常化时，这些领土争议长久以来被搁置着。中国爆发了反日示威。可想而知，两国关系破裂了。中国的高级外交官员们看到日本新政府和平倡议仅因为美国人的命令就被扼杀，他们感到愤怒，这是可以理解的。与以往面临外交僵局时一样，中国代表想知道当他们与日本人共同坐在一张谈判桌上时，他们在多大程度上其实是在与华盛顿进行对话。最后一任民主党首相野田佳彦也许忘记了，又或许是从未理解他所在政党的改革渊源，后来又忽视了与北京方面沟通的幕后渠道——这样的渠道本可以让任何一方在不丢面子的情况下解决争端。

至关重要的美国关系

世界上没有任何东西与日美关系相似。把日本称为美国的殖民地是不正确的。日本人并不是百分之百地顺从美国的，日本商界精英、官僚机构和金融界一直维持着一种经济体系，与美国人认为应有的经济体系完全不同。殖民地经济总是以服务于宗主国的经济利益为目的而运行的，但在日本绝对不是如此。即使在美国对日本融资产生重大依赖的时候，日本的工业发展也不时对美国的经济利益构成相当大的威胁。

既不是盟友也不是殖民地——日本对美国来说是什么？包括我在内的一些人把日本称为被保护国。这意味着这个国家没有真正的主权，其行政中心必须始终遵循一个更强大国家的意愿，施行保护的国家对弱国的政策掌握部分的控制权，对其外交政策几乎有着完全的控制。说日本是被保护国似乎是比较贴切的。但日本是一个有趣的被保护国。日美双方都没有普遍认识到日本的现实。两国之间存在着巨大的心理张力。在正常情况下这种被保护国地位早就该结束了，更不要说日本具有先天的优势。

由此发展起来的双边关系是世界从未见过的。日本并不因为是一个贫穷的小国所以才在涉及外交事务的大多数问题上别无选择，只能服从美国。正如我在本书前面详细描述的那样，日本已成长为一个强大的工业竞争对手。有那么一段时间，它一直是曾经不可战胜的美国工业机器的唯一主要威胁。在 20 世纪 70 年代和 80 年代，“株式会社”的概念给美国商人和相当多的政治家带来了恐惧，他们担心日本在几个产业里以系统的方式削弱了美国的实力。日本占领美国市场份额并将其尖端产品推广到世界各地的产业战略，是美国政府监管机构停止执行其早先严格的反垄断规定的主要原因。与此同时，日本的官僚机构继续帮助推行损害本国公民福利的经济措施和财政措施。其中一项是日本对美元的支持，因为有这样的政策，日本的储蓄流向了美国。如果日本摆脱对美国的附庸关系，成为一个真正独立的（也是正常的）国家，它就可以开始关注如何在人民中分配日本积累的财富。

当然，同样重要的是，在这样一个时刻，日本应该开始作为一个重要而且负责任的政治实体回应世界。如今，日本的外交政策思维仍然很少考虑其庞大的邻国——中国和俄罗斯——最近经历的重大政治变革。近年来，美国在世界上的作用也发生了巨大变化，成为世界面临的最大问题之一。由于美国用来控制军工联合体、金融体系和证券联合体等庞大机构的、必要的中央政治体制已经停止运作，这些机构拥有了独立的生命，因此美国造成了破坏并使我们的前景变得黯淡。美国的单边行动没有表现出对其他国家的关心，也没有任何互惠的意愿。70 多年来，日本的政治精英不必考虑战略问题，这让他们忽视了这样一个事实：孤立主义美国的前盟友（包括日本）现在不过是美国的附庸，它们面临着巨大的新风险，却失去了先前的保障。

直到不久以前，欧亚大陆还只是一个地理概念，我们无法想象到它会成为如今的一个经济区域或战略区域。日本的两大邻国曾经不在常规的交通圈和贸易圈中，在20世纪下半叶的大部分时间里，或多或少与西方是敌对的，而日本被认为是西方的一部分。这两个国家曾被认为是冷战中的“另一方”。现在，西方最强大的国家采纳了欧洲人和日本人都不曾真正认同的地缘政治目标。与此同时，俄罗斯和中国也前所未有地参与到国际经济中来。事实上，只要看一眼全球融资能力和生产能力就会发现，世界的经济重心正在相当迅速地向欧亚大陆转移。然而，这些难以忽视的事实并没有让日本对政府优先事务重新进行重大思考，东京也只是部分地适应了新的现实。在冷战时期还算有些逻辑的做法被延续了下来，比如日本为了贸易和投资事务而磨炼外交技能，政治战略利益则留给美国代理，但这在当今世界已经行不通了。苏联已不复存在，中国已经成为一个强大的资本力量。日本比以往躲在美国羽翼之下时，更需要真正的外交。

安倍晋三领导下的日本国际关系

日本现任首相安倍晋三在2012年第二次担任首相后，于2019年再次成功当选，他在国际舞台上一直非常活跃，特意努力与最强大国家的政府首脑建立个人关系。目前还不清楚这些利益和活动最终是否会让日本与邻国的关系取得重大突破。但他最早在2006—2007年为期一年的首相任期并不成功。2012年他再次登台时在国内引发了争议，在中国和韩国更是如此，因为他的思想和意图通常被认为是右翼的。他所挑起的历史争议与这个国家丑陋的分裂有关，关系着日本人应该如何看待自己的历史。半个世纪以来，日本人对身为日本人意味着什么，一直持有分裂的观点。这是一个有着不同解释的话题，能让相当多的人十分兴奋、恼怒或干脆生气。我们可以简单地说，一个对过去感兴趣的日本人可以从两个现成的说法中做出选择。这两个说法——一个通常与政治左派联系在一起，另一个与政治右派联系在一起——在有关20世纪上半叶日本帝国主义扩张时期的事件真相方面存在分歧。政治左派和右派对彼此的强烈反应来自这样一个事实：尽管日本看待自身历史的问题需要道德良知的回应，但它却被概念的迷雾所笼罩。不时爆发的争议中，体现出令人苦恼的意见分歧和情绪不稳。我认为，这种二元论在25年前更为清晰。当时，藤冈信胜和一些和他有同样想法的人，在1995年成立了"自由主义史观研究会"，公开明确反对由日本"自由派"提出并占主导地位的，对那一段日本历史的"受虐狂式"的解读。从那以后，这类争议的爆发呈现出一种更加民粹主义的特征，一些摇滚乐队、票房榜榜首的电影以及书店里的"仇华仇韩"的读本也卷入其中。日本著名右翼作家、小说家百田尚树成为NHK的董事会成员。他的两本书都试图反驳日本历史的"受虐论"，每本都卖出了数百万册。他写道，日本在从白人殖民者手中解放亚洲人民时，被美国引诱参加了第二次世界大战。这个主题是他写作时发现的金矿。起初，安倍的声明似乎符合右翼的论调，他想让时间倒流，让日本回到一个幻想中的时代，那是日本在战败前，在被美国占领之前的辉煌历史时期，而那时的日本比现在好得多。但这种声明似乎已经消失了。

日本首相中曾根康弘几乎刚一就任，就让职业官僚和媒体大吃一惊。他宣布将立即前往首尔改善日韩关系。事实证明，这是一个至关重要的，也是成功的举措，在当时极大地改善了日韩关系。安倍首相同样面临着一个千载难逢的机会。众所周知，普京非常愿意与东京方面就北方四岛（俄罗斯称南千岛群岛）问题达成协议，而这可能是日本有机会达成的最好的协议。对安倍来说，有一个几乎可以肯定成功的政策，那就是忽略华盛顿，立即前往莫斯科达成协议并安排与俄罗斯签署拖延已久的和平条约。如果有了这些成就，他可以立即再前往北京，呼吁两国重返 1972 年田中角荣和周恩来对钓鱼岛的讨论。当时的中国领导层几乎肯定会做出积极回应。如果安倍首相上任后就把这个问题放在首位，那么在全世界的眼中，他将成为亚洲的一位新的伟大政治家。但与中曾根康弘不同的是，安倍认为他必须先进行日本首相的例行朝拜——去访问华盛顿。接下来发生的事情令人尴尬。安倍的官员被告知，奥巴马总统太忙，不能在这么短的时间内见他，需要他推迟访问。华盛顿仍然只不过把日本视为附庸。

但安倍的态度似乎已经发生了变化。后来他想就对华关系做些正确的事情。他想让日本与中国再次建立更友好的关系。尽管日本对中国“一带一路”大型基础设施建设项目的参与有限，但正如人们所料，日本正对这个项目投以极大的关注。2019 年，美国对中国贸易关系的态度突然转变，使事情变得复杂。东京认为自己基本没有支持任何一方的立场。安倍似乎认为他可以采取一种平衡的方法。

日本与邻国关系中最令人意外的发展是与韩国不期而至的外交战

争。这是由于文在寅政府要求日本承认其在早年殖民朝鲜时的一些行径，特别是日本公司剥削朝鲜劳工的行为。日方不答应韩国的要求，对韩国制造业需要的日本高科技产品的出口实施了新的控制。与此同时，日韩两国人民之间的交流日益恶化。但东京方面却表现出愿意抓住机会与朝鲜对话的姿态——这个窗口是特朗普和韩国政府的政策打开的。总而言之，在日本财务省官员继续对安倍政府的政客们行使权力的同时，首相官邸获得了比以往更强的控制力，显示出相当大的领导力。

安倍晋三的父亲安倍晋太郎是中曾根康弘内阁中一位非常出色的外相。但安倍晋三更以日本战时和战后最伟大的政治人物岸信介的外孙而为人所知。岸信介是伪满洲国最杰出的官员，而伪满洲国是日本战时的殖民地，也是工业试验基地。他还在设计战后工业快速发展的结构方面，发挥了主导作用。二战后日本最有影响力的政治人物和官僚们，以及在美军占领时期和之后升至最高职位的人，多多少少都认为，当时对日本来说，处于从属地位是最好的选择。以岸信介为首的战后早期领导人的首要任务是为日本建立工业基础，使其在一个他们并不那么信任的世界中，获得地位、实力和安全感。美国提供的安全保障看起来很有吸引力，因为美国总体上倾向于在国际事务上帮助日本，这似乎创造了一个理想的避难所。但在他们看来，这只是暂时的安排。岸信介认为，日本一旦恢复工业实力，就应该重新成为一个成熟的主权国家，与世界上最大的强国平起平坐。依靠这样的地位，就可以实现共同的国际外交目标和战略目标。现任首相表示希望实现岸信介的目标。

目前尚不清楚这在多大程度上意味着脱离附庸的传统。日本在乌克兰危机之后解释说，它不一定会听从美国对莫斯科的制裁方案。但与此同时，官员们显然担心，如果不加入欧洲各附庸的行列，实施美国迫使它们实施的新制裁方案，华盛顿方面会感到愤怒。但在与俄罗斯有关的其他方面，事情已经变得更加清晰，而且似乎朝着两国之间达成和平条约的方向前进，尽管进程非常缓慢。据说，安倍对北海道以北有争议的南千岛群岛中的两个较大岛屿做出了重大决定。择捉岛和国后岛不会再出现在谈判桌上。显然，他做出这个决定是在期望什么，因为只有放弃这两个岛才会带来突破。但与别的时候不同，关于谈判的信息并没有被泄露太多，直到撰写本文时，人们也还不知道讨论的情况如何。和平条约应该被认为是对两国都有利的。对日本来说，这样的成就可能被看作获得更多自治权、减少对美国依赖的路途中的一大步。在最近的相关谈判中，美国的影响并不明显。

安倍治下的经济

民主党失败后，日本政治回到了一种更古老的形式，与 1955 年的体制不完全一样，但随着自民党重新上台，其政治理念和方法破产，现在的形式看起来又有点像 1955 年的体制。不同省的最高官员在一个几乎没有改变的总体国家目标内，以他们熟悉的方式制定政策。日本财务省的行事方式，似乎受到美元必然永远支配国际经济事务这一假设的影响。只要你审视"安倍经济学"（Abenomics）——它被认为是一种新经济政策的理论方法——的实质，就会明白这一点。安倍经济学最有趣的地方是它忽略的东西，比如说它没有考虑日本劳动力的总体状况。失业被认为是另外的问题。因此，一旦引入新自由主义思想以及非终身雇佣制后，企业的社会安全网络就被破坏了，平均生活水平也就降低了。如果你发现，高级官员们还没有意识到要把日本经济从通货紧缩时期中拉出来，当务之急是把钱放进人民的口袋，你就会立刻明白安倍经济学的理念是一种倒退。民主党第三任首相（野田佳彦），也是这个党派的最后一任首相，被财务省那些脑子一根筋的官员俘虏，从而背叛了选民。他增加了消费税，却达到了相反的效果。由于日本经济在经历了长时间的低迷后，还没有获得足够的力量，增税本身应该被视为一种负担，它会阻碍经济的显著改善。

时下国际知名的日本银行总裁黑田东彦非常聪明，认识到他在国际货币基金组织和世界银行——他作为亚洲开发银行的总裁曾是其中的成员——中不少国际同行所支持的紧缩政策，对日本（以及其他地方）而言效果是适得其反的。但他不是一个独创性思想家，更谈不上是一个革命家。黑田东彦代表了官僚。他的职业生涯始于日本的财务省，而所谓的安倍经济学在很大程度上是财务省传统政策的延续，这些政策可以被概括为支持美元。

这一不容挑战的政策在官僚眼中至关重要。他们把通过海外销售赚到的美元归自己所有，因为这使得美元对日元的汇率保持在高位。他们继续购买美国国债，这样美国的预算赤字就能继续得到弥补，于是美国尽管收入不够，也还能继续其豪奢的开支。为了日本的出口产业，这些官员强烈希望日元贬值，因为这使得日本商品在海外的定价更具吸引力。换句话说，在安倍经济学的指导下，重点仍是人们熟悉的老问题。到目前为止，并没有产生令人激动的结果。尽管自安倍经济学启动以来日元大幅贬值，日本的出口仍维持在过去的水平。相当多的日本大公司做得不错，因为它们出口专门的零部件，用于世界其他地区生产的消费品和专业产品。这些公司的名字基本不为公众所知，而因为有着这些公司，日本在国际贸易中享有特权。但是，那些曾经引领、改变了我们居家娱乐方式的著名日本电子产品和其他消费产品制造商，已经输给了它们的韩国竞争对手，也很难重返其早先的显赫地位。

这意味着，日本将继续帮助美国消费者，而不是日本消费者；日本通过对美元的支持，让华盛顿能够坚守所谓的双重赤字政策：巨额的预算赤字，以及经常账户赤字。不用说，这也有助于保证美国在世界各地发动战争的能力。

有很多人和我一样，在过去50多年的时间里见证了日本经济的起起伏伏，禁不住怀疑曾经非常足智多谋的日本经济结构的官僚大师们，是不是已经失去了想象力。在创造著名的经济奇迹时，他们曾证明过自己的勇气。到目前为止，他们应该已经清楚地认识到，从长远来看，计划周密的住房政策应当比一门心思关注出口政策要好得多。增加并扩大现有的日本家庭空间，将使日本家庭生活更舒适，有助于对抗低出生率和人口老龄化，并促进所有人都在期待的那种家庭消费——因为人们会买其他东西来填满他们新的生活空间。2011年大地震和海啸带来的破坏也创造了巨大的机会，来建立机构去重建家园，构思一项国家计划来改善基础设施。事实证明，为了减轻东北地区难民失去居住空间后的痛苦和损失，政府提出的举措实在糟糕。即使事情已经过去了三四年，他们最基本的需求仍未得到满足，而从中牟取暴利的黑社会，似乎已将用于赈灾的大部分资金占为己有。

日本财务省仍然是日本政治体系中最强大的实体。20 世纪 80 年代末，它策划了后来所谓的“泡沫经济”。欧洲人和美国人带着惊讶观察这一切，错误地认为这源于私人机构的疯狂投机浪潮。但日本的金融官员鼓励房地产和股票价格螺旋式上涨，以造福日本工业，因为 20 世纪 80 年代中期的日本政策导致日元大幅升值，让工业受到牵连。他们发现自己没有施加足够的控制，或者说他们让泡沫持续的时间远远超过了必要。由此造成的混乱，加上日本产品在海外市场面临的新情况，引起了其他结构性的变化，这些都需要财务省采取行动。总而言之，日本金融机构体系的重大改组是必需的。日本的大公司长期以来一直是推动工业增长的重大行动中的一部分，它们一直受到保护而不会破产。它们所属的企业集团也都有一家主要银行来支持。这些银行确保企业能够在经济动荡时期生存下来。财务省官员采取了一项重大举措，迫使主要银行系统合并。

有几家公司因政治导向的举措破产，这些举措在若干年后仍在被讨论，而且可以作为例子来说明变化是如何发生的，以及企业应当有意识适应这些变化。但有些东西自战后早期以来一直保持不变。其中之一是，除了炼油等少数几个行业外，外国人无法控制重要经济资产。这仍然是日本与东亚其他快速发展经济体的主要区别。日本官僚机构最近一次强行叫停外国人控制的产业，发挥了身体免疫机制一样的作用，终结了日本最成功的外国商界领袖之一卡洛斯·戈恩的职业生涯。这位法国、巴西和黎巴嫩混血的法国汽车巨头雷诺公司的首席执行官，在1999年获准成为日产的首席执行官。他让这家日本汽车制造商经营更为合理，使其恢复经济健康，并被特意树立为其他日本行业的榜样。但戈恩的野心太大了，最终决定将法国公司和日本公司合并。这是日本官僚的免疫系统绝不允许的。他的生活方式也极为奢华，这起到了火上浇油的作用——在日本人的期望中，非常富有的同胞们并不应该这么过日子。公诉人和媒体联手对待他的方式，与对待过去那些大案要案中的日本人一样，因为这些涉案的日本人违背了维护一个有序系统所必需的（且大部分是不成文的）规则。这是一场折磨。他先是因一项小指控被关押，然后因另一项指控而再次被关押，他的职业生涯和名誉都被毁了。

与西方国家的不同和相似之处

最重要的是，日本没有财阀政治。正如我们在前文看到的，日本还没有做好准备去迎接财阀统治阶级。在这方面，日本的情况与欧洲和美国的情况截然不同。可以肯定的是，日本政治在很大程度上迎合了日本企业，但不是在寄生资本主义的环境下。为了社会进步和国家实力，政治服务于日本的工业实力。虽然日本社会以等级制度闻名，但企业和其他日常生活机构中的等级制度并没有造成多大的收入不平等。顶层五分之一人口的平均收入不到底层五分之一人口的三倍；相比之下在美国，顶层五分之一人口的平均收入是底层五分之一人口的九倍以上。

但日本是脆弱的。在试图殖民世界的过程中，它仍可能受到欧美财阀统治集团的诱惑。它也可能因金融灾难的余波而受损，即使它处于美欧机构造成的破坏的边缘。它似乎也很容易受到如今已被证明是错误的冷战时期观念的影响。这要从两个方面来看待。美国展示了帝国主义的力量，不仅对其敌人，也对其“盟友”展示，这体现在华盛顿的权力精英希望他们的前冷战盟友们表现服从姿态。欧亚大陆两端的国家们显然无法自己做主，这一事实也有助于美国的施压。日本和欧洲对待曾经的两个最大的共产主义敌人的外交政策、外交行动以及态度，还有更重要的处理国际事务的思维方式，不仅仅受到了美国样板的影响，而且在很大程度上取决于美国的愿望。

这是日本和欧洲的一个共同点：面对当今世界上最好战的国家时，它们表现出温顺、优柔和懦弱。作为国际舞台上的演员，它们的失职是世界事务中的一个决定性因素。这仅仅是因为欧洲和日本政治精英的盲目无知吗？我们需要了解更多才能解释日本和欧洲的失职。我能马上想到的是，在两代人的时间里，这些精英人士没有被要求在基本外交政策和国防事务上有自己的独立定位。他们没有这样的实践。吉田茂和岸信介的继任者从未迫使自己牢记《日美安保条约》原本就是临时的，不再需要它的时候可以不要了。下一代的日本政治家甚至丧失了构思独立外交政策的能力，而外交政策必须具有足够的弹性，才能适应不断变化的世界形势。对于普通的日本报纸读者来说，美国在世界上的地位，包括它与日本的关系，似乎是不可能从根本上改变的。这是一种好像生来如此的体验。这和那些被困在北约的欧洲人没有什么不同。当北约成立的最初原因——苏联——完全消失后，欧洲人开始了自己的生活。

日本对朝鲜和东亚安全局势的担忧在很大程度上是人为的，受到美国和日本的官员与政客的刻意鼓动。这些美国和日本的官员与政客受制于五角大楼的世界观。朝鲜当然是个问题，它的核野心和导弹构成了某种威胁。但对日本来说，这是一个极其不可能的威胁。日本的外交官僚和国防官僚似乎仍然相信，朝鲜的继续存在是冷战环境在当今世界的延伸，但事实并非如此。朝鲜的野心——如果平壤的统治者如此想自毁前程而沉迷其中——将不会得到中国或俄罗斯的支持。朝鲜是一个独特的例子，它的敌意本身已成为一个独立的政治现实，要求日本采取一种全新的外交方式。自朝鲜战争以来，朝鲜是世界上唯一一个拥有随时可用的、已经定好打击目标的核武器的国家。它想从华盛顿得到的是某种互不侵犯的保证。这不算一个疯狂的愿望。

日本人的冷漠，可能也是其失职的原因之一。这种冷漠除了体现在对全球变革的态度之外，在更多的生活领域中也可以发现。冷漠是一种心灵上的折磨，培养自充满空洞思想的环境，而让毫无意义、不合时宜、陈腐不堪的思想得以流通的制度则确保冷漠持续下去。长久以来，日本青年中有不少人——也许是大多数人——都感到他们的生活没有多大的目的。在老一辈人实现了二战后的国家目标，将日本变成世界工业强国之一后，几十年过去了，官员和民众都面临着不知道下一步该做什么的困境。这使得年轻的日本人相当愤世嫉俗，容易受到虚无主义的意识形态影响而变得抑郁和玩世不恭。

这种缺乏目标的状态与日本作为世界强国的失职有关。缺乏问责中心所造成的政治环境加剧了这种情况，我已在本书中对此进行了探讨。但是与美国和欧盟相比，日本的情况给了人们更多的理由来形成积极的期望。财富并没有从社会底层向社会顶层进行大规模转移。这里没有极度的贫困，而尽管应届毕业生的就业前景并不理想，但日本在这方面的情况并不像美国和欧洲部分地区那样糟糕。日本的经济官员和商业联盟并不是首先要让自己通过商业先富起来，他们的动力仍然是增加工业能力和实力的理念。然而，它确实需要一种新的思想，来决定自己如何运用实力。

致谢

我要感谢很多人，他们在我写作本书时，给予我直接和间接的帮助。我肯定漏了一些人，比如我在过去 20 多年间，就种种有关日本的话题曾经采访过的上百位人士。

与本书关系更加密切的人士当中，有三位朋友尤为突出。要是没有吉野大久保帮我在图书馆中检索并整理日语资料，那么本书就不会是现在这个样子。威廉·威瑟（William Wetherall）和伊万·霍尔（Ivan Hall）在通读各版草稿的同时，还不断给出评论和许多无价的修订建议。同样重要的是，在我进展缓慢的时候，他们又不断给予我精神上的支持。能成为他们的朋友，我觉得十分幸运。

在知识领域，我欠查尔莫斯·约翰逊的情，他鼓励我将书中的某些方面作为重点加以明确，而我之前一直认为那些方面的重要程度不过如此。除此之外，我要感谢他多年来的友情以及从未间断过的鼓励。同样我要感谢茜拉·约翰逊（Sheila Johnson），她耐心地读完了本书早几个版本中的大部分章节并提出大量修订建议。

感谢米洛·索瓦克（Milos Sovak）提出的不少有用建议以及他所付出的热情。詹凡奇（Jan van Rij），爱德华·赛登施蒂克，石田武，戈登·伯格（Gordon Berger），斯坦尼斯拉夫·安德里斯奇（Stanislav Andreski），哈维·斯托克温（Harvey Stockwin），罗伯特·卡兹（Robert Cutts）和艾瑞克·克莱斯塔特（Eric Klestadt）读过本书的部分草稿，感谢他们提出的看法，也欢迎他们的批评。伊恩·布鲁玛*（Ian Buruma）也在感谢之列，他在多年来通过谈话激发我思考的人当中，是排名最前的几位之一。我要感谢御厨贵**教授的帮助和伊东大一教授的意见。我还要感谢克莱德·弗莱斯托维奇（Clyde Frestowitz）和谢尔登·加伦（Sheldon Garon）寄给我的他们那些重要著作的审读清样。

还有一些人，他们有时在脑海中萌生的即兴评论成了重要想法。在日本这些年，我碰到过好几位这样的人，但我要特别提及两位朋友，穆雷·塞尔（Murray Sayle）和克劳斯·雷吉（Claus Regge）。感谢他们对本书中的几个看法所提供的初始意见——很可能他们都没意识到。

我还要特别感谢乔治·德·沃斯（George de Vos）。20多年前，他是第一个督促我写日本的人。这本书和他当时所想的可能有很大出入，但他却给了我极大的信心。

我还要感谢弗里茨·博克斯坦（Frits Bolkestein）和维姆·科塔卡斯

---

* 伊恩·布鲁玛教授1957年生于荷兰海牙，他曾担任《远东经济评论》和《旁观者》杂志记者，为《纽约时报》《新闻周刊》等报刊撰写关于亚洲的政治和文化评论，曾任教于牛津、哈佛、普林斯顿、格罗宁根等大学。现为《纽约书评》主编、纽约巴德学院保罗·威廉斯教席之民主、人权和新闻学教授。出版的著作有《零年：1945现代世界诞生的时刻》《罪孽的报应：德国和日本的战争记忆》《创造日本：1853—1964》等。2008年被授予“伊拉斯谟奖”以表彰他“在欧洲对文化、社会或社会科学做出的重要贡献”，同年以其卓越的著作帮助美国读者理解亚洲的复杂性而获得“肖伦斯特新闻奖”。2008年和2010年被《外交政策》杂志列入“全球顶尖思想家”。——编者注

** 这应是指东京大学名誉教授御厨贵，专攻日本政治外交史，著作有《漫步权力之馆》等，2018年4月，获得日本政府颁发的“春之勋章”。——编者注

（Wim Kortekaas）。感谢他们对我这个课题的信心、所提供的帮助和真挚的友谊。东京外国记者俱乐部图书馆的员工总是富有效率、伸出援手。

迈克尔·格雷（Michael Grey）设置好了写作本书要用到的文字处理设备；他让系统运行得更快，还来到我的山居小屋提供紧急维护。顺便说一下，要是没有那款超棒的 XyWrite 程序，我将无法按时完成本书。

恐怕再怎么感谢威廉·米勒（William Miller）也不为过，他是一个超级优秀的经纪人，也是一位好朋友，在我开始写作前以及在我遇到困难的时候，他都坚定不移地支持我。

沃特·沃尔茨（Wout Woltz）和詹·桑匹蒙（Jan Sampiemon）是《新鹿特丹商报》（*NRC Handelsblad*）的编辑，他们也是所有人所希望的最好的雇主。他们不光维持报纸的运作，使其成为世上最好的报纸之一，多年来他们还为我提供极多的机会进行综合分析，而且随着我请假的时间越来越长，他们还给予我兄弟般的宽容。

最后要说的并非无关紧要，我要衷心感谢房江和光。书写本书时，我经历了 18 个月与世隔绝的时光。在此期间，她忠实地维护着东京和盛金（位于北茨城山麓）之间的主要后勤通道，同时还要感谢她在此很久之前就给予我的支持。

毋庸赘言，所有这里提到的人对本书的结论，以及可能出现的错误都不承担责任。

至于书中列出的日文名字，我遵循的是姓在前的惯例。

盛金，茨城，1988 年 10 月

注 释

第一章 日本问题

1. “敌对贸易”和“竞争贸易”的区别最早由彼得·德鲁克在1986年4月1日的《华尔街日报》上提出。
2. 从本书中所提出的这些理论的视角，我试着将这些现象与近来的发展联系起来，参见第十五章。
3. Umesao Tadao, ‘Escape from cultural isolation’, in Japan Center for International Exchange (eds.), *The Silent* Power, Simul Press, 1976.
4. Naohiro Amaya, ‘Japan’s Peter Pan syndrome’, *Asian Wall Street Journal*, 10 January 1986.
5. Chalmers Johnson of the University of California, Berkeley. 见*MITI and the Japanese Miracle*, Stanford University Press, 1982。
6. 除此之外，见 F. A. Hayek, *Law, Legislation and Liberty*, Routledge & Kegan Paul, 1973。
7. 金在益（Kim Jae Ik）曾是韩国总统朴正熙以及全斗焕的首席经济顾问。他有一次对我说，朴正熙在指导韩国经济奇迹的“架构”时，心中所想的就是这些日本经验。南德祐（Nam Duck Woo）设计了快速增长的机制，而金在益本人也在构筑韩国“经济奇迹”中扮演着重要的角色。在朝鲜对韩国政府领导人发起的屠杀中，他于1983年10月9日在仰光爆炸案中丧生。
8. Christie Kiefer, ‘The danchi zoku and the evolution of metropolitan mind’, in L. Austin (ed.), *Japan: The Paradox of Progress*, Yale University Press, 1976, p. 281.
9. 摘自 Kurt Singer (*Mirror, Sword and Jewel*, Croom Helm, 1973), Ruth Benedict, Robert N. Bellah, Arthur Koestler and George De Vos.
10. Kato Tsugio, *Asahi Evening News*, 20 January 1983.
11. 除了经济因素之外，这种说法也同样适用于中国。
12. Lafcadio Heam, Japan: *An Attempt at Interpretation*, Turtle, 1959, p. 1.
13. Ruth Benedict, *The Chrysanthemum and the Sword*, Houghton Mifflin, 1946, p. 1.
14. Nakagawa and Ota, *The Japanese-Style Economic System*, Foreign Press Center, 1980.

15. *Asian Wall Street Journal*, 10 April 1986 的社论。
16. Murakami Yasusuke, Kumon Shumpei and Sato Seizaburo, *Bunmei to shite no ie-shakai* [Ie Society as a Pattern of Civilisation], Chuo Koronsha, 1979; see also Murakami Yasusuke, 'Ie society as a pattern of civilisation', *Journal of Japanese Studies*, Summer 1984, pp. 281–363.
17. 这些进行社会控制的官员以及其他官员后续的职业生涯，见第十四章。
18. Reinhard Bendix, *Kings or People*, University of California Press, 1978, pp. 463–4.
19. Rollo May, *Power and Innocence*, Norton, 1972, p. 102.
20. “我们应该重新以一种明晰的方式进行定义，还是完全驱逐这个概念？我最初的反应是这个概念应该被彻底驱逐。” Peter Nettle, 'Power and the intellectuals', in Conor Cruise O'Brien and William Dean Vanech (eds.), *Power and Consciousness*, New York University Press, 1969, p. 16, as quoted in May, *Power and Innocence*, op. cit., (n. 18).
21. 马斯洛以及其他临床心理学家将个体成熟定义为个性的认知、情感以及意动方面得以整合。换句话说，精神健康的成熟个体其欲望、情感以及推理是一致的。Abraham Maslow, *Motivation and Personality*, Harper & Row, 1970.
22. Leszek Kolakowski, 'Beyond empiricism: the need for a metaphysical foundation for freedom', in John A. Howard (ed.). *On Freedom*, Devin-Adair, 1984.

第二章　难以捉摸的国家

1. 就战后日本这一现象撰写的开创性著作是 Richard Halloran, *Japan – Images and Reality*, Knopf, 1969。
2. 'History of the kingdom of Wei (Wei Chi), c. AD 297', in R. Tsunoda and L. C. Goodrich, *Japan in the Chinese Dynastic Histories*, Perkins Asiatic Monograph No. 2, South Pasadena, Calif.
3. “获悉诸神的旨意”在古代日本是“统治国家”的同义词。Ryosuke Ishii, *A History of Political Institutions in Japan*, University of Tokyo Press, 1980, pp. 5–7.
4. George B. Sansom, *Japan: A Short Cultural History*, Cresset Press, 1952, p. 300.
5. 在所有非共产主义国家中，这是个独一无二的情形。瑞典和以色列也是几十年间由同一个政党统治国家的例子，但它们都是左翼国家，而且不能说它们与工业有密切关系。其他国家（如加拿大、挪威以及爱尔兰）占主导地位的执政党，偶尔不得不在为期几年或更长的时间内为竞争腾出空间。
6. 自民党在 1978 年党员人数为 140 万，1979 年是 310 万，1980 年又只有 140 万。党员数突然增加的原因大部分是因为有一位野心勃勃的首相竞选者河本敏夫，他为差不多 100 万党员支付了党费，希望他们能在最新引入的“初选”中投他一票。
7. 有关中央政府与当地政府的关系，以及自民党政客所扮演的角色，最近的论述见 Tahara Soichiro, 'Jichisho 2' [Ministry of Home Affairs, part 2], Shukan Bunshun, 12 September 1985, pp. 46–51。
8. Masumi Junnosuke, 'Gikaisei to atsuryoku dantai' [The Diet system and pressure groups], Chuo

Koron, January 1960, p. 46.

9. 要了解联合会创始人和领导者的背景，参见第十四章。

10. Mary Elizabeth Berry, *Hideyoshi*, Harvard University Press, 1982, p. 4.

11. Herman Ooms, *Tokugawa Ideology*, Princeton University Press, 1985, pp. 26–8.

12. 与废止领地同时颁发的圣旨，引用处为 Delmer Brown, *Nationalism in Japan*, University of California Press, 1955, p. 96.

13. 内务省通常在英文中被翻译为"Ministry of the Interior"或是"Home Ministry"，但二者都不能表达这个日本战前体制中曾经最有权力的机构所具有的管辖权和势力。

14. 授予国会的唯一权力是拒绝通过预算，也因此迫使政府使用和去年一样的预算数字来维持运作。

15. Nezu Masashi, *Dainippon teikoku no hokai: Tenno showaki* [The Collapse of Imperial Japan: Record on the Emperor in Showa], vol. 1, Shiseido, 1961, pp. 128–9. 我要感谢 David Titus，*Palace and Politics in Prewar Japan*, Columbia University Press, 1974，让我对这一情形得以关注。

16. James B. Crowley, 'Japanese army factionalism in the early 1930s', *Journal of Asian Studies*, May 1962,pp. 309–26.

17. Asada Sadao, 'The Japanese navy and the United States', in Dorothy Borg and Shumpei Okamoto (eds.), *Pearl Harbor as History*, Columbia University Press, 1973, pp. 258–9. 参见 lso Fujiwara Akira, 'The role of the Japanese army', ibid., p. 195。

18. Ben-Ami Shillony, *Politics and Culture in Wartime Japan,* Clarendon Press, 1981, p. 29.

19. Ibid., p. 83.

20. Chalmers Johnson, *Japan's Public Policy Companies*, American Enterprise Institute for Public Policy Research, 1978.

21. Okumura Hiroshi, Shin: *Nihon no rokudai kigyo shudan* [Six Big Corporate Groups in Japan], Daiamondosha, 1983, p. 25.

22. Kosai Yutaka, *The Era of High-Speed Growth*, University of Tokyo Press, 1986, pp. 26–7.

第三章　躲不开的包容

1. Kiyomi Morioka, *Religion in Changing Japanese Society*, University of Tokyo Press, 1975, p. 7.

2. 菲律宾天主教会在一系列导致马科斯从宫殿逃离的事件中扮演了决定性角色。见 1986 年 2 月间各主教会议声明以及红衣主教的声明。

3. Frederick B. Katz, *The Mind of the Middle Ages*, University of Chicago Press, 1953, chapter 4.

4. Nakayama Committee for the Keizai Chosa Kyogikai (Japan Economic Research Conference), 'Chosa hokoku 74-7 jumin undo to shohisha uruio: sono gendai ni okeru igi to mondaiten' [Research Report 74-7: Citizen and Consumer Movements, their Meaning and Problems in the Contemporary Age], Nihon Keizai Chosa Kyogikai, March 1975. 由市民运动针对该报告做出的反击，参见 Jishukoza Henshu Iinkai, 'Kan, san, gakkai no jumin undo taisaku o hyosu'

[Evaluation of the measures against citizens' movements by the bureaucracy, business and academic world], Gekkan Jishukoza, vol. 49, 10 April 1975, pp. 1–7。

5. Taguchi Fukuji and Toshinai Yoshinori, 'Atsuryoku dantai to shite no ishikai' [JMA as a pressure group], *Chuo Koron*, April 1959, p. 263.
6. 根据非官方统计，每年的堕胎数量在 100 万到 200 万之间，而且门诊部出于税收原因只记录了一部分堕胎。参见第十四章。
7. 最近的一个例子是有关艾滋病控制的法律提案，它将医生置于一个无能为力的地位。相关自民党政客对有关部门有着强力影响的陈述，见 Inoguchi Takashi and Iwai Tomoaki, 'Zoku giin' no kenkyu [A Study of 'Zoku Diet Members'], Nihon Keizaishimbun, 1987, pp. 194–8。
8. Tsuji Kiyoaki, 'Atsuryoku dantai' [Pressure groups], in Arisawa Hiromi et al. (eds), Keizai shutaisei koza shakai II, vol. 4, Chuo Koronsha, 1960, p. 232. 有关该团体在系统中所扮演之重要角色的描述，见第十五章。
9. Kimura Kihachiro, '33 nendo yosan o meguru atsuryoku' [Pressure on the budget of fiscal 1958], Chuo Koron, May 1958, pp. 124–31.
10. 示例参见 *Asahi Shimbun*, editorial, 16 March 1957。
11. 摄影家 Eugene Smith 用他的摄影集吸引了全世界对水俣的注意，但他的眼睛却因遭受黑帮攻击而永久受损。
12. Jiyuminshu Henshubu, '1985 nen taisei e no tembo' [Perspectives for the 1985 system], *Jiyuminshu*, January 1982, p. 224.
13. *Asahi Shimbun*, 8 April 1988.
14. 这些组织是日本遗族会、军恩联盟、日本伤痍军人会和乡友联盟。它们想重修"和平"宪法，正式重建靖国神社——一个已经被废除的国家神道教的参拜中心。它们发起对战士（包括被处决的战犯）的悼念。
15. Ishida Takeshi, 'Pressure groups in Japan', *Journal of Social and Political Ideas in Japan*, December 1964.
16. Ibid., p. 335.
17. Takeshi Ishida, 'The development of interest groups and the pattern of political modernisation in Japan', in R. E. Ward (ed.), *Political Development in Modern Japan*, Princeton University Press, 1968, pp. 333–4.
18. Tsuji, 'Atsuryoku dantai', op. cit. (n. 8), pp. 246–7.
19. 'Yosan to atsuryoku' [Budget and pressures], part 12, *Yomiuri Shinbun*, 17 December 1965.
20. Y*omiuri Shinbun*, editorial, 13 August 1986.
21. 全国农业协同组合联合会的简称。
22. 根据农林水产省的统计，截至 1985 年 2 月，日本总计 4 376 000 个农村家庭的总人口是 19 839 000（男性 966.2 万，女性 1 017.7 万）；其中的 636.3 万人从事全职或兼职农务。
23. Ishikawa Hideo, 'Taiseinai no atsuryoku dantai: Zenkoku Nokyo Chuokai' [A pressure group in the establishment: Zenchu], *Asahi Jaanaru*, 30 May 1965, p. 39.

24. Matsumoto Seicho, 'Kensetsu kanryoron' [On construction bureaucrats], *Bungei Shunju*, February 1964, p.136.
25. T. J. Pempel, *Policy and Politics in Japan*, Temple University Press, 1982, p. 30.
26. Ishikawa, 'Taiseinai', op. cit. (n. 23), p. 38.
27. Tahara Soichiro, 'nokyo gaiko o tenkai suru Fujita Saburo Zenchu kaicho' [Fujita Saburo, Zenchu president who promotes nokyo's diplomacy], *Chuo Koron*, March 1980, p. 284.
28. Ishikawa, 'Taiseinai', op. cit. (n. 23), pp. 36–7.
29. Tachibana Takashi, *Nokyo*, Asahi Shimbunsha, 1984. 下列关于宫崎县的信息是从这本书中摘取的。
30. Ibid., p. 343.
31. 1900 年通过的"维持公共和平法"（译者注：即"治安警察法"）否定工人有组织起来的权利。
32. Ikeda Makoto, 'Roshi kyocho seisaku no keisei: Naimusho shakaikyoku setchi no igi ni tsuite' [Formation of policy for co-operation between management and labour: the significance of Naimusho's social bureau], *Nihon rodo kyokai zasshi*, no. 226, 1978, pp. 14–23; and Sheldon M. Garon, 'The imperial bureaucracy and labor policy in postwar Japan', *Journal of Asian Studies*, May 1984.
33. 工会成员数量在劳动力总量中的占比在 1931 年最高，为 7.9%，总共 368 975 名成员。战前日本工会成员数量在 1936 年达到最高，在劳动力总量中的占比是 6.9%。
34. Sheldon M. Garon, *The State and Labor in Modern Japan*, University of California Press, 1987, pp. 220 ff.
35. Thomas R. H. Havens, *Valley of Darkness: The Japanese People and World War Two*, Norton, 1978, pp. 43–6.
36. 对日本工人运动受到纳粹德国和意大利法西斯主义影响而进行重组做出近乎完整描述的是 Garon, *State and Labor*, op. cit. (n.34), chapter 6。
37. Takafusa Nakamura, *The Postwar Japanese Economy*, University of Tokyo Press, 1981, p. 18.
38. Garon, *State and Labor*, op. cit. (n. 34), p. 213. 提案由南严提出。他曾研究了希特勒的劳工政策和德意志劳工阵线。
39. 修订后的国家公共服务法，剥夺了公共服务人员进行集体罢工和讨价还价的权利。另一套法律则应用在政府企业中的工人身上，他们仍然可以集体地进行讨价还价，但是罢工的权利还是被剥夺了。
40. Sumiya Mikio, 'Nihonteki roshi kankeiron no saikochiku' [Reconstruction of the theory on Japanese labour relations], *Nihon rodo kyokai zasshi*, vol. 262, January 1981, p. 2. Sumiya 得出了一个有趣的观点，就是中小企业中的劳动关系以及影响妇女的劳动关系没人研究。
41. Stephen S. Large, 'The patterns of Taisho democracy', in H. Wray and H. Conroy (eds.), *Japan Examined*, University of Hawaii Press, 1983, p. 177.
42. "联合" 在 1987 年 11 月 20 日成立时有 62 个工人组织，成员数量达 555 万。这个数字涵盖了大概 70% 的民间工会。

43. Chamoto Shigemasa, 'Zenmin Roren no hossoku to Zendentsu' [The organisation of Zenmin Roren and Zendentsu], *Sekai*, December 1987, p. 281.

44. Ibid., pp. 283–4.

45. Ibid., pp. 283–4.

46. 自民党这些长期计划的复杂背景见第十二章和第十四章。

47. Masumi Junnosuke, 'Gikaisei to atsuryoku dantai' [The Diet system and pressure groups], *Chuo Koron*, January 1960, p. 46.

48. 对于政府、部落民解放同盟以及日本共产党与部落民相关的诉讼和谴责，其有关动机有一个很好的总结和评论，见 Frank K. Upham, *Law and Social Change in Postwar Japan*, Harvard University Press, 1977, chapter 3, esp. pp. 116–17, 123。

49. 根据一家部落民解放同盟附属研究机构的计算，部落民患上生理疾病的可能性是非部落民的 3.5 倍。见 Murakoshi Sueo and Miwa Yoshio (eds), 'Konnichi no buraku sabetsu' [Buraku Discrimination Today], *Buraku Kaiho Kenkyujo*, 1986。

50. Benjamin C. Duke, *Japan's Militant Teachers*, University of Hawaii Press, 1973, p. 35.

51. Ibid., pp. 107–8; and Donald R. Thurston, *Teachers and Politics in Japan*, Princeton University Press, 1973, p. 15.

52. Yung Park, 'Big business and education policy in Japan', unpublished paper, Humboldt State University.

53. Totsuka Ichiro and Kiya Toshikazu (eds.), *Mombusho* [The Ministry of Education], Hobunsha, 1956, pp. 98–101; and Duke, *Japan's Militant*, op. cit. (n. 50), pp. 124–5.

54. *Nippon Times*, 27 March and 8 April 1956, as cited in Duke, *Japan's Militant*, op. cit. (n. 50), p. 132.

55. Duke, *Japan's Militant*, op. cit. (n. 50), p. 116.

56. 见 Yung H. Park, *Bureaucrats and Ministers in Contemporary Japanese Government, Institute of Asian Studies*, University of California, Berkeley, 1986, pp. 24–5。

57. Thurston, *Teachers*, op. cit. (n. 51), p. 193.

58. Duke, *Japan's Militant*, op. cit. (n. 50), pp. 153–4.

59. Thomas Rohlen, *Japan's High Schools*, University of California Press, 1983, p. 222; Duke, *Japan's Militant,* op. cit. (n. 50), p. 202; Thurston, *Teachers*, op. cit. (n. 51), p. 83.

60. *Grus japanensis*.

61. Thurston, *Teachers*, op. cit. (n. 51), p. 132.

62. 见第六章和第七章。

63. 见第九章和第十章。

64. Justin Williams, *Japan's Political Revolution under MacArthur*, University of Tokyo Press, 1979, p. 258.

65. 比如说可以参见 Michio Muramatsu and Ellis S. Kraus, 'The conservative policy line and the development of patterned pluralism', in K. Yamamura and Y. Yasuba (eds.), *The Political*

Economy of Japan, vol. 1, Stanford University Press, 1987, pp. 537 ff.

66. 比如可以参见 Pempel, *Policy and Politics*, op. cit. (n. 25). Pempel 是极少数对日本政治研究提供认真严肃分析的学者。

第四章　系统的仆人

1. 见第十章。
2. Thomas Rohlen, *Japan's High Schools*, University of California Press, 1983, p. 209. 我认为这本书是近年来论述日本的最佳书籍之一。
3. 见 Robert M. Spaulding, *Imperial Japan's Higher Civil Service Examinations*, Princeton University Press, 1967, p. 125。
4. 1987 年，这三所高中分别是开成、滩以及拉沙尔。在 3 747 名成功录取东京大学的考生中，有 387 名来自这三所学校。
5. Rohlen, *High Schools*, op. cit. (n. 2), p. 100.
6. Amaya Naohiro, 'World leadership for Japan?', *Japan Times*, 29 June 1986.
7. 与加藤周一的私人交流。
8. Ezra Vogel 在 *Japan's New Middle Class*, University of California Press, 1967 这本书中，很好地描述了入学考试对东京某郊区的重要性。
9. 对牵涉到的这一心理机制最详尽的描述由乔治·德·福斯做出。同时参见他的 *Socialisation for Achievement*, University of California Press, 1973.
10. Griffis, 'Education in Japan', *College Courant*, 16 May 1874, as cited in Edward R. Beauchamp, 'Griffis in Japan: the Fukui interlude, 1871', in Edward R. Beauchamp (ed.), *Learning to be Japanese*, Linnet Books, Connecticut, 1978, p. 58.
11. *Keizai hatten ni okeru jinteki noryoku kaihatsu no kadai to taisaku* [Topics and Policies on the Development of Human Ability in Economic Development], Keizai Shingikai, 14 January 1963.
12. *Koki chuto kyoiku ni taisuru yobo* [Prospects for Upper-Middle-Level Education], 5 February 1965.
13. *Koki chuto kyoiku no kakuju seibi ni tsuite no toshin* [Advice on the Arrangement and Development of Upper-Middle-Level Education], Chukyoshin, 31 October 1966.
14. 评分有助于确定内申书——给更高一级的某个特定学校的推荐信——的内容。很多老师命令学生服从，否则就威胁他们，说有可能在内申书里写上对他们负面的评价。来自与日教组老师的私人交流。参见 'Tensei jingo', *Asahi Shimbun*, 8 April 1988。
15. *Asahi Shimbun*, editorial, 14 December 1984.
16. 该现象的详细说明见第十三章。
17. 1985 年 10 月，JFBA 就“儿童人权以及学校生活”召开讨论会，并当场发布一篇名为“校园生活与儿童人权”的报告。
18. Nagase Akiyuki 和 Ueji Yoshio 是名声很好的学习塾中的两位主任，他们说公立学校中的和平是由内申书（教师发出一封推荐信给学生想去的高校，对学生的表现做出评价）和警察来维持的。'Kodomo o dame ni shita no wa gakko to oya da' [School and parents ruined the children], *Gendai*, September 1984, p. 383.

19. Ivan P. Hall, *Mori Arinori*, Harvard University Press, 1973.
20. James L. Huffman, *Politics of the Meiji Press*, University of Hawaii Press, 1980, p. 96.
21. Richard Mitchell, *Censorship in Imperial Japan*, Princeton University Press, 1983, p. 55.
22. Ibid., pp. 42–3.
23. Harry Wildes, *Social Currents in Japan*, University of Chicago Press, 1927, as cited in L. W. Beer, *Freedom of Expression in Japan*, Kodansha International, 1984, p. 63.
24. Gebhard Hielscher, in *No. 1 Shimbun*, Foreign Correspondents' Club of Japan, 15 November 1982, p. 6.
25. John Roberts, 'Zaibatsu no seiji no hishinsei domei' [The Unholy Alliance Between Big Business and Politics], *Chuo Koron,* April 1974, pp. 118–28.
26. Young C. Kim, *Japanese Journalists and Their World*, University Press of Virginia, 1981, p. 48.
27. Nihon Keizai Shimbunsha (eds), *Jiminto Seichokai* [LDP's Policy Affairs Research Council], Nihon Keizai Shimbunsha, 1983, pp. 159–62.
28. Yamanouchi Yukio, 'Yamaguchi-gumi komon bengoshi no shuki' [Notes of a Yamaguchi-gumi advisory lawyer], *Bungei Shunju*, November 1984, p. 400.
29. Ian Buruma, *A Japanese Mirror: Heroes and Villains of Japanese Culture*, Cape, 1984, p. 168.
30. Yamanouchi, '*Yamaguchi-gumi*', op. cit. (n. 28), p. 408; also David Kaplan and Alec Dubro, *Yakuza*, Addison-Wesley, 1986, p. 116.
31. Kaplan and Dubro, *Yakuza*, op. cit. (n. 30), p. 116.
32. 'Taoka-ke onzoshi no kashoku no en ni manekareta hitobito' [Those who were invited to the wedding of Taoka's son], *Shukan Asahi*, 7 June 1974, p. 139.
33. Mugishima Fumio, 'Naze nakunaranu boryokudan?' [Why do gangs still exist?], *Asahi Shimbun*, 25 February 1985.
34. 有关背景方面的细节，见 Ino Kenji, *Yakuza to Nihonjin* [The yakuza and the Japanese], Mikasa Shobo, 1973, pp. 254–7。
35. Walter L. Ames, *Police and Community in Japan*, University of California Press, 1981, p. 107.
36. Yamanouchi, 'Yamaguchi-gumi', op. cit. (n. 28), p. 405.
37. Mugishima, '*Naze*', op. cit. (n. 33). 田冈起家靠的是组织码头工人以及勒索艺人，由此建立起可能是世界上最大的犯罪辛迪加。1984 年，山口组要求 593 个下属帮派宣誓效忠，成员差不多有 13 000 名，遍及日本 47 个县中的 36 个。
38. *Yamaguchi-gumi Jiho*, vol. 2, October 1971.
39. *Yomiuri Shinbun*, 21 December 1987.
40. 黑帮在菲律宾很活跃。20 世纪 70 年代在夏威夷建立基地后，菲律宾黑帮开始进入美国西海岸，在那里他们为日本游客提供色情服务和白人妓女。

41. 在这些行为中，有些有经济上的原因。1963 年，黑帮社会达到 184 000 名成员的顶峰状态，有足够多的受害者让帮派去进行保护性勒索，也有足够的赌博活动让每个帮派各自打理而互不侵扰。到 20 世纪 70 年代，独立的中小型帮派开始衰退。大型辛迪加——山口组、稻川会、住吉会——吞并那些较小的团体而兴旺发展。老一代帮派头目影响力降低并渐渐退出，这就意味着这些大型帮派不得不面对更多的不服从。一名帮众在 20 世纪 60 年代末告诉我说，加入他组织的年轻人似乎不再重视那些可贵的传统。到现在，问题肯定更加严重。

第五章 管理者

1. Manabe Shigeki, Chiba Hitoshi, Nakayama Masaru, Matsuzaki Yasunori and Maruyama Noboru, ‘Kokkai giin no shin keibatsu o eguru – sei, zai, kankai o musubu daiketsumyaku’ [The great networks which form political, business and bureaucratic relations, and new cliques of Diet members], *Gendai*, October 1980, p. 158.
2. Ibid., p. 160.
3. Ibid., p. 161.
4. 这些数字来自 20 世纪 80 年代早期的一个调查。
5. 美国官府中哈佛毕业生占 11.2%。1950 年，英国高级官员（高于副大臣助理级别的）中有 26.5% 来自牛津，20.8% 来自剑桥。
6. 池田勇人毕业于京都大学，大平正芳毕业于一桥大学。这两所学校都是政府学校，其地位被认为与东大的地位相当。这两位首相都在大藏省就职后从政。石桥湛山和竹下登毕业于早稻田大学，三木武夫毕业于明治大学。竹下登要不是用到了田中角荣建好的“机器”，他也永远不可能当上首相。
7. *Shukan Sankei*, 14 April 1977.
8. 最著名的私立大学，早稻田大学和庆应大学，分别有 131 名和 159 名总裁。见 *Cosmos News*, no. 4, Teikoku Data Bank, July 1985。
9. Kawamoto Taro, ‘Sore demo Todai Hogakubu wa Nippon o ugokasu’ [And yet Todai law department moves Japan], *Bungei Shunju*, September 1972, p. 169.
10. Ibid., p. 177.
11. Kusayanagi Daizo, ‘Kofuna nitodate basha: Kensetsusho’ [An old-fashioned two-horse cart: the Ministry of Construction], *Bungei Shunju*, February 1975, p. 143.
12. 有关河野对人事的干涉，见 Matsumoto Seicho, ‘Kensetsu kanryoron’ [On construction bureaucrats], *Bungei Shunju*, February 1964, esp. p. 144。
13. Kusayanagi, ‘Kofuna’, op. cit. (n. 11), p. 142.
14. 两人都获得了近100万张选票。见‘Senkyo ni deru nara kensetsu kanryo’ [Construction officials have the greatest advantage in elections], *Hyo*, June 1960, p. 19。
15. 有关 1986 年竞选的例子，见 ‘Kensetsu kanryo gyokai mem-boku kake’, *Yomiuri Shinbun*,

12 June 1986, pp. 19–22。
16. Op. cit. (n. 14), p. 21.
17. Kanryo Kiko Kenkyukai (eds.), *Kensentsusho zankoku monogatari* [The inside story of the Ministry of Construction], Eeru Shuppansha, 1978, p. 119.
18. *'Tanaka naikaku no "kensetsu daijin" wa naze ...'* [Why the 'construction ministers' of the Tanaka cabinet ...?], Ushio, February 1974, p. 120.
19. Ito Hirokazu, *Zankoku kensetsu gyokai* [The inside story of the construction industry], Eeru Shuppansha, 1987, pp. 10, 20–2, 27.
20. Takeuchi Naokazu, Watanuki Joji, Asano Chiaki and Ninagawa Masao, 'Dokengyo ni nottorareta chihoseiji' [Local politics hijacked by the construction industry], *Asahi Jaanaru*, 21 January 1977, p. 28.
21. Ito, *Zankoku kensetsu*, op. cit. (n. 19), pp. 30–2.
22. Kanryo Kiko Kenkyukai, *Kensetsusho* zankoku, op. cit. (n. 17), p. 75.
23. Nihon Keizai Shimbunsha (eds.), *Jiminto Seichokai* [LDP's Policy Affairs Research Council], Nihon Keizai Shimbunsha, 1983, pp. 165–8.
24. Takeuchi et al, *'Dokengyo ni nottorareta'*, op. cit. (n. 20), p. 29.
25. Itagaki Hidenori, *'Zoku' no kenky*u [Study of Diet Member 'Tribes'], Keizaikai, 1987, p. 75; and Nihon Keizai Shimbunsha, *Jiminto*, op. cit. (n. 23), pp. 165–8.
26. Itagaki, *'Zoku',* op. cit. (n. 25), p. 140.
27. Ogata Katsuyuki, 'Doken gyokai to oshoku' [The construction industry and bribery], *Asahi Jaanaru*, 21 January 1977, p. 24.
28. Kikuchi Hisashi, *Jiminto habatsu* [LDP Cliques], Piipurusha, 1987, p. 119.
29. 这些公司的列表见 Jjji Tsushinsha Seijibu (eds.), *Takeshita sori 'zen deeta'* [All the Data on Prime Minister Takeshita], Jiji Tsushinsha, 1987, pp. 142–6。
30. *Asahi Shimbun*, 25 December 1987 (evening edition).
31. Kanryo Kiko Kenkyukai, *Kensetsusho zankoku*, op. cit. (n. 17), pp. 70–3, 82–9.
32. *Mainichi Shimbun*, 10 December 1986.
33. Ito, *Zankoku kensetsu*, op. cit. (n. 19), p. 16.
34. Kanryo Kiko Kenkyukai, *Kensetsusho zankoku*, op. cit. (n. 17), pp. 76–8.
35. Honda Yasuharu, 'Sekkei no dekinai gemba kantoku: Kensetsusho' [The Ministry of Construction: an on-site supervisor who cannot design], *Gendai*, February 1974, p. 198.
36. 对此的讨论见 Richard Samuels, *The Politics of Regional Policy in Japan*, Princeton University Press, 1983, esp. p. 234。
37. 有关大藏省，特别是它在日本预算制定过程中起的关键角色的研究，见 John C. Campbell, *Contemporary Japanese Budget Politics*, University of California Press, 1977。
38. Ibid., p. 19.
39. 日本大公司的平均债权比大约是 4：1，美国是 1：1，欧洲国家是 2：1。股东权益占总资产的比例是 16% 到 18%，是所有主要工业化国家中最低的。C. T. Ratcliffe, *Kodansha Encyclopaedia of Japan*, vol. 2, 1983, p. 28。

40. Mikuni Akio, *Occasional Paper No. 2: Mikuni on Banking, Mikuni & Co.*, 1987, p. 6.
41. Ibid., p. 6.
42. Jin Ikko, *Okura kanryo:cho-eriito shudan no jinmyaku to yabo* [Ministry of Finance Bureaucrats: Networks and Ambitions of a Super-Elite Group], Kodansha, 1982, p. 139; and Kanryo Kiko Kenkyukai (eds.), *Shin Okurasho zankoku monogatari* [The Inside Story of the Ministry of Finance, Part 2], Eeru Shuppansha, 1980, pp. 39–40.
43. Yamaguchi Jiro, 'Zaisei kochokuka kyanpeen no zasetsu to yosan katei no henyo: tenki to shite no showa 40 nendai zenhanki' [The transformation of the budgetary process: the 'break fiscal rigidification movement' as a turning-point], in Kindai Nihon Kenkyukai (eds.), *Nempo Kindai Nihon Kenkyu*, vol. 8, Yamakawa Shuppansha, 1986, pp. 279–304. 关于问题以及要解决这些问题的运动的总结，见 Campbell, Contemporary Budget, op. cit. (n. 37), pp. 241–50; and Ito Daiichi, *Gendai Nihon kanryosei no bunseki* [Analysis of Japan's Contemporary Bureaucracy], Tokyo Daigaku Shuppankai, 1980, pp. 155–206。
44. Yamaguchi, 'Zaisei kochokuka', op. cit. (n. 43), p. 298.
45. 扩大预算部官员自主权的下一个失败的尝试是在 1969 年和 1970 年。它在一个美国程序 PPBS（译者注：规划程序预算系统）以及大量翻译的文章和书籍的基础之上，加上日本“速成式”专家（译者注：指通过看书、看文章然后就认为自己掌握了某个学科就的人）的学术研究以及部门官员对自民党和利益集团“毫无理性”干预的严重警告。“大藏省官员在脑海中似乎有一个能进行有效规划并制定政策的乌托邦。在这个乌托邦中，政客可以在制定国家目标时扮演一些角色，但不会阻拦那些负责任的真正工作的人。”Campbell, *Contemporary Budget,* op. cit. (n. 37), pp. 107–9.
46. 从 1966 年起，政府债券的发行第一次开始在战后经济管理中起到某种还不算重大的作用。但到了 20 世纪 70 年代的两次石油危机之后，由于缺少大型公司的投资，国内需求疲软，预算赤字和过往债券的利息支付，让政府必须进行更大规模的筹款。日本商人变得只要经济放缓，就依赖政府的刺激，而这样的刺激总是以更多市政工程的“需求包”的形式出现。到了 70 年代末，三分之一的国家预算来自政府债券的收入。但问题更严重之处在于，大量公营及半公营企业自己在发行债券。到了 1980 年，首相在商界领袖的支持下，优先处理减少对债券的依赖并将依赖度降到可管理的比例范围。直到 1987 年，这一尝试才开始获得成功，这还得感谢日本出口巨人因为获得的大量国际利润而贡献的税收。
47. 在最近一次的不幸遭遇中，大藏省至少受到一些谴责，这也造成了大藏省无能的印象。这是一次改变直接税收与间接税收之比的尝试（在 1987 年，所有税收收入中有四分之三来自直接税收）。为达成这个目的，官员们设计了销售税（与欧洲共同市场征收的 VAT 相似）。这一税种对制造者、批发商、零售商所进行的每笔交易进行征税，它还牵涉到一个复杂的税单系统，以此来避免双重征税。由于大量物品及服务类别不被征税，而且不得不给自民党保护的大量团体免税，最后的方案变得十分复杂，而且十分扭曲。自民党内部的反对力量不费吹灰之力，就联合批评力量让法律提案被拒。不少日本国内政治家在 20 世纪 80 年代末更倾向于引入另外一种间接税。

48. 见 Kanryo Kiko Kenkyukai, *Shin Okurasho*, op. cit. (n. 42), p. 106.
49. Ibid., p. 153.
50. Chalmers Johnson, ‘MITI and Japanese international economic policy’, in R. A. Scalapino (ed.). *The Foreign Policy of Modern Japan*, University of California Press, 1977, pp. 23–45.
51. Chitoshi Yanaga, *Big Business in Japanese Politics*, Yale University Press, 1968, p. 162.
52. Ito, *Gendai Nihon*, op. cit. (n. 43), introduction.
53. 这一信息以及本段中其他信息基于多年来对通产省官员的采访和与他们的非正式对话。
54. Tawara Kotaro, ‘Naze ima “Tanaka” na no ka’ [Why ‘Tanaka’ even now?], *Bungei Shunju,* August 1981, p.93.
55. 有大量关于该主题的日本文学作品提到过这点。其总结见 Masumi Junnosuke, *Gendai seiji* [Modern Politics], vol. 1, Tokyo Daigaku Shuppankai, 1985, p. 20。
56. Chalmers Johnson, ‘Tanaka Kakuei, structural corruption and the advent of machine politics in Japan’, *Journal of Japanese Studies*, Winter 1986, p. 11.
57. Frank C. Langdon, ‘Organised interests in Japan and their influence on political parties’, *Pacific Affairs*, vol. 34, no. 3, 1961. 也可参见 ‘Topikku kaisetsu, seito to toshikin’, *Mainichi Shimbun*, 30 November 1955。
58. 根据自治省的一份报告，所有政党的政客们 1986 年申报的总收入是 1675.9 亿日元，比上一年高了 15%。反对党几乎没有来自企业界的收入。JCP（官方）收入最高，那是通过其党刊《新闻赤旗》的订阅而获得的。可以猜得到，党刊是马克思主义的，却也具有在某些事件上比其他报纸更诚实的名声。日本社会党必须从工会那里获得资金。只有民主社会党能从企业界获得资金，这也不奇怪：因为它支持自民党。
59. ‘Nosabaru “paatii shoho” oshitsuke ni naku kigyo’, *Asahi Shimbun*, 4 September 1984 (evening edition).
60. Walter McLaren, *A Political History of Japan during the Meiji Period*, Allen &Unwin, 1916, pp. 364–70.
61. G. E. Uyehara, *The Political Development of Japan 1867–1909*, Constable, 1910, pp. 266–7.
62. 根据当时若干媒体报道得出。
63. Johnson, *‘Tanaka’*, op. cit. (n. 56), p. 25.
64. Kikuchi, *Jiminto habatsu*, op. cit. (n. 28), p. 204.
65. Nihon Keizai Shimbunsha, *Jiminto Seichokai*, op. cit. (n. 23), p. 27.
66. ‘LDP–business negotiations never stop’, *Daily Yomiuri*, 29 June 1985.
67. Itagaki, *‘Zoku’*, op. cit. (n. 25). pp. 128–9.
68. Yamaguchi Asao, ‘Kishi, Ikeda, Sato shusho no “kinmyaku” rimenshi’ [The secret history of

the ‘money networks’ of prime ministers Kishi, Ikeda and Sato], *Hoseki*, April 1976, p. 108.

69. Shimizu Ikko, ‘Seizaikai no kage no jitsuryokusha, Kishi Nobusuke no shotai’ [The true nature of Kishi Nobusuke, a shadow heavyweight of the political and business world], *Hoseki*, January 1976, esp. pp. 90–8.

70. 有关最重要丑闻的汇编，参见 Aritake Shuji, *Seiji to kane to jiken to* [Politics, Money and Scandals], Keizai Oraisha, 1970。

71. 藤山爱一郎曾是日本商工会议所（JCCI）的会头，并担任岸信介内阁中的外相。他把自己的财产，甚至连自己的房子都变成政治资金。然而，他的派阀却没能比他坚持得更长久。

72. 有关这些不同的方法，以及哪些公司是重要政客的主要资金来源，参见 Hatakeyama Takeshi, *Habatsu no uchimaku* [The Inside Story of Political Cliques], Rippu Shobo, 1976, pp. 104–6。

73. 出自《朝日新闻》1987 年 9 月 20 日的一次访谈。

74. 有关当前派阀系统产生的论述，参见 Masumi, *Gendai seiji*, op. cit. (n. 55), p.7。

75. Campbell, *Contemporary Budget*, op. cit. (n. 37), p. 257.

76. Hatakeyama, *Habatsu*, op. cit. (n. 72), p. 73.

77. 有关这些不同任务的说明，见 Masumi, *Gendai seiji*, op. cit. (n. 55),p. 17.

78. ‘Seikai ni nadarekomu wakate eriito kanryotachi no dasan to kake’ [Calculation and challenge of young élite bureaucrats who rush into the political world], *Shukan Asahi*, 27 June 1986, pp. 23–4. 大藏省有 8 名候选人，排第一；第二是通产省，5 个；农林省有 4 个；建设省有 3 个。这些候选人中几乎有一半年龄在 40 岁上下，在之前各自的省从未担任过课长或是副课长以上级别的职位。在历史上，只有前副大臣或是（极个别情况下）总干事才会寻求成为自民党的候选人。候选人相对年轻化的情况表明，以当前自民党内提升比例来看，他们渴望有足够的时间来达到高层职位，这还在某种程度上表明，他们对自己的职业生涯，特别是对大藏省内职业生涯感到失望。

79. ‘Tsuyokatta kanryo OB: jimin hireiku meibojun kettei’, *Asahi Shimbun*, 18 June 1986.

80. 做出这个决定的会议于 1987 年 12 月 4 日举行。

81. 只要觉得合适，比如预算及税务局主任无力地试图拒绝田中 1972 年和 1973 年庞大的预算时，田中自己就会忽视官员。（1972 年，田中刚当上首相不久，他的干预只针对追加预算。）但通常他非常关注官员的看法。见 Sakakibara Eisuke, *Nihon o enshutsu sum shin-kanryozo* [A Profile of the New Bureaucrats Who Direct Japan], Yamate Shobo, 1977, p. 105。

82. Fukumoto Kunio, *Kanryo* [Bureaucrats], Kobundo, 1959, pp. 142–3.

83. Mainichi Shimbun Shakaibu, *Kanryo* [Bureaucrats], Mainichi Shimbunsha, 1980, pp. 250–1.

84. ‘Katadori toben no seifu iin, daijin sasaeru kanryogun’, *Yomiuri Shinbun*, 8 October 1986.

85. 见 Inoguchi Takashi and Iwai Tomoaki, *‘Zoku giin’ no kenkyu* [A Study of ‘Tribe Diet Members’], Nihon Keizai Shimbunsha, 1987, p. 11。

86. Kanryo Kiko Kenkyukai (eds.), *Okurasho zankoku monogatari* [The Inside Story of the

Ministry of Finance], Eeru Shuppansha, 1976, pp. 130–1.

87. Tahara Soichiro, *Nihon no kanryo 1980* [Bureaucrats of Japan 1980], Bungei Shunju, 1979, pp. 16–19.

88. 这位记者是Gebhard Hielscher，他是《南德新闻》(*Süd Deutsche Zeitung*)驻东京的记者。

89. 见第二章。

90. Nihon Keizai Shimbunsha, *Jiminto Seichokai*, op. cit. (n. 23), p. 19.

91. Masumi, *Gendai seiji*, op. cit. (n. 55), p. 18.

92. Uchida Genko, 'Taikenteki kanryoron' [A view of the bureaucracy based on personal experience], *Chuo Koron,* May 1970, p. 63.

93. 在日本对这一主题最早进行的研究中，有一个研究甚至认为田中应该被视作当今"族"系统的创始人。见 Inoguchi and Iwai, *'Zoku giin'*, op. cit. (n. 85), p. 20。

94. 是否能成为族成员，还要取决于此人加入了哪个派阀。田中军团在最多族的领地中，都有最大数量的族老板，有着压倒性的优势。它统治了最热门的建设族、农业族和运输族。另一方面，宫泽喜一的派阀处于最劣势。安倍晋太郎的派阀在运输族中得到了很好的安置。中曾根康弘试过在田中派系统治的族中获得影响力。自民党中的官僚派成员，自然而然地受到与他们之前省对应的政调会部门的吸引，也预期他们会扮演特别的调解角色。他们的前同事也希望官僚派捍卫他们之前的省，以此来对抗讨厌的政治压力。个人在选举中的力量直接与他们所在族的地位相关。只有非常强势的人才敢于让自己关注与防卫及教育相关的政策事务，因为这些领域油水不多，也不能带来选票（虽然国防工业对特定自民党候选人的支持一直为人所知）。结果就是，对这些领域施加影响的自民党成员都很资深，是那些从其父辈那里继承了选区或有着强烈意识形态动因的人。在选举时，属于国防一族通常会被认为是负担。其他相对不怎么受欢迎的政调组部门，包括司法、外交、劳工、科技以及环境部门。Inoguchi and Iwai, *'Zoku giin'*, op. cit. (n. 85), pp. 134–47, 150.

95. Ezra N. Suleiman, *Elites in French Society*, Princeton University Press, 1978, p. 4.

96. 关于近来在所有领域因官员流动而出现的交叉渗透渐增的综述，见 Pierre Bimbaum, *The Heights of Power: An Essay on the Power Elite in France*, University of Chicago Press, 1982, pp. 102–6。

97. Suleiman, *Elites*, op. cit. (n. 95), chapter 6.

98. Bimbaum, *Heights*, op. cit. (n. 96), p. 41.

99. E. N. Suleiman, *Politics, Power, and Bureaucracy in France*, Princeton University Press, 1974, pp. 138–56, 201–32.

第六章　顺从的中产阶级

1. 见第十一章。

2. John C. Campbell, 'Policy conflict and its resolution within the governmental system', in E. S. Krauss, T. P. Rohlen and P. O. Steinhoff (eds.), *Conflict in Japan*, University of Hawaii Press,

1984, p. 316.

3. Rodney Clark, *The Japanese Company*, Yale University Press, 1979, p. 41.

4. Sheldon Garon, *The State and Labor in Modern Japan*, University of California Press, 1987, p. 225.

5. John W. Hall, 'Rule by status in Tokugawa Japan', *Journal of Japanese Studies*, Autumn 1974, pp. 44–5.

6. 见第三章。

7. 见 Harumi Befu, 'Corporate emphasis and patterns of descent in the Japanese family', in R. J. Smith and R. K. Beardsley (eds.), *Japanese Culture*, Aldine, 1962, pp. 34–40.

8. 大多数日本僧人并不禁欲。

9. 关于家庭和官方关系的详细描述，见 R. P. Dore, *City Life in Japan*, University of California Press, 1958。

10. 社会科学家中根千枝在她进行的印度与日本社会结构对比以及她对英国和日本社会进行的著名研究（University of California Press, 1970）中，第一次毫不含糊地提出了这个结论。

11. 'Kaisha no chorei de yarukoto' [What the morning meetings in companies are all about], *Shukan Yomiuri*, 3 June 1984, p. 127. 根据一份整理的资料记载，60% 的大公司都有社歌。

12. 比如说，可参见 Basil Hall Chamberlain, *Things Japanese*, Turtle, 1971 (reprint of 1905 edn); 或是 William Griffith, *The Mikado's Empire*, Harper & Brothers, 1876。

13. Chamberlain, *Things Japanese*, op. cit. (n. 12), p. 165.

14. Ishii Ryosuke, *A History of Political Institutions in Japan*, University of Tokyo Press, 1980, p. 42.

15. Kozo Yamamura, *Economic Policy in Postwar Japan*, University of California Press, 1967, p. 163.

16. 'Kyugekina endaka de shitauke ijime', Nihon Keizai Shimbun, 19 May 1986.

17. Felix Twaalfhoven and Tomohisa Hattori, *The Supporting Role of Small Japanese Enterprises,* Indivers Research, Netherlands, 1982.

18. 有关日本女性雇员的近期法律史的最佳陈述，以及官方对工作女性观点的精彩总结，见 Frank K. Upham, *Law and Social Change in Postwar Japan*, Harvard University Press, 1987, pp. 124–65。

19. Ibid., pp. 150–1.

20. Nihon Keizai Shimbunsha (eds.), *Jiminto Seichokai* [LDP's Policy Affairs Research Council], Nihon Keizai Shimbunsha, 1983, p. 164.

21. Masukomi Kanren Sangyo Rodo Kumiai Kyoto Kaigi (eds.), *Masukomi 1970*, Rodo Jumposha, 1969, p.136.

22. 对这一现象第一个，而且据我所知也是最好的见解，来自 Daniel Boorstin, *The Image*, Atheneum, 1961。

23. Tahara Soichiro, *Dentsu*, Asahi Shimbunsha, 1984, p. 17.

24. 更为引人注目的例子，见 Oshita Fiji, 'Sogo "joho" shosha Dentsu no tabuu' [The taboos of

Dentsu, a general 'information' trading company], *Tsukuru*, December 1977, p. 137; 和 Tahara, *Dentsu*, op. cit. (n. 23), pp. 40–4。

25. Honda Yasuharu, 'Dentsu no himitsu' [The secret of Dentsu], *Shukan Bunshun*, 28 July 1977, p. 37; and Tahara, *Dentsu*, op. cit. (n. 23), p. 37.
26. Kitazawa Shun, *Zankoku kokoku gyokai senso* [Cruel Advertising Industry War], Eeru Shuppansha, 1987, p. 26.
27. Mikami Hiroshi, 'Genron no jiyu o hitei suru Dentsu' [Dentsu denies freedom of speech], in Ino Kenji (ed.), *Dentsu kogairon*, Nisshin Hodo, 1971, pp. 107–8.
28. Ino Kenji, 'Magarikado ni kita Dentsu teikoku shugi' [The turning point of Dentsu's imperialism], ibid., pp. 50 ff.
29. Masukomi Kanren Sangyo Rodo Kumiai Kyoto Kaigi (eds.), *Masukomi 1971*, Rodo Jumposha, 1971, p. 292; also Ino, 'Magarikado', op. cit. (n. 28), p. 39.
30. 这位记者是坂井定雄。引文见 Kogai Shuzai-kisha Guruppu (eds.), *Osen hanzai o tsuikyu suru* [Chasing Pollution Crimes], Ijiyakugyo Shimpo, 1971, pp. 242–43。同时见 Suetsugu Seiji, 'Dentsu ni yoru masukomi sosa: sono haikei to konnichiteki yakuwari' [Dentsu's manoeuvring of mass media: its background and present-day role], *Tsukuru*, November 1973, p. 80。
31. Ino, 'Magarikado', op. cit. (n. 28), p. 59.
32. 这就是所谓"买断"(買い切り)系统。
33. 同盟社与军队和政府有合作，它的设立来自一次合并。合并的一方是电通（电报和新闻公司，在 20 世纪前 30 年中，它也是一家广告代理），另一方是由媒体运营的一家通信社。电通战后的成功，与它战时的关系分不开。详见第十四章。
34. Fujita Haruo, 'Dentsu no beeru o hagu' [Unveiling Dentsu], in Ino, *Dentsu kogairon,* op. cit. (n. 27), p. 133.
35. Op. cit. (n. 21). 有关共同社对官方的依赖，参见 Ino, '*Magarikado*', op. cit. (n. 28), p. 41.
36. Oshita, *'Sogo "joho"'*, op. cit. (n. 24), pp. 145–6.
37. Kitazawa, *Zankoku*, op. cit. (n. 26), p. 46.
38. Ibid., p. 54.
39. Ibid., p. 55; 以及 Uji Yoshio, 'Kokoku gyokai wa "kin no tamago" o mitsukerareru ka' [Can the advertising industry find the 'golden egg'?], *Purejidento*, October 1986, p. 202.

第七章　人民的保育员

1. Irwin Scheiner, 'Benevolent lords and honor able peasants: rebellion and peasant consciousness in Tokugawa Japan', in Tetsuo Najita and Irwin Scheiner (eds.), *Japanese Thought in the Tokugawa Period*, University of Chicago Press, 1978, p. 46.
2. Richard H. Mitchell, *Censorship in Imperial Japan*, Princeton University Press, 1983, p. 82.
3. Ibid., p. 16.

4. 1868 年新政府以天皇之名颁布《五条御誓文》，一些知识分子认为从中可以看出这一承诺。见 Matsumoto Sannosuke, 'The roots of political disillusionment: public and private in Japan', in J. V. Koschmann (ed.), *Authority and the Individual in Japan*, University of Tokyo Press, 1978.
5. Sheldon M. Garon, 'The imperial bureaucracy and labor policy in postwar Japan', *Journal of Asian Studies*, May 1984, p. 442.
6. Keishicho-shi Hensan linkai, *Keishicho-shi: Meiji-hen* [History of the Tokyo Metropolitan Police Agency: Meiji Period], 1959, pp. 50–1.
7. D. Eleanor Westney, 'The emulation of western organisations in Meiji Japan: the case of the Paris prefecture of police and the Keishi-choo', *Journal of Japanese Studies*, Summer 1982, p. 315.
8. Ibid., pp. 316–17.
9. 见第十四章。
10. Walter L. Ames, *Police and Community in Japan*, University of California Press, 1981, p. 23.
11. Lawrence Ward Beer, *Freedom of Expression in Japan*, Kodansha International, 1984, pp. 66–8.
12. 海因里希・弗里德里希・威廉・赫恩上尉在 1885 年到 1891 年间担任自治省的顾问。见 Ames, *Police*, op. cit. (n. 10), p. 23。
13. 这些信息来自 20 世纪 70 年代中期与警察和专家的私人访谈。
14. 这一解释来自一位熟悉日本警方做法的知情人士。
15. Ames, *Police*, op. cit. (n. 10), p. 135.
16. 与 David H. Bayley 的私人通信。参见他的 *Forces of Order: Police Behavior in Japan and the United States*, University of California Press, 1976。
17. Ibid., pp. 134–40.
18. William Clifford, *Crime Control in Japan*, Lexington Books, 1976.
19. 1986 年有 75 163 人被判入狱，但只有 32 015 人真正入狱。
20. 也就是每 10 万人中有 42 人，可以对比美国的 158 人，英国的 80 到 90 人。荷兰的比例最低，每 10 万人中只有 20 人。
21. 委员会报告由清报舍在 1984 年发表，见 Tokyo 3 Bengoshikai Godo Daiyo-kangoku Chosa linkai (eds.), *Nureginu* [Falsely Accused]。委员会调查结果以及受害者聚会的详细解释性说明，可见 Igarashi Futaba, 'Koshite "jihaku" saserata: daiyo kangoku to enzai' [How people have been forced to confess their crimes: substitute prison and false charges], *Sekai*, February 1984, pp. 210–51。还有一份早 10 年的说明，见 Aochi Shin, 'Ayamatta saiban o sabaku' [Criticism of misjudgements by the courts], *Ushio*, April 1973。
22. 同样参见 Aochi, *Ayamatta*, op. cit. (n. 22), p. 204。
23. 警方可以扣留嫌犯达 48 小时才通知检察官。检察官有 24 小时来向法官请求批准进行 20 天的拘留，然后才提交起诉。
24. Beer, *Freedom*, op. cit. (n. 11), p. 159.
25. 关于这点，见 Helen Merrell Lynd, *On Shame and the Search for Identity*, Routledge & Kegan

Paul, 1958, pp. 65–6。
26. *Mainichi Shimbun*, 17 February 1985; and *Asahi Shimbun,* 26 February 1985.
27. 在替代监狱中供认的种种暴行，见 Goto Shojiro, *Saiban o tatakau* [Fighting the Courts], Mainichi Shimbunsha, 1984, pp. 17–18。
28. Igarashi, 'Koshite "jihaku" ', op. cit. (n. 22), p. 221.
29. Ibid., p. 223.
30. "土田雪茄罐炸弹" 案中被指控的中村龙二。
31. 参见 Tim Pearce, Reuters dispatch, August 1984。
32. Maesaka Toshiyuki, *Enzai to gohan* [False Charges and Misjudgements], Tabata Shoten, 1982; Hogaku Seminaa zokan (eds.), *Nihon no enzai* [False Charges in Japan], Nihon Hyoronsha, 1983.
33. Matsumoto Hitoshi, *Koban no ura wa yami* [The Darkness behind the Police Box], Daisan Shokan, 1987, chapter 7; Ise Akifumi, *Nippon keisatsu zankoku monogatari* [The Inside Story of the Japanese Police], Eeru Shuppansha, 1985, chapter 3.
34. Matsumoto, *Koban*, op. cit. (n. 34), chapter 14; and Ise, *Nippon keisatsu*, op. cit. (n. 34), pp. 178–9.
35. 与免田荣的私人通信。
36. Ibid.
37. Ito Hirobumi, 'Some reminiscences of the grant of the new constitution', in Okuma Shigenobu (ed.). *Fifty Years of New Japan*, New York, 1909, vol. 1, p. 130, as cited in J. L. Huffman, *The Politics of the Meiji Press*, University of Hawaii Press, 1980, p. 199.
38. Nitobe Inazo, *Bushido: The Soul of Japan*, Tuttle, 1969 (reprint of 1905 edn), p. 34.
39. George Etsujiro Uyehara, *The Political Development of Japan*, Constable, 1910, p. 24.
40. Kishio Satomi, *Discovery of Japanese Idealism*, Kegan Paul, Trench, Trubner, 1924, pp. 64–5.
41. Ruth Benedict, *The Chrysanthemum and the Sword*, Houghton Mifflin, 1946, chapter 5.
42. Dan Fenno Henderson, ' "Contracts" in Tokugawa villages', *Journal of Japanese Studies,* Autumn 1974.
43. 1984 年，日本发生了 1 762 起谋杀，美国是 18 692 起，英国是 1 613 起，联邦德国是 2 760 起。*White Paper of the National Police Agency,* 1986.
44. 1984 年，日本发生了 2 188 起抢劫，美国是 485 000 起，英国是 24 890 起，联邦德国是 28 000 起。同上。
45. Matsumoto, *Koban*, op. cit. (n. 34), pp. 28–43.
46. Bayley, *Forces*, op. cit. (n. 17), p. 152.
47. 与大阪高等法院前法官环直弥的私人通信。
48. Nomura Jiro, *Saiko Saibansho* [The Supreme Court], Kodansha, 1987, pp. 144–5.
49. Ames, *Police*, op. cit. (n. 10), p. 143.
50. Ibid., p. 144.
51. Ibid., p. 163.

52. Matsumoto, *Koban*, op. cit. (n. 34), pp. 3, 63, 207.

53. Garon, 'Imperial bureaucracy', op. cit. (n. 5), p. 452.

54. Nomura, *Saiko Saibansho*, op. cit. (n. 49), p. 124.

55. Ibid., p. 126.

56. Bayley, *Forces*, op. cit. (n. 17), pp. 73–81.

57. Ames, *Police*, op. cit. (n. 10), p. 145.

58. 有关在峰会期间进行社会控制之前的实验的详细说明，参见 Hosaka Kunio, *Shin: Keisatsu kokka Nippon* [Police State Japan], Shakai Hyoronsha, 1986。

59. Ames, *Police*, op. cit. (n. 10), p. 219. 参见第十四章。

60. Ibid., p. 220.

61. Matsumoto, *Koban*, op. cit. (n. 34), chapter 5.

第八章　让法律受控

1. Ernst Cassirer, *The Myth of the State*, Yale University Press, 1946, pp. 74–5.

2. John W. Hall, *Government and Local Power in Japan*, Princeton University Press, 1966, pp. 26, 34.

3. Ryosuke Ishii, *A History of Political Institutions in Japan*, University of Tokyo Press, 1980, p. 9.

4. Ibid., p. 10.

5. Kiyomi Morioka, *Religion in Changing Japanese Society*, University of Tokyo Press, 1975, p. 7.

6. George B. Sansom, *Japan: A Short Cultural History*, Cresset Press, 1952, p. 183.

7. 指《大宝律令》，它很快在 718 年被《养老律令》替代。见 Ishii, *Institutions*, op. cit. (n. 3), pp. 22 ff。

8. Ibid., p. 23.

9. 而且还已经根据实际操作加以重大"调整"。见第五章。参见 Yamamura Kozo, *Economic Policy in Postwar Japan*, University of California Press, 1967, chapters 4, 5。

10. John Bowie, *Western Political Thought*, Cape, 1947, p. 189.

11. John Dickinson (trans.), *The Statesman's Book of John of Salisbury*, Russell, 1963 (reprint of 1927 edn), p. 259.

12.《愚管抄》,作者是慈圆。见Delmer Brown and Ichiro Ishida, *The Future and the Past*, University of California Press, 1979, p. 26。

13. Cassirer, *Myth*, op. cit. (n. 1), p. 97.

14. Frederick B. Katz, *The Mind of the Middle Ages*, University of Chicago Press, 1953, chapter 8.

15. Cassirer, *Myth*, op. cit. (n. 1), p. 104.

16. Bowie, *Western Political Thought*, op. cit. (n. 10), p. 180.

17. Hugh Trevor-Roper, *Renaissance Essays*, Seeker & Warburg, 1985.

18. Robert M. Spaulding, *Imperial Japan's Higher Civil Service Examinations*, Princeton University Press, 1967, pp. 60–1.

19. Noda Yoshiyuki, *Introduction to Japanese Law*, University of Tokyo Press, 1976, p. 44.
20. Kawashima Takeyoshi, *Nihonjin no ho ishiki* [The Legal Awareness of Japanese People], Iwanami Shoten, 1967, p. 49.
21. Carol Gluck, *Japan's Modern Myths*, Princeton University Press, 1985, p. 119. Kawakami Hajime, in *Kawakami Hajime chosakushu* [Collected Works of Kawakami Hajime], vol. 8, Chikuma Shobo, 1964, p. 190.
22. Kawakami Hajime, in *Kawakami Hajime chosakushu* [Collected Works of Kawakami Hajime] , vol. 8, Chikuma Shobo, 1964, p. 190.
23. Yanaihara Tadao, 'Kokka no riso' [Ideals of the state], *Chuo Koron*, September 1937, p. 8, cited in Matsumoto Sannosuke, 'The roots of political disillusionment', in J. Victor Koschmann (ed.), *Authority and the Individual in Japan*, University of Tokyo Press, 1978, p. 44.
24. Watanabe Yozo, *Gendai kokka to gyoseiken* [The Modern State and its Administrative Rights], Tokyo Daigaku Shuppankai, 1972, p. 312; Ito Daiichi, *Gendai Nihon kanryosei no bunseki* [Analysis of Bureaucracy in Contemporary Japan], Tokyo Daigaku Shuppankai, 1980, p. 83.
25. Watanabe Yozo, *Ho to iu mono no kangaekata* [The Way of Thought Called Law], Iwanami Shoten, 1959, p. 178.
26. Ibid., p. 183.
27. Watanabe Yasuo, 'Sengo ha kanryoron' [On post-war bureaucrats], *Chuo Koron*, September 1960, p. 209.
28. Noda, *Introduction*, op. cit. (n. 19), p. 159.
29. Ibid., p. 159.
30. 见第三章。
31. 有关著名的污染讼案的细节，以及官员对其反应、法律最终角色的精彩分析，见 Frank K. Upham, *Law and Social Change in Postwar Japan*, Harvard University Press, 1987, chapters 2, 6。
32. Tanaka Hideo, *The Japanese Legal System*, University of Tokyo Press, 1976, pp. 255–7.
33. 川岛武宜写过一些有影响力的著作，生动地做出了这一解读。见 *Nihonjin no ho ishiki*, op. cit. (n. 20)。
34. 邻里态度一般很难让一个人向邻居提起诉讼。
35. 与 Jeffrey Mass 的私人通信。这种司法实践诉诸习俗和先例，而不是普遍的法律概念。
36. 在 1986 年的国家预算中，法务省分到了 0.7%，法庭分到了 0.4%。1987 年 NHK 做了一个 90 分钟的特别节目。一位最高裁判所的前首席法官、一位前总检察长、一位律师协会前总裁、一位教授和一位记者都同意说，裁判所入学考试的难度造成目前检察官的稀缺。但这些参与者对日本人偏好调解而不是诉讼都表示了赞赏，并一致得出结论，"真诚"才是司法系统成员最需要的品质。
37. John O. Haley, 'The myth of the reluctant litigant', *Journal of Japanese Studies*, Summer 1978, p. 386.
38. 1890 年，有 1 531 名法官，1987 年的时候，有 2 808 名法官。

39. 数据时间为 1986 年 9 月 26 日，来源是日本律师协会。

40. 日本的数据是 1985 年的，其他国家的是 1984 年的。

41. 一位经验丰富的律师同时也是青年法律家协会（后文会进行描述）的代表给出了这些观点。他反对司法系统中日渐增加的官僚控制和基于自民党利益的政治化。

42. 'Saibanzata wa iya . . .' [No to Litigation], *Asahi Shimbun*, 1 December 1985.

43. 有关这方面的历史，见 J. A. A. Stockwin, *Japan: Divided Politics in a Growth Economy*, Weidenfeld & Nicolson, 1982 (2nd edn), pp. 205 ff。

44. Upham, *Law*, op. cit. (n. 31), p. 176.

45. Ito, *Gendai Nihon*, op. cit. (n. 24), pp. 82–3.

46. Tahara Soichiro, *Nihon no kanryo 1980* [Bureaucrats of Japan 1980], Bungei Shunju, 1979, p. 272.

47. Noda, *Introduction*, op. cit. (n. 19), p. 148.

48. Miyamoto Yasuaki, *Kiki ni tatsu shiho* [Justice in Crisis], Chobunsha, 1978, p. 98.

49. Ushiomi Toshitaka, 'Sengo no Nihon shakai to horitsuka, 1, saibankan' [Post-war Japanese society and jurists, part 1, the judge], in Ushiomi Toshitaka (ed.), *Gendai no horitsuka, Iwanami koza gendaiho*, vol. 6, Iwanami Shoten, 1966, p. 67.

50. Nomura Jiro, *Saiko Saibansho* [The Supreme Court], Kodansha, 1987, p. 75.

51. Miyamoto, *Kiki*, op. cit. (n. 48), p. 98.

52. 与环直弥的私人通信。

53. Ibid. 参见 Aoki Eigoro, *Saibankan no senso sekinin* [The War Responsibility of Judges], Nihon Hyoronsha, 1963。

54. Ushiomi, 'Sengo no Nihon', op. cit. (n. 49), p. 65.

55. Yonehara Itaru, Kazahaya Yasoji and Shiota Shobei, *Tokko keisatsu kokusho* [Black Paper on the 'Thought Police'], Shin Nippon Shuppansha, 1977, pp. 227–30.

56. Ushiomi, 'Sengo no Nihon', op. cit. (n. 49), p. 84.

57. 要了解司法界、特别是检察官办公室中普遍存在的联姻情况，见 Kubo Hiroshi, *Nihon no kensatsu* [Public Prosecution in Japan], Kodansha, 1986, p. 189。

58. Nomura, *Saiko Saibansho*, op. cit. (n. 50), p. 67.

59. *Asahi Evening News*, 9 November 1987.

60. Nomura, *Saiko Saibansho*, op. cit. (n. 50), p. 140.

61. 与环直弥的私人通信。

62. 就在占领期结束后不久，保守派政客要求修宪，其理由是宪法是被强加的，而且部分有害于日本的习俗。自民党成立后一年，它设立了一个委员会来研究此事。直到 1964 年，委员会提出了大量修订建议。委员会并不建议采取行动，因为很明显的一点是，对修宪进行严肃尝试的争议太大，政府无法处理。重要的政客（如已去世的岸信介）一直在宣传修宪的必要性。前首相中曾根也以主张日本有“自己的”宪法而为人所知，但他也很清楚，在他相对较长的任期内重新提起这一问题是不可能的。关于宪法如何被强加给日本的精彩说明，见 Stockwin, *Divided Politics*, op. cit. (n. 43), pp. 197–202。

63. Nomura, *Saiko Saibansho*, op. cit. (n. 50), p. 67.

64. 这位法官是宫本康昭。见他的 *Kiki ni tatsu shiho*, op. cit. (n. 48) 以及 Fukuda Akira, 'Saikosai to Seihokyo wa dochira no iibun ga tadashii ka' [Which is right, the Supreme Court or Seihokyo?], *Gendai*, June 1971, pp. 98–106。

65. Fukuda, 'Saikosai', op. cit. (n. 64), p. 103.

66. Nomura, *Saiko Saibansho*, op. cit. (n. 50), p. 77.

67. Fukuda, 'Saikosai', op. cit. (n. 64), pp. 102–3.

68. Nomura, *Saiko Saibansho*, op. cit. (n. 50), p. 78.

69. Ibid., p. 79.

70. Shimizu Makoto, 'Senzen no horitsuka ni tsuite no ich-ikosatsu' [A reflection on pre-war jurists], in Ushiomi, *Gendai no horitsuka*, op. cit. (n. 49), p. 12.

71. 与律师活动家的私人通信。

72. 与青法协代表的私人通信。

73. 与环直弥的私人通信。

74. Ibid.

75. Kubo, *Nihon no kensatsu*, op. cit. (n. 57), p. 41.

76. 根据 1986 年犯罪白皮书的数据，1981 年到 1985 年间，检察官赢得了 99.991% 到 99.995% 的案子。

77. Asahi Shimbun (eds.), *Mujitsu wa muzai ni* [The Innocent Should Be Found Not Guilty], Suzusawa Shoten, 1984, pp. 221–7.

78. Ushiomi Toshitaka, 'Sengo no Nihon shakai to horitsuka, 2, kensatsukan' [Post-war Japanese society and jurists, part 2, the public prosecutor], in Ushiomi, *Gendai no horitsuka*, op. cit. (n. 49), pp. 108—10.

79. Gordon Mark Berger, *Parties out of Power in Japan, 1931–1941*, Princeton University Press, 1977, p. 205.

80. Richard H. Mitchell, *Thought Control in Prewar Japan*, Cornell University Press; Berger, *Parties*, op. cit. (n. 79); and Richard Storry, *The Double Patriots*, Chatto & Windus, 1957.

81. Tahara, *Nihon no kanryo*, op. cit. (n. 46), p. 257.

82. Kubo, *Nihon no kensatsu*, op. cit. (n. 57), p. 145.

83. Noda, *Introduction*, op. cit. (n. 19), p. 149.

84. Kubo, *Nihon no kensatsu*, op. cit. (n. 57), p. 42.

85. 1975 年，最高裁判所的白鸟裁定可以说是为有限数量的重审打开了一扇门，其中的大部分当初的供词有问题。

86. Chalmers Johnson, *Conspiracy at Matsukawa*, University of California Press, 1972, p. 149.

87. 和 Ito Takashi 的私人通信。

88. Tahara, *Nihon no kanryo*, op. cit. (n. 46), p. 273; Kubo, *Nihon no kensatsu*, op. cit. (n. 57), pp. 137–42; Murofushi Tetsuro, 'Kensatsu to seiji' [The public prosecution and politics], in *Gendai*

no kensatsu (*Hogaku Seminaa* special issue), Nihon Hyoronsha, August 1981, p. 270.

89. Murofushi, 'Kensatsu to seiji', op. cit. (n. 88), p. 270.
90. Kubo, *Nihon no kensatsu*, op. cit. (n. 57), p. 70.
91. 指玉置和郎，他被卷入投资杂志社的丑闻，死于 1987 年 1 月。
92. Tahara, *Nihon no kanryo*, op. cit. (n. 46), pp. 277–82.
93. Kubo, *Nihon no kensatsu*, op. cit. (n. 57), p. 15.
94. Ibid., pp. 99–112.
95. John O. Haley, 'Sheathing the sword of justice in Japan: An essay on law without sanctions', *Journal of Japanese Studies*, Summer 1982, p. 266.
96. Ibid., pp. 267–8.

第九章　对现实的管理

1. 见第十四章。
2. Kiyohara Jumpei, *Japan Times*, 日期不明。
3. 在对日本进行分析的时候，建前-本音两分法正在成为一种固定范式。根据它采用的方式，有时它和我所说的“形式”现实和“真正”现实有所不同。
4. Christie W. Kiefer, 'The danchi zoku and the evolution of metropolitan mind', in Lewis Austin (ed.), *Japan: The Paradox of Progress*, Yale University Press, 1976, p. 281.
5. Thomas P. Rohlen, *Japan's High Schools*, University of California Press, 1983, p. 268.
6. Maruyama Masao, 'Japanese thought', reprinted in *Journal of Social and Political Ideas* in Japan, April 1964, p. 42.
7. Rohlen, *High Schools*, op. cit. (n. 5), p. 251.
8. Watsuji Tetsuro, 'Keeberu sensei' [Professor Koeber], *Watsuji Tetsuro zenshu*, vol. 6, Iwanami Shoten, 1962, p. 25.
9. 此次讨论的详细情况，见 Germaine A. Hoston, *Marxism and the Crisis of Development in Prewar Japan*, Princeton University Press, 1986。
10. Edward Seidensticker, 'The pulverisers', *Encounter*, June 1970, p. 83.
11. Maruyama Masao, *Studies in the Intellectual History of Tokugawa Japan*, Tokyo University Press, 1974, p. 170.
12. 有很多研究，可见 Suzuki Takao in *Tozasareta gengo* [The Isolated Language], Shinchosha, 1975。对这类胡说最有见地的反击，见 Peter N. Dale, *The Myth of Japanese Uniqueness*, Croom Helm, 1986, esp. p. 89。
13. 有关禅对德川时期正统政治观念的影响的优秀阐述，见 Herman Ooms, *Tokugawa Ideology*, Princeton University Press, 1985, pp. 122–43。
14. 见第一章。
15. Derk Bodde, 'Harmony and conflict in Chinese philosophy', in H. G. Creel (ed.), *Studies in*

Chinese Thought, University of Chicago Press, 1953.

16. Creel, *Chinese Thought*, University of Chicago Press, 1953, chapter 3.（译者注：此段在《论语》原文中找不到相近的内容。与后半段比较近似的是《述而篇》中的“择其善者而从之，其不善者而改之”。）
17. 见《论语》,《先进篇》第 24 段：“所谓大臣者，以道事君，不可则止”。以及《宪问篇》第 16—17 篇：“子路曰：‘桓公杀公子纠……’”“子贡曰：‘管仲非仁者与？’”原注及译者注。
18. Creel, *Chinese Thought*, op. cit. (n. 16), chapter 3.
19. 石田雄在他的著作中得出了同样的观点。比如，见 *Japanese Political Culture*, Transaction Books, 1983, p. 12。
20. Ruth Benedict, *The Chrysanthemum and the Sword*, Houghton Mifflin, 1946, p. 41。（译者注：译文引自《菊与刀》，商务印书馆，2012，第 38 页，略有修改。）
21. Yasuo Wakatsuki, ‘Unpleasant, other side to Japanese’, *Japan Times*, 25 May 1980.
22. 这件事情发生于拉南·卢里（Ranan Lurie）受雇于《朝日新闻》时创作的一幅漫画身上。他将叙利亚描绘成一头狮子，吞下了黎巴嫩领导人杰马耶勒（Gemayel）。与拉南·卢里的私人通信。

第十章　伪装成文化的权力

1. 比如可见 Zevedei Barbu, *Society, Culture and Personality*, Blackwell, 1971, p. 75。
2. Peter Berger, *The Sacred Canopy*, Doubleday, 1967.
3. Ian Buruma, ‘We Japanese’, *New York Review of Books*, 12 March 1987.
4. Ibid.
5. Asahi Shimbunsha Chosa Kenkyushitsu, *Nihon no kokusaika e no ichikosatsu* [A Study of the Internationalisation of Japan], 1987, p. 7.
6. 这种理念在德川幕府稳固之前，可能只是在现实中得到了部分反映。有迹象表明，至少在某些地区以及武士社会发展的将近五个世纪中的某个时段，存在着思想非常独立的武士。这些武士将自己的服务卖给出价最高的领主。德川幕府统一之后，这种武士的流动性基本上不可能了。为了方便进行控制，幕府的掌权者设计了一套规则，目的是将所有人都固定在其生活中的一个永久位置上。1615 年颁布的《武家诸法度》（Laws Governing the Military Houses），禁止外来人员住在特定区域，禁止建设新的堡垒，命令上报邻里区域中的任何创新活动或派系活动，要求通报联姻。很多其他规定中，还列出了不同级别的人应该穿什么类型的服装，规定与他们生活中的位置相称的其他行为。见 R. Tsunoda, W. T. de Bary and D. Keene (eds.), *Sources of Japanese Tradition*, Columbia University Press, 1958, pp. 335–8。
7. Herman Ooms, *Tokugawa Ideology*, Princeton University Press, 1985, chapter 4. 我感谢这本对德川幕府早期各种意识形态构造进行卓越研究的书。它强调了这种思想的政治重要

性，这点是超卓的；同时这本书也提供了有关这种思想的一个绝妙而清晰的观点。参见 George Elison, *Deus Destroyed*, Harvard University Press, 1973, p. 227。

8. Ooms, *Ideology*, op. cit. (n. 7), p. 130.

9. Ibid., p. 130.

10. Elison, *Deus*, op. cit. (n. 7), pp. 226–7.

11. Yamamoto Tsunetomo, *Hagakure*, trans. William Scott Wilson, Kodansha International, 1979, p. 17. 唐纳德·里奇称《叶隐》是武士时代的艾米丽·波斯特（Emily Post），因为其中都是有关礼仪的细节。

12. Arthur Koestler, *The Lotus and the Robot*, Hutchinson, 1960, p. 208.

13. Noru Hirano, *Daily Yomiuri*, 2 February 1983.

14. Delmer Brown, *Nationalism in Japan*, University of California Press, 1955, pp. 55–6.

15. Bob Tadashi Wakabayashi, *Anti-Foreignism and Western Learning in Early Modern Japan*, Harvard University Press, 1986, p. 37; and David M. Earl, *Emperor and Nation in Japan*, University of Washington Press, 1964, pp. 74–6.

16. Earl, *Emperor and Nation*, op. cit. (n. 15), p. 78.

17. Robert Frage and Thomas P. Rohlen, 'The future of a tradition: Japanese spirit in the 1980s', in Lewis Austin (ed.), *Japan: The Paradox of Progress*, Yale University Press, 1976, p. 264.

18. Ibid.

19. Ooms, *Ideology*, op. cit. (n. 7), p. 290.

20. Richard H. Mitchell, *Censorship in Imperial Japan*, Princeton University Press, 1983, p. 8.

21. 引自里见岸雄 , *Discovery of Japanese Idealism*, Kegan Paul, Trench, Truhner, 1924, p. 73。

22. Ooms, *Ideology*, op. cit. (n. 7), p. 247.

23. 一般认为，林罗山在德川幕府创始人要求下建立起新儒家正统。但这只是出自林氏的自夸。见 Ooms, *Ideology*, op. cit. (n. 7), pp. 72 ff., 287。

24. 荻生徂徕一直是研究德川时期思想的历史学家所争论的一个有趣主题。他似乎原谅了统治者的不诚实行为，只要是这种行为服务于达成儒家之道的道德目的。丸山真男这位备受尊重的战后日本主要的政治理论家，将荻生与马基雅维利进行类比，因为他们都发现政治理论和政治道德是完全不同的。但也有人质疑荻生的思想是否真的将政治与道德和自然隔离开来。见 Maruyama Masao, *Studies in the Intellectual History of Tokugawa Japan*, University of Tokyo Press, 1974, p. 83; 以及 Tetsuo Najita, 'Reconsidering Maruyama Masao's studies', *Japan Interpreter*, Spring 1976, pp. 97–108。

25. Tetsuo Najita, 'Methods and analysis in the conceptual portrayal of Tokugawa intellectual history', in Tetsuo Najita and Irwin Scheiner (eds.), *Japanese Thought in the Tokugawa Period*, University of Chicago Press, 1978, p. 14.

26. 见第十一章。

27. Earl, *Emperor and Nation*, op. cit. (n. 15), pp. 70–2.

28. Masahide Bito, 'Ogyuu Sorai and the distinguishing features of Japanese Confucianism', in

Najita and Scheiner, *Japanese Thought*, op. cit. (n. 25), p. 157.

29. Basil Hall Chamberlain, *Things Japanese*, Turtle, 1971 (reprint of 1905 edn), p. 1.
30. Reinhard Bendix, *Kings or People*, University of California Press, 1978, p. 440.
31. 1837 年那场所谓的莫里森事件，涉及的是一艘名为莫里森的商船。
32. Nakajima Hirotari, as quoted in Wakabayashi, *Anti-Foreignism*, op. cit. (n. 15), p. 142.
33. Wakabayashi, *Anti-Foreignism*, op. cit. (n. 15), pp. 143–4. Also David Titus, *Palace and Politics in Prewar Japan*, Columbia University Press, 1974, p. 36.
34. Nishi Amane, 'On religion', part one, in William Reynolds Braisted, Adachi Yasushi and Kikuchi Yuuji (eds.), *Meiroku Zasshi*, University of Tokyo Press, 1976, pp. 50–2, 59–62, 73–5.
35. Brown, *Nationalism*, op. cit. (n. 14), pp. 101–3.
36. Takeshi Ishida, *Japanese Political Culture*, Transaction Books, 1983, p. 69.
37. Hiroshi Wagatsuma, 'Problems of cultural identity in modern Japan', in George De Vos and Lola Romanucci-Ross (eds.), *Ethnic Identity*, Mayfield, 1975, p. 315.
38. Delmer Brown and Ichiroo Ishida, *The Future and the Past*, University of California Press, 1979, pp. 8, 210.
39. Wakabayashi, Anti-Foreignism, op. cit. (n. 15), p. 13; and Earl, *Emperor and Nation*, op. cit. (n. 15), pp. 91–6.
40. Mitchell, *Censorship*, op. cit. (n. 20), pp. 36–7.
41. Mikiso Hane, *Peasants, Rebels and Outcasts*, Pantheon, 1982, p. 58.
42. *History of the Empire of Japan*, Dai Nippon Tosho KK, 1893, p. 18. 这本书是为 1893 年在芝加哥举行的世界博览会准备的。
43. Carol Gluck, *Japan's Modern Myths*, Princeton University Press, 1985, pp. 36–7.
44. Kosaka Masaaki, *Japanese Thought in the Meiji Era*, Pan-Pacific Press, p. 364.
45. George Etsujiro Uyehara, *The Political Development of Japan*, Constable, 1910, p. 7; 后面的引文来自 pp. 13, 17, 23, 27, 197。
46. Richard J. Smethurst, *A Social Basis for Prewar Japanese Militarism*, University of California Press, 1974.
47. 引文来自 Richard Storry, *The Double Patriots*, Chatto & Windus, 1957, p. 5, n. 3.
48. Ian Buruma, *A Japanese Mirror: Heroes and Villains of Japanese Culture*, Cape, 1984, 第九到十章中精彩地描述了电影和其他娱乐形式中武士和黑帮的形象。
49. 第一份有关该现象的细致而全面的论述，见 Peter N. Dale, *The Myth of Japanese Uniqueness*, Croom Helm, 1986。Dale 也对日本人论的说辞进行了精彩陈述。
50. Nakasone Yasuhiro（编者转录的演讲），*Chuo Koron*, November 1986, p. 162。
51. 1983 年 7 月 31 日于高崎市高中的一次演讲中，中曾根明确表明在学术上他要感谢和辻哲郎。见 *Hato o koete* [Overcoming the Waves], Seisaku Kagaku Kenkyujo, 1986, p. 262。
52. Watsuji Tetsuro, *Climate and Culture*, trans. Geoffrey Bownas, Hokuseido Press, 1961, esp. pp. 61, 135–56.

53. 按照专家的说法，确实有一些生理差异，比如酒精代谢率不同等等。但这些差异都很细微，在本例环境中没有任何实际的重要性。

54. 这种说法由战时宣传散播，为的是安抚人民，让他们接受到手的糟糕食物。羽田的演讲在 1982 年 5 月 19 日发表于外国记者俱乐部。参见 Kumon Shumpei, 'Nationalism of long intestine', *Japan Times*, 15 February 1988。

55. 见 Tsunoda Tadanobu, 'The left cerebral hemisphere of the brain and the Japanese language', *Japan Foundation Newsletter*, April-May 1978。另外参见 *Nihonjin no no* [The Japanese Brain], Taishukan Shoten, 1978。

56. 有关金田一春彦、铃木孝夫和渡部升一相关理论的完整总结，见 Roy Andrew Miller, *Japan's Modern Myth*, Weatherhill, 1982. Also Dale, *Myth*, op. cit. (n. 49)。

57. Earl, *Emperor and Nation*, op. cit. (n. 15), p. 79.

58. Yamamoto Shichihei, 'Modern Japanese returning to Tokugawa values', *Japan Times*, 20 January 1980. 早期他用假名书写的畅销书是：Isaiah Bendasan, *The Japanese and the Jews*, Weatherhill, 1972。

59. 这种努力的一些例子如：Umesao Tadao, *Bunmei no seitai shikan* [On the Ecological History of Civilisation], Chuo Koronsha, 1967; Murakami Yasusuke, Kumon Shumpei and Sato Seizaburo, *Bumei to shite no ie-shakai* [Ie Society as a Pattern of Civilisation], Chuo Koronsha, 1979。英文著作如 Obayashi Taryo, 'Uji society and ie society from prehistory to medieval times', *Journal of Japanese Studies*, Winter 1985, pp. 3–27，以及美国的日本学家相继做出的四篇回应：Hamaguchi Esyun, 'A contextual model of the Japanese: toward a methodological innovation in Japan studies', *Journal of Japanese Studies*, Summer 1985, pp. 289–322; 以及 Murakami Yasusuke, 'Ie society as a pattern of civilisation', *Journal of Japanese Studies*, Summer 1984, pp. 281–363。

60. William Wetherall, *Far East Economic Review*, 19 February 1987, pp. 86–7，详细记录了中曾根引起争议的言论，以及该作者的文章，*Japan Times*, 26 November 1986。

61.《读卖新闻》，1983 年 8 月 1 日。有些官员不光反对非大和名字——特别是西方名字的片假名的音节形式——还反对可以用标准汉日文字写出的韩文和中文名字。在过去，日本的虾夷人被迫将名字大和化。而在殖民时期，所有朝鲜人和中国人被要求将名字大和化，否则他们就有受到惩罚的危险。

62. 见 1987 年 7 月 13 日和 14 日所有日本的主要日报。值得注意的是，这一计算由美国的《福布斯》杂志做出。没有哪家日本日报对此做出进一步的跟进调查。

63. Rodney Clark, *The Japanese Company*, Yale University Press, 1979, pp. 40–1.

64. 见第三章和第五章。

65. Murakami, Kumon and Sato, *Bunmei to shite*, op. cit. (n. 59).

66. Nakane Chie, *Japanese Society*, University of California Press, 1970, p. 15；以及 Dale, *Myth*, op. cit. (n. 49), p. 107。

67. Robert E. Cole, *Work, Mobility and Participation*, University of California Press, 1979, p. 252。科尔提到，在 20 世纪第一个 25 年中，美国人尝试了工业家长制。但这种制度在大萧

条和工人暴动时不能令人满意，于是被废止了。

68. Minami Hiroshi, *Nihonjin no shinri* [The Psychology of the Japanese], Iwanami Shoten, 1953, p. 127.
69. 很多日本学者和偶尔评论日本的人提出过这种观点，给出的原因各不相同。众多作品中，可参见 Takie Sugiyama Lebra, *Japanese Patterns of Behavior*, University of Hawaii Press, 1976。
70. 与 Edward Seidensticker 的私人通信。
71. 有关这些疗法中用到方法的总结，见 David K. Reynolds, *The Quiet Therapies*, University of Hawaii Press, 1980。

第十一章　作为宗教的系统

1. Emile Durkheim, *Elementary Forms of the Religious Life*, Free Press, 1965.
2. 关于这些“古老”的新宗教有不少作品。我一方面依靠我的记忆，一方面参考了 Carmen Blacker, ‘Millenarian aspects of the new religions in Japan’, in Donald H. Shively (ed.), *Tradition and Modernisation in Japanese Culture*, Princeton University Press, 1971。
3.《读卖新闻》的“人生案内”专栏，日期未知。
4. H. D. Harootunian, ‘Between politics and culture’, in B. Silberman and H. D. Harootunian (eds.), *Japan in Crisis*, Princeton University Press, 1974, p. 144.
5. Masaharu Anesaki, *History of Japanese Religion*, Kegan Paul, Trench, Trubner, 1930, pp. 201–3.
6. Herman Ooms, *Tokugawa Ideology – Early Constructs, 1570–1680*, Princeton University Press, 1985, p. 30. 后续众多有关德川时期统治者追求其合法性的信息都来自这一了不起的研究，其中很难得地强调了早期现代日本思想基础中的政治权宜性。参见 Inoue Toshio, *Ikko ikki no kenky*u [A Study of Ikko Ikki], Yoshikawa Kobunkan, 1968。
7. Ooms, *Ideology*, op. cit. (n. 6), pp. 30–1.
8. Ibid., p. 48.
9. Ibid., p. 129.
10. Ibid., pp. 171–3.
11. Ibid., p. 155.
12. 罗马认可的 1597 年到 1660 年间的殉道者数量为 3 125 名。这还只包括那些被处决或被折磨致死的人，不包括大量因治疗不当和贫困死亡的人。耶稣会和方济会教士的统计认为，截至 1614 年，有近 100 万日本人改宗。G. B. Sansom, *The Western World and Japan*, Knopf, 1962, p. 173.
13. Ibid., p. 176.
14. Maruyama Masao, *Studies in the Intellectual History of Tokugawa Japan*, Tokyo University Press, 1974, pp. 249–58; and Ooms, *Ideology*, op. cit. (n. 6), p. 61.
15. Ooms, *Ideology*, op. cit. (n. 6), chapter 5.

16. Ibid., pp. 35–62, 168–9.

17. 引文见 Delmer Brown, *Nationalism in Japan*, University of California Press, 1955, p. 120；另见 ibid., pp. 137–8。

18. Kenneth B. Pyle, *The New Generation in Meiji Japan*, Stanford University Press, 1969, p. 130.

19. Carol Gluck, *Japan's Modern Myths,* Princeton University Press, 1985, p. 135.

20. 安部矶雄是基督徒，他与这三家组织都有密切的关系。他在其中一些工作中的伙伴是片山潜（也是基督徒）以及若干相当激进的工人运动的领导人。1921 年，片山（那时已确认他是列宁主义者）接受共产国际的邀请来到莫斯科。他在那里就如何在亚洲进行宣传向共产国际提供建议，他于 1933 年在莫斯科去世。他被葬在克里姆林宫。另一位基督徒是铃木文治，他在 1912 年创立了友爱会，并在日后温和的社会主义运动中扮演了重要角色。

21. Richard H. Mitchell, *Thought Control in Prewar Japan*, Cornell University Press, 1976, p. 31 and fn. 43.

22. Paul Langer, *Communism in Japan*, Hoover Institution Press, 1972, pp. 6, 10–15.

23. Tachibana Takashi, *Nihon Kyosanto no kenkyu* [A Study of the Japanese Communist Party], vol. 1, Kodansha, 1978, pp. 185–6.

24. K. O. van Wolferen, *Student Revolutionaries of the Sixties*, Interdoc, The Hague, 1970.

25. R. P. Dore, *Education in Tokugawa Japan*, Routledge & Kegan Paul, 1965, p. 37.

26. R. Tsunoda, W. T. de Bary and D. Keene (eds.), *Sources of Japanese Tradition*, Columbia University Press, 1958, p. 382.

27. Ibid., p. 385。中江藤树和熊泽蕃三在整个德川时期都是被崇拜的人物。他们认为人有独立于社会期望的精神身份，呼吁基于自己对好坏的直觉采取道德行动，他们因对贫苦人民的认同而备受尊敬。两人都与穷苦村民交往，而抛弃了贵族和学者——他们似乎也不认为这两人构成了太大的威胁。

28. Tetsuo Najita, 'Oshio Heihachiro', in A. Craig and D. Shively (eds.), *Personality in Japanese History*, University of California Press, 1970, pp. 160–1.

29. Ibid., p. 163.

30. Tetsuo Najita, *Japan: The Intellectual Foundations of Modern Japanese Politics*, University of Chicago Press, 1974, p. 55.

31. Ibid., pp. 56–9.

32. Fujii Jintaro, *Meiji ishinshi kowa* [Lectures on the History of the Meiji Restoration], Yuzankaku, 1926, p. 42.

33. Najita, *Intellectual Foundations*, op. cit. (n. 30), p. 59; and Thomas M. Huber, ' "Men of high purpose" and the politics of direct action, 1862–1864', in Tetsuo Najita and J. V. Koschmann (eds.), *Conflict in Modern Japanese History*, Princeton University Press, 1982, pp. 124–6.

34. 这当然正是中江藤树、熊泽蕃三以及大盐平八郎学说中的强大内涵。

35. Richard Storry, *The Double Patriots*, Chatto &. Windus, 1957, p. 24.

36. Fujiwara Akira, 'The role of the Japanese army', in D. Borg and S. Okamoto (eds.), *Pearl Harbor as History*, Columbia University Press, 1973, p. 192.
37. 引文见 James B. Crowley, 'Japanese army factionalism in the early 1930s', *Journal of Asian Studies*, May 1962, p. 314。
38. 关于此次战役以及决定了结果的意识形态因素的详细陈述，见 Alvin D. Coox, *Nomonhan: Japan against Russia, 1939,* Stanford University Press, 1985。
39. Asada Sadao, 'The Japanese navy and the United States', in Borg and Okamoto, *Pearl Harbor as History*, op. cit. (n. 36), p. 254. 此次御前会议召开日期是 1941 年 9 月 6 日。关于加藤宽治的信念，见 ibid., pp. 234, 240。
40. Ben-Ami Shillony, *Politics and Culture in Wartime Japan*, Clarendon Press, 1981, p. 135.
41. 见 Takeshi Ishida, *Japanese Political Culture*, Transaction Books, 1983, p. 35。
42. *Mainichi Daily News*, 2 March 1972.
43. Ian Buruma, *A Japanese Mirror*, Cape, 1984, p. 160.
44. 在 1985 年 10 月 7 日举行的外国记者午餐会上。见 *Asahi Shimbun*, 8 October 1985。
45. 见第八章。
46. Thomas R. H. Havens, *Farm and Nation in Modern Japan*, Princeton University Press, 1974, pp. 25–6, 42–5.
47. Sheldon Garon, *The State and Labor in Modern Japan*, University of California Press, 1987, p. 201; and Robert M. Spaulding, *Imperial Japan's Higher Civil Service Examinations*, Princeton University Press, 1967, p. 54.
48. Watanabe Takeshi, 'Seiron' column, *Sankei Shimbun*, translated as 'What's wrong with thrift?', Japan Times, 27 April 1987.
49. Sawa Takamitsu, 'One Japan boom wanes', *Japan Times*, 14 February 1988.
50. 'Intellectuals on the Warpath', *Japan Times*, editorial, 4 December 1987.

第十二章　统治权

1. John H. Schaar, 'Legitimacy in the modern state', in William Connolly (ed.), *Legitimacy and the State*, Blackwell, 1984, p. 111.
2. 关于这种混淆的简要讨论，见 ibid., pp. 108–11 ；另见 Carl J. Friedrich, *Man and his Government*, McGraw-Hill, 1963, p. 233。
3. 韦伯做出的权力分类（“传统型”“魅力型”“理性型”）有广泛的受众，但在这个背景下却不能令人满意。韦伯自己使用这三个分类时就不是很逻辑自洽。它们可以适用于日本在不同级别上权力的执行，或者就此而言，适用于西方民主和 20 世纪的极权系统。这三个分类没有过多谈及合法性，因为它们并不是互斥的。对韦伯体系的批评，见 Stanislav Andreski, *Max Weber's Insights and Errors*, Routledge & Kegan Paul, 1984, pp. 96–8。
4. Anthony de Jasay, *The State*, Blackwell, 1985, p. 71。De Jasay 是一位对默许和合法性之间的

区别做出正确解读的当代作家，见 pp. 67–78。

5. 田中角荣也通常被视为一个有志扩张权力的首相。不过对他来说，主要目标不是加强首相制度。他的帝国依靠的是非正式关系。

6. Delmer Brown and Ichiro Ishida, *The Future and the Past*, University of California Press, 1979, p. 368.

7. Stanislav Andreski, *Military Organisation and Society*, 2nd edn. University of California Press, 1968.

8. Herman Ooms, *Tokugawa Ideology*, Princeton University Press, 1985, p. 44.

9. Ibid., p. 42.

10. Jeffrey P. Mass, 'Introduction', in J. P. Mass and W. B. Hauser (eds.), *The Bakufu in Japanese History*, Stanford University Press, 1985, p. 4.

11. Dan Fenno Henderson, 'The evolution of Tokugawa law', in John W. Hall and Marius B. Jansen (eds.), *Studies in the Institutional History of Early Modern Japan*, Princeton University Press, 1968, p. 214.

12. Irwin Scheiner, 'Benevolent lords and honorable peasants: rebellion and peasant consciousness in Tokugawa Japan', in Tetsuo Najita and Irwin Scheiner, *Japanese Thought in the Tokugawa Period*, University of Chicago Press, 1978, p. 41.

13. Bob Tadashi Wakabayashi, *Anti-Foreignism and Western Learning in Early Modern Japan*, Harvard University Press, 1986, pp. 112–13.

14. 对镇压、许可、合法性统一做出的清晰理论分析，见 De Jasay, *The State*, op. cit. (n. 4), pp. 67 ff。

15. Thomas M. Huber, 'The Choshu activists and 1868', in H. Wray and H. Conroy (eds.), *Japan Examined*, University of Hawaii Press, 1983.

16. 见 John W. Hall, 'Rule by status in Tokugawa Japan', *Journal of Japanese Studies*, Autumn 1974, pp. 39–40。

17. Sir Rutherford Alcock, *The Capital of the Tycoon*, London, 1863, vol. 2, as cited in Hall, 'Rule by status', op. cit. (n. 16).

18. Harold Bolitho, 'The Meiji restoration', in Wray and Conroy, *Japan Examined*, op. cit. (n. 15), p. 63.

19. David Titus, *Palace and Politics in Prewar Japan*, Columbia University Press, 1974, p. 20.

20. 与 Gordon Berger 的私人通信。

21. Maruyama Masao, 'Japanese thought', *Journal of Social and Political Ideas in Japan*, April 1964, p. 44. 译文来自 Iwanami Koza, *Gendai Nikon no shiso*, vol. 11, Iwanami Shoten, 1957, pp. 3–46。

22.《新论》是水户学派的重要著作。它成为“尊皇攘夷”运动的“圣经”。参见第十章。

23. Wakabayashi, *Anti-Foreignism*, op. cit. (n. 13), p. 113.

24. Richard H. Minear, *Japanese Tradition and Western Law*, Harvard University Press, 1970, p. 72.

25. Jung Bock Lee, *The Political Character of the Japanese Press*, Seoul National University Press, 1985, p.97.

26. 'Tami wa shirashimu bekarazu, yorashimu beshi' – 见 Lee, ibid., p. 98； 见 Maruyama Masao,

Studies in the Intellectual History of Tokugawa Japan, University of Tokyo Press, 1974, p. 330, n. 4.

27. Ooms, *Ideology,* op. cit. (n. 8), p. 107.
28. 见 George M. Beckmann, *The Making of the Meiji Constitution*, University of Kansas Press, 1957, chapter III。
29. Richard H. Mitchell, *Censorship in Imperial Japan*, Princeton University Press, 1983, p. 16.
30. Carol Gluck, *Japan's Modern Myths*, Princeton University Press, 1985, p. 60.
31. Ibid., pp. 53–6.
32. Walter McLaren, *A Political History of Japan during the Meiji Period*, Allen & Unwin, 1916, pp. 356–7.
33. Gordon Berger, *Parties out of Power in Japan*, Princeton University Press, 1977, p. 28.
34. Roger F. Hackett, 'The Meiji leaders and modernisation: the case of Yamagata Aritomo', in Marius B. Jansen (ed.), *Changing Japanese Attitudes toward Modernisation*, Princeton University Press, 1965, p. 268.
35. 伊藤博文这位寡头在 1900 年通过组织自己在官僚阶层中的追随者，成立了自己的政党。
36. Robert M. Spaulding, *Imperial Japan's Higher Civil Service Examinations*, Princeton University Press, 1967, p. 112. 该研究至今无人能超越，它是英语写的现代日本官僚机构的最好历史概述。
37. Hata Ikuhiko, *Kanryo no kenkyu* [On Bureaucrats], Kodansha, 1983, p. 109; and Spaulding, *Examinations*, op. cit. (n. 36), p. 117.
38. 枢密院成立于 1888 年，为的是就起草宪法和其他法律向天皇提出建议。后来，它又获得对敕令和指令的管辖权。它的成员包括前官员、贵族和其他人，这些人都是保守派。山县从 1905 年直到他去世的 1922 年都是枢密院议长（枢相）。它有效地限制了党派内阁的权力。
39. Spaulding, *Examinations*, op. cit. (n. 36), p. 119.
40. Ibid., p. 119.
41. Ibid., p. 119–20.
42. 见 James L. Huffman, *Politics of the Meiji Press*, University of Hawaii Press, 1980, p. 192。
43. Spaulding, *Examinations*, op. cit. (n. 36), p. 89.
44. Byron K. Marshall, 'Professors and politics: the Meiji academic élite', in *Journal of Japanese Studies*, Winter 1977, pp. 79–80.
45. Tetsuo Najita, *Japan: The Intellectual Foundations of Modern Japanese Politics*, University of Chicago Press, 1974, p. 10.
46. Tetsuo Najita, *Japan: The Intellectual Foundations of Modern Japanese Politics*, University of Chicago Press, 1974, p. 10.
47. 印度尼西亚以及马科斯流亡前菲律宾（这些国家并没有儒家传统）的统治，代表了另外一种权力系统。

48. Ellen Hammer, *Death in November*, Dutton, 1987.
49. 修建成田机场引发的与官方的斗争中，可以找到一个引人关注的说法来说明这一事实。David E. Apter and Nagayo Sawa, *Against the State*, Harvard University Press, 1984, p. 266.
50. Jiyuminshu Henshubu, '1985 nen taisei e no tembo' [Perspectives for the 1985 system], *Jiyuminshu*, January 1982, p. 228. 有关这篇重要文章的更多情况，见第十四章。
51. Murakami Yasusuke, 'The age of new middle mass politics: the case of Japan', *Journal of Japanese Studies*, Winter 1982, pp. 29–72.

第十三章　仪式和威吓

1. Chiho Jichi Kenkyu Shiryo Sentaa, *Gendai kanrisharon* [Modern Managers], 1977, p. 22.
2. Irwin Scheiner, 'Benevolent lords and honourable peasants: rebellion and peasant consciousness in Tokugawa Japan', in Tetsuo Najita and Irwin Scheiner, *Japanese Thought in the Tokugawa Period 1600–1868*, University of Chicago Press, 1978, pp. 39–59.
3. Kawashima Takeyoshi, 'Dispute resolution in contemporary Japan', in A. T. von Mehren (ed.), *Law in Japan*, Harvard University Press, pp. 43–5.
4. Ian Buruma, *A Japanese Mirror*, Cape, 1984, chapter 10.
5. Sahasi Shigeru, 'Kanryo shokun ni chokugen suru' [Speaking directly to bureaucrats], *Bungei Shunju*, July 1971, p. 108.
6. Ibid., p. 109.
7. Chitoshi Yanaga, *Japanese People and Politics*, Wiley, 1956, p. 307. 还可参见 Chalmers Johnson, *MITI and the Japanese Miracle*, Stanford University Press, 1982, p. 134。
8. 见第五章。有关"通信战争"的详细描述以及这两个部门的对抗态势，见 Chalmers Johnson, *MITI, MPT, and the Telecom Wars: How Japan Makes Policy for High Technology*, Berkeley Roundtable on the International Economy, University of California, Brie Working Paper No. 21, 1986。
9. 邮政省还和农业合作社、农林省和大藏省三方就"人民贷款"系统发起了一场大型的官僚战争。通过相关自民党成员的调停，该系统在 1973 年成功地设立。见 Yung H. Park, *Bureaucrats and Ministers in Contemporary Japanese Government, Institute of Asian Studies*, University of California, Berkeley, 1986, pp. 137–8。
10. Inoguchi Takashi and Iwai Tomoaki, *'Zoku giin' no kenkyu* [A Study of 'Zoku Diet Members'], *Nihon Keizai Shimbun*, 1987, p. 22.
11. Richard H. Mitchell, *Thought Control in Prewar Japan*, Cornell University Press, 1976, p. 187.
12. Kubo Hiroshi, *Nihon no kensatsu* [Public Prosecution in Japan], Kodansha, 1986, p. 154.
13. Walter L. Ames, *Police and Community in Japan*, University of California Press, 1981, pp. 147–8.
14. Ise Akifumi, *Nippon keisatsu zankoku monogatari* [The Inside Story of the Japanese Police], Eeru Shuppansha, 1985, pp. 12–16.
15. 最后发现，美国的飞机制造商在维修飞机隔板并按照规定数量打铆钉的时候出现了疏忽。冲突的焦点其实在发生空难时的日本航空社长身上。高木养根是第一个从公司内部提拔上来的社长，而不是由运输省安排在这个位置上的。运输省容忍了对他的短期任命，而此时它自己安排的人员则伺机而动。但事实证明，高木一旦掌权后就很难被压服。他还正确地预见到，运输省与华盛顿就着陆权进行谈判一定会搞砸，也不会得到有利结果：这些都是在运输省官员中造成酸葡萄心理的原因。

16. 为了准备此次活动，中曾根成立了一个顾问委员会。委员会的结论是，"只要不导致军国主义"，参拜靖国神社就不违宪。但委员会中有一小部分人据说没法接受这个立场，媒体也对委员会成员做出的决定进行了批评。36 名独立学者——其中有不少是宪法专家——向中曾根提交了他们自己的报告。报告的结论是，在这么一个充满争议的神社进行参拜确实有违宪法，因为宗教和国家应该明确保持分离。
17. 在他自己统治的时间里必须加上他替代患有脑疾的父亲摄政的五年时间。
18. 见 Kojima Noboru, 'Tenno to Amerika to taiheiyo senso', *Bungei Shunju*, November 1975, pp. 94–126；同见 D. Clayton James, *The Years of MacArthur, Vol. 3: Triumph and Disaster*, Houghton Mifflin, 1985, pp. 320–2。
19. 1921 年裕仁对白金汉宫进行了那次著名的访问。他第一次看到报纸，第一次目睹随心所欲的行为。乔治五世穿着晨衣走进裕仁的卧室，拍了拍正在吃早饭的天皇的背。要过几年之后，他在东京的侍从和宫廷才能在心理上接受这件事。但为了纪念这次难忘的自由，裕仁从此之后早饭就只用火腿和鸡蛋，也再没穿过和服。
20. John Bester, 'Afterthoughts', *Mainichi Daily News*, 15 April 1985.
21. Thomas Rohlen, *Japan's High Schools*, University of California Press, 1983, p. 191.
22. Michael Korver, 'An outsider takes an inside look at Japan's corporate culture', *Japan Economic Journal*, 3 May 1986, p. 41.
23. Nakane Chie 在 *Japanese Society*, University of California Press, 1970 中，就日本团体中上下级的关系给出了一种最简明但彻底的描述。
24. Imai Kazuo, *Kanryo sono seitai to uchimaku* [Bureaucrats, their World and Hidden Behaviour], Yomiuri Shinbunsha, 1953, p. 61.
25. Ise, *Nippon keisatsu*, op. cit. (n. 14), p. 115.
26. Mikuni Akio, *Mikuni on Banking,* Mikuni & Co., 1987, p. 6.
27. Masao Miyoshi, *As We Saw Them: The First Japanese Embassy in the United States*, University of California Press, 1979, p. 87.
28. 关于婚礼的精彩描述，见 Walter Edwards, 'The commercialised wedding as ritual: a window on social values', *Journal of Japanese Studies*, Winter 1987, pp. 51–78。
29. Ibid.
30. 以 1987 年年底的普遍汇率 130 日元兑换 1 美元计算。
31. Chalmers Johnson, 'Omote and ura: translating Japanese political terms', *Journal of Japanese Studies*, Winter 1980, p. 110.
32. Ito Daiichi, *Gendai Nikon kanryosei no bunseki* [Analysis of the Bureaucracy in Contemporary

Japan], Tokyo Daigaku Shuppankai, 1980, p. 20.

33. 有个观点从不同的角度出发但得到了类似的结论，见 J. Victor Koschmann (ed.), *Authority and the Individual in Japan*, University of Tokyo Press, 1978, p. 14。
34. Tsuji Kiyoaki, 'Nihon ni okeru seisaku kettei katei' [The policy-making process in Japan], in *Shinpan-Nihon kanryosei no kenkyu*, Tokyo Daigaku Shuppankai, 1969, p. 157.
35. Ito, *Gendai Nihon*, op. cit. (n. 32), p. 50.
36. Nihon no Kanryo Kenkyukai (eds.), *Oyakunin sojuho* [How to Manipulate Bureaucrats], Nihon Keizai Shimbunsha, 1971, pp. 148–9.
37. Tsuji, *Nihon kanryoisei*, op. cit. (n. 34), p. 163.
38. 比如见 Frank K. Upham, *Law and Social Change in Postwar Japan*, Harvard University Press, 1987, p. 211。
39. Tahara Soichiro, *Nihon no kanryo 1980* [Bureaucrats in Japan 1980], Bungei Shunju, 1979, p. 262.
40. 见 Robert J. Smith, *Japanese Society,* Cambridge University Press, 1983, p. 27。
41. Kurt Singer, *Mirror, Sword and Jewel,* Croom Helm, 1973, p. 39.
42. Upham, *Law*, op. cit. (n. 38), pp. 122–3.
43. Hanami Tadashi, *Labor Relations in Japan Today*, Kodansha International, 1979.
44. 见 Howard Stanislawski, 'Japan's Israel problem', *New Republic*, 9 March 1987。
45. 这样的和其他的例子，见 Willy Stem, 'Japan's "free traders" boycott Israel', *Tokyo Business Today, November* 1987, pp. 26–8。
46. 一个很好的例子见 Clyde Prestowitz, *Trading Places*, Basic Books, 1988, p. 161。
47. Watanabe Yozo, *Gendai kokka to gyoseiken* [The Modern State and its Administrative Rights], Tokyo Daigaku Shuppankai, 1972, p. 312.
48. Ishikawa Masumi, 'Shitatakanari "kokka himitsu-ho" an' [The 'spy bill' keeps on surviving], *Chuo Koron*, February 1986, pp. 141–2.
49. 见 Ito, *Gendai Nihon*, op. cit. (n. 32), p. 23。
50. Ibid., p. 89.
51. Narita Yoriaki, 'Gyosei shido' [Administrative guidance], in Takayanagi Shinichi et al., (eds.), *Gendai no gyosei*, Iwanami Shoten, 1966, p. 138.
52. Ito, *Gendai Nihon*, op. cit. (n. 32), pp. 83–4.
53. Ibid., p. 86.
54. Ibid., p. 53.

第十四章　强化控制的100年

1. 日本全面侵华战争以 1937 年 7 月 7 日发生的卢沟桥事变作为开始。之前，日本关东军已在 1931 年 9 月 18 日向沈阳的中国驻军发起过进攻，史称九一八事变。这标志着冲突激化的开始，并最终导致日本全面侵华。所以，也可以说日本在亚洲进行了 15

年的战争。

2. 哈佛大学历史学教授、20 世纪 60 年代美国驻东京大使埃德温・赖肖尔是这一观点支持者当中最出名的一位。他在最近一次采访中表述了这一观点，见‘Nihon no susumubeki michi’ [The road that Japan should take], *Bungei Shunju*, January 1988, p. 101。

3. 这方面的一项开拓性研究，关注的是工业政策的持续性以及战前、战时和战后为日本塑形的官员的职业生涯。见 Chalmers Johnson, *MITI and the Japanese Miracle,* Stanford University Press, 1982。此外可见Sheldon Garon, *The State and Labor in Modern Japan*, University of California Press, 1987。

4. 英文作品中对此次清洗做出最完整研究的，是 Hans H. Baerwald, *The Purge of Japanese Leaders under the Occupation*, University of California Press, 1959。 在 42 251 名被清洗的人中，Baerwald 列出了其中 1.9% 的人。参见 Hata Ikuhiko, *Kanryo no kenkyu* [On Bureaucrats], Kodansha, 1983, p. 27。被清洗的总人数超过 21 万，其中大部分是军人。这与官方统计的清洗人数有差异。公认的数字是，列表里的人中有 1 800 人被清洗。按照另外一份统计，最后被清洗的官僚人数只有 719 人。参见 Kinoshita Hanji, ‘Kyu-shihaiso no kaitai to fukkatsu’ [Dissolution and revival of the old ruling class], in *Sengo Nihon no seijikatei: Nempo Seijigaku*, Iwanami Shoten, 1953, pp. 69–85。

5. T. J. Pempel, ‘The tar baby target: “reform” of the Japanese bureaucracy’, in R. E. Ward and Y. Sakamoto (eds), *Democratising Japan*, University of Hawaii Press, 1987, p. 159. Pempel 对占领军和日本官僚的关系，做出了一个精彩而简明的综述。他将这种关系与美国对德国官僚的处理关系相类比，还与苏联占领军对东德官僚进行的系统化改变进行了比较。

6. Theodore Cohen, *Remaking Japan*, Free Press, 1987, p. 379.

7. Ibid., pp. 381–2.

8. 根据另一种标准，被清洗的最终精确人数应该是 1 535 人。

9. Baerwald, *The Purge*, op. cit. (n. 4), esp. pp. 2–3.

10. Ibid., p. 69.

11. Yoshida Shigeru, *The Yoshida Memoirs*, Houghton Mifflin, 1962, p. 128.

12. Miles Fletcher, *The Search for a New Order: Intellectuals and Fascism in Prewar Japan*, University of North Carolina Press, 1982. 也见 Juan J. Linz, ‘Some notes toward a comparative study of fascism in sociological historical perspective’, in Walter Laqueur (ed.), *Fascism*, University of California Press, 1976, pp. 103–4。

13. Hashikawa Bunzo, ‘Kakushin kanryo’ [Reformist bureaucrats], in Kamishima Jiro (ed.), *Kenryoku no shiso*, Chikuma Shobo, 1965, p. 252.

14. Hata, *Kanryo no kenkyu*, op. cit. (n. 4), p. 125.

15. Mark R. Peattie, *Ishiwara Kanji and Japan's Confrontation with the West*, Princeton University Press, 1975, pp. 186–9.

16. 后藤隆之助在 1933 年成立了昭和研究会。有关它的三位主要知识分子和各种意识形态分支，见 Fletcher, *Search for a New Order*, op. cit. (n. 12)。

17. Shibagaki Kazuo, ' "Keizai shintaisei" to toseikai: sono rinen to genjitsu' ['The economic new order' and the control associations: their ideal and reality], in Tokyo Daigaku Shakai Kagaku Kenkyujo (eds), *Senji Nihon keizai*, Tokyo Daigaku Shuppankai, 1979, pp. 301, 307–10, 322.
18. Hashikawa, 'Kakushin kanryo', op. cit. (n. 13), pp. 254–6; Johnson, *MITI*, op. cit. (n. 3), pp. 123–5; and Hata, *Kanryo no kenkyu*, op. cit. (n. 4), pp. 112–18.
19. Nakajima Makoto, 'Showashi o irodoru kakushin kanryo no jidai' [The age of reformist bureaucrats in Showa history], *Gendai no me*, September 1978, p. 52.
20. T A. Bisson, *Japan's War Economy*, Institute of Pacific Relations, New York, 1945, p. 10. 有关企划院合并以及其他众多细节，见 Johnson, *MITI*, op. cit. (n. 3), pp. 137–43。
21. Ito Daiichi, *Gendai nihon kanryosei no bunseki* [Analysis of the Bureaucracy in Contemporary Japan], Tokyo Daigaku Shuppankai, 1980, p. 36.
22. 关于岸信介人脉政治的描述，见 Takada Kyoshi, 'Kishi Nobusuke', in *Kuromaku kenkyu,* Shin Kokuminsha, 1977, pp. 15–113。
23. Johnson, *MITI,* op. cit. (n. 3), p. 172.
24. 'Zaikai no "Ikeda sanmyaku"' ['Ikeda's networks' among business circles], *Shukan Asahi*, 30 October 1960, p. 8.
25. Ito Osamu, 'Sengo Nihon kinyu shisutemu no keisei' [The formation of postwar Japan's financial system], in Kindai Nihon Kenkyukai (eds), *Nempo Kindai Nihon kenkyu,* vol. 8, Yamakawa Shuppansha, 1986, pp.225–6.
26. Hata Ikuhiko, 'Kanryo no ikinobiru michi' [How bureaucrats survive], *Shokun*, April 1977, p. 85.
27. Johnson, *MITI*, op. cit. (n. 3), p. 41.
28. 控制协会的综述见 Shibagaki Kazuo, *''Keizai shintaisei''*, op. cit. (n. 17), pp. 291–336。
29. Johnson, *MITI*, op. cit. (n. 3), p. 173.
30. Sakakibara Eisuke and Noguchi Yukio, 'Okurasho Nichigin ocho no bunseki' [An analysis of the Ministry of Finance/Bank of Japan kingdom], *Chuo Koron*, August 1977, pp. 98, 113–20.
31. Ibid., p. 99. 1942 年的《日本银行法》在 1947 年得到修订，但保留了银行在战时的完整功能。
32. Ibid., pp. 99, 117.
33. Akimoto Hideo, *Keidanren*, Sekkasha, 1968, pp. 116–17. 重要产业统制团体协议会成立于 1941 年，于 1946 年 2 月解散。取代它的是 1946 年 8 月成立的日本产业协议会协会。一周后，它与金融团体协议会（成立于 1946 年 4 月）合并，组成了经团联。
34. Otani Ken, 'Uemura Kogoro', in *Sengo zaikaijin retsuden*, Sangyo Noritsu Daigaku Shuppanbu, 1979, p. 168.
35. 石坂反对官僚的名声，主要来自他反对通产省提议的《特定不况产业特别措施法》（Law on Special Measures for Specific Depressed Industries）。该法案从未被通过。见第十五章。

36. 在这两个组织都担任负责人的有诸井贯一、樱田武、今里广记和鹿内信隆。这两个组织的对比见 Noguchi Yuichiro,‘Yottsu no keieisha dantai’ [Four management groups], *Chuo Koron*, October 1960, pp. 161–3。

37. Hoashi Kei, *Toseikai no riron to jissai* [Theory and Reality of the Control Associations], Shin Keizaisha,1941, p. 4. 柴垣和夫对帆足的理论，以及该理论在战后经济中有哪些根本方面得以实施做出了广泛的陈述，见‘“Keizai shintaisei”’, op. cit. (n. 17), pp. 291–336。

38. Hoashi, *Toseikai no riron*, op. cit. (n. 37), p. 2.

39. Ibid., p. 38.

40. Ibid., pp. 15–16.

41. Otsuka Banjo,‘*Keizai minshuka to sono gutaisaku*’ [Democratisation of the economy and its concrete measures], Keieisha, March 1947, pp. 2–9 及 Otsuka Banjo,‘*Keizai minshuka to shusei shihonshugi*’ [Democratisation of the economy and reformed capitalism], Keieisha, December 1947, pp. 1–5。同见 Kuribara Kazuo and Matsuyama Jiro, *Nihon zaikai nyumon* [Introduction to Japanese Business Circles], Gakufusha, 1961, pp. 36–7。

42. 同友会理论家那时在口头上对以美国为样本的经济自由还是表示欣赏的。这就是在声明的第二部分，他们谴责垄断以及下属承包商双重结构的原因。

43. Watanabe Yasuo,‘Sengoha kanryo ron’ [On post-war bureaucrats], *Chuo Koron*, September 1960, p. 206.

44. Oda Keisuke,‘Doyukai’, *Jiyu*, November 1970, p. 170.

45. Kimura Takeo,‘Sanken’, *Chuo Koron,* July 1971, p. 188.

46. 关于这些自民党创建之前商界活动的详细描述，见 Chitoshi Yanaga, *Big Business in Japanese Politics*, Yale University Press, 1968, pp. 121–40。

47. 见 Hayashi Shozo,‘Nihon no pawaa eriito: gendai no kanryo’ [Power elites in Japan: bureaucrats today], *Chuo Koron*, May 1960, p. 110。

48. Garon, *State and Labor*, op. cit. (n. 3), p. 234.

49. Watanabe,‘Sengoha kanryo ron’, op. cit. (n. 43).

50. Theodore Cohen, *Remaking Japan*, Free Press, 1987, p. 92.

51. Hiranuma Kiichiro Kaikoroku Hensan linkai (ed.), *Hiranuma Kiichiro kaikoroku* [Memoirs of Hiranuma Kiichiro], Gakuyo Shobo, 1955, p. 215.

52. Ogino Fujio, *Tokko keisatsu taisei shi* [History of the‘Thought Police’System], Sekita Shobo, 1984, pp. 429–31, 435–6.

53. 这些信息选自 Yonehara Itaru, Kazahaya Yasoji and Shiota Shobei, *Tokko keisatsu kokusho* [Black Paper on the‘Thought Police’], Shin Nihon Shuppansha, 1977, pp. 211–21。

54. Garon, *State and Labor*, op. cit. (n. 3), p. 233.

55. Ibid., p. 235.

56. Yung H. Park, *Bureaucrats and Ministers in Contemporary Japanese Government*, Institute of Asian Studies, University of California, Berkeley, 1986, pp. 63–4.

57. Hayashi, 'Pawaa eriito', op. cit. (n. 47), p. 108.

58. 1952 年时，自治省先是作为一个机构成立，然后在 1960 年成为一个省。

59. Jin Ikko, *Jichi kanryo* [Home Affairs Ministry Bureaucrats], Kodansha, 1986, p. 14.

60. Ibid., p. 73.

61. Ibid., p. 215.

62. 革新官僚在建立这一战时政府喉舌时扮演的角色，见 Hashikawa, 'Kakushin kanryo', op. cit. (n. 13), p. 256。

63. 早在 19 世纪 70 年代，评论家就开始谈到"越来越复杂的社会"，见 Carol Gluck, *Japan's Modern Myths*, Princeton University Press, 1985, p. 30。

64. Kenneth Pyle, 'Advantages of followership: German economics and Japanese bureaucrats, 1890–1925', *Journal of Japanese Studies*, Autumn 1974, p. 144.

65. Garon, *State and Labor*, op. cit. (n. 3), p. 212. Garon 指出，历史学家注意到了本土主义者的言论，却忽视了纳粹样板对当时日本政策，特别是那些与压制工会相关的政策所产生的深远影响。

66. 见第十二章。

67. Bob Tadashi Wakabayashi, *Anti-Foreignism and Western Learning in Early Modern Japan*, Harvard University Press, 1986, p. 112.

68. Yanaga Chitoshi, *Japanese People and Politics*, John Wiley & Son, 1956, p. 306.

69. Richard J. Smethurst, *Social Basis for Prewar Japanese Militarism*, University of California Press, 1974, p. 11.

70. Kenneth Pyle, 'The technology of Japanese nationalism: the local improvement movement, 1900–1918', *Journal of Asian Studies*, November 1973, p. 58.

71. Smethurst, *Social Basis, op*. cit. (n. 69).

72. Okudaira Yasuhiro, 'Tennosei kokka no jinmin shihai' [Control of the people under the emperor system], in Nakamura Masanori et al, *Taikei Nihon kokkashi 5 kindai 2*, Tokyo Daigaku Shuppankai, 1976, p. 321, 引文见 Herbert Bix, 'Kawakami Hajime and the organic law of Japanese fascism', *Japan Interpreter*, Winter 1978, p. 129。

73. Garon, *State and Labor*, op. cit. (n. 3), pp. 73–4.

74. Ibid., p. 28.

75. Kato Shuichi, 'Taisho democracy as the pre-stage for Japanese militarism', in B. Silberman and H. D. Harootunian (eds.), *Japan in Crisis*, Princeton University Press, 1974.

76. Sheldon M. Garon, 'State and religion in Imperial Japan, 1912–1945', *Journal of Japanese Studies*, Summer 1986, p. 299.

77. 200 万这个数字是女性活动组织的普遍估计。按照官方的统计数字，1955 年到 1961 年间，每年有超过 100 万例流产。到 1981 年，该数字缩小到接近 60 万。医生们认为官方数字必须至少加一倍才是实际数字，因为很多诊所出于税务理由而低报了数字。

78. 该论点的一个例子，见 Park, *Bureaucrats*, op. cit. (n. 56), p. 134。对该立场加以捍卫

的，有一位非常博学、非常雄辩的学者村松岐夫。比如可见 Muramatsu Michio and Ellis S. Kraus, 'The conservative policy line and the development of patterned pluralism' in K. Yamamura and Y. Yasuba (eds.), *The Political Economy of Japan*, Stanford University Press, 1987, pp. 516–54。

79. Hata, *Kanryo no kenkyu*, op. cit. (n. 4), p. 108.
80. Ibid., pp. 109–10.
81. Gordon Berger, *Parties out of Power in Japan*, Princeton University Press, 1977, p. 75.
82. Delmer M. Brown, *Nationalism in Japan*, University of California Press, 1955, pp. 219–20.
83. Ibid., p. 220.
84. Junichi Kyogoku, *The Political Dynamics of Japan*, University of Tokyo Press, 1987, p. 11.
85. Jiyuminshu Henshubu, '1985 nen taisei e no tembo' [Perspective for a 1985 system], *Jiyuminshu,* January 1982, pp. 224–9.
86. 关于这点在田中角荣大本营里的例子，见 Takabatake Michitoshi, 'Etsuzankai no tsuyoki to yowaki' [Strong and weak points of Etsuzankai], *Ushio,* December 1983, p. 96.
87. Garon, *State and Labor*, op. cit. (n. 3).
88. Isaiah Berlin, 'Two concepts of liberty', in *Four Essays on Liberty*, Oxford University Press, 1969, p. 118.

第十五章　日本凤凰

1. David A. Titus, 'Political parties and nonis sues in Taisho democracy', in H. Wray and H. Conroy (eds.), *Japan Examined*, University of Hawaii Press, 1983, p. 185.
2. Akira Iriye, 'The failure of economic expansionism: 1918–1931', in B. Silberman and H. D. Harootunian (eds), *Japan in Crisis*, Princeton University Press, 1974, p. 238.
3. Tsuchiya Takao, 'Keizai seisakuka to shite no Okubo Toshimichi' [Okubo Toshimichi as an economic policymaker], *Chuo Koron,* April 1935, p 98. 该使团就是著名的岩仓使节团。1871 年到 1873 年间，该使团造访欧美达 18 个月之久。
4. Ibid., p. 109.
5. Clyde Prestowitz, *Trading Places*, Basic Books, 1988, chapter 4.
6. 与广为流传的总体衰退观点相反，这一主题的权威中村隆英做出了这一判断。见 Nakamura Takafusa, *Economic Growth in Prewar Japan*, Yale University Press, 1983, p. 156。
7. Chalmers Johnson, *MITI and the Japanese Miracle*, Stanford University Press, 1982, pp. 102–3.
8. Nakamura, *Economic Growth,* op. cit. (n. 6), p. 266.
9. Mark R. Peattie, *Ishiwara Kanji and Japan's Confrontation with the West*, Princeton University Press, 1975, chapters 6, 7.
10. Nakamura, *Economic Growth*, op. cit. (n. 6), pp. 268–70.
11. 鲇川义介自然是东大毕业生，也是井上馨侯爵的门徒。井上馨在明治政府中担任众多职务，并与那些最大的金融家过从甚密。他以铸造厂起家，然后与内弟（久原房之助——译者注）的久原矿业合并，将新公司命名为日本产业株式会社，并加入了不少子公司，其中包括著名的日立制作所，从而形成了一个“新财阀”。在受邀参与开发伪满洲国之前，集团就以生产弹药和武器为主业。见鲇川自己就与关东军的合作进行解释的文章‘Manshu keizai shihai no kii pointo’ [The key points of economic control in Manchuria], *Bessatsu Chisei*, December 1956, pp. 198–200。

12. G. C. Allen, ‘Japanese industry: its organisation and development to 1937’, in E. B. Schumpeter, *The Industrialisation of Japan and Manchukuo, 1930–1940*, Macmillan, 1940, pp. 643–5. 岸信介介绍鲇川到伪满洲国，参见 Johnson, *MITI*, op. cit. (n. 7), pp. 131–2。
13. 有关鲇川家族和显赫人物的关系网，见 Natori Giichi, *Seizaikaijin no meiun* [Destiny of People in the World of Politics, Business and Bureaucracy], Hokushindo, 1952, pp. 155–9。
14. 鲇川在战后解释说，他被如椎名悦三郎这样的官僚误导，误解了伪满洲国的环境。见 Ando Yoshio, *Showa seiji keizaishi e no shogen* [Testimony on the Political and Economic History of Showa], vol. 1, Mainichi Shimbunsha, 1972, p. 280.
15. T. A. Bisson, *Japan's War Economy*, Institute of Pacific Relations, New York, 1945, p. 3.
16. 比方说，贺屋兴宣这位最突出的大藏大臣在 20 世纪 30 年代末发表的言论。昭和研究会的一些成员（见第十四章）也同样这么认为。见 Kaya Okinori, *Senzen sengo 80 nen* [Eighty Years before and after the War], Keizai Oraisha, 1976, pp. 95–6。
17. Johnson, *MITI*, op. cit. (n. 7), p. 160.
18. Ito Osamu, ‘Sengo Nihon kin’yu shisutemu no keisei’ [The formation of post-war Japan’s financial system], in Kindai Nihon Kenkyukai (eds.), *Nempo Kindai Nihon Kenky*u, vol. 8, Yamakawa Shuppansha, 1986, p. 219.
19. Johnson, *MITI*, op. cit. (n. 7), p. 136.
20. Ito, ‘Sengo Nihon’, op. cit. (n. 18), p. 223.
21. Ibid., pp. 224–5.
22. 此即“军需融资指定金融机关制度”。
23. 见 Okurasho Showa Zaiseishi Henshushitsu (eds.), *Showa zaiseishi* [History of Public Finance in Showa], vol. 11, *Kin'yu 2* [Finance 2], Toyo Keizai Shimposha, 1957, pp. 343–6。此项法律是《军需会社法》。
24. 这些商业银行是帝国银行、三菱银行、安田银行、住友银行和三和银行。日本工业银行也属于这类。它们得到了被指定为“吸纳私营领域资金银行”的 56 家银行的支持。Ibid., p. 348.
25. Ibid., pp. 349–52.
26. Okurasho Showa Zaiseishi Henshushitsu (eds.), *Showa zaiseishi*, op. cit. (n. 23), vol. 2, *Zaisei kikan* [Financial Institutions], 1956, pp. 275–8. 1945 年 4 月通过的一项法律（《军需金融等特别措置法》进一步对该系统提供支持。
27. Nakamura Takafusa, *The Postwar Japanese Economy*, University of Tokyo Press, 1981, pp.

16–17; Miyazaki Yoshikazu, *Sengo Nihon no keizai kiko* [Economic Structure of Post-War Japan], Shinhyoron, 1966, pp. 48–9; Ito, 'Sengo Nihon', op. cit. (n. 18); Yamazaki Hiroaki, 'Senjika no sangyokozo to dokusen soshiki' [Wartime industrial structure and monopolistic organisation], in Tokyo Daigaku Shakai Kagaku Kenkyujo (eds.), *Senji Nihon keizai*, Tokyo Daigaku Shuppankai, 1979, pp. 286–9.

28. Yoshio Suzuki, *Money and Banking in Contemporary Japan*, Yale University Press, 1980, p. 8.
29. Ibid., p. 9.
30. Tahara Soichiro, *Dentsu*, Asahi Shimbunsha, 1984, p. 69.
31. Ibid., p. 61.
32. Suetsugu Seiji, 'Dentsu ni yoru masukomi sosa: sono haikei to konnichiteki yakuwari' [Dentsu's manoeuvring of the mass media: its background and present-day role], *Tsukuru*, November 1973, pp. 76–9.
33. Kusayanagi Daizo, 'Gendai okokuron: Dentsu' [On a modern kingdom: Dentsu], *Bungei Shunju*, February 1967, p. 194.
34. Tahara, *Dentsu*, op. cit. (n. 30), p. 79.
35. Fujii Haruo, 'Dentsu no heeru o hagu' [Unveiling Dentsu], in Ino Kenji (ed.), *Dentsu kogairon*, Nisshin Hodo, 1971, pp. 165–7.
36. Nakamura, *Postwar Japanese Economy*, op. cit. (n. 27), p. 15.
37. 见 Okurasho Showa Zaiseishi Henshushitsu (eds.). *Showa zaiseishi*, op. cit. (n. 23), vol. 1, *Soron* [General Discussion], 1965, pp. 227–32。
38. 见 Osawa Tadashi, *Chusho kigyo seisaku shiron* [On the History of Small and Medium-Sized Industry], Minato Shuppansha, 1970, p. 206。
39. Ibid., p. 208.
40. Tatsumi Nobuharu, 'Chusho kigyo ni okeru soshikika no rekishi to mondaiten' [History and problems of the systematisation of small and medium-sized companies], in Takeuchi Masami (ed.), *Korekara no chusho kigyo soshikika no tembo*, Nihon Seisansei Hombu, 1965, p. 72. 有关战后初期中小企业组织的历史，见 Higuchi Kenji, 'Sengo chusho kigyo undo no tenkai' [Post-war development of small and medium-sized industry movement], *Gendai Chusho kigyo kisokozo, vol. 3*, Doyukan, 1976, pp. 223–56。
41. Aikawa Yoshisuke, *Watashi no rirekisho*: keizaijin [My Personal History: People in Business], vol. 9, Nikkei Shimbunsha, 1980, p. 77. 最早由 Nihon Keizai Shimbun, 1965 出版。
42. Ibid., p. 80.
43. Higuchi, 'Sengo chusho kigyo', op. cit. (n. 40), p. 246.
44. Ibid., p. 249.
45. Ibid., p. 252.
46. 在占领军有意制定的政策中，"逆转进程"是其正式的一部分还是非正式的一部分，针对这个问题是有争论的，但无关紧要。改变重点才会引人注意，而在日本知识分子的眼中，它一直是战后早期历史中的一个真正的里程碑。

47. Yanaga Chitoshi, *Big Business in Japanese Politics*, Yale University Press, 1968, p. 38.

48. Tsuchikawa Nobuo, 'Seito naikaku to shoko kanryo' [The commercial, industrial bureaucracy and party cabinets: the industrial state policy of the Tanaka cabinet], in Kindai Nihon Kenkyukai (eds.), *Nempo Kindai Nihon kenkyu*, vol. 8, Yamakawa Shuppansha, 1986, pp. 188, 199.

49. Iwai Tomoaki, 'Kokkai naikaku' [Diet cabinet], in Nakano Minoru (ed.), *Nihongata seisaku kettei no hen'yo*, Toyo Keizai Shimposha, 1986, p. 17; and Muramatsu Michio, 'Rippo katei to seito, atsuryoku dantai, kanryo no kankei' [Parties, bureaucrats and pressure groups in the Japanese legislative process: pre-Diet and Diet procedure], *Hokudai Hogaku Ronshu,* vol. 34, no. 1, 1983, pp. 149–50.

50. William W. Lockwood, 'Japan's "new capitalism"', in Lockwood (ed.), *The State and Economic Enterprise in Japan*, Princeton University Press, 1965, p. 487.

51. Uchino Tatsuro, *Japan's Postwar Economy*, Kodansha International, 1983, p. 66.

52. 关于修订该法时的闹剧式听证，见 Yamamura Kozo, *Economic Policy in Postwar Japan*, University of California Press, 1967, chapter 5。

53. Uchino, *Postwar Economy*, op. cit. (n. 51), p. 54.

54. 道奇其他的措施被遗忘后很久，平衡预算还是得到维持。20 世纪 60 年代末，政府因为受到通过市政工程刺激经济的压力（见第五章），被迫放弃平衡预算。但是直到今天，大藏省官员还对放弃平衡预算而感到害怕。

55. Suzuki, *Money, op*. cit. (n. 28), p. 14.

56. Johnson, *MITI, op*. cit. (n. 7), pp. 255–60; Uchino, *Postwar Economy*, op. cit. (n. 51), pp. 119–20.

57. Johnson, *MITI*, op. cit. (n. 7), p. 32 中做出了这一观察。

58. Uchino, *Postwar Economy*, op. cit. (n. 51), p. 120.

59. Okumura Hiroshi, *Shin: Nihon no roku dai kigyo shudan* [Six Big Corporate Groups in Japan], Daiamondosha, 1983, p. 118.

60. 对该系统的综述和分析，见 Ishida Hideto, 'Anticompetitive practices in the distribution of goods and services in Japan', *Journal of Japanese Studies*, Summer 1983, pp. 319–34。

61. Ibid., p. 325.

62. Furuta Hisateru, 'Foodo o meguru Kishi to Yoshida' [Kishi, Yoshida and Ford Motor Co.], *Chuo Koron*, July 1986, p. 301.

63. 有关番头的角色，见 John G. Roberts, *Mitsui*, Weatherhill, 1973。

64. 比如说，可以参考 Shibagaki Kazuo, ' "Keizai shintaisei" to toseikai: sono rinen to genjitsu' ['Economic new order' and the control associations: their ideal and reality], in Tokyo Daigaku Shakai Kagaku Kenkyujo (eds.), *Senji Nihon keizai*, op. cit. (n. 27), p. 302。

65. Yanaga, *Big Business*, op. cit. (n. 47), p. 46.

66. Sakaguchi Akira, 'Zaikai "ipponka" koso no shujiku' [Initiator of the 'unification' of the

business world], *Zaikai*, 1 February 1965, p. 53.

67. Miyazaki Yoshikazu, *Sengo Nihon no keizai kiko* [Economic Structure of Post-War Japan], Shinhyoron, 1966, p. 55.
68. Prestowitz, *Trading Places*, op. cit. (n. 5), p. 144.
69. 关于日美“半导体之战”以及机床的精彩而详细的描述，见上条注释文献第二章和第217—219页。
70. 这个说法来自“财务”（金融管理手段）以及“高科技（术）”。
71. 在20世纪80年代，日本人一直将他们的可支配收入中的大约五分之一存起来。在“奖金”系统中，工薪族通过协商，每年两次获得薪资总额的20%到35%（作为奖金），这也对刺激储蓄起到帮助。不发达的福利系统也是一个刺激；按照一份央行研究，据估计有36%的个人储蓄被用作将来的治病钱或意外保险。储蓄的另一个动力来自教育和住房的高成本。
72. 这四家是野村、大和、日兴和山一。
73. 来自经济企划厅。参见总评议长黑川武的评价，引自 *Asahi Evening News*, 19 February 1988。
74. 以1987年的日历年计算。国土厅的数字在1988年3月公开。
75. 日本生命保险相互会社，第一声明保险株式会社，以及住友生命保险相互会社。
76. 官员当然会犯错误，他们在战后遭遇的最大失败之一就是1971年的日元汇率保卫战。官方为了支持美元，在11天内买入了60亿美元。而在这11天里，只有日本的外汇交易市场保持工作。
77. IBM和可口可乐通常被人们看作在日本市场取得巨大成功的外国公司的案例。两家公司在战后不久就进入日本，因此二者也就有了历史特权。尽管如此，它们还是受到很多约束。一开始，它们不能将利润汇出日本，而且通过授权条款，它们实际上帮助培育了日本竞争对手的成长。

第十六章　身处世界却又不融入其中

1. 最近一个比较好的例子是 George Packard，‘The Coming U.S.–Japan Crisis’, in *Foreign Affairs*, Winter 1987–8。
2. *Nihon Keizai Shimbun* [Dealing with the policies of the New Conservative Party], 25 December 1961.
3. Uemura Kogoro, ‘Shin hoshuto no seisaku ni nozomu’, *Yomiuri Shinbun*, 4 November 1955.
4. Yoshi Tsurumi, *Los Angeles Times*, 25 January 1988.
5. 一些日本知识分子对此表示理解。比如，可见黑田胜弘于1988年1月10日在日本记者俱乐部公告上的文章，译文标题为《不要向韩国说教》，*Japan Times*, 7 February 1988。
6. *Asahi Shimbun*, 21 April 1986.
7. 来自与一位共同朋友的私人通信。

8. 参见乔治・村上这位资深的每周评论家对日本经济所做的评论，*Asahi Evening News*, 27 April 1987。

9. 有关和日本人讨价还价的困难以及他们常用的手段，见 Michael Blaker, *Japanese International Negotiating Style*, Columbia University Press, 1977, pp. 14–17。

10. Ibid., p. 224.

11. Kenzo Uchida, *Japan Times*, 19 June 1987.

12. Chalmers Johnson, 'Japanese-Soviet relations in the early Gorbachev era', *Asian Survey*, November 1987, pp. 545–60.

13. Donald C. Hellmann, *Japanese Foreign Policy and Domestic Politics*, University of California Press, 1969; and Donald A. Hellmann, 'Foreign policy a la LDP', in H. Murakami and J. Hirschmeier (eds), *Politics and Economics in Contemporary Japan*, Kodansha International, 1983, pp. 97–8.

14. Hellmann, 'Foreign policy', op. cit. (n. 13), p. 103.

15. Clyde Prestowitz, *Trading Places*, Basic Books, 1988.

16. Ivan P. Hall, 'Stop making excuses for Japan's insularity', *Wall Street Journal*, 6 July 1987.

17. 进口车把方向盘放在错误的一边，是为了吸引日本讲究派头的人群；这能表明这辆车是进口车。一些进口车（如梅赛德斯–奔驰）如果将方向盘放在右边，那么作为二手车的价值就较低。宝马试过进口两个型号的右舵车，但发现日本人对此兴趣寥寥。

18. T. J. Pempel, 'The tar baby target: "reform" of the Japanese bureaucracy', in R. E. Ward and Y. Sakamoto (eds.), *Democratising Japan*, University of Hawaii Press, 1987, p. 174.

19.《朝日新闻》进行的采访。英文版本见 *Asahi Evening News*, 3 June 1987。

20. 'Tensei jingo' column, *Asahi Shimbun*, date unknown.

21. Kato Shuichi, 'Taisho democracy as the pre-stage for Japanese militarism', in B. Silberman and H. D. Harootunian (eds.), *Japan in Crisis*, Princeton University Press, 1974, p. 234.

22. 东京得知对手正在开发原子弹的几个月后，日本陆军在仁科芳雄博士的指导下也开启了研发原子弹的项目。根据 NHK 制作的一部纪录片，东条英机将军将他的观点转达给川岛虎之辅上校，即这场战争可能会由原子武器来决胜负。

23. 与之相关的情绪和想法的清晰汇总，以及针对用它来为日本的侵略找理由的警告，见 Onuma Yasuaki, ' "Bunmei no sabaki" "shosha no sabaki" o koete' [Beyond the logic of 'civilisation justice' and 'victors' justice'], *Chuo Koron*, August 1983, pp. 162–89.

24. 公众被要求为了与其他国家保持更好的关系而做出牺牲，代表性案例可见 Ministry of Foreign Affairs, *Diplomatic Blue Book*, Summer 1985。

25. 这类例子很多，见三方委员会前日本主席的结论：Watanabe Takeshi, Seiron Column, *Sankei Shimbun*, reprinted in *Japan Times*, 27 April 1987。

译者后记

中信的王雪老师最早和我联系这本书的翻译时，我有一个很大的疑问：中信一向以出版“昨天写完”甚至是“明天写完”的书出名，为什么想到翻译出版一本写在30多年前的关于日本的书呢？

翻译完全书后，我对这个问题似乎有了自己的答案。

世界是复杂的，也是简单的。人类社会发展的基本原则无非那么几条。通过回顾历史，从中归纳、总结出对现时仍有用的内容，对进一步向前具有重要的意义。

与之前的翻译不同，翻译本书对我来说有额外的两个挑战。一个是2001年日本对各省（相当于中国的国家级部）进行了重大改组，一些老省变成新省（如“大藏省”成了“财务省”，“通商产业省”成了“经济产业省”等）。译者在翻译时为尊重历史，需要用成书当年或者出现该名词的背景当年的历史名称。

另一个挑战就更大。本书中出现的大量日文名词以及专有名词，是作者根据日文转译到相应英文发音后给出。一些著名的人名（天皇、首相、大臣等）、地名和专有名词还好办，但有一些人名和法律名称却很难找到对应的日文汉字。

在互联网上搜索20世纪90年代之前的文档，是件很困难的事情。译者不是日语专业，更是增加了难度。

在此，我要感谢多年的同事和好友叶毅德先生（Mr. Yap Tong Teck）。他是新加坡人，早年在日本留学，精通中文、英文和日文。叶先生和他太太碇知子（Ikari Tomoko）根据英文原文以及上下文帮助我搜索原始档案，找到了大量名词的原文，为译文的准确性做出了巨大而独一无二的贡献。如果没有他夫妇俩的帮助，本书中文版的准确性和学术性一定会大打折扣。

由此，译者对这些名词的处理方式是，专有名词（包括但不限于人名、组织名、地名、文件法律法规名）的翻译在不影响理解的情况下一般只在给出日文平假名、片假名和英文拼写，而不做解释。这么做，是因为译者相信，直接给出日文写法可以体现某个名词在日本语境中特有的微妙含义（比如“天下り”“地上げ屋”等）。只有当日文平假名和片假名不利于中文理解，才会进行简短解释。不过译者仍然建议有兴趣的读者根据这些信息进行进一步的研究。

另外感谢好友李勋（Lee Hoon）对书中出现的几个韩语人名的翻译提供的帮助。

我还要感谢对我翻译初稿进行阅读的几位朋友。他们忍受着我译文的佶屈聱牙，做出了批注和修订建议。他们分别是（排名不分先后）：吴闻杰，郭瑞卿，叶毅德，蒋文敏。他们可以说是我的“一字之师”。

但不论如何，应该由我对最终译文以及其中不可避免会出现的错误负责。

感谢中信出版社、特别是王雪老师和孙未末老师的信任，将这一本“大书”交到了我的手中。我希望交出了一本合格的作品。

最后，我要感谢我的太太 Gloria 和儿子 Peter。翻译不是一件轻松的事情（也不是很赚钱的事），是他们的支持和理解给了我动力和信心。

让我用一段之前翻译的小诗来结束我的后记：

书已终章
但求尚佳
唯有一事
尚需交代
谬误归吾
赞誉归汝

任颂华，于任氏有无轩，苏州

2018 年 10 月